Ökonomie versus Recht im Finanzmarkt?

ILFS

Institute for Law and Finance Series

Edited by

Theodor Baums
Andreas Cahn

De Gruyter

Ökonomie versus Recht im Finanzmarkt?

Herausgegeben von

Eberhard Kempf
Klaus Lüderssen
Klaus Volk

De Gruyter

ISBN 978-3-11-026665-8
e-ISBN 978-3-11-026744-0

Bibliografische Information der Deutschen Nationalbibliothek

Die Deutsche Bibliothek verzeichnet diese Publikation in der Deutschen Nationalbibliografie; detaillierte bibliografische Daten sind im Internet über http://dnb.ddb.de abrufbar.

Einbandabbildung: Medioimages/Photodisc
Datenkonvertierung/Satz: jürgen ullrich typosatz, Nördlingen
Druck und Bindung: Hubert & Co. GmbH & Co. KG, Göttingen
♾ Gedruckt auf säurefreiem Papier

Printed in Germany

www.degruyter.com

Vorwort

Das Buch versammelt die Referate des dritten Symposions im Rahmen des Projektes „Economy, Criminal Law, Ethics". Die in den bisherigen Symposien – dokumentiert in „Die Handlungsfreiheit des Unternehmers – wirtschaftliche Perspektiven, strafrechtliche und ethische Schranken" (2009) und „Die Finanzkrise, das Wirtschaftsstrafrecht und die Moral" (2010) – unternommenen Versuche, mit der Finanzkrise in ein neues Stadium getretene Anforderungen an das Wirtschaftsstrafrecht systematisch und interdisziplinär zu untersuchen, haben nach und nach die Frage aufkommen lassen, ob zwischen Ökonomie und Recht überhaupt ein harmonisches Verhältnis bestehen kann. Das dritte Symposion hat sich deshalb auf dieses Problem konzentriert. Nach einer Einführung in die Thematik und die legislatorische Grundstruktur der Finanzmarktreform in den USA werden im ersten Teil Referate abgedruckt, die deutlich machen sollen, wie die Ziele, die der Finanzmarkt verfolgt, mit anderen ökonomischen Aufgaben konkurrieren und dass jetzt neue Mechanismen der Koordination gefunden werden müssen. Das demonstrieren in brennpunkthaften Verdichtungen die anschließenden Referate zu einigen ausgewählten materiellstrafrechtlichen und strafprozessualen Themen. Diese Erörterungen führen – nach einer „Zwischenbilanz" aus der Perspektive der Medien – im letzten Teil des Symposions unter dem Aspekt möglicher Reformen von Regulierung und Kontrolle wieder zurück zu den Grundlagen. In einem längeren Ausblick schließlich wird in den Diskussionen verborgenen methodologischen Kontroversen nachgegangen, deren Vergegenwärtigung das Verständnis der komplexen Vorgänge erleichtert.

Abermals danken wir dem „Institute for Law and Finance" an der Goethe-Universität Frankfurt am Main für die umsichtige und exakte Unterstützung bei der Organisation des Symposions und den Editoren der „Institute for Law and Finance Series" – Theodor Baums und Andreas Cahn – dafür, dass sie es uns möglich machen, die begonnene wirtschaftsstrafrechtliche Schriftenreihe in einem weiteren Band fortzusetzen.

Die Herausgeber

Inhaltsverzeichnis

Die Autoren und die Herausgeber

Dr. Hugo **Bänziger**
Chief Risk Officer, Vorstandsmitglied

Dr. Bänziger wurde als Chief Risk Officer im Mai 2006 in den Vorstand der Deutsche Bank AG berufen. Zu seinem Verantwortungsbereich zählen das Management von Kreditrisiko, Marktrisiko, Operationelles Risiko als auch die Bereiche Corporate Security & Business Continuity und Treasury. Seit Mai 2007 ist er zudem verantwortlich für die Bereiche Recht und Compliance.

Im Jahr 2000 wurde Herr Dr. Bänziger zum Chief Credit Officer bestimmt; ab 2004 verantwortete er darüber hinaus das Management der operationellen Risiken.

Von 1985 bis 1996 war Herr Dr. Bänziger bei der Credit Suisse Group beschäftigt. 1990 wurde er bei der Credit Suisse Financial Products, dem Derivate Spezialisten der Credit Suisse Group, zum Global Head of Credit mit Sitz in London ernannt.

Nach seinem Studium begann Dr. Bänziger 1983 seine Laufbahn bei der Eidgenössischen Bankenkommission, der Schweizer Bankenaufsicht.

Dr. Bänziger promovierte in Wirtschaftsgeschichte an der Universität Bern in der Schweiz.

Professor Dr. Florian **Becker**

Geboren 1971; Studium der Rechtswissenschaften an der Rheinischen Friedrich-Wilhelms-Universität Bonn (1990–1994); Erstes Staatsexamen (1995); wissenschaftliche Hilfskraft und wissenschaftlicher Mitarbeiter bei Professor Dr. Joachim Burmeister, Universität Köln (1995/6); dort Promotion zum Dr. jur. (1997); Master of Laws, Universität Cambridge (1997); Verleihung des „Clive Parry Prize (Overseas) for International Law“, Universität Cambridge (1997); Zweites Staatsexamen (1999); Wissenschaftlicher Mitarbeiter an dem Max-Planck-Institut zur Erforschung von Gemeinschaftsgütern, Bonn (zuvor: Max-Planck-Projektgruppe „Recht der Gemeinschaftsgüter“, Bonn) bei Professor Dr. Christoph Engel (2000–2004); Habilitation an der Rechts- und Staatswissenschaftlichen Fakultät der Rheinischen Friedrich-Wilhelms-Universität Bonn (2004); venia legendi für „Staats- und Verwaltungsrecht, einschließlich Rechtsvergleichung und Europarecht“; Professor (Sixth Century Chair) an der Aberdeen University Law School (2004–2008); Universitätsprofessor (Lehrstuhl für Öffentliches Recht) an der Christian-Albrechts-Universität zu Kiel (seit 2008) mit Unterstützung des Förderprogramms der Alfred Krupp von Bohlen und Halbach-Stiftung „Rückkehr deutscher Wissenschaftler aus dem Ausland“; Permanent Visiting Professor an der Aberdeen Law School; Peer Review College Member (Fachgutachter) des Arts and Humanities Research Council (AHRC). Mitgliedschaften: u.a. Vereinigung der Deutschen Staatsrechtslehrer; Deutsche Gesellschaft für Völkerrecht; Deutscher Juristentag. Wissenschaftliche Interessen: Staats- und Verwaltungsrecht, Europäisches und Internationales Wirtschaftsrecht.

Wichtige Veröffentlichungen (Monographien): Die Vernetzung der Landesbanken (1998); Kooperative und konsensuale Strukturen in der Normsetzung (2005);

Finanzmarktstabilisierungsgesetz Kommentar (2009; gemeinsam mit Sebastian Mock); Grundrechte-Kommentar (2009; gemeinsam herausgegeben mit Klaus Stern).

Jüngere einschlägige Aufsätze: Staatlich-private Rechtsetzung in globalisierten Finanzmärkten, in: ZG Bd. 24 (2009), 123 ff.; Die Regulierung von Ratingagenturen, in: DB 2010, 941 ff.; Die Reform der Finanzmarktaufsicht: Verfassungsrechtliche Vorgaben für eine Neuordnung der Bankenaufsicht, erscheint demnächst in: DÖV 2010; Staatliche Wohnungsbauförderung und der Landesrechnungshof, erscheint demnächst in: NWVBl. 2010.

Dr. Marc **Beise**

Leiter der Wirtschaftsredaktion der Süddeutschen Zeitung

Geboren 1959 in Mainz, aufgewachsen in Neu-Isenburg und Heusenstamm bei Frankfurt am Main.

1977 bis 1984 Studium der Rechtswissenschaft und Volkswirtschaftslehre in Frankfurt, Lausanne und Tübingen. Parallel dazu Zeitungsvolontariat Offenbach-Post.

1984 Juristisches Referendar-Examen.

1985 bis 1989 Redakteur der Offenbach-Post, zuletzt als Ressortleiter Politik, Wirtschaft und Nachrichten.

1989 bis 1995 wissenschaftlicher Mitarbeiter und Koordinator der interdisziplinären DFG-Forschergruppe „Europäische und Internationale Wirtschaftsordnung" an der Universität Tübingen. Lehrstuhl Prof. Dr. Dres. h.c. Thomas Oppermann

Promotion „Die Welthandelsorganisation (WTO). Funktion, Status, Organisation", Nomos 2001

1995 bis 1999 Redakteur des Handelsblatts in Düsseldorf, zuletzt als Ressortleiter Wirtschaftspolitik.

Seit 1999 Leitender Redakteur der Süddeutschen Zeitung in München,

seit 2007 Ressortleiter Wirtschaft.

Zahlreiche Beiträge für Zeitschriften und Bücher, Teilnahme an Fernseh- und Hörfunkrunden, Vorträge, Moderationen von Foren und Wirtschaftsveranstaltungen.

Buchveröffentlichungen:

„Deutschland – falsch regiert?", Hanser 2006

„Ausplünderung der Mittelschicht", DVA 2009

„Viel Geld haben", Econ 2010 (in Vorbereitung)

Prof. Dr. jur. Andreas **Cahn**
Institute for Law and Finance, Frankfurt am Main

Andreas Cahn hat Rechtswissenschaft an der Johann Wolfgang Goethe-Universität in Frankfurt a. M. und an der University of California at Berkeley studiert, wo er den Grad eines Master of Laws (LL.M.) erworben hat. Während des Referendariats und nach der zweiten juristischen Staatsprüfung war er in der Rechtsabteilung einer Bank tätig. Anschließend war er für sechs Jahre wissenschaftlicher Mitarbeiter bei Prof. Dr. H.-J. Mertens an der Universität Frankfurt. Während dieser Zeit verfasste er seine Dissertation zum Thema „Vergleichsverbote im Gesellschaftsrecht" und seine Habilitationsschrift mit dem Titel „Kapitalerhaltung im Konzern".

Von 1996 bis 2002 war er Inhaber des Lehrstuhls für Bürgerliches Recht, Handels- und Gesellschaftsrecht an der Universität Mannheim. Er erhielt weitere Rufe an die Universitäten Würzburg und Osnabrück. Seit 2002 ist er geschäftsführender Direktor des Institute for Law and Finance an der Universität Frankfurt. Seine gegenwärtigen Arbeitsschwerpunkte liegen im Aktien- und Konzernrecht, im Recht der Unternehmensfinanzierung, dem Kapitalmarktrecht und der Rechtsvergleichung. Er ist Mitherausgeber der Zeitschriften „Der Konzern" und „Corporate Finance Law", der Institute for Law and Finance Series sowie Mitglied des wissenschaftlichen Beirats der Zeitschrift „European Company Law".

Professor Dr. Meinrad **Dreher**, LL.M.

Jahrgang 1955. Studium der Rechts- und Wirtschaftswissenschaften an den Universitäten in Freiburg, Lausanne (CH) und Philadelphia (Fulbright-Stipendiat an der University of Pennsylvania/USA). Staatsexamina in Baden-Württemberg. Promotion im Kartellrecht und Habilitation im Versicherungsrecht an der Universität Freiburg. 1991 bis 1995 o. Professor an der Justus Liebig-Universität Gießen, seitdem Inhaber des Lehrstuhls für Europarecht, Bürgerliches Recht, Handels- und Wirtschaftsrecht, Rechtsvergleichung an der Johannes Gutenberg-Universität Mainz. Richter am OLG a.D. (Kartellsenat). Gastprofessor in den USA (University of Wisconsin) und Korea (Seoul National University).

Mitherausgeber mehrerer rechtswissenschaftlicher Zeitschriften. Forschungsschwerpunkt im Wirtschafts- und insbesondere im Kartellrecht. Autor zahlreicher Veröffentlichungen, z.B. Europäisches und deutsches Wirtschaftsrecht, 3. Aufl., C.F. Müller-Verlag, 2008 (zusammen mit Fritz Rittner).

Professor Dr. Matthias **Jahn**
Universität Erlangen-Nürnberg

1968	in Frankfurt am Main geboren
1989–1994	Studium der Rechtswissenschaften in Frankfurt
1994	Erstes Juristisches Staatsexamen
1997	Promotion: »Konfliktverteidigung« und Inquisitionsmaxime« (Schriftenreihe Deutsche Strafverteidiger e.V. Bd. 16, Nomos-Verlag Baden-Baden, 1998)
1998	Zweites Juristisches Staatsexamen
1997–2000	Wissenschaftlicher Mitarbeiter am Institut für Kriminalwissenschaften in Frankfurt

1998–2002	Rechtsanwalt mit dem Tätigkeitsschwerpunkt Strafverteidigungen und Zulassung beim Amts- und Landgericht Frankfurt am Main
2003	Habilitation: »Das Strafrecht des Staatsnotstandes« (Verlag Vittorio E. Klostermann Frankfurt, 2004)
2002–2004	Staatsanwalt bei der Staatsanwaltschaft bei dem Landgericht Frankfurt; Dezernent für Strafsachen nach besonderer Zuweisung Abt. XIII
2004–2005	Abgeordnet als wissenschaftlicher Mitarbeiter an das Bundesverfassungsgericht im Dezernat von VPräsBVerfG a.D. Prof. Dr. Dr. h.c. mult. Hassemer
2005	Ablehnung eines Rufs auf den Lehrstuhl für Strafrecht, Strafprozessrecht und Rechtsphilosophie an der Universität Rostock
seit 2005	o. Professor und Ordinarius des Lehrstuhls für Strafrecht, Strafprozessrecht und Wirtschaftsstrafrecht der Friedrich-Alexander-Universität Erlangen-Nürnberg
2005–2010	Richter im 2. Strafsenat des Oberlandesgerichts Nürnberg
2009	Ablehnung eines Rufs auf den Lehrstuhl für Strafrecht und Strafprozessrecht an der Leibniz-Universität Hannover
seit 2008	Redakteur des *Strafverteidiger*
seit 2010	Leiter der Forschungsstelle für Recht und Praxis der Strafverteidigung (RuPS) an der Friedrich-Alexander-Universität Erlangen-Nürnberg
seit 2010	Richter im 1. Strafsenat des Oberlandesgerichts Nürnberg

Professor Dr. Lutz **Johanning**

ist seit 2007 Inhaber des Lehrstuhls für Empirische Kapitalmarktforschung an der WHU – Otto Beisheim School of Management in Vallendar. Von September 2007 bis September 2010 war er außerdem akademischer Leiter der Studiengänge Bachelor of Science und Master of Science. Zuvor hatte er den Stiftungslehrstuhl Asset Management an der European Business School International University in Oestrich-Winkel inne. In 2006 und 2007 war er Gastprofessor an der University of Michigan in Ann Arbor, USA, und lehrte dort Financial Risk Management.

Nach dem Studium der Betriebswirtschaftslehre an der Johann Wolfgang Goethe-Universität, Frankfurt, arbeitete er als wissenschaftlicher Mitarbeiter am Institut für Kapitalmarktforschung und Finanzierung der Ludwig-Maximilians-Universität in München, wo er 1998 promovierte. Anschließend war er am Institut als wissenschaftlicher Assistent tätig und wurde im Juni 2003 habilitiert. Seine Forschungsschwerpunkte liegen in den Bereichen Empirische Kapitalmarktforschung und Best Execution, Financial Risk Management und Emotional Finance.

Professor Johanning ist Mitglied des Börsenrates der Eurex Deutschland und Aufsichtsratsmitglied der EDG AG, die sich auf das Rating, die Preisplausibilisierung und die Risikoklassifizierung von strukturierten Produkten fokussiert.

Rechtsanwalt Eberhard **Kempf**
Siesmayerstr.58, 60323 Frankfurt am Main

Rechtsanwalt, Jahrgang 1943, geb. in Lahr/Schwarzwald, Studium in Heidelberg, Berlin, Freiburg und Paris. Rechtsanwalt seit 1971, seit 1977 in Frankfurt am Main.

Eberhard Kempf ist seit 1990 Mitglied und war von 1996 bis 2005 Vorsitzender des Strafrechtsausschusses des Deutschen AnwaltVereins und ständiger Gast des Strafrechtsausschusses der Bundesrechtsanwaltskammer. Er hat eine umfangreiche Veröffentlichungs- und Vortragspraxis und ist mehrfach als Sachverständiger durch den Rechtsausschuss des Deutschen Bundestages gehört worden.

Eberhard Kempf war aktiv an der Gründung des Barreau Pénal International/International Criminal Bar beteiligt, einer Vereinigung der Rechtsanwälte am Internationalen Strafgerichtshof in Den Haag. Er war von 2003 bis 2005 Vizepräsident und von 2005 bis 2007 Präsident des ICB.

Professor Dr. Peter **Koslowski**

Prof. Dr. phil. Dr. oec. h. c. Peter Koslowski ist Ordinarius für Philosophie an der Vrije Universiteit Amsterdam – VU University Amsterdam. Er ist Vorsitzender der Arbeitsgruppe für Wirtschaftsethik und Wirtschaftskultur der Deutschen Gesellschaft für Philosophie sowie der Arbeitsgruppe Compliance und Ethik in Finanzinstitutionen im Deutschen Netzwerk Wirtschaftsethik. Von seinen Büchern, die in viele Sprachen übersetzt wurden, sind zur Wirtschaftsordnung und Wirtschaftsethik vor allem Ethik des Kapitalismus (7. Aufl. 2010), Prinzipien der Ethischen Ökonomie (2. Aufl. 1994) und Ethik der Banken. Folgerungen aus der Finanzkrise (2009); zur Philosophie Die postmoderne Kultur (2. Aufl. 1987) und Philosophien der Offenbarung (2. Aufl. 2002) zu nennen. Zur medizinischen Ethik und Wirtschaftsethik erscheint demnächst im Wilhelm Fink Verlag München Wieviel Ökonomie ist gut für die Gesundheit? Wirtschaftsethik in der Medizin (Hrsg. mit M. Kettner).

Professor Dr. Friedrich **Kübler**, M. A. (hon.)

Geboren 1932 in Reutlingen. Studium in Lausanne, Reading/Berks., Bonn und Tübingen. Erstes (1956) und Zweites (1961) Staatsexamen. Wissenschaftlicher Mitarbeiter in Tübingen und Paris; Stipendiat in Rom. Promotion (1961) und Habilitation (1966) in Tübingen. Professor für Bürgerliches und Wirtschaftsrecht 1966–1971 in Giessen, 1971–1976 in Konstanz, seit 1976 bis zur Emeritierung 1998 in Frankfurt am Main. 1968 Gastdozent Harvard Law School, 1975 und 1983 Gastprofessor University of Pennsylvania, seit 1985 dort full professor of law. Mitglied (u. a.) im Deutschen Juristentag (1974–1986 ständige Deputation), in der Gesellschaft für Rechtsvergleichung (1973–1991 Vorstand), im Studienkreis für Presserecht und Pressefreiheit (Vorstand), im American Law Institute und in der Frankfurter Wissenschaftlichen Gesellschaft. 1997–2003

Mitglied der Kommission zur Ermittlung der Konzentration im bundesweiten Fernsehen (KEK), 1997–2004 Sachverständiger Recht im Verwaltungsrat des Hessischen Rundfunks; seit 1998 Mitglied des European Shadow Financial Regulatory Committee (ESFRC). Forschungsschwerpunkte: Vertrags- und Sachenrecht; Justiz; Gesellschafts- und Kapitalmarktrecht; Bankrecht, insbesondere Regelung der grenzüberschreitenden Finanzströme; Massenkommunikation.

Professor Dr. Klaus **Lüderssen**

Professor Dr. Klaus Lüderssen, Jg. 1932, ist seit 1971 ordentlicher Professor für Strafrecht, Strafprozessrecht, Rechtsphilosophie und Rechtssoziologie an der Johann Wolfgang Goethe-Universität Frankfurt am Main.

Mit dem Wirtschaftsstrafrecht beschäftigt sich schon eine frühere Arbeit über kartellrechtliche Probleme. Später folgten Arbeiten über Irrtumsprobleme im Steuerstrafrecht, ferner über Subventions- und Submissionsbetrug, Konkursprobleme im GmbH-Strafrecht, missbräuchliche aktienrechtliche Anfechtungsklagen und Strafrecht, Anti-Korruptionsgesetze und Drittmittelforschung, ökonomische Analyse des Strafrechts, Korruption und strafrechtliche Untreue, gesellschaftsrechtliche Grenzen der strafrechtlichen Haftung des Aufsichtsrats, Aktienrecht und strafrechtliche Untreue und Glücksspielstrafrecht. Einige dieser Abhandlungen sind zusammengefasst in den Bänden „Entkriminalisierung des Wirtschaftsrechts“ I 1998 und II 2007. Neuere einschlägige Veröffentlichungen sind die in Anknüpfung an die bisherigen ECLE-Symposien gemeinsam mit Eberhard Kempf und Klaus Volk herausgegebenen Bücher „Die Handlungsfreiheit des Unternehmers – wirtschaftliche Perspektiven, strafrechtliche und ethische Schranken“ (2009) und „Die Finanzkrise, das Wirtschaftsstrafrecht und die Moral“ (2010), sowie die Beiträge in den Festschriften für Knut Amelung, „Systemtheorie und Wirtschaftsstrafrecht“, 2009, S. 67–80, und für Klaus Volk, „Risikomanagement und „Risikoerhöhungstheorie“ – auf der Suche nach Alternativen zu § 266 StGB, 2009, S. 345–363. Mit der Rechtsanwaltskanzlei Dr. Wolf-Dietrich Schiller und Kollegen in Frankfurt am Main gibt es eine ständige Kooperation.

Professor Dr. Ernst-Joachim **Mestmäcker**

Geboren 1926 in Hameln.

Promotion und Habilitation (1958) an der Universität Frankfurt am Main bei Franz Böhm.

Lehrstühle für Bürgerliches Recht, Handels- und Wirtschaftsrecht an den Universitäten Saarbrücken (1959–1963), Münster (1963–1969), Bielefeld (1969–1978).
Direktor am Max-Planck-Institut für ausländisches und internationales Privatrecht in Hamburg (1979–1994).

Gastprofessuren in den USA an der Georgetown University in Washington, D.C. (1959) wiederholt an der University of Michigan in Ann Arbor (1965, 1967, 1975, 1991).

Gründungsrektor der Universität Bielefeld (1967–1969).

Vize-Präsident der Max-Planck-Gesellschaft (1984–1990).

Sonderberater der EG-Kommission für Wettbewerbspolitik und Rechtsangleichung (1960–1970).

Wissenschaftlicher Beirat beim Bundesminister für Wirtschaft (seit 1960).

Vorsitzender der Monopolkommission (1974–1978).

Kommission zur Ermittlung der Konzentration im Fernsehen, Mitglied und Vorsitzender (1997–2002).

Politikberatung im Ausland: (China, Russland, Peru, Chile)

Kommentar zum deutschen und europäischen Wettbewerbsrecht, 2 Bände, 4. Aufl. 2007 (Gemeinsam mit Immenga, Hrsg. und Autor).

Europäisches Wettbewerbsrecht, 2. Aufl. 2004 (Gemeinsam mit Heike Schweitzer).

Wirtschaft und Verfassung in der Europäischen Union (Aufsatzsammlung), 2. Aufl. 2006.

A Legal Theory without Law: Posner v. Hayek on Economic Analysis of Law 2007.

Beiträge zum Urheberrecht (Aufsatzsammlung) 2008.

Professor Dr. Peter O. **Mülbert**

Universitätsprofessor; Lehrstuhl für Bürgerliches Recht, Handels- und Wirtschaftsrecht, Bankrecht und Direktor des Instituts für deutsches und internationales Recht des Spar-, Giro- und Kreditwesens an der Universität Mainz; Mitgliedschaften: Panel of Financial Services Experts of the Committee on Economic and Monetary Affairs of the European Parliament, Widerspruchsausschuss bei der BaFin, Übernahmerat bei der BaFin, Vorstand der Bankrechtliche Vereinigung e.V., Fachbeirat am MPI für ausländisches und internationales Privatrecht; Research Associate des European Corporate Governance Institute; Redaktionsbeiratsmitglied der „Wertpapiermitteilungen"; Mitherausgeber: „Zeitschrift für das gesamte Handelsrecht und Wirtschaftsrecht", „Neue Zeitschrift für Gesellschaftsrecht; 1976–1981, Studium, Universitäten Tübingen und Genf; 1984, Promotion, Universität Tübingen; 1994, Habilitation, Universität München; 1994–1995, Professor, Universität Heidelberg; 1995–heute: Universitätsprofessor, Universitäten Trier und Mainz; Gastprofessuren: Harvard Law School, 2007, University of Tokyo, 2009.

Professor Dr. Thomas **Rönnau**

Prof. Dr. Thomas Rönnau wurde 1962 in Verden/Aller (Niedersachsen) geboren. Dem Jurastudium (1982–1987) an der Christian-Albrechts-Universität zu Kiel und an der University of Surrey (Guildford, Großbritannien) folgte nach dem Ersten Staatsexamen bis 1990 eine Tätigkeit als wissenschaftlicher Mitarbeiter an der Christian-Albrechts-Universität zu Kiel. 1990 wurde Thomas Rönnau mit seiner Arbeit zum Strafprozessrecht („Absprachen im Strafprozess – Eine rechtssystematische Untersuchung der Zulässigkeit von Absprachen nach dem geltenden Strafprozessrecht") promoviert. Sein Referendariat absolvierte er denn in den Jahren 1990 bis 1992 in Schleswig-Holstein sowie San Francisco (USA).

Nach dem Zweiten Staatsexamen im Dezember 1992 und einer Tätigkeit als Volljurist in der Rechtsabteilung eines norddeutschen Großunternehmens kehrte er 1994 als Assistent an die Universität Kiel zurück. Dort habilitierte er sich Mitte 1999 mit seiner Arbeit aus dem Allgemeinen Teil des Strafgesetzbuches („Willensmängel bei der Einwilligung im Strafrecht"). Während der Habilitationsphase vertrat er über zwei Semester am Seminar für Strafrecht und Kriminologie an der Universität Hamburg. Als Privatdozent übernahm er 1999 und 2000 neben Vorlesungen an der Universität Kiel Lehraufträge an der Universität Rostock.

Seit Herbst 2000 lehrt Prof. Rönnau an der Bucerius Law School – Hochschule für Rechtswissenschaft – in Hamburg. In dieser Zeit lehnte er Rufe an die Universität Göttingen (2005) und Münster (2006) ab.

Die Forschungsschwerpunkte von Prof. Rönnau liegen neben dem Strafrecht Allgemeiner Teil (Unrechts- und Schuldlehre [hier insbes. Einwilligungs- und Notwehrdogmatik]) im Bereich des Wirtschaftsstrafrechts. Er beschäftigt sich hier in Monographien, Kommentierungen, wissenschaftlichen Aufsätzen und Vorträgen mit dem Untreue- und Betrugstatbestand, der (Wirtschafts-)Korruption oder dem Recht der Vermögensabschöpfung ebenso wie mit dem Insolvenzstrafrecht oder Straftaten bzw. Ordnungswidrigkeiten aus dem UmwG oder dem WpÜG. Seit vielen Jahren ist Prof. Rönnau in diesem Bereich auch gutachterlich sowie in Fortbildungsveranstaltungen tätig.

Hans-Peter **Schmieszek**

Hans-Peter Schmieszek, geb. 1948. Abitur 1966. Jurastudium an der Universität Bochum 1966 bis 1975. 1975 bis 1977 Richter am Landgericht Hagen, Amtsgericht Schwelm. Ab 1977 beim Bundesministerium der Justiz (Bonn/Berlin), seit 16.10.2006 Leiter des Referats Finanzmarktrecht und Steuerrecht.

Veröffentlichungen:

Aufsätze:

- Zur Novellierung der Verwaltungsgerichtsordnung, VR 1990, 149;
- Die Novelle zur Verwaltungsgerichtsbarkeit – Ein Versuch, mit den Mitteln des Verfahrensrechts die Ressource Mensch besser zu nutzen, NVwZ 1991, 522;
- Die Finanzgerichtsbarkeit – Was bringt ihr die FGO-Novelle, was kann sonst noch getan werden?, DB 1991, 1139;
- Was soll sich im finanzgerichtlichen Verfahren ändern? – FGO-Novelle und Bundesratsentwurf für ein Entlastungsgesetz, DStR 1991, 961;
- Unternehmen Gericht – Braucht die Justiz Wirtschaftlichkeitsbetrachtungen?, Betrifft Justiz 1991, 87;
- Verwaltungs- und Finanzgerichtsbarkeit heute; BAnz-Beilage 1991, Nr. 237 a, 11;
- Änderungen im finanzgerichtlichen Verfahren zum 1.1.1993, DB 1993, 12;
- Sechstes Gesetz zur Änderung der Verwaltungsgerichtsordnung und anderer Gesetze (6. VwGOÄndG), NVwZ 1996, 1151;
- Die Finanzgerichtsordnung – Reformen und Reformvorschläge, Festschrift für Klaus Offerhaus, 1999, 773;
- Reform der öffentlich-rechtlichen Gerichtsbarkeit, Festschrift für Peter Rieß, 2002, 1001;

- Die Verwirklichung des E-Government am Beispiel des Justizkommunikationsgesetzes, Jahrbuch der Juristischen Gesellschaft Bremen, 2005.

Mitarbeit an Kommentaren und Handbüchern:

- Hübschmann/Hepp/Spitaler, Kommentar zur Abgabenordnung und Finanzgerichtsordnung, 10. Aufl. 1995;
- BeermannGosch, AO/FGO, 1995 ff.;
- Bordewin/Brandt, Kommentar zum Einkommensteuergesetz, 1955 ff.;
- Beck/Samm/Kokemoor, KWG, 1961 ff.;
- Brandt/Sachs, Handbuch Verwaltungsverfahren und Verwaltungsprozess, 3. Aufl. 2008;
- Hoppenz, Familiensachen, 9. Aufl. 2009;
- Scherf/Schmieszek/Viefhues, Elektronischer Rechtsverkehr, 2006.

Professor Dr. jur. Christian **Schröder**

Dr. Christian Schröder ist Universitätsprofessor für Straf- und Strafprozessrecht an der Martin-Luther-Universität Halle-Wittenberg.

Er trat im Sommer des Jahres 1989 in den Justizdienst Berlins ein, wo er in der Folgezeit als Staatsanwalt sowie als Straf- und Zivilrichter tätig war. Prof. Dr. Schröder wurde an der Universität Osnabrück im Wintersemester 1993/1994 mit einer Untersuchung über die Börseneinführung und den Handel von Aktien und Optionsrechten auf Aktien promoviert. Zum Wintersemester 1995/1996 folgte seine Beurlaubung vom Richteramt zum Zweck der Habilitation. Anfang 2001 habilitierte ihn die Universität Osnabrück mit seiner Untersuchung „Europäische Richtlinien und deutsches Strafrecht" unter Verleihung der venia legendi für Strafrecht, Strafprozessrecht, Wirtschaftsstrafrecht und Europäisches Strafrecht.

Schröder kehrte im Jahr 2000 zunächst in die Justiz zurück und wurde 2002 zum Richter am Kammergericht ernannt. Es folgte ein Ruf auf eine C4-Professur an die Martin-Luther-Universität Halle-Wittenberg, den er 2003 annahm. 2009 folgte ein weiterer Ruf an die Leibniz-Universität Hannover, den Schröder abgelehnt hat.

Seine Forschungsschwerpunkte liegen auf dem Gebiet des Wirtschafts- und Kapitalmarktstrafrecht. Seit 2010 leitet Schröder die Forschungsstelle Kapitalmarktstrafrecht an der Martin-Luther-Universität. Er ist Autor des „Handbuch Kapitalmarktstrafrecht", das 2010 in zweiter Auflage erschienen ist.

Prof. Dr. Lorenz **Schulz**, M.A.

geb. 1956 in München, nahm 1977 das Studium der Rechtswissenschaft, Philosophie und Amerikanistik in München auf. Nach dem ersten juristischen Staatsexamen im Jahr 1982 folgte ein akademisches Auslandsjahr an der Harvard Universität, 1984 der Magister Artium in Philosophie und1988 wiederum in München das zweite juristische Staatsexamen und die juristische Promotion mit einer Arbeit zum Zusammenhang von philosophischem Pragmatismus und Recht.

Dem folgte bis zur Habilitation 1997 an der Goethe-Universität Frankfurt a.M. ein Jahrzehnt als wissenschaftlicher Assistent bei Arthur Kaufmann (München), Jürgen Wolter (Regensburg) und seit 1992 bei Klaus Lüderssen (Frankfurt a.M.).

Neben Arbeiten zum Allgemeinen und Besonderen Teil des Strafrechts entstanden in dieser Zeit Beiträge im Bereich der juristischen Grundlagen, insbesondere der Rechtsphilosophie.

Die venia legendi für die Fächer „Strafrecht, Strafprozessrecht, Kriminologie und Rechtsphilosophie" erlangte Lorenz Schulz mit einer Arbeit zum strafprozessualen Begriff des Verdachts (Normiertes Misstrauen, Frankfurt a.M. 2001).

Daran schlossen sich zahlreiche Vertretungsprofessuren an den Universitäten Frankfurt a.M., Frankfurt (Oder), München, Gießen und Dresden an. 2002 folgte die Ernennung zum außerplanmäßigen Professor der Goethe-Universität Frankfurt a.M. und der Beginn der Tätigkeit als Rechtsanwalt (Kanzlei Roxin Rechtsanwälte, LLP, München). Herr Schulz lehrt an der Goethe-Universität und ist zugleich Lehrbeauftragter an der Bucerius Law School und an der Ludwig-Maximilians-Universität München.

Renate **Verjans**
Geb. 1960 in Mönchengladbach

1979–1981	Studium der Betriebswirtschaftslehre an der Universität Köln (Abschluss Vordiplom)
1981–1986	Studium der Rechtswissenschaften an der Universität Köln
1987–1990	Referendariat beim Landgericht Düsseldorf
1990–1995	Rechtsanwältin in der Rechtanwaltskanzlei Prof. Dr. Hammerstein, Dr. Gillmeister u. Kollegen, Freiburg im Breisgau
1995	Gründung der Kanzlei Wessing II – Verjans, Düsseldorf
2006	Gründung der Kanzlei VBB Verjans Böttger Berndt Rechtsanwälte, Düsseldorf

Professor Dr. jur. Dr. h.c. Klaus **Volk**
Universität München
Hedwigstr.2, 80636 München

Geboren 1944 in Coburg. Er hat von 1963 bis 1968 in München Rechtswissenschaften studiert. Nach dem Ersten Staatsexamen war er wissenschaftlicher Assistent bei Prof. Dr. Paul Bockelmann an der Juristischen Fakultät der Universität München. Nach der Promotion (1970) und dem Zweiten Juristischen Staatsexamen habilitierte er sich dort (1977) für die Fächer Strafrecht, Strafprozessrecht, Kriminologie und Rechtstheorie. Nach einer Professur in Erlangen wurde er im gleichen Jahr (1977) Ordinarius in Konstanz. 1980 nahm er den Ruf an die Ludwig-Maximilian-Universität auf den Lehrstuhl für Strafrecht, Wirtschaftsstrafrecht und Strafprozessrecht an. Am 29. 3. 03 wurde ihm die Ehrendoktorwürde der Universität Urbino verliehen. Er ist auch als Strafverteidiger tätig.

Rechtsanwältin Dr. Anne **Wehnert**
Fachanwältin für Strafrecht
Wasserstraße 13, 40213 Düsseldorf

Studium an der Universität Köln, Promotion 1988 bei Prof. Dr. Günter Kohlmann und Rechtsanwältin seit 1988 mit Aufnahme ihrer Tätigkeit in Düsseldorf bei Rechtsanwalt Dr. Sven Thomas. Gründungspartnerin der Kanzlei Thomas Deckers Wehnert Elsner in Düsseldorf. Seit 1997 ist sie Mitglied des Strafrechtsausschusses der Bundesrechtsanwaltskammer und hat eine umfangreiche Veröffentlichungs- und Vortragspraxis mit dem Schwerpunkt Wirtschaftsstrafrecht.

Veröffentlichungen:

- Die US-amerikanischen Richtlinien zur Strafverfolgung von Unternehmen – Ein importiertes Schrecknis auf dem Rückmarsch, NJW 2009, 1190ff.
- SEC: Kapitulation vor der (un)heimlichen Übermacht?, in: FS für Egon Müller (2008), S. 729
- Erschütterung der Rechtsüberzeugung und Rechtstreue der Bevölkerung durch unangemessen milde Sanktionen?, in: FS für Gunter Widmaier (2008), S. 813
- Zur Instrumentalisierung der Ermittlungsbehörden durch private Dritte (§§ 105, 110 StPO, Anmerkung zum Beschl. des LG Kiel vom 22. 6. 2006 – 37 Qs 54/06), JR 2007, S. 81
- Durchsuchung und Beschlagnahme, in: Strafverteidigung in der Praxis, hrsg. von Brüssow/Gatzweiler/Krekeler/Mehle (2007)
- Strafverteidigung vor neuen Herausforderungen, in: FS zu Ehren des Strafrechtsausschusses der Bundesrechtsanwaltskammer (2006), S. 175
- Das Korruptionsbekämpfungsgesetz NRW – Ende der Unschuldsvermutung –, in: FS für Christian Richter II (2006), S. 563
- Zwischenverfahren, in: Münchener Anwaltshandbuch/Strafverteidigung, hrsg. von Widmaier (2006)
- Prozessführung der Verteidigung und Medien, StV 2005, S. 179
- Rahmenbeschlusskonforme Auslegung deutschen Strafrechts – die Rechtssache Pupino, NJW 2005, S. 3760
- Untiefen der Vermögensabschöpfung in Wirtschaftsstrafsachen aus Sicht des Strafverteidigers, StV 2005, S. 568 (gemeinsam mit Marcus Mosiek)
- Deutsches und europäisches Strafrecht – Fragen und Widersprüche –, in: FS für Hans Dahs (2005), S. 523
- Europäischer Haftbefehl, StraFo 2003, S. 356
- Rezension Löwe/Rosenberg, 21. Lfg. zur 25. neubearbeiteten Auflage §§ 137–157 StPO (2002), Bearbeiter: Klaus Lüderssen u. Werner Beulke, StV 2003, S. 533
- Anmerkung zum Beschluss LG Bonn vom 29.10.2001 – 37 Qs 59/01 – zu der Reichweite des § 97 StPO bei der Durchsuchung von Wirtschaftsprüfern, StV 2002, S. 68
- Die tatsächliche Ausgestaltung der Absprachepraxis in staatsanwaltschaftlichen Ermittlungsverfahren aus anwaltlicher Sicht, StV 2002, S. 219
- Überlegungen zur Entwicklung der strafrechtlichen Risiken im Unternehmensmanagement, in: FS Rieß (2002), S. 811
- Das Prison Law Office bei der Strafanstalt St. Quentin in Kalifornien, ZfStrVo 1987, 269ff.

Arne Wittig

Arne Wittig ist als General Counsel in der Zentrale der Deutschen Bank in Frankfurt am Main für die rechtliche Beratung des Bankkonzerns in Deutschland und Zentraleuropa verantwortlich. Den Schwerpunkt seiner Tätigkeit bildete ursprünglich die rechtliche Begleitung des Kreditgeschäfts der Bank, insbesondere auch bei Sanierungen und Insolvenzen. Mittlerweile liegt der Fokus auf Rechtsfragen der Corporate Governance und dem Bankaufsichtsrecht. Internationale Erfahrungen hat er durch seine zweijährige Tätigkeit als Jurist in der New Yorker Filiale der Bank erworben.

Neben seiner beruflichen Tätigkeit betreut Arne Wittig als Redaktionsmitglied den Beitragsteil der Wertpapier-Mitteilungen, und er ist Mitglied des Vorstands der Bankrechtlichen Vereinigung.

Arne Wittig ist Herausgeber der 4. Auflage des von Kümpel begründeten Handbuchs zum Bank- und Kapitalmarktrecht und Autor zahlreicher Veröffentlichungen zu Themen des Bankaufsichtsrechts, zum Kreditgeschäft und zu Sanierung und Insolvenz, z. B. als Mitautor im Münchner Kommentar zur Insolvenzordnung und in K. Schmidt/Uhlenbruck (Hrsg.), Die GmbH in Krise, Sanierung und Insolvenz, 4. Aufl. Köln 2009.

Zur Einführung

Schwierigkeiten bei der Ordnung einer komplexen Ökonomie durch das Recht – das Beispiel des Finanzmarkts

Andreas Cahn

Sehr geehrte Damen und Herren,

im Namen des Vorstands des Institute for Law and Finance begrüße ich Sie sehr herzlich zum 3. Symposion „Economy, Criminal Law, Ethics". Das ILF freut sich sehr darüber, diese Veranstaltungsreihe zu Themen im Grenzbereich von Strafrecht, Wirtschaftsrecht, Ökonomie und Ethik ausrichten zu dürfen. Ich möchte bei dieser Gelegenheit, Herrn Kempf, Herrn Lüderssen und Herrn Volk, von denen die Idee zu der Veranstaltung stammt und die sie inhaltlich gestaltet haben, für ihre Initiative sehr herzlich danken.

„Ökonomie versus Recht im Finanzmarkt?" lautet das Oberthema des Symposions. Dass Ökonomie und Recht hier als Gegensätze auftauchen – wenn auch mit einem Fragezeichen versehen – muss eigentlich erschrecken. Es sollte doch selbstverständlich sein, dass die Rechtsordnung den Rahmen für wirtschaftliches Handeln vorgibt, Ökonomie sich also immer nur in den Grenzen des Rechts abspielen darf. Für den Juristen, der an eine solche ordnende Kraft des Rechts glaubt, waren die vergangenen Jahre ziemlich desillusionierend. Insbesondere was den Finanzmarkt angeht, hat das Recht seine Ordnungsfunktion alles andere als glänzend erfüllt.

Dafür ist sicher eine ganze Reihe von Gründen verantwortlich:

Da ist zum einen die Komplexität ökonomischer Gestaltungen, bei deren Regulierung sich Juristen schon deswegen schwer tun, weil sie den wirtschaftlichen Gehalt oft nicht hinreichend verstehen und etwaige Gefahren der einzelnen Transaktion für die Parteien und der Summe der Geschäfte für die Gesamtwirtschaft meist nicht wirklich beurteilen können. Als Beispiele seien Derivate, etwa Optionen oder Swaps, genannt. Sie sind zunächst zur Absicherung von Risiken aus Geschäften der Realwirtschaft eingesetzt worden. Im Laufe der Zeit haben sie sich dann auf dem Finanzmarkt zu Instrumenten für Wetten verselbständigt, die von irgendwelchen zugrundeliegenden realwirtschaftlichen Geschäften völlig losgelöst sind und geradezu astronomische Größenordnungen erreicht haben. Dem eher konservativen Juristen war das zwar ein bisschen unheimlich. Aber da in guten Zeiten die meisten Ökonomen den Nutzen für größer hielten als die Gefahren und da der Erfolg ihnen recht zu geben schien, wollte sich der Gesetzgeber nicht dem Vorwurf aussetzen, vermeintlich wohlfahrtssteigernde ökonomische Aktivitäten ungebührlich zu behindern.

Die Komplexität der Ökonomie wirkt sich aber auch in anderer Weise verheerend auf das Recht auf: Wenn das Recht nämlich in dem Versuch, die ökonomischen Trends nachzuvollziehen, seinerseits so kompliziert und schnelllebig wird, dass es klare Linien und überzeugende theoretische Grundlagen vermissen lässt, verliert es an Überzeugungskraft. Es wird dann nicht als Hilfe, sondern als Belastung empfunden.

Bisweilen lässt das Recht sich auch für ökonomische Zwecke instrumentalisieren, die seine eigenen Grundlagen untergraben. Auch hierfür sind Derivate ein gutes Beispiel. Mit ihrer Hilfe lässt sich etwa das Stimmrecht völlig vom wirtschaftlichen Beteiligungsinteresse abtrennen. Damit stimmt aber auch die unserem Gesellschaftsrecht zugrunde liegende Überlegung nicht mehr, dass nur Gesellschafter in Gesellschaftsangelegenheiten sollen abstimmen dürfen, weil sie den stärksten Anreiz zur Steigerung des Unternehmenswohls haben.

Ein weiteres zentrales Problem des Rechts bei der Ordnung gerade des Finanzmarkts betrifft schlicht die unterschiedlichen geographischen Wirkungsbereiche: Banken und andere Finanzdienstleister betreiben ihre Geschäfte weltweit, ihre Aktivitäten sind sozusagen grenzenlos. Demgegenüber wirken rechtliche Regelungen nur national oder bestenfalls regional. Solche nationalen oder regionalen Alleingänge sind aber oft unzureichend. Ein Beispiel aus jüngster Zeit sind die verschiedenen nationalen Versuche einer Gesetzgebung für Bankinsolvenzen. Sie sollen verhindern, dass die Folgen geschäftlicher Fehlentscheidungen privater Unternehmen auch in Zukunft von der öffentlichen Hand übernommen und damit von allen Bürgern getragen werden, weil die betreffenden Institute schlicht zu groß sind, als dass man das Experiment wagen wollte, sie in einem auf solche Fälle nicht zugeschnittenen Insolvenzverfahren zu abzuwickeln. In den letzen Monaten sind dazu u.a. in den USA, in England und in Deutschland Gesetze verabschiedet worden, über deren Tauglichkeit man sich durchaus streiten kann. Nicht streiten kann man sich aber wohl darüber, daß diese Gesetzgebungen das zentrale Problem einer Insolvenz „systemrelevanter“ Banken nicht gelöst, ja teilweise nicht einmal angesprochen haben, nämlich den Umstand, dass solchen Banken weltweit Vermögenswerte und Gläubiger haben, so dass kein nationales Insolvenzverfahren, wie auch immer es ausgestaltet sein mag, ein international tätiges Institut abwickeln kann.

Weltweit einheitliche oder zumindest aufeinander abgestimmte rechtliche Regelungen in diesem und anderen zentralen Bereichen der Finanzmarktregulierung sind realistischerweise in näherer Zukunft kaum zu erwarten. Im Gegenteil ist immer wieder zu beobachten, dass Staaten im Wettbewerb um Wirtschaftsunternehmen regulatorischer Arbitrage sogar Vorschub leisten.

Das Symposion wird eine Reihe ausgewählter Frage aus dem Oberthema „Ökonomie versus Recht im Finanzmarkt?“ behandeln. Wie Sie aus dem Programm ersehen, gliedert sich die Tagung in vier Teile. Der heutige Vormittag ist den ökonomischen und rechtstheoretischen Grundlagen gewidmet, der Nachmittag ausgewählten wirtschafsstrafrechtlichen Fragen. Morgen Vormittag beginnen wir mit besonders wichtigen Aspekten des Strafverfahrenrechts, den Abschluss bildet ein Abschnitt zu aktuellen Fragen der Finanzmarktregulierung.

Nun darf ich das Podium an den ersten Referenten übergeben. Herr Prof. Dr. Friedrich Kübler, Professor in Frankfurt und Philadelphia, wird den Anfang machen mit einem Bericht über die aktuelle Finanzmarktreform in den USA.

Die Finanzmarktreform in den USA

Friedrich Kübler

Am 21. Juli dieses Jahres hat Präsident *Obama* den „Wallstreet Reform and Consumer Protection Act" unterzeichnet und damit in Kraft gesetzt. Abgekürzt ist das der Dodd-Frank Act; *Christopher Dodd* und *Barney Frank* waren die Vorsitzenden der Bankrechtsausschüsse im Senat und im Abgeordnetenhaus; das Gesetz ist vor allem ihren koordinierten Bemühungen zu verdanken.

Der Umfang des Reformwerks lässt sich als beeindruckend, aber auch als monströs bezeichnen. Der Gesetzestext allein füllt 860 Druckseiten; in einer anderen Fassung sind es 2.300 Seiten. Er enthält zudem eine Menge von Ermächtigungen zum Erlass von Rules and Regulations, d.h. von Verordnungen und Ausführungsbestimmungen, die in den nächsten Jahren entstehen und dann vermutlich ein Mehrfaches des Gesetzestextes ausmachen werden.

Das Reformgesetz ist sachlich sehr breit angelegt. Die Neuregelungen betreffen u.a.:

- die Verbriefung von Forderungen,
- den Leerverkauf von Effekten,
- den Markt für Derivate, das sind die abgeleiteten Finanzprodukte wie Optionen und Swaps,
- die Einrichtung einer Versicherungsaufsicht des Bundes; sie war bislang ausschließlich Sache der Einzelstaaten,
- die Entlohnung von Mitarbeitern der Finanzinstitute: diese Firmen haben alle anreizorientierten Vergütungselemente wie Prämien und Boni ihrer jeweiligen Aufsichtsinstanz mitzuteilen; diese kann Änderungen verlangen,
- Coporate Governance im Allgemeinen: alle börsennotierten Gesellschaften müssen ein Compensation Committee einrichten, das dem Board die dem Management zu gewährenden Bezüge vorschlägt.

Auf vier weitere Regelungselemente des Dodd-Frank Act will ich im Folgenden kurz eingehen; das sind:

- der neue „Financial Stability Oversight Council",
- die „Volcker"-Regel,
- die „Orderly Liquidation Authority",
- und das „Consumer Financial Protection Bureau".

1. Die Einrichtung des „Financial Stability Oversight Council" (abgekürzt FSOC) wird nur vor dem Hintergrund des amerikanischen Systems der Bankaufsicht verständlich. Es wird als „dual" bezeichnet, weil die Kreditinstitute sowohl von den Einzelstaaten wie von der Bundesregierung lizenziert und kontrolliert werden können. Auf der

Ebene des Bundes konkurrieren wiederum mehrere Einrichtungen; die drei wichtigsten sind:

- der Federal Reserve Board (abgekürzt: Fed); das ist die Zentral- oder Notenbank,
- das „Office of the Comptroller of the Currency" (abgekürzt: OCC); das ist die eigentliche Bankaufsicht,
- und die „Federal Deposit Insurance Corporation" (abgekürzt: FDIC); sie verwaltet die Einlagensicherung und überwacht die Banken, die sich an dem Versicherungssystem beteiligen.

Diese Vielfalt ermöglicht den Banken, sich ihre Aufsichtsbehörde – innerhalb gewisser Grenzen – auszuwählen; das hat Rückwirkungen auf das Verhalten dieser „agencies"; sie konkurrieren um Lizenznehmer. Der FSOC ist eine Reaktion auf die Annahme, dass dieser regulatorische Wettbewerb durch Lockerung der Standards zu der Finanzkrise beigetragen hat.

Dem FSOC gehören u. a. an:

- der Secretary of the Treasury, das ist der Finanzminister, als Vorsitzender;
- der Cairman der Fed;
- der Comptroller of the Currency;
- der Vorsitzende der Securities Exchange Commission (abgekürzt: SEC); ihr obliegt die Kapitalmarktaufsicht;
- die Chairperson der FDIC;
- ein vom Präsidenten mit Zustimmung des Senats zu berufender Experte der Versicherungsaufsicht.

Hauptaufgabe des FSOC ist die ständige Beobachtung nicht nur von Banken, sondern auch von anderen Finanzdienstleistern, soweit sie als systemrelevant gelten; der Council soll rechtzeitig die Risiken identifizieren, die dem Finanzsystem aus der Krise eines dieser Unternehmen erwachsen können; und er soll zudem die Marktdisziplin fördern, indem er der Erwartung von Aktionären und Gläubigern entgegenwirkt, staatliche Finanzhilfen würden sie vor Verlusten schützen. Der Council operiert mit Empfehlungen, die aber Handlungspflichten der in ihm vertretenen Aufsichtsinstanzen auslösen. Dadurch werden deren Ermessensspielräume beschränkt und der regulatorische Wettbewerb gemildert. Zugleich wird die Aufsicht auf alle Finanzunternehmen erstreckt. Das ist nicht zuletzt deshalb wichtig, weil das amerikanische Aufsichtsrecht traditionell von einem sehr engen Bankbegriff ausgeht.

2. Auch die „Volcker"-Regel (Volcker-Rule) bedarf einer historischen Erklärung. In den USA waren die Banken immer wenig beliebt (in den alten Wildwestfilmen stehen die fett und ölig dargestellten Banker immer auf der Seite der Schurken). Auch deshalb wurden die Handlungsmöglichkeiten der Kreditinstitute durch die Reformgesetzgebung des New Deal in den 30er Jahren des letzten Jahrhunderts erheblich begrenzt. Der Bank Holding Company Act verbot ihnen das Versicherungsgeschäft und die Beherrschung von Nichtbankunternehmen. Dahinter standen zwei mächtige Interes-

sengruppen. Das waren zunächst die Versicherungsvertreter: sie wollten immer verhindern, dass Versicherungen auch durch Banken verkauft werden. Und das war und ist die dem Bundesverband der Deutschen Industrie (BDI) entsprechende „Business Roundtable", die von den Vorständen der Publikumsgesellschaften dominiert wird: Sie wollen nicht, dass ihre Unternehmen von Banken beherrscht werden können. Zudem verlangte der Glass-Steagall Act die strikte Trennung von traditionellem Bankgeschäft und Investmentbanking. Diese Restriktionen wurden im Jahr 1999 durch den Gramm-Leach-Blily Act teils aufgehoben und teils entschärft. Dafür gab es mehrere Gründe. Das amerikanische Finanzgewerbe beklagte sich nicht ohne Grund über die Wettbewerbsnachteile gegenüber den Universalbanken aus Europa und aus Japan, denen fast alles erlaubt ist. Zudem vermehrten sich die Kompetenzkonflikte: neue Finanzinstrumente – wie etwa Credit Default Swaps – lassen sich nicht mehr eindeutig dem commercial oder dem investment banking oder dem Versicherungsgeschäft zuordnen. Und: Travellers, eine große Versicherungsgesellschaft, hatte mehrere Investmentbanken übernommen und mit Citibank, der damals größten amerikanischen Geschäftsbank, den Zusammenschluss vereinbart; all das war mit den Gesetzen des New Deal nicht vereinbar. Deshalb drängten beide auf Deregulierung; es wird angenommen, dass sie für ihre erfolgreichen Lobbyanstrengungen mehr als 100 Millionen Dollar ausgegeben haben. Die Fusion war freilich kein Erfolg: Citibank und Travellers haben sich wieder getrennt. Aber: Auf der Höhe der Finanzkrise hat *Paul Volcker*, ein früherer Vorsitzender der Fed, der nach wie vor hohes Ansehen genießt, vorgeschlagen, Gramm-Leach-Blily zurückzunehmen und das alte Trennsytem wieder herzustellen. Dazu ist es nicht ganz gekommen. Aber den Geschäftbanken, die das Einlagen- und Kreditgeschäft betreiben, wird u. a. der Eigenhandel mit Wertpapieren und die Beteiligung an Hedgefonds und Private Equity-Fonds verboten; dadurch soll vor allem Interessenkonflikten entgegengewirkt werden. Das ist – in grober Vereinfachung – die aktuelle Bedeutung der Volcker-Rule.

3. Auch die „Orderly Liquidation Authority" hat ihre Geschichte. In Deutschland wird die Einlagensicherung als eine Versicherung auf Gegenseitigkeit von den Bankverbänden betrieben. In den USA ist sie eine staatliche Veranstaltung, die in den Händen der erwähnten Federal Deposit Insurance Corporation (FDIC) liegt. Für die Verstaatlichung werden wettbewerbspolitische Gründe angeführt; das deutsche Modell sieht sich mit dem Verdacht konfrontiert, die Wirkungen eines Zinskartells auszulösen. Vor allem aber geht es darum, kleinere Banken gegen den Verlust des Vertrauens ihrer Einleger zu schützen. Denn dieser Vertrauensverlust kann einen „run", d.h. den überstürzten Abzug der Depositen, zur Folge haben, der jede Bank zahlungsunfähig macht, weil sie ihre Aktiva, das sind die Forderungen gegen ihre Kreditnehmer, nicht so rasch und nicht zum Nennwert verkaufen kann. Und: Die kleinen Banken sind politisch mächtig, weil es in den allermeisten der Einzelstaaten keine großen Banken gibt.

Die FDIC ist – wie erwähnt – zugleich eine Kontrollinstanz; sie beaufsichtigt die bei ihr versicherten Banken. Aus dieser Doppelfunktion hat sich die Praxis entwickelt, dass die FDIC interveniert, um gefährdete Banken aufzufangen, bevor sie zahlungsunfähig geworden sind; das kann etwa durch die Fusion mit einer gesunden Bank geschehen, der die Übernahme durch Zahlungen aus dem Einlagensicherungsfond und durch Liquiditätshilfe der Zentralbank schmackhaft gemacht wird. Diese Praxis hat den Vorteil, dass sie die Liquidation oder Abwicklung der notleidenden Bank vermeidet, die der Stabilität eines Finanzplatzes besonders abträglich ist; sie hatte den Nachteil, dass sie nur auf die bei der FDIC versicherten Banken anzuwenden war, und dass deren Eigentümer und Gläubiger ihre Verluste durch die Fusion mit einem anderen Kreditinstitut minimieren konnten. Diese Schwächen will Dodd-Frank beseitigen. Gerät ein systemrelevantes Finanzunternehmen in eine Schieflage, dann ist die zuständige Aufsichtsinstanz – die Fed, das OCC, die FDIC, die SEC oder die neue Versicherungsaufsicht des Bundes – berechtigt und in vielen Fällen verpflichtet, beim Finanzminister die Einleitung eines Insolvenzverfahrens zu beantragen. Dann kann der Minister das Verfahren eröffnen und die FDIC, also eine staatliche Instanz, als Insolvenzverwalter einsetzen, der die Sanierung oder Liquidation zu betreiben hat. Dafür schreibt das Gesetz vor, dass das für die Schieflage verantwortliche Management abgelöst wird und dass den Aktionären und den Gläubigern des Gemeinschuldners keinerlei Erleichterung verschafft werden darf. Sie sollen die auf sie entfallenden Verluste wirklich zu tragen haben; wiederum soll die Marktdisziplin gestärkt werden.

4. Zu den umstrittensten Neuerungen zählt die Einrichtung eines „Consumer Financial Protection Bureau". Es beruht auf dem Vorschlag der Kollegin *Elisabeth Warren* (früher Penn, jetzt Harvard). Sie hat mehrere auf empirische Untersuchungen gestützte Bücher veröffentlicht, die die Ausbeutung vor allem der unteren Mittelschicht durch Kreditkartenunternehmen, Hypothekenbanken und andere Finanzinstitute anprangern; es ist unbestritten, dass diese soziale Gruppe in besonders hohem Maße verschuldet ist. Dem Bureau werden weitgehende Befugnisse eingeräumt, Missbräuche aufzudecken und abzustellen. Die streitbare Kollegin ist längst das rote Tuch so gut wie aller Verbände der Finanzindustrie. Diese haben die erste Schlacht verloren: Sie konnten die Einrichtung des Verbraucherschutzbüros nicht verhindern. Der zweite Schlagabtausch ist in vollem Gange. *Warren* will Chef der neuen Einrichtung werden; und es hat den Anschein, dass es Zusagen des für die Berufung zuständigen Präsidenten *Obama* gibt. Aber noch laufen die Verbände Sturm und eine Entscheidung ist bislang nicht bekannt geworden.

Soweit mein Überblick, für den die Bezeichnungen „vereinfachend" oder „kursorisch" gewiss euphemistisch wären. Bleibt die Frage, wie das legislatorische Mammutwerk zu beurteilen ist. Auch hier muss ich mich mit einer sehr groben Einschätzung begnügen. Es wird mit guten Gründen angenommen, dass die Neuregelungen viele Komplikationen, insbesondere zusätzliche und längere Verwaltungs- und Gerichtsverfahren, und damit höhere Kosten für Finanzdienstleistungen zur Folge haben werden. Ob das sinnvoll ist, hängt vor allem davon ab, wie die Finanzkrise beurteilt wird. Die entgegengesetzten Lager lassen sich mit den Schlagworten „Tsunamitheorie" und „Casinotheorie" bezeichnen. Für die Vertreter der Tsunamitheorie sind Finanzkrisen eine Art Naturereignis, das immer wieder eintritt und nicht verhindert werden kann; das gilt auch dann, wenn eingeräumt wird, dass sich einige der Akteure auf den Finanzmärkten unvorsichtig verhalten haben. Für diese Tsunamisten ist die aktuelle Finanzkrise ein Vorwand, den die Politiker und die Bürokraten dazu nutzen, die Finanzbranche mit kostspieligen und letztlich ineffektiven Neuregelungen zu überziehen. Die Casinotheorie stellt darauf ab, dass viele der als innovativ gepriesenen Finanzinstrumente und Transaktionsformen nur deshalb hohe Renditen erzielten, weil mit ihnen höhere Risiken eingegangen worden sind. Die Gewinne wurden von den Akteuren kurzfristig als Prämien und Boni realisiert, die Risiken am Ende auf die Zentralbanken und die Staatshaushalte, d.h. auf die Steuerzahler abgewälzt; das sind externe Wirkungen, die durch staatliche Regelungen zu internalisieren oder in anderer Weise zu verhindern sind. Zudem wird angenommen, dass viele dieser Neuerungen – wie etwa mehrfach gehebelte Verbriefungen oder hochkomplexe Derivate – keinerlei Bezug zur Realwirtschaft, d.h. zu den Finanzierungsbedürfnissen von Unternehmen oder Haushalten haben; es handelt sich um Spiele, deren einziger Zweck darin besteht, die Erfinder und die Teilnehmer auf Kosten der Allgemeinheit zu bereichern. Schließt man sich dieser Theorie an, die mir wesentlich plausibler erscheint, dann lässt sich dem Dodd-Frank Act trotz vieler Fragen im Detail der Respekt nicht versagen: Er zielt darauf ab, das amerikanische System der Finanzmarktregulierung so weiterzuentwickeln, dass eine Wiederholung der aktuellen Krise verhindert wird. Wenn das richtig ist, dann lässt sich zudem feststellen, dass die Amerikaner ihre Hausaufgaben rascher erledigt haben als die Europäer.

Konkurrierende ökonomische Aufgaben

Soziale Marktwirtschaft – Eine Theorie für den Finanzmarkt nach der Krise?

Ernst-Joachim Mestmäcker

Gliederung

Die Antwort auf die mir gestellte Frage wird nicht in dem Versuch bestehen, soziale Marktwirtschaft zu definieren oder ihre schon historische oder noch aktuelle Bedeutung zu bestätigen oder zu verneinen. Auch geht es nicht darum, den Begriff der „in hohem Maße wettbewerbsfähigen sozialen Marktwirtschaft" in Artikel 3 Abs. 3 EUV in seiner Bedeutung für das Unionsrecht auszulegen. Meine Überlegungen gelten dem ordnungspolitischen und ordnungstheoretischen Kern der sozialen Marktwirtschaft. Sie sind unvermeidlich von eigenen Erfahrungen und Gedanken geprägt. Ein außenstehender Beobachter, der kein impartial spectator im Sinne von *Adam Smith* sein muss, kann deshalb dazu beitragen, einige Ausgangspunkte zu klären und weiterführende Fragestellungen anzuregen.

I. Ordoliberalismus bei Foucault

1. Soziale Marktwirtschaft

Für *Michel Foucault* ist der Liberalismus der zweiten Hälfte des 20. Jahrhunderts „ein Wort, das aus Deutschland zu uns kommt".[1] Dieser Liberalismus sei der von Ökonomen und Juristen entwickelte Ordoliberalismus. Deren Ideen seien politisch dadurch relevant geworden, dass *Ludwig Erhard* und *Karl Schiller* sie zur Grundlage ihrer Politiken machten. Der Markt, sagt *Foucault*, schafft sich in dieser Theorie keinen eigenen Staat, weil es ihn als souveränen Staat und als Quelle des Rechts nach dem Nationalsozialis-

1 Sennelat (Hrsg.) Die Geburt der Biopolitik, Geschichte der Gouvernementalität II, Vorlesung am Collège de France 1978–1979, 2004, S. 44.

mus nicht mehr geben konnte. Aber der Markt, der an die Stelle des Staates trete, ist nicht mehr durch Tausch, sondern durch Wettbewerb definiert. Dieser Wettbewerb sei kein Naturereignis, sondern ein Ziel, das durch aktive Politik zu verwirklichen sei (S. 172). Die Beziehung von Wettbewerb und Staat sei auch nicht mehr die einer gegenseitigen Begrenzung; man solle vielmehr für den Markt regieren anstatt auf Veranlassung des Marktes zu regieren (S. 174). Ich lasse die These von *Foucault* unerörtert, dass die einzig wahre und grundlegende Gesellschafts- und Sozialpolitik des Ordoliberalismus das Wirtschaftswachstum sei (S. 205). In unserem Zusammenhang soll vielmehr die von *Foucault* betonte Rolle des Rechts im Ordoliberalismus im Mittelpunkt stehen.

Foucault sucht nach Erklärungen für die Überwindung der Sinn- und Systemkrise der letzten 300 Jahre und findet sie hauptsächlich im neuen Verständnis des Verhältnisses von Recht und Ökonomie. Er zitiert *Louis Rougier* und dessen Beitrag zum Kolloquium Lippmann im Jahre 1939: „Das liberale System ist nicht allein das Ergebnis einer natürlichen spontanen Ordnung, wie die zahlreichen Autoren der Codes de la Nature im 18. Jahrhundert erklärten; es ist auch das Resultat einer Gesetzesordnung, die auf einen juridischen Interventionismus des Staats angewiesen ist. Das Wirtschaftsleben vollzieht sich in einem rechtlichen Rahmen, der das System des Eigentums, der Verträge, der Patente für Erfindungen, des Konkurses, den Status von Berufsverbänden und von Handelsgesellschaften, die Währung und die Bank bestimmt, alles Dinge, die keine Naturgegebenheiten sind, wie etwa die Gesetze des wirtschaftlichen Gleichgewichts, sondern kontingente Schöpfungen des Gesetzgebers“ (S. 227/228). Die Wirtschaft unterliege zwei Schiedsgerichten: dem spontanen Schiedsgericht der Konkurrenten und dem staatlichen Schiedsgericht, das die Freiheit, die Pflichten und die Effizienz des Marktes gewährleiste (S. 228/229). *Foucault* interpretiert diesen Befund im Anschluss an *Marx*: Das Rechtliche sei kein Überbau mehr und befinde sich nicht in einer nur instrumentellen Beziehung zur Wirtschaft. Man müsse vielmehr von einer wirtschaftlichrechtlichen Ordnung sprechen (S. 230). Diese Ordnung werde nicht den Produktionskräften, sondern den Produktionsverhältnissen zugerechnet. Es gehe also um die ökonomisch rechtliche Gesamtheit, eine Gesamtheit von geregelten Aktivitäten, die *Walter Eucken* ein System nenne. Die Wirtschaftsprozesse existierten in der Geschichte nur insofern wirklich, als ihnen die Bedingungen ihrer Möglichkeit durch einen institutionellen Rahmen und positive Regeln gegeben wurden (S. 231 N. 11). Politisch gehe es um das Überleben des Kapitalismus, der aber nicht mehr durch das Kapital im Sinne von *Marx* definiert sei. Eine Innovation des Kapitalismus sei nur möglich, wenn man die Institutionen in die Betrachtung einbeziehe; eine Perspektive, die den Ökonomen in ihrer Analyse entgehe (S. 236). Die zu verwirklichende institutionelle Innovation, die eine Wirtschaftsordnung konstituiere, sei die Anwendung der Rule of Law oder der Idee des Rechtsstaats auf die Wirtschaft (S. 236). Der Rechtsstaat der Ordoliberalen, insbesondere im Sinne von *Franz Böhm* und *Hayek* sei das Gegenteil von Planung: Den Staat als das universale Subjekt des Wissens auf dem Gebiet der Wirtschaft gebe es nicht (S. 242). Dies sei, kurz gesagt, die Begründung für die Notwendigkeit dezentraler Ordnungspolitik. In den Worten von *Foucault*: Die Wirtschaft ist ein Spiel und die Institutionen des Rechts, die den Raum für die Wirtschaft bilden, sollen als Spielregeln aufgefasst werden (S. 244). Daraus folge die wachsende Nachfrage nach Rechtsprechung (S. 245). Wenn es dieses deutsche Modell geben sollte, das seine französischen Landsleute erschrecke, dann sei es nicht dasjenige eines allmächtigen Staates, des Polizeistaates etwa, es sei das Sich Ausbreiten des Rechtsstaates. Die Schlussfolgerung lautet im System der Gouvernementalität, mit dem *Foucault* die Bedingungen der Regierungsfähigkeit untersucht: Glaubt nicht, dass ordnungspolitisch angeleitete Regulierungen weniger in eure Freiheit eingreifen als die einer Planbürokratie. Der Unterschied besteht letztlich nur darin, dass an die Stelle der Verwaltung die Gerichte treten. Das bestätige *Leonard Miksch*, nach dem in der marktwirtschaftlichen Ordnung nicht weniger, sondern nur anders interveniert werde als in der Planwirtschaft.

Foucault glaubt nicht, dass die Ordoliberalen die Wette gewinnen können, welche sie mit der Geschichte auf die Überwindung des Kapitalismus abgeschlossen hätten. Die Gründe, die ihn zu diesem Ergebnis führen, werden von ihm in einem anderen historischen und systematischen Zusammenhang erörtert. Er sieht den Hauptgrund darin, dass die Möglichkeit von Recht in marktwirtschaftlichen Ordnungen die in der Ökonomie und im Recht vorausgesetzten Rationalitäten der Akteure entzweie. Und dieser Gegensatz personifiziere sich im Gegensatz von Rechtssubjekt und Interessensubjekt. Deshalb sei die Idee einer ökonomisch juristischen Wissenschaft streng genommen unmöglich und in Wirklichkeit auch nie verwirklicht worden (S. 388).

In dieser Grundsatzdiskussion geht es erneut um die „Interdependenz von Rechts- und Wirtschaftsordnung“[2]. Rechtsstaat und Rule of Law werden bei *Foucault* aber anders als bei *Eucken* und *Böhm* öffentlich-rechtlich, nämlich als Regulierung gedacht. Sie führe zur Feinsteuerung einer regulierten Wirtschaft, in der alle Rechtssubjekte als Unternehmen handelten. Unberücksicht bleibt die von *Böhm* im Einzelnen begründete strukturelle Entsprechung von Marktwirtschaft und Privatrechtsordnung, die er als Privatrechtsgesellschaft kennzeichnet.[3] Unberücksichtigt bleibt ferner, dass der Wettbewerb zwar eine bestimmte Rechtsordnung mit bestimmten Freiheitsrechten voraussetzt, dass damit aber keine Absage an die auch ökonomische Analyse des Wettbewerbs, also an seine „Natur“ verbunden ist.[4]

2. Regierbarkeit – Gouvernementalität

Unter Gouvernementalität versteht *Foucault* die Gesamtheit der Bedingungen, von denen in einer gegebenen Gesellschaft ihre Regierbarkeit abhängt. Diese Bedingungen folgen hauptsächlich aus den gesellschaftlichen Machtverhältnissen. Die nicht weiter reduzierbaren Elemente, aus denen sich für *Foucault* eine nicht regierbare liberale Marktgesellschaft ergibt, sind eine Ökonomie ohne Souverän, Rechtssubjekte, die zugleich als homo oeconomicus handeln, die Subsumption der subjektiven Rechte unter

---

2 *Eucken* Grundsätze der Wirtschaftspolitik 7. Aufl. 2004, S. 332ff. und öfter. S.a. *Streit* Die Interdependenz der Ordnungen – eine Botschaft und ihre aktuelle Bedeutung, in: Freiburger Beiträge zur Ordnungsökonomik 1995, S. 135–158.

3 *Böhm* Privatrechtsgesellschaft und Marktwirtschaft, ORDO 17 (1966) S. 75–151; auch in: Mestmäcker (Hrsg.) Freiheit und Ordnung in der Marktwirtschaft 1980, S. 105–168. Zur Rezeption der Lehre im geltenden Privatrecht die Beiträge zu Riesenhuber (Hrsg.) Privatrechtsgesellschaft. Entwicklung, Stand und Verfassung des Privatrechts, 2007.

4 Die von *Miksch* vertretene „als-ob-Wettbewerbstheorie“ ist nicht repräsentativ für die Ordoliberalen. Zur ersten Fassung der Theorie *Miksch* Wettbewerb als Aufgabe. Die Grundsätze einer Wettbewerbsordnung, 1937, insbes. S. 73–79.

das Eigeninteresse, schließlich die notwendige Blindheit aller am ökonomischen Prozess Beteiligten für ein öffentliches Interesse. Als Ausgangs- und Endpunkt dieser Analyse erweist sich die unsichtbare Hand bei *Smith*. Sie wird zum Inbegriff eines unbewussten oder blinden Utilitarismus.

a) *Foucault* vergleicht das juristisch politische Denken des 18. Jahrhunderts, das darauf gerichtet war, individuelle Rechtssubjekte zu einer politischen Einheit zusammenzuschließen mit der Eigengesetzlichkeit der Ökonomie. Deren Problematik und die des ökonomischen Interesses gehorchten einer ganz anderen Logik, einer anderen Überlegung und einer anderen Rationalität. Wörtlich heißt es: „Der homo oeconomicus sagt dem Souverän du darfst nicht, weil du nicht kannst, und du kannst nicht, weil du nicht weißt und nicht wissen kannst." Aus diesem rechts- wie gesellschaftstheoretisch gleich weitreichenden Befund folgert er, dass es keinen ökonomischen Souverän geben könne. Die Dunkelheit und die Blindheit seien für alle ökonomischen Akteure bei *Smith* absolut notwendig; das gelte auch für den Staat." (S. 384). *Foucault* übersieht, wie viele Autoren vor ihm, die bei *Smith* schlechthin grundlegende Voraussetzung unter der allein das Eigeninteresse mit dem gesellschaftlichen Interesse vereinbar ist: die „exact administration of justice".[5]

Die „exact administration of justice" gehört verfassungspolitisch zur Gewaltenteilung.[6] Sie fordert die organisatorische Trennung der Justiz von der Exekutive und ihre Unabhängigkeit. Materiellrechtlich wirkt dieser Teil der Gewaltenteilung im Verhältnis zur Exekutive als Willkürverbot, im Verhältnis zum Bürger als Freiheitsgarantie. In den Worten von *Smith*: „Wenn jeder Einzelne Gewissheit haben soll, dass er ein jedes seiner Rechte ungehindert ausüben kann, dann ist es nicht nur notwendig, die Justiz von der Exekutive zu trennen, sondern es ist auch dafür Sorge zu tragen, dass sie von der Exekutive soweit wie möglich unabhängig ist."[7] Freiheit durch Recht gewährleisten bei *Smith* wie bei *David Hume* Institutionen, die sich entwickeln, soweit die Bürger die Möglichkeit haben, ihre eigenen Angelegenheiten rechtlich zu regeln.[8] Aus der historisch beglaubigten Entwicklung wird im System natürlicher Freiheit ein Gebot von „constitutional liberty". Es sind die Institute des Privatrechts, die dazu beitragen, dass die Akteure ihren Egoismus in Verträgen mäßigen müssen und dadurch gleichzeitig zur Entwicklung von Regeln beitragen, die gesellschaftlich notwendig sind. Wenn *Smith* die Bedingungen nennt, unter denen die Freiheit, dem Eigeninteresse zu folgen, nicht zum Chaos führt, dann handelt es sich – entgegen *Foucault* (S. 383) – nicht um eine ökonomisch – utilitaristische Interpretation göttlicher Vernunft, auch nicht um ein Prinzip der „Unsichtbarkeit", das dem Staat die Hand „so binden soll, dass ihm damit die Möglichkeit des Handelns entzogen wird" (S. 384). Die gesellschaftlichen Prozesse, die *Smith* mit der „unsichtbaren Hand" erklärt, sind immer auch privatrechtlich geordnete Pro-

---

5 *Adam Smith* An Inquiry into the Nature and Causes of the Wealth of Nations 1976, p. 708/709.

6 Zur Trennung der gesetzgebenden und vollziehenden Gewalt von der richterlichen Gewalt auch im Hinblick auf die Privatrechtsordnung: *Montesquieu* Vom Geist der Gesetze, Neudruck 1992, Bd. 1 S. 215. Dazu auch *Mestmäcker* Systemtransformationen im Spiegel der Rechtstheorie, in: Wirtschaft und Verfassung in der Europäischen Union 2. Aufl. 2006, S. 21, 27, 28.

7 *Adam Smith* p. 723 (Fn. 5).

8 Näher dazu: *Mestmäcker* Gesellschaft und Recht bei David Hume und Friedrich A. von Hayek – Über die Zivilisierung des Egoismus durch Recht und Wettbewerb, ORDO Bd. 60 (2009) S. 87–100.

zesse. Diese Rechtsbildung muss durch den Gesetzgeber unter Beachtung der grundlegenden Freiheitsprinzipien ergänzt und weiterentwickelt werden. So werden Markt und Wettbewerb regelbar, aber nicht programmierbar.

b) Der homo oeconomicus ist bei *Foucault* die einzige kleine Insel möglicher Rationalität innerhalb eines Wirtschaftsprozesses, dessen unkontrollierter Charakter der Rationalität des atomistischen Verhaltens des homo oeconomicus nicht widerstreitet, sondern sie begründet (S. 347). Dieser Gedanke wird in Auseinandersetzung mit einem Teil der amerikanischen Ökonomie ausgeführt. Nach *Gary Becker* kann jegliches Verhalten als ökonomisches Verhalten verstanden werden: jedes Verhalten, das die Wirklichkeit akzeptiert, ist der ökonomischen Analyse zugänglich; selbst das irrationale Verhalten, das nicht die Verteilung bestimmter Güter auf bestimmte Zwecke zum Gegenstand hat, ist in diesem Sinne ökonomisch.[9] *Foucault* (S. 360) nimmt diese These zum Anlass, ein den homo oeconomicus kennzeichnendes „unberührbares Element bei der Ausübung von Macht" zu identifizieren. Der homo oeconomicus ist danach der Mensch, der seinem Interesse gehorcht (S. 371). Er ist Subjekt oder Objekt des laissez-faire und als solcher, aber nur als solcher, ist er regierbar (S. 372). Das so definierte Interessensubjekt (S. 324) wird dem Rechtssubjekt gegenübergestellt. Als homo oeconomicus sei das Interessensubjekt eine absolut heterogene Figur, die dem, was man den homo juridicus oder den homo legalis nenne, nicht überlagert werden könne (S. 379). Das nicht zu überlagernde Interessensubjekt programmiert einen funktional nicht überwindbaren Vorrang vor dem Rechtssubjekt.

Eine Erklärung für den von *Foucault* in Bezug genommenen universalistischen Anspruch der Ökonomie folgt aus der ökonomischen Analyse des Rechts und ihrer Reduzierung auf die „instrumentelle Vernunft".[10] Der Versuch, diesen Befund und das Interessensubjekt als solches mit *Hume* und dessen Gesellschafts- oder Rechtstheorie zu begründen (S 373), geht jedoch fehl. Unberücksichtigt bleibt, dass die Interessensubjekte bei *Hume*, wenn sie einen Vertrag schließen, damit ihr Eigeninteresse mäßigen und zur Entwicklung allgemeiner Rechtsregeln beitragen, ohne diese Wirkung in ihren Willen aufzunehmen. Wenn es eine Errungenschaft in *Humes* Theorie gibt, dann ist es diese bereits hervorgehobene Einsicht in die gesellschaftliche Evolution privatrechtlicher Institutionen.[11]

c) Die Reichweite des Gegensatzes von Interesse und Recht tritt bei *Foucault* in seiner Analyse von Menschenrechten und subjektiven Rechten hervor. Das Rechtssubjekt, das ursprünglich Naturrechte hatte, werde zum Rechtssubjekt in einem positiven System, wenn es zumindest das Prinzip akzeptiert habe, diese Naturrechte abzutreten oder auf sie zu verzichten. Das Rechtssubjekt habe einer Begrenzung dieser Rechte zugestimmt, indem es das Prinzip der Übertragung akzeptierte. Das bedeute, dass es per definitionem ein Subjekt sei, das die Negativität und in einem gewissen Sinne seine Spaltung akzeptiere. Auf einer bestimmten Ebene sei es zwar Inhaber einer Reihe von unmittelbaren Rechten, auf einer anderen Ebene akzeptiere es aber das gegenteilige Prinzip, nämlich

---

9 *Becker* Irrational Behaviour and economic Theory, Journal of political Economy, Vol. 17 No. 1 February 1962; auch in: *ders.* The Economic Approach to Human Behaviour, 1976, p 153–168.

10 Näher: *Mestmäcker* A Legal Theory without Law. Posner v. Hayek on Economic Analysis of Law 2007, S. 46–49.

11 Näher dazu *Mestmäcker* (Fn. 8).

den Verzicht auf diese Rechte. So konstituiere sich ein anderes Rechtssubjekt, das sich dem Ersten überlagere (S. 377). *Foucault* nennt das die Aufteilung des Subjekts, die Existenz einer Transzendenz des Zweiten gegenüber dem Ersten. Die Relativierung der Selbstständigkeit des Menschen als Rechtssubjekt durch seine Abhängigkeit vom Interesse verweist auf die Nähe dieser Theorie zum Utilitarismus bei *Bentham*. Dessen Definition des Interesses lautet: Etwas fördert das Interesse eines Einzelnen oder etwas ist in seinem Interesse, wenn es geeignet ist, die Summe seiner Vorteile (pleasures) zu erhöhen oder, was dasselbe sagt, die Summe seiner Nachteile herabzusetzen.[12]

d) Man wird den weitreichenden Implikationen dieser Theorie nicht gerecht, wenn man sie nur rechtstheoretisch fasst. Gleichwohl ist es unerlässlich, sie auch rechtstheoretisch zu verstehen, weil sie explizit den Übergang der Naturrechte in subjektive Rechte in einer positiven Rechtsordnung behandelt. Das Prinzip der Übertragbarkeit der subjektiven Rechte ist in der Tat ihr Kennzeichen, soweit sie, wie zum Beispiel das Eigentum, ein wirtschaftliches Substrat haben. Für diese Rechte des äußeren Mein und Dein war von Anfang an kennzeichnend, dass sie frei übertragbar sind. Die stets mitgedachte Konsequenz besteht darin, dass Vermögensrechte übertragbar sind und sie durch ihre Mobilität Teil der daraus entstehenden Wirtschaftsprozesse werden. Aber selbst in der Begrenzung von subjektiven Rechten auf Vermögensrechte verfehlt ihre Interpretation als nur negative Rechte die Rechtswirklichkeit. Nur Menschenrechte, die kein wirtschaftliches Substrat haben, sind dadurch gekennzeichnet, dass sie nicht übertragbar und nicht verzichtbar sind. Dazu genügt der Hinweis auf die Meinungs- und Religionsfreiheit.

e) *Foucault* will die Legitimation marktwirtschaftlicher Ordnungen durch subjektive Rechte widerlegen. Er folgt damit weitgehend *Jeremy Bentham*, dem prominentesten Leugner der Menschenrechte.[13] Widerlegt werden sollen insbesondere die Lehren der Denker, die zuerst Wirtschaftsfreiheiten auf subjektive Rechte gegründet und sie dadurch legitimiert haben: *Smith*, *Hume* und auch *Immanuel Kant*.[14] Es sind dies die Autoren, auf die ich mich in meinen Arbeiten zur deutschen und europäischen Wirtschaftsverfassung hauptsächlich gestützt habe.[15] Es geht in der Tat um die Möglichkeit einer auch rechtlichen Ordnung ökonomischer Prozesse. Die Finanzkrise hat dieser sehr alten Frage neue Aktualität verliehen.

---

12 *Bentham* An Introduction to the Principals of Morals and Legislation (1789), Burns/Hart (Eds.), Oxford 1970, p. 12.

13 *Bentham* A critical Examination of the Declaration of Rights, in: Bhikho Parekh (Ed.), Bentham's political Thought, London 1973, p. 257–290. Im ersten Entwurf dieser Abhandlung lautete der Titel: „Pestilential Nonsense unmasked", dazu näher *Mestmäcker* Mehrheitsglück und Minderheitsherrschaft. Zu Benthams Kritik der Menschenrechte, in: *ders.* Recht und ökonomisches Gesetz 2. Aufl. 1984, S. 158–172.

14 Zu Kant s. *Foucault* S. 89, 90, 94 und öfter.

15 Die sichtbare Hand des Rechts. Über das Verhältnis von Rechtsordnung und Wirtschaftssystem bei: *Adam Smith* (1977), in: *ders.* Recht und ökonomisches Gesetz 2. Aufl. 1984, S. 104–135; Kants Rechtsprinzip als Grundlage der europäischen Einigung (1998), in: *ders.* Wirtschaft und Verfassung in der Europäischen Union 2. Aufl. 2006, S. 8–91; Gesellschaft und Recht bei Hume und von Hayek – Über die Zivilisierung des Egoismus durch Recht und Wettbewerb, ORDO Bd. 60 (2009) S. 87–99. Zu Bentham und subjektiven Rechten: *Mestmäcker* Systembezüge subjektiver Rechte, in: Bitter/Lutter/Priester/Schön/Ulmer (Hrsg.), FS K. Schmidt 2009, S. 1197–1217.

II. Ordnungselemente in der sozialen Marktwirtschaft

Zu den Ordnungselementen der sozialen Marktwirtschaft, die den Absturz in das von ihren Kritikern vielfach beschworene Chaos verhindern sollen, gehört die Disziplin der Geldordnung, die Disziplin des Wettbewerbs und die Disziplin der unbeschränkten Haftung im Privatrecht. Die Disziplin der Geldordnung wurde in Frage gestellt durch die Niedrigzinspolitik der amerikanischen Notenbank. Die Disziplin des Wettbewerbs versagte im Wettbewerb der Banken, indem sie sich in der Übernahme von Risiken überboten haben; die Disziplin der beschränkten Haftung hat auf allen Ebenen versagt: Im amerikanischen Hypothekenmarkt; in der Verbriefung von Hypotheken und deren Vermarktung durch „asset backed securities"; in der Organisation der Banken als Aktiengesellschaften und dem dadurch möglichen Missverhältnis von haftendem Eigenkapital und disproportionalen Risiken, leveraging genannt. Die Stichworte, die Hinweise auf die relevanten Sachverhalte geben sollen, zeigen zusätzlich den engen Zusammenhang zwischen den in Betracht zu ziehenden Fehlentwicklungen.

1. Währungs- und Geldpolitik

In der Tradition liberaler Wirtschaftspolitik nimmt die Stabilität der Währung einen hohen Rang ein. *Eucken* sagt dazu: „Alle Bemühungen, eine Wirtschaftsordnung zu verwirklichen, sind umsonst, solange eine gewisse Stabilität des Geldwertes nicht gesichert ist. Die Währungspolitik besitzt daher für die Wettbewerbsordnung eine Priorität".[16] Ferner sollte eine gute Währungsverfassung möglichst automatisch funktionieren.[17] Ein spätes Echo dieser Diskussion ist bei aller Verschiedenheit die umstrittene automatische oder quasi-automatische Sanktion bei Verstößen gegen den europäischen Wachstums- und Stabilitätspakt. Die wichtigsten Ursachen der Instabilität sah nicht nur *Eucken* darin, dass die Banken zu Münzstätten geworden seien. Geld entstehe durch Kreditgewährung der Banken und verschwinde bei Rückzahlung von Krediten. Deshalb kommt dem Wettbewerb der Banken eine Schlüsselrolle für die Stabilität der Währung zu. *F.H. Knight* hat unter dem Eindruck der Depression der 30er Jahre bemerkt, ein vollkommen freier Wettbewerb der Banken führe notwendig ins Chaos. Hier ist nicht auf die verschiedenen Vorschläge zur Ausgestaltung der Währungsordnung einzugehen. Die deutsche Lösung hat bekanntlich darin bestanden, einer unabhängigen Notenbank die Aufgabe zu übertragen, durch ihre Diskontpolitik für stabiles Geld und stabiles Preisniveau zu sorgen. Die EU hat dieses Prinzip mit dem Vertrag von Maastricht im Grundsatz übernommen (Art. 127 Abs. 1 AEUV). Dieses Mandat wird ergänzt durch das Verbot von Kreditfacilitäten zugunsten von Mitgliedstaaten und ihrer Untergliederungen.[18] Eine der deutschen und europäischen ähnliche rechtliche

---

16 Grundsätze der Wirtschaftspolitik 7. Aufl. 2004, S. 256.

17 Ebd. S. 257.

18 Seit der Schuldenkrise 2010 übernimmt die EZB notleidende Staatsanleihen, die ihr von Banken angeboten werden (Offenmarktpolitik). Diese Politik stößt auf harte Kritik. S. *Sinn/Carstensen* Ein Krisenmechanismus für die Eurozone, Sonderausgabe ifo Schnelldienst 23. 11. 2010, S. 11; *Kerber* Ankauf von Staatsleihen durch die EZB: Wie ist die neue offene Marktpolitik der europäischen Zentralbanken zu bewerten?, Ifo Schnelldienst 11. 11. 2010, S. 3–7; *Mandler/*

Bindung an das Ziel der Preisstabilität gilt nicht für die amerikanische Notenbank. Deren Niedrigpreispolitik hat wesentlich zum Boom im amerikanischen Hypothekenmarkt beigetragen. Diese Politik entsprach dem Ziel der amerikanischen Regierung, den Erwerb von Hauseigentum zu fördern. Wenn das Zentralbankgeld fast nichts kostet, liegt es nahe, dass die Banken im Wettbewerb um Kredite risikofreudig sind. Die sogenannte Blase auf dem amerikanischen Hypothekenmarkt ist hauptsächlich auf die Beteiligung der Investmentbanken am Hypothekenmarkt zurückzuführen.

Der Präsident der europäischen Zentralbank, *J. C. Trichet* hat die Prinzipien formuliert, an denen sich die Neuordnung der Finanzmärkte orientieren müsse. Er hat damit zugleich auf die Ursachen der Krise Bezug genommen. Es seien Bedingungen zu schaffen, unter denen die Erwartungen der Marktteilnehmer auf die übernommenen Risiken bezogen seien. Es sei klarzustellen, dass jeder das Risiko seiner Handlungen ebenso tragen müsse wie deren Konsequenzen.[19] Damit wird auf das privatrechtliche Prinzip der grundsätzlich unbeschränkten Haftung für kontrahierte Verbindlichkeiten und für unerlaubte Handlungen verwiesen. Die unbeschränkte Haftung legitimiert die Vertragsfreiheit. Bei *Eucken* gehört sie zu den konstituierenden Prinzipien der Wettbewerbsordnung.[20] In der Wettbewerbsordnung soll die unbeschränkte Haftung zu vorsichtigen kostenorientierten Dispositionen über Kapitalgüter beitragen und das Prinzip der persönlichen Verantwortung verwirklichen (S. 260). Für *Böhm* gehört das Haftungsprinzip zu den auf das Wirtschaftsleben bezogenen Privatrechtsinstituten, die einzeln und in ihrer Gesamtheit rechtliche Strukturelemente der Wirtschaftsverfassung sind.[21] Haftung und Haftungsbeschränkung verweisen innerhalb der Privatrechtsordnung auf ein gemeinsames Ordnungsprinzip. Es geht um die Notwendigkeit, die Haftung für die gesellschaftlichen Wirkungen des eigenen Handelns zu garantieren und so zu begrenzen, dass Handlungsfreiheit und persönliche Verantwortung vereinbar bleiben. Zu erklären ist der Befund, dass die Haftungsbeschränkung zu einem Erfolgsgeheimnis des Kapitalismus gehört, es gleichzeitig aber möglich gemacht hat „bloßes Risiko in Gewinn zu verwandeln, indem sie die Erträge privatisiert und die Verluste sozialisiert hat".[22] Dazu hat nach *H. W. Sinn* die Haftungsbeschränkung beigetragen. Dieses Phänomen gilt es zu erklären.

Tillmann Das securities markets Programm der EZB: Ein Ressourcentransfer durch die Hintertür?, Ifo Schnelldienst ebd., S. 6–10. Obwohl die EZB Staatsanleihen nicht unmittelbar von den Staaten erwirbt, gehört die Praxis nicht zu ihren „grundlegenden Aufgaben" nach Art. 127 Abs. 2 AEUV: Auch verstößt sie gegen den Zweck von Art. 123 AUEV, eine vom Geldbedarf der Mitgliedstaaten grundsätzlich unabhängige Notenbankpolitik zu gewährleisten. Zu erinnern ist an die unheilvollen deutschen Erfahrungen mit einer „perfekten" Instrumentalisierung der Reichsbank, die mit dem Gesetz zur Neuregelung der Verhältnisse der Reichsbank vom 10. 2. 1937 formalisiert wurde. Dazu *Hansmeyer/Caesar* Kriegswirtschaft und Inflation (1936–1948) in: Deutsche Bundesbank (Hrsg.) Währung und Wirtschaft in Deutschland 1876–1975, S. 367, 373–375.

19 Journal of Common Market Studies 2009, p. 7, 18.

20 Grundsätze der Wirtschaftspolitik 7. Aufl. 2004, S. 254–275, 279.

21 Wettbewerb und Monopolkampf (1933) Neudruck 2010, S. 134.

22 *Sinn* Kasino Kapitalismus 2010, S. 109/110.

2. Haftungsprinzipien

Böhm hat die Grundsatzfrage klar formuliert: Wenn der öffentlich-rechtliche Oberbau des Wirtschaftslebens entfällt, stellen die privatrechtlichen Institutionen als die einzigen Pfeiler dar, die einen herrschaftsfreien Ordnungsprozess ermöglichen.[23] Zu den Eckpfeilern gehören die subjektiven Rechte, die teilweise, wie gerade die Finanzmärkte zeigen, im Wettbewerb und auf der Grundlage der Vertragsfreiheit produziert werden.[24] *Luhmann* hat die Interdependenz der Ordnungen als „strukturelle Entsprechung von Rechts- und Wirtschaftssystem" in seine Systemtheorie aufgenommen. Er bezeichnet die Figur der subjektiven Rechte als wohl bedeutendste Errungenschaft der neuzeitlichen Rechtsevolution.[25] Sie ermöglichten eine rechtstechnisch brauchbare Erfassung des Gerechtigkeitsparadoxes, das heißt die Notwendigkeit von Freiheitsbeschränkung als Bedingung von Freiheit. Die im System subjektiver Rechte mitgedachte Haftungsbeschränkung oder Haftungsbegrenzung lautet in systemtheoretischer Terminologie: Verträge stabilisieren auf Zeit eine spezifische Differenz und der Indifferenz gegen alles andere, insbesondere der Betroffenheit der am Vertrag nicht beteiligten Personen und Geschäfte (S. 459). Die Vertragsfreiheit findet ihre Entsprechung im Disziplinierungsinstrument der Märkte. Dieser Befund lässt sich als normative Kausalität in der praktischen Vernunft formulieren oder als schuldrechtliche Selbstverständlichkeit, dass Verträge nur die an ihnen Beteiligten berechtigen oder verpflichten. Gleichwohl ist die Bestätigung durch die Systemtheorie erheblich, weil sie ohne den Bezug auf die individuelle oder gesamtwirtschaftliche Wohlfahrtsmaximierung in der utilitaristischen Rechts- und Wirtschaftstheorie auskommt. Bestätigt wird in dieser Analyse vor allem ein Prinzip der Haftungsbegrenzung, das in seiner Bedeutung weiterreicht, als die für schuldrechtliche Verträge typische Begrenzung von Rechten und Pflichten auf die Vertragsparteien. Das Prinzip zeigt, dass in einer dezentral geordneten Wirtschaft verantwortbares freies Handeln die Haftungsbegrenzung (nicht Haftungsbeschränkung) voraussetzt. Das Prinzip wird im Recht der unerlaubten Handlungen durch die Erfordernisse der Zurechnung (Kausalität) und des Verschuldens verwirklicht. Die größten Schwierigkeiten bereitet es im Recht des Wettbewerbs. Die Teilnahme am Wettbewerb ist mit dem Risiko verbunden, durch gesetzestreue Mitbewerber geschädigt zu werden. Dem entspricht der Ausschluss der Haftung für rechtmäßig handelnde Wettbewerber. Die entsprechenden Abgrenzungen fordern im Recht der Wettbewerbsbeschränkungen wie im regulierten Bankenwettbewerb die Einbeziehung ökonomischer Wirkungszusammenhänge.

Mit der juristischen Person steht ein Rechtsinstitut zur Verfügung, das den Zusammenhang von Rechtssubjekt und Haftung neu definiert. Die juristische Person kann über ihre Ausstattung mit haftendem Kapital selbst entscheiden. Die legitimen wirtschaftlichen Gründe lassen sich anhand der Aktiengesellschaft darstellen. Sie transformiert langfristiges Kapital in kurzfristig verfügbare und handelbare Anteile, sie begrenzt die Haftung im Verhältnis zu den Gläubigern der Korporation und im Verhältnis zu den Mitgesellschaftern auf den jeweiligen Anteil. Sie führt insbesondere zur Verselbständi-

23 Wettbewerb und Monopolkampf, S. 134.

24 Näher dazu *Mestmäcker* Systembezüge subjektiver Rechte, in: FS K. Schmidt 2009, (Fn. 15), S. 1197–1217.

25 Recht der Gesellschaft 1993, S. 292.

gung des Unternehmens gegenüber den Anteilseignern und damit zu den Fragen, die in der ökonomischen Theorie als principal agent theory diskutiert werden.

Der Einfluss, der auch unabhängig von der Aktiengesellschaft von der weitgehend frei zugänglichen Rechtsform der juristischen Person auf die Organisation unternehmerischer Tätigkeiten ausgeht, ist kaum zu überschätzen. Der dargestellte Zusammenhang von funktional begrenzter, gleichzeitig aber unbeschränkter Haftung bleibt zwar erhalten, aber mit dem Rechtssubjekt, das über die eigene Ausstattung mit haftendem Kapital selbst entscheidet, werden Risiken kalkulierbar, die natürliche Personen letztlich nicht abwälzen können. Diese Möglichkeiten können im Grenzfall strategisch genutzt werden. Sie sind für den Bankenwettbewerb auf den Finanzmärkten im Folgenden darzustellen. Zu ihren Kennzeichen gehört es, dass die Banken als Institutionen zugleich die wichtigsten Produzenten der Finanzprodukte sind.

III. Finanzmärkte

Die Finanzmärkte sind eine wichtige Bestätigung für die zentrale Rolle, die subjektiven Rechten in der Marktwirtschaft zukommt. Sie normieren Besitzstände, sind handelbar und belastbar und ihre Produktion gehört zu den unternehmerischen Tätigkeiten von Banken und anderen Finanzinstitutionen. Die Vielfalt der Finanzprodukte erklärt zugleich ihre spezifischen Gefahren. Zu ihnen gehört die Trennung von Realwirtschaft und Finanzwirtschaft, die Trennung auch der Vermögens- oder Substanzrechte von den Kontroll- oder Verfügungsbefugnissen. In den optimistischen ökonomischen Theorien der Verfügungsrechte drängen die Marktkräfte die Entstehung, die Änderung und die Wanderung von Vermögensrechten in Richtung auf gesamtwirtschaftliche Effizienz.[26] Diese Erwartung, welche auch die ökonomische Analyse des Rechts inspiriert, ist durch die Finanzkrise so gründlich enttäuscht worden, dass eine Rückbesinnung auf die Prinzipien einer Privatrechtsordnung geboten ist, welche die Vertragsfreiheit und subjektive Rechte gewährleistet. An diesen Prinzipien sollte sich auch der Umgang mit neu auftretenden Konflikten orientieren, welche gesetzgeberische, regulatorische oder richterliche Korrekturen notwendig machen.

1. Ursprünge der Krise

Zu den Ausgangspunkten der Krise gehört der amerikanische Grundstücks- und Hypothekenmarkt, seine Überhitzung und die Weitergabe der Risken in „asset backed securities“ an die Weltmärkte. Es ist eine alte Frage, ob es verantwortbar oder gerechtfertigt ist, handelbare Wertpapiere zu schaffen, denen Grundstücke unterlegt sind. Sie hat zum Beispiel die Beratungen zur gesetzlichen Regelung der Grundpfandrechte in Preußen und im BGB begleitet. *Helmut Coing* berichtet von dem preußischen Landwirtschaftsminister *Manteuffel*, der gewarnt habe, man dürfe nicht in den Zustand kommen, dass das Rittergut, das in Pommern oder Schlesien liege, in der Westentasche des Besitzers oder von Anderen unter den Linden spazieren gehe.[27] Die amerikanischen Hausgrundstücke

---

26 Überblick bei *Richter/Furubotn* Neue Institutionenökonomik 4. Aufl. 2010, S. 126ff.

27 *Coing* Europäisches Privatrecht 1800–1914, Bd. 2, 19. Jh., 1989, S. 211; s. a. *ders.* Rechtsentwicklung und Wirtschaftsentwicklung im 19. Jh. als Fragestellung für die Rechtsgeschichte, in:

gehen auf der ganzen Welt spazieren oder liegen – wertlos geworden – im Safe von deutschen Landesbanken oder in „bad banks“. Eine wichtige Erklärung für diese Entwicklung ist das in zahlreichen Einzelstaaten der USA anerkannte Institut der regressfreien Hypothek.[28] Ihre Besonderheit besteht darin, dass der Hypothekenschuldner die Option hat, das belastete Grundstück mit befreiender Wirkung an den Gläubiger zurückzugeben und zwar auch dann, wenn dessen Verkehrswert geringer ist als die persönliche Schuld. In Zeiten steigender Hauspreise ist der Anreiz groß, ein Haus oder auch mehrere Häuser zu erwerben und den Kaufpreis durch Hypotheken zu finanzieren, weil das Objekt bei sinkenden Marktpreisen oder bei Zahlungsschwierigkeiten an den Gläubiger zurückgegeben werden kann. Dieses System ermutigt zur Spekulation, löst aber im Fall eines nachhaltigen Preisrückgangs Kettenreaktionen aus, wie sie in der Krise aufgetreten sind. In der amerikanischen Diskussion wird diese Rechtslage nicht als ein vorrangiges Problem der Haftung behandelt, sondern als Element einer Sozialpolitik, welche den Bürgern die Teilnahme am Kapitalmarkt ermöglichen soll. Häuser und Hypotheken sind ebenso mobile Wirtschaftsgüter mit wechselnden Opportunitätskosten wie Aktien. Die Krise, die durch das Platzen der Immobilienblase ausgelöst wurde, erscheint dann als eine Erscheinungsform von Konjunkturschwankungen. Ich zitiere: „Solche boom and bust Zyklen sind Teil der amerikanischen Geschichte, die immer dann auftreten, wenn neue Verbraucherkredite auf den Markt kommen“.[29]

Der Wettbewerb um Kredite, der sich auf dem subprime market für Hypotheken entwickelte, hat sich als ruinös erwiesen. Eine Kategorie dieser Kredite wird als predatory credit bezeichnet; räuberisch, weil die Kredite einseitig zugunsten der Bank gestaltet waren oder die Zahlungsunfähigkeit des Schuldners von vornherein in Kauf nahmen.[30] Diese Ursachen der Krise sind in der Bundesrepublik nicht wirksam geworden. Als Stabilitätsfaktor haben sich die an Sparerinteressen orientierten Sparkassen und Volksbanken erwiesen.

2. Bankenwettbewerb

Banken organisieren den Geld-, Zahlungs- und Kreditverkehr, ohne den dezentral organisierte Wirtschaftsordnungen nicht möglich sind. Sie sind Teil der „anonymen Ordnungsmacht des Geldes“ im Rahmen der Marktwirtschaft.[31] Die Theoretiker der Marktwirtschaft haben jedoch vor den Gefahren gewarnt, die in marktwirtschaftlichen Ordnungen vom Wettbewerb der Banken ausgehen können.[32] Der von *Eucken* in Bezug

Sauermann/Mestmäcker (Hrsg.) Wirtschaftsordnung und Staatsverfassung, FS Böhm 1975, S. 101, 111.

28 Z.B. im Staat New York, vgl. *Bowmar* Mortgage Liens in New York 1990 § 3: On personal liability.

29 *Zywicki/Adamson* The Law and Economics of subprime Lending, 80 University of Colorado Law Review (2009) 1, 86.

30 Überblick bei *Zywicki/Adamson*, ebd., p. 11–20. Dort auch die Definition von predatory lending durch die Federal Reserve.

31 *Pfleiderer* (Fn. 27) Geld als Ordnungsmacht, in: Mestmäcker/Sauermann (Hrsg.) FS Böhm 1975, S. 471–484.

32 Zuerst *Adam Smith* Inquiry into the Nature and Causes of the Wealth of Nations, Oxford Edition 1976, p. 244.

genommene *Knight* hat die Notwendigkeit betont, alle Aktivitäten sorgfältig zu kontrollieren, die sich im Rahmen eines marktwirtschaftlichen Systems auf den Wertmesser (das Geld) auswirken können: „With the use of credit highly developed, the control of banking and currency involves a large measure of control over all business, but really free banking would reduce all exchange relations to chaos."[33] Die gesamtwirtschaftlichen Gefahren des Wettbewerbs der Banken in der Akquisition von Hypotheken sind, wie dargestellt, auf dem Einzelhandelsmarkt in den USA deutlich geworden. Davon zu unterscheiden ist der Wettbewerb auf den Großhandelsmärkten, der hauptsächlich der Wettbewerb von Investmentbanken mit Finanzprodukten ist. Im Handel mit Finanzprodukten werden die Risiken transformiert, gebündelt und gestreut. Auf diesen Märkten gewinnt das Eigenkapital der Banken für die Realisierbarkeit der Forderungen und damit für die Verteilung der Risken zwischen Bank und Gläubigern maßgebliche Bedeutung. Erneut wird die Risikobereitschaft zum Element des Wettbewerbs.

Die Haftung der als juristische Person organisierten Bank ist auf das Eigenkapital beschränkt. Deshalb kommt dem Verhältnis des Eigenkapitals zum Fremdkapital für die Haftung der Bank, für ihre Risikobereitschaft und die Renditen der Aktionäre maßgebliche Bedeutung zu. In der Krise ausgenutzt haben die Banken die besonderen Gewinnmöglichkeiten, die sich aus einer Finanzstruktur ergeben, bei der das Fremdkapital das Eigenkapital deutlich übertrifft. Im gleichen Maße, in dem das Geschäftsvolumen einer Bank überproportional auf Fremdkapital beruht, lässt sich die Rendite auf das Eigenkapital steigern. Die Risikoverteilung, die von der Leverage genannten Hebelwirkung eines überwiegenden Fremdkapitals auf das Eigenkapital ausgeht, begünstigt das Eigenkapital zu Lasten der Gläubiger. Die daraus entstehenden Anreize zur Unterkapitalisierung unterstützen sich gegenseitig: Hohe Renditen der Aktionäre stützen den Aktienkurs, der hohe Aktienkurs schützt vor Übernahmeversuchen und legitimiert das Management durch „Shareholder Value". Eine Erklärung für die disproportionale Risikobereitschaft auch von Großbanken folgert *Sinn* aus der Möglichkeit, das Katastrophenrisiko angesichts der minimalen Eigenkapitalquoten auf andere Schultern zu verlagern. Die Verluste, die die Gläubiger im Katastrophenfall tragen, tauchen im normalen Geschäftsgang als Sondergewinne auf, die man in der Bilanz ausweisen kann.[34] Zu dem Geschäftsmodell gehört die Erwartung, dass der Katastrophenfall nicht eintritt oder als unerheblich gewichtet werden kann. Die Höhe der Verluste, welche die amerikanischen Investmentbanken ausgewiesen haben, und an denen sie in der Mehrheit gescheitert sind, erklären sich aus einem Mechanismus, zu dem die auf das Eigenkapital beschränkte Haftung, der Risikowettbewerb der Banken unter Einbeziehung von Leverage und die Risikobereitschaft unaufgeklärter oder optimistischer Anleger gehören.

Nimmt man an, dass die Kapitalmärkte den Bedingungen vollkommener Konkurrenz weitgehend entsprechen, werden die Risiken im Verhältnis von Eigenkapital und Fremdkapital mit den Kursen der Aktien und mit den Zinsen des Fremdkapitals zutreffend bewertet. Diese Annahme wird durch die Eigenart der Finanzprodukte, ihre Mobilität und Teilbarkeit gestützt. Repräsentative Vertreter der Chicago School haben ihre optimistische Wettbewerbstheorie immer auch auf den freien Zugang aller Unterneh-

---

33 *Eucken* Wirtschaftspolitik, S. 162 N. 1; *Knight* The Ethics of Competition (1935) 1997, p. 45.

34 *Sinn* Kasino Kapitalismus 2010, S. 117–122, insbes. S. 121 zur „bloos-rule".

men zum Kapitalmarkt und den damit zugleich gewährleisteten, gesamtwirtschaftlich richtigen Risikoausgleich gestützt.[35] Im Vertrauen auf die neuen Kommunikationstechniken hat man ferner angenommen, dass sie Markttransparenz für alle Marktbeteiligten herstellten. Aber Kapitalmärkte sind, wie die Erfahrungen bestätigen, keine vollkommenen Märkte. Sie sind unvollkommen wegen der auch hier wirksamen positiven Transaktionskosten, unvollkommener Voraussicht und begrenzter Rationalität (bounded rationality).[36] Unvorhergesehene Risiken gehen insbesondere von „unzureichend regulierten und kontrollierten Finanzprodukten, Finanzmärkten und Finanzeinheiten außerhalb des Bankensektors“[37] aus.

An die Stelle der vor der Krise vielfach diagnostizierten fortschreitenden Deregulierung von Kapitalmärkten[38] sind umfassende Regulierungsvorschläge getreten.[39] Der beschränkten Haftung der Bank als juristische Person und ihrem haftenden Eigenkapital kommt in der Regulierung und im Risikomanagement eine Schlüsselrolle zu.[40] Die bisherigen, nach Basel benannten international abgestimmten Regeln unterscheiden zwischen der Eigenkapitalquote und der Kernkapitalquote. Die Vereinbarung Basel I aus dem Jahre 1988 schrieb eine Mindestkapitalquote von 8 Prozent für normale Kreditrisiken vor.

Die Vereinbarung Basel II von 1993 sah eine Regulierung für Marktrisiken vor, die anhand der Marktpreise für die von der Bank gehaltenen Aktiva (Assets) zu kalkulieren waren. Eine Ergänzung aus dem Jahre 1996 gestattete den Banken, das Regulierungskapital, das die Marktrisiken erfasst, auf der Grundlage ihrer eigenen Risikomodelle zu ermitteln. Diese Option wurde 2004 auf Kreditrisiken erstreckt.[41] Die unter dem Eindruck der Finanzkrise vereinbarten neuen Regeln – Basel III – sehen vor, dass ab dem Jahr 2013 die Kernkapitalquote (Tire – I – Ratio) auf 4,5% steigt und danach sukzessive bis auf 6% ab dem Jahr 2015 angehoben wird. Die regulatorische Eigenkapitalquote soll bei 8% bleiben. Beginnend ab dem Jahr 2016 soll ein sogenannter Kapitalerhaltungspuffer

---

35 Repräsentativ *Bork* The Paradox of Antitrust 1993, p. 320–324 zu „capital requirements“ als Zugangsschranken.

36 Umfassend dazu *Richter* Who listened? Unappreciated Teachings of New Institutional Economics related to the financial Crisis of 2008, in: Kredit und Kapital 2009, p. 473–486 (477).

37 *Trichet* (Fn. 19) S. 7/8; s. auch *Issing* Internationale Währungsordnung 1991, S. 52, der früh vor den Gefahren der Instabilität in einer polizentrischen Welt warnte, einer Instabilität, die auch im Währungsbereich drohe.

38 *Posner* Economic Analysis of Law 6th ed. 2003, p. 461. Er spricht von der „fast disintegration of federal banking regulation“.

39 Grundlegend *Hellwig/Höfling/Zimmer* Gutachten E/F/G zum 68. Deutschen Juristentag. Finanzmarktregulierung. Welche Regelungen empfehlen sich für den deutschen und europäischen Finanzsektor 2010?; Europäische Kommission, Mitteilung an das Europäische Parlament, den Rat, den Europäischen Wirtschafts- und Sozialausschuss und die Europäische Zentralbank, Regulierung der Finanzdienstleistungen für nachhaltiges Wachstum, Brüssel, den 2. 6. 2010 KOM (2010) 301 endgültig. Aus dem Schrifttum *Spindler* Finanzmarktkrise und Wirtschaftsrecht, Die Aktiengesellschaft 2010, S. 601–617; zur Regulierung *Herdegen* Bankenaufsicht im europäischen Verbund, 2010; *Horn* Rechtliche Aspekte der Finanzkrise KSzW 02.2010 I, S. 67–77.

40 Einen umfassenden Überblick gibt Basel Committee on Banking Supervision, Strengthening the Resilience of the Banking Sector, Dezember 2009, available on the BIS website ISBN 92-9311-810-8(print), ISBN 92-9197-810-8 (online).

41 Basel Committee on Banking Regulation 2004.

eingeführt werden, der sukzessive bis zum Jahr 2019 auf 2,5% ansteigt. Damit wird die Mindesteigenkapitalquote im Jahr 2019 faktisch bei 10,5% liegen, also deutlich über den derzeit geltenden 8%.[42] *Martin Hellwig* hat die strukturellen Defizite der Risikomodelle, die auch durch die Basel III Ergänzungen nicht ausgeschlossen würden, zusammengefasst.[43] Die bei der Bewertung der verschiedenen Risken (Calibration) nicht zu eliminierenden Anreize des Management, die hohen, durch Leverage erreichbaren Renditen zu erhalten, gefährdeten die Zuverlässigkeit der Ergebnisse. Die Risikomodelle erfassten nur solche Risiken, die bekannt seien. Außer Betracht blieben dagegen die nicht erkennbaren Risiken. Die wichtigste Funktion von zwingend vorgeschriebenen Eigenkapitalquoten sei es jedoch, Vorsorge für unbekannte Risiken zu treffen. Eine strenge Risikovorsorge durch hohes Eigenkapital würde zugleich die Regulierung der Finanzmärkte entlasten.

IV. Eine vorläufige Antwort

Die Finanzkrise hat gezeigt, dass der Wettbewerb auf den Finanzmärkten alle Institute des Privatrechts erfasst, die er voraussetzt und von denen alle Akteure in der Kalkulation ihrer Risiken Gebrauch machen. In der ökonomischen Theorie ist bis heute streitig geblieben, ob dieser Wettbewerb mit der Stabilität des Finanzsystems vereinbar ist, ob er sie fördert oder gefährdet.[44] Eine Erklärung könnte sein, dass die stabilisierenden Elemente, die im Wettbewerb auf Warenmärkten wirksam sind und vorausgesetzt werden, auf den Finanzmärkten erst hergestellt werden müssen. Dafür spricht nicht nur der rechtstatsächliche Befund. Dafür spricht auch, dass sich die Wettbewerbsbedingungen auf Finanzmärkten, die in der ökonomischen Analyse des Rechts als Inbegriff optimaler Selbstregulierung behandelt werden, als mitwirkende Ursachen der Krise erwiesen haben. Der von mir behandelte Zusammenhang von Wettbewerb, Haftung und Risiko betrifft nur einen Ausschnitt aus dem allgemein erheblichen ordnungspolitischen Zusammenhang von Wettbewerb und privatrechtlichen Institutionen auf den Finanzmärkten.

---

42 Überblick bei *Kaserer* Basel III. Eine Herausforderung für die Unternehmensfinanzierung, Der Betrieb 2010, Heft 41, S. 1.

43 Capital Regulation after the Crisis: Business as Usual? CES ifo DICE REPORT 2010, Vol. 8, S. 40–46.

44 Überblick in: Center for Economic Policy Research, Bailing out the Banks: Reconciling Stability and Competition. An Analysis of state-supported Schemes for financial Institutions, London 2010, insbes. S. 17–23.

Recht und Ethik im Finanzmarkt Die Störung der unsichtbaren Hand des Marktes durch den Financial Overstretch

Peter Koslowski

Gliederung

1. Unternehmensethik und die Treuhänderpflichten des Managers
2. Die Störung der Kompatibilität des Zwecks des Handelnden mit dem Zweck des Unternehmens
3. Die Hyper-Inzentivierung und die Hybris der Finanzmanager
4. Easy Credit und die Hybris des Konsumenten
5. Kredit und Credo, wirtschaflicher Erfolg und manifest destiny

Zwei wesentliche Unterschiede bestehen zwischen Recht und Ethik. Das Recht ist justiziabel, die Ethik ist es nicht. Ein Rechtsverstoß kann vor Gericht justiziabel gemacht werden, d. h. er ist gerichtsfähig, vor Gericht einklagbar und „enforcable", durchsetzbar; eine Tugendpflicht und die ethische Motivation sind es nicht. Zum anderen ist das Recht auf Rechtspflichten beschränkt und fordert im Allgemeinen keine Tugendpflichten. Opera supererogatoria, Werke, die Tugend erfordern und einen Überschuss an gutem Willen und an Tugendübung verlangen, sind nicht Rechts-, sondern ethische Tugendpflicht.

Es ist allerdings nicht zutreffend, wenn vom Recht als von einem „ethischen Minimum" gesprochen wird. Häufig fordert das Recht weit mehr als das ethische Minimum, etwa bei den erweiterten Berufspflichten professioneller Berufe wie der Garantenstellung des Arztes u. ä. Auch die Pflicht zur Hilfeleistung geht über das ethische Minimum hinaus, was daran erkennbar ist, dass sie von manchen Ethikern abgelehnt wird.[1] Die Pflicht, Hilfe zu leisten, geht über das Prinzip „Nil nocere", die Pflicht, im gesellschaftlichen Umgang nicht zu schaden, hinaus zu einer positiven Pflicht zur Hilfe.

Es ist im Zusammenhang der Finanzkrise die Frage zu stellen, ob die Krise durch die Verletzung rechtlicher *und* ethischer Pflichten der Finanzmarktakteure entstanden ist und welche Notwendigkeiten der Neuformulierung von Pflichten sich daraus ergeben.

Hauptgründe für die Finanzkrise waren das Financial Overstretch, die Überziehung der Kreditvergabe, das „Easy Credit", die Hyperspekulation und die Entwertung des Sparens. Häufig war das Financial Overstretch verbunden mit einer Vernachlässigung der Treuhänderpflichten der Finanzmanager gegenüber den Kunden, aber auch gegenüber der Bank als Unternehmen.[2] Die Entwertung des Sparens gegenüber dem Konsumieren

---

1 Vgl. *Otteson* Actual Ethics 2006, S. 29. *Otteson* vertritt die Ansicht, dass die Ethik keine Pflicht zur Hilfeleistung begründen könne.

2 Vgl. zum Folgenden auch *Koslowski* Ethik der Banken. Folgerungen aus der Finanzkrise2009. Eine sehr viel kürzere, erste Auflage dieses Buches erschien 1997 unter dem Titel Ethik der Banken und der Börse bei Mohr Siebeck in Tübingen.

führte dazu, dass Sparen nur noch etwas für „Loser" war. Die Schlauen nahmen Kredit auf.[3]

Die „Unsichtbare Hand des Marktes" hat in der Finanzindustrie der letzten Jahrzehnte offenbar nicht vollständig ihre wohltuende Wirkung entfaltet. Die Finanzkrise zeigt, dass der naive Glaube an die unsichtbare Hand des Marktes verfehlt ist. Die unsichtbare Hand des Marktes ist kein robuster Mechanismus, den man unbeschränkt belasten kann. Sie ist vielmehr ein höchst empfindliches Instrument gesellschaftlicher Koordination,[4] das nur funktioniert, wenn die Individuen in ihrem selbstinteressierten Handeln zugleich auf das allgemeine Interesse achten.[5] Die unsichtbare Hand koordiniert zwar die Handlungen der Menschen, die dem Selbstinteresse folgen, das „Selfish System", aber sie kann nicht funktionieren, wenn Menschen *nur* dem Selbstinteresse folgen und jede Berücksichtigung des allgemeinen Interesses aufgeben.

1. Unternehmensethik und die Treuhänderpflichten des Managers

Die Unternehmensethik beinhaltet sowohl die Analyse der Institutionen und Handlungsvorgaben des Wirtschaftszweiges, hier die Sozial- oder Institutionenethik der Finanzbranche, als auch die Untersuchung der individuellen Handlungen der einzelnen Manager, ihre Einstellungen zu sich selbst, sowie die Analyse der interpersonellen Kommunikation und Interaktion der Unternehmensmitglieder mit anderen, mit Mitarbeitern und Kunden.[6] Weil die Unternehmen zentrale Institutionen und Akteure der Wirtschaft darstellen, ist es sinnvoll, die Normen der Unternehmensverfassung und die Normen des Handelns in den Institutionen „Unternehmen" im Begriff Unternehmensethik zusammenzufassen.

---

3 Vgl. *Wilcox* Whatever Happened to Thrift? Why Americans Don't Save and What to Do about It 2008.

4 Vgl. *Koslowski* Gesellschaftliche Koordination. Eine kulturwissenschaftliche und ontologische Theorie der Marktwirtschaft 1991.

5 So auch *Forstmoser* Verallgemeinerbare Modelle für die Gemeinwohlorientierung von Unternehmen, in: Kempf/Lüderssen/Volk (Hrsg.) Die Finanzkrise, das Wirtschaftsstrafrecht und die Moral 2010, S. 107–116.

6 Vgl. zur Unternehmensethik *Brady* Ethical Managing: Rules and Results 1989; *Freeman/Gilbert* Unternehmensstrategie, Ethik und persönliche Verantwortung 1991; *Solomon* Ethics and Excellence Cooperation and Integrity in Business1993; *Steinmann/Löhr* Einleitung: Grundfragen und Problembestände einer Unternehmensethik, in: Steinmann/Albert Löhr (Hrsg.) Unternehmensethik 2. Aufl. 1991, S. 3–32. *Steinmann/Löhr* Grundlagen der Unternehmensethik 2. Aufl. 1994; *Peill-Schoeller* Interkulturelles Management 1994; *Leisinger* Unternehmensethik. Globale Verantwortung und modernes Management 1997; *Kleinfeld* Persona oeconomica: Personalität als Ansatz der Unternehmensethik 1998; *Grabner-Kräuter* Die Ethisierung des Unternehmens: ein Beitrag zum wirtschaftsethischen Diskurs 1998; *Palazzo* Interkulturelle Unternehmensethik: deutsche und amerikansiche Modelle im Vergleich 2000, Nachdr. 2001; *Johnston* Natural Law and the Fiduciary Duties of Business Managers und *Koslowski* The Common Good of the Firm as the Fiduciary Duty of the Manager, beide in: *Capaldi* (Ed.) Business and Religion: A Clash of Civilizations? 2005, pp. 285–300 bzw. 301–312; *Hartman* Perspectives in Business Ethics 2004; *Velasquez* Business Ethics. Concepts and Cases 6. Aufl. 2005.

Die Ethische Ökonomie bildet die allgemeine Theorie der Integration von Ökonomie und Ethik und damit die Grundlage für die Wirtschafts- und Unternehmensethik. Sie begründet die Wirtschaftsethik als Institutionenethik der Wirtschaft, der Wirtschaftsordnung und -verfassung und der Normen des Rechts einer Wirtschaftsbranche sowie des Unternehmensverfasssungsrechts und die Unternehmensethik als angewandte Ethik des Unternehmensmanagements. Wenn die reinökonomische Ökonomie zuträfe, gäbe es keinen Ort der Wirtschafts- und Unternehmensethik, weil das bloße Selbstinteresse durch die unsichtbare Hand des Marktes auch ohne den Rückgriff auf Ethik zum Marktgleichgewicht oder wirtschaftlichen Optimum führte. Die Ethik wäre in einer reinökonomischen Ökonomie schlicht überflüssig. Da die Ethische Ökonomie zeigen kann, dass diese Annahme nicht zutrifft, weil der Markt mit ethischer Orientierung der Marktteilnehmer, z.B. dem Willen zur Vertragstreue unabhängig von ihrer Sanktionsbewehrtheit, zu einem besseren Marktergebnis führt als der Markt ohne ethische Orientierung, schafft sie den Raum für die Möglichkeit einer angewandten Ethik der Wirtschaft sowie des Unternehmens und Managements.

Das Unternehmen oder die Organisation des Unternehmens ist mögliches Subjekt und Objekt der Unternehmensethik, wie die Wirtschaft als ganze oder ihre Branchen Subjekt und Objekt der Wirtschaftsethik sind, weil es Organisationsversagen als Versagen der institutionellen Normen und Kontrollmechanismen sowohl im Unternehmen wie in einer Branche und der Gesamtwirtschaft gibt. Organisationsversagen begünstigt das individuelle, personale Versagen von Organisationsmitgliedern, das daher nicht allein dem unethisch handelnden, individuellen Organisationsmitglied angerechnet werden kann. Der Prävention ethischen Organisationsversagens dient die Einrichtung von ethischen Codes und von Compliance Officers (Beauftragte für die Einhaltung der rechtlichen und ethischen Regeln) in einer Branche und einem Unternehmen, wie sie nach dem Enron-Skandal durch den Sarbanes-Oxley Act in den USA mit Ausstrahlung auf alle internationalen Großunternehmen verbindlich gemacht wurden.

Die Unternehmensethik befasst sich mit den ethischen Pflichten, Werten und Tugenden der kommerziellen, gewinnerzielenden und der unternehmensähnlichen Organisationen und gemeinnützigen Unternehmen. Der wesentliche Ansatzpunkt der Unternehmensethik ist das Management von Unternehmen, weil dieses aufgrund seiner Leitungsfunktion den größten Einfluss auf das Unternehmen ausübt. Weil die Managementaufgabe nicht auf das kommerzielle Unternehmen beschränkt ist, betrifft die Unternehmensethik aber auch andere, nicht kommerzielle Organisationen.

Die Einhaltung und Fortentwicklung von Regeln in komplexen Organisationen sind eine Aufgabe, welche die Unternehmen selbst erfüllen müssen, weil der Gesetzgeber und die Gerichte adäquate Regeln für die im schnellen Wandel befindliche Wirtschaft und ihre Technologie nur gemeinsam mit den Unternehmen und Branchen durchsetzen und entwickeln können. Der Unternehmensethik kommt daher eine wichtige Rolle im Rechtschöpfungsprozess des Wirtschafts- und Unternehmensrechts zu.

Unternehmensethik und Unternehmenscompliance sind ein Mittel des Risikomanagements. Die Risiken, die aus unethischem oder gar delinquentem Verhalten von Organisationsmitgliedern entstehen, bestehen in Beschädigungen der Reputation und Marke des Unternehmens sowie in möglichen Straf- und Schadensersatzzahlungen. Das Unternehmen muss das Risiko der Nichtbefolgung der Regeln der Unternehmensethik und des Rechts durch die Implementation und Sanktion von Unternehmensrichtlinien, die allen Organisationsmitgliedern die ethischen Grundsätze der Organisation deutlich machen, minimieren. Unternehmensethik ist auch Teil des Risikomanagements des Unternehmens.

Die Pflichten des Managers werden durch seine Stellung als Geschäftsführer des Unternehmens, der durch die Eigentümer bestellt wird, bestimmt. Er ist jedoch nicht nur Agent der Eigentümer (*prinicipals*), sondern Geschäftsführer des Gesamtunternehmens. Er ist dem Unternehmen als ganzem und seinem Gemeinwohl verpflichtet. Der Manager eines Großunternehmens ist deshalb nicht nur der Agent der Eigentümer oder Shareholder, sondern ihr Treuhänder und der Treuhänder von jenen, die unter seiner Leitung arbeiten. Es ist seine treuhänderische Pflicht (im anglo-amerikanischen Recht: *fiduciary duty*), als Treuhänder der Eigentümer und des Gesamtunternehmens zu wirken.

Die treuhänderische Pflicht als Begriff der Unternehmensethik enthält folgende Einzelpflichten: die Pflicht zu Treu und Glauben, die Pflicht zur Loyalität, die Pflicht zur Sorgfalt und Klugheit sowie die Pflicht zur Vermeidung oder Offenlegung möglicher Interessenskonflikte. In der Erfüllung dieser Pflichten sind Manager nicht frei, ihrem eigenen Interesse auf Kosten des Unternehmens zu folgen. Die Treuhänder-Beziehung impliziert eine Art der Selbstbindung auf Seiten der Eigentümer und der Manager, welche das bloße Eigeninteresse von Shareholdern und Managern sowie die Idee einer bloßen Agentenstellung transzendiert.

Die Pflicht zur Loyalität in den Treuhänderpflichten verpflichtet den Manager zur ungeteilten und uneigennützigen Loyalität gegenüber dem Unternehmen, nicht nur gegenüber den Shareholdern. Sie ist mehr als ein bloßer Vertrag zwischen Manager und ihn beauftragenden Eigentümern, nämlich eine Verpflichtung gegenüber dem Unternehmen als ganzem. Die Pflicht zur Sorgfalt und Klugheit verpflichtet den Manager, im Interesse des Unternehmens und nicht nur für sein eigenes Interesse sorgfältig und klug zu handeln (Sorgfaltspflicht, *due diligence*). Die Pflicht zur Offenlegung (*disclosure*) verpflichtet den Manager, keinen Vorteil aus vertraulich in der Verfolgung seiner Aufgaben erworbenen Tatsachen oder aus Wissen, das ihm die Firmeneigentümer mitgeteilt haben, zu ziehen. Seine treuhänderische Pflicht zur Offenlegung schließt es aus, dieses Wissen als Insider-Wissen zu benutzen, um im Zuge der Erfüllung seiner Management-Aufgabe oder als Privatperson Insider-Geschäfte zu machen. Das Verbot des Gebrauchs von Insider-Wissen oder die Pflicht zur Offenlegung folgt aus der Treuhänderstellung des Managers gegenüber dem Unternehmen als ganzem, nicht allein aus einer Agenten-Stellung gegenüber den Eigentümern. Dies wird auch dadurch bekräftigt, dass das Verbot von Insiderhandel auch dort gilt, wo der Eigentümer den Manager zum Gebrauch von Insider-Wissen autorisieren würde. Das Gesamtinteresse des Unternehmens und das Recht aller Anteilseigner auf das Insiderwissen verbieten den Gebrauch von Insider-Wissen durch den Manager auch dort, wo ihn der Eigentümer oder Hauptanteilseigner von seiner Pflicht zur Unterlassung von Insider-Handel freistellt.

Die Pflichten, die sich aus einer treuhänderischen Beziehung ergeben, gelten für alle treuhänderischen Verhältnisse, für die Beziehung des Bankangestellten und Finanzberaters zu seinem Beratungskunden, für den Angestellten als Sachbearbeiter, für den Arzt im Verhältnis zum Patienten, für den Architekten im Verhältnis zum Bauherren usw.

Bei der Bestimmung des *Due Diligence* der Finanzindustrie ergeben sich Fragen nach deren Ausmaß und Grenzen, welche die Unterscheidung von Rechtspflicht und Tugendpflicht berühren. Hat die Bank nicht nur die Tugendpflicht, sondern die Rechtspflicht, auf das Ausnützen von Unwissenheit und Unkenntnis der wirtschaftlichen Sachlage zu verzichten? Oder ist es ausreichend, wenn sie den Kunden über die Risiken informiert und ihn dann selbst entscheiden lässt?

Es ist offensichtlich, dass Aufklärung über die Risiken bei jenem nichts nützt, dem die gesamte Situation letztlich unverständlich bleibt. Rechts- und Tugendpflicht, Recht und Ethik, erfordern es daher, die Treuhänderpflicht der Finanzindustrie umfassend zu definieren. Analoges gilt für die Pflicht, es zu unterlassen, aus Not- und Zwangslagen des Kunden Vorteil zu ziehen. Auch hier erfordert es die Treuhänderstellung der Finanzakteure, die Pflicht zur Nichtvorteilsnahme aus Notsituationen weit zu fassen, also Rechts- und Tugendpflicht als umfangsgleich anzusehen.

Banken nehmen eine Sonderstellung bei der Geldschöpfung ein, die sie öffentlich-rechtlichen Institutionen annähert. Sie spielen außerdem eine Rolle bei der Stabilisierung des Geldangebotes und der Konjunktur, die ihnen zugleich – etwa bei der Möglichkeit, sich unter dem Marktzins bei der Zentralbank zu verschulden, – Vorteile vor den anderen Kreditmarktteilnehmern verschafft. Banken haben deshalb die Pflicht, Gemeinwohlschädigungen zu unterlassen. Dies bedeutet nicht, dass Banken die Pflicht haben, das Gemeinwohl positiv zu fördern. Sie haben aber die Pflicht, alles zu unterlassen, was das Gemeinwohl schädigen könnte. Sie haben zum Beispiel die Pflicht, die Mindesteigenkapitalquote nicht dadurch abzusenken, dass sie das Risiko aus einem Hypothekenkredit in eine Collateral Debt Obligation (CDO) sich gegenseitig verkaufen, das Collateral jedoch in ihrem Portfolio behalten und damit das Risiko des Systems dadurch erhöhen, dass das haftende Eigenkapital de facto durch die CDOs ohne Kompensation herabgesetzt und das Gesamtrisiko der Finanzwirtschaft dadurch erhöht wird.

Die Ethik befragt auch kritisch die Incentive-Struktur in der Finanzindustrie und ihren Unternehmen. Sie geht über die rein ökonomische Frage, ob die Incentives effizient in dem Sinne sind, dass sie den Eigentümerzweck der Mehrung des Gewinns fördern, hinaus. Die Bestimmung des Verhältnisses zwischen dem Unternehmen und dem Manager allein nach dem Prinzipal/Agenten-Verhältnis und die fast alleinige Entlohnung der Manager nach der Börsenwertentwicklung des Unternehmens führen zur Vernachlässigung anderer Erfolgskriterien als der Börsenwertentwicklung. Es kommt zu einer hit-and-run-Mentalität. Es ist Aufgabe der Unternehmensethik zu fragen, ob Anreize (incentives) richtig gesetzt sind, da es auch perverse Anreize gibt, die nicht zielführend sind. Es geht nicht nur darum, ökonomische Anreize zu setzen, sondern darum, die ökonomisch und ethisch richtigen Anreize für die richtigen Beiträge im Unternehmen aufzustellen.

Durch Bewegungen wie Global Compact und die Global Reporting Initiative wird staatlicher Zwang bei den Versuchen, Umweltbelastungen zu verringern und die Rechte künftiger Generationen zu beachten, durch freiwillige Selbstbindungen als Selbstverpflichtungen der Unternehmen ersetzt. Die Beachtung des Naturkapitals schafft für die Unternehmen Reputation, was auch von Investoren anerkannt und in der Bewertung von Firmen positiv berücksichtigt wird. Investoren sind – im Rahmen des institutionalisierten ethischen Investierens oder außerhalb desselben – immer häufiger bereit, einen Preisaufschlag für Firmen zu bezahlen, die eine höhere Reputation bei der Beachtung ethischer Prinzipien wie der Rechte der Natur und künftiger Generationen besitzen.

Auch die Berücksichtigung der Umwelt- und Sozialbilanz des Unternehmens in der Bilanzierung gemäß der triple bottom line-Bilanzierung nach *Economic Performance Indicators, Environmental Performance Indicators,* und *Social Performance Indicators* bewirkt eine größere Inklusion ethischer Kriterien und der Corporate Social Responsibility in der Gesamtbewertung des Unternehmenserfolges. Diese Kriterien umfassen Leistungen des Unternehmens für seine gesellschaftliche und natürliche Umwelt, Beachtung der Generationengerechtigkeit u.ä. Das neue Gewicht der ethischen, der Umwelt- und der Sozialindikatoren zwingt wiederum das Management und die Anteilseigner durch den Wettbewerb um Investoren, Konsumenten und Arbeitskräfte dazu, diese Indikatoren des Unternehmenserfolgs in ihren Managemententscheidungen zu beachten.

2. Die Störung der Kompatibilität des Zwecks des Handelnden mit dem Zweck des Unternehmens

Im Zentrum der Theorie von der unsichtbaren Hand des Marktes steht die einfache Einsicht, dass der *finis operantis* und der *finis operis*, die Absicht der handelnden Person und die Absicht des Werkes der Handlung, nicht immer dieselbe sind, aber dass sie einander ergänzen können. Im Unternehmen gibt es eine Differenz von Unternehmenszweck und individueller Handlungsmotivation, die in der Sprache der älteren Ethik als Differenz von *finis operis* und *finis operantis* beschrieben werden kann. Die Mitglieder eine Firma haben ihre eigenen Zwecke, Nutzen- oder Gewinnmaximierung. Die Firma hat ihren Zweck, die effiziente Produktion eines Produkts oder Werkes. Die „Business Firm“ bringt diese beiden Zwecke in einer solchen Weise zusammen, dass beide Zwecke realisiert werden, das gute Produkt und die Nutzen- oder Gewinnmaximierung der Mitarbeiter und der Eigentümer. Diese Koinzidenz ist der tiefere Sinn der Rede von der unsichtbaren Hand des Marktes bei *Adam Smith*.

Die unsichtbare Hand ist weder so unsichtbar und noch weniger so mysteriös wie einige ihrer Kritiker gemeint haben. Der *finis operantis* und der *finis operis*, die Absicht der handelenden Person und Absicht des Werkes, können einander ergänzen, wenn der Wettbewerb die handelnden Individuen zwingt, ihre Interessen unter der Bedingung zu verfolgen, dass sie aus dem Markt gedrängt werden, wenn sie nicht die Konsumenteninteressen sehr ernst nehmen und die Konsumentennachfrage befriedigen. Der Wettbewerb und der Markt zwingen das Individuum zu einem Verhalten, in welchem der *finis operantis*, die Absicht des Handelnden, mit dem *finis operis*, der Absicht des Firmenprodukts für den Konsumenten koinzidiert oder ihm zumindest sehr nahe kommt. Das Unternehmen hat den Zweck zu erfüllen, ein Produkt oder Werk, *opus*, zu produzieren. Es existiert für einen *finis operis*, um eines Produkts willen. Die Individuen haben ihre eigenen Zwecke, gewöhnlich den Zweck, soviel Geld wie möglich zu verdienen. In der Wirtschaft können sie sich diesen Zweck noch mehr widmen als in der Politik, der Verwaltung oder der akademischen Welt. Die Organisationen der Wirtschaft, die Unternehmen, müssen diese beiden Zwecke so zusammenzubringen, dass sie kompatibel werden. Dies geschieht durch Inzentivierung, durch Anreize (*incentives*). Weil Wirtschaftsunternehmen besser durch Einkommen inzentivieren können als andere Sphären des Handelns, sind sie sehr effizient. Finanzinstitutionen können noch besser mit finanziellen Anreizen inzentivieren als Industrieunternehmen. Die Mitarbeiter erfüllen mit dem Erreichen ihres eigenen Zwecks der Einkommensmaximierung, ihres *finis operantis*, zugleich den Zweck des Unternehmens, den *finis operis*. Die Anreize greifen jedoch nicht immer und sie können, wie bereits gezeigt wurde, in die falsche Richtung gehen.

3. Die Hyper-Inzentivierung und die Hybris der Finanzmanager

Die Hyper-Inzentivierung der Finanzmanager hatte die Anreize so gesetzt, dass sie nicht mehr mit dem Zweck der Finanzindustrie, ihrem *finis operis*, kompatibel waren und die durch die Anreize induzierten Beiträge in die falsche Richtung lenkten. Die Entlohnungssysteme der Banken förderten tendenziell einen unendlich hohen Verschuldungsgrad,[7] weil die Bankmitarbeiter und Aktionäre an einem unendlich hohen Verschuldungsgrad ihrer Kunden und Bankwettbewerber theoretisch unendlich verdienen können. Die am schnellen Gewinn orientierte Gehaltsstruktur trainierte den Brokern das Gefühl für den Zusammenhang von Risiko und Haftung ab. Ein höherer Bonus drängt die Finanzstabilität bei Managerentscheidungen zugunsten der Geschäftsausdehnung in den Hintergrund. Bonus sollte durch Bonus/Malus ersetzt werden, so dass der Mitarbeiter auch am Verlust von ihm eingegangener überzogener Risiken beteiligt wird und ein Strafmechanismus zur Übernahme von Ausfallrisiken eingebaut ist. Zu fragen ist, wieviel performance-abhängige Entlohnung, wieviele Anreize das Finanzsystem verträgt. Nach *Franke* liegt der Anteil der performance-abhängigen Entlohnung an der Entlohnung der Mitarbeiter der Finanzindustrie in Japan unter 70 v. H., während sie in den USA und Europa bei über 85 v. H. liegt.[8]

Wenn die Gehälter extrem hoch sind, liegt der Verdacht nahe, dass auch ein extrem hohes Risiko gewollt wird. Die überzogenen Gehälter haben die Risikobereitschaft angefeuert. Wenn auch noch die Aktionäre vor allem auf das schnelle Geld aus sind und hohe Risiken wollen, holen sie sich Leute an die Unternehmensspitze, die diese Risiken suchen. Beide, Aktionäre und Manager, wollen den Kurs steigen sehen und denken beide: „Wenn's schief geht, gehen wir schnell raus." – der Anleger aus der Aktie, der Manager aus der Firma. Aktionäre, die aufs schnelle Geld aus sind, stellen Manager ein, die auch aufs schnelle Geld aus sind.

---

7 So *Franke* Gefahren des kurzsichtigen (internationalen) Risikomanagements des Bankkredits, der Collateralized Debt Obligations (CDO) sowie der Stuctured Products und die Finanzmarktkrise, Vortrag auf der Tagung: „Einsichten aus der Finanzmarktkrise für das Bankcompliance" der Arbeitsgruppe „Compliance und Ethik in Finanzinstitutionen im Deutschen Netzwerk Wirtschaftsethik" in Zusammenarbeit mit der Bayerischen Hypo- und Vereinsbank AG am 29. 5. 2009 in München.

8 Ebenda.

Die Folge ist, dass zu hohe Risiken eingegangen werden. Sie werden für den Finanzbroker oder -manager dadurch tragbar, dass er nach dem Prinzip „Take the money and run!" mit dem Bonus in der Tasche die Firma, die er ruiniert hat, verlassen kann, ohne selbst ruiniert zu sein. Die Manager-Gehälter müssen deshalb begrenzt und das Bonus-System wegen der überzogenen Risikobereitschaft überbezahlter Manager überdacht werden. Trotzdem gilt an sich das Prinzip, dass die Firma das Recht und die Pflicht hat, die Entlohnung ihrer Manager selbst festzulegen. Dies funktioniert normalerweise auch deshalb, weil eine Firma kein Geld zu verschenken hat.[9] Unter dem Eindruck der Finanzmarktkrise muss man schließen, dass der Gedanke, dass die Finanzindustrie bei den Gehältern von Tradern und Finanzbrokern schon deshalb nicht überziehen wird, weil diese Gehälter und Boni für sie Kosten sind, zu einfach ist.

Das Kostenargument ist deshalb zu einfach, weil die Boni trotz ihres hohen Betrages im Vergleich zu den Umsätzen und den durch sie ermöglichten Gewinnen oft vernachlässigbar sind. Ein Beispiel ist der Fall des wahrscheinlich größten Verlustes, der je durch einen Trader verursacht wurde, der Fall Jérome Kerviel bei der Bank Société Générale in Paris. Kerviel hatte vor dem Desaster im Jahre 2007 43 Millionen EURO Gewinn für seine Bank gemacht. Er stellte in diesem Jahr den Antrag, dass die Bank ihm einen Bonus von 600.000,– EURO bezahlen solle. Die Bank genehmigte aber nur die Hälfte des geforderten Betrags, einen Bonus von 300.000,– EURO. Das ist ein geforderter Bonus von 1,395 v. H. und ein genehmigter von 0,697 v. H. des vom Mitarbeiter generierten Gewinn – kein Provisionssatz, über den man sich sonst ereifern würde.[10] Allerdings tat Kerviel eigentlich nur, was sein Arbeitsvertrag von ihm verlangte, nur eben erfolgreich, was ein Arbeitsvertrag im Allgemeinen und in anderen Branchen auch ohne Bonuszahlung erwartet. Im nächsten Jahr machte Kerviel 4,9 Milliarden EURO Verlust für die Bank. Er sagte gegenüber der Presse, dass er es nicht aus Gier für sich, sondern für die Bank getan habe: Er wollte gut sein: „Truly, my goal was just to increase activity."[11] In Anbetracht der hohen Umsätze und Beträge im Bankgeschäft, ist die einzige Möglichkeit wohl diejenige, die Boni überhaupt zu untersagen und die Bezahlung auf das vertraglich fixierte Gehalt zu beschränken.

Überzogene Boni sind eine Überziehung des Anreizgedankens, so als ob Finanzdienstleister im Gegensatz zu anderen professionellen Berufen nur etwas leisten können, wenn für jeden guten Gedanken ein Extra-Tausender bezahlt wird. Die Finanzindustrie kann hier nicht so tun, als ob in ihr völlig andere Regeln gälten als in anderen Bereichen der Gesellschaft. Ein/eine Bundeskanzler/in kann auch nicht hingehen und am Ende seiner/ihrer Amtszeit sagen: Ich war gut, habe das Land vorangebracht und Milliarden EURO Volkseinkommen extra geschaffen– mir stehen fünf Millionen EURO Bonus zu.

Zu hohe Boni fördern ein schädliches Anspruchsdenken, ganz nach dem Motto: Wenn ich keine Million extra bekomme, höre ich auf zu denken. Das geht schon aufgrund des

---

9 Wenn allerdings nur derjenige in einen Aufsichtsrat berufen wird, von dem man weiß, dass er bei der Erhöhung von Managergehältern keine Schwierigkeiten macht, kann die Firma entgegen ihrem Selbstinteresse als Institution überhöhte Gehälter bezahlen.

10 *Stewart* The Omen. How an obscure Breton trader gamed oversight weaknesses in the banking system, The New Yorker, 20. 10. 2008, S. 54–65, hier S. 60.

11 Ebenda, S. 65.

Arbeitsvertrages nicht, der ja die Erbringung einer Arbeitsleistung bei einem fixen Gehalt festlegt, und es geht aufgrund des Shareholder Value-Prinzips nicht, weil falsch gesetzte Anreize nicht den Wert des Unternehmens erhöhen. Ein durch einen Bonus überinzentivierter Manager denkt zuerst an den Bonus und an die Finanzmärkte – und nicht an die Firma. Der Anreiz wirkt kontraproduktiv, lenkt von der eigentlichen Aufgabe ab.

Der Staat hat an sich nicht das Recht, den Managern die Gehälter zu kürzen. Wenn aber Bankmanager ihre Banken in die Pleite geführt haben, und der Staat diese Banken rettet, müssen die Manager so behandelt werden, als ob ihre Häuser bankrott seien. Für den Staat wäre es besser gewesen, die durch ihn geretteten Banken formell pleitegehen zu lassen, sie also erst in die Insolvenz hineingehen zu lassen und dann aus ihr herauszuführen. Dadurch, dass der Staat die Insolvenz einer Bank im Grunde verschleppt und ihren Konkurs verschleiert hatte, galten die Verträge über Boni nun einmal fort, so dass man sich nicht wundern durfte, dass die Manager ihre Boni einklagten. Der Staat hat sich in gewisser Weise der „Konkursverschleppung“ bei den von ihm geretteten Banken schuldig gemacht, indem er sie vor dem Konkurs rettete.

Das Denken in Aktienkursen und Shareholder Value hat es begünstigt, dass überzogene Risiken eingegangen wurden, die mit überzogenen Gehältern vergütet wurden. Wenn überzogene Gehälter gezahlt werden, deutet dies vor allem auf eine Störung des Marktmechanismus, des Wettbewerbs, hin. Hier müsste eine langfristige marktkonforme Politik zur Senkung der Managergehälter in der Finanzindustrie ansetzen. Die entscheidende Frage ist: Hat es ausreichenden Wettbewerb in den Banketagen gegeben? Und wenn ja, warum haben sich dann so wenige angeboten, sehr, sehr viel Geld zu verdienen? Warum sind nicht alle Überflieger auf den Banker- und Broker-Markt gestürmt – mit der Folge, dass das Gehaltsniveau dieses Marktes gesunken wäre? Die Vermutung liegt nahe, dass die Banker, und hier vor allem die Investmentbanker, ihr Geschäft gleichzeitig ausgeweitet und das Angebot an Top-Managern künstlich verknappt und damit oligopolistisches Verhalten und eine Art Finanzoligopol ausgebildet hatten.

Außerdem versuchte das Shareholder Value-Prinzip den Manager zum Spekulanten zu machen, der durch die spekulative Unternehmensführung seiner eigenen Firma spekulative „Capital gains“ aus der Aktie seiner Firma sichern muss und an ihnen beteiligt wird. Wenn die Manager der Finanzindustrie dauerhaft weder auf dauerhaft überzogene, d.h. dauerhaft über dem Durchschnitt der erfolgreichen Branchen der Realwirtschaft liegende Renditen noch auf überzogene Boni verzichten wollen, sollte der Gesetzgeber das Steuerrecht ändern und die Einkommen und Gewinne der Finanzwirtschaft mit einem höheren Steuersatz als den Rest der Wirtschaft besteuern. Der Gleichheitsgrundsatz würde hier nicht verletzt, weil ihn auch die Finanzwirtschaft nicht anerkennt, sondern als Branche ein Sonderrecht auf unter Bedingungen eines Wettbewerbsmarktes nicht erzielbare Renditen und Einkommen einfordert. Falls dieses Sonderrecht vom Staat tatsächlich zugestanden würde, könnte es auch mit einem Sondertarif besteuert werden.

Die Banken müssen der Wirtschaft und den Menschen „dienen“. Der Dienstgedanke ist den kapitalistischen Gesellschaften weitgehend abhanden gekommen. Er hat aber immer noch seinen guten Sinn. Es gehört zur Idee des Kapitalismus, dass der Produzent dem Konsumenten dient. Die Finalität der Wirtschaft ist der Konsument, nicht der Finanzdienstleister. Man muss nur gleichzeitig wissen, dass die Motivation des Produzenten dabei eine andere ist: Er möchte Gewinn erzielen. Wenn ein Bankmanager sich jedoch allein am Shareholder Value orientiert und darüber den Dienst am Gesamtunternehmen aus den Augen verliert, hat er seinen Job falsch verstanden und zerstört die unsichtbare Hand des Marktes. Zu den in seinem Arbeitsvertrag aufgelisteten Pflichten gehört weit mehr als die gute Verzinsung der Aktionäre. Unter Umständen muss er sogar das Interesse des Unternehmens über das der Anteilseigner stellen.

Damit die unsichtbare Hand des Marktes funktionieren kann, müssen der Dienstgedanke und der Gewinngedanke, der *finis operis* und der *finis operantis*, zusammenwirken, ja zu zwei Seiten derselben Medaille werden. Die unsichtbare Hand des Marktes oder des Kapitalismus besteht darin, dass der Unternehmer nur Gewinn machen kann, indem er dem Konsumenten dient – und zwischen ihm und dem Konsumenten eine Art prästabilierte Harmonie entsteht. Besteht sie nicht, besteht kein funktionierender Markt. Der Dienstgedanke macht Sinn, wenn er mit dem Nutzen für den Konsumenten und für den Dienstleister einhergeht. Man darf in Wirtschaftskreisen nicht die Vorstellung überziehen, alle Menschen seien nur dadurch bewegt, ihren Gewinn zu maximieren. Banken haben durch ihre Geldschöpfung eine öffentliche Nebenfunktion. Sie können sich daher nicht verhalten wie bloße Eigennutzmaximierer. Ärzte, z.B., können sich auch nicht nur an der Maximierung ihres Eigennutzes orientieren, wenn sie einen Patienten behandeln.

Der Mensch ist in allem von vielem motiviert. Er hat stets selbstsüchtige und noblere Motive. Man kann in seiner Profession, egal welche es ist, nicht gut sein, wenn man immer nur an seinen Gewinn denkt. Das gilt auch für Banken. Ein Manager, der allein seinen Gewinn im Sinn hat, kann keine guter Manager sein, weil er sich zu wenig an der Natur der Sache orientiert. Nichts hindert einen daran, zu sagen: In der Wirtschaft gilt ein größeres Vorherrschen des Gewinnmotivs als in der Kirche. Und doch verpflichtet auch in der Wirtschaft schon sein Arbeitsvertrag den Manager, im Interesse der Firma, und nicht in seinem eigenen, zu handeln. Der Arbeitsvertrag „kauft" die Loyalität und Treuhänderpflichten (fiduciary duty) des Managers zur Firma, wie der Beratungsvertrag die Loyalität und Treuhänderpflichten des Beraters zu seinem Kunden erwirbt. Mit dem Kauf eines Beratungsgesprächs wird nicht nur die Gesprächszeit, sondern auch die Loyalität des Beraters zum Kunden gekauft.

In seiner Engführung führt sich das Shareholder-Value-Prinzip ad absurdum, weil es den Manager auffordert, primär im Interesse der Shareholder, und nicht, wie sein Arbeitsvertrag mit der Firma es von ihm fordert, im Interesse der Firma zu handeln. Das Prinzip ist stets in Gefahr, den Interessenkonflikt, der immer latent zwischen dem Firmeninteresse und dem Interesse des Shareholders, der die Anteile vielleicht nur einige Stunden bis einige Monate hält, besteht, einseitig zugunsten der Shareholder aufzulösen, obgleich es Aufgabe des Managers ist, diesen Konflikt auszuhalten und vernünftig auszugleichen. Hinzukommt, dass es einem Manager überhaupt nicht möglich ist, bei jedem Schritt seiner Tätigkeit, etwa bei der Produktentwicklung, die Wirkung seiner Einzelentscheidung auf das Shareholder Value der Firma so abzuschätzen, dass sie diesen tatsächlich im Vergleich zu den Alternativen der Entscheidung maximiert. Wenn ein Manager etwas gut machen will, muss er sich zunächst an der Sache orientieren – und sich dann fragen, ob sich diese Sache auch für die Aktionäre rentiert.[12]

Der Zweck des Unternehmens liegt nicht primär darin, Gewinne zu erzielen, sondern gute Produkte herzustellen. Von Daimler über Siemens bis Microsoft und Google gilt: Diese Firmen waren und sind weit mehr als ein lockerer Verband von Menschen, die ihren Nutzen maximieren, wie es die Financial Theory of the Firm unterstellt. Alle großen Unternehmen sind um ein Produkt herum zentriert. Das Shareholder Value ist insofern nur eine Bedingung, ein constraint dieses Zwecks. Ein Unternehmen wird nicht in die Welt gesetzt, um Aktionären Rendite zu verschaffen – auch wenn es diesen erlaubt ist, das so zu sehen. Der Zweck eines Unternehmens, sein *finis operis*, liegt darin, ein optimales Produkt für den Konsumenten zu schaffen – unter der doppelten Nebenbedingung, dass dabei auch der Zweck der Handelnden, ihr *finis operantis*, erfüllt wird – für die Aktionäre der Zweck, mit guter Rendite auf ihre Kosten kommen und für die Beschäftigten der Zweck, mit gutem Lohn ihren Zweck zu erreichen. Ein Unternehmen muss Rendite generieren, nicht maximieren. Das Shareholder-Value-Prinzip hat als Kontrollfunktion seine Berechtigung, als Mittel der Aktionäre, den Managern ihre Interessen zu verdeutlichen. Falsch ist Shareholder Value als Endzweck.

Man kann daraus schließen, dass es offenbar falsch ist, im Zeitraum von drei Jahren zwanzig v. H. Rendite per annum erwirtschaften zu wollen statt im Zeitraum von 30 Jahren fünf bis zehn v. H. per annum. Banken ist es nicht erlaubt, sich das Lebenskonzept eines Drogensüchtigen zu Eigen zu machen: „Ich nehme drei Jahre Heroin, mache tolle Erfahrungen, bin die halbe Zeit high – und dann sterbe ich eben." Eine solche Kurzfriststrategie ist auch rechtlich ausgeschlossen: Es gibt ein Erhaltungsinteresse des Unternehmens. Ein Privatspekulant darf hoffen, die schnelle Mark zu machen und dabei seinen Bankrott riskieren. Der Manager einer Großbank darf es nicht.

Tatsächlich wurden wegen der bestehenden Anreizsysteme im Finanzsektor solche Hochrisiko- und Maximum-Rendite-Strategien trotz des bestehenden Aktienrechts ergriffen, dass es fast unvermeidlich war, dass sie schließlich zum Bankrott führten. Sie wurden ergriffen, weil man das Shareholder-Value-Prinzip gegen Kritik immun gemacht hatte. Man hatte es durchgesetzt mit der Rechtfertigung, dass es, wenn vor allem die Aktionäre auf ihre Kosten kommen, allen besser geht. Das ist aber ein Non Sequitur, eine nicht gerechtfertigte Schlussfolgerung, die nur gilt, wenn man die Illusion des perfekten Marktes beschwört, in dem es auch allen anderen „Stakeholders" besser geht, wenn die Manager den Aktienwert maximieren, weil der Aktienwert den Wert des Unternehmens vollkommen richtig und rational widerspiegelt. Es gibt hier jedoch, wie die Finanzmarktkrise gezeigt hat, keine prästabilierte Harmonie zwischen dem Shareholder-Interesse und demjenigen aller anderen, weil es auch keine prästabilierte Harmonie oder gar Identität zwischen dem Börsenwert und dem tatsächlichen Wert des Unternehmens zu jedem Zeitpunkt, an jedem Börsentag, gibt. Nach Jahren hoher Renditen wurden die meisten der größten Banken der Welt in den Bankrott geführt, aus dem sie nur mit Hilfe von Staatsgeld und damit mit Hilfe des Geldes des Steuerzahlers

12 Bereits *Brandeis* hat darauf aufmerksam gemacht, dass die Manager nur auf den share price und nicht mehr auf das Produkt achten. Er sah diese Gefahr jedoch vor allem dort, wo Banken zugleich das Management von Firmen stellen. *Brandeis* Other People's Money and How the Bankers Use it (1914), Reprint 1995, S. 140.

gerettet werden konnten. Die Abstürze der Marktkapitalisierung dieser Firmen waren teilweise dramatisch. Wo blieb hier die vollkommene Rationalität des Marktes bei der fehlenden Wahrnehmung der dramatischen Überbewertung dieser Firmen?[13] Auch nach dem Aktiengesetz ist der Manager nicht nur der Agent der Aktionäre, sondern führt die Aktiengesellschaft unter eigener Verantwortung.[14]

Die Verfolgung des Selbstinteresses führt durch die unsichtbare Hand des Marktes nur dann zu einer effizienten Lösung, wenn sie das Interesse der anderen nicht völlig aus dem Auge verliert. Ob man die alleinige Verfolgung des Selbstinteresses im Banken- und Finanzsektor vertreten kann, mag dahingestellt bleiben. Den Zusammenhang zwischen Gier und überzogenen Bonus-Ansprüchen aber schlichtweg zu leugnen, wie dies bei *Posner*[15] geschieht, macht es sich zu einfach. *Posner* verteidigt die Finanzindustrie mit dem Hinweis: „We want them (business people) to be profit maximizers."[16] Man will sie natürlich als Profitmaximierer, aber nicht als solche, die ihren eigenen Profit statt denjenigen ihrer Firma maximieren und nach einigen Jahren des maximalen eigenen Profits ihre Institute in den Bankrott führen. Auch hier wird das komplizierte Verhältnis zwischen dem Selbstinteresse des Managers, dem Selbstinteresse des Shareholders und dem Selbstinteresse der Firma unzulässig vereinfacht.

Es erscheint auch sinnvoller, die verfehlte Motivationsstruktur vieler Akteure der Finanzindustrie vor der Krise nicht mit der Eigenschaft Gier, sondern mit der Eigenschaft Hybris zu beschreiben.[17] Hybris ist eine komplexe Verhaltens- und Einstellungskonstellation von überzogenem Stolz mit Verlust der realistischen Wahrnehmung der Außenwelt, in der nicht zuletzt die zu hohe Bewunderung und Belohnung von außen bei dem von der Hybris Betroffenen zu Stolz, Selbstüberschätzung und entsprechend zu übermäßig riskantem Handeln einschließlich Realitätsverlust führen. Die zu hohe Bewunderung und Belohnung sowie fehlende Kritik von außen können wiederum aus

---

13 Aufgrund der unvollkommenen Rationalität der Märkte bleibt das Investment in Aktien eine Wette. Wetten sind grundsätzlich unsicher. Es gibt keine sichere Wette, auch nicht bei Aktien. Going long, auf steigende Kurse setzen, ist eine Wette. Going short, auf fallende Kurse setzen, ist auch eine Wette. Beide Wetten kann man durch Blogs unterstützen, aber nicht garantieren. Um ein Beispiel zu geben: Am 24. 11. 2008 ging der Börenindex Nasdaq 100 um ca. 6 Prozent nach oben. Praktisch alle Werte gingen nach oben, nur Google ging um ca. 4% nach unten. Geleichzeitig fand ein Feuerwerk an Blogs zu Google statt – mit dem Tenor: „Google ist nichts wert, überbewertet, wird unter der Rezession am meisten leiden. Verkauft Google!" Der Ursprung der Blogs waren wahrscheinlich Short Sellers, die sich eindecken mussten. Ihre Strategie ging auf. Der Kurs fiel entgegen der Markttendenz um 4%. Am nächsten Tag, 25. 11. 2008 ging der Nasdaq 100 um ca. 1,5% nach unten und Google um ca. 10% nach oben – wieder entgegen der Markttendenz. Die einzige gesicherte Meldung, die es in diesen beiden Tagen von Google gab, war eine kurze Bemerkung des CEO von Google, *E. Schmitt*, am 25. 11. 2008, dass das Geschäft ganz gut sei. Die Kursbewegungen von Google waren weitgehend reine (Glücksspiel-)Wetten, die keine oder wenig Grundlage in Informationen oder Wissen hatten und haben konnten. Quelle: eigene Beobachtung.

14 § 76 Abs. 1 des Aktiengesetzes: „Der Vorstand hat unter eigener Verantwortung die Gesellschaft zu leiten."

15 *Posner* A Failure of Capitalism. The Crisis of '08 and the Descent into Depression 2009, S. 78, 100, 107.

16 *Posner* 2009, S. 107.

17 Hybris ist ein Zentralbegriff der griechischen Tragödie, beispielsweise in Aischylos' Orestie. Im Griechischen kann Hybris auch Gier, maßloses Habenwollen, bedeuten.

dem narzisstischen Antrieb und Wunsch der Bewunderer stammen kann, sich etwa als Mitglieder derselben „Superfirma" selbst zu bewundern. Die Bewunderer können selbst in ihrer Bewunderung von Hybris und „Self-Congratulation" bestimmt sein. Natürlich ist Hybris nicht auf eine Berufsgruppe beschränkt. Sie betrifft sehr häufig auch Politiker und Filmstars, die ebenfalls hohe Bewunderung und Aufmerksamkeit durch ihre Umwelt erfahren.

Hybris führt zu einem Gefühl der unrelativierten Superiorität anderen gegenüber über einen längeren Zeitraum.[18] Je länger die Konstellation andauert, umso größer wird die Hybris und umso geringer die Chance des von der Hybris befallenen, durch die durch seine eigene Hybris entstandenen Blendung hindurch wieder die Realität zu erkennen. Hybris führt zu Leistungsabfall nicht nur durch die Blendung des Betroffenen, sondern auch durch die aus der Hybris folgende Unfähigkeit mit anderen zusammenzuarbeiten und gemeinsame Lösungen für neue Herausforderungen zu finden, die gerade bei Änderungen des Umfeldes der Organisation, etwa des Unternehmens beim Manager, aber auch des Staates beim Politiker, nötig sind. Belohnungen von außen verstärken die Hybris. Auch hier haben die Boni der Finanzmanager einen adversen Effekt, insofern sie Hybris und Selbstvergrößerung verstärken, den Realismus der Außenwahrnehmung aber verringern.

4. Easy Credit und die Hybris des Konsumenten

Das Mehr-Haben-Wollen ist, wie schon *Plato*[19] wusste, ein Kennzeichen des Menschen und daher eine Eigenschaft fast aller Menschen, nicht nur der Banker und Finanzintermediäre. Vom Mehr-Haben-Wollen oder der Nicht-Sättigung ist die Gier zu unterscheiden. Gier ist Mehr-Haben-Wollen ohne Rücksicht auf die anderen und die Regeln des Wirtschaftens. Von ihr sagt *Mohammed*, dass sie die größte Versuchung des Menschen ist. Er kam aus einer Kaufmannsfamilie und musste es daher wissen. Das Christentum stammt dagegen eher aus einem handwerklichen Umfeld – *Christus* war Sohn eines Zimmermanns – und wurde zunächst unter Menschen der Landwirtschaft prägend.

Easy credit fördert primär nicht die Gier, sondern den Leichtsinn. Leichtsinn führt zu Überkonsumption, zu einem Zuvielkaufen im Verhältnis zu den eigenen Mitteln, und zu geringerer Sorgfalt und Vorsicht im Umgang mit Geld. *Easy Money* und *Easy Credit* lassen auch mehr Betrug zu, weil das gesamte Geschäftsumfeld leichtsinniger und weniger sorgfältig wird.[20]

---

18 Vgl. *Lewis* Self Conscious Emotions: Embarassment, Pride, Shame, and Guilt, in: Lewis/Haviland-Jones (Eds.) Handbook of Emotions 2. Aufl. 2000, S. 623–636; *Price Tangney* Perfectionism and the Self-Conscious Emotions: Shame, Guilt, Embarrassment, and Pride, in: Flett/Hewitt (Eds.) Perfectionism: Theory, Research, and Treatment 2002, S. 199–215; und Tracy/Robins/Price Tangney (Eds.) The Self-Conscious Emotions: Theory and Research 2007.

19 *Richards* Money, Greed, and God. Why Capitalism is the Solution and not the Problem 2009, S. 111–134, argumentiert gegen den „Gier-Mythos", dass das Wesen des Kapitalismus Gier sei.

20 Darauf hat *Argandoña* Understanding the Financial Market Crisis – Improving the Financial Market Performance. From a Business Ethics Point of View, Vortrag auf der Tagung: „Einsich-

Es erscheint bei billigem Kredit leicht, alles heute statt morgen zu haben. Das Verzichten, das Auf-Morgen-Verschieben von Konsum, erscheint sinnlos. Hinzukommen die Fortschritte der kognitiven Psychologie, die dem Marketing und der Werbung noch bessere und verfeinerte Beeinflussungsinstrumente in die Hand gegeben haben, um den Konsumenten zu zum Kauf von Konsum- und Gebrauchsgütern zu veranlassen. Die Hybris des Konsumenten ist auch vom Produzenten gefördert, der den Konsumenten in subtiler Weise zum Konsum bewegt und das Sparen unsinnig oder überflüssig erscheinen lässt.[21]

Wenn die Fed, die amerikanische Nationalbank, wie es in den USA vor der Krise für einige Zeit der Fall war und nach der Krise wieder der Fall ist, den Zinssatz auf einen Satz von einem oder einem halben Prozent festlegt, gibt es kaum mehr einen Unterschied zwischen Gegenwarts- und Zukunftsnutzen: Das Individuum kann alles schon heute haben, ohne in der Zukunft mehr dafür in Form des Zinses zahlen zu müssen. Dies führt dazu, dass die Individuen unter „Schuldenillusion" handeln: Das Individuum vergisst, dass es den Kredit zurückzahlen muss und konsumiert daher zu viel in der Gegenwart. Es kommt zur Überkonsumption in der Gegenwart.

In der Zukunft wird dieses unter Schuldillusion handelnde Individuum enorm sparen müssen, um die Schulden für den überhöhten Gegenwartskonsum, auch wenn die Zinsen niedrig sind, zurückzahlen zu können. Wenn es sich jedoch an den Gegenwartskonsum gewöhnt hat und nun morgen doppelt so viel sparen muss wie heute, gerät es in Schwierigkeiten. Es kommt zu dramatischen Absenkung des verfügbaren Einkommens. Wenn das Individuum die Kredite nicht zurückzahlen kann und wenn dieses Unvermögen vielen widerfährt, fallen die Häuserpreise, mit der Folge, dass noch mehr Kredite wegen der fallenden Häuserpreise platzen. Eine Spirale nach unten setzt ein. Die Banken müssen Wertberichtigungen vornehmen. Kapital wird vernichtet. Konsum muss eingeschränkt werden. Stagnation folgt.

Die Politik des leichten Geldes, der *easy credit*, ermöglichte eine ungekannte Ausdehnung des Konsums der privaten Haushalte und Umfangs des Banken- und Finanzsektors, weil er die Ausdehnung des Konsumkredits ermöglichte. Die Politik des leichten Geldes machte aber auch die Entstehung besonderer Finanz- und Anlageinstitutionen auf Seiten der Investition wie die Entstehung der Private Equity-Firmen und der Hedgefunds möglich. Easy Credit ist die Ursache der Extragewinne, ja der Existenz, der Private Equity-Firmen und Hedgefunds. Diese konnten und können sich dank der niedrigen Zinsen Geld für „leveraged" Unternehmenskäufe und „corporate raiding" billig leihen. Private Equity-Firmen nahmen nicht nur private equity von privaten Investoren, sondern auch Darlehen für drei Prozent Zinsen in Milliarden Dollar bei den Banken auf, die ebenfalls „over-leveraged" waren, weil sie dank phantasievoll strukturierter Produkte wie CDOs weit über die Grenze der Eigenkapitalerfordernis hinaus Geld ausliehen. Die Private Equity-Firmen kauften Unternehmen auf Pump, setzten das Management unter Druck und verbesserten die Unternehmensführung

---

ten aus der Finanzmarktkrise für das Bankcompliance" der Arbeitsgruppe „Compliance und Ethik in Finanzinstitutionen im Deutschen Netzwerk Wirtschaftsethik" in Zusammenarbeit mit der Bayerischen Hypo- und Vereinsbank AG am 29. 5. 2009 in München hingewiesen.

21 Den Zusammenhang zwischen den neuen Möglichkeiten der kognitiven Psychologie in der Werbung und dem Absturz der Sparquote stellt *Posner* 2009, S. 109 heraus.

oder auch nicht, verkauften dann die Unternehmen nach einem Jahr mit einem Aufschlag, Agio, von 10–20 Prozent auf das beim Kauf eingesetzte Kapital an der Börse und machten entsprechend 7 bis 17 Prozent Gewinn auf die eingesetzten, von ihnen ausgeliehenen Milliarden.

Hier machte der niedrige Zinssatz Gier, im Sinn des Strebens nach bloßer Agiotage ohne Wertschöpfung, nach bloßem Aufschlagmachen, möglich. Wenn die Schuldzinsen bei 7 bis 10 Prozent liegen und wegen einer schwachen Börse mehrere Jahre Wartezeit bis zum Verkauf mit geliehenem Kapital gekauften Firma vergehen und ihr Preis in den verflossenen Jahren wenig oder gar nicht gestiegen ist, sieht dieser Business Plan ganz anders aus. Er führt dann unter Umständen zu Verlusten in Milliarden Höhe, die diese Firmen nicht tragen können, sondern ihren Banken aufhalsen, die sie auch nicht tragen können und daher insolvent werden und sich in die Hände des Staates und der Steuerzahler flüchten, die schließlich für eine Fehlspekulation Milliarden an Steuermitteln flüssig machen müssen und verlieren. Der leichte Gewinn ist, wenn die Bedingungen des leichten Geldes nicht mehr zutreffen, nicht mehr möglich, der hohe Verlust allerdings schon.

Die Politik des leichten Geldes führte zu Extragewinnen und Extraprovisionen, weil das Kredit- und Finanzvolumen ins Gigantische wuchs. Sie bewirkte die Hybris des Immobilienkäufers und des Konsumenten, die sich als Überkonsum von Häusern und Konsumgütern, aber auch in kreditfinanzierter Amateurspekulation größten Ausmaßes bemerkbar machte. Die Ausdehnung des Hypothekenkredits in den USA war enorm: „In 1949, mortgage debt was equal to 20 percent of total household income; by 1979, it had risen to 46 percent of income; by 2001, 73 percent of income.“[22] Die Politik des leichten Hypothekenkredits in den USA führte zu einem Überkonsum von Häusern. Der leichte Hypothekenkredit wurde durch die Staatsgarantien für die beiden Hypothekeninstitute Fannie Mae und Freddie Mac und deren günstige Kredite sowie durch die steuerliche Bevorzugung der Bildung von Immobilienbesitz ermöglicht.[23] Der billige Hypothekenkredit diente teilweise zur Kreditfinanzierung von Finanzspekulationen, vor allem in Aktien. In den Niederlanden musste die Regierung um das Jahr 2005 die Verwendung von Hypothekendarlehen für Aktienkäufe begrenzen.

Green und *Wachter* warnten bereits 2005 vor der Notwendigkeit eines Big Bailouts durch den Staat, dessen Realisierung sie jedoch nicht für möglich hielten: „Funneling lower-than-market rate financial capital raises the risk that society will invest an inefficiently high amount in housing, and also that the risks of that investment are being underpriced by the market.“ Den tatsächlichen Bailout durch den Staat hielten sie für unwahrscheinlich: „No one wants to find out if the federal government would really pay off tens of billions of dollars if Fannie Mae and Freddie Mac became bankrupt.“[24] Wie sehr

---

22 *Green/Wachter* The American Mortgage in Historical and International Context, Journal of Economic Perspectives 19 (2005), S. 93–114, hier S. 93. Die Autoren stellen fest, dass die amerikanische Hypothek entschieden anders ist als im Rest der Welt, bemerken aber auch, dass die Verbriefung von Krediten den Kreditnehmer gegen Veränderungen des Kreditzinses schützte und daher die Aufnahme des Hypothekenkredits für den Kreditnehmer erheblich erleichterte (ebenda, S. 100).

23 Vgl. *Frame/White* Fussing and Fuming over Fannie and Freddie: How Much Smoke, How much Fire? Journal of Economic Perspectives 19 (2005), S. 159–184.

24 *Green* und *Wachter* 2005, S. 108/9.

der Staat die Aufnahme von Hypotheken auch durch Einkommensschwache in den USA ermutigte, wird daran sichtbar, dass die schlechten Risiken unter den Hypotheken, *Subprime and Near Prime Loans*, von 9 v.H. der neuen verbrieften Hypotheken im Jahre 2001 auf 40 v.H. im Jahre 2006 stiegen.[25] Der Hybris der Finanzindustrie entsprach eine, wenn auch erheblich geringer dimensionierte, Hybris der Konsumenten, Hypothekenschuldner und Amateurspekulanten.[26]

5. Kredit und Credo, wirtschaflicher Erfolg und manifest destiny

Der Zusammenhang zwischen jemandem Glauben und Vertrauen schenken und jemandem Kredit geben ist schon sprachlich im gemeinsamen Ursprung beider Wörter aus dem lateinischen Verb *credere* = glauben offensichtlich. Man muss jemandem glauben, um ihm Kredit zu geben. Es gibt einen Zusammenhang zwischen Finanzkapitalismus und Religion, nicht in dem Sinn, dass der Kapitalismus selbst eine Religion ist, was ein ziemlicher Unsinn ist, weil niemand außer Toren denken kann, den Kapitalismus als göttlich anzusehen, sondern in dem Sinn, dass die Welt- und Lebensdeutung der Religion auf die Deutung der Wirtschaft, des Finanzwesens und der wirtschaftlichen Handlung zurückwirkt und umgekehrt.

Wenn Kredit jemandem gegeben wird, dem man glaubt, dass er die Schulden bezahlen kann, glauben Gläubiger Leuten, die dieselben religiösen Überzeugungen haben wie sie selbst, leichter, so dass früher häufig nur an religiöse Glaubensgenossen Kredit gegeben wurde. Auch hier ist erkennbar, dass ein globalisierter Kreditmarkt mit geringerer Nähe zu den Gemeinschaftsformen, in denen Wirtschaft stattfindet, weniger begründetes Vertrauen und an sich weniger Kredit aufweisen müsste als überschaubare und in ihren Glaubensüberzeugungen übereinstimmende, kleinere Gesellschaften.

Beim Kreditwesen spielt in diesem Zusammenhang aber nicht nur die Religion eine Rolle, sondern auch der Glaube an die Zukunft und die Deutung des wirtschaftlichen Erfolgs. In einer Gesellschaft mit einer allgemeinen oder weit verbreiteten Zukunftsgläubigkeit und einem Glauben an ein ständiges Wachstum besteht auch mehr Glauben daran, dass Kredite in der Zukunft zurückgezahlt werden.

Die USA sind ein besonders kreditfreundliches und ein kreditgläubiges Land. Dies hängt auch mit der calvinistischen Geprägtheit Amerikas zusammen. Das reformierte Christentum der Schweiz und der Calvinismus, die sich in der Schweiz zu einer Konfession vereinigten, sind die erste christliche Konfession und wahrscheinlich die erste Religion überhaupt, die den Kredit und das Zinsnehmen als etwas Positives ansahen und bejahten. Der Schweizer Theologe *Heinrich Bullinger* verteidigte als erster Theologe den Zins.

---

25 *DiMartino/Duca* The Rise and Fall of Subprime Mortgages, Economic Letter–Insights from the Federal Reserve Bank of Dallas, Vol. 2, No. 11 (November 2007) Online: http://www.dallasfed.org/research/eclett/2007/el0711.html.

26 *Brunnermeier* Deciphering the Liquidity and Credit Crunch 2007–2008, Journal of Economic Perspectives 23 (2009), S. 77–100.

Bullinger bejaht die Wirtschafstätigkeit, sucht aber auch für Geld- und Kreditgeschäfte das richtige Maß zu finden. Alle Wirtschaftstätigkeiten müssen zum wechselseitigen Nutzen sein. Übervorteilung muss verhindert werden. Gegenseitiger Nutzen und das Verbot von Diebstahl sind die Kriterien des Wirtschaftens. „Beschiss und Betrug", Ausbeutung und Übervorteilung sind für *Bullinger* Formen des Diebstahls und zu verhindern.[27]

Er unterscheidet daher zwei Arten von Zins: einen schändlichen, wucherischen und einen „ehrlichen". Er beginnt, das Wort „Wucher", das stets ein Synonym für „Zins" gewesen war, nur noch für die schlechte Form des Zinses zu verwenden, während für die Scholastik jedes Zinsnehmen Wucher war und auch der entgangene Nutzen des Gläubigers, den die Scholastik, vor allem *Thomas von Aquin*,[28] durchaus gesehen hat, nicht als Zinsrechtfertigung gelten gelassen wurde. Der Schuldner hat nach der Scholastik nur die Pflicht, das Darlehen vollständig und unter Werterhalt zurückzugeben. Ein Inflationsausgleich wäre daher für die Scholastik durchaus legitim, aber keine Zahlung, die über das Darlehen, das Prinzipal, und den Inflationsausgleich hinausgeht.

Bullinger erkennt dagegen in der „guten" Form von Zins einen ökonomisch guten Sinn. Er entwickelt erste zinstheoretische Ideen: Der Zins ist eine Entschädigung für entgangenen Nutzen. „Der das gält vssgliehen, hette mögen ein gout darumb kauffen, von welchem er alle nutzung gehabt hette." (Der das Geld ausgeliehen, hätte ein Gut damit kaufen können, von dem er alle Nutzung gehabt hätte. 21. *Predigt* 116 b).[29]

Als erster Reformator erlaubt *Bullinger* bereits 1531 das Zinsnehmen innerhalb eines von der Obrigkeit festgelegten Rahmens. Dieser Rahmen wird in Zürich bis ins 19. Jahrhundert zwischen 5–6 v.H. liegen. *Bullingers* Einfluß in der calvinistischen Welt ist erheblich gewesen. Auf den niederländischen Schiffen in Hollands Goldenem Zeitalter im 17. Jahrhundert, so wird berichtet, wurde den Seeleuten aus der Bibel und aus Bullinger vorgelesen.

Man erkennt an dieser geschichtlichen Skizze den Wandel, der der Finanzmarktkrise vorausging. Für Jahrhunderte waren der Zins und später die Höhe des Zinses die ökonomische und wirtschaftsethische Zentralfrage. Mit dem leichten Geld der letzten Jahrzehnte sind nicht mehr die Zinshöhe, sondern die Bedingungen, unter denen der Kredit und die niedrigen Zins gegeben werden, vor allem die Strukturierten Produkte, in denen Kredit gegeben wird, das Problem. Es wird auch nicht mehr eher zu wenig, sondern eher zu viel Kredit gegeben.

---

27 So *Hohl* „Heinrich Bullinger als Ökonom", stab. Stiftung für Abendländische Bildung und Kultur, Rundbrief 149 (2006), online: http://www.stab-ch.org/index.php?page=rundbrief-149. – Vgl. auch *Schulze* Die Lehre Bullingers vom Zins, Archiv für Reformationsgeschichte 48 (1957), S. 225 – 229.

28 Vgl. *Koslowski* „Ethische Ökonomie und theologische Deutung der Gesamtwirklichkeit in der Summa Theologiae des Thomas von Aquin", *ders.* Die Ordnung der Wirtschaft. Studien zur Praktischen Philosophie und Politischen Ökonomie 1994, S. 64–88.

29 *Bullinger* Predigten 21 und 22 aus den Dekaden (1549–1551) nach der deutschen Übersetzung von Johannes Haller, Zürich 1558: – Die Ein vnd zwentzigste Predig. Von dem vierdten gebott der anderen Tafel/welches in der Ordnung der Zehen gebotten das achtet ist/Du solt nit stälen. Bey wölchem geredt wirt von der eygenschafft zeitlicher güetteren/vnd wie man die recht vnd mit Gott überkommen sölle. Auch von mancherley geschlächten vnd gattungen dess diebstals.

In den USA pflegte man Wert auf seine Kreditwürdigkeit zu legen, aber auch Kredit nicht zu leicht zu geben. Calvinisten legten großen Wert auf eine gute credit history. In den USA gehört das Schulden machen und abbezahlen – die „credit history" als Lebensgeschichte – notwendig zur Biographie. Der Grund ist ein einfacher: Wie soll man wissen, ob ein Gläubiger seine Schulden zurückzahlt oder nicht, ohne auf seine Lebensgeschichte zurückzugreifen? Wer in der Vergangenheit seine Schulden bezahlt hat, wird dies wahrscheinlich auch in der Zukunft tun, obgleich dies nicht sicher ist. Ein Beispiel sind die Kriterien für die Zulassung zu einer Kreditkartenorganisation. Noch im Jahre 2002 war für den Erhalt einer Kreditkarte nicht die Höhe des Einkommens des Antragstellers, sondern dessen Kreditgeschichte für die ausstellende Bank entscheidend. Neuankömmlinge in den USA konnten daher auch bei hohem Einkommen so lange keine amerikanische Kreditkarte erhalten, als sie keine „credit history" vorweisen konnten. Ebenso konnte ein geplatzter Scheck oder eine andere Störung der credit history die Ausstellung einer Kreditkarte für immer oder sehr lange Zeit verhindern.

Die Unsicherheit über die Rückzahlung des Kredits in der Zukunft kann auch durch die Kreditgeschichte nur reduziert, aber nie vollständig beseitigt werden. Das Individuum kann plötzlich von einem Tag zum anderen zum Verschwender werden und in Las Vegas ein großes Vermögen verspielen. Deshalb ist auch ein hohes Einkommen für die Bank keine Versicherung. Der Großverdiener hat mehr Möglichkeiten, auch ein großer Verschwender sein, als der Kleinverdiener, was das Risiko für die Bank bei Kunden mit hohem Einkommen eher noch erhöht.

Der Glaube an den Kredit in den USA hat sich, anders als auf dem Kontinent, wo man etwa in Österreich immer noch eine Kreditsteuer für einen eingegangenen Kredit in Höhe von 0,8 v.H. der Kreditsumme bezahlen muss, über eine lange Zeitspanne hinweg entwickelt. Die Kreditsteuer als eine Steuer auf ein Einkommen, das man nicht hat, sondern einem anderen schuldet, ist höchst paradox. Sie ist mariatheresianischer Etatismus. Vielleicht liegt ein Teil der Schwierigkeiten der Finanzmarktkrise darin, dass in den USA der Leichtigkeit der Kreditvergabe nicht mehr das strenge calvinistische Ethos, eingegangene Kredite auch zu bedienen, entsprach. Der Bailout der Banken durch den Staat,[30] ja ganzer Nationen und ihrer „soverign debt" in der EURO-Krise, sind auch nicht geeignet, die Disziplin der Schuldner zu erhöhen.

30 Vgl. *Gelinas* After the Fall. Saving Capitalism from Wall Street – and Washington 2009, S. I: „Washington gave the world of finance a terrible priviege: freedom from the fear of failure".

Das problematische Verhältnis von Effizienz und Wettbewerb im Finanzmarkt

Klaus Lüderssen

Wirtschaftsethik, Unternehmensethik, Verantwortung im Unternehmen, Verantwortung des Unternehmens – individuell oder kollektiv, für Einzelne oder für eine Gesamtheit – ich glaube, man muss hier (nachdem wir schon bei den ersten Tagungen darüber gesprochen haben – ich erinnere an die Referate von *Pies* und *Suchanek*) ein wenig sortieren und klassifizieren.

Ich tue das in drei Schritten:

- Recht und Ethik
- Recht, Ethik und Unternehmen
- Recht, Ethik und Finanzmarkt

Zum ersten Punkt:

Seit einem knappen Jahr sind Übersetzungen zweier großer Bücher über Gerechtigkeit von berühmten Gelehrten auf dem Markt. Einmal „Die Idee der Gerechtigkeit" von *Amartya Sen*,[1] Professor für Philosophie und Ökonomie in Harvard und Nobelpreisträger für Ökonomie, und zum anderen „Die Grenzen der Gerechtigkeit" von *Martha C. Nussbaum*[2] vom Wissenschaftszentrum Berlin für Sozialforschung durch einen Preis ausgezeichnete Professorin für Rechtswissenschaft und Ethik an der Universität von Chicago und auch bekannt im Umkreis von *Law and Literature*.

Beide Autoren beschreiben das Erbe des großen Rechtstheoretikers *John Rawls*, des Begründers einer modernen Lehre der Relevanz von Vertrag und Konsens im Recht, und sie machen vor keinem Problem dieser Welt Halt, ohne Rücksicht auf Fächergrenzen.

Die Fächergrenzen indessen sind es, die im professionellen Alltag von Juristen und Philosophen Grenzziehungen etabliert haben, deren Kleinmütigkeit oder mindestens Biederkeit nachdenklich stimmen. Auf dieser Basis sind wir nämlich daran gewöhnt, Recht und Ethik danach zu unterscheiden, ob es sich entweder um äußeres Verhalten und dessen Erzwingbarkeit handelt – das ist das Recht – oder inneres Verhalten: höchst persönliche Motivationen und Anerkennungen – das ist (aus der Sicht des Handelnden) die Moral oder (aus der Sicht der Regelsysteme) die Ethik. Im Folgenden werde ich die beiden Begriffe mehr oder weniger synonym verwenden.

Diese Stereotypen haben freilich nicht immer gegolten und sind spätestens in den letzten Jahrzehnten durch avanciertere Positionen wenn nicht vollständig ersetzt, so doch relativiert worden.

Das heißt, man gesteht sich jetzt ein, dass im Recht, jedenfalls dann, wenn es politisch brisant wird, mehr oder weniger das Moralische dominiert, etwa beim Umweltschutz,

1 *Sen* Die Idee der Gerechtigkeit, München 2010.
2 *Nussbaum* Die Grenzen der Gerechtigkeit, Frankfurt am Main 2010.

der Sterbehilfe oder der Pränataldiagnostik. Aber auch im Wirtschaftsrecht ist es so, wenn etwa auf die Schäden beim Endverbraucher abgestellt wird. Auf allen diesen Feldern wird auch außerhalb der Zunft der Juristen permanent diskutiert, und zwar immer moralisierend, und die Juristen nehmen diese Argumente mehr oder weniger auf.

Umgekehrt gewinnt in der Ethik das an Boden, was *Max Weber* Verantwortungsethik genannt hat; Folgenorientierung entscheidet, nicht eine Gesinnung um ihrer selbst willen oder ein so genanntes reines Pflichtbewusstsein, wie von der kantisch-protestantischen Ethik lange – vielleicht aufgrund von Missverständnissen – gefordert und in der Ökonomie gelegentlich immer noch mit „Integrity" oder Fairness" assoziiert – ebenfalls mein Erachtens ein Missverständnis.

Die gemeinsamen Segmente von Recht auf der einen Seite und Ethik oder Moral auf der anderen Seite nehmen damit zu im Bewusstsein der Menschen. Das bedeutet aber zugleich, dass das Recht seine materielle Substanz verliert und versuchen muss, sich auf ein wirklich spezifisches Kriterium seiner selbst zu besinnen. Man findet dies in seiner *Verbindlichkeit,* und – das ist meine zugespitzte These – *darauf* reduziert sich das Recht (wobei es unterschiedliche Intensitäten gibt, am äußersten Ende der Skala steht das Strafrecht). Alles andere kommt aus einem riesigen Potential sozialer und politischer Ideen und Erfahrungen, verbunden mit Abwägungen, wie sie vor allem auch für die folgenorientierte Moral typisch sind.

Auch ökonomische Abwägungen werden von dieser Nivellierung erreicht, selbst wenn sie, wie häufig, überhaupt erst durch äußerlich typisch juristische – auf Gesetzgebung beispielsweise zielende – Tätigkeit hervorgerufen werden und Gestalt annehmen, etwa im Bilanzrecht.

Warum etwas zur verbindlichen Regel wird, das ist die *Rechts*frage; dass bestimmte Ziele und – unter Vermeidung von Zielkonflikten – die Mittel zu ihrer Erreichung unter dem Gesichtspunkt der *Geltungsrelevanz* ausgewählt werden, deutet freilich auf deren Stoffbestimmtheit, macht den Stoff aber damit nicht zu etwas genuin Juristischem.

Diese Feststellung ist nicht rein akademisch, sondern – wie ich glaube – eine gute Basis zur Beseitigung der Missverständnisse zwischen Ökonomen und Juristen, indem sie den Gegensatz aufhebt, das gemeinsame Tätigkeitsfeld eröffnet.

Nun der zweite Punkt: Recht, Ethik und Unternehmen.[3]

In dem im Auftrag der Görres-Gesellschaft herausgegebenen Handbuch der Wirtschaftsethik wird im ersten Band[4] mit Blick auf die Ethik in der Betriebswirtschaftsleh-

---

3 Hierzu bereits: *Lüderssen* Regulierung, Selbstregulierung und Wirtschaftsstrafrecht – Versuch einer interdisziplinären Systematisierung, in: Kempf/Lüderssen/Volk (Hrsg.) Die Handlungsfreiheit des Unternehmers – wirtschaftliche Perspektiven, strafrechtliche und ethische Schranken 2009, S. 241 ff. (280 ff.); ferner *ders.* Finanzmarktkrise, Risikomanagement und Strafrecht, in: Kempf/Lüderssen/Volk (Hrsg.) Die Finanzkrise, das Wirtschaftsstrafrecht und die Moral 2010, S. 211 ff. (216 ff.) (jeweils mit einschlägiger Literatur; vgl. ferner *Steinmann* Unternehmensethik und Recht. Einige Überlegungen zur Meta-Regulierung gesellschaftlicher Verantwortung der Unternehmensführung, Zeitschrift für internationale Strafrechtsdogmatik 2011, 100 ff.

4 *Korff/Baumgartner et al. (Hrsg.)* Handbuch der Wirtschaftsethik, Gütersloh 1999.

re zwischen der Nichteinbeziehungshypothese und der Einbeziehungshypothese unterschieden.[5]

Die *Nichteinbeziehungshypothese*, wobei noch die stillschweigende von der ausdrücklichen Nichteinbeziehung getrennt wird, ist kaum noch vertreten, weil sie auf einer zu strikten doktrinären Trennung zwischen Seins- und Sollens-Sätzen und einer damit verbundenen starken Isolierung der jeweiligen Fächer beruht – Betriebswirtschaft nur empirisch, Ethik nur normativ.

Bei der *Einbeziehung* kann man eine interne Ethik von einer externen unterscheiden, je nach dem, wie man das Unternehmensziel definiert. Identifiziert man es mit einer verhältnismäßig eng umschriebenen Gewinnmaximierung, etwa im Sinne der Shareholder-Doktrin des Aktienrechts, dann ist es für die Rolle der Ethik schon erforderlich zu behaupten, dass selbst diejenige wechselseitige Nutzenmaximierung effektiv ist, die sich auch durch normative Bindung definiert. Das ist in dieser Schärfe, soweit ich sehe, bisher nur in der Soziologie herausgearbeitet worden,[6] durchaus aber mit Zustimmung der Volkswirtschaftslehre, so in einer langen Rezension dieses Werks durch *Erich Weede*.[7]

Arbeitet man mit einem weiteren Begriff des Unternehmens, etwa in dem Sinne, dass es eine Verantwortung trägt für größere wirtschaftliche und soziale Zusammenhänge – die Stichworte sind: Stakeholder im Aktienrecht, Systemrelevanz im Bankenbereich und generell die Gemeinwohlformel des Art. 14 GG – dann könnte man zunächst bei der auf Gewinnmaximierung bezogenen internen Ethik bleiben – mit *Milton Friedman*, der sagt: „The social responsibility of business is to increase its profits" (dem entspricht die in der Betriebswirtschaftslehre gelegentlich anzutreffende Devise, ihre Prinzipien oder entscheidungstheoretischen Axiome seien „Operationalisierungen ethischer Grundsätze" [*Horst Albach*]). Misstraut man aber dieser Kongruenz, dann müssen zusätzliche ethische Maximen aufgebracht werden, die aus der Sicht des *engen* Unternehmensbegriffs extern sind, sich in einem *weiteren* Unternehmensbegriff hingegen als Interna einfügen.

Wieder stellt sich die Frage, ob das nicht nur akademische, für die Praxis irrelevante Differenzierungen sind, und wieder muss die Frage mit „nein" beantwortet werden. Denn, wenn ein Unternehmen sich entschließen soll, zusätzliche, mit seinem Zweck gar nicht verbundene ethische Anstrengungen zu machen, bedarf es einer speziellen sozialpolitischen Begründung. Begreift sich das Unternehmen aber von vornherein als eine Gewinnmaximierung und soziale Wohlfahrt *vereinende* Institution, braucht man diese spezielle Beweisführung nicht mehr. Freilich gehen der Fixierung eines weiten Unternehmensbegriffs eben jene sozialpolitischen Erwägungen voraus, die bei einem engen Unternehmensbegriff extern bleiben. Aber indem das geschieht, erhöht sich ihre Überzeugungskraft; man kann das leicht demonstrieren am verfassungsrechtlichen Umgang mit dem Begriff der Menschenwürde. Die einen sagen, der Begriff der Menschenwürde ist nicht jeder Abwägung entzogen, es gibt eben Fälle, in denen man sie nicht beachten muss. Die anderen aber sagen, der Begriff der Menschenwürde ist von

5 *Loetlsberger* Einzelwirtschaftliche Theoriebildungen, Handbuch der Wirtschaftsethik a.a.O., Bd. 1, S. 524ff. (526ff., 533ff.).

6 *Baurmann* Der Markt der Tugend 1996; genauer dazu: *Lüderssen* in: Die Handlungsfreiheit des Unternehmers a.a.O., S. 283ff.

7 *Weede* Kölner Zeitschrift für Soziologie und Sozialpsychologie 1997, S. 57ff.

vornherein so eng, dass nicht alles und jedes darunter fallen darf. Die zweite Variante ist die zweifellos wirksamere – das lehrt jede politische Debatte. Und es ist nun durchaus die Frage, ob man darin nicht nur eine Unaufrichtigkeit, eine Lebenslüge gar sieht, oder ob noch so viel Aristoteles in uns steckt, dass wir mit Gegenargumenten Halt machen, wenn etwas als Wesen oder geschlossene Struktur vor uns hintritt.

Natürlich kann eine metaphysische Ontologie hier nicht ernsthaft gemeint sein. Doch nicht nur in der Rechtsphilosophie, sondern gerade auch in der Betriebswirtschaft hat sich ein Begriff der „Natur der Sache" erhalten, der als Abbreviatur fungiert zwischen pragmatischem Empirismus und illusionsloser Konstruktion. Die moderne philosophische Diskussion trennt demgemäß „brute facts" von „institutional facts" und liefert somit den schon lange – von *Walter Rathenau* bis *Thomas Raiser*, *Thomas Brinkmann* und *Gerald Spindler* (er hat das vorige Mal über die „Gemeinwohlorientierten Unternehmensinteressen in Kapitalgesellschaften" hier referiert) – andauernden Anstrengungen um den richtigen Unternehmensbegriff eine tiefer liegende methodologische Basis.[8]

Dass diese sich – damit bin ich beim dritten Punkt – bei der Beurteilung der Probleme des Finanzmarkts bewähren kann, möchte ich mit einem Vergleich der Begriffe „optimale Wettbewerbsintensität" und „optimale Investitionsrationalität" demonstrieren.

Optimale Wettbewerbsintensität, das war die Formel, die vor einigen Jahrzehnten aufgestellt worden ist, um zu belegen, worauf es bei der Abwägung zwischen Monopol und *engerem* Oligopol auf der einen Seite und ruinösem Wettbewerb auf der anderen Seite zugunsten des *weiteren* Oligopols ankommen könnte.[9] Die moralische Implikation lag darin, dass größtmögliche Freiheit des Wettbewerbs – ein moralisches Gut (allerdings nur bei moralischer Anerkennung des menschlichen Strebens nach Glück, was übrigens auch *Sen* in seinem neuesten Buch[10] expressis verbis betont) – zugleich dessen größtmögliche ökonomische Effizienz bewirkt.

Diese Annahme ist allerdings inzwischen wieder sehr streitig geworden.

Die Effizienz des freien Wettbewerbs sei in der Tat gar nicht zu ermitteln, auch wenn man die Gewinnerzielung als Zwischenziel einschaltet. Der Wettbewerb gilt ja deshalb auch als Entdeckungsverfahren mit ungewissem Ausgang. Alle Versuche herauszubekommen, was geschehen wäre, wenn keine Wettbewerbsbeschränkungen stattgefunden hätten, enden beim problematischen Konzept des „Als-ob-Wettbewerbs".[11] Wenn die Effizienz des freien Wettbewerbs also nicht feststellbar ist, hängt auch die Hypothese, dass die Wahrung der Wettbewerbsfreiheit notwendig effizienzsteigernd sei, in der Luft. Ein primärer Stellenwert für die Wettbewerbsfreiheit bleibt nur, wenn man sie zu einem absoluten Wert erklärt, so wie das mit Blick auf subjektiver Rechte immer wieder geschieht, etwa unter dem Gesichtspunkt, dass diese Rechte ohnehin vorstaatlich, oder aber doch jedenfalls durch verfassungsgesetzgeberischen Akt relativierenden Abwä-

8 Genauer dazu in diesem Band, S. 274 f.

9 Detaillierte Darstellung dieses Konzepts bei *Künzler* Effizienz oder Wettbewerbsfreiheit? 2008, S. 44 ff. Freilich gibt es viel Kritik: die Dynamik der Marktstruktur werde nicht hinreichend beachtet und die Konzeption unterstelle „dass die Ausgangsdaten konstant bleiben, nicht ihrerseits durch den Wettbewerbsprozess zu Variablen werden" (*Künzler* a. a. O. S. 47).

10 A. a. O. S. 297 ff.

11 Dazu mit Belegen *Lüderssen* Entkriminalisierung des Wirtschaftsrechts, Bd. 1, 1998, S. 213 ff.

gungen entzogen seien. Gegen diesen Rigorismus wird eingewandt, *die* Wettbewerbsfreiheit gebe es nicht, Wettbewerbsfreiheit trete immer nur in einer speziellen Ausprägung auf. Zum Beispiel gehe es unter dem Regime eines Patenrechtsschutzes immer nur um Forschungswettbewerb, während der Imitationswettbewerb kein Feld habe. Gäbe es kein Patentrecht (was durchaus vorstellbar ist), käme alles auf den Imitationswettbewerb an. Weitere Fixierungen der Wettbewerbsfreiheit ergeben sich aus der asymmetrischen Machtstruktur, der vollkommen freien Nachfragemacht entspräche nichts auf der Anbieterseite.

Auch *die* Effizienz gibt es nicht. Manchmal geht es beispielsweise um die Konsumentenwohlfahrt, in anderen Fällen um außenpolitisch motivierte Wirtschaftserfolge. Je nach dem, wie man sich hier entscheidet, differiert die Funktion des Wettbewerbs bzw. seiner spezifischen Erscheinungsform. „Der Effizienzgedanke ist hier unabweisbar in der Abwägung zwischen unterschiedlichen ‚Freiheiten'".[12]

Es bleibt die Frage, welche Rolle ein in seiner Bedeutung durch Marktstruktur und verschiedene Effizienzanforderungen relativierter Wettbewerb im Finanzmarkt einnehmen könnte. Wird es ihm möglich sein, die optimale Investitionsrationalität zu favorisieren? Es wird beklagt, dass „die Disziplin des Wettbewerbs im Wettbewerb der Banken" versagt habe, „indem sie sich in der Übernahme von Risiken überboten haben".[13] Das ist eigentlich das, was man ruinösen Wettbewerb nennt, jedenfalls dann, wenn die Banken sich dadurch gegenseitig zerstören. Bleiben bei dem Kampf Banken übrig, weil ihre Risiken mit staatlichen Bürgschaften aufgefangen werden, so liegt auf der Hand, dass Wettbewerbsbeschränkungen vorliegen. Das Instrumentarium, das aufgeboten wird, um „too big to fail" zu vermeiden, sollte also daran gemessen werden, ob es die durch die staatlichen Maßnahmen verdrängte Wettbewerbsgleichheit wieder herstellt. Das setzt voraus, dass man sagt, welche Wettbewerbsfreiheit im Finanzmarkt angestrebt wird. Die Steuerungsmechanismen, welche die Regulierungen der Realwirtschaft für die angemessene Valutierung des Wettbewerbs bereit halten, können nicht einfach übernommen werden.

Die Frage, wie man stattdessen die Wettbewerbsfreiheit als movens in die Logik des Finanzmarkts integrieren kann, bezeichnet die Aufgabe, deren Lösung vielleicht – trotz der traditionellen Anknüpfungspunkte (oder gerade deshalb vielleicht) – den zur Zeit aussichtsreichsten Versuch zur Vermeidung einer weiteren Finanzkrise darstellt. Die neue Institutionenökonomie und auch der „more economic approach" blenden, sofern ihre Vertreter sich auf die Finanzmarktkrise überhaupt konkret einlassen, diesen Teil einer möglichen Problemlösung, soviel ich sehe, aus, beschränken sich vielmehr auf die Nennung und Rechtfertigung der Instrumente, die eingesetzt werden sollen. Man vertraut auf die entsprechenden Reaktionen des Marktes, aber man spricht nicht davon, dass das Vehikel dieser Reaktionen der freigesetzte Wettbewerb sein könnte oder müsste. Dabei signalisieren die Hinweise auf die Wettbewerbsneutralität,[14] die bei Regulie-

12 *Karl Christian v. Weizsäcker* Asymmetrie der Märkte und Wettbewerbsfreiheit, in: Vanberg (Hrsg.) Evolution und freiheitlicher Wettbewerb 2009, S. 111 (141).

13 *Mestmäcker* Gesellschaft und Recht bei David Hume und Friedrich A. von Hayek, Ordo, Band 60 (2009), S. 74 ff (100).

14 Dazu *Lüderssen* in diesem Band, S. 266.

rungen zu beachten sei, dass es um den Schutz des Wettbewerbs geht. Die spezielle Funktion des Wettbewerbs jedoch wird nicht fixiert.

Diese Lücke in der Argumentation kann hier nicht gefüllt werden. Ausgangspunkt müsste die Einsicht in die Interdependenz von Effizienz und Wettbewerbsfreiheit sein, jeweils mit den bereichsspezifischen Ausdifferenzierungen verschiedener Wettbewerbsfreiheiten und verschiedener Effizienzkonzepte. Die Investitionsrationalität der Verbriefungen und Derivate könnte der Schnittpunkt sein, in dem sich der Respekt vor der Wahrung der Freiheit des Wettbewerbs und der Konsumentenwohlfahrt treffen. Man könnte aber vielleicht noch weiter gehen und sagen, dass nicht nur die Freiheit des Wettbewerbs bei der Produktwahl, sondern auch die Freiheit der Wahl des Handelspartners – hier der Banken – gewahrt sein muss und es nicht nur auf die Wohlfahrt des Konsumenten – hier im Wesentlichen die des Adressaten in der Verbriefungskette – ankommt, sondern auch auf die Effizienz des Bankenverkehrs insgesamt.

Ist es richtig, dass die in einen bestimmten Rahmen gespannte Wettbewerbsfreiheit der beste Garant für die Erreichung eines bestimmten wirtschaftlichen Zieles ist – nachdem die normative Festlegung dieses Zieles dem Wettbewerb die Richtung gewiesen hat – dann könnte sich die Vermutung bestätigen, dass Investitionsrationalität tatsächlich nur im Wege eines Wettbewerbs, dessen Freiheit garantiert ist, optimiert werden kann. Hier müsste man mit den Methoden von *behavioral economics* oder *behavioral finance* das Anlegerverhalten der im Finanzmarkt agierenden Personen erforschen.[15] Dabei käme es wahrscheinlich vorerst darauf an, das Verhältnis zwischen Innovationen nicht scheuenden Risiken und nachahmungsorientierten Entscheidungen zu prüfen.

Wenn in den Wertschöpfungsketten, welche die kaskadenhaften Verbriefungen von Finanzprodukten verbinden, investitive Potentiale nicht nur sichtbar, sondern realisierbar bleiben – dann leistet der Finanzmarkt etwas der ordnungspolitischen Struktur der Realwirtschaft Vergleichbares. Der ethische Impuls liegt in der folgenbewussten Respektierung der Position dessen, bei dem der Handel mit den Papieren endet. Die Regulierungen, die hierfür die Rahmenbedingungen schaffen würden,[16] wären zu ergänzen durch Regulierungen, welche die Wiederherstellung der Kongruenz von Haftung und Risiko verbürgen, kurz, die Eliminierung der externen Wirkungen des Handelns der Finanzmarktakteure.

---

15 Dazu jetzt *Eigenstetter* Werte oder Regeln? Einige Überlegungen zur Wirkung auf Motivation und Verhaltensintention, Zeitschrift für Internationale Strafrechtsdogmatik 2011, 129 ff.; *Zettler/Blickle* Zum Zusammenspiel von „Wer?" und „Wo?", eine psychologische Betrachtungsweise personaler und situationaler Determinanten kontraproduktiven Verhaltens, Zeitschrift für internationale Strafrechtsdogmatik 2011, S. 143 ff.

16 Mit dem den unüberblickbaren grauen Kapitalmarkt betreffenden Entwurf der Bundesregierung für ein Gesetz zur Novellierung des Finanzanlagenvermittler- und Vermögensanlagerechts zum 20. 3. 2011 könnte ein Anfang gemacht sein.

Risiko, Rendite, Regulierung als volkswirtschaftliches Optimierungsproblem

Hugo Bänziger

Gliederung

Über die Notwendigkeit einer umfassenden Reform der Finanzmarktregulierung herrscht große Einigkeit. Als Deutsche Bank messen wir guter Finanzmarktregulierung einen hohen Stellenwert bei, denn niemand hat ein größeres Interesse an stabilen Finanzmärkten als die Finanzinstitute selbst.

1. Eigenkapitalanforderungen

Es ist klar, dass das Finanzsystem vor der Krise insgesamt unterkapitalisiert war. Die Deutsche Bank war schon lange vor der Krise der Auffassung, dass wir mehr Kapital im Finanzsystem brauchen. Wir haben daher bereits 2002/2003 den Zielkorridor für unsere Kernkapitalquote (Tier 1) auf 8–9% erhöht. Durch die neuen Anforderungen unter Basel 3 mit einer Mindestquote für das „harte Kernkapital" von 7% wird dieser Schritt im Wesentlichen nachvollzogen. Im Übrigen konnten wir unsere Kernkapitalquote in der Krise sogar auf gut 10% steigern. Dies hat uns sehr geholfen, die Krise zu meistern. Die Deutsche Bank wird daher weiterhin eine Quote von über 10% anstreben. Neben der Erhöhung der Quantität des Kapitals im System strebt der Baseler Ausschuss auch eine Erhöhung der Qualität des Kapitals an. Eine Erhöhung der Qualität der Kapitalanforderungen wird durch eine Verschiebung der relativen Anteile von hartem Eigenkapital (Core Tier 1) an der unveränderten Kapitalquote von 8% erreicht. Zusätzlich wurde vereinbart, Kapitalinstrumente, die zukünftig nicht mehr als non-core Tier 1 oder Tier 2 Kapital zählen werden, über einen Zeitraum von zehn Jahren, beginnend 2013, graduell auslaufen zu lassen.

2. Verbriefungsmarkt

Bei aller Unterstützung für ein zukünftig deutlich besser kapitalisiertes Finanzsystem müssen wir Vorsicht bei der Ausgestaltung einzelner Regelungen walten lassen, um volkswirtschaftlich unerwünschte Konsequenzen zu vermeiden. Ein Beispiel ist der Verbriefungsmarkt. Zwar ist es nachvollziehbar, dass sich das Augenmerk der Regulatoren auf diesen Markt richtet, stand dieser doch im Brennpunkt der Krise. Zukünftig müssen Verbriefungen daher mit deutlich mehr Kapital unterlegt werden. Hinzu kommen weitreichende zusätzliche Anforderungen (Stichwort Retention Rules). Die Produkte in diesem Markt sind allerdings sehr heterogen, mit stark unterschiedlichen Verbriefungsstrukturen, potentiellen Anreizkonflikten und Ausfallrisiken, wie die Krise gezeigt hat. So blieben Ausfallraten bei Verbriefungen deutscher Mittelstandskredite selbst auf dem Höhepunkt auf einem sehr niedrigen Niveau von unter 0,5% des ausstehenden Volumens; zum Vergleich: bei spanischen Portfolios stieg die Rate auf knapp 3%.[1] Andere Marktsegmente, wie die von der Krise besonders betroffenen Immobilienkreditverbriefungen, waren deutlich stärker betroffen: Bei Verbriefungen von Gewerbeimmobilienkrediten (CMBS) etwa stiegen die Ausfallraten von nahezu 0% vor dem Ausbruch der Krise in der Spitze auf 9% der ausstehenden Volumen an.[2] Wir brauchen daher stärker differenzierte Regeln, welche die spezifischen Umstände einzelner Produktkategorien und die Wechselwirkungen aller regulatorischen Anforderungen im Verbriefungsmarkt miteinander berücksichtigen. Ansonsten wird die Wiederbelebung dieses für die Kreditversorgung der Wirtschaft wichtigen Marktsegments deutlich erschwert. Das weltweite Emissionsvolumen an Verbriefungen (Private label) ist von einem – sicherlich übertriebenen – Niveau von 2,45 Bio. USD im Jahr 2006 auf ein – sicherlich zu geringes – Volumen von nur noch 288 Mrd. USD gesunken.[3]

3. Liquiditätsmanagement

Höheres Eigenkapital allein reicht nicht aus, um künftig mehr Finanzmarktstabilität zu erreichen. Selbst vergleichsweise gut kapitalisierte Institute sind (beinahe) untergegangen, weil ihr Liquiditätsmanagement in der Krise versagt hat. In der Deutschen Bank haben wir schon lange vor der Krise stringente Steuerungsinstrumente entwickelt, wie zum Beispiel Szenariomodellierungen und eine strategische Liquiditätsreserve, die sich sehr bewährt haben. Im Mittelpunkt der neuen regulatorischen Anforderungen stehen konzeptionell vergleichbare Instrumente wie die sogenannte Liquidity Coverage Ratio und die Net Stable Funding Ratio. Sie sollen zukünftig durch eine Verbesserung der Fristenkongruenz und höhere Liquiditätspuffer den Zusammenbruch von Banken aufgrund von Liquiditätsengpässen verhindern. Wir befürworten prinzipiell die Einführung dieser neuen Liquiditätsregeln für das Bankensystem. Auch bei der Liquiditätsregulierung liegt der Teufel im Detail. Kritisch ist zu bemerken, dass der Umfang der zulässigen Aktiva, die als Liquiditätspuffer gehalten werden können sol-

1 Deutsche Bank, Global Markets Research.
2 Deutsche Bank, Global Markets Research, basierend auf Moody's Daten.
3 Daten von Dealogic.

len, bisher sehr eng definiert ist. Eine solch enge Definition würde eine starke Nachfragekonkurrenz um diese Aktiva auslösen und damit zu Preisverzerrungen führen, während gleichzeitig Aktiva, die heute noch als Liquiditätsreserve in Frage kommen, an Attraktivität verlieren würden. Damit wäre aber wiederum deren Attraktivität als Finanzierungsinstrument deutlich reduziert. Ein Beispiel sind erstklassige Unternehmensanleihen oder Pfandbriefe. Gleichermaßen lässt sich angesichts der Diskussion um Staatsverschuldung und Staatsbankrott auch die Frage aufwerfen, ob die Vorgabe des Baseler Ausschusses, wonach Staatspapiere grundsätzlich als sichere Liquiditätsreserve gelten können, noch angemessen ist.

4. Finanzmarktinfrastruktur

Neben verbessertem Kapital- und Liquiditätsmanagement müssen wir auch das Risiko der Ausbreitung von systemischen Schocks durch die hochgradige Vernetzung der Finanzmarktteilnehmer miteinander verringern. Es gilt, einen Dominoeffekt zu verhindern. Hierzu bedarf es der Stärkung von Schockabsorbierern im Finanzsystem, wie zum Beispiel zentrale Clearinghäuser zur Abwicklung von Derivatekontrakten. Große Fortschritte wurden hier bereits vor der Krise im Segment des Devisenhandels gemacht: Über 50% des weltweiten Handels in Cash und Derivate FX Kontrakten in 17 Währungen wird heute über das Continuous Linked Settlement (CLS) System abgewickelt, das eine Abwicklung und Verrechnung in Echt-Zeit bietet.[4] Auch bei anderen Derivate-Kontrakten hat die Deutsche Bank zentrales Clearing unter anderem über das London Clearing House bereits vor der Krise mit initiiert. Insbesondere bei den Kreditderivaten ist die zentrale Abwicklung ebenso vorangebracht worden, wie eine Verschlankung der Strukturen. So war etwa die sog. Trade compression, also die gegenseitige Aufrechnung ausstehender Kontrakte ein wesentlicher Grund dafür, dass das ausstehende Nominalvolumen von CDS Kontrakten zwischen Juni 2008 und Juni 2010 von 57,4 Bio. USD auf 30,3 Bio. USD sank.[5] Per Juni 2010 wurden nach Angaben der BIZ etwa 15 bis 20% der von ihr erfassten multi-name- und etwa 5% der single-name-Kreditderivate über zentrale Gegenparteien abgewickelt. Davon entfielen beispielsweise auf das London Clearing House im Zeitraum Ende März 2010 bis heute Kreditderivate mit einem ausstehenden Nominalvolumen von 39,6 Mrd. Euro. In anderen Segmenten sind wir noch weiter: Beinahe die Hälfte aller Zinsderivate, d.h. Derivate im Wert von etwa 200 Bio. USD, werden schon heute zentral gecleart.[6] Obwohl der Derivatemarkt in der Krise weitgehend problemlos funktioniert hat, begrüßen wir eine Ausweitung des zentralen Clearings als sinnvollen Beitrag zur Minderung des systemischen Risikos. Wir sollten jedoch mit Bedacht vorgehen und das zentrale Clearing auf standardisierte Produkte und systemrelevante Marktteilnehmer beschränken. Es sollte weiterhin Spielraum für maßgeschneiderte Risikoabsicherungen sowie Ausnahmen beispielsweise für nichtfinanzielle Unternehmen geben, um deren Absicherung von Wechselkurs- oder Zinsrisiken nicht zu erschweren.

---

4 Vgl. Angaben von CLS auf www.cls-group.com.
5 BIZ (2010): Semiannual OTC derivatives statistics, Tabelle 19, Basel.
6 BIZ (2010): Triennial Survey on derivatives markets.

5. Einführung konsistenter Resolution Regimes und Harmonisierung der internationalen Insolvenzgesetzgebung

Die Einführung konsistenter *Resolution Regimes* und die Harmonisierung der internationalen *Insolvenzgesetzgebung* sind ebenfalls essenziell. Wir haben in der Krise sehen können, wie widersprüchliche Gesetzgebungen die Rettung bzw. Abwicklung einer Finanzinstitution behindern können. Daher begrüßen wir prinzipiell die Vorschläge der EU zu diesem Thema ebenso wie das in diese Richtung zielende, unlängst in Deutschland verabschiedete Restrukturierungsgesetz. Ziel muss sein, dass Banken so abgewickelt werden können wie andere Unternehmen in der Wirtschaft, wo der Steuerzahler nicht für Rettungsaktionen herangezogen werden muss. Die privaten Banken, namentlich die Deutsche Bank, unterstützen grundsätzlich die im Kontext des Restrukturierungsgesetzes vorgesehene Schaffung eines Restrukturierungsfonds, für den ein Zielvolumen von 70 Mrd. EUR vorgesehen ist. Wir befürworten auch eine Reform der Einlagensicherung. Allerdings müssen solche Reformen dem Prinzip eines Level Playing Field folgen. Dies bedeutet, dass es keine Ausnahmen geben darf und dass die Reformen global oder zumindest europaweit in konsistenter Weise eingeführt werden müssen. Während sich bei der Reform der Einlagensicherung ein weitgehend harmonisiertes Regelwerk als Ergebnis der derzeit verhandelten Gesetzesänderung abzeichnet, ist bei den zur Finanzierung von Restrukturierungsfonds erhobenen Bankenabgaben ein wahrer Flickenteppich nationaler Regelungen zu beobachten. Dabei unterscheiden sich die Erhebungssätze ebenso wie die Erhebungsbasis und selbst die Definition der zahlungspflichtigen Institutionen variiert. Das Ergebnis sind Wettbewerbsverzerrungen zwischen den EU-Staaten und eine Doppelbelastung grenzüberschreitend tätiger Institute, für die in inter-gouvernmentalen Verhandlungen noch immer keine zufriedenstellende Lösung gefunden wurde.

6. Eigenhandel

Von vielen Beobachtern wird exzessiver Eigenhandel einiger Banken für die Krise verantwortlich gemacht. Lassen Sie mich hier zu bedenken geben, dass grundsätzlich der Eigenhandel und das Einnehmen von konträren Positionen wichtig für die Liquidität und die Preisbildung in unseren Finanzmärkten sind. Ein völliges Verbot des Eigenhandels wäre somit schädlich für die Volkswirtschaft. Durch die neuen regulatorischen Vorschriften wird sich der Eigenhandel aus dem regulierten noch stärker in den unregulierten Bereich des Finanzsystems verlagern, also zum Beispiel hin zu Hedge Fonds und Private Equity. Es wäre daher klüger, Eigenhandel in angemessenem Rahmen und mit klaren Regeln versehen im regulierten Bereich des Finanzsystems zu belassen.

7. Corporate Governance

Wir unterstützen ausdrücklich die Reform der Vergütungssysteme in der Finanzbranche. Diese müssen sich in Zukunft noch stärker an den nachhaltigen Unternehmenszielen orientieren und risikobasiert ausgestaltet werden, um Fehlanreize zu vermeiden. Wir sollten bei diesem für die Öffentlichkeit verständlicherweise sensiblen Thema jedoch das Grundprinzip einer markt- und leistungsgerechten Entlohnung nicht aufgeben. Nur so können die für die Wirtschaft notwendigen qualitativ hochwertigen Beratungs- und andere Dienstleistungen durch Spitzenkräfte sichergestellt werden.

Die notwendigen weitreichenden Reformen mit den Schwerpunkten Kapital- und Liquiditätsmanagement werden die Erträge der Banken zwar belasten, doch ist dies der Preis für ein sichereres Finanzsystem. Wir dürfen uns aber nicht der Illusion hingeben, dass größere Finanzmarktstabilität ohne volkswirtschaftliche Kosten erreicht werden kann. Die derzeit geplanten Reformen werden zu einer Verknappung und zu einer Verteuerung des Kreditangebots führen und sich so in geringerem Wirtschaftswachstum und weniger Beschäftigung niederschlagen. Wir sollten daher in einem offenen gesellschaftlichen Dialog entscheiden, welches Maß an Sicherheit unser Finanzsystem aufweisen soll und welche volkswirtschaftlichen Kosten wir dafür zu tragen bereit sind. Was wir hierfür als Grundlage benötigen, ist eine Studie zur Folgenabschätzung aller regulatorischen Reformvorhaben, auf deren Basis dann Feinabstimmungen des neuen Regelwerks erfolgen können.

Materiellstrafrechtliche Fragen

Das erlaubte Risiko im Bankgeschäft am Beispiel der Pflichtwidrigkeit von ABS-Investitionen im Vorfeld der Finanzkrise

Christian Schröder

Gliederung

A. Allgemeines zum erlaubten Risiko und § 266 StGB

Die Verwirklichung des Untreuetatbestandes setzt pflichtwidriges Handeln voraus. Allein der Umstand, dass ein Bankgeschäft Risiken birgt, vermag pflichtwidriges Handeln nicht zu begründen. Schon das klassische Bankgeschäft, also die Vereinnahmung von Einlagen, um sie als Kredit auszukehren, ist nie frei von Risiken. Diese Feststellung mag banal klingen, ist aber geboten, weil Bankvorständen immer wieder die Teilhabe an risikobehafteten Geschäften vorgeworfen wird. Stattdessen muss man festhalten, dass der Geschäftsleiter eines Kreditinstituts kraft seines Dienstvertrags zu risikobehaftetem Handeln verpflichtet ist,[1] wie allgemein unternehmerischen Entscheidungen ein

---

[1] S. schon *Arzt* Risikomanagement und objektive Zurechnung in: Kempf/Lüderssen/Volk (Hrsg.) S. 177, 180; *Schmitt* BKR 2006, 125 f.

weiter Ermessensspielraum einzuräumen ist.[2] Es kann bei der Prüfung der Untreue also immer nur die Frage gestellt werden, ob Risiken jenseits des Erlaubten eingegangen werden.

B. Die Schwelle vom erlaubten zum verbotenen Risiko ex ante

I. Allgemeines

Es gilt also, das erlaubte vom verbotenen Risiko abzuschichten. Dies muss ex ante erfolgen, weil man Risikogeschäfte naturgemäß im Nachhinein beurteilt, sich dabei aber nur der Regeln und des Erkenntnisstandes im Zeitpunkt der zu beurteilenden Handlung bedienen darf.[3] Die Redewendung „hinterher sind alle schlauer" bringt das gut zum Ausdruck. Gemeint ist damit die Gefahr des Rückschaufehlers, der darin bestehen kann, die Vorhersehbarkeit eines Risikos retroperspektiv zu überschätzen.[4] Besonders groß ist diese Gefahr dann, wenn man sich mit Risiken in komplexen Systemen beschäftigt. Das liegt schlicht daran, dass man sich das komplexe System ex post zunächst gedanklich erschließen muss. Auf diesem Weg nimmt man aber bereits aktuelle Analysen und Risikobetrachtungen mit, die versuchen, die Vorgänge zu erklären.

Die Trennung des erlaubten vom verbotenen Risiko ist auch deshalb schwierig, weil die Grenze nicht allein anhand der Höhe eines Risikos bestimmt werden kann. Ansonsten müssten sich Banken aus einigen Geschäftsfeldern verabschieden. Freilich gibt es im klassischen Bankgeschäft risikoarme Geschäftsfelder wie das der Kommunalfinanzierung.[5] Allerdings können und sollen sich Kreditinstitute gerade nicht nur auf das risikoarme Geschäft konzentrieren. Ihre Aufgabe besteht auch darin, gesteigerte Risiken einzugehen. Das Investmentbanking und auch die Kreditvergabe an Unternehmen gehören dazu.[6] Dass dabei die Erträge oder Zinsen höher liegen (können) als im risikoarmen Geschäft, ist kein Ausdruck von Gier, sondern ein Marktmechanismus, da Risiken über den Zins eingepreist werden (müssen). Festzuhalten ist daher, dass die Schwelle vom erlaubten zum verbotenen Risiko nicht (nur) von der Höhe des Risikos abhängig gemacht werden kann.

Manche Risikobetrachtung scheint jedoch eher einem Bauchgefühl zu folgen. Jedenfalls in die öffentliche Bewertung des Geschäftsgebarens von Banken fließen bisweilen Erwägungen ein, die keinen belastbaren Bezug zu der Rechtsfrage aufweisen, wo die Grenze vom erlaubten zum verbotenen Risiko verläuft. Das kann man anhand der öffentlichen Diskussion nach Ausbruch der Vertrauenskrise im Herbst des Jahres 2008 konkret nachweisen. Als der Interbankenmarkt fast austrocknete und als Refinanzierungsquelle versiegte, hatten Kreditinstitute naturgemäß ein gesteigertes Interesse an

---

2 *Kindhäuser*/Neumann/Paeffgen, NK-StGB, Bd. 2, § 266 Rn. 75 a.
3 Vgl. *Saliger* in: Satzger/Schmitt/Widmaier, StGB, § 266 Rn. 48.
4 *Brüning/Samson* ZIP 2009, 1089, 1092.
5 Jedenfalls für die Vergabe eines Kredits an eine Gemeinde in Deutschland trifft das zu.
6 Der riskante Sanierungskredit gehört z. B. zu dieser Fallgruppe.

Einlagen. Als sich zudem die Konjunkturaussichten eintrübten, entstand eine Lage, die man mit dem Schlagwort „Kreditklemme" umschrieb. Kreditinstitute wurden einerseits gerügt, zu riskante Geschäfte betrieben zu haben, andererseits aber aufgefordert, dem Mittelstand großzügig Kredite zu gewähren. Dass aber die eingeforderte Großzügigkeit mitten in einer Krise nichts anderes als eine Aufforderung zu riskantem Handeln darstellt, war manchem offenbar nicht bewusst. Für die Geschäftsleiter einer Bank muss aber grundsätzlich die Vertretbarkeit des operativen Risikos entscheidend sein.

II. Kriterien der Grenzbeschreibung

Es bedarf vielmehr prüfbarer Kriterien, kraft derer im Einzelfall die Frage nach der Pflichtwidrigkeit beantwortet werden kann. Dieser Schritt führt allgemein in den Normenzusammenhang, der für die Kreditwirtschaft gilt, und speziell zu den Regeln für dasjenige Geschäft, dessen Vornahme als tatbestandsmäßig in Rede steht. *Ransiek* hat diesen Schritt einmal sehr treffend als Suchprogramm bezeichnet.[7] Indem sich § 266 Abs. 1 StGB über zahlreiche Abläufe des Wirtschaftslebens legt, muss man zur Prüfung der Pflichtwidrigkeit immer erst den rechtlichen Kontext des jeweiligen Geschäfts und der Stellung des Täters ermitteln.[8]

Dieser „Arbeitsschritt", also die Ermittlung des für den jeweiligen Fall maßgeblichen Rechts, steht seit Jahren unter dem Verdacht, gegen das Bestimmtheitsgebot nach Art. 103 Abs. 2 GG zu verstoßen. Aufgrund des Bestimmtheitsgebots erscheint es uns als ideal, wenn ein Straftatbestand die einzelnen Unrechtsmerkmale vertypt und wir die Subsumtion nach der Auslegung des Merkmals direkt vollziehen können. Wenn Strafrechtler den Anwendungsbereich einzelner Merkmale mit einem Auslegungsschritt erschließen können, dann fühlen sie sich wohl. Sie pflegen das mit äußerster Akribie. So fragen wir uns etwa, ob ein Betrunkener, der den Motor seines Fahrzeugs auf öffentlichem Straßenland startet und das Abblendlicht einschaltet, damit bereits sein Kraftfahrzeug „im Straßenverkehr führt".[9] Dort, wo einzelne Merkmale nicht direkt subsumiert werden können, sind wir allerdings auch bereit, direkten oder indirekten Verweisen zu folgen. So enthält z.B. das Merkmal „fremd" in § 242 Abs. 1 StGB auch ein Suchprogramm, wenngleich die Anbindung an das Zivilrecht an dieser Stelle enger ausfällt als bei der Untreue.

Bei der Untreue ist dieser Vorgang schwieriger. Um es bildhaft auszudrücken: Das Merkmal der Pflichtwidrigkeit erinnert an einen Link, den der Rechtsanwender anklickt und damit zu bisweilen komplexen Rechtsfragen geführt wird. Er ruft erst jetzt die einzelnen Kriterien und Merkmale seiner Prüfung auf. Verfassungsrechtliche Zweifel daran können nach meiner Ansicht aber erst dann aufkommen, wenn es den Täter überraschen würde, dass dieser Normenzusammenhang zum Maßstab der Prüfung gemacht wird.[10] Das ist jedoch regelmäßig nicht der Fall, weil der jeweilige Verkehrs-

7 *Ransiek* ZStW 116 (2004) 634, 645.

8 BVerfG NJW 2010, 3209, 3213 (Rn. 97).

9 Nach BGH NJW 1989, 723 f. muss das Fahrzeug in Bewegung gesetzt worden sein.

10 Die Einzelheiten dieser Diskussion möchte ich hier nicht aufgreifen, kritisch *Kubiciel* NStZ 2005, 353 ff.

kreis diese Regeln genau kennt. Dort, wo der Täter das Recht nicht kannte oder kennen konnte, ist dem selbstredend Rechnung zu tragen.

III. Exkurs: Verbesserung durch neues Strafrecht?

Die Alternative besteht darin, das Ganze im Nebenstrafrecht zu regeln, also z. B. die speziellen Regelungen an ein Blankettstrafgesetz anzubinden oder bereichsspezifische Untreuetatbestände zu schaffen. Ob damit viel gewonnen wäre, erscheint mir aus drei Gründen als fraglich. Erstens bleibt das Prüfprogramm weitgehend identisch. Entscheidend ist, dass der Inhalt der Regeln hinreichend konkret und dem betroffenen Verkehrskreis bekannt ist. Dann ist eine rechtsstaatliche Einbuße nicht zu besorgen. Zweitens gab es in der Vergangenheit spezielle Tatbestände, die einzelne Untreuehandlungen unter Strafe stellten. Das wurde als unbefriedigend empfunden und abgeschafft.[11]

An sich sollten wir darüber nachdenken, ob wir diese spezialgesetzlichen Regelungsmechanismen reaktivieren wollen. Dafür spricht einiges, aber ein wichtiges und für mich entscheidendes Argument spricht dagegen. Es ist nämlich (drittens) kaum zu erwarten, dass ein solcher Vorgang ohne die EU stattfinden würde. Die Erfahrungen mit europäisierten Strafgesetzen sind aber so schlecht, dass man davor nur warnen kann. Wer das nicht glaubt, sollte einmal den europäisierten Tatbestand der Geldwäsche nach § 261 StGB durchlesen. Schlechter geht es kaum. Im europäisierten Recht der Marktmanipulation nach §§ 38 Abs. 2, 20 a WpHG geht es ähnlich chaotisch zu. Dies ist keine eigene Wahrnehmung oder These, sondern Konsens.[12] Das Bank- und Kapitalmarktrecht ist durch zu viele und sprachlich verquaste EU-Vorgaben derart mutiert, dass eine (weitere) Anknüpfung strafrechtlicher Spezialtatbestände an diese Regelungswut als Bedrohung erscheint. Die schlichte Tatsache, dass sich unter der Geltung des europäisierten Kapitalmarktrechts in den Jahren 2001/2002 und 2007/2008/2009 zwei schwere Finanzkrisen in erschreckend kurzer Abfolge zugetragen haben, müsste eigentlich nachdenklich stimmen. Der EU-Kommission fehlt an dieser Stelle jedoch jede Selbstkritik. Stattdessen meint sie allen Ernstes, dass man nun auch strafrechtliche Regelungen harmonisieren müsse. In einer Pressemitteilung der EU wird Kommissar *Michel Barnier* mit folgenden Worten zitiert:[13] *„Wenn ein Finanzinstitut die EU-Finanzdienstleistungsvorschriften nicht einhält, sollten dessen Händler und Führungskräfte wissen, dass sie nicht ungeschoren davonkommen und mit einer harten Strafe rechnen müssen, unabhängig davon, in welchem Teil Europas der Verstoß begangen wurde. Dies ist heute allzu oft nicht der Fall“.*

Ohne eine aufrichtige Diskussion dieser Krise, die auch das geltende Strafrecht nicht ausnimmt, könnte die Tauglichkeit des bisherigen Strafrechts in Frage gestellt werden. Die verbleibende Unsicherheit bietet dafür ein Einfallstor. *Hassemer* hat zur Finanzkrise

---

11 *Ransiek* ZStW 116 (2004) 634, 646 m. w. N.

12 *Altenhain* in: KK-WpHG, § 38 Rn. 21; *Schmitz* ZStW 115 (2003) 501, 528; *Vogel* in: Assmann/ Schneider, WpHG, § 20 a Rn. 207; zusammenfassend *Sorgenfrei* in: Park (Hrsg.) Kapitalmarktstrafrecht, Teil 3 Kap. 4 T1, Rn. 19 ff. m. w. N.

13 S. dazu nur die Pressemitteilung vom IP/10/1678 v. 8. 12. 2010, abrufbar im Internet: http://europa.eu/rapid/pressReleasesAction.do?reference=IP/10/1678&format=HTML&aged=0&language=DE&guiLanguage=en (Stand: 31. 3. 2011).

gesagt:[14] *„Eine Krise, die nicht aufgearbeitet wird, desorientiert die Menschen."* Das ist richtig. Ich füge hinzu, dass eine unterlassene Aufarbeitung dazu führen könnte, dass unser Bank- und Kapitalmarktstrafrecht mit EU-Mindestvorschriften unterlegt wird.

Um Missverständnisse auszuschließen: Ich gehe davon aus, dass das Gesetzlichkeitsprinzip und unser rechtsstaatliches Strafverfahrensrecht uneingeschränkt auch für die Protagonisten der Finanzkrise gelten. Meine Aussage, dass wir durch Ermittlungen Fälle möglicher Untreue aufklären müssen, ist im Verlauf des Panels kritisiert worden. Ich wiederhole sie ausdrücklich. Aber nicht, weil ich für Ermittlungen ohne strafprozessuale Rechtfertigung eintrete. Ich sehe vielmehr zureichende Anhaltspunkte dafür, dass es im Vorfeld der Finanzkrise in Einzelfällen zu tatbestandsmäßigen Pflichtverletzungen gekommen ist und habe das bereits vor geraumer Zeit begründet.[15] Dann verlangt das Legalitätsprinzip nach Ermittlungen. Unterlassen wir diesen Schritt, entstehen eben Desorientierung und Vertrauensverluste in den Rechtsstaat. Ich möchte diesen Exkurs aber hier abbrechen, um zum Thema des Panels und meiner Sichtweise zu den „rechtlichen Grenzen der Optimierung" und zum erlaubten Risiko zurückzukehren.

IV. Ermittlung der Kriterien zur Prüfung der Pflichtwidrigkeiten bei Bankgeschäften

Der konkrete Normzusammenhang zur Prüfung der Pflichtwidrigkeit ist bei Bankgeschäften vergleichsweise komplex. Dies liegt daran, dass verschiedene Rechtsquellen für die Prüfung herangezogen werden können. Im Vergleich mit weiteren Gebieten des Wirtschaftslebens wird das Bankgeschäft in der Sache stark reglementiert. Das Bankrecht und das Kapitalmarktrecht setzen der unternehmerischen Entscheidungsfreiheit gewisse Grenzen. Insbesondere das Bankenaufsichtsrecht will dabei die Funktionsfähigkeit des Kreditwesens schützen. Das geht auf die Überlegung zurück, dass Kreditinstituten in einer Volkswirtschaft eine Schlüsselrolle zukommt, weshalb es etwa gerechtfertigt ist, die Liquiditätspolitik der Institute aufsichtsrechtlich zu steuern, damit sie jederzeit ihren Verbindlichkeiten nachkommen können.[16] Störungen der Zahlungsfähigkeit können auch das Systemvertrauen erschüttern. Im Sinne dieses Funktionsschutzes sieht § 10 Abs. 1 KWG vor, dass Institute im Interesse der Erfüllung ihrer Verbindlichkeiten über ausreichend Eigenmittel verfügen müssen.[17] Nach § 11 Abs. 1 KWG müssen die Institute ihre Mittel so anlegen, dass eine jederzeitige Zahlungsbereitschaft im Sinne ausreichender Liquidität gewährleistet ist. Auch ein funktionierendes Risikomanagement, siehe § 25 a KWG, dient diesem Schutz.

14 Der Spiegel, Heft 5/2010, S. 76 a.E.
15 Zusammenfassend *Schröder* NJW 2010, 1169 ff.
16 Boos/*Fischer*/Schulte-Mattler, KWG, Einf. Rn. 61 m.w.N.
17 S.a. BVerfGE 14, 197, 198.

V. Der strafrechtlich relevante Bereich

1. Der bankrechtliche Normenzusammenhang

Vor diesem Hintergrund sind Risikogeschäfte zwar dem Grunde nach, aber eben nicht grenzenlos zulässig. Die Liquiditätssicherung nach § 11 KWG und die Eigenkapitalunterlegung von (Kredit-)Risiken nach § 10 KWG sollen die Solvenz eines Kreditinstituts sichern.[18] Auch wenn sich eingegangene Risiken realisieren, soll das nicht die Existenz der Bank gefährden (können).

Der BGH zieht richtigerweise den bankaufsichtsrechtlichen Normenzusammenhang heran, wenn er die Frage nach der Pflichtwidrigkeit von Risikogeschäften eines Kreditinstituts stellt. Schauplatz dieser Rechtsprechung war insbesondere das klassische Kreditgeschäft. Ich stimme dem zu, wenn die Beachtung bzw. die Verletzung der aufsichtsrechtlichen Anforderungen einen Bezug zum Vermögen der Bank aufweist. Dann besteht ein innerer Zusammenhang zu dem von § 266 StGB geschützten Rechtsgut. Die Rechtsprechung des BGH ist an dieser Stelle sehr viel feiner als es scheint. Immerhin lehnt es der BGH ab, bei einem Verstoß gegen § 18 KWG (Prüfpflichten bei Kreditvergaben) regelhaft eine pflichtwidrige Tathandlung nach § 266 Abs. 1 StGB anzunehmen.[19] Das Gericht spricht nur von einer Indizwirkung. In einer weiteren Entscheidung verlangt der BGH, dass eine Verletzung des § 18 KWG gravierend sein müsse.[20] Dem ist insoweit zuzustimmen, als dass unser Bankenaufsichtsrecht bisweilen formalistisch anmutende Pflichten enthält, deren Verletzung keinen Zusammenhang zum Vermögen als geschütztem Rechtsgut des § 266 Abs. 1 StGB aufweist.[21] Das BVerfG hat diese Rechtsprechung des BGH zuletzt so ausführlich referiert und gebilligt, dass an dieser Stelle darauf verwiesen werden kann.[22]

2. Der gesellschaftsrechtliche Normenzusammenhang

Der bankrechtliche Kontext ist für die Prüfung der Pflichtwidrigkeit aber nicht allein maßgeblich. Hinzu tritt der gesellschaftsrechtliche Normenzusammenhang. Welche Vorschriften das konkret sind, bestimmt sich danach, um welche Form der Kapitalgesellschaft es geht. So ist der Geschäftsführer der Gesellschaft mit beschränkter Haftung (GmbH) vergleichsweise stark dem Willen der Gesellschafter unterworfen. Sie können ihm für das operative Geschäft einzelne Anweisungen geben. Der Vorstand einer Aktiengesellschaft (AG) leitet das operative Geschäft dagegen eigenverantwortlich. Er muss

---

18 Zur Unterlegung mit Eigenkapital nach „Basel I" und „Basel II" s. Richtlinie 2006/49/EG des Europäischen Parlaments und des Rates v. 14. 6. 2006 über die angemessene Eigenkapitalausstattung von Wertpapierfirmen und Kreditinstituten, ABl. L 177 v. 30. 6. 2006, 201 ff., umgesetzt in nationales Recht u. a. durch die Verordnung über die angemessene Eigenmittelausstattung von Instituten, Institutsgruppen und Finanzholding-Gruppen (Solvabilitätsverordnung – SolvV) v. 14. 12. 2006, BGBl. II 2006, 2926.

19 BGHSt 46, 30, 32; s. a. *Hellmann* ZIS 2007, 433, 438.

20 BGHSt 47, 148 ff.; kritisch *Seier* in: Achenbach/Ransiek, Hb. Wirtschaftsstrafrecht, V 2 Rn. 257 f.

21 Man kann diese notwendige Verbindung zwischen Pflichtverstoß und Vermögensnachteil auch über das Erfordernis eines Pflichtwidrigkeitszusammenhangs herstellen, so *Schünemann* NStZ 2005, 473, 475.

22 BVerfG NJW 2010, 3209, 3217 f. (Rn. 130 ff.).

sich zwar gegenüber dem Aufsichtsrat und der Hauptversammlung ggf. verantworten, bleibt jedoch im Tagesgeschäft grundsätzlich frei.

Dieser gesellschaftsrechtliche Kontext wirkt auf die Beurteilung der Untreue zurück. Wenn die GmbH-Gesellschafter als diejenigen, um deren Vermögen es geht, mit einer vermögensschädigenden Handlung des Geschäftsführers einverstanden sind, dann ist diese grundsätzlich nicht pflichtwidrig im Sinne der Untreue.[23] Anderes gilt nach Auffassung des BGH trotz eines Einverständnisses aller Gesellschafter dann, wenn durch eine Handlung die Existenz der Gesellschaft gefährdet wird.[24] Das leuchtet ein, weil es nicht mehr (nur) um das Vermögen der Gesellschafter geht, sondern um das der Gläubiger. Streiten kann man sich allerdings darüber, ob an dieser Stelle statt § 266 StGB nicht doch § 283 Abs. 2 StGB zu prüfen ist. Diese Frage soll hier aber nicht diskutiert werden.

Ich möchte diesen Ausflug in das Gesellschaftsrecht an dieser Stelle kurz halten, zumal das Gemeinte deutlich geworden sein dürfte. Bei Bankgeschäften können, um es noch einmal mit *Ransiek* zu sagen, zwei Suchprogramme eine Rolle spielen. Ein Programm untersucht den bank- und kapitalmarktrechtlichen Kontext, während das andere danach fragt, ob die gesellschaftsrechtlichen Grenzen beachtet wurden. Auch diese Prüfung kann sehr komplex sein. Bei der AG kann etwa deren Satzung den Handlungsspielraum begrenzen.[25] Auch dienstvertragliche Dispositionsgrenzen können eine Rolle spielen.

Nur der Vollständigkeit halber sei erwähnt, dass in der Hierarchie eines Kreditinstituts die vertraglich bedingten Dispositionsgrenzen nach unten enger werden. Auch ihre Verletzung kann pflichtwidriges Handeln begründen. Es kommt darauf an, ob der Handelnde so handeln durfte. Was ein Vorstand darf, besagt eben noch nichts über das Dürfen des Leiters einer Filiale.

Für den Vorstand einer AG gilt allgemein, dass er die Geschäfte nach §§ 76 Abs. 1, 93 AktG (im Rahmen der Satzung) eigenverantwortlich leitet. Jenseits hier nicht zu vertiefender Informations- und Konsultationspflichten gegenüber dem Aufsichtsrat ist der Vorstand im Tagesgeschäft frei. Allerdings verfügt unser Recht auch hier Grenzen. Der Vorstand muss nach § 93 Abs. 1 S. 1 AktG die Sorgfalt eines ordentlichen und gewissenhaften Geschäftsleiters anwenden. Daran knüpft auch die so genannte Business Judgment Rule an. Nach § 93 Abs. 1 S. 2 AktG liegt eine Pflichtverletzung des Vorstands nicht vor, wenn er bei einer unternehmerischen Entscheidung vernünftigerweise annehmen durfte, auf der Grundlage angemessener Informationen zum Wohle der Gesellschaft zu handeln. Darin ruht zugleich eine Limitierung der Haftung aus § 266 Abs. 1 StGB. Die Aktivierung des § 93 Abs. 1 S. 2 AktG ist für das Strafrecht auch deshalb wichtig, weil die Vorschrift uns fragt, was ein Vorstand *bei einer unternehmerischen Entscheidung vernünftigerweise annehmen durfte*. Was wir später wissen, spielt keine Rolle. Was ein Vorstand zur Zeit der Tat wissen konnte oder musste, aber doch.

---

23 Entsprechendes gilt für die AG bei Zustimmung der Aktionäre im Zuge einer Hauptversammlung; *Dierlamm* in: MüKo-StGB, Bd. 4, § 266 Rn. 140.

24 BGHSt 35, 333, 336 f.; str. vgl. *Radtke/Hoffmann* GA 2008, 535, 541; *Kubiciel* NStZ 2005, 353, 359; *Rönnau* ZStW 119 (2007) 887, 900, 908.

25 Zu möglicherweise satzungswidrigen Geschäften deutscher Landesbanken s. *Lutter* BB 2009, 786 ff.; strafrechtliche Würdigung durch *Schünemann* in: Schünemann (Hrsg.) S. 71, 89.

3. Gesamtschau des Normenzusammenhangs

In einer Gesamtschau ist zu resümieren, dass die Business Judgment Rule nach § 93 Abs. 1 S. 2 AktG grundsätzlich einen weiten unternehmerischen Handlungsspielraum eröffnet, dem jedoch nicht nur gesellschaftsrechtliche Grenzen gesetzt sind. Der Vorstand eines Kreditinstituts muss auch die Reglementierungen des Bankenaufsichtsrechts beachten. Sie greifen im Zusammenhang mit § 266 StGB aber erst dann, wenn Pflichten (gravierend) verletzt werden, die einen Bezug zum Vermögen des Kreditinstituts aufweisen.

Wir sind damit an eine Stelle gelangt, an der es sich lohnt, das von *Lüderssen* formulierte Thema des Panels in Erinnerung zu rufen. Es ging um „Rechtliche Grenzen der Optimierung – Das erlaubte Risiko bei Akquisition, Kreditvergabe, Investitionen und Verbriefungen". Diese Grenzen habe ich vorstehend skizziert. Natürlich nur grob, weil das Bankenaufsichtsrecht allein für die Kreditvergabe oder die Kreditverbriefung zahlreiche Vorschriften birgt, die man im Detail weiterverfolgen könnte. Das müssen wir aber nicht, weil es hier um eine grundsätzliche Betrachtung des erlaubten Risikos bei Bankgeschäften geht.

Die Aktivierung dieses Normenzusammenhangs stiftet dem potentiellen Täterkreis Rechtssicherheit. Ein nach den vorstehenden Maßstäben zulässiges Verhalten ist nach meiner Auffassung nicht pflichtwidrig und kann den Tatbestand der Untreue nach § 266 Abs. 1 StGB nicht verwirklichen.

VI. Verletzung bank- und gesellschaftsrechtlicher Normen im Vorfeld der Finanzkrise

Wie man den vorstehenden Haftungsrahmen konkret und mit Blick auf die Finanzkrise anwenden kann, habe ich bereits an anderer Stelle veröffentlicht.[26] Die Zusammenhänge sind zu komplex, um sie in einem Tagungsband zu publizieren. Insbesondere wird hier auf zweifelhafte Kreditvergaben in den USA, deren Verbriefung in ABS-Anleihen,[27] das Schnüren von CDOs,[28] und vor allem das Versagen der Ratings[29] nicht mehr eingegangen. Hier soll es um in Deutschland erzeugte und in diesem Sinne eigene Ursachen für die systemischen Verwerfungen gehen. Im Kern geht es um eine exzessive Fristentransformation, die zu existenzgefährdenden Risiken führte.[30]

---

26 *Schröder* Handbuch Kapitalmarktstrafrecht, Rn. 1107 ff., 1146 ff.

27 Überblick bei *Gillmeister* in: Kempf/Lüderssen/Volk (Hrsg.) S. 280 ff.; *Schröder* Handbuch Kapitalmarktstrafrecht, Rn. 1084 ff.

28 Dazu *Kasiske* in: Schünemann (Hrsg.) S. 13, 15 ff.

29 Die Tatsache, dass einige „AAA"-Ratings gleich mehrere Ratingstufen herabstürzen konnten, verlangt nach Aufklärung, weil Ratings für sich beanspruchen, Risikoeinschätzungen zu ermöglichen, insoweit zustimmend Kempf/*Lüderssen*/Volk (Hrsg.) S. 211, 213; ferner *Schünemann* in: Schünemann (Hrsg.) S. 71, 90.

30 S. a. *Kasiske* in: Schünemann (Hrsg.) S. 13, 23 f.

1. Conduits

Gewiss hat dieser Vorgang auch mit ABS-Anleihen zu tun, weil diese den Bezugspunkt der Fristentransformation bildeten.[31] Sie wurden Teil eines Systems, das man als ABCP-Programm bezeichnet.[32] Das Ganze erinnert an den Versuch, eine sich selbst nährende Geldmaschine zu erfinden. Dabei agierten Banken wie die IKB und die Sachsen LB als sog. Sponsoren formal eigenständiger Zweckgesellschaften, die man als Conduit bezeichnet. Aufgabe dieser Conduits war es, Geld möglichst billig aufzunehmen, um es in ABS-Anleihen mit höherer Verzinsung zu pumpen. Aus der Zinsdifferenz entsteht dann der Ertrag. Eine Beispielsrechnung dazu sieht so aus: Man nimmt einen Kredit zu 3% Zinsen auf und legt dieses Geld sofort wieder zu 5% Zinsen an. Es entsteht ein Gewinn (Zinsmarge) von 2%.

Das klingt verblüffend einfach. Im Grunde genommen handelt es sich um eine moderne Spielart des klassischen Bankgeschäfts. Man nimmt Geld herein (Einlagen), um es anderen als Kredit auszukehren. Das Moderne im ABCP-Geschäft besteht darin, dass man keine klassischen Einlagen „aus dem Publikum" einsammelt, sondern kurzlaufende Wertpapiere emittiert. Die bezeichnet man als Commercial Papers.[33] Der Käufer bzw. Gläubiger eines solchen Papers erhält für die Hingabe seines Geldes einen Zins, der etwas über dem der Festgelder, Sichteinlagen etc. liegt. Die genaue Höhe des Zinses ist eine Frage der Bonität des Emittenten. Das so aufgenommene Geld wurde sodann nicht mehr im Wege der Einzelkreditierung wieder ausgekehrt, sondern in Kreditverbriefungen investiert.

Das eingesammelte Geld wurde also in die höherverzinslichen ABS-Anleihen angelegt. Dabei handelte es sich allerdings um Verbriefungen, für die es oft keinen liquiden Sekundärmarkt gab, wie wir ihn z. B. aus dem Handel mit Bundes- oder Unternehmensanleihen kennen. Indes sollten die Conduits die ABS-Anleihen auch nicht sofort wieder verkaufen, sondern zumeist dauerhaft halten. Daraus folgt aber nun der Zwang, immer wieder neue Commercial Papers am Markt zu platzieren, denn die Conduits verfügten von Anfang an über keine eigenen Mittel. Mithin mussten die zur Rückzahlung fälligen Commercial Papers, mittels derer man die ABS erwarb, immer wieder refinanziert werden, indem man bei Fälligkeit des auslaufenden Commercial Papers sogleich ein neues emittierte. Diese Konstruktion ist nichts anderes als eine klassische Fristentransformation im neuen Gewand.

Allerdings gelingt die Aufnahme von Einlagen zu niedrigen Zinsen bzw. die Emission niedrigverzinslicher Commercial Papers nur dann, wenn man Gläubiger (Zeichner der Commercial Papers) findet. Niemand würde aber einer hoffnungslos unterkapitalisierten Zweckgesellschaft (Conduit) Geld leihen. Jedenfalls nicht zu geldmarktnahen Zin-

---

31 Man kann solche Systeme aber auch mit Junk-Bonds oder hochverzinslichen Genussrechten etc. betreiben.

32 Diese ABCP-Zweckgesellschaft beschaffte sich Geld für den Ankauf von ABS-Anleihen über die Ausgabe von Commercial Papers. Deckung und kurzlaufende Refinanzierung gaben dem Ganzen den Namen, es handelt sich um Asset-Backed Commercial Papers, s. *Ricken* Verbriefung von Krediten und Forderungen in Deutschland, S. 40. ABCP-Programme und ABS-Anleihen sind jedoch keineswegs Teufelswerk. Es gibt sie auch weiterhin in seriöser Form.

33 Das sind kurzlaufende Wertpapiere in Form von Schuldverschreibungen, deren Laufzeit durchschnittlich 30–90 (im Höchstfall 360) Tage beträgt.

sen, auf die das ganze System aber angewiesen war. Unterkapitalisierte Conduits, die Geld einsammeln, um damit höherverzinsliche Finanzmarktprodukte zu kaufen bzw. zu halten, sind alles andere als vertrauenswürdig. Dieses Risiko hätte der Geldmarkt über den Zins eingepreist. Dementsprechend wären die Commercial Papers mit hohen Zinsversprechen zu versehen gewesen. Das wäre wiederum das sichere Aus für dieses Geschäftsmodell gewesen. Denn wenn der Refinanzierungszins steigt, bricht das gesamte System zusammen.

2. Garantieversprechen seitens der Kreditinstitute

Es musste also gelingen, den Refinanzierungszins niedrig zu halten. Aus unterkapitalisierten Zweckgesellschaften, also einer noch nicht einmal drittklassigen Adresse der Finanzwelt, musste eine Topadresse werden. Damit ist der neuralgische Punkt freigelegt. Exakt an dieser Stelle kommen die Sponsoren ins Spiel, also Banken wie die IKB und die Sachsen LB. Sie begleiteten die Emission der Commercial Papers der Zweckgesellschaft. Man spricht dann davon, dass der Markt dieser Papiere gesponsert wird.

Das klingt etwas nebulös, verläuft in der Sache aber eher banal. Der Sponsor begleitet die Emission der Commercial Papers mit garantieähnlichen Rückzahlungsversprechen. Auch dafür gibt es eigene Vokabeln in Gestalt der „Liquiditätslinie“ und der „Liquiditätsfazilität“. Anstatt sich hinter Begriffen zu verschanzen, kann man es aber auch klar sagen: Es wurden Garantien ausgesprochen, kraft derer sich die Käufer der Commercial Papers um die Bonität der Conduits nicht sorgen mussten.

Durch diesen Kunstgriff erhielt die unterkapitalisierte Zweckgesellschaft unter dem Strich die Bonität des Sponsors. Diese Liquiditätsfazilitäten waren, um es mit einem Schuss Sarkasmus zu sagen, im Vorfeld der Finanzkrise aufgespannte Rettungsschirme. Eine Art Vollkaskoversicherung für Gläubiger, die einer Zweckgesellschaft mit geringem Eigenkapital Milliardenbeträge zur Verfügung stellten. Obwohl damit das Geschäftsrisiko der Zweckgesellschaft ein Risiko des Sponsors war, wurden diese Garantieversprechen in den Jahresabschlüssen der Sponsoren (also der Banken) als zu vernachlässigende Eventualverbindlichkeit behandelt.

Das ist schon deshalb zweifelhaft, weil das direkte Betreiben eines entsprechenden Geschäftsmodells durch die Banken selbst mit Eigenkapital zu unterlegen gewesen wäre. Das ganze Modell ist nichts anderes als eine systematische Umgehung der §§ 10 ff., 25 a KWG. Gewiss gab es an dieser Stelle insoweit eine Regulierungslücke, als dass die Liquiditätslinien zugunsten der Zweckgesellschaften (Conduits) wegen der kurzen Laufzeiten der Commercial Papers unter „Basel I“ und damit zur Tatzeit jedenfalls grundsätzlich nicht mit Eigenkapital zu unterlegen waren.[34] Es handelt sich aber um eine Umgehung des Bankenaufsichtsrechts. Denn hinter dieser Regulierungslücke verbirgt sich nach meinem Verständnis ein dem Grunde nach vernünftiger Gedanke. Man kann und muss sich nämlich fragen, ob man „nicht gezogene“ Garantien, die ein Kreditinstitut ihren Kunden gewährt, mit Eigenkapital unterlegen sollte. Das Konstrukt der ABCP-Programme hat diesen Gedanken ausgenutzt.

---

34 Sachverständigenrat Jahresgutachten 2007/2008, S. 128 ff., abrufbar im Internet: http://www.sachverstaendigenrat-wirtschaft.de/fileadmin/dateiablage/download/gutachten/jg07_ges.pdf (Stand: 31. 3. 2011); *Ricken* Verbriefung von Krediten und Forderungen in Deutschland, S. 115 f.

3. Die Realisierung des Risikos

Das Ende der Geschichte ist bekannt und muss hier nur noch kurz geschildert werden. Als bekannt wurde, wie unseriös manche ABS-Anleihen in den USA konstruiert worden waren, wurde der Markt für Commercial Papers misstrauisch. Als dann der ABS-Markt erstmals taumelte, scannte der Markt das Risiko. Als Risiko wurden nun Banken wie die IKB oder die Sachsen LB eingestuft. Das hatte einen einfachen Grund. Diese Banken hatten Zweckgesellschaften (Conduits) gesponsert, die viele Milliarden Euro (!) über Commercial Papers aufgenommen und in den ABS-Markt geleitet hatten. Gerade diese Investments am ABS-Markt erschienen nun aber in einem anderen Licht. Der ABS-Markt trocknete aus, man konnte also die Investitionen von gestern nicht mehr verkaufen. Gnadenlos und Tag für Tag wurden aber die Commercial Papers fällig, mit denen die nun als unseriös geltenden ABS-Papiere gekauft wurden. Nunmehr schaute der Markt auf die Garantiegeber. Welche Bank hatte vertretbar gewirtschaftet und welche hatte das Rad der Fristentransformation überdreht?

Der Markt ordnete Risiken zu und selektierte Banken aus. Man kann sogar sagen, dass der Markt an dieser Stelle funktionierte. Es erhielten diejenigen Banken kein Geld mehr, bei denen die Gefahr bestand, dass sie einer Inanspruchnahme aus den Garantien nicht nachkommen könnten. Mithin gab es für die Commercial Papers der von der IKB oder der Sachsen LB gesponserten Zweckgesellschaften keine Käufer mehr. Jedenfalls nicht zu vertretbaren Preisen. Die Anschlussfinanzierung scheiterte. Eine gigantische Refinanzierungsfalle tat sich auf, die von der IKB und der Sachsen LB nicht mehr zu schließen war. Ihnen fehlte einfach das Geld. Und niemand war bereit, ihnen Geld zu geben. Sie kollabierten infolge einer Überdosis ABCP.

4. Pflichtwidrigkeit

Mit der Abgabe der Garantieerklärungen gegenüber den Conduits wurden seitens dieser Banken existenzgefährdende Risiken aufgebaut,[35] die sich auch realisierten. Es geht an dieser Stelle nicht um systemische Risiken, denen Institute wie die IKB bereits 2007 (über ein Jahr vor der Lehman-Pleite) zum Opfer fielen. Es ist genau andersherum: Die IKB war eine Bank, die zur systemischen Krise einen Beitrag leistete. Der Einwand, dass diese Geschäfte „alle gemacht haben", greift nicht durch. Im Bankgeschäft kommt es immer darauf an, in welchem Maß man ein Geschäft betreibt und dessen Risiko steuert. Dass man ABS-Anleihen ankaufen durfte, bestreitet niemand.[36] Man darf nur nicht Konstruktionen wählen, mittels derer man alles auf eine Karte setzt. Das ist dann eben ein existenzgefährdendes und verbotenes Risiko, das gerade nicht „von allen", sondern von wenigen Kreditinstituten, eingegangen wurde.

Das Risiko derart exzessiver Fristentransformation war auch nicht neu, sondern gehört spätestens seit dem „Fall Münemann" zum bankwirtschaftlichen Allgemeinwissen.[37]

---

35 *Schröder* Handbuch Kapitalmarktstrafrecht, Rn. 1159, 1161 f.; *Schünemann* Die sogenannte Finanzkrise in: Schünemann (Hrsg.) S. 71, 92 f.

36 Vgl. *Becker/Walla/Endert* WM 2010, 875 ff.; *Ransiek* WM 2010, 869 ff.

37 *Hartmann-Wendels/Pfingsten/Weber* Bankbetriebslehre, S. 14, 654 f.; *Schröder* Handbuch Kapitalmarktstrafrecht, Rn. 1176 ff.

So sieht es auch das Bankenaufsichtsrecht. Wegen der beschriebenen Risiken ist das gewerbsmäßige Betreiben sog. Revolvinggeschäfte (Darlehensrückkaufgeschäfte) nach § 1 Abs. 1 S. 2 Nr. 7 KWG per se ein erlaubnispflichtiges Bankgeschäft ist. Mithin darf ein Kreditinstitut die Regeln des Bankenaufsichtsrechts, insbesondere die der Liquiditätssicherung und Eigenkapitalunterlegung, nicht durch den beschriebenen Kunstgriff der Gewährung von Liquiditätsfazilitäten an Quasi-Töchter aushebeln. Jedenfalls dürfen durch diese Geschäfte keine existenzgefährdenden Risiken eingegangen werden. Die Initiierung und Begleitung der exzessiven Fristentransformation in Conduits durch Kreditinstitute mittels der genannten Garantien erweist sich also aus zwei Gründen als pflichtwidrig.

Welche Handlungen genau als pflichtwidrig und tatbestandsmäßig einzuordnen sind,[38] ist eine Frage des Einzelfalls. Da die Geschäfte nicht per se pflichtwidrig waren, sondern dies erst durch das Volumen wurden, kommt es darauf an, zu welchem Zeitpunkt unvertretbare Risiken entstanden. Anfänglich waren alle Geschäfte rechtmäßig, weil man in einem vertretbaren Rahmen Liquiditätszusagen an Conduits geben durfte. Wenn in Conduits allerdings z.B. das Dreifache des Haushalts eines Bundeslandes revolvierend finanziert werden musste und dieses Risiko in keinem Verhältnis zum Eigenkapital der Bank stand,[39] steht die Pflichtwidrigkeit dessen fest. Diese Gefahrenlage darf ein Vorstand nicht aufbauen. Ein Blick in § 10ff. und § 13ff. KWG zeigt, dass eine solche Risikolage dem Bankenaufsichtsrecht widerstrebt.

Zur Frage der Vorhersehbarkeit derartiger Risiken sei angemerkt, dass die allgemeine Pflicht zur Unterlegung von Risiken mit Eigenkapital im Bankenaufsichtsrecht gerade dazu dient, ein Kreditinstitut gegen unvorhergesehene Risiken zu wappnen.[40] Die Pflicht zur Eigenkapitalunterlegung entsteht gerade nicht erst dann, wenn ein Geschäft als riskant eingestuft wird. Vielmehr antizipiert das Bankenaufsichtsrecht jedenfalls grundsätzlich, dass ein Vorstand nur Geschäfte betreibt, bei denen er davon ausgeht, dass sie gut gehen und für seine Bank keine exorbitant hohen Risiken oder Verluste mit sich bringen. Trotzdem gibt es diese Pflicht. Das findet seinen Grund darin, dass man sich irren und Risiken falsch einschätzen kann.[41] Daran zeigt sich nochmals, dass es unvertretbar war, in dem System der Eigenkapitalunterlegung „die Lücke zu suchen", um die Fristentransformation exzessiv mittels kurzlaufender Commercial Papers in Conduits ohne Eigenkapitalunterlegung zu betreiben.

Ein Vorstand bzw. Geschäftsleiter eines Kreditinstituts darf solche Geschäfte auch nicht dulden. Gesellschaftsrechtlich folgt das aus § 91 Abs. 2 AktG, bankaufsichtsrechtlich aus §§ 10ff., 13ff., § 25a KWG. Deshalb dürfte jeder Refinanzierungsschritt, der oberhalb des Vertretbaren stattfand, als tatbestandsmäßig in Betracht kommen.

---

38 Kritisch *Lüderssen* Finanzmarktkrise, Risikomanagement und Strafrecht in: Kempf/Lüderssen/Volk (Hrsg.) S. 211, 214.

39 *Sächsischer Rechnungshof* Sonderbericht nach § 99 SäHO, Landesbank Sachsen Girozentrale, S. 37, abrufbar im Internet: http://www.rechnungshof.sachsen.de/ausschreibung/SRH_Sonderbericht_SLB_2009.pdf (Stand: 31. 3. 2011).

40 Die Schließung der Regulierungslücke durch Basel II zeigt zudem, dass derartige Risiken auch ex ante bekannt waren.

41 *Schröder* NJW 2010, 1169, 1172.

C. Zusammenfassung und Ausblick

I. Zusammenfassung

Mittels der Gewährung von Liquiditätsfazilitäten an Zweckgesellschaften, die nur auf dem Papier eigenständig waren, wurde eine „Regulierungslücke" gesucht und pflichtwidrig exzessiv ausgenutzt. Das Bankenaufsichtsrecht sollte umgangen werden. Das gelang auch und deshalb verursachten diese „Quasi-Tochter-Banken" Refinanzierungsfallen, die schlimmer kaum vorstellbar sind. Die dahinter stehenden Kreditinstitute waren schlicht überfordert. Auslöser war die Aussicht auf hohe Renditen und vielleicht auch der Glaube, von der Erfindung einer sich selbst nährenden Geldmaschine profitieren zu können. Einem „ABCP-Goldesel". Das mag tragisch sein, aber eben auch pflichtwidrig.

Damit ist allerdings noch nicht gesagt, ob und inwieweit gegen § 266 Abs. 1 StGB verstoßen wurde. Die eigentliche Botschaft der Entscheidung des BVerfG zur Untreue besteht darin, dass dem Tatbestandsmerkmal „Nachteil" eigene Bedeutung zukommen muss.[42] Aus der Pflichtwidrigkeit darf nicht automatisch mittels der Figur der Vermögensgefährdung der Schaden abgeleitet werden.[43] *Saliger* hat das als Verschleifung beider Merkmale umschrieben.[44] Dieser Problemkreis wird durch die Finanzkrise angesprochen, weil es fraglich ist, ob man den kurzfristigen Refinanzierungsbedarf als Schaden ansehen darf.[45] Nach meiner Ansicht ist das zweifelhaft, weil die erworbenen ABS nicht dauerhaft wertlos waren. Der wahre oder materielle Schaden ist eben geringer als die kurzfristige Refinanzierungslücke.

Die strafrechtliche Diskussion der Finanzkrise verläuft nicht glücklich. Nach meiner Auffassung muss man Finanzierungsmodelle oder Finanzprodukte genau untersuchen und erst dann den Schritt zum Strafrecht gehen. Das habe ich mit meinen Analysen der exzessiven Fristentransformation in Conduits versucht. Die denkbare Erwiderung, dass man systemische Risiken nicht strafrechtlich aufarbeiten könne, greift für mich zu kurz. Die Vorfrage, ob eine exzessive Refinanzierung von Milliardeninvestitionen „alle 30 Tage" über Commercial Papers überhaupt ein systemisches Risiko darstellt, geht dabei unter. Systemisch ist daran eigentlich gar nichts, das Risiko exzessiver Fristentransformation ist und war bekannt. Es war in gewisser Weise tragisch, dass man ausgerechnet unseriös verbriefte ABS zum Gegenstand der exzessiven Fristentransformation machte. Man hätte das aber auch nicht mit Unternehmensanleihen oder Genussrechten etc. machen dürfen.

Private, die im Vorfeld der Krise hochverzinsliche Zertifikate erworben und damit ihr Geld verloren haben, werden heute darüber belehrt, dass es bei hochverzinslichen Finanzprodukten immer auch ein erhöhtes Risiko gibt und man nur kaufen sollte, was

42 BVerfG NJW 2010, 3209, 3220 (Rn. 149 f.).

43 S. allerdings *Kasiske* Aufarbeitung der Finanzkrise durch das Strafrecht? in: Schünemann, Die sogenannte Finanzkrise, S. 13, 31 ff.; enger *Schröder* Handbuch Kapitalmarktstrafrecht, Rn. 1195.

44 *Saliger* ZStW 112 (2000) 563, 610; *ders.* HRRS 2006, 10, 14.

45 *Schröder* NJW 2010, 1169, 1174.

man auch verstanden hat.[46] Mich befremdet es, dass dieser Gedanke bei ABS-Anleihen aus dem Subprime-Bereich, die in ABCP-Programmen auch noch exzessiv auf Kredit gekauft wurden, ausgerechnet bei Bankvorständen nicht zur Sprache kommt. Dort soll alles systemisch und unvorhersehbar gewesen sein. Diese Annahme ist – wie dargelegt – falsch. Das zeigt sich auch daran, dass viele Banken derartige Geschäfte nicht oder aber nur in einem vertretbaren Rahmen getätigt haben. Auch der Umstand, dass sich der Markt der Refinanzierung einiger Conduits bereits im Jahr 2007 und damit vor Ausbruch der systemischen Krise verweigerte, zeigt eindeutig, dass die Mehrzahl der Bankmanager die Risiken solcher Geschäfte erkannte.

II. Ausblick

Der Ausblick ist heiter bis wolkig. Heiter deshalb, weil es sich in Deutschland gerade nicht um systemische Risiken handelte, wenngleich die beschriebenen Verstöße zu einer dann allerdings „systemischen Vertrauenskrise" beitrugen. Wolkig deshalb, weil andere Risiken kommen werden. Ob die aktuellen Regulierungsschritte diese Risiken wirklich einfangen können, ist fraglich. *Wittig* hat in seinem Vortrag auf den Entwurf des § 18 a KWG hingewiesen, der versucht, die Investitionsrisiken bei Verbriefungen zu begrenzen. Das ist ein gutes Beispiel. In gewisser Weise hechelt die Regulierung damit Risiken hinterher, die längst vom Markt erkannt wurden. Damit will ich die Einfügung eines neuen § 18 a KWG nicht für obsolet erklären, das Ganze erinnert aber ein wenig an die Fabel von dem Hasen und dem Igel.

Wer sagt, dass wir nicht die strafrechtlichen Mittel hätten, um diese Krise zu bewältigen, unterstützt letztlich den Ruf nach neuem Strafrecht und immer neuer Regulierung. Ich sehe an dieser Stelle Gefahren für unsere Wirtschaftsordnung, denn wirtschaftliche und auch allgemein gesellschaftliche Freiheit entfalten sich am besten, wenn man dem Versuch widersteht, sie im Detail regeln zu wollen. Freilich bedarf es auch internationaler Regulierung. Die EU-Regelungswut auf dem Gebiet des Bank- und Kapitalmarktrechts (zu der trostlosen Bilanz vgl. oben C. III.) hat unsere Rechtsordnung und die Teilnehmer an den Finanzmärkten jedoch bereits stark beeinträchtigt. Wer eine Vorschrift wie § 1 KWG, die durch Umsetzungen zahlreicher EU-Richtlinien regelrecht massakriert wurde, zur Hand nimmt und ganz (!) durchliest, der ahnt, warum ich mir von diesem Weg nichts mehr verspreche.

Wer aus diesen Zeilen ein gewisses Misstrauen gegenüber einer europäisch und international veranlassten Strafgesetzgebung herausliest, liegt völlig richtig. Ich gehe sogar so weit, dass ich in einer devoten Haltung gegenüber internationalen Vorgaben für unsere Finanzmärkte neue Gefahren sehe.[47] Nach meiner Auffassung genügt unser Strafrecht, um einzelnen Verstößen im Vorfeld der Finanzkrise nachzugehen. Wo ich diese Verstöße sehe, habe ich hier und an anderer Stelle begründet. Dass Bankmanager z. B. bei

46 *Schröder* ZBB 2010, 280, 288.

47 Konkretes Beispiel bei *Schröder* Arbeitspapier 1/2011 der Forschungsstelle Kapitalmarktstrafrecht, abrufbar im Internet: http://wcms.uzi.uni-halle.de/download.php?down=18746&elem=2448775 (Stand: 31. 3. 2011), als Aufsatz erschienen in der WM 2011, 769.

Refinanzierungsproblemen in Zeiten der systemischen Vertrauenskrise strafrechtlich nicht ohne weiteres haften, steht für mich ebenso fest.

Literatur

Achenbach, Hans/Ransiek, Andreas (Hrsg.) Handbuch Wirtschaftsstrafrecht, 2. Aufl. (2008).

Arzt, Gunther Risikomanagement und objektive Zurechnung in: Kempf, Eberhard/Lüderssen, Klaus/Volk, Klaus (Hrsg.), Die Finanzkrise, das Wirtschaftsstrafrecht und die Moral (2010).

Assmann, Heinz-Dieter/Schneider, Uwe H. (Hrsg.) Wertpapierhandelsgesetz, Kommentar, 5. Aufl. (2009).

Becker, Christian/Walla, Fabian/Endert, Volker Wer bestimmt das Risiko – Zur Untreue durch riskante Wertpapiergeschäfte in der Banken-AG, WM 2010, 875.

Boos, Karl-Heinz/Fischer, Reinfrid/Schulte-Mattler, Hermann (Hrsg.) Kreditwesengesetz, Kommentar zu KWG und Ausführungsvorschriften, 3. Aufl. (2008).

Brüning, Janique/Samson, Erich Bankenkrise und strafrechtliche Haftung wegen Untreue gem. § 266 StGB, ZIP 2009, 1089.

Gillmeister, Ferdinand Verbriefungen in: Kempf, Eberhard/Lüderssen Klaus/Volk, Klaus (Hrsg.), Die Finanzkrise, das Wirtschaftsstrafrecht und die Moral (2010).

Hartmann-Wendels, Thomas/Pfingsten, Andreas/Weber, Martin Bankbetriebslehre, 5. Aufl. (2010).

Hellmann, Uwe Risikogeschäfte und Untreuestrafbarkeit, ZIS 2007, 433.

Hirte, Heribert/Möllers, Thomas J. M. (Hrsg.) Kölner Kommentar zum WpHG (2007).

Joecks, Wolfgang/Miebach, Klaus (Hrsg.) Münchener Kommentar zum StGB, Bd. 4: §§ 263–358 StGB, §§ 1–8, 105, 106 JGG (2006).

Kasiske, Peter Aufarbeitung der Finanzkrise durch das Strafrecht? Zur Untreuestrafbarkeit durch Portfolioinvestments in Collateralized Debt Obligations via Zweckgesellschaften in: Schünemann, Bernd (Hrsg.), Die sogenannte Finanzkrise – Systemversagen oder global organisierte Kriminalität? (2010).

Kindhäuser, Urs/Neumann, Ulfrid/Paeffgen, Hans-Ullrich (Hrsg.) NomosKommentar zum StGB, Bd. 2: §§ 146–358 StGB, 3. Aufl. (2010).

Kubiciel, Michael Gesellschaftsrechtliche Pflichtwidrigkeit und Untreuestrafbarkeit, NStZ 2005, 353.

Lüderssen, Klaus Finanzmarktkrise, Risikomanagement und Strafrecht, in: Kempf, Eberhard/Lüderssen, Klaus/Volk, Klaus (Hrsg.) Die Finanzkrise, das Wirtschaftsstrafrecht und die Moral (2010).

Lutter, Marcus Zur Rechtmäßigkeit von internationalen Risikogeschäften durch Banken der öffentlichen Hand, BB 2009, 786.

Park, Tido (Hrsg.) Kapitalmarktstrafrecht, Handkommentar, 2. Aufl. 2008.

Radtke, Henning/Hoffmann, Maike Gesellschaftsrechtsakzessorietät bei der strafrechtlichen Untreue zu Lasten von Kapitalgesellschaften? – oder – «Trihotel» und die Folgen, GA 2008, 535.

Ransiek, Andreas Asset Backed Securities und Strafrecht, WM 2010, 869.

ders. Risiko, Pflichtwidrigkeit und Vermögensnachteil bei der Untreue, ZStW 116 (2004) 634.

Ricken, Stephan Verbriefung von Krediten und Forderungen in Deutschland, Düsseldorf 2008, abrufbar im Internet: http://www.boeckler.de/pdf/mbf_finanzinvestoren_ricken_verbriefung.pdf (Stand: 31. 3. 2011).

Rönnau, Thomas Untreue als Wirtschaftsdelikt, ZStW 119 (2007) 887.

Sächsischer Rechnungshof (Hrsg.) Sonderbericht nach § 99 SäHO, Landesbank Sachsen Girozentrale 2009, abrufbar im Internet: http://www.rechnungshof.sachsen.de/ausschreibung/SRH_Sonderbericht_SLB_2009.pdf (Stand: 31. 3. 2011).

Sachverständigenrat zur Begutachtung der gesamtwirtschaftlichen Entwicklung (Hrsg.) Das Erreichte verspielen, Jahresgutachten 2007/08, Wiesbaden 2007, abrufbar im Internet: http://www.sachverstaendigenrat-wirtschaft.de/fileadmin/dateiablage/download/gutachten/jg07_ges.pdf (Stand: 31. 3. 2011).

Saliger, Frank Wider die Ausweitung des Untreuetatbestandes. Eine kritische Analyse der neueren Rechtsprechung zum Begriff des Vermögensnachteils in § 266 StGB, ZStW 112 (2000) 563.

ders. Gibt es eine Untreuemode? Die neuere Untreuedebatte und Möglichkeiten einer restriktiven Auslegung, HRRS 2006, 10.

Satzger, Helmut/Schmitt, Bertram/Widmaier, Gunter (Hrsg.) Strafgesetzbuch, Kommentar (2009).

Schmitt, Bertram Untreue von Bank- und Sparkassenverantwortlichen bei der Kreditvergabe, BKR 2006, 125.

Schmitz, Roland Der strafrechtliche Schutz des Kapitalmarkts in Europa, ZStW 115 (2003) 501.

Schröder, Christian Handbuch Kapitalmarktstrafrecht, 2. Aufl. (2010).

ders. Untreue durch Investitionen in ABS-Anleihen, NJW 2010, 1169.

ders. Die Komplexität synthetischer Finanzprodukte als Ursache für Vertrauensverluste und kriminogenes Verhalten am Kapitalmarkt, ZBB 2010, 280.

ders. Erweiterung des Vortatenkatalogs der Geldwäsche um Marktmanipulation und Insiderhandel – Risiken für die Kreditwirtschaft und die Kapitalmärkte, WM 2011, 769.

Schünemann, Bernd Die „gravierende Pflichtverletzung bei der Untreue: dogmatischer Zauberhut oder taube Nuß?, NStZ 2005, 473.

ders. Die sog. Finanzkrise – Systemversagen oder global organisierte Kriminalität? in: Schünemann, Bernd (Hrsg.) Die sogenannte Finanzkrise – Systemversagen oder global organisierte Kriminalität? (2010).

Detailregulierung unternehmerischen Handelns und seine Bedeutung für die Organtreue am Beispiel der aufsichtsrechtlichen Verbriefungsregelungen

Arne Wittig

Gliederung

I. Die Finanzmarktkrise als Auslöser zunehmender Detailregulierung der Bank- und Kapitalmärkte

Die Ursachen der im Jahr 2007 begonnenen und im September/Oktober 2008 mit der Insolvenz von Lehman und Beinahe-Insolvenz der Hypo Real Estate dramatisch zugespitzten Krise der Finanzmärkte sind in zahlreichen internationalen Studien detailliert untersucht worden. Mit die wichtigsten dieser Untersuchungen sind sicherlich die G-20 Erklärung aus dem November 2008,[1] der Report der Group of Thirty vom Januar 2009,[2] der sog. de Larosiere-Report einer von der EU-Kommission eingesetzten Expertengruppe aus dem Februar 2009[3] und die sog. Turner Review der britischen Aufsicht FSA vom März 2009.[4] Als Ursachen der Finanzmarktkrise sind makroökonomische Rahmenbedingungen (überreichlich vorhandene Liquidität und niedrige Zinssätze) und die daraus

---

1 G-20 Declaration, Summit on Financial Markets and the World Economy 15. 11. 2008 http://www.g20.org/Documents/g20_summit_declaration.pdf.

2 Group of Thirty, Financial Reform: A Framework for Financial Stability 15. 1. 2009 http://www.group30.org/pubs/reformreport.pdf.

3 The High-Level Group on Financial Supervision in the EU 25. 2. 2009 (sog. de Larosiere-Report) http://ec.europa.eu/internal_market/finances/docs/de_larosiere_report_en.pdf.

4 FSA, The Turner Review: A Regulatory Response to the Global Banking Crisis März 2009 http://www.fsa.gov.uk/pages/Library/Corporate/turner/index.shtml.

resultierende Blase im amerikanischen Immobilienmarkt ebenso benannt worden wie die Verbriefungen von Kreditforderungen, insbesondere von Subprime Debt. Auch waren Investoren angesichts des niedrigen allgemeinen Zinsniveaus auf der Suche nach höheren Renditen, und als Folge wurden Risiken nicht mehr angemessen bepreist. Zur Unterschätzung des Risikos haben auch die Ratingagenturen ihren Beitrag geleistet, vor allem indem sie bei Verbriefungen mit guten Ratings den Eindruck entstehen ließen, diese Wertpapiere seien so sicher wie Staatsanleihen. Schließlich wurden die Risiken nach Auffassung der Studien auch deshalb eingegangen, weil auf individueller Ebene die Anreize der Vergütungssysteme falsch gesetzt waren mit Belohnung durch hohe Bonuszahlungen für kurzfristige, aber höchst riskante Erfolge statt für langfristige Ertragssicherung. Schließlich konnten auch die Aufsichtsbehörden diese Fehlentwicklungen nicht verhindern, weil bei der Aufsicht einzelner Institute das systemische Gesamtrisiko außer Betracht blieb und außerdem die einzelstaatliche Aufsicht bei der Regulierung globaler Märkte und globaler Institute nur unzureichend grenzüberschreitend eingreifen konnte.

Als Reaktion auf diese Erkenntnisse sind zwischenzeitlich in großer Zahl auf globaler Ebene durch Initiativen der G 20-Staaten und das Basel Committee on Banking Supervision, in der Europäischen Union durch Kommission, Rat und Parlament und in Deutschland durch den Gesetzgeber vielfältige Verschärfungen der regulatorischen Anforderungen für die Finanzmärkte sowie die Finanzinstitute und andere Marktteilnehmer, z.B. die Ratingagenturen, und auch eine Stärkung der europäischen Aufsicht auf den Weg gebracht und zum Teil schon umgesetzt worden.[5]

II. Strafrechtliche Relevanz aufsichtsrechtlicher Regelungen

Parallel zu den regulatorischen Reaktionen auf die Finanzmarktkrise ist die Diskussion um ihre gegebenenfalls auch strafrechtliche Aufarbeitung entbrannt. Rückblickend wird die Frage oder sogar die Forderung gestellt nach strafrechtlichen Sanktionen für unternehmerische Fehlleistungen im Finanzinstituten, und vorausschauend wird gefragt, ob neben die schärferen regulatorischen Anforderungen auch neue oder schärfere Strafrechtsnormen treten müssen, um das Risiko künftiger Finanzmarktkrisen zu verringern.[6]

---

5 Dazu z.B. Kümpel/*Wittig* (Hrsg.) Bank- und Kapitalmarktrecht 4. Aufl. 2011 Rn. 1.73 ff.; *Wittig* Stärkung der europäischen Finanzaufsicht Der Betrieb 2010, 69 ff.; *Wittig* Reform der Corporate Governance von Finanzinstituten als Reaktion auf die Finanzmarktkrise – Ein Überblick zu den aktuellen Überlegungen WM 2010, 2337 ff.; *Liebscher/Ott* Die Regulierung der Finanzmärkte – Reformbedarf und Regelungsansätze des deutschen Gesetzgebers im Überblick NZG 2010, 841 ff.; *Hopt* Auf dem Weg zu einer neuen europäischen und internationalen Finanzmarktarchitektur NZG 2009, 1401 ff.; *Wittig* Reform aufsichtsrechtlicher Rahmenbedingungen als Reaktion auf die Finanzmarktkrise, Schriftenreihe der Bankrechtlichen Vereinigung, Bd. 30, 2010, S. 129 ff.

6 Beispielhaft für diese Diskussion *Lüderssen* Finanzmarktkrise, Risikomanagement und Strafrecht StV 2009, 486 ff.; *Schröder* Die Komplexität synthetischer Finanzprodukte als Ursache für Vertrauensverluste und kriminogenes Verhalten am Kapitalmarkt ZBB 2010, 280 ff.; *Rieder* Die

Diese strafrechtliche Diskussion kann aber, insbesondere weil und soweit sie bei Finanzinstituten zur Organuntreue im Rahmen von § 266 StGB geführt wird, die Verschärfung der aufsichtsrechtlichen Regelungen nicht außer Acht lassen. Wie nicht zuletzt das BVerfG entschieden hat, genügt der Straftatbestand der Untreue nach § 266 StGB trotz seiner konzeptionell weiten und unscharfen Fassung nur deshalb noch den Anforderungen des Bestimmtheitsgebotes des Art. 103 Abs. 2 GG, weil unter anderem das zentrale Merkmal der Pflichtwidrigkeit an außerstrafrechtliche Normkomplexe und Wertungen anknüpft, die das Verhältnis zwischen dem Vermögensinhaber und dem Vermögensverwalter im Einzelnen gestalten und so erst den Inhalt der – strafbewehrten – Pflicht und die Maßstäbe für deren Verletzung festlegen.[7] Damit stellt sich bei der Beurteilung des Handelns von Geschäftsleitung und Angestellten eines Kreditinstituts als Untreue i.S.v. § 266 StGB zwangsläufig die Frage, welche außerstrafrechtlichen Bestimmungen zur Beurteilung einer eventuellen (strafrechtlichen) Pflichtwidrigkeit heranzuziehen und wie die relevanten Normen auszulegen sind.[8] Diese außerstrafrechtlichen Vorschriften können zivilrechtlicher oder öffentlich-rechtlicher Natur sein oder auch auf privatautonomen Regelungen wie z.B. einem Gesellschaftsvertrag beruhen.[9] Und zu diesen außerstrafrechtlichen Anforderungen an pflichtmäßiges Verhalten können nach ständiger Rechtsprechung der Strafgerichte insbesondere auch (bank-)aufsichtsrechtliche Regelungen zählen. So nimmt z.B. der BGH bei der generell risikobehafteten Vergabe von Krediten durch Entscheidungsträger einer Bank eine Pflichtverletzung i.S.d. § 266 Abs. 1 StGB nur dann an, wenn die Risiken und die Chancen der Kreditvergabe nicht auf der Grundlage umfassender Informationen sorgfältig abgewogen, also die banküblichen Informations- und Prüfungspflichten verletzt worden sind, und sieht dafür insbesondere die in § 18 S. 1 KWG, also eine aufsichtsrechtlichen Regelung, normierten Informations- und Prüfungspflichten, nach denen eine Offenlegung der wirtschaftlichen Verhältnisse des Kreditnehmers zu verlangen ist, als maßgeblichen Pflichtenkatalog an.[10]

Während das BVerfG im letzten Jahr aber noch zu entscheiden hatte, ob § 266 StGB dem Bestimmtheitsgebot genügen kann, wenn die außerstrafrechtliche Normen, die zur Beurteilung der (strafrechtlichen) Pflichtwidrigkeit heranzuziehen sind, von erheblicher Unbestimmtheit sind oder generalklauselartigen Charakter haben oder dem Ver-

---

Auswirkungen der Finanzkrise auf die Organhaftung, AG 2011, 265 ff. Speziell zu Verbriefungen *Schröder* Untreue durch Investitionen in ABS-Anleihen NJW 2010, 1169 ff.; *Gallandi* Strafrechtliche Aspekte der Asset Backed Securities wistra 2009, 41 ff.; wenig überzeugend *Forkel* Rechtsfragen zur Krise an den Finanzmärkten: Zur Systematik möglicher Schadensersatzansprüche BKR 2008, 183 ff. Lesenswert zur zivil- (gesellschafts-)rechtlichen Haftung von Geschäftsleitern *Fleischer* Verantwortlichkeit von Bankgeschäftsleitern und Finanzmarktkrise NJW 2010, 1504 ff.

7 BVerfG v. 23. 6. 2010 – 2 BvR 2559/08, 2 BvR 105/09, 2 BvR 491/09, 2 BvR 2559/08, 2 BvR 105/09, 2 BvR 491/09, WM 2010, 1663 ff. Rn. 95 f., 110 ff. Zu der Entscheidung *Radtke* Strafrechtliche Untreue durch Manager und verfassungsrechtlicher Bestimmtheitsgrundsatz GmbHR 2010, 1121 ff.

8 So grundsätzlich zu § 266 StGB BVerfG v. 23. 6. 2010 – 2 BvR 2559/08, 2 BvR 105/09, 2 BvR 491/09, 2 BvR 2559/08 2 BvR 105/09 2 BvR 491/09, WM 2010, 1663 ff. Rn. 96.

9 *Radtke* Strafrechtliche Untreue durch Manager und verfassungsrechtlicher Bestimmtheitsgrundsatz GmbHR 2010, 1121 ff.

10 So zuletzt BGH v. 13. 8. 2009 – 3 StR 576/08, WM 2009, 1930.

pflichteten eigene Entscheidungsspielräume mit abstrakt schwer zu bestimmenden Grenzen einräumen,[11] stellt sich angesichts der aktuellen Entwicklung aufsichtsrechtlicher Regelungen eine umgekehrte Frage: Droht der zunehmende Detaillierungsgrad des regulatorischen Rechtsrahmens die Strafbarkeit nach § 266 StGB in übertriebener Weise auszuweiten? Die insoweit entstehenden Fragestellungen lassen sich beispielhaft an den aufsichtsrechtlichen Regelungen für die Origination von und vor allem für die Investitionen von Kreditinstituten in verbriefte Forderungspools darstellen.

III. Strengere Auflagen für Verbriefungen in §§ 18a, 18b KWG als Beispiel einer (überzogenen?) Detailregulierung

Als einer der unmittelbaren Gründe für die Finanzkrise werden die gewaltigen Investitionen in verbriefte Forderungen, insbesondere von US-amerikanischem Sub-prime Debt, angesehen, bei denen sich die aus der Verbriefung entstehenden strukturieren Wertpapiere,[12] z.B. Retail Mortgage Backed Securities (RMBS), ab dem Jahr 2007 als wesentlich weniger werthaltig erwiesen haben, als dies von den Investoren, auch im Vertrauen auf das Rating dieser Papiere, erwartet worden war.[13] Die Ursachen für die Enttäuschung der Investmenterwartungen werden allgemein sowohl auf der Seite der „Vertreiber" wie auch bei den Erwerbern dieser Wertpapiere gesehen. Die „Vertreiber" dieser Wertpapiere müssen sich, vor allem soweit sie als Originator die verbrieften Kredite selbst vergeben haben, den Vorwurf gefallen lassen, insbesondere mit Sub-prime Debt Kreditforderungen über Verbriefungen in den Markt gegeben zu haben, die die Originators wegen des hohen Kreditrisikos so selbst nie auf die eigenen Bücher genommen hätten. Im Markt fanden sich z. B.:

- „Teaser Rate Hypotheken" mit äußerst niedrigen Zinsen am Anfang und spätere Anpassung an den Marktzins,
- „Interest Only" oder „Balloon Hypotheken", bei denen für die ersten Jahre nur Zinsen bezahlt werden müssen,
- „Payment Option Hypotheken", bei denen der Hypothekennehmer selbst über die monatliche Rückzahlung entscheidet und die Differenz der Hypothek zugeschlagen wird,
- „Negative Equity Hypotheken" mit Finanzierung über den Kaufpreis hinaus,
- „Liar's Mortgages", bei denen die Angaben zum Einkommen nicht geprüft wurden und

---

11 BVerfG v. 23. 6. 2010 – 2 BvR 2559/08, 2 BvR 105/09, 2 BvR 491/09, 2 BvR 2559/08, 2 BvR 105/09, 2 BvR 491/09, WM 2010, 1663 ff. Rn. 96.

12 Zu strukturierten Wertpapieren und zur Verbriefung von Forderungen z.B. *Frese/Kronat* Verbriefungen in Deutschland – Anmerkungen zum Rechtsrahmen, Kreditwesen 2008, 915 ff.; *Zeising* Asset Backed Securities (ABS) – Grundlagen und neuere Entwicklungen, BKR 2007, 311 ff.; *Früh* Asset Backed Securities/Securitization am Finanzplatz Deutschland BB 1995, 105 ff.

13 Eine ausführliche Analyse dazu bietet z.B. *Hellwig* Brandbeschleuniger im Finanzsystem, MaxPlanckForschung 2009, 10 ff. Knapp zur Rolle der strukturierten Verbriefungen auch *Möschel* Die Finanzkrise – Wie soll es weitergehen? ZRP 2009, 129, 130.

- „NINJA Hypotheken" für Hypothekennehmer mit No Income, No Job, (No) Assets.

Die Erwerber trifft dagegen der Vorwurf, dass sie sich – zum Teil im blinden – Vertrauen auf das Rating der Verbriefung keine Gedanken über die Werthaltigkeit der zu Grunde liegenden Forderungen gemacht haben.

Um dies zu adressieren, hatte die Europäische Kommission eine besondere Regelung für den Erwerb von verbrieften Forderungen durch Kreditinstitute als neuen Art. 122a der Richtlinie 2006/48/EG vorgeschlagen.[14] Diesen Vorschlag nahmen das Europäische Parlament in erster Lesung mit Änderungen am 6. 5. 2009[15] und der Rat der Europäischen Union am 27. 7. 2009[16] an. Diese und andere Änderungen sind als Richtlinie 2009/111/EG in Kraft getreten[17] und mussten von den nationalen Gesetzgebern bis spätestens zum 31. 10. 2010 mit Wirkung zum 31. 12. 2010 umgesetzt werden.[18] Der deutsche Gesetzgeber hat dies mit dem Gesetz zur Umsetzung der geänderten Bankenrichtlinie und der geänderten Kapitaladäquanzrichtlinie vom 19. 11. 2010[19] getan, indem detaillierte Regelungen zu Verbriefung in den neuen §§ 18a, 18b KWG (mit Definitionen im neuen § 1b KWG) getroffen worden sind.

Zielsetzung dieser Gesetzgebung[20] ist zum einen, potenziellen Interessenkonflikten des Originator oder Sponsors oder ursprünglichen Kreditgebers bei Verbriefungen dadurch zu begegnen, dass der Originator/Sponsor einen Teil der Risiken, die an Anleger weitergeben werden, behalten muss. Dazu sollen Kreditinstitute als Originator/Sponsor/ursprünglicher Kreditgeber verbriefter Forderungen einen wesentlichen Teil (nach europäischen Vorgaben mind. 5%, in der deutschen Umsetzung gem. § 18a Abs. 1 KWG mind. 10%) der Risiken behalten müssen. Umgekehrt wird zum anderen Kreditinstituten als Investoren in Verbriefungen auferlegt, dass sie die zugrundeliegenden Risiken und die komplexen strukturellen Merkmale des Produkts, das sie erwerben, in vollem Umfang beurteilen können und über die dazu erforderlichen detaillierten Informationen verfügen. Denn nach Auffassung des deutschen Gesetzgebers habe es im Bereich der Verbriefungen häufig an der zutreffenden Einschätzung der mit einer Verbriefung ver-

---

14 Vorschlag der Kommission für eine Richtlinie des Europäischen Parlaments und des Rates zur Änderung der Richtlinien 2006/48/EC and 2006/49/EC, v. 1. 10. 2008, KOM(2008) 602.

15 Standpunkt des Europäischen Parlaments festgelegt in erster Lesung am 6. 5. 2009 im Hinblick auf den Erlass der Richtlinie 2009/…/EG des Europäischen Parlaments und des Rates zur Änderung der Richtlinien 2006/48/EG, 2006/49/EG und 2007/64/EG hinsichtlich Zentralorganisationen zugeordneter Banken, bestimmter Eigenmittelbestandteile, Großkredite, Aufsichtsregelungen und Krisenmanagement, P6_TC1-COD(2008)0191, veröff. bei http://www.europarl.europa.eu/sides/getDoc.do?type=TA&reference=P6-TA-2009-0367&language=DE&ring=A6-2009-0139 BKMD-36.

16 Rat der Europäischen Union, Pressemitteilung vom 27. 7. 2009 http://europa.eu/rapid/pressReleasesAction.do?reference=PRES/09/223&format=HTML&aged=0&language=DE&guiLanguage=en.

17 Richtline 2009/111/EG des Europäischen Parlaments und des Rates vom 16. 9. 2009 zur Änderung der Richtlinien 2006/48/EG, 2006/49/EG und 2007/64/EG hinsichtlich Zentralorganisationen zugeordneter Banken, bestimmter Eigenmittelbestandteile, Großkredite, Aufsichtsregelungen und Krisenmanagement, Europ. Abl. L302/97ff.

18 So Art. 4 der Richtline 2009/111/EG, a. a. O.

19 BGBl. I S. 1592.

20 S. dazu Erwägungsgründe 24ff. der Richtline 2009/111/EG, a. a. O.

bundenen Risiken gefehlt.[21] Erfüllen die Kreditinstitute als Anleger diese Anforderungen nicht, müssen sie auf Anordnung der Aufsichtsbehörde die erworbenen Verbriefungen mit einem Risikogewicht von mind. 250% und bis zu 1.250% der Berechnung der regulatorischen Kapitalanforderungen zu Grunde legen,[22] also bis zu 100% mit Eigenkapital unterlegen. Umgekehrt können Kreditinstitute, die als Originator die neuen Anforderungen nicht erfüllen, die verbrieften Forderungen für die Berechnung der Eigenmittelanforderungen nicht mehr unberücksichtigt lassen,[23] d.h. für regulatorische Zwecke findet keine Kapitalentlastung statt.

1. Risikoselbstbehalt beim Originator/Sponsor

Gem. § 18a Abs. 1 KWG sollen Kreditinstitute das Kreditrisiko einer Verbriefung grundsätzlich nur dann übernehmen, wenn der Originator/Sponsor/ursprüngliche Kreditgeber, also die Personen oder Unternehmen, die die ursprüngliche Vereinbarung mit dem Schuldner oder dem potenziellen Schuldner direkt ausgehandelt, strukturiert und dokumentiert haben, auf Dauer einen materiellen Nettoanteil von mind. 10% an dieser Verbriefung selbst halten und sich dazu gegenüber dem investierenden Kreditinstitut ausdrücklich verpflichten. Dies soll den Originator/Sponsor zu sorgfältigem Verhalten bewegen,[24] indem die Interessen des Originators oder Sponsors mit den Interessen des Anleger in Einklang gebracht werden.[25]

Dabei muss die vom Originator gehaltene Position dasselbe Risikoprofil aufweisen wie diejenige, die das investierende Kreditinstitut eingeht. Dazu verlangt § 18a Abs. 1 KWG, dass gehalten wird:

- ein Anteil von mind. 10% des Nominalwerts einer jeden an die Anleger verkauften oder übertragenen Verbriefungstranche oder
- bei revolvierenden Forderungen mind. 10% des Nominalwerts der verbrieften Forderungen oder
- ein Anteil von nach dem Zufallsprinzip ausgewählten Forderungen, der mind. 10% des Nominalwerts der verbrieften Forderungen entspricht, wenn diese Forderungen ansonsten verbrieft worden wären, sofern die Zahl der potentiell verbrieften Forderungen bei der Origination mind. 100 beträgt oder
- eine Erstverlusttranche und erforderlichenfalls weitere Tranchen, die das gleiche oder ein höheres Risikoprofil aufweisen und nicht früher fällig werden als die an die Anleger verkauften oder übertragenen Tranchen, so dass der insgesamt gehaltene Anteil mind. 510% des Nominalwerts der verbrieften Forderungen entspricht.

---

21 RegE eines Gesetzes zur Umsetzung der geänderten Bankenrichtlinie und der geänderten Kapitaladäquanzrichtlinie, BR-Drucks. 155/10, Teil A. S. 1.

22 § 18b Abs. 6 KWG, dazu RegE eines Gesetzes zur Umsetzung der geänderten Bankenrichtlinie und der geänderten Kapitaladäquanzrichtlinie, BR-Drucks. 155/10, S. 45.

23 § 18b Abs. 7 KWG, dazu RegE eines Gesetzes zur Umsetzung der geänderten Bankenrichtlinie und der geänderten Kapitaladäquanzrichtlinie, BR-Drucks. 155/10, S. 66.

24 So als internationales Ziel bekräftigt in G 20 - Leaders'Statement: The Pittsburgh Summit, a.a.O., S. 7, Abs. 12.

25 Erwägungsgrund 24 der Richtline 2009/111/EG, a.a.O.

Diesen Selbstbehalt muss der Originator kontinuierlich aufrechterhalten. Er darf sich auch nicht durch Absicherungen irgendwelcher Art (Kreditrisikominderungstechniken, Verkaufspositionen oder sonstige Absicherungen) von dem wirtschaftlichen Risiko entlasten. Ausgenommen von dieser Verpflichtung zum Selbstbehalt sind gem. § 18a Abs. 3 KWG nur Verbriefungen, die ein besonders geringes Risiko darstellen, da die verbrieften Forderungen als besonders sicher angesehen werden können. Dieses sind Forderungen, die von bonitätsmäßig zweifelsfreien Schuldnern geschuldet oder garantiert sind, insbesondere von der öffentlichen Hand (Staaten, Zentralbanken, Gebietskörperschaften etc.) oder besonders sicheren Kreditinstituten.

2. Einheitliche Kreditvergabekriterien beim Originator/Sponsor/ursprünglichem Kreditgeber

Kreditinstitute als Originator/Sponsor von Forderungen, die verbrieft werden sollen, werden durch § 18b Abs. 4 KWG zur Anwendung einheitlicher Kriterien bei der Kreditvergabe verpflichtet. Die Regelung sieht vor, dass Kreditinstitute dieselben soliden, klar definierten Kreditvergabekriterien für zu verbriefende Forderungen wie bei Forderungen anwenden, die sie selbst halten wollen. Zu diesem Zweck müssen die originierenden Kreditinstitute dieselben Verfahren für die Genehmigung und gegebenenfalls Änderung, Verlängerung und Refinanzierung von Krediten anwenden. Ebenso müssen die Kreditinstitute dieselben Analysestandards auch auf die Übernahme von Verbriefungsemissionen anwenden, die von Dritten erworben werden sollen, und zwar unabhängig davon, ob diese Übernahmen in ihrem Handelsbuch oder außerhalb ihres Handelsbuchs gehalten werden sollen.

3. Transparenz durch den Originator/Sponsor

Die aufgetretenen Unzulänglichkeiten im Markt für Verbriefungen sollen weiterhin dadurch verhindert werden, dass § 18b Abs. 5 KWG den Originator/Sponsor zur vollen Transparenz über die Verbriefung verpflichtet. Dazu muss der Originator/Sponsor zum einen dem Erwerber offenlegen, in welcher Höhe er sich gem. den vorstehend erläuterten Regelungen verpflichtet hat, einen „net economic interest" an der Verbriefung zu behalten. Zum anderen müssen die Sponsor-Kreditinstitute und die originierenden Kreditinstitute sicherstellen, dass künftige Anleger problemlosen Zugang zu allen wesentlichen einschlägigen Daten über Bonität und Entwicklung der einzelnen zugrundeliegenden Forderungen, der Zahlungsströme und der Sicherheiten einer Verbriefungsposition sowie zu Informationen haben, die notwendig sind, um umfassende und fundierte Stresstests in Bezug auf die Zahlungsströme und Besicherungswerte, die hinter den zugrundeliegenden Forderungen stehen, durchführen zu können.

4. Ausreichende Kenntnisse beim Erwerber

Weiterhin nehmen §§ 18a Abs. 4, 18b Abs. 1–3 KWG auch den Erwerber in die Pflicht. Dazu ist vorgesehen, dass Kreditinstitute nur dann in verbrieften Forderungen investieren, wenn sie über ausreichende Kenntnisse verfügen für die Investitionen und interne Verfahren für die Analyse des Kreditrisikos.

Kreditinstitute müssen sowohl vor der Investition und auch anschließend jederzeit nachweisbar für jede einzelne Verbriefungsposition über umfassende und gründliche Kenntnis z.B. in folgenden Punkten verfügen:

- Risikomerkmale der einzelnen Verbriefungsposition,
- Risikomerkmale der Forderungen, die der Verbriefungsposition zugrunde liegen,
- Ruf und erlittene Verluste bei früheren Verbriefungen der Originatoren/Sponsoren,
- Methoden und Konzepte, nach denen die Besicherung der verbrieften Forderungen bewertet wird,
- alle strukturellen Merkmale der Verbriefung, die wesentlichen Einfluss auf die Entwicklung der Verbriefungsposition des Kreditinstituts haben können.

Zu den Anforderungen gehören auch gründliche Kenntnisse aller strukturellen Merkmale einer Verbriefungstransaktion, soweit diese die Entwicklung ihrer mit der Transaktion verknüpften Kreditrisiken wesentlich beeinflussen können, wie etwa vertragliche Wasserfall-Strukturen und damit verbundene Auslöserquoten (Trigger), Bonitätsverbesserungen, Liquiditätsverbesserungen, Marktwert-Trigger und die geschäftsspezifische Definition des Ausfalls.

Zum anderen müssen die Kreditinstitute förmliche Vorschriften und Verfahren umgesetzt haben, um diese Gesichtspunkte zu analysieren und schriftlich zu erfassen. Dazu gehört insbesondere auch, dass die Kreditinstitute vor der Investition und anschließend regelmäßig selbst geeignete Stresstests vornehmen müssen. Dabei können sie sich auf die von einer Ratingagentur entwickelten finanziellen Modelle nur dann stützen, wenn sie vor der Investition die Strukturierung der Modelle und die diesen zugrundeliegenden relevanten Annahmen mit der gebotenen Sorgfalt validiert haben und die Methoden, Annahmen und Ergebnisse verstanden haben.

5. Beobachtung der verbrieften Forderungen durch den Erwerber

Die regulatorischen Anforderungen beschränken sich nicht nur auf die Prüfung der verbrieften Forderungen bei ihrem Erwerb, sondern § 18b Abs. 1, 2 KWG verlangt auch von dem Erwerber eine fortlaufende Beobachtung der erworbenen Positionen. Die Kreditinstitute sind verpflichtet, förmliche Verfahren einzurichten, um Informationen über die Entwicklung der Forderungen, die ihren Verbriefungspositionen zugrunde liegen, laufend und zeitnah zu verfolgen.

Diese Beobachtung der zu Grunde liegenden Forderungen muss sich insbesondere erstrecken auf:

- die Art der Forderungen,
- den Prozentsatz der Kredite, die mehr als 30, 60 und 90 Tage überfällig sind,

- die Ausfallquoten, Quote der vorzeitigen Rückzahlungen, unter Zwangsvollstreckung stehende Kredite, Art der Sicherheit und Belegung, Frequenzverteilung von Kreditpunktebewertungen und anderen Bonitätsbewertungen für die zugrundeliegenden Forderungen, sektorale und geografische Diversifizierung, Frequenzverteilung der Beleihungsquoten mit Bandbreiten, die eine angemessene Sensitivitätsanalyse erleichtern.

Sind die zugrundeliegenden Forderungen selbst Verbriefungspositionen, gelten die Anforderungen in Bezug auf die Verfolgung von und den Zugriff auf Informationen für die Forderungen, die diesen Verbriefungspositionen zugrunde liegen.

IV. Verletzung (strafrechtlicher) Pflichten bei Verstoß gegen §§ 18a, 18b KWG?

Angesichts eines so detaillierten Pflichtenprogramms lässt sich die Sorge nicht von der Hand weisen, dass Staatsanwälte und Gerichte bei Investitionen in verbriefte Positionen künftig sehr schnell mit dem Vorwurf der Untreue gegenüber Organen und Mitarbeitern der investierenden Kreditinstitute zur Hand sind, wenn solche Investitionen nicht den gewünschten wirtschaftlichen Erfolg haben; und dabei für die Pflichtwidrigkeit i.S.v. § 266 StGB einen Verstoß gegen irgendeine der zahlreichen Detailpflichten aus §§ 18a, 18b KWG genügen lassen. Dies scheint nahe zu liegen, weil ja, wie oben schon erwähnt, der BGH bei der vergleichbaren, generell risikobehafteten Investition eines Kreditinstituts in eine Kreditvergabe eine Pflichtverletzung i.S.d. § 266 Abs. 1 StGB durch Entscheidungsträger einer Bank – sehr vereinfacht dargestellt – indiziert sieht, wenn die die in § 18 S. 1 KWG, der aufsichtsrechtlichen Parallelregelung zu §§ 18a, 18b KWG, normierten Informations- und Prüfungspflichten, nach denen eine Offenlegung der wirtschaftlichen Verhältnisse des Kreditnehmers zu verlangen ist, verletzt worden sind[26]. Vergleichbar müssten sich die Beschuldigten oder sogar Angeklagten bei den Investitionen in Verbriefungen dann z. B. vorwerfen lassen, strafrechtlich pflichtwidrig gehandelt zu haben, wenn im Einzelfall, anders als von § 18b Abs. 3 KWG gefordert, ihr Institut nicht über ein umfassendes Verständnis aller strukturellen Merkmale der betreffenden Verbriefungstransaktion verfügte, die die Wertentwicklung ihrer Risikopositionen in der Transaktion wesentlich beeinflussen konnten, wie insbesondere vertragliche Wasserfall-Strukturen und damit verbundene auslösende Ereignisse, Kreditverbesserungen, Liquiditätsverbesserungen, vom Marktwert abhängende auslösende Ereignisse und die geschäftsspezifische Ausfalldefinition.

Insoweit und in gleichem Maße für alle anderen hoch detaillierten aufsichtsrechtlichen Pflichten muss aber unbedingt betont werden, dass § 266 StGB nach der Entscheidung des BVerfG[27] nur dann dem verfassungsrechtlichen Bestimmtheitsgebot genügt, wenn

---

26 So zuletzt BGH v. 13. 8. 2009 – 3 StR 576/08, WM 2009, 1930. Zur richtigen Differenzierung und bloßen Indizwirkung BGH v. 6. 4. 2000 – 1 StR 280/99, BGHSt 46, 30ff. = WM 2000, 1256ff.

27 BVerfG v. 23. 6. 2010 – 2 BvR 2559/08, 2 BvR 105/09, 2 BvR 491/09, 2 BvR 2559/08, 2 BvR 105/09, 2 BvR 491/09, WM 2010, 1663 ff. Rn. 111. Zur Betonung dieses tatbestandsbegrenzden Merkmals früher schon *Lüderssen* FS Lampe 2003, S. 727, 729.

als tatbestandsbegrenzende Funktion hinzukommt, dass eine Pflichtverletzung i.S.d. § 266 StGB nur dann bejaht werden darf, wenn sie gravierend ist.[28] Auch wenn sich dem Wortlaut des Tatbestands das Erfordernis einer gravierenden Pflichtverletzung nicht entnehmen lässt, hält das BVerfG eine solche Beschränkung (Restriktion) von § 266 StGB für erforderlich.[29] Dementsprechend kann nicht jede Verletzung einer aufsichtsrechtlichen Pflicht zugleich eine strafrechtliche Pflichtwidrigkeit i.S.v. § 266 StGB begründen. Deshalb begründet nach richtiger Auffassung des BGH z.B. auch eine nur geringfügige Verletzung der sich aus § 18 Satz 1 KWG ergebenden Informationspflicht für sich allein nicht die Annahme einer Pflichtverletzung i.S.d. § 266 StGB.[30] Vielmehr wird in jedem Einzelfall zu prüfen sein, wie gravierend die aufsichtsrechtlichen Pflichten sind.[31] Und dabei muss für die strafrechtliche Betrachtung sicherlich gelten, dass der einzelne aufsichtsrechtliche Normbefehl umso weniger gravierend erscheint, je mehr er einen bloßen Detail- oder Formalaspekt der allgemeinen Anforderungen an unternehmerisch vernünftiges Handeln regelt.

Dagegen erscheint die Grenze zu einer gravierenden Verletzung aufsichtsrechtlicher Pflichten und damit zur strafrechtlichen Pflichtwidrigkeit regelmäßig dann überschritten, wenn die Kreditinstitute, deren Interessen die Handelnden zu wahren haben, unter Missachtung des Aufsichtsrechts existenzgefährdenden Risiken ausgesetzt werden.[32] Erst recht hat diese Relativierung aufsichtsrechtlicher Anforderungen für die strafrechtliche Beurteilung aber dann zu gelten, wenn das Aufsichtsrecht zwar bestimmte Pflichten vorsieht, aber mit eigenen, aufsichtsrechtlichen Sanktionen bei Pflichtverletzungen erkennen lässt, dass ein Handeln nicht im Einklang mit den Normen nicht generell missbilligt ist, sondern nur ökonomische Nachteile für das Kreditinstitut haben soll. Dies ist bei §§ 18a, 18b KWG der Fall, da nach der gesamten Normkonstruktion ein Kreditinstitut durchaus unter Verletzung der aufsichtsrechtlichen Regelungen in Verbriefungspositionen investieren darf, sofern dafür das höhere Risikogewicht nach § 18b Abs. 6 KWG, also das Erfordernis einer besseren Eigenkapitalausstattung, in Kauf genommen wird. Dagegen stellt die Verletzung von §§ 18a, 18b KWG, anders als die Kreditgewährung entgegen § 18 KWG, für die Handelnden keine Ordnungswidrigkeit nach § 56 Abs. 3 KWG dar.

---

28 Anders aber noch BGH v. 21. 12. 2005 – 3 StR 470/04, BGHSt 50, 331 = WM 2006, 276ff. (Mannesmann).

29 BVerfG v. 23. 6. 2010 – 2 BvR 2559/08, 2 BvR 105/09, 2 BvR 491/09, 2 BvR 2559/08, 2 BvR 105/09, 2 BvR 491/09, WM 2010, 1663ff. Rn. 111.

30 BGH v. 6. 4. 2000 – 1 StR 280/99, BGHSt 46, 30ff. = WM 2000, 1256ff.

31 Zur Diskussion dieses Aspekts speziell für Verbriefungsgeschäfte *Schröder* Untreue durch Investitionen in ABS-Anleihen NJW 2010, 1169, 1173.

32 So im Ergebnis wohl auch *Schröder* Untreue durch Investitionen in ABS-Anleihen NJW 2010, 1169, 1173.

Rechtliche Grenzen der Optimierung – das gesellschaftsrechtlich erlaubte Risiko

Peter O. Mülbert

Gliederung

I. Einleitung

Eine zentrale Determinante unternehmerischen Tuns bilden die vom Gesellschaftsrecht gezogenen Grenzen für die Übernahme unternehmerischer Risiken. Für unternehmerische (De-) Investitionsentscheidungen ist diese Grenzziehung von überragender Bedeutung. Dabei macht es im Ausgangspunkt keinen Unterschied, ob die Investition etwa in der Ausreichung eines kleineren Kredits durch eine Bank, in der Ersteigerung einer UMTS-Lizenz für einen Milliardenbetrag durch die Telekom[1] oder in der Eingehung eines für die Gesellschaft abstrakt oder gar konkret existenzgefährdenden Risikos besteht. Die Kriterien und Maßstäbe, anhand derer sich die Zulässigkeit einer Risikoübernahme bemisst, gelten im Grundsatz unabhängig von der absoluten oder auch relativen Größenordnung der Investition; allein der Übernahme bestandsgefährdender Risiken sind gegebenenfalls engere Grenzen gezogen.

---

1 Dazu BGHZ 175, 365 = WM 2008, 787 = ZIP 2008, 785 = NZG 2008, 389 = AG 2008, 375; *Habersack* ZIP 2006, 1327 ff.

II. § 93 Abs. 1 S. 2 AktG als Ausgangspunkt

1. Allgemeines

Dreh- und Angelpunkt der Frage nach den gesellschaftsrechtlichen Grenzen einer unternehmerischen Risikoübernahme ist die, auch als deutsche Version der business judgement rule bekannte, Regelung des § 93 Abs. 1 S. 2 AktG. Danach liegt eine Pflichtverletzung eines Vorstandsmitglieds nicht vor, wenn dieses bei einer unternehmerischen Entscheidung vernünftigerweise annehmen durfte, auf der Grundlage angemessener Information zum Wohle der Gesellschaft zu handeln.

Die Vorschrift kodifiziert im Kern die zuvor höchstrichterlich in der ARAG/Garmenbeck-Entscheidung[2] formulierten Grundsätze und kann daher auch bei den übrigen Gesellschaftsformen entsprechende Anwendung finden.[3] Ihrem Regelungsgehalt nach statuiert die Norm eine unwiderlegliche Vermutung des Inhalts, dass das Handeln eines Vorstandsmitglieds bei Einhaltung bestimmter Anforderungen per se keinen objektiven Sorgfaltspflichtverstoß bildet.[4] Hieraus im Umkehrschluss abzuleiten, dass unternehmerisches Handeln bei Nichteinhaltung einer dieser Anforderungen sich per se als pflichtwidrig qualifiziert, wäre allerdings unzulässig. Vielmehr beurteilt sich das Vorliegen eines Pflichtverstoßes dann nach den allgemeinen Regeln. Aus praktischer Sicht liegt in der Feststellung, dass die Voraussetzungen des § 93 Abs. 1 S. 2 AktG verfehlt wurden, in aller Regel zugleich eine sozusagen unwiderrufliche Vorentscheidung für das Vorliegen eines Pflichtverstoßes des handelnden Vorstandsmitglieds, da dieses kraft ausdrücklicher gesetzlicher Anordnung in § 93 Abs. 2 S. 2 AktG die Beweislast für das Nichtvorliegen einer Pflichtwidrigkeit trägt.

Im Einzelnen sind aus § 93 Abs. 1 S. 2 AktG für das Vorstandshandeln fünf Anforderungen abzuleiten:[5]

- Vorliegen einer unternehmerischen Entscheidung,
- Handeln zum Wohle der Gesellschaft (Gesellschaftsinteresse),
- Handeln auf angemessener Informationsgrundlage,
- Freiheit von Sondereinflüssen und
- Gutgläubigkeit bezüglich dem Gesellschaftswohl und der angemessenen Informationsgrundlage.

Für die Frage nach den gesellschaftsrechtlich gezogenen Grenzen für unternehmerisches Risikohandeln interessiert zunächst – und auf dieses Merkmal werden sich die folgenden Überlegungen auch konzentrieren – das Merkmal des Handelns zum Wohle der Gesellschaft. Vorweg seien aber noch die Anforderungen an das Vorliegen einer unternehmerischen Entscheidung umrissen.

---

2 BGHZ 135, 244 = WM 1997, 970 = AG 1997, 377 = ZIP 1997, 883.
3 S. nur *Zöllner/Noack* in: Baumbach/Hueck (Hrsg.) GmbHG, 19. Aufl. 2010 § 43 Rn. 22.
4 *Hüffer* AktG, 9. Aufl. 2010 § 93 Rn. 4c f.
5 S. nur *Hüffer* (Fn. 4) § 93 Rn. 4e.

2. Unternehmerische Entscheidungen

Um eine unternehmerische Entscheidung handelt es sich nach dem Zweck des § 93 Abs. 1 S. 2 AktG nur, wenn deren Folge nicht objektiv feststeht oder der Handelnde jedenfalls subjektiv im Ungewissen ist. Denn nur bei Entscheidungen unter Unsicherheiten[6] besteht Anlass, diese einer umfassenden gerichtlichen ex post-Kontrolle zu entziehen, um zu verhindern, dass Unternehmensleitungen aus Angst vor der (nachfolgenden) Haftung auch bei bloßen unternehmerischen Misserfolgen oder Fehlschlägen ein übermäßiges und also gesamtwirtschaftlich ineffizientes risikoscheues Entscheidungsverhalten zeigen.

Soweit man hieraus folgern wollte, dass etwa die Investition eines Unternehmens in von der Bundesrepublik emittierte festverzinsliche Schatzbriefe mit kurzer Laufzeit keine unternehmerische Entscheidung bildet, weil die zentralen Parameter Zinshöhe, Rückzahlungszeitpunkt und Rückzahlungswahrscheinlichkeit objektiv feststehen, würde dieses Merkmal freilich zu eng verstanden. Denn die relevante Entscheidung liegt in der Auswahl zwischen den mehreren in Betracht kommenden Verwendungs- oder Investitionsalternativen, und insoweit muss das Unternehmen unter Ungewissheit entscheiden.

Außerhalb des Anwendungsbereichs des § 93 Abs. 1 S. 2 AktG liegen demgegenüber alle vom Gesetz inhaltlich zwingend vorgegebenen Unternehmensentscheidungen. Das betrifft zum einen die vom Gesellschaftsrecht und sonstigen gesetzlichen Regelungen vorgegebenen Pflichtaufgaben des Vorstands, aber selbstredend auch alle von deutschen Gesetzen verbotenen Handlungen, etwa die Zahlung von Bestechungsgeldern. Weniger eindeutig liegt es dagegen bei solchen Handlungen, die lediglich nach einer ausländischen Rechtsordnung verboten sind. Erst recht keine die Inanspruchnahme unternehmerischen Ermessens ausschließenden (unter) gesetzlichen Vorschriften sind bloße norminterpretierende Verwaltungsvorschriften, etwa im Falle von Instituten die von der BaFin erlassene MaRisk.[7]

Im Übrigen reicht diese Einschränkung für gesetzlich vorgeschriebene Handlungen nur insoweit, als das Gesetz die Entscheidung inhaltlich abschließend determiniert. Soweit dem Unternehmen noch Entscheidungsspielräume verbleiben, kann § 93 Abs. 1 S. 2 AktG in Anspruch genommen werden.[8] Werden etwa die Anforderungen des § 10 KWG an das aufsichtsrechtlich geforderte Eigenkapital verletzt, bildet die Auswahl zwischen den mehreren in Betracht kommenden Handlungsalternativen – ein Abbau von Risikoaktiva, und wenn ja, in welcher Form, oder/und eine Erhöhung der Eigenmittel – eine unternehmerische Entscheidung. Eine solche liegt etwa auch vor, wenn eine börsennotierte Gesellschaft im Falle des Vorliegens eines ad hoc-veröffentlichungspflichtigen Sachverhalts sich zulässigerweise für die Inanspruchnahme der Selbstbefreiung gemäß § 15 Abs. 4 WpHG entscheidet.

---

6 Nicht erforderlich ist demgegenüber, dass eine besonders risikoträchtige Entscheidung in Rede steht; s. nur *Lutter* ZIP 2007, 841, 843; *Redeke* ZIP 2011, 59, 62; a.A. jedenfalls in der Tendenz *Dauner-Lieb* in: FS Röhricht 2005, S. 83, 94f.

7 Zutreffend *Blasche* WM 2011, 343, 346f.

8 Insoweit zutreffend *Säcker* NJW 2008, 3313, 3316.

III. Handeln zum Wohle der Gesellschaft

1. Ausgangspunkt

Das Gesellschaftswohl als die inhaltliche Zielvorgabe des § 93 Abs. 1 S. 2 AktG für das unternehmerische Entscheidungshandeln wird teils explizit mit dem Unternehmensinteresse im Sinne einer Verpflichtung auf den Bestand und die dauerhafte Rentabilität des Unternehmens gleichgesetzt.[9] Die Gesetzesbegründung akzentuiert demgegenüber etwas abweichend, ein Handeln zum Wohle der Gesellschaft sei ein solches zur „langfristigen Ertragsstärkung und Wettbewerbsfähigkeit des Unternehmens".[10] Damit wird das Gesellschaftsinteresse einer gesetzestypischen, auf den Gesellschaftszweck der Gewinnerzielungsabsicht ausgerichteten Gesellschaft aufgegriffen. Maßgeblich sind also die auch langfristigen finanziellen Effekte einer vom Vorstand getroffenen Entscheidung oder Maßnahme.[11] Reputation bzw. Image der Gesellschaft unterfallen für sich genommen nicht dem Wohl der Gesellschaft im Sinne des § 93 Abs. 1 S. 2 AktG. Die bloße Intention, mit einer Maßnahme die Reputation der Gesellschaft bzw. ihr Image zu steigern, leistet keine per se-Rechtfertigung. Entscheidend sind vielmehr auch insoweit die wirtschaftlichen Auswirkungen.

Diesem das Wohl der Gesellschaft grundsätzlich quantitativ interpretierenden Ansatz mag man entgegenhalten wollen, dass unternehmerische Entscheidungen in der Realität unter Untersicherheit – unter Risiko, wenn den verschiedenen möglichen Entwicklung zumindest subjektive Wahrscheinlichkeiten zugeordnet werden können, andernfalls unter Ungewissheit – getroffen werden und dass als Entscheidungshilfe für solche Situationen mehrere unterschiedliche Entscheidungsregeln entwickelt wurden, etwa die Minimax-Regel, die Erwartungswertregel, die Mittelwert-Varianz-Entscheidungsregel sowie das theoretisch überlegene Bernoulli-Kriterium.[12] Während die Minimax-Regel eine extreme Risikoscheu und die Erwartungswertregel die Risikoneutralität des Entscheiders voraussetzt, berücksichtigen die letzteren zwei Regeln auch die konkrete Einstellung des jeweiligen Entscheiders zum Risiko: risikoabgeneigt, risikoindifferent, risikogeneigt. Zudem wird von maßgeblichen Vertretern der betriebswirtschaftlichen Investitions- und Finanzierungstheorie darauf hingewiesen, dass die Beurteilung von Investitionsvorhaben in der Realität unter Anwendung der Methoden der (betriebswirtschaftlichen) Entscheidungstheorie größten Schwierigkeiten begegnet.[13] Die normative Konkretisierung des Handelns zum Wohle der Gesellschaft dahingehend, dass die Auswahl von Investitionsvorhaben auf der Basis des erwarteten Barwerts zu erfolgen hat, gewährleistet – so ein denkbarer Einwand – angesichts der damit verbundenen vielfältigen Schwierigkeiten im besten Falle lediglich eine Scheinratio-

---

9 *Hüffer* (Fn. 4) § 93 Rn. 4g. S. aber auch Hopt/Roth (Hrsg.) Großkommentar AktG, Bd. 3, 4. Aufl., 2008, § 93 Abs 1 S. 2, 4 nF Rn. 27: Minderung der aus dem Unternehmensinteresse sich ergebenden Ermessensspielräume.

10 Begr. RegE UMAG, BT-Drucks. 15/5092, S. 11.

11 Zumindest in der Tendenz ebenso Hopt/Roth (Hrsg.) GroßkommAktG (Fn. 9), § 93 Abs 1 S. 2, 4 nF Rn. 27f.

12 S. nur *Schmidt/Terberger* Grundzüge der Investitions- und Finanzierungstheorie, 3. Aufl. 1996 S. 284ff.

13 S. etwa *Schmidt/Terberger* (Fn. 12) S. 296ff.

nalität und verlangt der Unternehmensleitung im schlechtesten Falle etwas Unmögliches ab.

Gleichwohl bleibt der entscheidende Vorzug eines quantitativ interpretierten Wohls der Gesellschaft, wie im Bezug auf CSR-Aktivitäten einer Gesellschaft bereits andernorts dargestellt,[14] dass die Unternehmensleitung hierdurch gefordert ist, die möglichen positiven und negativen Effekte einer Investition umfassend zu erfassen, deren jeweilige finanzielle Auswirkungen zu ermitteln und die jeweilige Wahrscheinlichkeit der verschiedenen Szenarien zu bewerten, kurz: dass die Unternehmensleitung unternehmerische Investitionsentscheidungen in einem strukturierten, möglichst rationalen Entscheidungsprozess trifft.

2. Gegenüberstellung von Chancen und Risiken

Konkretisierend ausgeformt wird das Postulat des Handelns zum Wohle der Gesellschaft verbreitet im Gebot einer umfassenden Gegenüberstellung der mit einer unternehmerischen (Investitions-)Entscheidung verbundenen Chancen und Risiken.[15] Allerdings unterbleibt hierbei meist eine nähere Konkretisierung des Begriffs „Risiko". Risiko lässt sich jedoch sehr unterschiedlich verstehen, etwa als jede Abweichung vom erwarteten Ergebnis, als lediglich negative Abweichung vom erwarteten Ergebnis, als Nichterreichung eines bestimmten Schwellenwerts etc. und dementsprechend unterschiedlich sind die jeweiligen zur Messung geeigneten Risikomaße.[16]

Hinzu kommt noch, dass für eine Investitionsentscheidung die bloße Zusammenstellung der Chancen und Risiken nicht genügt, sondern dass hierfür eine gewichtende Bewertung und abwägende Verrechnung erforderlich ist.[17] Im Bezug auf die hierfür geltenden Maßstäbe hat der BGH bislang nur äußerste Grenzen markiert. Der Entscheidungsspielraum werde überschritten, wenn die Bereitschaft, unternehmerische Risiken einzugehen, in unverantwortlicher Weise überspannt wird,[18] und für die Kreditvergabe im Besonderen hat er eine Überschreitung darin gesehen, dass das hohe Risiko eines Schadens unabweisbar ist und keine vernünftigen Gründe dafür sprechen, es dennoch einzugehen.[19] Ob sogar strengere normative Maßstäbe gelten oder jedenfalls anzulegen sein könnten, wird sogleich zu erörtern sein. Zunächst sind jedoch einige Fallgestaltungen abschichtend aufzugreifen, in denen das Gesetz selbst eine Risikobewertung vornimmt.

---

14 *Mülbert* AG 2009, 766, 773.

15 S. etwa Hopt/Roth (Hrsg.) GroßkommAktG (Fn. 9), § 93 Abs 1 S. 2, 4 nF Rn. 36; LG München, ZIP 2010, 2451, 2454; auch BGHZ 175, 365, 370 = WM 2008, 787 = ZIP 2008, 785 = NZG 2008, 389 = AG 2008, 375; schon *M. Roth* Unternehmerisches Ermessen und Haftung des Vorstands 2001 S. 110f.

16 Beim erstgenannten Risiko einer Abweichung in jede Richtung bildet die Streuung ein plausibles Risikomaß.

17 S. nur BGHZ 175, 365, 370 = WM 2008, 787 = ZIP 2008, 785 = NZG 2008, 389 = AG 2008, 375.

18 BGHZ 135, 244, 253 = WM 1997, 970 = AG 1997, 377 = ZIP 1997, 883; 175, 365, 370 = WM 2008, 787 = ZIP 2008, 785 = NZG 2008, 389 = AG 2008, 375.

19 BGH WM 2005, 933, 934; BGH WM 2002, 220, 221 = ZIP 2002, 213 = NZG 2002, 195.

a. Gesetzlich determinierte Risikobewertungen

Was die gesetzlich vorgeprägte Bewertung unternehmerischen Risikos anbelangt, interessieren vor allem auch das Konzern- und Umwandlungsrecht.

Für die Darlehensgewährung einer Gesellschaft an einen solventen Aktionär oder das solvente faktisch herrschende Unternehmen ohne Bestellung einer Sicherheit hat der BGH das hieraus resultierende Ausfallrisiko in seiner MPS-Entscheidung für unmaßgeblich erklärt.[20] Was zunächst die §§ 311, 317 AktG angehe, nehme das Gesetz nach der gesetzlichen Regelung des gestreckten Nachteilsausgleichs in § 311 Abs. 2 AktG die Belastung der abhängigen Gesellschaft mit dem Insolvenzrisiko des herrschenden Unternehmens bewusst in Kauf,[21] und weil die §§ 311, 317 AktG vom Gesetzgeber als Privilegierung gegenüber § 57 AktG gedacht seien, könne eine unbesicherte Darlehensgewährung auch nicht – insoweit strenger – als Verstoß gegen das Verbot des § 57 AktG angesehen werden.[22]

Im Übrigen legt eine Gesamtschau der konzern- und umwandlungsrechtlichen Regelungen nahe, dass die Eingehung eines bestimmten abstrakt bestandsgefährdenden Risikos, nämlich die Übernahme unbeschränkter Haftung für das künftige Unternehmerrisiko eines Dritten,[23] nur mit Zustimmung der Gesellschafter zulässig ist. Der Abschluss eines Beherrschungs- oder Gewinnabführungsvertrags mit der Folge einer potentiell unbeschränkten Verlustausgleichspflicht gemäß § 302 AktG bedarf der Zustimmung der Gesellschafterversammlung des anderen Vertragsteils selbst dann, wenn dieser Alleinaktionär ist (§ 293 Abs. 1 AktG), und ebenso liegt es wegen der Übernahme der gesamtschuldnerischen Haftung (§ 322 AktG) bei der Eingliederung einer AG in eine andere AG (§ 319 Abs. 1 AktG). Der Einwand, dass bei der übertragenden Verschmelzung die Gesellschafter der aufnehmenden Gesellschaft bei einer Mehrheitsbeteiligung von mehr als 90% nur im Falle eines entsprechenden Minderheitsantrags zur Zustimmung berufen sind (§ 62 Abs. 1 UmwG), verfängt demgegenüber nicht. Denn insoweit steht ebenso wie etwa bei § 25 HGB die Übernahme eines bereits gesetzten unternehmerischen Risikos in Frage. Dagegen erscheint für unlimitierte harte Patronatserklärungen, wie sie etwa bei Kredit- oder Finanzinstitutsgruppen für Tochtergesellschaften anzutreffen sind, oder für die Übernahme der Stellung eines unbeschränkt persönlich haftenden Gesellschafters einer Personengesellschaft – eine in der Vergangenheit in der Energiewirtschaft sogar als Betreibergesellschaft von Kernkraftwerken genutzte Rechtsform – eine Zustimmung der Gesellschafterversammlung grundsätzlich angezeigt.

b. Anforderungen die Berücksichtigung von Risiken beim Handeln zum Wohle der Gesellschaft

Was die Berücksichtigung von Risiken bei unternehmerischen Investitionsentscheidungen im Allgemeinen anbelangt, lassen sich im Kontext des Handelns zum Wohle

---

20 BGHZ 179, 71, 76 ff. = WM 2009, 78 = ZIP 2009, 70 = NZG 2009, 107 = AG 2009, 81.

21 Insoweit im Anschluss an *Habersack/Schürnbrand* NZG 2004, 689, 693 f.

22 Dazu auch *Mülbert/Leuschner* NZG 2009, 281, 285.

23 Zum Folgenden schon *Mülbert* Aktiengesellschaft, Unternehmensgruppe und Kapitalmarkt, 2. Aufl. 1996 S. 421 ff.

der Gesellschaft über die vom BGH[24] markierten äußersten Grenzen hinaus mehrere Anforderungen an die Unternehmensleitung formulieren:

- der Begriff „Risiko“ und das adäquate Risikomaß sind festzulegen,
- die Risikoneigung ist festzulegen und
- die mit einem konkreten Vorhaben verbundenen Risiken sind zu identifizieren und nach Möglichkeit mit einer subjektiven Wahrscheinlichkeit zu versehen.

Wie die Festlegungen der Unternehmensleitung in diesen drei Punkten im Einzelnen inhaltlich auszufallen hat, lässt sich gesellschaftsrechtlich über die in der höchstrichtlichen Rechtsprechung markierten Grenzen hinaus kaum näher determinieren. Ob ein Vorstand mäßig risikoavers, risikoneutral oder aber leicht risikogeneigt agiert, kann das Gesellschaftsrecht nicht näher vorgeben, und damit ebenso wenig, welcher Entscheidungsregel er folgt, ob er also risikoneutral sich am Erwartungswert orientiert oder nach Maßgabe des Bernoulli-Prinzips entscheidet.[25]

Ebenso wenig lässt sich die Zuweisung subjektiver Wahrscheinlichkeiten ex post allein deswegen in Frage stellen, weil sich ein sehr oder sogar extrem unwahrscheinliches Risiko verwirklicht hat.[26] Dieser Einsicht hat sich nunmehr möglicherweise auch der 6. Zivilsenat des OLG Düsseldorf geöffnet. Zunächst stellte der Senat in einem weithin bekannt gewordenen und intensiv diskutierten Beschluss mit Blick auf eine beantragte Sonderprüfung bei der IKB AG zwar einigermaßen lapidar fest, dass bereits „die übermäßige Komplexität und Intransparenz des Verbriefungssegments … nahezu die Unmöglichkeit für den Vorstand [bedingte], Entscheidungen auf ausreichender Informationsgrundlage zu treffen“ und dass der Vorstand bei hinreichender Information „durch das eigene unmittelbare und mittelbare Engagement der … [Gesellschaft] in diesem Bereich ein übergroßes [Klumpen-] Risiko eingegangen ist“.[27] In einem jüngeren und sehr viel weniger beachteten Urteil kam der Senat hingegen zu dem Schluss, „dass die aus den Subprime-Anteilen sich konkret ergebenen Risiken in dem Geschäftsbereich der strukturierten Forderungsportfolien nicht nur von der Beklagten, sondern von sämtlichen Marktteilnehmern massiv unterschätzt worden sind. … Ihr eigenes Engagement … war nach den damals ganz überwiegend vertretenen Kriterien nicht sehr riskant“.[28] Diese letztere Aussage überzeugt schon deswegen, weil hierin eine implizite Absage an alle Versuche liegt, ex ante getroffene subjektive Wahrscheinlichkeitsurteile ex post aufgrund von nachträglich erlangten besseren Kenntnissen zu korrigieren.

---

24 Oben III.2. bei Fn. 18 f.

25 A.A. jetzt *Drygala* in: FS Hopt 2010, S. 541, 551 ff.: der – Risikoneutralität implizierende – Erwartungswert ist maßgeblich.

26 Davon zu unterscheiden ist die andere, vorliegend ausgeklammerte Frage danach, ob das subjektive Wahrscheinlichkeitsurteil auf der Basis hinreichender Information erfolgte.

27 OLG Düsseldorf ZIP 2010, 28, 31, 32 = AG 2010, 216; dazu *Fleischer* NJW 2010, 1504 ff.; *Spindler* NZG 2010, 281 ff.; *Florstedt* AG 2010, 315 ff.

28 OLG Düsseldorf v. 4. 3. 2010 – 6 U 94/09. Gleichsinnige Bewertung durch OLG Frankfurt WM 2011, 116, 120 f.

c. Bestandsgefährdende Risiken im Besonderen

Bestandsgefährdende Risiken im Rahmen unternehmerischer Entscheidungen haben auch unter dem Eindruck der Finanzmarktkrise in den letzten Jahren besondere Aufmerksamkeit gefunden.

Herkömmlich wurde die Eingehung jeglicher bestandsgefährdender Risiken als per se unzulässig angesehen bzw. angenommen, dass eine solche Entscheidung nicht mehr zum Wohle der Gesellschaft und also außerhalb des Privilegierungsrahmens des § 93 Abs. 1 S. 2 AktG liege.[29] In jüngster Zeit dringt allerdings die Einsicht vor, dass die Übernahme eines abstrakten Bestandsrisikos unabhängig von der Zustimmung der Gesellschaft zulässig ist und lediglich die Eingehung einer (überwiegend wahrscheinlichen) konkreten Bestandsgefährdung jenseits der von § 93 Abs. 1 S. 2 AktG gezogenen Grenzen liegt[30] bzw. dass die Eingehung eines mehr oder minder konkreten Risikos zulässig ist, wenn hierfür vernünftige geschäftliche Gründe sprechen.[31]

Offenkundig viel zu streng wäre eine Einschränkung dahingehend, dass die Eingehung eines Risikos nicht mehr dem Wohle der Gesellschaft dient – und damit zugleich pflichtwidrig ist -, wenn die Gesellschaft bei der Verwirklichung des Risikos zusammenbräche. Denn danach wäre der Betrieb eines Wettbüros, eines Reiseveranstalters mit fokussiertem Zielgebiet, eines Unternehmens in einer geologisch aktiven Bruchzone (Japan, Kalifornien) oder eines auf einer einzelnen (patentierten) Technologie basierenden Unternehmens ebenso pflichtwidrig wie der Betrieb einer Bank.[32] Denn wie die Finanzkrise etwa im Falle Northern Rock wieder ins allgemeine Bewusstsein gerückt hat, verbindet sich mit der Fristentransformation als dem Kern des (Einlagen-)Kreditgeschäfts notwendig ein im Falle eines Runs sogar sehr konkret werdendes Bestandsrisiko.

Ist für die gesellschaftsrechtlichen Grenzen der Eingehung existenzbedrohender Risiken daher notwendig anders anzusetzen, rückt zunächst die Bedeutung einer Gesellschafterzustimmung in den Blick.[33] Diese werden vom Untergang ihrer Gesellschaft sozusagen existenziell betroffen und müssen daher auch in der Lage sein, die Übernahme eines potentiellen Existenzrisikos zu billigen. Ganz in diesem Sinne lässt das Konzern- und Umwandlungsrecht, wie soeben ausgeführt, die Übernahme eines potentiell unbegrenzten Haftungsrisikos für fremde unternehmerische Tätigkeit sogar bei einer bloßen qualifizierten Mehrheitsentscheidung der Gesellschafter zu.[34] Dementsprechend handelt die Geschäftsführung einer neu gegründeten Gesellschaft nicht pflichtwidrig, wenn sie unternehmerisch tätig wird,[35] obwohl Unternehmensneugründungen in den ersten Jahren ein signifikant erhöhtes Insolvenzrisiko aufweisen. Ebenso wenig liegt ein pflichtwidriges Handeln allein schon darin, dass die Unternehmens-

---

29 Z. B. *Lutter* ZIP 2009, 197, 199; OLG Düsseldorf ZIP 2010, 28, 332 = AG 2010, 216.

30 *Redeke* ZIP 2010, 159, 1670 ff.; *Fleischer* NJW 2010, 1504, 1506; tendenziell auch *Spindler* NZG 2010, 281, 284.

31 *Balthasar/Hamelmann* WM 2010, 589, 590 (m. Fn. 27); ähnlich auch *Drygala* (Fn. 25), S. 550 ff.

32 Ganz ähnlich auch *A. Schäfer/Zeller* BB 2009, 1706, 1708; *Fleischer* NJW 2010, 1504, 1506.

33 Betonung dieses Aspekts auch bei *Drygala* (Fn. 25) S. 545 ff.

34 Soeben III. 2. a. (bei Fn. 23).

35 I.E. ebenso *Drygala* (Fn. 25) S. 543 f.

leitung das vom statutarischen Unternehmensgegenstand vorgegebene Tätigkeitsprogramm ausfüllt, auch wenn dieser eine mit mehr oder minder konkreten Existenzrisiken verbundene Aktivität – Bankgeschäfte, Energieerzeugung unter Nutzung von Atomstrom, Betrieb eines Wettbüros – vorgibt.

Rechtfertigt sich die Risikoübernahme nicht schon aus einer Zustimmung der Gesellschafter gemäß vorgenannten Grundsätzen, führt auch die Unterscheidung von (zulässigen) abstrakten und (unzulässigen) konkreten Existenzrisiken nicht weiter. Im Laufe der Finanzmarktkrise wurde die abstrakte Bestandgefährdung von Banken immer konkreter. Spätestens nach der Insolvenz von Lehman Brothers im September 2008 hätten die Unternehmensleitungen von Banken mit Blick auf die These von der Unzulässigkeit konkret existenzbedrohender Risiken die Geschäftstätigkeit einstellen müssen, sofern das jeweilige Institut nicht eine (implizite) staatliche Existenzgarantie erlangen konnte oder wollte.

Nach alledem bleibt resümierend festzustellen, dass selbst die Übernahme eines konkreten existenzbedrohenden Risikos nicht per se pflichtwidrig ist. Als – im Einzelfall anhand der konkreten Umstände näher auszufüllende – Leitlinie muss vielmehr gelten, dass die „vernünftigen wirtschaftlichen Gründe“ für die Eingehung eines existentiellen Risikos umso gewichtiger sein müssen, je höher die Eintrittswahrscheinlichkeit dieses Risikos ist.[36]

IV. Schlussbemerkungen

Das Gesellschaftsrecht erlaubt die Eingehung unternehmerischer Risiken, so lässt sich abschließend resümieren, in weitem Umfang. Unternehmensleitungen dürfen durchaus auch hohe Risiken bis hin zu abstrakt bestandsgefährdenden Risiken eingehen, und mit Zustimmung der Gesellschafter sogar konkret bestandsgefährendende Risiken. Allerdings muss die Entscheidung auf einer entsprechenden Informationsgrundlage beruhen und die Anforderungen hieran werden – zumindest ex post – umso strenger ausfallen, je höher das Verlustrisiko ist oder je konkreter die Gesellschaft in ihrem Bestand gefährdet wird. Praktisch gewendet werden Unternehmensleitungen kaum je deswegen haften, weil eine riskante unternehmerische Entscheidung nicht mehr im weiten Rahmen des Handelns zum Wohle der Gesellschaft lag, sondern in aller Regel wegen Defiziten in der entscheidungsvorbereitenden Informationsbeschaffung und -verarbeitung.

36 Einbeziehung der Eintrittswahrscheinlichkeit auch bei *Drygala* (Fn. 25) S. 543.

Neue Bilanzkriminalität

Eberhard Kempf

Gliederung

I. Entstehungsgeschichte der Straf- und Bußgeldvorschriften des Bilanzstrafrechts im HGB

Den nationalen und internationalen Bilanzskandalen der letzten Jahre begegnete der deutsche Gesetzgeber mit einer stetigen Ausweitung des bilanzstrafrechtlichen Schutzbereichs und einer Verschärfung der daran anknüpfenden Sanktionen.[1] Das Strafrecht kennt keine geschlossene Kodifikation des „Bilanzstrafrechts". Dennoch wird das Bilanzstrafrecht als eigenständige, das Handels-, Insolvenz- und Betrugsstrafrecht übergreifende Kategorie verstanden.

Das Bilanzstrafrecht im eigentlichen Sinne betrifft die unrichtige, unvollständige oder verschleiernde Bilanzaufstellung sowie das Unterlassen oder die verspätete Aufstellung einer Bilanz.[2] Als Kernvorschriften sind insoweit die §§ 331 ff. HGB zu nennen. Die unrichtige Darstellung gemäß § 331 HGB stellt wiederum den Grundtatbestand der „Bilanzfälschung" dar und fasst die zuvor in verschiedenen Einzelgesetzen verteilten Bilanzstraftatbestände in einer allgemeinen Grundvorschrift zusammen.[3]

Die Straf- und Bußgeldvorschriften der §§ 331 bis 335 HGB wurden durch das Bilanzrichtliniengesetz (BiRiLiG) vom 19. 12. 1985 in das HGB eingefügt.[4] Konzipiert wurden

1 Vgl. *Sorgenfrei* wistra 2008, 329, 330.
2 Vgl. GroßKommHGB-*Dannecker* Vor §§ 331 ff. Rn. 1.
3 Vgl. *Spatschek/Wulf* DStR 2003, 173.
4 Der deutsche Gesetzgeber hat durch das BiRiLiG die vierte, siebente und achte Richtlinie des Rates der Europäischen Gemeinschaften zur Koordinierung des Gesellschaftsrechts in nationales Recht übertragen; vgl. GroßKommHGB-*Dannecker* Vor §§ 331 ff. Rn. 31.

die §§ 331–333 HGB in Anlehnung an die §§ 400ff. AktG,[5] der Anwendungsbereich aber – anders als § 400 AktG – auf sämtliche Kapitalgesellschaften erstreckt.[6]

Die vordringliche Bekämpfungstendenz des Gesetzgebers auf dem Gebiet des Bilanzstrafrechts wird anhand einer – gerafften – Darstellung der Gesetzeshistorie plastisch:

Durch das Bankbilanzrichtliniengesetz[7] wurde mit der Einführung des § 340m HGB die Anwendbarkeit der §§ 331–333 HGB institutionell auf Kredit- und Finanzdienstleistungsinstitute, die nicht in der Rechtsform der Kapitalgesellschaft betrieben werden, und personell auf Geschäftsleiter und Inhaber von Privatbanken erweitert. Das Gesetz zur Änderung des KWG[8] erweiterte die §§ 331 Nr. 1, 332 HGB auf den Zwischenabschluss nach § 340a Abs. 3 HGB und die §§ 331 Nr. 2, 332 HGB auf den Konzernzwischenabschluss nach § 340i Abs. 4 HGB.[9]

Zugleich wurden mit den Buß- und Ordnungsgeldvorschriften der §§ 340n und o HGB auch die Kreditinstitute erfasst.[10]

Entsprechende Erweiterungen nahm der Gesetzgeber auch in Bezug auf Versicherungsunternehmen und ihre Organe vor.[11]

Eine wesentliche Erweiterung erfuhr der Schutzbereich der Straf- und Bußgeldvorschriften des HGB durch das Kapitalgesellschaften- und Co-Richtlinien-Gesetz (KapCoRiLiG) vom 24. 2. 2000:[12] § 335b HGB erklärte die Strafvorschriften der §§ 331–333 HGB, die Bußgeldvorschriften des § 334 HGB und die Zwangs- und Ordnungsgeldvorschriften der §§ 335, 335a HGB auch auf die offene Handelsgesellschaft und Kommanditgesellschaft i.S.d. § 264a Abs. 1 HGB für anwendbar. Damit sollte der Rechtsprechung des EuGH Rechnung getragen werden, der die fehlende Sanktionsmöglichkeit im Falle von Personengesellschaften, bei denen keiner der persönlich haftenden Gesellschafter eine natürliche Person ist, beanstandet hatte.[13]

Ferner wurde die Beschränkung der Antragsberechtigung auf Gesellschaften, Gläubiger und Betriebsrat im Zusammenhang mit der Festsetzung eines Zwangsgeldes nach

---

5 Vgl. *Gramich* wistra 1987, 157. § 331 Nr. 1 HGB entspricht den früheren § 400 Nr. 1 und 2 AktG, § 331 Abs. 2 HGB ersetzt § 400 Abs. 1 Nr. 2 und 4 AktG. § 332 HGB entspricht § 403 AktG und § 333 HGB dem § 404 AktG. Siehe hierzu: MünchKommHGB-*Quedenfeld* Vor § 331 Rn. 33.

6 Vgl. *Gramich* wistra 1987, 157, 158.

7 V. 30. 11. 1990 BGBl I, 2570.

8 Gesetz zur Änderung des Kreditwesengesetzes v. 21. 12. 1992, BGBl I, 2150.

9 MünchKommHGB-*Quedenfeld* Vor § 331 Rn. 12.

10 GroßKommHGB-*Dannecker* Vor §§ 331ff. Rn. 33.

11 Nach dem Versicherungsbilanzrichtlinie-Gesetz v. 24. 6. 1994 (BGBl I, 137) erweiterte § 341m HGB die Anwendbarkeit der §§ 331–333 HGB institutionell auf Versicherungsunternehmen, die nicht in der Form einer Kapitalgesellschaft betrieben werden, und die Anwendbarkeit des § 331 HGB personell auf Hauptbevollmächtigte nach § 106 Abs. 3 VAG. In § 341n HGB wurden Bußgeldvorschriften für Organe und Hauptbevollmächtigte eines Versicherungsunternehmens gefasst, die inhaltlich § 334 HGB entsprechen. Durch § 341o HGB wurde die in § 335 HGB für Kapitalgesellschaften vorgesehene Zwangsgeldfestsetzung für Versicherungsunternehmen rechtsformunabhängig eingeführt. Vgl. hierzu MünchKommHGB-*Quedenfeld* Vor § 331 Rn. 16ff.

12 BGBl I, 154.

13 Vgl. MünchKommHGB-*Quedenfeld* Vor § 331 Rn. 22.

§ 335 a.F. HGB aufgehoben. Für die Verletzung der Offenlegungspflichten nach §§ 325, 325a HGB sah das Gesetz nunmehr ein eigenes Ordnungsgeldverfahren mit einem erhöhten Ordnungsgeldrahmen vor.[14]

Durch das Altersvermögensgesetz (AVmG) vom 26. 6. 2001[15] wurde durch die Einfügung des § 341p HGB die Anwendung der Strafvorschriften der §§ 331–333 HGB, der Bußgeldtatbestände des § 334 HGB und der Zwangs- und Ordnungsgeldvorschriften der §§ 335, 335a a.F. HGB auf Pensionsfonds nach § 112 Abs. 1 VAG erweitert.[16]

Das Bilanzrechtsreformgesetz (BilReG) vom 4. 12. 2004[17] führte die Vorschrift des § 331 Nr. 1a HGB ein und dehnte dadurch den strafrechtlichen Schutzbereich auf den Einzelabschluss nach § 315a HGB aus.[18]

Durch die durch das Bilanzkontrollgesetz (BilKoG) vom 15. 12. 2004[19] eingeführten Vorschriften der §§ 342b ff. HGB wurde dem Bundesministerium der Justiz die Möglichkeit eröffnet, im Einvernehmen mit dem Bundesministerium der Finanzen privatrechtlich organisierte Einrichtungen zur Prüfung von Verstößen gegen Rechnungslegungsvorschriften durch Vertrag anzuerkennen und ihnen die mit der Prüfung verbundenen Aufgaben zu übertragen. Hiermit einher gingen eine Erweiterung des Schutzbereichs des § 333 Abs. 1 HGB um die Angehörigen von Prüfstellen i.S.d. neu eingeführten § 342b Abs. 1 HGB sowie die Schaffung eines neuen Bußgeldtatbestandes in § 342e HGB zum Schutz der Auskunftspflichten gegenüber den Prüfstellen nach § 342b HGB.[20]

Das Vorstandsvergütungs-Offenlegungsgesetz (VorstOG) vom 3. 8. 2005[21] verschärfte die Sanktionen im Bereich der Ordnungswidrigkeiten und erhöhte den Bußgeldrahmen in den §§ 334 Abs. 3, 340n Abs. 3 und 341n Abs. 3 HGB auf das Doppelte.

Das Gesetz über elektronische Handelsregister und Genossenschaftsregister sowie das Unternehmensregister (EHUG) vom 10. 11. 2006[22] regelte die Verhängung von Ordnungsgeld zur Erfüllung der Offenlegungspflichten nach §§ 325ff. HGB neu. Die Vorschrift zur Festsetzung eines Zwangsgeldes wurde aufgehoben; stattdessen lässt § 335 HGB nur noch die Verhängung von Ordnungsgeld zu. Die Verletzung von Offenlegungspflichten wird nicht mehr auf Antrag, sondern fortan von Amts wegen verfolgt.

Durch das Transparenzrichtlinie-Umsetzungsgesetz (TUG) vom 5. Januar 2007[23] wurde mit der Einführung des § 331 Nr. 3a HGB ein gänzlich neuer Straftatbestand, der soge-

14 GroßKommHGB-*Dannecker* Vor §§ 331 ff. Rn. 36; MünchKommHGB-*Quedenfeld* Vor § 331 Rn. 23.
15 BGBl I, 563.
16 MünchKommHGB-*Quedenfeld* Vor § 331 Rn. 24.
17 BGBl I, 3166.
18 Dementsprechend wurde der Einzelabschluss nach § 315a HGB auch in §§ 332 Abs. 1, 333 Abs. 1 HGB und in die Ordnungswidrigkeitentatbestände der §§ 334 Abs. 2, 340n Abs. 2 HGB aufgenommen.
19 BGBl I, 3408.
20 Vgl. MünchKommHGB-*Quedenfeld* Vor § 331 Rn. 26.
21 BGBl I, 2267.
22 BGBl I, 2553.
23 BGBl I, 10.

nannte „Bilanzeid", geschaffen[24]. Vorbild dieser Neuregelung war der amerikanische „Sarbanes-Oxley-Act" von 2002.[25]

Zu umfassenden Neuerungen der Bilanzierungsvorschriften führte schließlich das Inkrafttreten des Bilanzrechtsmodernisierungsgesetzes (BilMoG) vom 25. 5. 2009.[26] Da die §§ 331 ff. HGB die außerstrafrechtlichen Normen des HGB in Bezug nehmen, wirken sich die Änderungen der Bilanzierungsvorschriften mittelbar auf die Straf- und Bußgeldvorschriften des HGB aus.[27] Soweit im Rahmen der §§ 331 ff. HGB die internationalen Rechnungslegungsstandards IAS/IFRS in Bezug genommen werden, ist dies im Hinblick auf das Bestimmtheitsgebot des Art. 103 Abs. 2 GG verfassungsrechtlich bedenklich.

II. Der Tatbestand der unrichtigen Darstellung nach § 331 HGB

Wie eingangs erwähnt, fungiert § 331 HGB als Grundtatbestand der Bilanzfälschung. Gleichwohl ist die Anzahl strafgerichtlicher Entscheidungen, die auf § 331 HGB beruhen, vergleichsweise gering. Dies ist darauf zurückzuführen, dass in den bedeutenden Fällen unrichtiger Darstellung zumeist andere und schwerwiegendere Delikte – insbesondere Steuerhinterziehung, Betrug oder Untreue – hinzutreten. Das Verfahren wegen der bloßen Bilanzfälschung wird daher wegen seiner untergeordneten Bedeutung für die spätere Sanktion häufig eingestellt bzw. insoweit beschränkt.[28]

Dennoch ist der Tatbestand des § 331 HGB von erheblicher praktischer Bedeutung. Zum einen ist in den vergangenen Jahren ein Anstieg der Ermittlungsverfahren wegen Vergehen nach § 331 HGB zu verzeichnen. Zum anderen lässt sich aus Sicht der Staatsanwaltschaft ein Delikt, das im Zusammenhang mit einer Bilanzfälschung begangen wurde, häufig erst nachweisen, wenn der Nachweis der Bilanzfälschung gelingt.[29] Wirtschaftsstraftaten können auf vielfältige Weise mit der Fälschung und Manipulation von Bilanzen verknüpft sein.[30]

Eine mögliche Strafbarkeit wegen eines reinen Bilanzdeliktes kommt also oft nicht allein: Verbunden sein kann es mit solchen Straftaten, deren Begehung mit einer Bilanzfälschung als notwendigem oder typischem Tatbestandselement verbunden ist, wie z.B. Kreditbetrug (§ 265b StGB), Kapitalanlagebetrug (§ 264a StGB), Bankrott nach § 283 Abs. 1 Nr. 7 StGB sowie Steuerhinterziehung (§ 370 AO). Hinzu treten Straftaten, die durch Erstellung oder Verwendung eines unrichtigen Jahresabschlusses begangen

---

24 Damit werden die nach §§ 264 Abs. 2 S. 3, 289 Abs. 1 S. 5, 297 Abs. 2 S. 1, 315 Abs. 1 S. 6 HGB abzugebenden Versicherungen über die Richtigkeit der Darstellung in den genannten Finanzberichten strafbewehrt.

25 Vgl. *Sorgenfrei* wistra 2008, 329.

26 BGBl I, 1102.

27 Vgl. *Sorgenfrei* wistra 2008, 329, 335.

28 GroßKommHGB-*Dannecker* Vor §§ 331 ff. Rn. 47; *Spatscheck/Wulf* DStR 2003, 173.

29 *Reck* BuW 2001, 617, 624.

30 Vgl. HWiStrR-*Ransiek* Kapitel VIII 1, Rn. 19.

werden. Praktische Relevanz haben insoweit vor allem der Tatbestand des Insiderhandels (§§ 14, 38 WpHG), des Betruges (§ 263 StGB) oder auch des Subventionsbetruges (§ 264 StGB).

Schließlich ist auch an solche Delikte zu denken, deren Begehung durch eine Falschbilanzierung verdeckt werden soll. In Betracht kommen in diesem Zusammenhang Unterschlagung (§ 246 StGB), Untreue (§ 266 StGB) oder Bestechungsdelikte (§§ 331, 299 StGB).[31]

Der Tatbestand des § 331 HGB und die damit verbundenen Auslegungsschwierigkeiten gewinnen somit auch in zahlreichen Fallgestaltungen Bedeutung, in denen die unrichtige Darstellung nach § 331 HGB infolge einer Einstellung oder Beschränkung der Strafverfolgung nicht zum Gegenstand der Anklage bzw. der Hauptverhandlung gehört.

1. Die Handlungsalternative der unrichtigen Wiedergabe

Die Unrichtigkeit einer Bilanzposition, die auf Tatsachen beruht, wirft kein Problem auf: Wird in einer Bilanz der Lagerbestand fertiger Produkte zu hoch angegeben, ist die Darstellung ebenso zweifelsfrei unrichtig, wie wenn langfristige Kreditverpflichtungen nicht erfasst sind.

Verfassungsrechtliche Bedenken im Hinblick auf den Bestimmtheitsgrundsatz des Art. 103 Abs. 2 GG kommen jedoch auf, wenn ein Werturteil den Ausgangspunkt der unrichtigen Darstellung bildet. Bewertungen, Schätzungen und Prognosen nehmen bei der Bilanzierung eine bedeutende Rolle ein. So ist gemäß § 289 Abs. 1 S. 4 HGB im Lagebericht die „voraussichtliche Entwicklung" des Unternehmens zu beurteilen. Eine Bewertung erfordert auch die Beantwortung der Frage, ob eine zu außerplanmäßigen Abschreibungen führende „voraussichtlich dauernde Wertminderung" vorliegt (§ 253 Abs. 3 S. 3 HGB), wie die „voraussichtliche Nutzungsdauer" eines Vermögensgegenstandes im Rahmen der planmäßigen Abschreibungen zu bemessen ist (§ 253 Abs. 3 S. 1, 2 HGB) oder – ganz grundsätzlich –, ob bei der Bewertung weiterhin die Fortführungsprognose nach § 252 Abs. 1 Nr. 2 HGB zugrunde zu legen ist. Diese Bilanzierungs- und Bewertungsvorschriften eröffnen dem Bilanzierenden nicht unerhebliche Ermessensspielräume.[32]

Art. 103 Abs. 2 GG, der in § 1 StGB seine einfachgesetzliche Bestätigung findet, sieht vor, dass eine Tat nur bestraft werden kann, wenn ihre Strafbarkeit gesetzlich bestimmt ist. Ein gesetzlicher Tatbestand ist nur dann hinreichend bestimmt, wenn die Voraussetzungen der Strafbarkeit so konkret umschrieben sind, dass der Einzelne die Möglichkeit hat, sein Verhalten auf die Rechtslage einzurichten.[33]

Insoweit gebietet Art. 103 Abs. 2 GG eine enge Handhabung unbestimmter Gesetzesbegriffe im Strafrecht. Wann immer sich eine Tathandlung auf Bewertungs- und Prognoseentscheidungen bezieht, kann Strafbarkeit nur angenommen werden, wenn über

31 Vgl. GroßKommHGB-*Dannecker* Vor §§ 331 ff. Rn. 59; *Spatschek/Wulf* DStR 2003, 173.
32 Vgl. *Spantschek/Wulf* DStR 2003, 173, 174 f.
33 *Fischer* StGB § 1 Rn. 5.

das Vorliegen der Strafbarkeitsvoraussetzungen vernünftigerweise nicht mehr gestritten werden kann, die Tatbestandsmäßigkeit mithin eindeutig gegeben ist.[34]

Einigkeit in Literatur und Rechtsprechung besteht zumindest dahingehend, dass der Tatbestand der unrichtigen Darstellung auch bilanzielle Bewertungen und Prognosen erfasst.[35] Der Konflikt mit dem verfassungsrechtlichen Bestimmtheitsgrundsatz wird gelöst, indem man eine Bewertung nur dann als objektiv falsch ansieht, wenn sie „nach einheitlicher Meinung der Fachleute schlechthin unvertretbar"[36] ist. Die Angaben in der Bilanz müssen daher evident unrichtig sein.[37]

Die in Fragen der Bilanzierung häufig anzutreffenden Bewertungsspielräume legen dem Bilanzierungspflichtigen infolgedessen erhöhte Pflichten auf: Nach dem Grundsatz des *true and fair view* nach § 264 Abs. 2 S. 1 HGB ist ein den tatsächlichen Verhältnissen entsprechendes Bild zu vermitteln. Es reicht nicht aus, dass bei der bilanzrechtlichen Bewertung nur die gesetzlichen Vorschriften und die Grundsätze ordnungsmäßiger Buchführung herangezogen werden, vielmehr sind die wirtschaftlichen Transaktionen zusätzlich nach ihrem wirtschaftlichen Gehalt darzustellen. Gerade bei Zweifelsfragen wird man daher davon auszugehen haben, dass die Strafverfolgungsbehörden zumindest ergänzende Erläuterungen im Anhang oder Lagebericht erwarten (vgl. § 264 Abs. 2 S. 2 HGB). Fehlen solche Ausführungen, ist der Anhang oder der Lagebericht unrichtig.[38]

2. Die Bezugnahme auf internationale Rechnungslegungsstandards

Gemäß Art. 4 der Verordnung (EG) Nr. 1606/2002 (sog. IAS/IFRS-Basisverordnung) sind kapitalmarktorientierte Unternehmen, die dem Recht eines Mitgliedstaates der Europäischen Union unterliegen, verpflichtet, ihre Konzernabschlüsse nach den internationalen Rechnungslegungsstandards aufzustellen, die durch die Europäische Kommission in einem speziellen Verfahren anerkannt worden sind (sog. Endorsement-Verfahren). Bei den internationalen Rechnungslegungsstandards handelt es sich um die „International Accounting Standards" (IAS), die „International Financial Reporting Standards" (IFRS) sowie die dazu gehörigen Auslegungen (SIC/IFRIC-Interpretation), die vom International Accounting Standards Board (IASB) – einem unabhängigen privaten Gremium mit Sitz in London – ausgearbeitet und veröffentlicht werden.

Werden Rechnungslegungsstandards des IASB durch die Kommission anerkannt, erlässt diese eine Durchführungsverordnung, durch die die betreffenden IAS/IFRS in Gemeinschaftsrecht überführt werden. Da nach Art. 288 Abs. 2 AEUV (ex-Art. 249 Abs. 2 EGV) Verordnungen der Europäischen Union in allen ihren Teilen verbindlich sind und in jedem Mitgliedstaat unmittelbar gelten, werden die von der EU-Kommission anerkannten Rechnungslegungsstandards durch den Erlass der Durchführungsverordnung zu nationalem Recht.

---

34 GroßKommHGB-*Dannecker* Vor §§ 331 ff. Rn. 90.
35 LK-*Tiedemann* § 265 b Rn. 67.
36 LK-*Tiedemann* § 265 b Rn. 54.
37 MünchKommHGB-*Quedenfeld* § 331 Rn. 35.
38 Vgl. GroßKommHGB-*Dannecker* § 331 Rn. 42; ähnl. MünchKommHGB-*Quedenfeld* § 331 Rn. 36.

Die Geltung internationaler Rechnungslegungsstandards für bestimmte Unternehmen hat wiederum Auswirkungen auf den Maßstab der Strafbarkeit nach § 331 HGB. Unterliegt ein Unternehmen der Pflicht zur Rechnungslegung nach internationalen Rechnungslegungsstandards, richtet sich die Frage nach der unrichtigen Darstellung der Verhältnisse des Unternehmens nach den Vorgaben der IAS/IFRS. Insoweit werden die IAS/IFRS durch die Strafvorschrift des § 331 HGB in Bezug genommen.

Die Bezugnahme eines außerstrafrechtlichen Gemeinschaftsrechtsaktes, der internationale Rechnungslegungsstandards eines privaten Normgebers zum Inhalt hat, wirft im Hinblick auf das Bestimmtheitsgebot des Art. 103 Abs. 2 GG verfassungsrechtliche Bedenken auf.

a) Die rechtliche Qualität der Bezugnahme

Die Dimension dieser Bedenken hängt von der rechtlichen Qualität der Bezugnahme ab: Bei einem Blankettgesetz unterliegen sowohl die verweisende als auch die in Bezug genommene Vorschrift dem Bestimmtheitsgebot des Art. 103 Abs. 2 GG, da der Straftatbestand bei Blanketten durch Verweisungs- und Ausfüllungsnorm insgesamt gebildet und die Ausfüllungsnorm in das Blankett inkorporiert wird.[39] Erfolgt hingegen die Bezugnahme der außerstrafrechtlichen Norm durch ein normatives Tatbestandsmerkmal, richten sich die Anforderungen des Art. 103 Abs. 2 GG allein an die Strafrechtsnorm.[40]

Die Differenzierung zwischen Blankettgesetz und normativem Tatbestandsmerkmal hat ferner Auswirkungen auf die strafrechtliche Behandlung eines Irrtums über die Existenz der in Bezug genommenen Rechtsnorm. Im Falle eines Blankettgesetzes muss der Täter nur die Verwirklichung der Tatbestandsmerkmale der außerstrafrechtlichen Norm kennen und wollen. Fehlt dem Täter die Kenntnis der außerstrafrechtlichen Rechtsnorm selbst, führt dies lediglich zu einem Verbotsirrtum i. S. d. § 17 StGB, der in aller Regel vermeidbar ist.

Erfolgt die Bezugnahme durch ein normatives Tatbestandsmerkmal, bedarf es hinsichtlich der außerstrafrechtlichen Norm einer Parallelwertung des Täters in der Laiensphäre. Der Täter muss in Kenntnis des rechtlichen Bewertungsergebnisses, mithin in Kenntnis der außerstrafrechtlichen Rechtsnorm handeln. Fehlt diese, führt dies zu einem Tatbestandsirrtum gemäß § 16 StGB, der das Entfallen des Vorsatzes zur Folge hat.[41]

Gemessen an diesen für den Normadressaten – als Prämisse angenommenen – erheblichen Folgen der Einstufung als (echte/unechte) Blankettnorm oder als normatives Tatbestandsmerkmal erweist die Differenzierung sich leider nicht als bloße Begriffsjurisprudenz.

Die Abgrenzung selbst ist darüber hinaus überaus diffizil.[42]

---

39 Vgl. BVerfG Beschl. v. 23. 6. 2010 Az.: 2 BvR 2559/08 Rn. 74 – abrufbar unter www.juris.de; LK-*Dannecker* StGB, § 1 Rn. 152.

40 LK-*Dannecker* StGB, § 1 Rn. 149.

41 GroßKommHGB-*Dannecker* Vor §§ 331 ff. Rn. 96.

42 Siehe hierzu die ausführliche Darstellung bei *Enderle* Blankettstrafgesetze, S. 80 ff.

Als Initiator des Begriffes des Blankettstrafgesetzes gilt *Binding*. Nach seinem Verständnis waren hierunter solche Gesetze zu fassen, die eine Strafandrohung gegen Ge- und Verbote enthalten, die von einer (anderen) untergeordneten Instanz erlassen werden.[43] Kennzeichnend sind danach ein formales und ein materiales Kriterium. Formal ist ein „Kompetenzsprung" zwischen dem Gesetzgeber, der die Strafandrohung aufstellt und der das tatbestandliche Ge- und Verbot aufstellenden Instanz, bspw. zwischen dem Bundesgesetzgeber und dem Bundes- oder Landesverordnungsgeber. Material ist das Kriterium, das sich auf den Straftatbestand selbst bezieht: denn dieser ist im Fall eines Blanketts typischerweise unvollständig und durch ein ausfüllendes Ge- und Verbot ergänzungsbedürftig.[44]

Ausgehend von diesem heutzutage vielfach als zu eng empfundenen Blankettbegriff werden eine Vielzahl von verschiedenen formalen und materialen Abgrenzungskriterien ins Feld geführt, für deren Darstellung im Einzelnen hier kein Raum ist.[45]

Zusammenfassend muss aus „Gründen der Klarheit" zumindest feststehen:[46]

Es ist zwischen Blankettstrafgesetzen i.e.S. (andere Instanz als der Strafgesetzeber; echte Blankettstrafgesetze) und solchen i.w.S. (Verweisung auf Akte derselben Normsetzungsinstanz; unechte Blankettstrafgesetze) zu unterscheiden.[47]

---

43 *Binding* Die Normen und ihre Übertretung. Eine Untersuchung über die rechtmäßige Handlung und die Arten des Delikts, Bd. I, Neudruck der 4. Aufl., Leipzig 1922, Aalen 1991, S. 161 f.

44 Siehe insofern die Darstellung bei *Enderle* Blankettstrafgesetze, S. 80.

45 Insofern ist wiederum auf die ausführliche Darstellung bei *Enderle* (Blankettstrafgesetze, S. 80 ff.) zu verweisen, welche die verschiedentlich vertretenen Auffassungen zu formalen und materialen Abgrenzungskriterien anführt: Sie zieht dabei das Resümee, dass sich die Unterscheidung von Blanketten und normativen Tatbestandsmerkmalen nicht allein anhand eines formalen Kriteriums wie „der Gesetzestechnik, des Kompetenzsprungs zwischen Straf- und Ausfüllungsnormgesetzgeber oder der Identifikation mit (bestimmten) Verweisungen" vornehmen lässt (S. 89). Die Modelle der materialen Abgrenzungskriterien sind vielfältig und führen nur bedingt zu einer Klärung. *Enderle* zieht – insb. in Bezug auf die Rspr. – kritisch Bilanz (S. 110 f.): „Das Kriterium der Unvollständigkeit bedarf daher eines Bezugspunktes, um eine dogmatisch saubere und damit vorhersehbare Abgrenzung zu leisten. Die Abgrenzung in der Rechtsprechung nach dem Standort des zugehörigen Tatbestands leistet diese Voraussehbarkeit nicht. Durch das als rein „gesetzestechnisch" betrachtete Zusammenlesen von Strafnorm und Ausfüllungsnorm werden in kaum voraussehbarer Weise außerstrafrechtliche Normen als für den Tatbestandsvorsatz relevant oder irrelevant bezeichnet. Im Ergebnis grenzt die Rechtsprechung nach den gewünschten Rechtsfolgen, d.h. der Behandlung des Irrtums als vorsatzausschließend oder lediglich schuldrelevant ab. Soweit auf den beschreibenden Charakter der Ausfüllungsnorm, die Korrespondenz ihrer Schutzrichtung oder den Standort ihrer Bestimmungsnorm zurückgegriffen wird, führt dies ebenfalls zu mehr oder weniger willkürlichen Umformulierungen des gesetzgeberischen Straftatbestandes. Die blanketttypische Unvollständigkeit wird zuweilen anhand der Strafnorm, zuweilen anhand der Qualität der Ausfüllungsnorm bestimmt. ... Als abgrenzungsuntauglich haben sich ferner das Kriterium der der Blankette als Ungehorsamsdelikte und das methodische Argument, dem Richter komme bei der Auslegung normativer Tatbestandsmerkmale größere Freiheit zu, erwiesen."

46 So zusammenfassend *Tiedemann* Wirtschaftsstrafrecht, 2. Aufl. Rn. 99.

47 *Tiedemann* Wirtschaftsstrafrecht, 2. Aufl. Rn. 99. *Tiedemann* selbst hat zur Abgrenzung in Ansehung der Rspr. des BVerfG folgendes Schema entwickelt: „Wenn eine gesetzliche Strafdrohung durch anderweitig lozierte gesetzliche Vorschriften ergänzt wird, ist eine allgemeine Verweisung zulässig, sofern diese selbst hinreichend bestimmt ist; praktisch hat dies z.B. für das WeinG mit seinen zahlreichen (Doppel- und Mehrfach-)Verweisungen Bedeutung. Wenn auf

Die Abgrenzungsproblematik, die sich insbesondere bei der Unterscheidung zwischen Blankettstrafgesetzen i.w.S. und normativen Tatbestandsmerkmalen stellt, wird durch die – hier beispielhaft genannten – verschiedenen Abgrenzungskriterien nur unzureichend gelöst:[48] Teilweise wird (formal) darauf abgestellt, ob der Straftatbestand ausdrücklich oder lediglich stillschweigend auf andere Normen und Akte verweist.[49] Auch gibt es die Unterscheidung, ob der Tatbestand als Unrechtsvertypung „offen" oder „geschlossen" ist.[50] Nach einer weiteren Ansicht soll es entscheidend sein, wo der eigentliche Normbefehl lokalisiert ist.[51] D.h., es wird keine formale Abgrenzung danach vorgenommen, ob andere Gesetze zur Tatbestandsbestimmung herangezogen werden müssen, sondern nach dem materialen Maßstab, ob das ausfüllende Gesetz die strafbewehrte Pflicht selbst bestimmt oder nur deren rechtliche Voraussetzungen.[52]

Dass die IAS-Rechnungslegungsvorschriften in die Bewertung darüber einfließen können, ob eine „unrichtige Wiedergabe" oder „Verschleierung" vorliegt, ist unbestritten. Dies betrifft insbesondere die Tatbestände des § 331 Nr. 1a und 2 HGB. § 331 Nr. 2 HGB regelt die unrichtige Darstellung in einem Konzernabschluss. Wurde dieser durch ein kapitalmarktorientiertes Unternehmen aufgestellt, ist für die Beurteilung der Strafbarkeit auf die IAS/IFRS zurückzugreifen. § 331 Nr. 1a HGB stellt die Offenlegung eines nach internationalen Rechnungslegungsstandards erstellten, unrichtigen Einzelabschlusses zum Zweck der Befreiung von der Pflicht zur Aufstellung eines Jahresabschlusses nach den Regeln des HGB unter Strafe. Auch hier bemisst sich die Unrichtigkeit der Darstellung nach den Vorgaben der IAS/IFRS.[53]

Diese zuletzt genannte „Variante" des Tatbestandes enthält als einzige einen Hinweis auf die „in § 315a Abs. 1 HGB genannten internationalen Rechnungslegungsstandards". Die Diskussion über die Qualität der Inbezugnahme der internationalen Rechnungslegungsvorschriften durch § 331 HGB wird deshalb – mit verschiedenen Bezugsgrößen – geführt:[54]

Rechtsetzungsakte verweisen wird, die von der Verwaltung erlassen sind, müssen die Voraussetzungen der Strafbarkeit für den Bürger schon aus der gesetzlichen Ermächtigung ersichtlich sein. – I.S.d. Unterscheidung von Blankettgesetzen und normativen Tatbestandsmerkmalen liegt ein normatives Tatbestandsmerkmal jedenfalls vor, wenn dieses das Schutzobjekt des Straftatbestandes bezeichnet (wie z.B. bei § 170 oder §§ 242, 246 StGB); insoweit gelten dann die Anforderungen an Art. 103 Abs. 2 GG nicht. Das fragliche Merkmal dient nämlich dem Schutz des außerstrafrechtlichen Rechtsinstituts (Eigentumsordnung, Unterhaltspflicht usw.) und die strafrechtliche Regelung knüpft an das außerstrafrechtliche Rechtsinstitut als solches an, ohne seine Umschreibung oder Benennung zu einer strafrechtlichen zu machen." (Rn. 108).

48 Siehe hierzu eine zusammenfassende Darstellung bei *Tiedemann* Wirtschaftsstrafrecht, 2. Aufl. Rn. 99ff.

49 So z.B. BVerfGE 37, 201, 208f.

50 BVerfGE 78, 205, 213.

51 *Puppe* GA 1990, 145, 162ff.

52 Im Gegensatz zu *Tiedemann* hält *Enderle* die Auffassung *Puppes* (ausführliche Darstellung und Analyse bei *Enderle* Blankettstrafgesetze, S. 107ff.) trotz kritischer Anmerkungen für vorzugswürdig.

53 Vgl. MünchKommHGB-*Quedenfeld* § 331 Rn. 51.

54 Siehe die Darstellung bei *Gratopp* Bilanzdelikte nach § 331 Nr. 1, Nr. 1a HGB, S. 131ff.

Überwiegend wird § 331 HGB dabei als Blankettnorm[55] oder blankettartiges Gesetz eingestuft.[56] Die Anknüpfungspunkte sind dabei unterschiedlich: Teilweise wird die Inkorporation der Rechnungslegungsvorschriften auf diejenigen begrenzt, die für die Definition der Tatmittel (IAS-Einzelabschluss etc.) wesentlich sind.[57] Andere stützen sich dagegen auf den in der Strafnorm enthaltenen Verweis wie auf § 292a HGB a.F. (für § 331 Nr. 3 a.F. HGB) bzw. auf § 315a Abs. 1 HGB (für § 331 Nr. 1a HGB).[58] Zwar verweise die Strafnorm zunächst auf eine Vorschrift des HGB, wobei es sich um einen unechten Blankettverweis handele, durch den Weiterverweis erfolge jedoch eine Inkorporation der internationalen Rechnungslegungsvorschriften in die Strafnorm, so dass im Ergebnis eine dynamische, verfassungsrechtlich relevante Verweisung vorliege.[59]

Darüber hinaus wird eine Bezugnahme auf Rechnungslegungsvorschriften auch durch die Tatbestandsmerkmale der „unrichtigen Wiedergabe“ und „Verschleierung“ angenommen.[60]

Diese zuletzt erwähnte Bezugnahme setzt sich der Gefahr aus, durch die häufig angenommene Einordnung dieser Merkmale als normative Tatbestandsmerkmale angreifbar zu sein.[61] Auch wird teilweise generell eine Qualifizierung als Blankettnorm –

55 So bspw. MünchKommHGB-*Quedenfeld* Vor § 331 Rn. 38; GroßKommHGB-*Dannecker*, Vor 331 ff. HGB Rn. 80.

56 So bspw. in Bezug auf § 400 AktG, der teilweise in § 331 HGB „transferiert“ wurde: *Schaal* in: Erbs/Kohlhaas (Hrsg.) Strafrechtliche Nebengesetze, Stand: 179. Ergänzungslieferung, § 400 Rn. 5; *Gratopp* Bilanzdelikte nach § 331 Nr. 1, Nr. 1a HGB, S. 131, Fn. 56 m.w.N.

57 Siehe hierzu *Gratopp* Bilanzdelikte nach § 331 Nr. 1, Nr. 1a HGB, S. 132 m.w.N.

58 Für § 331 Nr. 3 a.F. HGB, in: GroßKommHGB-*Dannecker* Vor §§ 331 ff., Rn. 83; vgl. auch *Niewerth* Die strafrechtliche Verantwortlichkeit des Wirtschaftsprüfers, S. 181 ff., insb. S. 183; für § 331 Nr. 1a HGB: BeckBilKomm-*Hoyos/H.P. Huber* § 331 Rn. 5, zitiert nach *Gratopp* Bilanzdelikte nach § 331 Nr. 1, Nr. 1a HGB, S. 131, Fn. 61.

59 In Bezug auf § 331 Nr. 3 a.F. i.V.m. § 292a a.F. HGB: GroßKommHGB-*Dannecker* § 331 Rn. 93, 98. *Dannecker* geht von folgender Annahme aus (Rn. 93 f.):

„Der Gesetzgeber verweist in § 331 HGB Nr. 3 HGB auf die Vorschrift des § 292a HGB und damit auf nationales Recht. Durch das rechtsnormative Tatbestandsmerkmal des § 292a HGB ‚nach international anerkannten Rechnungslegungsvorschriften aufgestellt‘ verweist diese Norm wiederum auf Standards, die ihren Ursprung zwar im Ausland haben, die aber international und damit auch in der EU und in Deutschland anerkannt sein müssen. … Die Verweisung des § 292a Abs. 2 Nr. 2 lit. a HGB auf die international anerkannten Rechtsgrundsätze ist eine dynamische Verweisung, denn bei den internationalen Rechnungslegungsvorschriften handelt es sich um Vorgaben, die einem starken Wandel unterworfen sind und bei der Aufstellung der Bilanz in ihrer jeweils aktuellsten Fassung anzuwenden sind.“ Der Verweis des § 292a HGB a.F. wird von ihm als normatives Tatbestandsmerkmal eingestuft (Vor §§ 331 ff. HGB, Rn. 83):

„Auch bei dem Verweis des § 331 Nr. 3 HGB auf § 292a HGB handelt es sich um ein unechtes Blankettgesetz, da es sich bei dem Merkmal ‚international anerkannte Rechnungslegungsgrundsätze‘ (§ 292a Abs. 2 lit. a HGB) um ein normatives Tatbestandsmerkmal und nicht um eine Blankettverweisung auf (ausländische) Rechtsvorschriften handelt.“

60 Siehe hierzu die Nachweise bei *Gratopp* Bilanzdelikte nach § 331 Nr. 1, Nr. 1a HGB, S. 132 f., Fn. 64. Die genannten Vertreter dieser Auffassung führen diese Diskussion aber vorwiegend auf die Einbeziehung der GoB.

61 So geht *Niewerth* (Die strafrechtliche Verantwortlichkeit des Wirtschaftsprüfers, S. 108, 136 f.) davon aus, dass es sich bei den Merkmalen „unrichtige Wiedergabe“ um ein normatives Tatbestandsmerkmal handelt; siehe weitere Nachweise und Darstellung bei *Gratopp* Bilanzdelikte nach § 331 Nr. 1, Nr. 1a HGB, S. 133 f. insb. Fn. 72. Sie selbst nimmt in Bezug auf §§ 331 Nr. 1,

was für die Normen des GmbHG sowie des HGB angenommen worden ist – abgelehnt.[62]

Die Entscheidung muss aber vorliegend aus zweierlei Gründen für den weitreichenden Schutz von Art. 103 Abs. 2 GG in Bezug auf Strafnorm und Ausfüllungsnorm ausfallen: Tragfähige Parallele ist zum einen die für den Zweifelsfall getroffene Annahme des BVerfG in Bezug auf den grundgesetzlichen Schutz von Art. 5 Abs. 1 S. 1 GG in der Frage der schwierigen Abgrenzung von Werturteilen zu reinen Tatsachenbehauptungen. Der grundgesetzliche Schutz bezieht sich zwar „in erster Linie auf die im Werturteil zum Ausdruck kommende eigene Stellungnahme des Redenden, durch die er auf andere einwirken will“.[63] In Abgrenzung dazu unterfallen Tatsachenbehauptungen dem Schutzbereich nur, soweit sie Voraussetzung der Bildung von Meinung sind.[64] Dieser Abgrenzungsproblematik begegnet das BVerfG mit einer für den Zweifelsfall extensiven Auslegung des Grundrechtsschutzes:

„Die Abgrenzung von Meinungsäußerungen und Tatsachenbehauptungen kann freilich schwierig sein, weil beide häufig miteinander verbunden werden und erst gemeinsam den Sinn einer Äußerung ausmachen. In diesem Fall ist eine Trennung der tatsächlichen und der wertenden Bestandteile nur zulässig, wenn dadurch der Sinn der Äußerung nicht verfälscht wird. Wo das nicht möglich ist, muß die Äußerung im Interesse eines wirksamen Grundrechtsschutzes insgesamt als Meinungsäußerung angesehen und in den Schutzbereich der Meinungsfreiheit einbezogen werden, weil andernfalls eine wesentliche Verkürzung des Grundrechtsschutzes drohte.“[65]

Gemessen an der besonderen Qualität der Verweisung auf IAS/IFRS – es werden im Ergebnis Normen eines rein privatrechtlichen Gremiums in Bezug genommen – kann eine Etikettierung in Kategorien „normative Tatbestandsmerkmale“ oder „Blankettverweisung“ nicht nach den üblichen Gepflogenheiten vorgenommen werden:

„An die Blankettausfüllung durch Normen nichtstaatlicher Stellen sind im Hinblick auf den strengen Gesetzesvorbehalt des Art. 103 Abs. 2 GG und die fehlende demokratische Legitimation privater Vereinigungen noch strengere Anforderungen als an die Bezugnahme auf Verordnungen und Verwaltungsakte zu stellen. Diesen darf nur eine spezifizierende Funktion in weniger grundrechtsrelevanten Bereichen überlassen bleiben. Im Hinblick auf die untergeordnete Bedeutung, die Vorschriften privater Normgeber zukommen darf, hat eine Ausfüllung von Strafblanketten auszuscheiden. Regelungen privater Normgeber, welche normative Tatbestandsmerkmale konkretisieren, müssen selbst dem rechtsstaatlichen Bestimmtheitserfordernis genügen. Dynamische Verweisungen sind nur in sehr engen Grenzen zulässig. In diesen ‚neuen' Bereichen zeigt sich der Grundrechtssatz des Bundesverfassungsgerichts, der zur Flexibilisierung der Anforderungen des Bestimmtheitsgrundsatz je nach der Grundrechtsrelevanz des betroffenen Lebensbereichs führt.“[66]

Nr. 1 a HGB an, dass es sich dabei nicht um Blankettnormen handele, sondern die Inbezugnahme der internationalen Rechnungslegungsvorschriften nur über normative Tatbestandsmerkmale erfolge (S. 142 f.).

62 So bspw. *Enderle* Blankettstraftatbestände, S. 79 f., 234 in Bezug auf § 82 GmbHG.

63 Schmidt-Bleibtreu/Klein-*Kannengießer* Kommentar zum Grundgesetz, 9. Aufl., Art. 5 Rn. 3.

64 Ebenda Rn. 3 a); s. hierzu auch BVerfG Beschl. v. 13. 4. 1994, 1 BvR 23/94 – abrufbar unter www.juris.de

65 BVerfG Beschl. v. 13. 4. 1994, 1 BvR 23/94– Rn. 29 – abrufbar unter www.juris.de.

66 *Enderle* Blankettstrafgesetze, S. 224.

Die Maßstäbe an die Überprüfung sind danach – im Sinne einer dynamischen Verweisung – weit zu fassen.

b) Verfassungsrechtliche Bedenken im Hinblick auf Art. 103 Abs. 2 GG

Das Bestimmtheitsgebot des Art. 103 Abs. 2 GG dient einem doppelten Zweck. Zunächst hat es freiheitsgewährleistende Funktion. Jedermann soll vorhersehen können, welches Verhalten verboten und mit Strafe bedroht ist. Darüber hinaus normiert Art. 103 Abs. 2 GG einen strengen Gesetzesvorbehalt. Eine Tat kann nur bestraft werden, wenn die Strafbarkeit *gesetzlich* bestimmt war, bevor die Tat begangen wurde. Es soll sichergestellt sein, dass der Gesetzgeber selbst abstrakt-generell über die Strafbarkeit entscheidet. Insoweit hat Art. 103 Abs. 2 GG auch eine gewaltenteilungssichernde Funktion.[67]

aa) Art. 103 Abs. 2 GG in seiner freiheitsgewährleistenden Funktion

Hierbei müssen – nach den obigen Ausführungen – besonders strenge Anforderungen gelten, da es sich bei der Bezugnahme auf die internationalen Rechnungslegungsstandards um eine dynamische Verweisung handelt. Durch die Tatbestände des § 331 Nr. 1 a und 2 HGB werden jene Rechnungslegungsstandards in Bezug genommen, welche durch eine Durchführungsverordnung der Europäischen Kommission zum Zeitpunkt der Tatbegehung in geltendes Recht überführt worden sind.[68]

Einer Lösung kann die Frage der Bestimmtheit auch nicht dadurch zugeführt werden, dass der Adressatenkreis der Norm Rechnungslegungskenntnisse besitzt.[69] Denn die Verweisungskette bzw. der Verweisungsmechanismus, durch den die IAS/IFRS zur Bestimmung der Strafbarkeit herangezogen werden sollen, weist erhebliche verfassungsrechtliche Mängel im Sinne einer Erkennbarkeit strafbarer Verhaltensweisen auf:

---

67 BVerfG Beschl. v. 23. 6. 2010, Az.: 2 BvR 2559/08, Rn. 69 ff. – abrufbar unter www.juris.de; GroßKommHGB-*Dannecker* § 331 Rn. 95.

68 Vgl. GroßKommHGB-*Dannecker* § 331 Rn. 94.

69 Aus den im Folgenden dargestellten erheblichen Einwänden kann eine Bestimmtheit i. S. v. Art. 103 Abs. 2 GG deshalb auch nicht mit diesem vom BVerfG vertretenen Grundsatz hergeleitet werden, wonach es dem „geschulten“ Adressatenkreis der Norm zugemutet werden kann, sich über die blankettausfüllenden Normen zu informieren: „Richtet sie [die Strafnorm, d. Verf.] sich ausschließlich an Personen, bei denen aufgrund ihrer Ausbildung oder praktischen Erfahrung bestimmte Fachkenntnisse regelmäßig vorauszusetzen sind und regelt sie Tatbestände, auf die sich solche Kenntnisse zu beziehen pflegen, so begegnet die Verwendung unbestimmter Rechtsbegriffe unter dem Gesichtspunkt des Art. 103 Abs. 2 GG dann keinen Bedenken, wenn allgemein davon ausgegangen werden kann, dass der Adressat aufgrund seines Fachwissens imstande ist, den Regelungsinhalt solcher Begriffe zu verstehen und ihnen konkrete Verhaltensanweisungen zu entnehmen (vgl. BVerfGE 48, 48, 57; stRspr.)“ (BVerfG, Beschluss vom 29. 4. 2010, Az.: 2 BvR 871/04, 2 BvR 414/08, Rn. 55 – abrufbar unter www.juris.de). Es sollte zudem der stete Einwand nicht aus den Augen verloren werden, dass mithilfe des „Expertenwissens“ in solchen Fällen „qua Strafrecht eine Informationspflicht postuliert [wird], deren Verletzung mit dem Verstoß gegen den Blanketttatbestand gleichgesetzt wird.“ (MünchKommStGB-*Schmitz*, 1. Aufl. 2003, § 1 Rn. 49).

Einzig in § 331 Nr. 1a HGB finden die internationalen Rechnungslegungsstandards ausdrückliche Erwähnung. Verwiesen wird an dieser Stelle auf § 315a Abs. 1 HGB, der wiederum auf die bereits genannte IAS/IFRS-Basisverordnung weiter verweist, die die Pflicht zur Rechnungslegung nach den IAS/IFRS normiert. Konkret aufgeführt werden dabei die Art. 2, 3, 4 und 6 der Verordnung:

„[ist ein Unternehmen] nach Artikel 4 der Verordnung (EG) Nr. 1606/2002 des Europäischen Parlaments und des Rates vom 19. Juli 2002 in der jeweils geltenden Fassung verpflichtet, die nach den Artikeln 2, 3 und 6 der genannten Verordnung übernommenen internationalen Rechnungslegungsstandards anzuwenden …“.

Art. 2 der IAS/IFRS-Basisverordnung enthält eine Legaldefinition der internationalen Rechnungslegungsstandards. Art. 3 definiert die Kriterien, die für die Übernahme und Anwendung internationaler Rechnungslegungsstandards gelten und verweist zur Regelung des Verfahrens der Übernahme in Abs. 1 seinerseits auf Art. 6 Abs. 2 der Verordnung. Art. 4 normiert – wie bereits erwähnt – die Pflicht zur Rechnungslegung nach den IAS/IFRS. Art. 6 schließlich, der seit dem Erlass der IAS/IFRS-Basisverordnung bereits eine inhaltliche Änderung erfahren hat,[70] bestimmt das Verfahren der Übernahme der Rechnungslegungsstandards und verweist in diesem Zusammenhang in Abs. 2 wiederum auf den Beschluss des Europäischen Rates 1999/468/EG. In Art. 5a dieses Beschlusses ist nun schlussendlich das Verfahren, das die Kommission bei der Übernahme der internationalen Rechnungslegungsstandards zu beachten hat, in seinen Einzelheiten geregelt.

Für eine Anwendbarkeit der IAS/IFRS-Regeln ist es damit nur erforderlich, dass diese nach Art. 3 i.V.m. Art. 6 der IAS-VO auf Grund der Prüfung durch einen Ausschuss übernommen und in einer Kommissions-VO veröffentlicht worden sind, sog. „Endorsement-Verfahren“. Danach soll die Übernahme einen Rechtsakt darstellen, d.h. die von einer privaten Organisation entwickelten IAS/IFRS gelten nicht unmittelbar für Unternehmen der EU, sondern sollen für diese erst durch den Akt der Übernahme rechtsverbindlich werden.

Bereits dieser Zusammenhang zwischen den in Bezug genommenen internationalen Rechnungslegungsstandards, der IAS/IFRS-Basisverordnung und des Beschlusses des Europäischen Rates zum Verfahren der Übernahme in europäisches Recht ist für den Adressaten des § 331 HGB, der juristisch nicht besonders geschult ist, kaum nachzuvollziehen.

Durchschaut der Adressat gleichwohl, welche Bedeutung sich hinter dem in § 315a Abs. 1 HGB gebrauchten Begriff der „übernommenen internationalen Rechnungslegungsstandards“ verbirgt, so muss er feststellen, dass sich der Katalog der anzuwendenden IAS/IFRS und damit der Maßstab strafbaren Verhaltens erst aus den jeweils einschlägigen Durchführungsverordnungen der Europäischen Kommission ergibt – selbstständigen Rechtsakten mit eigenem Normtext, die in regelmäßigen Abständen neu erlassen, erweitert oder abgeändert werden.

70 Verordnung (EG) Nr. 297/2008 zur Änderung der Verordnung (EG) Nr. 1606/2002 betreffend die Anwendung internationaler Rechnungslegungsstandards im Hinblick auf die der Kommission übertragenen Durchführungsbefugnisse.

In Anbetracht dieser weit verästelten, verzweigten und dadurch unübersichtlichen Verweisungskette, die ihr Ende erst in Rechtsakten findet, die in der Vorschrift des § 315a Abs. 1 HGB selbst nicht – nicht einmal in allgemeiner, pauschaler Form – bezeichnet werden, ist davon auszugehen, dass für die Adressaten des § 331 HGB ein Strafbarkeitsrisiko nicht in der verfassungsrechtlich gebotenen Deutlichkeit erkennbar wird.

Dieser Eindruck wird weiter dadurch verstärkt, dass die Europäische Kommission seit dem Inkrafttreten der IAS/IFRS-Basisverordnung im Jahre 2002 bereits 62 Durchführungsverordnungen zur Übernahme internationaler Rechnungslegungsstandards erlassen hat. Zwar hat die Kommission sämtliche bis zum 15. 10. 2008 übernommenen Standards in ihrer Verordnung (EG) Nr. 1126/2008 in einem einzigen Text zusammengefasst. Seit dem Inkrafttreten dieser Verordnung wurden allerdings wieder 28 neue Durchführungsverordnungen erlassen. Im dritten Erwägungsgrund der Verordnung (EG) Nr. 1126/2008 hat die Kommission so auch selbst eingeräumt, dass die Übernahme verschiedener internationaler Rechnungslegungsstandards durch eine Reihe von Änderungsverordnungen Rechtsunsicherheit schafft und die korrekte Anwendung der internationalen Rechnungslegungsstandards erschwert. Diese Rechtsunsicherheit trifft den äußerst grundrechtssensiblen Bereich des Strafrechts, der einem besonders strikten Bestimmtheitsgebot unterliegt,[71] in besonders empfindlicher Weise.

Das Verständnis des Regelungsinhalts der Strafnorm wird ferner durch terminologische Ungereimtheiten und sprachliche Unzulänglichkeiten erschwert, die bei der Übersetzung der englischen Originalfassung der IAS/IFRS regelmäßig auftreten und dadurch in die rechtlich maßgebliche amtliche deutsche Fassung Eingang finden.[72] Mitunter wird kritisiert, man hafte bei der Übersetzung zu stark am englischen Wortlaut und schaffe dadurch Unklarheiten – zu Recht.[73]

Diese Ausführungen gelten für die Bezugnahme auf die internationalen Rechnungslegungsstandards in § 331 Nr. 2 HGB entsprechend. Auch hier muss der betroffene Adressat der Strafnorm beim Erfassen des Regelungsinhalts des Merkmals der unrichtigen Wiedergabe bzw. Verschleierung der Verhältnisse die gesamte Verweisungskette von der IAS/IFRS-Basisverordnung bis zu der jeweils zur Anwendung gelangenden Durchführungsverordnung der Europäischen Kommission nachvollziehen. Dass in § 331 Nr. 2 HGB nicht ausdrücklich auf die internationalen Rechnungslegungsstandards verwiesen wird, erschwert das Normverständnis zusätzlich.

Die verfassungsrechtlichen Bedenken im Hinblick auf Art. 103 Abs. 2 GG lassen sich auch nicht durch den Rückgriff auf eine gefestigte Rechtsprechung ausräumen, wie dies im Falle des Tatbestandes des § 266 StGB durch das BVerfG vorgegeben wird.[74] Da die internationalen Rechnungslegungsstandards einem ständigen Wandel unterworfen sind und erst seit dem Erlass der IAS/IFRS-Basisverordnung im Jahre 2002 schrittweise in europäisches und nationales Recht überführt werden, ist eine gefestigte Rechtsprechung zur Auslegung des Merkmals der unrichtigen Wiedergabe bzw. der Verschleie-

71 Vgl. BVerfG Beschl. v. 23. 6. 2010, Az.: 2 BvR 2559/08 Rn. 72 – abrufbar unter www.juris.de.
72 Vgl. *Gratopp* Bilanzdelikte nach § 331 Nr. 1, Nr. 1 a HGB, S. 167.
73 *Niehus* DB 2005, 2477, 2478; zu weiteren Übersetzungsschwierigkeiten s. ebenda.
74 Vgl. BVerfG Beschl. v. 23. 6. 2010, Az.: 2 BvR 2559/08 Rn. 110 – abrufbar unter www.juris.de.

rung der Verhältnisse im Falle der Rechnungslegung nach den IAS/IFRS schlicht nicht vorhanden.[75]

Ebenso wenig lässt sich der Konflikt mit Art. 103 Abs. 2 GG durch eine verfassungskonforme Auslegung beheben, wonach lediglich eindeutige und wesentliche Verstöße gegen die internationalen Rechnungslegungsstandards als tatbestandsmäßig anzusehen wären.[76] Auch eine verfassungskonforme Auslegung hat sich am eindeutigen Willen des Gesetzgebers zu orientieren.[77] Bei der Inbezugnahme der internationalen Rechnungslegungsstandards durch § 331 HGB ist ein eindeutiger Wille des Gesetzgebers in Bezug auf Verfehlungen bei der Rechnungslegung jedoch nicht erkennbar. Vielmehr steht zu befürchten, dass der deutsche Gesetzgeber angesichts der Komplexität und fortlaufenden Überführung internationaler Rechnungslegungsstandards in europäisches und nationales Recht selbst nicht zu erklären vermag, welche Verhaltensweisen er im Rahmen der Rechnungslegung nach den IAS/IFRS als strafbewehrt ansieht.

bb) Art. 103 Abs. 2 GG in seiner gewaltenteilungssichernden Funktion

Des Weiteren stellt sich die Frage, ob die Inbezugnahme der internationalen Rechnungslegungsstandards mit Art. 103 Abs. 2 GG in seiner gewaltenteilungssichernden Funktion vereinbar ist. Gemäß Art. 103 Abs. 2 GG ist der Gesetzgeber verpflichtet, wesentliche Fragen der Strafwürdigkeit oder Straffreiheit im demokratisch-parlamentarischen Willensbildungsprozess zu klären. Es ist seine Entscheidung, in welchem Umfang und in welchen Bereichen ein politisches Gemeinwesen gerade das Mittel des Strafrechts als Instrument sozialer Kontrolle einsetzt.[78]

Der rein formale Einwand, dass die Verweisung des Gesetzgebers auf die IAS/IFRS-Basisverordnung sowie die jeweils einschlägige Durchführungsverordnung der Europäischen Kommission als Verweis auf Unionsrecht in einer Strafvorschrift als allgemein zulässig erachtet werden muss, trägt nicht.[79]

Der wesentliche Unterschied besteht nämlich bereits darin, dass durch die Durchführungsverordnungen der Kommission die Rechnungslegungsstandards eines privaten Gremiums – des IASB – in europäisches und nationales Recht überführt werden. Die Inkorporation privater Normen in geltendes Recht ist aber nur dort denkbar, wo der Gesetzgeber die private Norm während des Gesetzgebungsverfahrens in seinen Rechtsetzungswillen übernimmt, indem er eine eigene Meinung zu der zu rezipierenden Norm entwickelt und sie in diesem Sinne prüft und beurteilt. In der eigenen Beurteilung durch den Gesetzgeber findet sich das wesentliche Element der erforderlichen staatlichen Letztverantwortung wieder.[80]

---

75 Vgl. *Gratopp* Bilanzdelikte nach § 331 Nr. 1, Nr. 1 a HGB, S. 167.

76 Vgl. *Gratopp* Bilanzdelikte nach § 331 Nr. 1, Nr. 1 a HGB, S. 177.

77 Vgl. BVerfGE 8, 28, 34; 67, 299, 329.

78 Vgl. BVerfG Beschl. v. 23. 6. 2010, Az.: 2 BvR 2559/08 Rn. 70, 72 – abrufbar unter www.juris.de.

79 Vgl. BVerfG Beschl. v. 29. 4. 2010, Az.: 2 BvR 871/04 Rn. 57 – abrufbar unter www.juris.de; GroßKommHGB-*Dannecker* § 331 Rn. 95.

80 *Wojcik* Die internationalen Rechnungslegungsstandards IAS/IFRS als europäisches Recht, S. 188.

Es ist zu bezweifeln, dass die Kommission als staatliche Rezipientin für die Übernahme der IAS/IFRS selbst tatsächlich genügend Sachkunde auf dem Gebiet der Rechnungslegung besitzt, um sich in der gebotenen Gründlichkeit mit den zu übernehmenden Rechnungslegungsstandards zu befassen und auf diese Weise einen eigenen Rechtsetzungswillen zu bilden. Zwar lässt sich die Kommission fachlich durch ein privates Gremium von Rechnungslegungsexperten – der European Financial Reporting Advisory Group (EFRAG) – beraten. Doch hilft dies letztlich nicht, die bestehende strukturelle Sachverstandsasymmetrie zwischen dem IASB und der Kommission auszugleichen.[81]

Ferner unterliegt die Kommission einem faktischen Zwang, die vom IASB erstellten Rechnungslegungsstandards stets zu übernehmen. Selbst darf die Kommission keine Rechnungslegungsstandards entwickeln. Ihre Rolle in dem Endorsement-Verfahren beschränkt sich vielmehr darauf, die zur Rezeption vorliegenden IAS/IFRS entweder anzunehmen oder abzulehnen. Zugleich besteht das erklärte Ziel der IAS/IFRS-Basisverordnung darin, die Wettbewerbsfähigkeit von Unternehmen in der Europäischen Union zu fördern, indem man die Unternehmen zur Anwendung internationaler Rechnungslegungsstandards verpflichtet, „die international anerkannt sind und wirkliche Weltstandards darstellen".[82] Lehnt die Kommission nun gehäuft einzelne IAS/IFRS ab, läuft sie Gefahr, einen EU-spezifischen Katalog internationaler Rechnungslegungsstandards zu schaffen, der dem Ziel eines einheitlichen, global zur Anwendung gelangenden Rechnungslegungssystems zuwider läuft.[83] Somit steht die Kommission unter dem Druck, die Rechnungslegungsstandards des IASB zu übernehmen, ohne sie vorher einer kritischen Prüfung unterzogen zu haben. Tatsächlich hat die Kommission bisher auch – mit einigen wenigen Ausnahmen – sämtliche Rechnungslegungsstandards des IASB in europäisches Recht überführt.[84]

Aus diesem Grund nimmt das IASB faktisch den Rang eines staatlichen Rechtsetzungsorgans ein, das mittelbar darüber bestimmt, in welchen Fällen auf dem Gebiet der Rechnungslegung auf das Strafrecht als Mittel der sozialen Kontrolle zurückgegriffen werden soll. Hierzu fehlt dem IASB jedoch die erforderliche demokratische Legitimation.[85]

Derzeit besteht das IASB aus 15 Mitgliedern.[86] Dabei fällt auf, dass ein beträchtlicher Teil der Mitglieder Wirtschaftsprüfer sind, die ehemals für eine der vier großen Wirtschaftsprüfungsgesellschaften KPMG, Deloitte, PricewaterhouseCoopers oder Ernst & Young tätig waren. Repräsentiert werden danach maßgeblich die Interessen der „Großen", wohingegen insbesondere kleine und mittlere Unternehmen (KMU), für die die

---

81 *Wojcik* Die internationalen Rechnungslegungsstandards IAS/IFRS als europäisches Recht, S. 188.

82 Zweiter Erwägungsgrund der Verordnung (EG) Nr. 1606/2002.

83 Vgl. *Wojcik* Die internationalen Rechnungslegungsstandards IAS/IFRS als europäisches Recht, S. 124.

84 Vgl. *Wojcik* Die internationalen Rechnungslegungsstandards IAS/IFRS als europäisches Recht, S. 125.

85 Vgl. *Radwan* Bericht des Europäischen Parlaments v. 5. 2. 2008, S. 5.

86 Vgl. zur Besetzung des IASB: http://www.ifrs.org/The+organisation/Members+of+the+IASB/Members+of+the+IASB.htm.

Pflicht zur Rechnungslegung nach den IAS/IFRS mit besonderen Belastungen und Schwierigkeiten verbunden sein kann, hingegen stark unterrepräsentiert bleiben.[87]

Zudem scheint das IASB aufgrund seiner aktuellen personellen Besetzung – ein Großteil der Mitglieder stammt aus den USA und Großbritannien – einem besonders starken Einfluss des anglo-amerikanischen Rechnungslegungsverständnisses zu unterliegen. Ob diese bei Verfassung der IAS/IFRS den kulturellen und traditionellen Besonderheiten kontinentaleuropäischer Rechnungslegungspraxis hinreichend gerecht werden,[88] mag dahingestellt sein.

Das Defizit demokratischer Legitimation bei der Übernahme internationaler Rechnungslegungsstandards versuchte die Europäische Union durch den Erlass der Verordnung (EG) Nr. 297/2008 auszugleichen, die für das Endorsement durch die Kommission nunmehr das Regelungsverfahren mit Kontrolle nach Art. 5a des Beschlusses 1999/468/EG vorsieht. Das Regelungsverfahren mit Kontrolle sichert dem Europäischen Parlament beim Endorsement der IAS/IFRS erhöhte Beteiligungsrechte. So ist der Erlass einer Durchführungsverordnung der Kommission künftig von der Zustimmung des Parlamentes abhängig. Lehnt das Parlament die vorgelegte Durchführungsverordnung ab, kann sie nicht erlassen werden.[89]

Allerdings vermag auch die Einführung des Regelungsverfahrens mit Kontrolle die zwischen der Kommission und dem IASB bestehende Sachverstandsasymmetrie und den faktischen Zwang zur Übernahme der IAS/IFRS nicht zu beseitigen. Zudem kann eine effektive Beteiligung des Europäischen Parlaments mit seinen 736 Mitgliedern nur gewährleistet werden, wenn es durch Ausstattung mit Fachberatern etc. und großzügigen Entscheidungsfristen zur Einarbeitung in die Thematik der internationalen Rechnungslegungsvorschriften in die Lage versetzt wird, eine sorgfältige Überprüfung der vorgelegten IAS/IFRS durchzuführen.

Soweit § 331 HGB die internationalen Rechnungslegungsstandards in Bezug nimmt, ist dem Gesetzgeber daher faktisch die Möglichkeit entzogen, selbst generell-abstrakt über die Voraussetzungen strafbaren Verhaltens zu entscheiden. Dies ist mit dem in Art. 103 Abs. 2 GG geregelten strengen Parlamentsvorbehalt nicht vereinbar. § 331 HGB verstößt demnach auch gegen Art. 103 Abs. 2 GG in seiner gewaltenteilungssichernden Funktion.

Die Frage der Bestimmtheit bzw. Verfassungsmäßigkeit lässt sich auch nicht durch einen Verweis auf die Verfassungsgerichtsrechtsprechung zu § 370 AO positiv bescheiden.

Abgesehen von der grundsätzlichen Tendenz des BVerfG, strafrechtliche Normen zu „halten",[90] ermangelt es auch einer Vergleichbarkeit der vorliegenden Verweisungskette mit solchen aus § 370 AO. Denn die Kasuistik ist dort eine andere:

---

87 Vgl. *Wojcik* Die internationalen Rechnungslegungsstandards IAS/IFRS als europäisches Recht, S. 194f.

88 Vgl. *Wojcik* Die internationalen Rechnungslegungsstandards IAS/IFRS als europäisches Recht, S. 195.

89 Vgl. *Wojcik* Die internationalen Rechnungslegungsstandards IAS/IFRS als europäisches Recht, S. 167.

90 S. hierzu bspw. Beschl. des BVerfG v. 26. 2. 2008 zum Inzestverbot, Az.: 2 BvR 392/07, abrufbar unter www.juris.de.

So wird § 370 AO zwar auch als Blankettstrafgesetz eingeordnet; in vielen der entschiedenen Fälle handelte es sich jedoch bei den in Bezug genommenen Vorschriften maßgeblich um vom deutschen Gesetzgeber erlassene formelle Gesetze oder zumindest vom deutschen Verordnungsgeber erlassene Verordnungen.[91]

Auch die Konstellation im Nichtannahmebeschluss des BVerfG vom 29. 5. 2010 zur Frage der Verletzung von Grundrechten und grundrechtsgleichen Rechten durch Verurteilungen wegen Steuerhinterziehung durch Manipulationen bei Erhebung der „Milchabgabe“[92] ist keine rechtfertigende Vergleichsgröße.

In diesem Fall waren die Beschwerdeführer – Milcherzeuger aus Hessen und Thüringen – gemäß §§ 370 Abs. 1 Nr. 1 AO i. V. mit Art. 12 Abs. 1 MOG (Marktordnungsgesetz) zu Freiheitsstrafen verurteilt worden, weil sie – entgegen § 7b MGV (Milch-Garantiemengen-Verordnung) – in den alten Bundesländern erzeugte Milch als Milch aus den ostdeutschen Bundesländern ausgewiesen hatten, um von ungenutzten Referenzmengen aus den neuen Ländern zu profitieren.[93] Die Milchgarantiemengenverordnung ihrerseits wurde erst aufgrund einer Verweisungskette im MOG auf die EG-Verordnung 3950/92 über die Erhebung einer Zusatzabgabe im Milchsektor näher „bestimmt“.

Vorbehaltlich berechtigter Einwände, die auch gegen diese Entscheidung in Bezug auf die unzureichende Bestimmtheit einer kaskadenartigen Verweisungskette erhoben werden können – und sollten, ist die Art und Weise der Bezugnahme nicht annähernd äquivalent: So wurde § 370 AO zunächst durch ein formelles Gesetz, das MOG, näher bestimmt. In diesem Gesetz war ein (zwar ein General-)Verweis auf die EG Verordnung (Nr. 3950/92) enthalten. Vom deutschen Verordnungsgeber wurde die Milch-Garantiemengen-Verordnung erlassen. Es handelte sich also in der Mehrzahl um Normen demokratisch legitimierter Gesetzgebungsorgane, wohingegen die IAS/IFRS von einem privatrechtlichen Gremium verfasst werden. Auch die Bestimmtheit der jeweils in Bezug genommenen Normen ist in ihrer „Qualität“ nicht vergleichbar. Fällt es bei dem Verweis auf IAS/IFRS bereits schwer nachzuvollziehen, welche IAS/IFRS-Vorschriften heranzuziehen sind, so sind sie – wie die dazugehörigen Interpretationen zeigen – auch in sich selbst in höchstem Maße unbestimmt und u. a. aufgrund von Übersetzungsdefiziten höchst interpretationsbedürftig.

Über den Rückgriff auf Art. 23 GG und das dort verankerte Demokratieprinzip muss gewährleistet werden, dass auch auf europäischer Ebene – der jeweiligen Struktur der Entscheidungseinheit angepasst – demokratische Legitimation vorhanden ist.[94] Die faktische Rechtssetzung durch ein privates Gremium entzieht sich diesem Grundsatz

91 So bspw.: BVerfG Kammerbeschl. v. 15. 10. 1990, Az.: 2 BvR 385/87 zum Körperschaftsteuergesetz sowie BVerfG Kammerbeschl. v. 21. 3. 1989, Az.: 2 BvR 162/89, 2 BvR 201/89, 2 BvR 162, 201/89 zum Umsatzsteuergesetz, Umsatzsteuer-Durchführungsverordnung – abrufbar unter www.juris.de.

92 BVerfG Beschl. v. 29. 4. 2010, Az: 2 BvR 871/04, 2 BvR 414/08 – abrufbar unter www.juris.de.

93 So kurze Sachverhaltsdarstellung bei *Wegner* PStR 2010, 155.

94 Berliner Kommentar zum GG-*Hobe* (Hrsg. Friauf/Höfling, Stand: 31. Ergänzungslieferung) Art. 23 Rn. 22.

gänzlich. Es ist daher auch konsequent und zutreffend, die dynamische Verweisung auf die Normierung privater Gremien als unzulässig einzustufen.[95]

III. Fazit

Die Vorschriften der §§ 331 ff. HGB als Bilanzstrafrecht im eigentlichen Sinne erfuhren durch den Gesetzgeber in den letzten Jahren eine deutliche Ausweitung ihres Anwendungsbereichs, verbunden mit einer teilweisen Verschärfung der daran anknüpfenden Sanktionen.

Soweit § 331 HGB auf die internationalen Rechnungslegungsstandards IAS/IFRS Bezug nimmt, hält die Vorschrift einer verfassungsrechtlichen Überprüfung nicht stand. Sie verstößt gegen Art. 103 Abs. 2 GG sowohl in seiner freiheitsgewährleistenden als auch in seiner gewaltenteilungssichernden Funktion.

Dies basiert maßgeblich auf der fehlenden demokratischen Legitimation der IASFC[96] und des IAS, was auch im sog. *Radwan*-Bericht Erwähnung fand, der ausführt,

„dass die IASCF eine private Selbstregulierungsbehörde ist, die durch die Verordnung (EG) Nr. 1606/2002 in den Rang eines Rechtssetzungsorgans für die EU erhoben wurde; betont, dass es der IASCF und dem IASB an Transparenz, Legitimität und Zuverlässigkeit fehlt, dass sie nicht der Kontrolle eines demokratisch gewählten Parlaments oder einer Regierung unterliegen und dass die EU-Organe die begleitenden Verfahren und Vorgehensweisen der Konsultation und der demokratischen Entscheidungsfindung, wie sie in ihren eigenen Legislativverfahren üblich sind, in diesem Fall nicht vorgesehen haben […].“[97]

Literatur

Achenbach, Hans/Ransiek, Andreas (Hrsg.) Handbuch Wirtschaftsstrafrecht, 2. Aufl. (2008).

Baumbach, Adolf/Hopt, Klaus (Hrsg.) Handelsgesetzbuch, 34. Aufl. (2010).

Bittmann, Folker „BilMoG: Bilanzrechtsmodernisierung oder Gesetz zur Erleichterung von Bilanzmanipulationen?“ in: wistra 2008, 441–445.

Canaris, Claus-Wilhelm/Staub, Herrmann/Ulmer, Peter (Hrsg.) Großkommentar HGB, 4. Aufl. Bd. 3.2 (§§ 290–342 a) (2002).

Enderle, Bettina Blankettstrafgesetze. Verfassungs- und strafrechtliche Probleme von Wirtschaftsstraftatbeständen (2000).

Fischer, Thomas Strafgesetzbuch und Nebengesetze, 58. Aufl. (2011).

Gramich, Paul-Guido „Die Strafvorschriften des Bilanzrichtliniengesetzes“ in: wistra 1987, 157–161.

Gratopp, Jutta Bilanzdelikte nach § 331 Nr. 1, Nr. 1 a HGB 2009, zugl.: Diss., Hagen, FernUniversität (2008).

Jähnke, Burkhard/Laufhütte, Heinrich Wilhelm/Odersky, Walter (Hrsg.) Leipziger Kommentar StGB, Bd. 7: §§ 264–302, 11. Aufl. (2005).

---

95 So im Ergebnis auch z. B. *Niewerth* Die strafrechtliche Verantwortlichkeit des Wirtschaftsprüfers, S. 183.

96 International Accounting Standards Committee Foundation.

97 Bericht des Europäischen Parlaments A6-0032/2008.

Laufhütte, Heinrich Wilhelm/Rissing-van Saan, Ruth/Tiedemann, Klaus (Hrsg.) Leipziger Kommentar StGB, Bd. 1: §§ 1–31, 12. Aufl. (2007).

Niehus, Rudolf J. „Die IFRS auf Deutsch – Fehler und Unzulänglichkeiten der Übersetzung“ in: DB 2005, 2477–2483.

Niewerth, Carsten Die strafrechtliche Verantwortlichkeit des Wirtschaftsprüfers 2004, zugl.: Bayreuth, Univ. Diss. (2003).

Radwan, Alexander Bericht des Europäischen Parlaments v. 5. 2. 2008 über die Internationalen Rechnungslegungsstandards (IFRS) und die Leitung des International Accounting Standards Board (IASB) (2008).

Reck, Reinhard „Unrichtige Darstellung der Vermögensverhältnisse im Jahresabschluss und Lagebericht“ in: BuW 2001, 617–624.

Schmidt, Karsten (Hrsg.) Münchener Kommentar HGB, Bd. 4: §§ 238–342 e 2. Aufl. (2008).

Sorgenfrei, Ulrich „Zweifelsfragen zum ‚Bilanzeid‘ (§ 331 Nr. 3 a HGB)“ in: wistra 2008, 329–336.

Spatscheck, Rainer; Wulf, Martin „Straftatbestände der Bilanzfälschung nach dem HGB – ein Überblick“ in: DStR 2003, 173–180.

Tiedemann, Klaus Wirtschaftsstrafrecht. Einführung und Allgemeiner Teil mit wichtigen Rechtstexten 2. Aufl. (2007).

Wojcik, Karl-Philipp Die internationalen Rechnungslegungsstandards IAS/IFRS als europäisches Recht, Diss. Berlin (2008).

Rating – Ersatz für unternehmerische Entscheidungen

Thomas Rönnau

Gliederung

I. Einleitung

„There are two superpowers in the world today in my opinion: There's the United States and there's Moody's Bond Rating Service. The United States can destroy you by dropping bombs, and Moody's can destroy you by downgrading your bonds. And believe me, it's not clear sometimes who's more powerful."[1]

Diese vor der Finanzkrise vom „New York Times"-Kolumnisten und Pulitzer-Preisträger *Thomas L. Friedman* getroffene Aussage weist recht eindringlich auf die Macht der großen, weltweit tätigen Rating-Agenturen hin, die – jedenfalls bis vor kurzem – weitgehend staatlich unreguliert über das Wohl und Wehe von Unternehmen, ja ganzer Staaten, entscheiden konnten, wie die Turbulenzen in der Euro-Zone nach Herabstufung der griechischen Staatsanleihen im April 2010 um gleich drei Noten durch den Rating-Marktführer Standard & Poor's eindrucksvoll belegt.

Mein heutiges Thema handelt allerdings nicht von den Ratingagenturen[2] und ihrer notwendigen, mittlerweile eingeleiteten Regulierung,[3] sondern von deren Produkten,

---

1 *Friedmann* Newsletter Online v. 13. 2. 1996 http://www.pbs.org/newshour/gergen/friedman.html.

2 Näher dazu *Richter* Die Verwendung von Ratings zur Regulierung des Kapitalmarkts 2008, S. 43 ff.; *Eisen* Haftung und Regulierung internationaler Rating-Agenturen 2007, S. 80 ff.; *Reidenbach* Aktienanalysten und Ratingagenturen – Wer überwacht die Überwacher? 2006, S. 275 ff.; *Peters* Die Haftung und Regulierung von Rating-Agenturen 2001, S. 26 ff.

3 Nachdem die Schwächen der weitgehenden Selbstregulierung in der Ratingbranche aufgedeckt und in der letzten Zeit immer stärker diskutiert wurden (ausführlich dazu *Stemper* Rechtliche Rahmenbedingungen des Ratings 2010, S. 96 ff., 146 ff.), ist mittlerweile der Gesetzgeber tätig geworden; so in Europa durch seine am 7. 12. 2009 in Kraft getretene Verordnung (EG) Nr. 1060/2009 des Europäischen Parlaments und des Rates v. 16. 9. 2009 über Ratingagenturen (ABl. EU Nr. L 302 v. 17. 11. 2009, S. 1 ff.; berichtigt in ABl. EU Nr. L 350 v. 29. 12. 2009, S. 59), in Deutschland flankiert durch das seit dem 19. 6. 2010 geltende Ausführungsgesetz zur EU-Ratingverordnung (BGBl. I 2010, S. 786); in den USA wurde das Ratingwesen durch den am 29. 9. 2006 in Kraft getretenen „Credit Rating Agency Reform Act of 2006" reguliert; zu weite-

den Ratings. Ob es unter zivil- bzw. strafrechtlichen Gesichtspunkten akzeptabel ist, wenn die Bewertungen von Ratingagenturen als Ersatz für unternehmerische Entscheidungen verwendet werden, gilt es im Weiteren auszumessen. Dass dies in der Unternehmenspraxis bei institutionellen Anlegern, aber auch bei sicherheitsorientierten Privatanlegern häufig stattfindet bzw. stattgefunden hat, sei hier als Prämisse gesetzt. Sie wird durch viele Aussagen von Sachkennern gestützt.[4]

Ich will mich dem Thema in drei Schritten nähern. Zunächst werden kurz Begriff, Bedeutung und Funktion des Ratings skizziert. Im Kernteil geht es um die Frage, ob Investitionsentscheidungen, die maßgeblich oder allein auf Ratings gestützt werden, mit der Sorgfalt eines ordentlichen Geschäftsleiters vereinbar oder nicht vielmehr pflichtwidrig sind. Strafrechtliche Folgen etwaiger Pflichtverstöße werde ich dann im Schlussteil meines Vortrags kurz ansprechen.

II. Begriff, Bedeutung und Funktion des Ratings

Ratings sind in der seit Dezember 2009 geltenden EU-Verordnung über Ratingagenturen – etwas verkürzt – definiert als Bonitätsurteile über Unternehmen, Finanzinstrumente oder Emittenten von Finanzinstrumenten, die anhand eines festgelegten Einstufungsverfahrens für Ratingkategorien abgegeben werden.[5] Die Ratingagenturen ermitteln bei einem externen Rating also die Fähigkeit und Bereitschaft eines Schuldners, seine Zins- und Tilgungsverbindlichkeiten vollständig und rechtzeitig zu erfüllen.[6] Dabei sind zwei Grundtypen zu unterscheiden: Beim sog. Unternehmens- oder Emittentenrating wird die Bonität eines Unternehmens beurteilt, während sich das wesentlich stärker verbreitete, vom Unternehmensrating ausgehende Credit- oder

---

ren US-amerikanischen Maßnahmen *Deipenbrock* RIW 2010, 612, 613. Ausführlich(er) zum Rechtsrahmen und zu Regulierungsansätzen im Bereich der Ratingagenturen in jüngerer Zeit *Habersack* ZHR 169 (2005) 185, 190 ff.; *Blaurock* ZGR 2007, 603, 614 ff.; *Deipenbrock* WM 2007, 2217 ff.; *dies.* WM 2009, 1165 ff.; *dies.* RIW 2010, 612 ff.; *Möllers* JZ 2009, 861 ff.; *ders.* ZJS 2009, 227 ff.; *Becker* ZG 2009, 123, 132 ff.; *ders.* DB 2010, 941 ff.; *Lerch* BKR 2010, 402 ff.; *Kumpan* in: FS Hopt 2010, Bd. 2, S. 2157 ff.; monographisch statt Vieler *Stemper* (a. a. O.) S. 96 ff.; *Bauer* Ein Organisationsmodell zur Regulierung der Rating-Agenturen 2009, *passim*; *Richter* (Fn. 2) S. 117 ff.; *Eisen* (Fn. 2) S. 111 ff., 159 ff.

4 Etwa von *Vetter* WM 2004, 1701, 1702; *Witte/Hrubesch* ZIP 2004, 1346, 1347; *Kümpel* Bank- und Kapitalmarktrecht 3. Aufl. 2004, Rn. 14.32.

5 Vgl. Art. 3 Abs. 1 lit. a) der EU-Ratingverordnung (Fn. 3); zu ersten Bewertungen dieser Verordnung s. *Deipenbrock* WM 2009, 1165, 1169 ff.; *dies.* RIW 2010 Die erste Seite; *dies.* RIW 2010, 612, 613 ff.; *Lerch* BKR 2010, 402, 405 ff.; *Möllers* NZG 2010, 285 ff.; *Zimmer* Bank- und kapitalmarktrechtliches Teilgutachten für den 68. DJT 2010, G 72 ff.; *ders.* in: FS Hopt 2010, Bd. 2, S. 2689, 2699 ff.; *Haar* ZBB 2010, 185, 188 ff.; *Cortez/Schön* ZKredW 2010, 226, 227 ff.; *Becker* DB 2010, 941, 943 ff.; ausführlich *Stemper* (Fn. 3) S. 211 ff. (ab S. 408 auch zum deutschen Ausführungsgesetz; ebenso *Haar* ZBB 2010, 185, 191 ff.).

6 KG WM 2006, 1432, 1433; *Habersack* ZHR 169 (2005) 185, 194 f.; *Blaurock* ZGR 2007, 603 f., 627; *Eisen* (Fn. 2) S. 52 f.; *Schmidtke* Die kapitalmarktrechtliche Regulierung von Finanzanalyse und Rating-Urteil durch das Wertpapierhandelsgesetz 2010, S. 74; *Göres* in: Habersack/Mülbert/Schlitt (Hrsg.) Handbuch der Kapitalmarktinformation 2008, § 25 Rn. 4 ff.; *Fleischer* Kapitalmarktrechtliches Teilgutachten für den 64. DJT 2002, F 132 f.

Emissionsrating auf ein bestimmtes Wertpapier bezieht.[7] Die im Ratingverfahren gewonnenen Ergebnisse werden mit Hilfe von Ratingsymbolen – als verdichtetes Gesamturteil über den Emittenten oder die Emission – ausgedrückt.[8] Bei den durch die Finanzkrise in Verruf geratenen strukturierten Wertpapieren bedeutet daher etwa eine Spitzenbewertung mit Triple A im Kern nur, dass das Ausfallrisiko der Kreditforderungen, die dem Finanzprodukt zugrunde liegen, im Verhältnis zu anderen Wertpapieren minimal ist[9] – angezeigt werden also allein relative, nicht absolute Eintrittswahrscheinlichkeiten von Zahlungsstörungen.[10] Wegen der notwendigen Prognose über die Wahrscheinlichkeit des Eintritts eines solchen Ausfalls und den bei der Entscheidungsfindung vielfach erforderlichen qualitativen Wertungen stuft die ganz h.M. das Rating als – grundrechtlich geschützte[11] – standardisierte Meinungsäußerung ein, das heißt als Werturteil[12] – wenngleich mit Tatsachenkern.[13] Damit waren die Ratingagenturen (und in ihrem Fahrwasser auch die Banken) jedenfalls bisher weitgehend vor zivil- und strafrechtlicher Haftung wegen fehlerhafter Ratings geschützt.[14]

Über die Bedeutung von Ratings und Ratingagenturen muss man nicht viel sagen: Sie ist – trotz massiven Versagens und erheblicher Reputationsverluste der Bonitätsprüfer gerade im Umgang mit strukturierten Finanzprodukten[15] – nach wie vor gewaltig.

---

7 Statt Vieler *Eisen* (Fn. 2) S. 55 ff.; *Mühl* Die zivilrechtliche Verantwortlichkeit von Ratingagenturen und Banken für fehlerhafte Ratings 2007, S. 15; ausführlich zu weiteren Differenzierungskriterien beim Rating (externes/internes; kurzfristiges/langfristiges; beauftragtes/unbeauftragtes) *Stemper* (Fn. 3) S. 33 ff. m. w. N.

8 *Eisen* (Fn. 2) S. 59 ff. m. w. N.

9 Vgl. für verzinsliche Wertpapiere bzw. Schuldverschreibungen – statt Vieler – *Eisen* (Fn. 2) S. 305, 402 („höchste Qualität, minimales Ausfallrisiko") und *Blaurock* ZGR 2007, 603 f. – jew. m. w. N.

10 *Reidenbach* (Fn. 2) S. 279; *Eisen* (Fn. 2) S. 54; *Peters* (Fn. 2) S. 28; *Richter* (Fn. 2) S. 93 f.

11 Die Leistungen der Ratingagenturen sollen denjenigen der vergleichenden Warentests der Stiftung Warentest ähneln und damit wie diese als Meinungsäußerungen i. S. d. Art. 5 GG einzuordnen sein, vgl. BGHZ 65, 325, 329 ff. – „Warentest II" und aus der Literatur *Bauer* (Fn. 3) S. 39 ff. sowie *Peters* (Fn. 2) S. 60 ff. – jew. m. w. N.

12 Klar für die Einordnung des Ratings als Werturteil (aus zivilrechtlicher Perspektive) KG WM 2006, 1432, 1433; *Habersack* ZHR 169 (2005) 185, 195; *Bauer* (Fn. 3) S. 39 ff.; in der Sache – wie Viele – ebenso *Eisen* (Fn. 2) S. 306 ff.; *Göres* in: Habersack/Mülbert/Schlitt (Hrsg.) § 25 Rn. 6; *Blaurock* ZGR 2007, 603 f., 627 f., 631; *Stemper* (Fn. 3) S. 168 f. m. w. N.

13 Als (beweisbare) Tatsachenäußerung/-behauptung stufen dagegen *Mühl* (Fn. 7) S. 93 ff. und *Schünemann* in: Schünemann (Hrsg.) Die sogenannte Finanzkrise – Systemversagen oder global organisierte Kriminalität? 2010, S. 82 f. die Ratings ein, da sie ein „substantiiertes Urteil" enthalten und die Ratingagenturen eine besondere Beurteilungskompetenz für sich in Anspruch nehmen; bei dieser Qualifizierung wäre auch eine zivil- und strafrechtliche Haftung möglich.

14 I. d. S. etwa *Stemper* (Fn. 3) S. 182 f.; *Bauer* (Fn. 3) S. 41 f.; *Reidenbach* (Fn. 2) S. 354 f.; *Berger/Stemper* WM 2010, 2289 ff.; *Haar* NZG 2010, 1281, 1282 ff.; *Vetter* WM 2004, 1701, 1711; *Spindler* AG 2010, 601, 610; *Fleischer* Gutachten 64. DJT, F 140; anders *Eisen* (Fn. 2) S. 265 f.: tatsächliche Schwierigkeiten einer prozessualen Durchsetzung von Schadensersatzansprüchen sind begrenzt. Auf dem US-amerikanischen Ratingmarkt kommt (bisher) eine Haftung der Ratingagenturen noch weniger in Betracht, dazu *Bauer* (Fn. 3) S. 42 m. Fn. 128. Das mag sich mit dem „Dodd-Frank Wall Street Reform and Consumer Protection Act of 2010" ändern. Danach können Ratingagenturen als „Experten" für ihre Bewertungen haftbar gemacht werden, s. *Berger/Stemper* WM 2010, 2289.

15 Zu den Gründen für das Versagen der Ratingagenturen in Unternehmens- und Wirtschaftskrisen näher *Reidenbach* (Fn. 2) S. 323 ff.; *Richter* (Fn. 2) S. 107 ff.; auf die Missstände im Ratingwe-

Abzulesen ist das u.a. an den erzielten Umsätzen der drei großen Agenturen, die den Markt zu 95% beherrschen. Zwar gab es nach den Boomjahren 2006 und 2007 durch die Finanzkrise in den Jahren 2008 und 2009 einen Einbruch; die Zahlen haben sich mittlerweile aber wieder stabilisiert und steigen auf weiterhin hohem Niveau z.T. schon wieder leicht an.[16]

Der überragende Einfluss des Ratings im globalen Finanzsystem ergibt sich aus seinen verschiedenen *Funktionen*, von denen hier nur die wichtigsten genannt werden sollen.[17] So leisten Bonitäts-Ratings einen wichtigen Beitrag zur Reduzierung der Informationsasymmetrie zwischen Emittenten und Anlegern bei der Beurteilung von Kapitalanlageprodukten. Sie ermöglichen dem *Anleger* – über Sprachbarrieren hinweg – eine leicht verständliche und vergleichende Betrachtung des Ausfallrisikos hinsichtlich einzelner Emittenten und Emissionen, die ihm sonst angesichts der Informationsflut, aber auch der Schwierigkeiten der Informationsbeschaffung mit eigenen Mitteln (fast) unmöglich wäre.[18] Dem *Emittenten* erschließen sich durch das Rating ergiebigere Kapitalmärkte, weil dessen Offenlegungs- und Zertifizierungseffekte – bei guten Noten – zu einer Senkung der Risikoprämie und damit der Kapitalkosten führen.[19] Da hier als „gate keeper“ vornehmlich die Agenturen Standard & Poor's und Moody's auftreten, lassen sich ohne ihr Rating auf ausländischen Märkten Unternehmens- oder Staatsanleihen kaum noch platzieren.[20]

---

sen geht auch *Lerch* BKR 2010, 402, 405f. ein. Dass die großen Ratingagenturen durch ihre Fehlbewertungen mitursächlich für die zur Finanzkrise von 2007 führenden Verwerfungen waren, wird vielfach angenommen, vgl. nur *Haar* NZG 2010, 1281 m.w.N.

16 Umsätze in Mrd. US $ von Standard & Poor's (2007: 3,046; 2008: 2,654; 2009: 2,610; s. http://investor.mcgraw-hill.com/phoenix.zhtml?c=96562&p=irol-reportsannual), von Moody's (2007: 2,259; 2008: 1,755; 2009: 1,797; s. http://ir.moodys.com/annuals.cfm), von Fitch Investor Services (2008: 0,731; 2009: 0,614; s. http://www.fimalac.com/Fitch-ratings-GB.html). Die Zahlen der vergebenen Ratings für alle drei Agenturen bezogen auf das Jahr 2008 finden sich bei *Nicolas* Die Rolle der Ratingagenturen bei der Strukturierung von Asset-Backed Securities und Collateralised Debt Obligations 2010, S. 15 (wissenschaftliche Arbeit zur Erlangung des Diplom-Kaufmann-Grades bei Prof. Dr. Bofinger), abzurufen unter http://www.vwl.uni-wuerzburg.de/fileadmin/12010100/Diplomarbeiten/Michel-Diplomarbeit.pdf.

17 Instruktiv zu den verschiedenen Funktionen des Ratings, das für unterschiedliche Zielgruppen interessant ist, *Stemper* (Fn. 3) S. 74ff.; weiterhin *Schmidtke* (Fn. 6) S. 25ff.; *Richter* (Fn. 2) S. 88ff.; *Eisen* (Fn. 2) S. 63ff.; *Mühl* (Fn. 7) S. 7ff.

18 Lassen sich die für eine Anlageentscheidung wichtigen Daten zur Rentabilität und Liquidität (etwa Verzinsung und Zeitraum der Kapitalbindung) zumeist dem Verkaufsprospekt entnehmen, muss der Investor die Bonität des Schuldners grds. selbst einschätzen. Hier kommt dem Rating (und der Ratingagentur als komplexitätsreduzierendem Informationsintermediär) die wichtigste Funktion zu, vgl. nur *Stemper* (Fn. 3) S. 76ff.; *Berger/Stemper* WM 2010, 2289, 2291.

19 Pars pro toto *Fleischer* Gutachten 64. DJT, F 133 und *Stemper* (Fn. 3) S. 81ff. – jew. m.w.N.

20 Näher zur Marktzugangsfunktion *Stemper* (Fn. 3) S. 83ff. m.w.N. Hinsichtlich strukturierter Finanzprodukte sieht man in Ratingagenturen sogar „gate opener“, da sie insbesondere den CDO-Markt durch ihre Strukturierungsverfahren mitgestaltet und erhalten hätten, Nachweis bei *Lerch* BKR 2010, 402, 405.

III. Externes Rating als einzige Entscheidungsgrundlage – sorgfaltswidriges Handeln im Sinne des Zivil- und Strafrechts?

Nach dieser kurzen Befundaufnahme zum Phänomen „Rating" sollen jetzt die rechtlichen Aspekte im Vordergrund stehen. Das Thema „Rating – Ersatz für unternehmerische Entscheidungen" führt bereits der Wortwahl nach direkt zum rechtlich entscheidenden Maßstab, jedenfalls soweit Vorstandsmitglieder von investierenden Aktiengesellschaften – auf die ich mich im Folgenden beschränken will – betroffen sind. Denn das Merkmal der „unternehmerischen Entscheidung" steht im Kern der aktienrechtlichen Haftungsgrundnorm des § 93 AktG. In dessen Abs. 1 S. 2 hat der Gesetzgeber für unternehmerische Entscheidungen den im Übrigen strengen Haftungsmaßstab deutlich abgemildert, weil nach § 93 Abs. 1 S. 1 i.V.m. § 93 Abs. 2 AktG die aktienrechtliche Binnenhaftung des pflichtwidrig handelnden Geschäftsleiters bereits bei einfacher Fahrlässigkeit greift. Durch die in § 93 Abs. 1 S. 2 AktG zur Erhaltung der Entscheidungskraft des Unternehmensführers kodifizierte sog. *Business Judgement Rule* wurde – ganz in der Manier angelsächsischer Regelungstechnik – für den Vorstand ein „sicherer Hafen" geschaffen, in dem für Fehler nicht gehaftet wird.[21] Nach dieser Vorschrift fehlt es bereits an einer Pflichtverletzung, „wenn das Vorstandsmitglied bei einer unternehmerischen Entscheidung vernünftigerweise annehmen durfte, auf der Grundlage angemessener Informationen zum Wohle der Gesellschaft zu handeln". Die für die praktische Handhabung der Business Judgement Rule im vorliegenden Kontext wohl bedeutendste Voraussetzung besteht darin, dass der Vorstand auf angemessener Informationsgrundlage handeln muss.[22] Das Prüfungsergebnis enthält gleichzeitig eine wichtige Weichenstellung für eine Strafbarkeit aus dem zivilrechtsakzessorisch

---

21 Bereits vor der Einführung der Business Judgement Rule in § 93 Abs. 1 S. 2 AktG durch das Gesetz zur Unternehmensintegrität und Modernisierung des Anfechtungsrechts (UMAG) v. 22. 9. 2005 (BGBl. I S. 2802 – Geltung seit dem 1. 11. 2005) hatte der BGH in der berühmten ARAG/Garmenbeck-Entscheidung aus dem Jahre 1997 (BGHZ 135, 244, 253 f.) Geschäftsleitern für unternehmerische Entscheidungen einen Freiraum geschaffen, der sich auch gegenüber dem allgemeinen Haftungsrecht behauptet, vgl. nur *Hüffer* Aktiengesetz 9. Aufl. 2010, § 93 Rn. 4 a sowie ausführlich *Spindler* in: MünchKomm-AktG 3. Aufl. 2008, § 93 Rn. 5 ff.; zur Geltung im GmbH-Recht *Fleischer* NZG 2011, 521 ff.

22 Die vornehmlich als gesetzliche Pflichtenkonkretisierung bzw. Tatbestandsausschlussgrund gedeutete Business Judgement Rule (s. *Spindler* in: MünchKomm-AktG § 93 Rn. 38 und *Blasche* AG 2010, 692, 694 f. – jew. m. w. N.) hat fünf (teils implizite) Voraussetzungen (so RegE-Begr. UMAG, BT-Drucks. 15/5092, S. 11, die kumulativ erfüllt sein müssen; näher dazu *Fleischer* in: Spindler/Stilz (Hrsg.) AktG 2. Aufl. 2010, § 93 Rn. 66 ff.). Als für den Einstieg in die Haftungsprivilegierung bedeutsame „unternehmerische" – in Abgrenzung zur rechtlich gebundenen – Entscheidung ist die Investition in Finanztitel sicher einzustufen, wird sie doch infolge ihrer Zukunftsbezogenheit durch Prognosen und nicht justiziable Einschätzungen geprägt (ebenso *Raiser/Veil* Recht der Kapitalgesellschaften 5. Aufl. 2010, § 14 Rn. 68; zur Darlegungs- und Beweislast bei Prognoseentscheidungen im Rahmen der Business Judgement Rule BGH NZG 2011, 549 ff. [im Ergebnis zust. *Fest* NZG 2011, 540 ff.]; zu den Anforderungen an unternehmerische Entscheidungen näher *Hüffer* AktG, § 93 Rn. 4 f.).

ausgestalteten Untreuetatbestand, da zivilrechtlich pflichtgemäßes Verhalten auch strafrechtlich nicht pflichtwidrig sein kann.[23]

Der im Kontext der Finanzkrise nun vielfach gegenüber den Vorstandsmitgliedern betroffener Banken erhobene Vorwurf in diesem Zusammenhang lautet, die Verantwortlichen hätten auf unzureichender Informationsgrundlage Investitionsentscheidungen getroffen, weil sie häufig unkritisch – wenn nicht gar „blind" – auf Ratings vertraut hätten.[24]

Dazu ist – ohne über tiefere Kenntnisse zu konkreten Sachverhalten zu verfügen – allgemein Folgendes zu sagen:

Um in den Anwendungsbereich der Business Judgement Rule gem. § 93 Abs. 1 S. 2 AktG zu kommen, ist es – anders als der BGH meint – nicht erforderlich, *alle* verfügbaren Informationen tatsächlicher und rechtlicher Art heranzuziehen und auszuwerten.[25] Das ergibt sich schon aus dem Wortlaut des § 93 Abs. 1 S. 2 AktG, der keine allumfassende, sondern nur eine „angemessene Informationsgrundlage" für die Entscheidung verlangt. Alles andere überspannt die Anforderungen an das unternehmerische Haftungsprivileg und würde faktisch unternehmerische Entscheidungen nahezu unmöglich machen.[26] Was „angemessen" ist, hängt dann von den Umständen des Einzelfalles ab und lässt sich nur unter Abwägung von Kosten und Nutzen zusätzlicher Tatsachenermittlung in der konkreten Entscheidungssituation beurteilen.[27] Man wird in unserem Zusammenhang nach Lektüre der Rechtsprechung zur Beraterhaftung aber jedenfalls sagen können, dass eine Portfolioinvestition, die *ohne* Auswertung vorhandener Ratings erfolgt, regelmäßig eine uninformierte und damit pflichtwidrige Entscheidung ist.[28]

Weil es für eine Haftungsverschonung schon ausreicht, dass der Vorstand „annehmen durfte", auf der Basis angemessener Informationen zu handeln, ist für deren Bemessung zwingend die *ex ante-Perspektive* zum Zeitpunkt der Entscheidungsfindung einzunehmen. Nachträgliches Besserwissen hebelt – jedenfalls theoretisch – die Privile-

---

23 Pars pro toto *Rönnau* ZStW 119 (2007) 887, 906ff., *Bosch* JZ 2009, 225, 232ff. (zur strafrechtlichen Relevanz der Tatbestandsvoraussetzungen unternehmerischer Entscheidungen) und *Seibt/Schwarz* AG 2010, 301, 304 – jew. m. w. N.

24 I. d. S. etwa OLG Düsseldorf AG 2010, 126, 128f.; *Lutter* ZIP 2009, 197, 199; *Mülbert* ZHR 173 (2009) 1,3.

25 So aber BGH NJW 2008, 3361, 3362f. (für das GmbHG); OLG Düsseldorf AG 2010, 126, 128; teilw. einschränkend OLG Celle AG 2008, 711; weiterhin *Böttcher* NZG 2009, 1047, 1048f.; *Seibt/Wollenschläger* DB 2009, 1579.

26 Berechtigte Kritik daher von *Fleischer/Wedemann* AcP 209 (2009) 597, 601f., 615; *Fleischer* NJW 2009, 2337, 2339; *Balthasar/Hamelmann* WM 2010, 589, 591; *Empt* KSzW 2010, 107, 110; *Binder* AG 2008, 274, 281; *Seibt/Schwarz* AG 2010, 301, 306 m. w. N.

27 Vgl. *Spindler* in: MünchKomm-AktG § 93 Rn. 47; *Mertens/Cahn* in: KölnKomm-AktG 3. Aufl. 2010, § 93 Rn. 33 – jew. m. w. N.

28 BGHZ 123, 126, 131 – „Bond" (notwendig ist die eigene Unterrichtung über die für die Beurteilung des Risikos wesentliche Bonität des Emittenten unter Auswertung der dazu vorhandenen Veröffentlichungen in der Wirtschaftspresse); OLG Nürnberg ZIP 2002, 611, 613; OLG Frankfurt/M. VersR 2005, 797f. Nach heute h.M. gehört zu einer sachgerechten Anlageberatung auch die zeitnahe Beschaffung der Ratings der empfohlenen Anleihen sowie deren Mitteilung gegenüber dem Kunden, sofern das Rating von einer der drei weltweit führenden Ratingagenturen stammt; näher zu Ratings im Recht der Anlageberatung *Stemper* (Fn. 3) S. 192ff.; *Eisen* (Fn. 2) S. 142ff. – jew. m. w. N.

gierung nicht aus. Da in der Situation eines nachträglich zu fällenden Urteils über ein *ex ante* zu beurteilendes Verhalten aus verhaltenspsychologischer Sicht immer die Gefahr eines Rückschaufehlers besteht,[29] spielt der durch die Business Judgement Rule garantierte Ermessensspielraum insofern eine besondere Rolle.

Damit lässt sich das Thema meines Referats weiter zuspitzen: Durften die Vorstände zum Zeitpunkt der maßgeblichen Investitionsentscheidungen – also vor Ausbruch der Finanzkrise – annehmen, auf angemessener Informationsgrundlage zu handeln, wenn sie ihren Investitionsentschluss wesentlich oder gar ausschließlich auf die Bonitätseinschätzung der Ratingagenturen stützen?

In diesem Kontext ist im Dezember 2009 ein viel beachteter und in der Literatur in der Grundtendenz überwiegend positiv aufgenommener Beschluss des OLG Düsseldorf ergangen,[30] der die Bestellung eines Sonderprüfers gem. § 142 Abs. 2 AktG bei der IKB-Bank zum Gegenstand hat und der damit eine der Banken betrifft, die in Deutschland – neben der Hypo Real Estate – geradezu als Synonym für das Versagen der Bankmanager steht. In diesem Beschluss finden sich nähere Ausführungen des Gerichts zu den Sorgfaltspflichten des Vorstands im Zusammenhang mit den letztlich verlustreichen Verbriefungsgeschäften und zur diesbezüglichen Bedeutung externer Bonitätsbeurteilungen. Nach Ansicht des OLG Düsseldorf konnten die externen Ratings der US-amerikanischen Ratingagenturen den Vorstand nicht von der Pflicht zu eigener Information entbinden. Weder seien die Ratings wirklich objektiv gewesen, da die Ratingagenturen bereits bei der Gestaltung der Finanzprodukte mitwirkten, noch hätten diese hinsichtlich der neuartig strukturierten Finanzinstrumente über ausreichende Erfahrung verfügt. Schließlich sprächen auch die Gewährleistungsausschlüsse in den Nutzungsbedingungen der Agenturen gegen die Entlastung der Verantwortlichen.[31] Zum gleichen Ergebnis kommt auch *Lutter,* der von den Vorstandsmitgliedern bei der Prüfung der Wertpapiere ein eigenverantwortliches Handeln (statt eines leichtfertigen Verlassens auf Ratings) fordert.[32]

Die Ausführungen des Oberlandesgerichts Düsseldorf – die hinsichtlich der Verlässlichkeit von Ratings übrigens vollkommen gegensätzlich zu einem sechs Monate zuvor ebenfalls in Sachen „IKB“ ergangenen Urteil eines anderen Senats desselben Gerichts ausfallen[33] – läuten einen bemerkenswerten Perspektivwechsel in der Beurteilung von Ratings ein: Denn diese wurden über viele Jahre hinweg weitgehend unhinterfragt als Leit-Maßstab für die Einschätzung der Kreditwürdigkeit von Staaten und Unternehmen bzw. das Ausfallrisiko von Wertpapieren verwendet. Entscheidend dazu beigetra-

29 Zum Phänomen des sog. *hindsight bias* s. die Nachw. bei *Spindler* in: MünchKomm-AktG, § 93 Rn. 40 m. Fn. 155; weiter *Fleischer* in: Spindler/Stilz, § 93 Rn. 60 und *ders.* in: FS Immenga 2004, S. 575, 579 f. Ausführlich zur Problematik der nachträglichen ex ante-Beurteilung im Strafrecht *Kuhlen* in: Jung/Müller-Dietz/Neumann (Hrsg.), Recht und Moral 1991, S. 341 ff.

30 OLG Düsseldorf AG 2010, 126 – „IKB“ (rechtskräftig); dazu näher *Fleischer* NJW 2010, 1504 ff.; *Spindler* NZG 2010, 281 ff.; *Florstedt* AG 2010, 315 ff.; *Empt* KSzW 2010, 107, 109 ff.

31 OLG Düsseldorf AG 2010, 126, 128 – „IKB“. Näher zur Wiederbelebung der Sonderprüfung durch die Finanzkrise (auch am Beispiel der IKB) *Müller-Michaels/Wingerter* AG 2010, 903 ff.

32 *Lutter* ZIP 2009, 197, 199; gleichsinnig *Schünemann* in: Schünemann (Fn. 13) S. 71, 90 f.; auch *Gallandi* wistra 2009, 41, 44.

33 OLG Düsseldorf WM 2009, 1655, 1656: „Es ist bereits nicht ersichtlich, aus welchem Grunde sie den Analysen der Rating-Agenturen nicht hätten vertrauen sollen.“

gen hat, dass aufsichtsrechtliche Vorschriften in einem breiten internationalen Rahmen zunehmend auf Rating-Urteile Bezug nahmen und nehmen, in dem etwa die (Eigen-) Kapitalausstattung, Publizitätsanforderungen oder die Auswahl von Finanztiteln an die Existenz eines (Mindest-)Ratings geknüpft wird.[34] Wie groß das Vertrauen war, zeigt sich u.a. darin, dass die BaFin in ihren Erläuterungen zur MaRisk noch bis 2008 die „ausschließliche Verwendung externer Quellen im Rahmen der Kreditentscheidung" für möglich hielt[35] und verschiedene Regelwerke – *pars pro toto* sei hier die Solvabilitätsverordnung genannt – die Nutzung von Ratings als allein maßgebliches Bonitätsurteil erlaubten.[36] Nachdem jetzt die strukturellen Schwächen des Rating-Verfahrens im Zuge der Finanzkrise deutlich sichtbar geworden sind, erntet man – wie das OLG Düsseldorf – breite Zustimmung für die Aussage, ein Vertrauen allein auf Ratings sei – schon: *ex ante!* – unzureichend gewesen. Ohne hier voreilig einen inakzeptablen „Freibrief" für die Verantwortlichen ausstellen zu wollen, muss dieses Szenario doch Anlass sein, sich noch einmal das psychologische Phänomen des Rückschaufehlers zu vergegenwärtigen.

Vor diesem Hintergrund kann die Antwort auf die oben gestellte Frage – angesichts der Komplexität der Sach- und Rechtslage wenig überraschend – nur differenziert ausfallen:

Für eine zutreffende Beurteilung sind zunächst die allgemeinen Anforderungen für die Nutzung externen Sachverstands zu berücksichtigen.[37] Als Mindestvoraussetzung für berechtigtes Vertrauen wird neben der nötigen Fachkunde des Ratgebers im Rahmen der weiterhin erforderlichen persönlichen Zuverlässigkeit von der Rechtsprechung vor allem die Unabhängigkeit der Auskunftsperson herausgestellt.[38] Hier ist zu bedenken, dass bei Ratingagenturen nicht selten der Verdacht des (strukturellen) Interessenkonflikts auftritt,[39] wenn sie von denen bezahlt werden, deren Produkte sie zu begutachten haben, und zudem häufig auch noch im Vorfeld als Berater bei der Strukturierung der Finanzprodukte mitwirkten, letztlich also – wenngleich durch eine andere Abteilung – ihre eigene Leistung bewerteten.[40] Ob man hier wirklich auf die Undurch-

34 *Fleischer* Gutachten 64. DJT, F 137; ausführlich zur gesteigerten regulatorischen Indienstnahme des Ratings *Richter* Die Verwendung von Ratings zur Regulierung des Kapitalmarkts 2008, *passim;* weiterhin *Stemper* (Fn. 3) S. 85 ff.; 183 ff. (auf den S. 198 ff. zu ratingakzessorischen Vertragsklauseln [sog. „rating triggers"]); *Bauer* (Fn. 3) S. 70 ff.

35 BaFin, Erläuterungen zu den MaRisk BTO 1.2 Tz 3 in der Fassung v. 20. 12. 2005, mit der Einschränkung: „[...] soweit auf ihrer Grundlage eine sachgerechte Beurteilung der Risiken möglich ist"; anders jetzt in den Erläuterungen zu den MaRisk BTO 1.2 Tz 4 in der Fassung v. 14. 8. 2009: „Die Verwendung externer Bonitätseinschätzungen enthebt das Institut nicht von seiner Verpflichtung, sich ein Urteil über das Adressenausfallrisiko zu bilden und dabei eigene Erkenntnisse und Informationen in die Kreditentscheidung einfließen zu lassen."

36 Vgl. die §§ 52 Abs. 1 S. 1, 53 SolvV; zu weiteren Aspekten, die das Vertrauen auf Bonitätsurteile stützten, *Florstedt* AG 2010, 315, 318; *Balthasar/Hamelmann* WM 2010, 589, 592.

37 Instruktiv hier *Fleischer* ZIP 2009, 1397 ff.; weiterhin *Binder* AG 2008, 274 ff.

38 Vgl. BGH NJW 2007, 2118, 2119: Vertrauen auf Auskunft eines Wirtschaftsprüfers; *Fleischer* NJW 2010, 1504, 1505; *Empt* KSzW 2010, 107, 111 f.

39 Zu dem bei den Ratingagenturen bestehenden – und seit langem bekannten – Interessenkonflikt s. ausführlich und mit vielen Nachw. *Richter* (Fn. 2) S. 71 ff.; weiterhin *Zimmer* in: FS Hopt, Bd. 2, 2010, S. 2689, 2694 f.; *Kumpan* in: FS Hopt 2010, Bd. 2, S. 2157, 2161 ff.; *Möllers* JZ 2009, 861, 864 ff.; *Schmidtke* (Fn. 6) S. 58 ff.; *Liebscher/Ott* NZG 2010, 841, 842.

40 Diesen Aspekt betonend OLG Düsseldorf AG 2010, 126, 128; *Becker* DB 2010, 941, 942; *Spindler* AG 2010, 601, 602, 610 m.w.N.

lässigkeit der sprichwörtlichen „*chinese wall*" zwischen den jeweils unterschiedlichen Aufgaben verpflichteten Geschäftsbereichen vertrauen durfte oder nicht doch damit rechnen musste, dass hier eine Abteilung der anderen kein „schlechtes Zeugnis" ausstellen würde, kann nicht allgemein beantwortet werden. Bei vorhandenem und für die Vorstandsmitglieder erkennbarem Interessenkonflikt durften sich diese jedenfalls nicht auf das vermeintliche Expertenwissen der Ratingagenturen verlassen.[41]

Demgegenüber ist die vom OLG Düsseldorf gegen ein Handeln auf ausreichender Informationsgrundlage angeführte „übermäßige Komplexität und Intransparenz des Verbriefungssegments" als Argument[42] nur bedingt geeignet. Zwar muss berücksichtigt werden, dass für die noch relativ neuen strukturierten Kreditverbriefungsprodukte keine hinreichend validen historischen Daten vorlagen, so dass die Beurteilung des Ausfallrisikos auf einer noch unsichereren Grundlage stand, als dies bei zukunftsgerichteten Ausfallprognosen ohnehin der Fall ist. Aber ein Gebot, nur leicht verständliche Geschäfte nach herkömmlichem Strickmuster zu machen, findet sich im AktG nicht. Auf Informationsvorsprüngen beruhende komplexe, innovative Projekte, die nicht selten hoch profitabel sind, wären sonst nicht mehr möglich.[43] Allerdings ist von den Vorstandsmitgliedern zu verlangen, dass sie wenigstens die Risikostruktur und Wirkungsweise in den Grundzügen verstanden haben. Das gilt in besonderer Weise für neuartige Finanzprodukte mit komplizierter Verbriefungsstruktur.[44]

Zentral für die Begutachtung der Frage ist aber noch ein anderer, grundsätzlicher Aspekt: Wer über das Rating als möglichen „Ersatz für unternehmerische Entscheidungen" diskutiert, hat sich die *funktionalen Grenzen* des Ratings vor Augen zu führen: Es ist nicht mehr als ein Mittel der Insolvenzprognose! Die durch das Rating bezweckte Abschätzung des Ausfallrisikos enthält lediglich *eine Komponente* einer (eigenverantwortlichen) unternehmerischen Investmententscheidung. Selbst wenn den Ratings insofern – nicht zuletzt wegen ihrer aufsichtsrechtlichen „Adelung" – ein hohes Gewicht zukommt, können sie doch niemals eine unternehmerisch vernünftige Entscheidung *in*

41 *Fleischer* NJW 2010, 1504, 1505. *Empt* (KSzW 2010, 107, 112) genügt die *allgemeine* wirtschaftliche Interessenlage der Ratingagenturen nicht, um deren Unabhängigkeit in Frage zu stellen. Die eine staatliche (Fremd-)Regulierung lange Zeit blockierende These, der Kapitalmarkt werde über Reputationseffekte die Qualität der Ratings und die Qualität der Agenturen schon sichern (vgl. zu deren Anhängern die Nachw. bei *Spindler* AG 2010, 601, 609 m. Fn. 97), ist spätestens durch die Finanzkrise mächtig ins Wanken geraten. Die EU-Rating-Verordnung hat übrigens bestehende Interessenkonflikte bei den Agenturen zwar abgeschwächt, nicht aber beseitigt (s. *Haas* ZBB 2010, 185, 193; *Lerch* BKR 2010, 402, 408). Nach wie vor basiert das Geschäftsmodell auf der Emittentenfinanzierung, nicht der Investorenfinanzierung – dem Grundproblem des Ratingmarktes, vgl. *Spindler* AG 2010, 601, 610: „Sollbruchstelle des gesamten Rating-Modells". *Zimmer* macht sich daher in seinem Gutachten zum 68. DJT (G 73ff.) für das investorenfinanzierte Rating stark (zust. *Kindler* NJW 2010, 2465, 2469); zu den damit verbundenen Problemen *Spindler* a.a.O. S. 610f.; *Kumpan* in: FS Hopt, Bd. 2, 2010, S. 2157, 2170f.

42 OLG Düsseldorf AG 2010, 126, 128.

43 Richtig *Empt* KSzW 2010, 107, 110.

44 I.d.S. *Fleischer* NJW 2010, 1504, 1505; *Spindler* NZG 2010, 281, 284; *Böttcher* NZG 2009, 1047, 1049: „Die Anforderungen an eine angemessene Informationsbeschaffung im Bereich strukturierter Finanzanlagen sind sehr hoch."; weiterhin *Chr. Schröder* NJW 2010, 1169, 1173; allgemein auch *Saliger* in: SSW-StGB, 2009, § 266 Rn. 91; *Bosch/Lange* JZ 2009, 225, 231; *Peters* AG 2010, 811, 813; *Hauschka* ZRP 2004, 65, 67.

toto ersetzen.[45] Sie bleiben als (den Kapitalmarktteilnehmern zugängliche) öffentliche Informationen, die keine Aussage über die Eignung einer Kapitalanlage für einen bestimmten Investor enthalten, eine – bedeutsame – Entscheidungs*hilfe*. Als Kauf-, Halte- oder Verkaufsempfehlung sollten sie auch nach dem Selbstverständnis der Ratingagenturen – wenngleich mit einem Augenzwinkern – nicht verstanden werden.[46]

Es bleibt festzuhalten: Ein „blindes" Vertrauen in ein Rating ist *in keinem Fall* ein Handeln auf angemessener Informationsgrundlage bzw. eine pflichtgemäße unternehmerische Wertpapierinvestition.[47] Zu einer solchen gehört – mit gewissen Abstrichen je nach Professionalisierungsgrad des Investors und seinen Möglichkeiten – eine eingehende Analyse der für die Investition in Frage kommenden Märkte bzw. Produkte, in deren Rahmen nicht nur die durch ein Rating abgebildeten Ausfallrisiken eine Rolle spielen.[48] Auch sind Entwicklungstendenzen innerhalb der jeweiligen Märkte zu analysieren und unterschiedliche zukünftige Szenarien hinsichtlich ihrer Eintrittswahrscheinlichkeit zu gewichten. Solche *eigenen* Analysen müssen umso umfangreicher sein, je höher das Investitionsvolumen ist. In Abstimmung damit muss die Laufzeit des geplanten Engagements ebenso festgelegt werden wie das Refinanzierungskonzept. Außerdem ist eine beabsichtigte Investition mit der übrigen Portfoliostruktur zu harmonisieren, wobei im Grundsatz auf die international anerkannten Grundsätze der sog. „Portfoliotheorie"[49] zurückgegriffen werden kann.[50] Wer also – in einem extremen

45 Ganz h.M.; vgl. nur *Fleischer* Gutachten 64. DJT, F 140; *Stemper* (Fn. 3) S. 741 f.; *Richter* (Fn. 2) S. 94; *Florstedt* AG 2010, 315, 318; *Berger/Stemper* WM 2010, 2289, 2290; auch *Eisen* (Fn. 2) S. 67 f.; *Reidenbach* (Fn. 2) S. 280 – alle m. w. N.

46 Nachw. zur Selbsteinschätzung der Ratings durch die Agenturen bei *Stemper* (Fn. 3) S. 75. In der Praxis wurden die Ratings aber entgegen ihrer eigentlichen Funktion als Informationsquelle und standardisierte Meinungsäußerung nicht nur als Indikator für eine Ausfallwahrscheinlichkeit, sondern stattdessen von den Investoren angesichts der Unübersichtlichkeit des Kapitalmarktes und der begehrten Entlastung von der eigenen Prüfung der Produkte zumeist als Empfehlung zum Kauf, Verkauf oder Halten bestimmter Titel aufgefasst, vgl. *Schön/Cortez* IRZ 2009, 11, 17; *Eisen* (Fn. 2) S. 67 f. m. w. N. Dazu, dass zu viel in das Rating hineininterpretiert wurde (sog. „Expection Gap"), s. *Rudolph* ZGR 2010, 1, 14; *Haar* ZBB 2010, 185, 187.

47 Ebenso *Fleischer* NJW 2010, 1504, 1505; *ders.* ZIP 2009, 1397, 1404; diff. OLG Düsseldorf AG 2010, 126, 128 (wenn „allein maßgebliche Informationsquelle"); *Habersack* in: Lorenz (Hrsg.) Karlsruher Forum 2009: Managerhaftung, 2010, S. 5, 19 (Gegenindiz: durchweg gutes Rating der Papiere und kein Eingreifen der Aufsichtsbehörden); *Empt* KSzW 2010, 107, 112.

48 Zu weiteren – je nach Produkt ggf. zu berücksichtigenden – Faktoren für eine Kapitalanlageentscheidung vgl. *Stemper* (Fn. 3) S. 74 f.; *Richter* (Fn. 2) S. 94; *Eisen* (Fn. 2) S. 68.

49 Zur Portfoliotheorie knapp *Fleischer/Schmolke* ZHR 173 (2009) 649, 653 f. m. w. N.

50 Gerade institutionelle Investoren unterliegen bei ihren Vermögensanlagen unterschiedlichen externen Restriktionen (z. B. nach dem InvG [Kapitalanlagegesellschaften] oder der Anlageverordnung [Versicherungsunternehmen]; näher dazu *Benk/Johanning* in: Herzog/Johanning/Rodewald (Hrsg.) Handbuch Vertriebs-Exzellenz im Asset Management 2008, S. 88 ff.), die in internen Regelungen ergänzt und z. T. noch verschärft werden, um bei Marktentwicklungen (die zur Überschreitung festgelegter Grenzen führen) einen Puffer zu haben, der ein aufsichtsrechtliches Eingreifen vermeidet. Ratings können hier einmal Bedeutung erlangen, indem etwa in den Anlagebedingungen eines Investmentfonds vereinbart wird, dass nur Finanztitel mit einem „investment grade"-Rating erworben oder gehalten werden dürfen oder sie zur Konkretisierung des Sorgfaltsmaßstabs gesetzlicher Vorschriften (Beispiel: § 9 Abs. 1 InvG) herangezogen werden; weiterhin nehmen Aufsichtsbehörden Ratings im Rahmen normkonkretisierender Vorgaben (z. B. in Rundschreiben) auch direkt in Bezug (s. *Eisen* [Fn. 2], S. 115 ff. m. w. N.). Die Berücksichtigung der Ratings bei der Anlageentscheidung ist danach also gebo-

Beispiel – bei beabsichtigtem hohen Investitionsvolumen unter allen mit der Höchstnote „Triple A" versehenen Wertpapieren ohne weitere Prüfungen und Plausibilitätskontrollen schlicht Produkte mit den höchsten Renditeerwartungen kauft, genügt diesen Anforderungen sicher nicht.[51]

Auch während eines laufenden Investments kann sich der Verantwortliche nicht darauf beschränken periodisch zu überprüfen, ob die Investition nach wie vor mit der „Bestnote" versehen ist. Dies hat auch einen strukturellen Grund: Wurde ein Papier erst einmal herabgestuft, so ist der Verlust für den Investor praktisch – als Buchverlust – schon eingetreten, da ein Verkauf der Papiere dann allenfalls noch unter Inkaufnahme erheblicher Werteinbußen möglich ist. Deshalb sind auch nach (umfangreichen) Finanzengagements eigene Marktbeobachtungen erforderlich, deren Ziel es sein muss, sich abzeichnende Veränderungen der Werthaltigkeit des Investments im Rahmen des Möglichen zu antizipieren, *bevor* die Ratingagenturen mit einer Herabstufung reagieren.[52]

Nach alledem kann nicht die Rede davon sein, dass eine unternehmerische Entscheidung durch das Vertrauen auf ein Rating vollständig ersetzt werden könnte.[53]

Jedoch: Bei aller berechtigten Kritik und bei allen notwendigen Hinweisen auf strukturelle Schwächen des Ratingmarktes darf nicht aus den Augen verloren werden, dass ein rechtssicherer Umgang mit unternehmerischen Entscheidungen – im Zivilrecht und erst recht im Strafrecht – die Entwicklung von Maßstäben erforderlich macht, anhand derer möglichst konkret bestimmbar ist, welcher zusätzliche Aufklärungsaufwand vom Investor bei seinen Kapitalanlageentscheidungen eigentlich erwartet wird, um den mehrfach angesprochenen „sicheren Hafen" zu erreichen. Die Kriminalisierung von Verhalten stößt notwendig an Grenzen, wenn keine belastbaren Kriterien benannt werden können, nach denen das erlaubte vom unerlaubten Risiko abzugrenzen ist. Hier gibt es in Zukunft noch viel zu tun.

---

ten und sicherlich ein wichtiger Faktor. Dass die Investmententscheidung aber – gerade bei hohen Investitionsvolumen jenseits des Tagesgeschäfts – allein auf das Bonitätsurteil gestützt werden darf oder soll, wird damit nicht zum Ausdruck gebracht. Selbst bei – im Regelfall sicheren – Staatsanleihen müssen vorher Länderrisiken u.a. einschlägige Parameter überprüft werden. Ratings sind schon bei Unternehmensanleihen nicht alternativlos (vgl. nur *Kassberger/Wentges* in: Eller/Gruber/Reif (Hrsg.) Handbuch Kreditrisikomodelle und Kreditderivate 1999, S. 23, 45 ff.: Ratings versus EDFs).

51 Zumindest in die Nähe dieses Beispiels kommen Vorgaben, wie sie nach dem Gutachten von Flick/Gocke/Schaumburg für den Erwerb von US RMBS durch die Bayern LB gemacht wurden. Danach heißt es in der Anlage „ABS Umbrellalinien und ABS-Strategie" zum Vorstandsprotokoll v. 26. 4. 2005: „ASP New York verwendet für RMBS/CMBS (durch Immobilien unterlegte ABS) und andere Assetklassen z. T. sog. „Umbrella-Linien. Es wird ohne weitergehende Risikoanalyse/Beschlussfassung in marktgängige AAA-Papiere in den USA investiert. Das Monitoring findet über Sekundärmarktpreise (Mark-to-Market) statt"; abrufbar unter http://www.gutachten.attac.de/FGS_Gutachten_Bayern_LB_Band_2-web.pdf, S. 429 (zuletzt abgerufen am 14. 6. 2011).

52 Zum Zeitmoment beim Vertrauen auf fremde Urteile *Florstedt* AG 2010, 315, 318 f. (am Beispiel „IKB").

53 Anders OLG Düsseldorf WM 2009, 1655, 1656; *Balthasar/Hamelmann* WM 2010, 589, 592.

IV. Strafrechtliche Konsequenzen

Abschließend sei zu der möglichen Untreuestrafbarkeit eines Investors, der seine Entscheidung maßgeblich oder allein auf das hervorragende Rating stützt, stichwortartig noch Folgendes bemerkt:

Wegen der gesetzlich gewollten Privilegierung riskanten unternehmerischen Handelns macht sich schadensersatzpflichtig, aber auch strafbar nur derjenige Unternehmensleiter, der eine *völlig unvertretbare Investitionsentscheidung* trifft, dieser also die Fehlerhaftigkeit gleichsam auf die Stirn geschrieben steht. Nach der berühmten ARAG/Garmenbeck-Entscheidung ist erst bei Überschreiten dieses weiten unternehmerischen Ermessens die Grenze zur zivilrechtlichen Haftung[54] und nach Ansicht vieler im Strafrecht auch die Strafbarkeitsgrenze überschritten.[55] Wenn daneben z.T. noch eine gravierende Pflichtverletzung verlangt wird,[56] bringt das meiner Meinung nach kaum zusätzlichen Einschränkungsgewinn. Unter welchen Voraussetzungen eine evidente Fehlentscheidung vorliegt, ist natürlich stark von den Umständen des Einzelfalles abhängig. In der Verletzung der Business Judgement Rule – etwa weil der Investor auf unzureichender Tatsachengrundlage entschieden hat – wird zumindest ein Indiz für eine Pflichtverletzung gesehen.[57] Auszuwerten sind hier aber auch die Aspekte, die das OLG Düsseldorf für eine grobe Pflichtverletzung bei Vermögensanlagen in Kreditverbriefungen angeführt hat, also: Überschreitung des Unternehmensgegenstandes, die Eingehung von Klumpen- oder bestandsgefährdenden Risiken sowie Versäumnisse bei der Einrichtung eines Risikofrüherkennungssystems.[58]

Lässt sich im Einzelfall eine Vermögensbetreuungspflicht wegen unvertretbaren Vorstandshandelns annehmen, wird auch die Feststellung eines *Vermögensnachteils* bei der Investition in komplexe strukturierte Finanzprodukte häufig Schwierigkeiten bereiten. Das gilt vor allem, nachdem das BVerfG in seinem Beschluss vom Juni 2010 die Anforderungen an die Schadensberechnung und -darlegung im Urteil deutlich erhöht hat.[59] Kommt man über diesen Punkt hinweg, weil etwa nachweisbar ist, dass es bei Subpri-

---

54 BGHZ 135, 244, 253; BGH NZG 2002, 195, 196; *Spindler* in: MünchKomm-AktG, § 93 Rn. 30ff. m.w.N.

55 Pars pro toto BGHSt 50, 331, 332 Ls 2 – „Mannesmann"; wohl auch BGH NJW 2006, 453, 454f. – „Kinowelt"; *Rönnau* ZStW 119 (2007) 887, 917f. sowie *Perron* in: Schönke/Schröder (Hrsg.) StGB 28. Aufl. 2010, § 266 Rn. 19b – jew. m.w.N.

56 Etwa von BGHSt 46, 30, 32ff.; 47, 148 und 187f., 150; 49, 147, 155; BGH, Beschl. v. 13. 4. 2011 – 1 StR 94/10 Rn. 30; *Lüderssen* StV 2009, 486, 487; *Dierlamm* in: MünchKomm-StGB, 2006, § 266 Rn. 154 m.w.N. zur Rspr. und Lit.; jüngst auch *Seibt/Schwarz* AG 2010, 301, 310ff. und das BVerfG ZIP 2010, 1596, 1602f. Rn. 112 (allerdings mit dem Hinweis, „dass sich gravierende Pflichtverletzungen nur bejahen lassen, wenn die Pflichtverletzung evident ist").

57 So *Spindler* in: MünchKomm-AktG, § 93 Rn. 39.

58 OLG Düsseldorf AG 2010, 126, 127ff.; näher *Fleischer* NJW 2010, 1504ff.; *Spindler* NZG 2010, 281, 283f.; *Florstedt* AG 2010, 315ff.; *Empt* KSzW 2010, 107ff.

59 BVerfG ZIP 2010, 1596, 1603 Rz. 113f.: „Strafgerichte (müssen) den von ihnen angenommenen Nachteil der Höhe nach beziffern und dessen Ermittlung in wirtschaftlich nachvollziehbarer Weise in den Urteilsgründen darlegen." Für strukturierte Wertpapiere kann es im Einzelfall schwierig sein, überhaupt einen Marktpreis als Vergleichsmaßstab zu ermitteln, vgl. das Positionspapier des IDW zu Bilanzierungs- und Bewertungsfragen im Zusammenhang mit der Subprime-Krise v. 10. 12. 2007.

me-Krediten an der Bonität des Schuldners und ausreichend werthaltiger Sicherheiten – auch unter Berücksichtigung von Kreditausfallversicherungen – fehlt, so dass die verbrieften Forderungen im Wert erheblich zu berichtigen sind, bleibt im objektiven Untreuetatbestand als mögliche Strafbarkeitshürde allein noch die objektive Zurechenbarkeit des Schadens.[60] Die Prüfung, ob der Untreueerfolg in gleicher Höhe ebenso bei rechtmäßigem Alternativverhalten – also etwa bei ausreichend informierter Entscheidung – eingetreten wäre, kann unter Umständen zu einem erheblich geringeren zurechenbaren Schaden führen, wenn diese Überlegung nicht schon bei der Bestimmung der *ex ante* vertretbaren Investition und damit bei der Pflichtwidrigkeit angestellt wurde.

Aber selbst bei Verwirklichung des objektiven Tatbestandes muss dem Täter immer noch ein entsprechender Vorsatz sowie Unrechtsbewusstsein nachgewiesen werden. Das mag bei einem bewussten Einsatz des anvertrauten Vermögens nach „Art eines Spielers", also unter Missachtung aller Regeln der kaufmännischen Sorgfalt, im Einzelfall gelingen.[61] „Blindes" Vertrauen auf Ratings auf der Jagd nach möglichst hoher Rendite könnte in diesen Bereich fallen. Vielfach werden die Durchschnittsinvestoren – jedenfalls bis zum Ausbruch der Finanzkrise – aber einfach fahrlässig bzw. grobfahrlässig gehandelt haben. Dünner wird die Luft natürlich, wenn deutliche Warnzeichen der Finanzkrise am Kapitalmarkt ignoriert werden, die Gefahr des Vermögensverlustes damit nahe liegt und trotzdem noch investiert bzw. nicht deinvestiert wird. Hier ist das Vorliegen von Eventualvorsatz zu prüfen.[62]

60 Ausführlich dazu im Untreuekontext *Salger* in: SSW-StGB, § 266 Rn. 79 ff.

61 Diese Formel verwendete der BGH erstmals in der Bundesligaskandal-Entscheidung (NJW 1975, 1234, 1236) zur Feststellung eines Gefährdungsschadens bei Risikogeschäften. Sie beschreibt bildhaft den Prototyp eines Untreue(vorsatz)täters, muss aber nach dem BVerfG (ZIP 2010, 1596, 1608 f. Rn. 149 ff.) zukünftig durch nachvollziehbare Angaben zum Wertverlust konkretisiert werden, um dem Bestimmtheitsgebot zu genügen.

62 Spätestens auf der subjektiven Tatseite ist neben dem Einwand des Vertrauens (auch) auf positive Ratings weiteren Entlastungsfaktoren wie etwa dem Nichteinschreiten von (Testate erteilenden) Wirtschaftsprüfern und den Aufsichtsbehörden, dem schwer vorhersehbaren Zusammenbruch des Interbankenmarktes (Refinanzierungsmöglichkeit!) etc. nachzugehen.

Zwischenbilanz

Das Gesetz ist nicht genug
Schlechtes Wirtschaften und die Medien

Marc Beise

Im Kino läuft „Wall Street II". In der Realität ermitteln Staatsanwälte bundesweit gegen Bankmanager und andere Wirtschaftsführer wegen fragwürdiger Geschäfte. HSH Nordbank, Hypo Real Estate, Landesbank Baden-Württemberg (LBBW), WestLB und vor allem BayernLB sind die bekanntesten Fälle. Mittlerweile trifft es nicht nur diejenigen, die sich in grober Unkenntnis der Zusammenhänge hemmungslos verspekulierten, sondern auch die Profis des Gewerbes, die zunächst unbeschadet durch die Finanzkrise gekommen zu sein schienen. In den Vereinigten Staaten haben Goldman Sachs und die Deutsche Bank schwer zu kämpfen. Im Mai 2011 ist in New York der frühere McKinsey-Mann und Hedgefonds-Manager Raj Rajaratnam in 14 Fällen des Insiderhandels für schuldig befunden worden.

Spektakuläre Urteile, Vergleiche oder auch schon laufende Verfahren an sich können nicht darüber hinweg täuschen, dass sich die Ankläger meist schwer tun. Nicht jeder Beschuldigte wird am Ende wirklich zur Rechenschaft gezogen. Hausdurchsuchungen, auch Untersuchungshaft sind kein sicheres Indiz für eine spätere Strafe. Da auch vertrauliche Ermittlungen bis in den öffentlichen Raum ausstrahlen, haben die Bürger Gelegenheit, den Fortgang der Verfahren zu verfolgen. Das ist Lust und Frust. Man hört von erdrückenden Beweisen, wahrscheinlichen Anklagen, registriert Rückschläge in der Beweisführung, Spekulation über Freisprüche, am Ende steht manchmal eine Einstellung des Verfahrens gegen mitunter hohe Auflagen, die den Interessen keiner Seite wirklich gerecht werden.

Zwischen der Schadensumme und der rechtlichen Aufarbeitung, zwischen dem Tun der Banker und Manager, Sachverhalt und dem Gerechtigkeitsempfinden der Bürger klafft eine Lücke so groß, dass sie unser Wirtschaftssystem, das auf Akzeptanz angewiesen ist, Legitimation kostet.

Die große Finanzkrise, die 2008 mit voller Wucht ausgebrochen ist, und sich seit mindestens einem Jahrzehnt angekündigt hatte, war keine Naturkatastrophe. Sie war Menschenwerk. Ihre Folgen sind verheerend, und die Schäden längst nicht bewältigt. Unendlich viel Kapital ist vernichtet, wirtschaftliche Existenzen sind ruiniert worden. Aus der Finanzkrise ist eine Schuldenkrise geworden, die Stabilität des Geldes steht auf dem Spiel. Der Handlungsspielraum für kluge Politik, vor allem für kluge Wirtschaftspolitik, ist dramatisch eingeschränkt. Die Einkommensunterschiede wachsen, die Zweiteilung der Gesellschaft in die Habenden und die Nicht-Habenden, in Sieger und Verlierer wächst. Und was am schlimmsten ist und damit einhergeht: Das Vertrauen in die Marktwirtschaft ist bedrohlich beschädigt. Ergebnisse von einschlägigen repräsentativen Umfragen sind erschreckend. „Die da oben" machen, was sie wollen, und sie kommen damit durch, und „wir hier unten" haben es auszubaden: Diese Einstellung schien in den Jahrzehnten nach 1945 und erst recht nach dem Zusammenbruch des real existierenden Sozialismus in den Jahren 1989 ff. ein für alle mal überwunden zu sein. Wer das dachte, hat sich zu früh gefreut. Die Zweifel an der Legitimation eines Wirtschaftssystems, das auf dem möglichst freien Spiel der Kräfte beruht, wachsen wieder – wer freiheitlich denkt, für den müssen hier alle, wirklich alle Alarmsirenen angehen .

Die juristische Aufarbeitung der Finanzkrise könnte diesem Vertrauensverlust entgegen wirken, die Bürger lechzen danach. Hochriskante und für Institute mit öffentlichem Auftrag sogar atypische Geschäfte haben die Steuerzahler viele Milliarden Euro gekostet. Aber wird man das wirklich bestrafen können? Auf den ersten Blick stehen die Chancen schlecht. Das aber wäre verhängnisvoll. Wenn die Finanzkrise nicht anständig bewältigt wird, waren die gewaltigen staatlichen Rettungsmaßnahmen vermutlich vergebens.

Schwieriger wird es im Fall möglichen Missmanagements, das aber für die Rechtkultur und für den Bestand von Demokratie und Marktwirtschaft eine ungleich größere Bedeutung hat. Natürlich ist nicht jeder Missgriff kriminell, vielleicht nicht einmal kritikwürdig. Fehler kann allenfalls vermeiden, wer kein Risiko eingeht. Ohne Risiko aber kann es keinen Erfolg geben. In der Marktwirtschaft ist der Erfolg einer Handlung nicht sicher vorauszusehen, die Konkurrenz mag besser sein, der Markt sich drehen. Gewissheit gibt es nur auf dem Papier, und hinterher. Spötter sprechen von den „Neunmalklugen", die hinterher alles besser wissen und daraus Handlungsanweisungen früher ableiten. So lapidar freilich kann man das Geschehen an den Märkten nicht abtun. Deshalb nicht, weil es natürlich Warnungen gab und mehr Akteure ahnten, was sie taten, auch wenn sie das heute nicht zugeben wollen. Und deshalb nicht, weil die Folgen von Missmanagement in diesem Bereich alle Grenzen sprengen. Das ist ja neu: Anders als früher können sich Fehler heute im ganzen System auswirken. Wer das noch nicht wusste, hat es im Zuge der Finanzkrise erfahren, die zum Weltflächenbrand wurde. Es geht also darum, gutes und schlechtes Risikoverhalten auseinander zu halten.

Vergleichsweise einfach sind noch die Fälle, in denen es ganz klar um kriminelles Handeln geht. Der Fall Enron, das System des Bernard Madoff, die Schwarzen Kassen bei Siemens, das sind Fälle der Sachverhaltsaufklärung, nicht des Tatbestandes. Schwierig wird es dort, wo weder persönliche Bereicherung noch klarer Gesetzesverstoß vorliegt. Der frühere Chef der Industriebank IKB in Düsseldorf, die als erstes deutsches Institut in Schieflage geriet, Stefan Ortseifen, wurde (noch nicht rechtskräftig) zu einer Freiheitsstrafe auf Bewährung verurteilt, vor allem weil er in einer Presseerklärung die Lage seiner Bank „geschönt" hatte; das war ein Gesetzesverstoß. Zehn Tage, bevor die Bank in eine existenzbedrohende Lage geriet, hatte Ortseifen sinngemäß erklärt, die Krise am amerikanischen Immobilienmarkt sei für die IKB weit weg; kurze Zeit später musste die Bank vom Staat, also vom Steuerzahler, mit rund zehn Milliarden Euro Garantien und Kapitalhilfen gerettet werden. Das konnte man dem Bankchef vorwerfen, und auch dass er kleinere Bauarbeiten ohne Genehmigung der Bank abgerechnet hatte, war ein Thema – aber nicht von ungefähr sind weder Ortseifen noch seine Vorstandskollegen oder die Aufsichtsräte dafür bestraft worden, überhaupt so riskant und verantwortungslos spekuliert zu haben.

Der am ehesten einschlägige Untreue-Paragraph 266 des Strafgesetzbuchs greift häufig nicht, weil ein schuldhaftes Fehlverhalten nicht nachzuweisen ist: Der Bankchef hat meist nicht bewusst und gegen allen Rat das Falsche getan. Schlimmer, aber entlastend: Er wusste womöglich gar nicht, was er tat. Er habe, bekannte kürzlich ein Spitzenbanker, in seiner Branche in den letzten Jahren so viel Unfähigkeit gesehen, dass ihm angst und bange sei. Diesen Amateuren in Nadelstreifen das Handwerk zu legen ist das aktuell drängende Problem.

Dabei kommt das Strafrecht an seine Grenzen. Namentlich die Strafrechtsprofis, die womöglich auch im Nebenjob in einschlägigen Gerichtsverfahren Verteidiger der Wirtschaftsgrößen sind, warnen heftig. Sie verweisen auf die Unschuldsvermutung und den Grundsatz, dass nur bestraft werden kann, wer eindeutig gegen bestehende Gesetze verstößt. Die an Bedeutung gewinnenden privaten Ermittlungen, wie sie Unternehmen alleine oder in Kooperation mit Staatsanwaltschaften betreiben, sehen sie mit Argwohn. Das Verfahren sei zu ungeordnet, lautete eine Klage. Aber Unordnung ist ein Zug der Zeit, darüber zu lamentieren sinnlos.

Dagegen bemüht sich dankenswerterweise Klaus Lüderssen um eine Weitung des Rechtsbegriffs. Er sieht eine dezentrale Rechtsordnung wachsen, etwa durch freiwillige Vereinbarungen in der Wirtschaft, die allgemein befolgt werden. Diese Regeln gehen am Staat vorbei, und sie sind dennoch verbindlich. Auf den Bankensektor bezogen, kann man das die Demokratisierung des Finanzsystems nennen. Die Juristen werden nicht umhinkommen, in der Praxis, bei der Strafverfolgung näher an dieses neue Phänomen heranzukommen. Falsche Information ist das eine, falsches Handeln ein anderes. Es wird spannend sein zu sehen, wann Staatsanwaltschaften es wagen, den Kern anzuklagen. Auch das Münchner BayernLB-Verfahren könnte eine Chance sein, hier belastbare Kriterien zu entwickeln.

Solange dies nicht geschehen ist, bleibt als – ebenfalls begrenzt wirksamer – Sanktionsmechanismus das Zivilrecht, wo nicht Vorsatz erforderlich ist, sondern Fahrlässigkeit: Hat der Bankchef sich wirklich umfassend informiert und abgesichert?

In den Vereinigten Staaten scheint man etwas weiter zu sein. Die Investmentbank Goldman Sachs musste immerhin mit der US-Börsenaufsicht SEC einen Vergleich über 550 Millionen Dollar schließen; die Aufseher warfen der Bank vor, ihre Kunden bei riskanten Geschäften getäuscht zu haben – oder waren diese nur dumm genug, sich selbst zu betrügen? Auch gegen Rating-Agenturen, die als Mitverursacher der Krise gelten, wird ermittelt. Und die Deutsche Bank steht unter Verdacht, die staatliche Wohnungsbaubehörde über die Qualität von Hypotheken getäuscht und sich damit deren Gütesiegel erschlichen zu haben; es geht um Schadensersatz und Geldbuße in maximal Milliardenhöhe. Allerdings: Die große Generalabrechnung mit den Spielern und Zockern und Hasardeuren von der Wall Street ist das auch nicht.

Wir brauchen alle neue Instrumente, auch solche im außerrechtlichen Bereich. Nicht gegen das Recht, aber auch nicht in den gewohnten Bahnen. Es ist verständlich, zulässig und nützlich, dass Staatsanwälte aufrüsten. Dass sie zum Beispiel die Mittel der Razzia und der U-Haft auch nutzen, um die Selbstgewissheit der Millionäre in den Chefetagen zu brechen: Seht her, auch Ihr steht nicht über dem Gesetz, auch Euch droht Kontrollverlust. Wie man hört, sind diese Methoden manchmal sehr erfolgreich. Auch dass die Einzelheiten der Ermittlungsverfahren – durch welche Tippgeber auch immer – in die Öffentlichkeit geraten, hilft.

In letzter Konsequenz muss die öffentliche Meinung sanktionieren. Angesichts der Größe des Problems völlig zu Recht berichten die Medien ausführlich, personalisieren, prangern Missstände an, die offensichtlich sind, aber eben (noch) nicht ins juristische

Regelwerk passen. Das mögen die Manager nicht und sprechen mitunter von Spießrutenlauf. Das ist auch in eigenen Reihen nicht unumstritten. Die „Süddeutsche Zeitung“ hat den Siemens-Korruptionsskandal medial begleitet wie kein anderes Medium. Sie ist dafür von einem Teil ihrer Leser angefeindet worden, vom Druck der damaligen Unternehmensspitze und der bayerischen Politik ganz zu schweigen. Auch in der Redaktion wurde heftig diskutiert. Betreiben wir Journalisten Vorverurteilung? Ich glaube nicht.

Zeitungen machen, wenn es gut geht, Nachrichten nicht, aber sie verbreiten sie. Sie müssen sie verbreiten. Journalisten haben dabei nicht die Wahl, welche Nachrichten sie bringen und welche nicht. Sie sind News-Händler, und vom Händler erwartet der Kunde das volle Sortiment. Auch Ermittlungsverfahren sind Nachrichten. Was sie haben, müssen sie anbieten, um des Geschäfts willen (Nachrichten gegen Kaufpreis der Zeitung), aber auch angesichts ihrer gesamtgesellschaftlichen Verantwortung. Journalisten schreiben, was sie wissen, einige wissen mehr als andere, zufällig oder (besser) systematisch – wenn nämlich bei ihnen der investigative Journalismus professionell und erfolgreich betrieben wird. Das aktive Handeln mit Nachrichten trifft sich mit dem Informationsbedürfnis der Öffentlichkeit. Kein Wirtschaftssystem braucht so viel Transparenz und öffentliche Kontrolle wie die Marktwirtschaft, kein politisches System so viel wie die Demokratie. Öffentliche Ächtung ist ein zulässiger Sanktionsmechanismus.

Freilich ist wichtig, dass auch das Tun der Medien unter Kontrolle steht. Die „vierte Gewalt“ steht nicht über dem Gesetz. Die Grenze ihres Tuns ist das Presserecht. Das nutzen viele Akteure in der Wirtschaft aus. Es ist ihr gutes Recht. Sie werden es aber nicht schaffen, die Journalisten handzahm zu machen. Und das ist auch gut so.

Strafprozessuale Fragen

Interne Ermittlungen und Legalitätsprinzip – Relativierung des staatlichen Ermittlungsmonopols?

Anne Wehnert

Gliederung

1. Einleitung
2. Interessenlage Staatsanwaltschaft vs Unternehmen
3. Sphärenverschiebung
4. Parallelermittlungen
5. Interne Vorfeldermittlungen
6. Fazit

1. Einleitung

Es ist festzustellen, dass die faktische Beteiligung Privater an strafprozessualen Ermittlungen heutzutage vielfältig ist. Ich will mich aber im Rahmen des Vortrags wegen der Kürze der zur Verfügung stehenden Zeit auf die private Straftatnachforschung in Unternehmen im Zusammenhang mit staatsanwaltlichen Ermittlungen beschränken. Auf das grundsätzlich berechtigte Anliegen des Arbeitgebers, Straftaten innerhalb der ihm obliegenden Unternehmenssphäre zu bekämpfen sowie die Einhaltung geltender Regeln am Arbeitsplatz nachhaltig zu kontrollieren (Stichwort: Compliance), bzw. auf die hier zu beobachtenden unverhältnismäßigen Auswüchse der jüngsten Vergangenheit (Lidl, Telekom usw.)[1] werde ich nicht eingehen.

Die Frage nach der *Relativierung des staatlichen Ermittlungsmonopols* durch interne Ermittlungen beginnt methodisch zunächst beim Wortlaut des § 152 Abs. 2 StPO, der die generelle Aufgabenzuweisung des Gesetzgebers an die Staatsanwaltschaft zum Einschreiten bei Vorliegen eines Anfangsverdachts enthält. Verfassungsrechtlich ist insoweit Art. 20 Abs. 2 S. 2 GG einschlägig, der die Organisationshoheit des Staates zur rationalen und sachgerechten Erfüllung von staatlichen Aufgaben denknotwendig voraussetzt.[2]

Das Legalitätsprinzip als solches ist verfassungsrechtlich hingegen allein schon aus der Rechtsstaatsgarantie herzuleiten, da nur die konsequente Implementierung eines Verfolgungs- und Anklagezwangs nach dem Verfassungsverständnis die notwendige Gleichbehandlung der betroffenen Bürger gem. Art. 3 Abs. 1 GG und damit letztlich

1 Siehe hierzu *Neuhaus* in: Kempf/Lüderssen/Volk (Hrsg.) Die Finanzkrise, das Wirtschaftsstrafrecht und die Moral, S. 348 ff.
2 BVerfGE 90, 364.

allgemein strafrechtliche Gerechtigkeit im Geltungsbereich der Verfassung garantiert. Eine *Relativierung des Ermittlungsmonopols* – und deshalb des Legalitätsprinzips – würde infolgedessen einhergehen mit einer Relativierung der Rechtsstaatsgarantie, die als wesentliches Prinzip des deutschen Grundgesetzes allgemein anerkannt ist und besonderen Schutz genießt.[3]

2. Interessenlage Staatsanwaltschaft vs Unternehmen

Wie sind in diesem Zusammenhang interne Ermittlungen zu bewerten?

Immer häufiger zu beobachten sind interne Ermittlungen im Unternehmen unter Hinzuziehung externer Rechtsanwälte, Detektive sowie Wirtschaftsprüfer im Vorfeld oder in einem Kontext staatsanwaltschaftlicher Ermittlungsverfahren, die vor allem darauf abzielen, der Staatsanwaltschaft privat recherchierte Erkenntnisse – teilweise aufbereitet wie Anklageschriften – zwecks der Verwendung im Ermittlungsverfahren zuzutragen. Für Staatsanwälte kann ein, objektiv betrachtet, durchaus nachvollziehbares Interesse an dieser interdisziplinären Art einer Zuarbeit durch nichtstaatliche Dritte bestehen, führt sie doch zur spürbaren Ressourcenschonung in personeller und finanzieller Hinsicht, zur deutlichen Beschleunigung der notwendigen Aufklärungsarbeit und – nicht selten – zur Aufklärung von zum Teil hoch komplexen Sachverhalten in fernab gelegenen Regionen, in denen sich Rechtshilfeersuchen als stumpfes Schwert erweisen. Im ebenso verständlichen Gegenzug versprechen sich intern ermittelnde Unternehmen von einer vertrauensvollen Zusammenarbeit mit der Staatsanwaltschaft einen Bonus als Einziehungsbeteiligte bzw. Adressaten von Unternehmensgeldbußen nach dem Motto „schnell, leise, billig"!

Dieses interessengeleitete Phänomen der freiwilligen Übergabe unternehmensintern recherchierter Erkenntnisse an die Staatsanwaltschaft wurde als Praxis aus den USA importiert. Die Einschaltung privater Ermittler zur Aufarbeitung von Sachverhalten für die Staatsanwaltschaft ist im Zusammenhang mit sog. FCPA-Ermittlungen seit langem Standard. Die *Prosecutorial Guidelines* – vom amerikanischen *Department of Justice* formulierte Leitlinien, die dortigen Staatsanwälten bei der Durchführung von Ermittlungen gegen Unternehmen als Richtschnur für die eigene Ermessensausübung dienen – setzen die Vornahme interner Ermittlungen durch private Dritte geradezu voraus.[4] Ohne die willentliche Zuarbeit des Unternehmens in Form interner Ermittlungen läuft ein in den USA beschuldigtes Unternehmen Gefahr, die volle Härte des gesetzlichen Sanktionsprogramms bis hin zu einer Unternehmensliquidierung zu spüren zu bekommen. Im „*best case*" können dagegen umfassend vom Unternehmen aufbereitete Ermittlungen am Ende dazu führen, dass amerikanische Staatsanwälte auf die Durchführung eigener Ermittlungen gegen das beschuldigte Unternehmen ganz verzichten. Im Fall absolut uneingeschränkter Kooperation, d.h. der rechtzeitigen und freiwilligen Offenbarung von Fehlverhalten Einzelner und der Bereitschaft zur umfänglichen Zusammenarbeit mit der Staatsanwaltschaft unter Verzicht auf das *Attorney Client Privilege*

3 Vgl. BVerfGE 20, 331.
4 Vgl. *Wehnert* NJW 2009, 1190ff.

und das *Work Product Privilege* – kann es in den USA gar gelingen, dass in einem Strafverfahren auf eine Sanktionierung des beschuldigten Unternehmens vollständig verzichtet wird.[5]

3. Sphärenveschiebung

Mit der Adaption dieser scheinbar zweckmäßigen US-amerikanischen Mechanismen in deutsche Ermittlungsverfahren, die zu einem Outsourcing staatsanwaltschaftlicher Ermittlungen an nichtstaatliche Dritte führt, sind aufgrund der sehr unterschiedlichen Verfassungssysteme Friktionen mit dem deutschen Verfassungsrecht – und folglich auch mit strafprozessualen Grundsätzen – unvermeidbar.

Als Stichworte zu nennen sind etwa:

- Aufgabe des Legalitätsprinzips zugunsten eines universellen Opportunitätsprinzips
- Potentielle Grundrechtsbeeinträchtigungen (z. B. Art. 1 GG, Art. 3 Abs. 1 GG)
- Schwächung der Schutzwirkung des Art. 20 Abs. 2 S. 2 GG (Gewaltenteilung)
- Missachtung des Demokratieprinzips (Materielle und personelle Legitimation)

Es muss leider konstatiert werden, dass es in Deutschland – praeter legem – in jüngerer Zeit häufiger zu Sphärenverschiebungen, weg vom erwünschten staatlichen Ermittlungsmonopol und hin zur umfänglichen Einbeziehung privater Ermittler im Bereich der Aufklärung strafrechtlich relevanter Sachverhalte mit Unternehmensbezug, kommt.[6]

Wie sieht diese Sphärenverschiebung aus?

Interne Unternehmensermittlungen werden nicht nur parallel zu den Ermittlungen der Staatsanwaltschaft nach Einleitung eines Ermittlungsverfahrens geführt, sondern kommen auch im Vorfeld eines Anfangsverdachts gemäß § 152 Abs. 2 StPO sowohl auf Eigeninitiative der Unternehmen als auch auf Initiative der Staatsanwaltschaft im Rahmen eines AR-Verfahrens oder in einem schon anhängigen Js-Verfahren zu anderen strafprozessualen Lebenssachverhalten i. S. v. § 264 StPO vor.

4. Parallelermittlungen

Wenden wir uns zunächst den Parallelermittlungen zu:

In welchem Umfang sind parallel zur Staatsanwaltschaft geführte Unternehmensermittlungen in einem schon anhängigen Ermittlungsverfahren zulässig?

Das Ermittlungsmonopol der Staatsanwaltschaft ist dann tangiert, wenn diese nur noch formal in Erscheinung tritt und die wesentlichen Ermittlungsschritte von privaten Ermittlern durchgeführt werden, die Staatsanwaltschaft also ihre Sachleitungsbefugnis

5 *Wehnert* in: FS Müller 2008, S. 729 ff.; *dies.* in: FS Dahs 2005, S. 523.
6 Vgl. *Brunhöber* GA 2010, 751 ff.; *Dann* ZMGR 2010, 286; *Wehnert* JR 2007, 81.

aus der Hand gibt und die Verpflichtung zur Unparteilichkeit (§ 160 Abs. 2 StPO) aufgibt. Das Ermittlungsmonopol der Staatsanwaltschaft wird auch dann unterlaufen, wenn durch interne Ermittlungen persönliche und sachliche Beweisquellen getrübt werden. Dies kann etwa bei Befragung von Anhörungspersonen durch interne Erhebungen im Vorgriff auf eine Vernehmung durch die Staatsanwaltschaft der Fall sein. Denn interne Unternehmenserhebungen erfolgen in der Regel nicht objektiv und neutral, sondern sind geprägt durch das vom Unternehmen selbst – wie auch immer – definierte Unternehmensinteresse. Unsachgemäß durchgeführte Erstanhörungen von Auskunftspersonen durch interne Ermittler können den Beweiswert einer zeugenschaftlichen Nachvernehmung durch die Staatsanwaltschaft zunichte machen. Gleiches gilt für sämtliche sonstigen Erhebungen durch interne Ermittler, die nur einmal durchgeführt werden können und sodann verbraucht sind (z.B. unsachgemäße Personengegenüberstellung; bei Erst-Tatortbesichtigung Verwischung der Spurenlage). Aus diesem Grunde nehmen Staatsanwälte häufig das Erstvernehmungsrecht für sich in Anspruch und untersagen solche Parallelermittlungen. Es kommen aber auch Fälle vor, in denen Staatsanwälte im anhängigen Ermittlungsverfahren Ermittlungshandlungen auf interne Unternehmensermittler übertragen und diese wie Beliehene einsetzen. Absprachen zwischen dem Unternehmen und der Staatsanwaltschaft im Rahmen der Kooperation dahin, dass die Staatsanwaltschaft den internen Ermittlern die Befragung überlässt, sind mit dem Legalitätsprinzip nicht in Einklang zu bringen. Aus fiskalischen Gründen darf das Legalitätsprinzip nicht eingeschränkt werden. Die Verpflichtung der Staatsanwaltschaft zum Einschreiten umfasst auch die Veranlassung solcher Maßnahmen im Ermittlungsverfahren, die nur an die Ermittlungspersonen der Staatsanwaltschaft übertragen werden dürfen und nicht an sonstige Organisationen und schon gar nicht an private Dritte, die regelmäßig selbst ein Interesse am Ausgang des Verfahrens haben, zumal sie bei der Ausgestaltung der Befragung von Auskunftspersonen nicht den Vorgaben der StPO unterliegen.

Arbeitsrechtliche Instrumentarien – die überaus weitreichende Redepflicht der Auskunftsperson im Lichte der Disziplinierungsmöglichkeiten im arbeitsrechtlichen Über-Unterordnungsverhältnis bis hin zur fristlosen Kündigung eines Kooperationsunwilligen – werden im Falle einer solchen Kooperation zweckändernd eingesetzt. Denn die arbeitsrechtlich nach Maßgabe der wenig restriktiven arbeitsgerichtlichen Rechtsprechung[7] in durchaus zulässiger Weise herausgefilterten Erkenntnisse (z.B. Selbstbelastungspflicht von Anhörungspersonen) verlassen das arbeitsrechtliche Innenverhältnis (Sphäre für Compliance) im Augenblick der freiwilligen Übergabe durch das Unternehmen an den Staat und treten in ein neues strafprozessuales Verhältnis, nämlich das zwischen Staat und Bürger bestehende, ein. Hier greifen die schützenden Formen der Strafprozessordnung für die betroffenen Mitarbeiter in ihrer vom Gesetzgeber vorgesehenen und gesetzlich normierten Art zu spät. Vormalige Anhörungspersonen werden zum Objekt des Verfahrens, da sie ihrer Rechte, die sie als Beschuldigte oder Zeugen im Ermittlungsverfahren selbstverständlich hätten, beraubt wurden.[8] Verwertungsverbote, die in ihrer Reichweite zudem stark umstritten sind, können dann nur noch begrenzt helfen, um die Subjektstellung des Beschuldigten im Ermittlungsverfahren wieder herzustellen.

---

7 Vgl. LAG Hamm CCZ 2010, 237 m. Anm. *Dann*.

8 Vgl. Thesen der Bundesrechtsanwaltskammer zum Unternehmensanwalt im Strafrecht vom November 2010, BRAK-Stellungnahme-Nr. 35/2010 (abrufbar im Internet unter: www.brak.de).

5. Interne Vorfeldermittlungen

Nun zu privaten Ermittlungen im Vorfeld eines Anfangsverdachts. Hier gilt es grundsätzlich zu differenzieren:

Finden die internen Untersuchungen auf Initiative eines Unternehmens mit dem Ziel statt, Strafanzeige zu erstatten, ist das Legalitätsprinzip nach § 152 Abs. 2 StPO und damit das Ermittlungsmonopol der Staatsanwaltschaft grundsätzlich nicht betroffen. Anders verhält es sich dagegen, wenn die Staatsanwaltschaft – das Gesamtgeschehen lenkend – in dieser Phase schon interveniert.

Lassen Sie mich die Problematik anhand einiger beispielhaft zugespitzer Fragen illustrieren:

Darf es sein, dass die Staatsanwaltschaft – etwa nach Lektüre eines Berichts in der Regenbogenpresse – über vermeintlich „völlig undurchsichtige Praktiken" eines Unternehmens zum Erhalt von Großaufträgen in Regionen, die auf dem Index von Transparency International stehen, an das Unternehmen mit der staatlichen Forderung herantritt, im Wege einer – untechnisch gesprochen – „Selbstanzeige" der Staatsanwaltschaft zureichende tatsächliche Anhaltspunkte i.S.v. § 152 Abs. 2 StPO zwecks Einleitung eines Ermittlungsverfahrens zu liefern?

In diesem Fall wäre das Legalitätsprinzip durchbrochen, das die Staatsanwaltschaft verpflichtet, nur bei Vorliegen eines Anfangsverdachts (zureichende tatsächliche Anhaltspunkte) einzuschreiten. Vorermittlungen zur Aufklärung des Vorliegens eines Anfangsverdachts gestatten der Staatsanwaltschaft lediglich die sogenannten „Jedermannsrechte". Hier liegt das Einfallstor für die Sphärenüberlagerung durch den Eingang von privat erhobenen Erkenntnissen im Vorfeld eines Anfangsverdachts zur Einspeisung bei der Staatsanwaltschaft in der Form, dass diese Erkenntnisse zur Bejahung eines Anfangsverdachts und der Einleitung von Ermittlungen führen.

Oder darf es beispielsweise sein, dass die Staatsanwaltschaft nach Einleitung eines Ermittlungsverfahrens wegen des Verdachts der Bestechung eines indonesischen Amtsträgers ein Unternehmen auffordert, zur Erlangung von Anhaltspunkten für korruptive Sachverhalte in anderen Ländern eine Eigenrecherche durchzuführen, etwa unter Einsatz eines sog. Amnestie-Programms, um die Ergebnisse anschließend der Staatsanwaltschaft vorzulegen?

Auch hier wären die Grenzen zulässigen staatsanwaltschaftlichen Handelns gesprengt, weil der Bereich unzulässiger Vorfeldermittlungen betroffen wäre. Ein solches Vorgehen hätte die faktische Verpflichtung eines Unternehmens zur Bezichtigung seiner Organe und Mitarbeiter und – inzident – die Verpflichtung zur Selbstbezichtigung im Rahmen der §§ 30, 130 OWiG zur Folge.

Schließlich stellt sich die Frage, wie es zu beurteilen wäre, wenn ein Unternehmen eigeninitiativ im Vorfeld eines Anfangsverdachts e-Mail-Accounts von Mitarbeitern heimlich auswertet und im Falle des Entstehens eines Verdachts die Daten proaktiv an die Staatsanwaltschaft weiterleitet.

De lege lata würde diese Vorgehensweise jedenfalls, auch wegen Verstoßes gegen das BDSG, Verwertungsverbote nach sich ziehen. Jedoch soll nach dem jüngsten Entwurf der Bundesregierung vom August 2010 für eine Novellierung des BDSG zur Regelung des Beschäftigtendatenschutzes[9] Unternehmen das Recht an die Hand gegeben werden, im Vorfeld eines Anfangsverdachts im Wege einer eigenmächtigen Rasterfahndung heimlich (in zunächst anonymisierter Form) Beschäftigtendaten zur Generierung eines Anfangsverdachts bei Vorliegen der Regelbeispiele der §§ 266, 299 und der 331 bis 334 StGB abzugleichen (§32 d BDSG-E).

Der Kabinettsbeschluss belegt ohne jeden Zweifel, dass der Wille zur Übertragung und sogar Ausweitung des Ermittlungsmonopols auf nichtstaatliche Dritte jetzt auch den Gesetzgeber erreicht hat. Denn bei objektiver Betrachtung ist es den Autoren des vorliegenden Gesetzesvorhabens wohl auch darum gegangen, dass die außerhalb eines zureichenden Anfangsverdachts verarbeiteten personenbezogenen Daten seitens des Unternehmens zwecks weiterer Verwendung der Staatsanwaltschaft vorgelegt werden können. Dies ergibt sich aus § 28 Abs. 2 Nr. 2 lit. b BDSG, wonach die Zweckänderung durch Übermittlung von Daten zur Verfolgung von Straftaten grundsätzlich zulässig ist.

Zwar stellt § 28 Abs. 2 Nr. 2 lit. b BDSG die Datenübermittlung an die Staatsanwaltschaft unter den Vorbehalt, dass kein Grund zu der Annahme besteht, dass der Betroffene ein schutzwürdiges Interesse an einem Ausschluss der Übermittlung oder der Nutzung der Daten hat. Doch dürfte diese Einschränkung bei der hier interessierenden Sachverhaltskonstellation regelmäßig ins Leere gehen.

In anderem Kontext, nämlich der Bewertung der investigativen Recherche durch die Medien, hat *Hassemer*[10] herausgearbeitet, dass die Würde und das Ansehen der Strafjustiz in der Bevölkerung und vor allem ihre vornehmste Aufgabe – die Verarbeitung von Abweichungskonflikten in einem formalisierten Verfahren – nachhaltig gefährdet wären, würden auch die Medien dieses Geschäft betreiben und über Schuld und Unschuld befinden. Das Gewaltmonopol des Staates habe auch ein Verarbeitungsmonopol zum Inhalt, es könne nicht überleben ohne die Macht des staatlichen Rechts, die rechtliche Relevanz von Konflikten zu definieren, die Verarbeitung dieser Konflikte an sich zu ziehen, die Formen der Konfliktverarbeitung festzulegen und interessierte Dritte notfalls fernzuhalten. Sprach *Hassemer* damals von *Contempt by Publication*, liegt es hier nahe, von *Contempt by Internal Investigations* zu sprechen.

Hinsichtlich der Verwertbarkeit intern durch Zwang gewonnener Erkenntnisse muss § 136 a StPO analog jedenfalls dann in Erwägung gezogen werden, wenn potentielle Verstöße gegen die Menschenwürde durch eine Vermengung der beiden Rechtssphären – privat vs. privat einerseits, Bürger vs. Staat andererseits – zu verzeichnen sind. Offen bleiben hingegen die verfassungsrechtlichen Fragestellungen nach der prinzipiellen Zulässigkeit einer Auslagerung von staatlichen Befugnissen. Es bleibt zu wünschen, dass darüber in der Zukunft intensiv diskutiert wird und am Ende nicht „wieder einmal" das BVerfG als fast schon gewohnheitsrechtlich anerkannter „Gesetzgeber letzter Instanz" diese Fragen wird entscheiden müssen.

---

9 BR-Drs. 535/10 v. 3. 9. 2010; vgl. dazu *Wybitul* ZRFC 2010, 246 ff.

10 Vgl. *Hassemer* NJW 1985, 1921, 1924.

6. Fazit

Das als Frage ausgestaltete Thema meines heutigen Beitrags „Relativierung des staatlichen Ermittlungsmonopols durch interne Ermittlungen?“ ist zum Stand Herbst 2010 differenziert zu beantworten:

a. Solange interne Erhebungen eigeninitiativ von Unternehmen zum Zwecke der Erstattung einer Strafanzeige durchgeführt werden, ist das Ermittlungsmonopol nicht tangiert. Mit arbeitsrechtlichen Disziplinarmaßnahmen erzwungene Erkenntnisse dürfen zur Begründung eines Anfangsverdachts im Strafverfahren nicht verwertet werden (Rechtsgedanke des Gemeinschuldnerbeschlusses[11]).

b. Das Einwirken der Staatsanwaltschaft auf ein Unternehmen zur Durchführung von Erhebungen außerhalb eines Anfangsverdachts unterminiert das Legalitätsprinzip.

c. Sobald interne Erhebungen parallel zu staatsanwaltschaftlichen Ermittlungen durchgeführt werden, gilt das Regime der StPO. Die Staatsanwaltschaft muss Herrin des Ermittlungsverfahrens bleiben. Setzt sie Unternehmen zur Erforschung von Sachverhalten als „Quasi-Beliehene“ ein, ist das Ermittlungsmonopol durchbrochen. In diesem Falle ist nicht mehr gewährleistet, dass die Wahrheitserforschung mit legitimen Mitteln und justizförmig erfolgt.

---

11 Vgl. BVerfGE 56, 37 ff.

Neue – strafbewehrte – Pflichten zur Verhinderung und Anzeige von Straftaten am Beispiel von Compliance

Renate Verjans

Gliederung

I. Einleitung

Der Vortragstitel suggeriert – in Ermangelung eines Fragezeichens am Ende –, dass neue strafbewehrte Pflichten zur Verhinderung und Anzeige von Straftaten bestehen. Daher vorweg: Es gibt kein neues „Gesetz zur Bekämpfung unternehmensbezogener Straftaten durch Compliance".[1] Auch § 138 StGB, der die Nichtanzeige geplanter Straftaten regelt, ist nur in Bezug auf Gewalttaten erweitert worden.[2] Aus dem Bereich der Legislative ergeben sich also keine eindeutigen Anzeichen für die mir als Vortragsthema angetragenen „neuen strafbewehrten Pflichten". Die Existenz solcher Pflichten ist daher die zentrale und begründungsbedürftige These dieses Vortrags.

Meine zweite These folgt aus der Einordnung des Vortrags in den Themenblock Verfahrensrecht: Wenn neue Pflichten zur Verhinderung und Anzeige von Straftaten bestehen, geht dies über die rein materiell-rechtliche Dimension hinaus. Wird die Wirtschaft zu Zwecken der Prävention, Strafverfolgung oder Strafverfolgungsvorsorge in die Pflicht genommen, berührt dies immer auch Verfahrensfragen.[3] Hier besteht eine Gemeinsamkeit mit dem Vortrag von *Wehnert*.[4]

Es gibt vermutlich auch Berührungspunkte zum nachfolgenden Vortrag von *Jahn*. Denn Überwachungs- und Anzeigepflichten jenseits des § 138 StGB kennen wir vor

1 Zur Handlungsstrategie der „Bekämpfungsgesetzgebung" im wirtschaftsstrafrechtlichen Kontext (am Beispiel der Geldwäsche) *Herzog/Christmann* WM 2003, 6 ff.

2 Gesetz zur Verfolgung der Vorbereitung von schweren staatsgefährdenden Gewalttaten (StraftVVG), mit Wirkung v. 4. 8. 2009, BGBl. I, 2437.

3 *Sieber* zu Compliance als Phänomen der „Privatisierung der Kriminalprävention" in: FS Tiedemann 2008, S. 449. Vgl. ferner *Wessing* in: FS Volk 2009, S. 867 ff.

4 S. a. bereits *Wehnert* am Beispiel der DOJ-Richtlinien in: NJW 2009, 1190, 1191.

allem aus dem Finanzmarktstrafrecht.[5] So ist die Anzeigepflicht in § 10 WpHG erst kürzlich wieder ergänzt worden:[6] Die Institute haben der BaFin u.a. auch den Verdacht verbotener Leerverkäufe anzuzeigen. Allerdings sind die Pflichten nur bußgeld-, nicht strafbewehrt. Zudem sind sie auch nicht strukturell neu: § 10 WpHG wurde 2004 eingeführt. Das Geldwäschegesetz mit ähnlichen Pflichten besteht sogar seit 1993.[7]

Auch das neue Rundschreiben der BaFin zu den Mindestanforderungen an die Compliance-Funktion (MaComp)[8] präzisiert Verhaltens- und Organisationspflichten der §§ 31 ff WpHG, ohne neue strafbewehrte Pflichten mit sich zu bringen. Oder doch? In den ersten Reaktionen finden sich Warnungen, dass die Nichteinhaltung der MaComp-Vorgaben jetzt auch zu einer Strafbarkeit durch Unterlassen für die Geschäftsleitung und die Compliance Officer führen könnte.[9] Diese Befürchtungen gehen allerdings nicht auf die MaComp selbst zurück, sondern auf die BGH-Entscheidung im Verfahren „Berliner Stadtreinigung".[10] Vielleicht ergeben sich neue strafbewehrte Pflichten also aus der Rechtsprechung?

II. Die Entscheidung des 5. Senats vom 17. 7. 2009

Der 5. Senat hat im Wege eines obiter dictums im Urteil vom 17. 7. 2009 ausgeführt, Compliance Officer werde „regelmäßig eine Garantenpflicht i.S.d. § 13 StGB treffen", betriebsbezogene Straftaten von Unternehmensangehörigen zu verhindern. Die Entscheidung selbst betraf einen Leiter der Innenrevision der Berliner Stadtreinigung, einer Anstalt des öffentlichen Rechts. Es ging um eine fehlerhafte Tarifkalkulation und überhöhte Benutzungsentgelte von mehr als 20 Mio. Euro. Einige Wochen zuvor hatte der 5. Senat in der gleichen Angelegenheit bereits die Verurteilung eines Vorstandsmitglieds bestätigt, das die Anweisung gegeben hatte, den festgestellten Kalkulationsfehler nicht zu berichtigen.[11] Der Innenrevisor wusste von diesem – als Betrug in mittelbarer Täterschaft gewerteten – Vorgehen des betreffenden Vorstandsmitglieds. Er hat es aber weder gegenüber den anderen Mitgliedern des Vorstands noch gegenüber dem Aufsichtsrat beanstandet. Vorgeworfen wurde dem Innenrevisor daher eine Beihilfe durch

---

5 *Vogel* in: Assmann/Schneider (Hrsg.) WpHG 5. Aufl. 2009, § 10 Rn. 5 f. und *ders.* Wertpapierhandelsstrafrecht – Vorschein eines neuen Strafrechtsmodells? in: Pawlik/Zaczyk (Hrsg.) FS Jakobs 2007, S. 731 ff.

6 Ergänzt durch das Gesetz zur Vorbeugung gegen missbräuchliche Wertpapier- und Derivategeschäfte v. 21. 7. 2010, BGBl I S. 945.

7 Zu weiteren Beispielen der vielfältigen Kontroll- und Organisationsmaßnahmen vgl. *Neuhaus* in: Lüderssen/Kempf/Volk (Hrsg.) Die Finanzkrise, das Wirtschaftsstrafrecht und die Moral 2010, S. 348, 349.

8 Http://www.bafin.de/SharedDocs/Mitteilungen/DE/Service/PM__2010/pm__100607__macomp.html (Stand dieser und aller in diesem Beitrag noch folgenden URL: Januar 2011).

9 So der Bundesverband der Deutschen Volksbanken und Raiffeisenbanken (BVR) bereits im Konsultationsverfahren, vgl. das Schreiben an die BaFin v. 12. 2. 2010 http://tinyurl.com/4rhhhvf. Vgl. auch die Kanzlei-Informationen der Kollegen von CMS Hasche Sigle zur MaComp, http://tinyurl.com/5t9av67, S. 13.

10 BGH 5 StR 394/08, u.a. StV 2009, 687 ff. m. Anm. *Berndt* und NJW 2009, 3173 ff. m. Anm. *Stoffers*.

11 BGH Beschl. v. 9. 6. 2009, 5 StR 394/08, NJW 2009, 2900 ff.

Unterlassen zu der Straftat eines anderen Unternehmensangehörigen. Für die Frage seiner Verantwortlichkeit war also zentral, ob er als Garant i.S.d. § 13 StGB betriebsbezogene Straftaten zu unterbinden hatte.

In diesem Zusammenhang steht das für uns heute zentrale obiter dictum: In Abgrenzung zu den Pflichten des Angeklagten führte der BGH aus, ein Einschreiten gegen Rechtsverstöße, die von dem Unternehmen ausgehen, würde im Wirtschaftsleben heute durch die Einstellung sog. Compliance Officer umgesetzt. Diese treffe daher regelmäßig eine Garantenpflicht als „notwendige Kehrseite der gegenüber der Unternehmensleitung übernommenen Pflicht, Rechtsverstöße ... zu unterbinden."[12]

Erste Reaktionen auf das Urteil schlugen insb. eine Anpassung der Stellenbeschreibung des Compliance Officers vor, um die neuen Risiken zu reduzieren.[13] Es wurden aber auch schnell Bedenken an der Zweckmäßigkeit dieses Vorgehens laut.

Denn es besteht eine Wechselwirkung zwischen der Haftung des Compliance Officers und jener der Unternehmensleitung: In der Entscheidung ist als Prämisse auch eine Positionierung des 5. Senats in der Kontroverse um die strafrechtliche *Geschäftsherrenhaftung* zu erkennen.[14] Für die Garantenstellung des Compliance Officers kommt es auch darauf an, ob die Unternehmensleitung ggf. als Mittäter oder Teilnehmer zur Verantwortung zu ziehen ist, wenn sie bei Hinweisen auf betriebsbezogene Straftaten ihrer Mitarbeiter nicht einschreitet.

Dies ergibt sich daraus, dass Garantenpflichten immer eine Herrschaftsposition voraussetzen, entweder über ein zu schützendes hilfloses Rechtsgut oder einen zu überwachenden Gefahrenherd.[15] Diese Herrschaft wird grds. von der Leitungsebene ausgeübt. Die Garantenstellung des Compliance Officers kann daher nur eine von der Unternehmensführung abgeleitete sein.

Verneint man eine Einstandspflicht der Unternehmensleitung für betriebsbezogene Straftaten von Unternehmensangehörigen, könnten sich für den Compliance Officer aus der Pflichtenübernahme ebenfalls nur arbeitsrechtliche Konsequenzen im Innenverhältnis ergeben.[16] Pointierter ausgedrückt: Wo nichts ist, kann auch nichts übertragen oder übernommen werden.

Als Motivation des BGH für das obiter dictum kommt genau diese Wechselbeziehung in Betracht. Möglicherweise sollte bereits ein Signal an die Compliance-Szene gesendet werden, dass Feigenblatt-Compliance allenfalls zu einer Verlagerung bestimmter Haftungsrisiken, aber nicht zu einer folgenlosen Entlastung führen kann.[17] Der Senat ist damit vor allem der Flucht in die sog. „organisierte Unverantwortlichkeit" entgegengetreten:

---

12 *Michalke* AnwBl. 2010, 666, 668 weist treffend auf die dogmatischen Mängel dieser „Kehrseiten"-Herleitung hin: Es fehle bereits an der „entsprechenden ‚Vorderseite'".

13 Zu ersten Reaktionen und zur „Verunsicherung unter den Aufpassern" vgl. *Sigmund* Handelsblatt v. 16.9. 2009, http://www.handelsblatt.com/gericht-erhoeht-persoenliches-risiko-von-korruptionsbeauftragten;2454881.

14 *Berndt* StV 2009, 689, 690; *Spring* GA 2010, 222, 224.

15 *Berndt* (Fn. 14) 690.

16 So i.E. auch *Rübenstahl* NZG 2009, 1341, 1344: „Andernfalls müsste man – absurderweise – annehmen, die Besetzung der Stelle eines CO könne oder solle im Unternehmen bisher nicht existierende – strafbewehrte – Handlungspflichten schaffen."

17 *Berndt* (Fn. 14) 691.

Vor diesem Hintergrund wird eine Garantenstellung des Compliance Officers teilweise als überzeugend angesehen, weil andernfalls „schwer akzeptable Schutzlücken" entstünden.[18] Es wird auch vertreten, dass sich daraus keine Neuordnung der Zuschreibung unternehmensexterner Schäden ergibt. Die Auffassung des 5. Senats füge sich „nahtlos"[19] in die vorhandene Rechtsprechung zur Überwachung von Gefahrenquellen ein. Die Garantenstellung des Compliance Officers beruhe wesentlich auf seiner „Informationsmacht".[20]

Nach dieser Ansicht ist die erste These – die Existenz der im Vortragstitel genannten Pflichten – zumindest teilweise bestätigt: Die Auffassung bejaht strafbewehrte Pflichten zur Verhinderung von Straftaten im Compliance-Bereich – und stellt vielleicht nur in Frage, dass sie neu sind.[21]

III. Strafbewehrte Pflichten zur Verhinderung unternehmensbezogener Straftaten?

Hinsichtlich des Umfangs der Verantwortlichkeit muss das obiter dictum im Kontext des Sachverhalts gesehen werden: Der angeklagte Innenrevisor hatte konkrete Kenntnis einer noch nicht vollendeten betriebsbezogenen Straftat. Er hätte diese – so der BGH – durch Beanstandung gegenüber dem Gesamtvorstand oder dem Aufsichtsrat unterbinden können. Allerdings ist völlig offen, ob auch über diese Konstellation hinaus eine Pflicht zur Verhinderung von Straftaten besteht:

Aus dem obiter dictum muss jedenfalls nicht der Schluss gezogen werden, der Compliance Officer würde auch ohne konkrete Kenntnis sich abzeichnender Straftaten als Garant einer Erfolgsverhinderung herangezogen. Diese Einschränkung betrifft insb. das präventive Tätigkeitsfeld wie den Aufbau einer Compliance-Struktur und die Schulung der Mitarbeiter.[22] So ist der Compliance Officer nicht als Teilnehmer einer Korruptionsstraftat zu sehen, nur weil er Anti-Korruptions-Schulungen unterlassen hat. Hier sind an die Kausalitätsprüfung eines etwaigen Unterlassens besonders hohe Anforderungen zu stellen.[23] Auch die Möglichkeit der Erfolgsverhinderung und der Erkenntnis eines Erfolgseintritts begrenzen die Risiken des Compliance Officers.

Für den eingangs angesprochenen Bereich des Finanzmarktstrafrechts bedeutet dies z. B., dass Strafbarkeitsrisiken allein durch die Nichteinhaltung der MaComp-Vorgaben eher gering sind: Dies liegt nicht nur in der Beschränkung des obiter dictums auf be-

---

18 *Rönnau/Schneider* ZIP 2010, 53, 58.

19 *Fischer* in: Lüderssen/Kempf/Volk (Hrsg.) Die Finanzkrise, das Wirtschaftsstrafrecht und die Moral 2010, S. 190, 199.

20 So zur „Garantenstellung des Betriebsbeauftragten" bereits 2003 *Böse* NStZ 2003, 636, 640 (mit Verweis auf *Busch* und *Schünemann*). Für den Compliance Officer darauf Bezug nehmend auch *Rönnau/Schneider* (Fn. 18) 58.

21 *Fischer* (Fn. 19) S. 191, 199.

22 Zur Unterscheidung in Interventions- und Präventivfälle *Thomas* CCZ 2009, 239,240.

23 *Kraft/Winkler* CCZ 2009, 29, 32. Vgl. zu den Anforderungen an die Ursächlichkeit eines Pflichtenverstoßes auch BGH NJW 2008, 1897 (KFZ-Werkstattleiter) und BGH NJW 2010, 1087 (Bad Reichenhaller Eissporthalle).

triebsbezogene Straftaten von Unternehmensangehörigen. Auch bei einer möglichen Beteiligung eigener Mitarbeiter ergibt sich ein Schutz durch die allgemeinen dogmatischen Strukturen: Wer es z. B. unterlässt, ein ausreichendes Compliance-System nach § 33 WpHG zu installieren, leistet deshalb selbst als Garant durch dieses Unterlassen regelmäßig noch nicht mit dem erforderlichen doppelten Gehilfenvorsatz Beihilfe zu einer konkreten Insiderstraftat. Auf die Rechtsnatur[24] der MaComp als bloße normkonkretisierende Verlautbarung kommt es dabei noch nicht einmal zentral an.

IV. Strafbewehrte Pflichten zur Anzeige unternehmensbezogener Straftaten?

Soweit in dem Vortragstitel auch vom Bestehen strafbewehrter Anzeigepflichten im Compliance-Bereich ausgegangen wird, ist zwischen *interner* und *externer* Anzeige zu differenzieren:[25] Der BGH fordert von dem Innenrevisor nicht nur ein „Unterbinden durch Beanstanden" gegenüber dem Vorstand, sondern ggf. auch gegenüber dem Aufsichtsrat.[26] Eine Pflicht zur Anzeige gegenüber externen Behörden ergibt aber sich nicht aus dem obiter dictum und wird auch überwiegend verneint. Begründet wird dies insb. mit den Grenzen des § 138 StGB und der arbeitsrechtlich geschuldeten Loyalität.[27] Nur eine m.M. sieht den Compliance Officer bei schweren Straftaten auch zur Erstattung einer Strafanzeige verpflichtet, wenn Vorstand und Aufsichtsrat eine Verhinderung der Tat verweigern.[28]

Als Alternative zur externen Anzeige in einem solchen Konfliktfall wird teilweise auch vorgeschlagen, bereits in der Funktionsbeschreibung des Compliance Officers als Eskalationsroutine die Meldung an einen Ombudsmann oder eine externe Kanzlei vorzusehen.[29]

24 Zur Rechtsnatur der MaComp *Zingel* BKR 2010, 500, 501 m. w. N.

25 *Bürkle* CCZ 2010, 4, 10.

26 Aus der Entscheidung geht nicht hervor, ob diese Erwartung der Einschaltung des Aufsichtsrats allein darin begründet liegt, dass der Aufsichtsrat selbst in die Tarifbestimmung einbezogen war, oder ob der Senat im Falle eines involvierten Vorstandes allgemein eine solche Eskalationsroutine erwartet.

27 *Favoccia/Richter* AG 2010, 137, 141. Zu Konsequenzen der Loyalitätspflicht insb. auch *Illing/Umnuß* CCZ 2009, 1, 5.

28 D.-M. *Barton*, juris-PR-StrafR 23/2009 Anm. 1: „Je schwerwiegender somit die Schäden sind, … umso eher wird man von dem Compliance Officer verlangen müssen, die Strafverfolgungsbehörden einzuschalten, sollte die Geschäftsleitung selbst involviert sein oder trotz der Information keine Gegenmaßnahmen ergreifen " Die Möglichkeit einer arbeitsvertraglich zugewiesenen Pflicht zur Schadensabwendung „durch Rechtsverfolgung (z. B. Strafanzeige)" erwägen auch *Grau/Blechschmidt* DB 2009, 2143, 2146.

29 *Wybitul* BB 2009, 2590, 2593.

V. Zwischenergebnis

Als Zwischenergebnis lässt sich festhalten, dass strafbewehrte Pflichten zur Verhinderung von Straftaten im Compliance-Bereich durch den 5. Senat insoweit bejaht werden, als betriebsbezogene Straftaten von Unternehmensangehörigen bei konkreter Kenntnis des Compliance Officers durch Beanstandung gegenüber dem Vorstand und ggf. dem Aufsichtsrat unterbunden werden müssen.

Selbst wenn die Risiken des Compliance Officers sich insb. durch Kausalitäts- und Vorsatzerwägungen in Grenzen halten sollten, bleiben viele ungeklärte Fragen: von Risiken im Fahrlässigkeitsbereich[30] bis zum Begriff der unternehmensbezogenen Straftat. Gerade im Korruptionsstrafrecht zeigt sich z.B. auch ein Risiko sukzessiver Beihilfe, wenn der Compliance Officer in der mitunter langen Phase zwischen Vollendung und Beendigung von einer Tat erfährt und sie nicht beanstandet.[31] Besondere Risiken ergeben sich hier zudem im großen Bereich der Auslandstaten über die sehr weite Beihilferegelung in § 9 Abs. 2 S. 2 StGB. Diese beiden Problemfelder zeigen sich vielfach sogar kombiniert, wenn der Compliance Officer eines Global Players feststellt, dass bei einem Auslandsgeschäft vor Ort ohne Wissen und Wollen der hiesigen Unternehmensleitung bestochen wurde und die Beendigung der Tat noch fraglich ist.

Allerdings gaben nicht nur diese Unklarheiten im Umfang der Verhinderungspflichten zu der erheblichen Verunsicherung Anlass, die sich in über 30 Aufsätzen und Anmerkungen zu dieser Entscheidung niederschlug.

VI. Kritik an der Position des BGH

Dass das obiter dictum auch bei vermeintlich beschränkten Haftungsrisiken des Compliance Officers noch Anlass zur Sorge gibt, zeigt ein Blick in einen Nichtannahmebeschluss des BVerfG aus dem Jahr 2002.[32] Zur Begründung der Verfassungsmäßigkeit des § 13 StGB werden darin u.a. folgende Kriterien hervorgehoben, die sicherstellen sollen, dass diese Norm nicht zu unbestimmt i.S.d. Art. 103 Abs. 2 GG ist: *das Erfordernis normativ begründeter Pflichten sowie eine auf langjähriger Tradition beruhende einheitliche und klare richterrechtliche Umschreibung möglicher Garantenstellungen.*

Gemessen daran stellt sich das obiter dictum entgegen der zuvor dargestellten Auffassung durchaus als problematisch dar. Schon die als Prämisse vorausgesetzte Geschäfts-

---

30 *Kraft* wistra 2010, 81, 85, weist darauf hin, diese Risiken seien dadurch reduziert, dass „wesentliche ... Compliance-Regelungsbereiche – so z.B. das Korruptionsrecht und Vermögensdelikte – mangels fahrlässiger Begehungsmöglichkeiten keine Gefahr für den Compliance Officer" darstellen.

31 *D.-M. Barton* weist in jurisPR-StrafR 22/2009 Anm.1, ebenfalls auf die Risiken sukzessiver Beihilfe hin.

32 BVerfG NJW 2003, 1030. Beschwerdeführer war ein Kriminalhauptkommissar, der wegen Strafvereitelung durch Unterlassen verurteilt wurde, weil er nach außerdienstlicher Kenntniserlangung eines Betruges i.H.v. 8,2 Mio. DM keine Strafanzeige erstattet hatte. Auf ein Gegenbeispiel in der BGH-Rspr. – Verneinung der Garantenstellung eines Polizisten, BGHSt 38, 388 – weist *Michalke* (Fn. 12) 669 hin.

herrenhaftung ist richterrechtlich keineswegs „einheitlich und klar umschrieben", wie vom BVerfG gefordert, sondern wird vielmehr zu den „heute noch umstrittensten Problemen der Garantendogmatik"[33] gerechnet.

Der strafrechtlichen Geschäftsherrenhaftung wird insb. entgegengehalten, dass Mitarbeiter aufgrund ihrer Eigenverantwortlichkeit und Personenautonomie nicht als zu beherrschende „Gefahrenquelle" angesehen werden können.[34] Der Gesetzgeber hat derartige Konstellationen z.B. im Bereich der Amtsträger in § 357 StGB und im Übrigen – als Ordnungswidrigkeit – in § 130 OWiG erfasst. Schweigt das Gesetz zur Frage einer darüber hinausgehenden Geschäftsherrenhaftung, sollte die Rechtsprechung diese nicht über den Umweg des unechten Unterlassungsdelikts einführen.[35]

In Bezug auf den Compliance Officer selbst ist zusätzlich problematisch, dass er regelmäßig über keinerlei Weisungsbefugnisse verfügt. Befehlsgewalt, die Herrschaftsmöglichkeit über den Grund des Erfolges und die Mittel der Verbandsdisziplin sind aber gerade der materielle Grund einer angeblichen Garantenstellung des Geschäftsherrn.[36] Wenn nicht ausnahmsweise auch Weisungsbefugnisse auf den Compliance Officer übertragen werden, lässt sich selbst bei Bejahung der Geschäftsherrenhaftung eine Erstreckung der Garantenstellung nicht begründen.

„Informationsmacht"[37] allein genügt nicht, um eine Herrschaftsposition über freiverantwortliche und gleichrangig – evtl. sogar höherrangig – in der Unternehmenshierarchie stehende Mitarbeiter zu bejahen.[38] Diese Auffassung findet eine Stütze in der sich in § 9 Abs. 2 OWiG und § 14 Abs. 2 StGB zeigenden Wertung des Gesetzgebers. Ist jemand „ausdrücklich beauftragt, in eigener Verantwortung Aufgaben wahrzunehmen, die dem Inhaber des Betriebs obliegen", so haftet er nach diesen Normen nur, wenn er diese Pflichten mit einem Maß an Eigenverantwortlichkeit wahrnimmt, das beim Compliance Officer regelmäßig nicht gegeben ist.[39]

Zudem werden gerade „am Beispiel Compliance" die klassischen Defizite der Rechtsprechung zu § 13 StGB deutlich. Insb. die Funktionenlehre könnte zur Konturierung der Garantenstellung des Compliance Officers erheblich beitragen:[40] Hätte der BGH zu den unterschiedlichen Zielrichtungen von Schutz- und Überwachergarantenstellung

33 *Roxin* Strafrecht AT II 2003 §32 Rn. 134. Eine Gesamtschau der Rspr. des RG und des BGH zur strafrechtlichen Geschäftsherrenhaftung findet sich bei *Spring* Die strafrechtliche Geschäftsherrenhaftung 2009, auch bereits unter Einordnung der Vorinstanz i.S. Berliner Stadtreinigung S. 113f.

34 *Gimbernat Ordeig* in: FS Roxin, 2001, S. 651, 662.

35 *Campos Nave/Vogel* BB 2009, 2546, 2549.

36 *Berndt* (Fn. 14) 691 mit Verweis auf Roxin (Fn. 33) § 32, Rn. 31 ff. und *Schünemann* ZStW 96 (1984) 287, 318.

37 *Böse* (Fn. 20) 640.

38 *Warneke* NStZ 2010, 312, 316.

39 Auf diese Systematik im Zusammenhang mit §14 StGB weist auch *Rübenstahl* (Fn. 16) 1344 hin. Anderer Ansicht sind, mit Verweis auf die stark ausgeprägte Unabhängigkeit, die besondere Fachkunde und die häufig umfassende Leitung der unternehmensinternen Compliance *Rönnau/Schneider* (Fn. 18) 61.

40 *Rotsch* ZJS 2009, 712, 718.

Position bezogen, hätte der strafrechtliche Compliance-Begriff sogar unabhängig von der Garantenproblematik Konturen gewinnen können.[41]

Natürlich hatte der BGH im konkreten Fall nicht über die Garantenstellung des Compliance Officers zu entscheiden. „Substantielle" Ausführungen waren daher (noch) nicht erforderlich. In einem obiter dictum kann man wahrscheinlich der essentiellen Bedeutung von Garantenstellungen gar nicht gerecht werden. Bis zu – zweifellos zeitnah bevorstehenden – konkreteren Ausführungen des BGH wird den Untergerichten und Staatsanwaltschaften damit aber ein erheblicher Spielraum für Grund und Grenzen der Garantenpflicht eingeräumt bzw. aufgebürdet.

Die dadurch entstandene Ungewissheit kann im schlimmsten Fall eine Renaissance der Unternehmenskultur des Wegsehens[42] bewirken.[43] So dringend die Compliance-Befürworter in der Diskussion mit den -Skeptikern einen Anreiz für die Schaffung tragfähiger Compliance-Strukturen (endlich) auch aus der höchstrichterlichen Rechtsprechung ableiten möchten, so wenig sind die bisherigen, sich ausdrücklich mit Compliance befassenden BGH-Entscheidungen dazu geeignet: Das Compliance-System war darin bislang viel eher zur Begründung einer Verurteilung der betreffenden Beschuldigten herangeführt worden als sich strafmildernd[44] auszuwirken.[45] Berücksichtigt man dabei noch die aktuelle Diskussion,[46] ob mangelnde oder unzureichende Compliance-Bestrebungen einen Untreue-Vorwurf gegen die Führungspersonen nach sich ziehen können, ist es nicht verwunderlich, dass sich Entscheidungsträger häufig „zwischen Skylla und Charybdis" sehen. Den Weg zwischen den zwei Verhängnissen „zu wenig Compliance" und „zu viel Compliance"[47] zu finden, ist dabei Maßarbeit. Gerade diesem wesentlichen Umstand, dass ein professionelles Compliance-System ein individuell auf das Unternehmen – die Branche, die Größe, das Auslandsgeschäft, die bisherige Unternehmenskultur, und v.a. – zugeschnittenes Vorgehen erfordert, wird die pauschale „Kehrseiten"-Herleitung einer „regelmäßig" bestehenden strafbewehrten Garantenpflicht „des Compliance Officers" nicht gerecht.

---

41 Zu den fortbestehenden Schwächen der Garantenstellung insb. *Kühl* Die Übernahme von Beschützer- und Überwachungsgarantenstellungen, HRRS 2008, 359 ff.

42 Vgl. *Schemmel/Kirch-Heim* CCZ 2008, 96 ff. zur Problematik der „willful blindness".

43 *Berndt* (Fn. 14) 691 und *Michalke* (Fn. 12) 669.

44 *Sieber* (Fn. 3) 481 zu Anreizstrukturen im Unternehmensstrafrecht. Rechtsvergleichend auch zur Situation in den USA *Engelhart* Sanktionierung von Unternehmen und Compliance 2010, S. 162 ff.

45 Vgl. bereits BGH NJW 2009, 89 in der Siemens/ENEL-Entscheidung „Der Angekl. K, der für die Umsetzung der Compliance-Vorschriften in seinem Unternehmensbereich zuständig war, hatte im Jahr 1999 selbst Rundschreiben an nachgeordnete Mitarbeiter veranlasst, in denen diese auf das arbeitsvertragliche Verbot jeglicher Schmiergeldzahlungen ausdrücklich hingewiesen wurden. [...] Soweit die Verteidigung des Angekl. geltend gemacht hat, es habe sich bei den entsprechenden Compliance-Vorschriften um eine ‚bloße Fassade' gehandelt, der kein ernst gemeintes Verbot zu Grunde gelegen habe, widerspricht dies den Feststellungen".

46 Vgl. dazu den Vortrag von *Michalke* beim ILF-Symposion Wirtschaftsstrafrecht am 5. 11. 2010 sowie *Theile* wistra 2010, 457 ff. Zu interessanten ähnlichen Entwicklungen im italienischen Recht (neue Risiken für natürliche Personen im Zuge von Organisationsmaßnahmen zur Verringerung von Unternehmensrisiken) vgl. *Nisco* GA 2010, 525, 532/533.

47 *Bock* HRRS 2010, 316, 319: „Nur eine rationale Abwägung gewährleistet, dass rechtlich geforderte Compliance-Systeme keine übermäßige interne Regulierung bewirken. Die Maßstäbe sind durcheinander geraten, wenn eine Compliance-Stelle über mehr Mitarbeiter verfügt als die Forschungsabteilung oder der Vertrieb.".

VII. Verfahrensrechtliche Dimension

Ein weiterer Anlass, an derartigen Pflichten zu zweifeln, ergibt sich aus der eingangs aufgestellten zweiten These: Pflichten zur Verhinderung und Anzeige von Straftaten haben nicht nur eine rein materiell-rechtliche Dimension. Das Unbehagen, das mit dem obiter dictum einhergeht, hat auch einen verfahrensrechtlichen Beigeschmack.

Was der BGH durch die Garantenstellung des Compliance Officers offenbar erreichen möchte, erinnert in einigen Punkten an *Schünemanns* Anregung, als Maßregel einen „Unternehmenskurator" einzusetzen, wenn aus Anlass einer Straftat organisatorische Mängel festgestellt werden.[48] Dieser Kurator soll den Informationsfluss im Unternehmen optimieren. Er hat weitgehende Informationsrechte sowie Zugang zu Unterlagen und Dokumenten, aber keine Entscheidungsbefugnisse. Dem liegt die Erwägung zugrunde, dass eine wesentliche Ursache von Unternehmenskriminalität der Mangel an Information und interner Kommunikation ist. Eine Heilung dieser Mängel im organisatorischen Bereich könne keine Unternehmensgeldbuße leisten, sondern nur ein „magisches Auge im Unternehmen".

Ein Indiz dafür, dass der BGH in dem Compliance Officer Potenzial für ein solches „magisches Auge" im öffentlichen Interesse sieht, ist die Bejahung der Pflicht, ggf. den Aufsichtsrat zu informieren. Wenn dies auch von dem Compliance Officer erwartet wird, wird deutlich, dass es dem BGH nicht allein darum ging, das durch Aufgabenteilung und –delegation entstehende Informationsdefizit auszugleichen und eine Flucht in die „organisierte Unverantwortlichkeit" zu vermeiden. Letztere wäre schon dann unmöglich, wenn der Compliance Officer nur den Vorstand unterrichten müsste, gegenüber dem er die Pflichten übernommen hat. Die delegierte Verantwortlichkeit wäre dann an die Firmenleitung zurückgegeben, wie es der 4. Senat 2008 zur Garantenstellung eines KFZ-Werkstattleiters ausgeführt hatte.[49] Ein involvierter Vorstand würde „nach der kriminalistischen Erfahrung" selbst wohl kaum den Aufsichtsrat über sein eigenes strafbares Verhalten in Kenntnis setzen. Der Compliance Officer soll es jedoch tun – ungeachtet aller internen Interessenkollisionen, der aktienrechtlichen Kompetenzverteilung und bislang ohne gesetzlich vorgesehenen Kündigungsschutz.[50] Durch diese Eskalationskette soll der Compliance Officer offenbar nicht nur ein Informationsdefizit des Vorstands wieder ausgleichen, sondern einen Informationsmehrwert auf der Ebene des Aufsichtsrats schaffen.

Dabei drängt sich die Assoziation mit den anderen vom Senat gegebenen Beispielen einer „Garantenstellung kraft Übernahme" auf: Polizisten und im öffentlichen Interes-

48 *Schünemann* z. B. in: FS Tiedemann 2008, 429, 446 und *ders.* In: Eser/Heine/Huber (Hrsg.) Criminal Responsibility of Legal and Collective Entities, 1999, S. 293 ff. Ein zentraler Gesichtspunkt dieses Konzepts einer Unternehmenskuratel, der bei der oben genannten Assoziation keine unmittelbare Entsprechung findet, ist freilich die Publizitätswirkung.

49 BGH NJW 2008, 1897 m. Anm. *Kühl.* Vgl. ferner die Anm. im VBB-Newsletter 02/2009, S. 1 „Risiko: Rückübertragung von Verantwortlichkeit" http://www.wirtschaftsstrafrecht.de/newsletters/Newsletter2.pdf.

50 Vgl. *Favoccia/Richter* (Fn. 27) 139 f. zu den Berichtswegen bei Untätigkeit oder Selbstbetroffenheit des Vorstands aus zivilrechtlicher Sicht sowie *Illing/Umnuß* (Fn. 27) 6 zur kündigungsrechtlichen Situation.

se vorgesehene Unternehmensbeauftragte, z.B. im Bereich des Gewässer- und Immissionsschutzes.[51] Anders als diese wird der Compliance Officer aber nicht im öffentlichen, sondern grds. allein im Unternehmensinteresse tätig.[52] Ihn gleichwohl strafbewehrt in die Pflicht zu nehmen, unternehmensbezogene Straftaten zu verhindern, lässt die Grenzen zwischen privaten und öffentlichen Aufgaben weiter erodieren.

Womöglich kommt die Privatwirtschaft der Legislative und der Judikative allerdings sogar durch faktische Selbstregulierung[53] und die normative Kraft eines neuen best practice-Standards zuvor: Als Reaktion auf die bestehende – und durch das obiter dictum noch vergrößerte – Unsicherheit in der Compliance-Landschaft wird teilweise angeregt, den Pflichtenkatalog aus den für den WpHG-Bereich konkretisierten Verhaltensregelungen auch in anderen Branchen als Orientierungsmaßstab für das Berufsbild des Compliance Officers zu verwenden.[54] Dieser Empfehlung schließen sich nach ersten Beobachtungen in der Rechtspraxis insb. Strafverfolgungsbehörden gern an, die dabei auf den vorteilhaften Detailgrad der WpHG-Regelungen verweisen. Die Aussicht, in einem evtl. Ermittlungsverfahren mit einem überobligatorischen Compliance-System in jedem Fall „auf der sicheren Seite" zu sein, mag hier zu einem vorauseilenden Gehorsam führen, mit dem sich die Privatwirtschaft zur Erfüllung genuin staatlicher Aufgaben zunehmend selbst in größerem Umfang in die Pflicht nimmt als es die Legislative je könnte.

VIII. Fazit

Schon die Geschäftsherrenhaftung, erst recht aber die Garantenstellung des Compliance Officers stellt sich als Fortschreibung einer Inpflichtnahme der Privatwirtschaft zur Erfüllung von Staatsaufgaben dar, die im Bereich von GwG, KWG, WpHG und durch diverse Betriebsbeauftragte schon lange Einzug gehalten hat und branchenübergreifend immer weiter um sich greift.

Die Tendenz, auch Unternehmen, die nicht einmal einem Risikobereich[55] wie dem Finanzsektor angehören, auf diese Weise in die Pflicht zu nehmen, passt in ein Klima, das zunehmend der Risikobeherrschung den Vorrang gegenüber Präzision in der Begrifflichkeit einräumt.[56] Einer weitergehenden Verlagerung der Prävention und der Strafverfolgungsvorsorge auf Private ist daher entgegenzutreten.[57]

---

51 Zur strafrechtlichen Haftung des Gewässerschutzbeauftragten bereits *Dahs* NStZ 1986, 97 ff. und OLG Frankfurt NJW 1987, 2753 ff.

52 *Rolshoven/Hense* BKR 2009, 425, 427.

53 Zu Selbstregulierung und Compliance vgl. Kempf/*Lüderssen*/Volk (Hrsg.) Die Handlungsfreiheit des Unternehmers 2009, S. 241, 311, und *Engelhart* (Fn. 44) S. 601 ff.

54 *Krieger/Günther* NZA 2010, 367, 369 f. orientieren ihre Anregungen zur effektiven arbeitsrechtlichen Ausgestaltung der Funktion des Compliance Officers am WpHG i. V. m. WpDVerOV.

55 *Veil* will eine Garantenpflicht des Compliance Officers (nur) für Unternehmen bejahen, die der Wertpapier- und/oder Bankenaufsicht unterliegen: Verantwortung und Pflichten des Compliance Officers aus der Perspektive des Gesellschafts- und Aufsichtsrechts http://www.netzwerk-compliance.de/veroeffentlichungen/vortrag_veil_12_11_09.pdf, 13.

56 Zu diesem Klima *Hassemer* HRRS 2006, 130, 135 f.

57 *Greeve* in: FS AG Strafrecht/DAV 2009, S. 512, 529.

Gerade vor diesem Hintergrund hoffe ich, den Beitragstitel „Neue strafbewehrte Pflichten zur Verhinderung und Anzeige von Straftaten im Compliance-Bereich“ mit einem Fragezeichen versehen zu haben.

Absprachen im Finanzmarktstrafrecht

Matthias Jahn

Gliederung*

I. „I don't know how you show a credit default swap on the screen"

Vor zwei Wochen fand im Nachbarraum ein Symposion zum Wirtschaftsstrafrecht statt. Während der Aussprache meldete sich der Autor des Standardkommentars der Praxis zum Strafgesetzbuch und stellvertretende Vorsitzende eines Strafsenats des BGH zu Wort. Er sagte folgendes: „Wenn man darauf warten wollte, bis die deutsche Strafrechtswissenschaft die Probleme der Finanzkrise aufgearbeitet hat, stehen wir mit beiden Beinen tief in der absoluten Verjährung".[1]

Die Zeit scheint also knapp. Mein Referat behandelt mit den strafprozessualen Aspekten des Finanzmarktstrafrechts nach der Finanzmarktkrise jedoch einen Gegenstand, der nicht für Vereinfachungen taugt. Trotz der Ausstattung mit den überlegenen Mitteln seines Genres und 118 Minuten mehr Zeit hat dies sogar der ansonsten unerschrockene *Oliver Stone* für die Fortsetzung von *Wall Street* ignoriert, das aber mit schlagender

---

* Das Referat wurde für diese Veröffentlichung gegenüber dem in JZ 2011, S. 340–347 abgedruckten Text erheblich erweitert und aktualisiert. Für wertvolle Vorarbeiten danke ich auch hier Herrn Wiss. Mit. RRef. *Sebastian Lander*.

1 Der Wiedergabe dieses *Fischer*-Zitats liegt nur meine handschriftliche Aufzeichnung zugrunde.

Begründung gerechtfertigt, die vor einigen Wochen in den Feuilletons[2] zitiert wurde: „I don't know how you show a credit default swap on the screen". Deutsche Strafverfolgungsbehörden dürften sich an dieses Problem gelegentlich noch erinnert fühlen. Auch ich werde nicht ohne bildhafte Zuspitzungen auskommen. Ich meine aber, dass sich eine Analyse der Bezugspunkte des Finanzmarktstrafrechts und der Absprachen im Strafverfahren auf eine Erörterung der materiellen Voraussetzungen des Untreuetatbestandes und ihrer praktischen Konsequenzen für das Wirtschaftsstrafverfahren verjüngt. Damit ist meine *erste These* bereits formuliert. Die spezifischen ökonomischen Phänomene der Finanzmarktkrise dürften, soweit die beanzeigten Sachverhalte überhaupt das Stadium der Hauptverhandlung erreichen sollten, von deutschen Strafgerichten im Wesentlichen unter Aspekten der klassischen Vermögensdelikte des Besonderen Teils verhandelt werden. Es spricht deshalb vieles dafür, dass sie unter dem dominanten Einfluss der jüngsten Rechtsprechung des BVerfG[3] zu § 266 StGB wegen vielfältiger objektiver Beweis- und subjektiver Nachweisschwierigkeiten häufig oder sogar überwiegend einer strafprozessualen Verständigung zugeführt werden.

Daran schließt meine *zweite These* an: Dass das bundesdeutsche Rechtssystem in diesem Modus auf die Überforderung seiner Problemverarbeitungs- und Problemlösungskapazität durch die Kausalitäts- und Zurechnungsfragen der Finanzkrise reagieren könnte, ist jedenfalls bei idealtypischer Projektion der von ihm vorgefundenen Lage auf die denkbaren Verfahrensziele plausibel. Ein Wahrheitsurteil über die individuelle Mitverantwortung eines handelnden oder unterlassenden Strafrechtssubjekts für die letzte Krise der Finanzmärkte i. S. d. Übereinstimmung der Erkenntnis mit ihrem Gegenstand – ich bemühe damit die heute im strafprozessualen Schrifttum noch herrschende Korrespondenztheorie in einer starken Formulierung, hier durch *Kant*[4] – dürfte ausgeschlossen sein. Der Rechtsdiskurs muss sich daher, solange und soweit er im Verfahren geführt werden soll, auf eine Verständigung über die Wahrheit verlegen. Für die Verwirklichung dieses Sonderfalls des allgemeinen praktischen Diskurses bietet das Verständigungsgesetz im Strafverfahren Forum und Formen[5].

II. Wirtschaftskriminologischer Forschungsstand zur Praxis der Absprachen

Der Ausgangspunkt der nachfolgenden Überlegungen ist durch eine seit mehr als drei Jahrzehnten geübte Praxis und deren demokratisch legitimierte Anerkennung mit dem Gesetz zur Regelung der Verständigung im Strafverfahren[6] klar markiert. Verfahrens-

---

2 *Nocera* 'Wall Street' Redux: Greed's Next Crisis, New York Times/SZ v. 4. 10. 2010, S. 6.

3 BVerfG NJW 2010, 3209 m. Anm. *Saliger* NJW 2010, 3195; *C. Becker* HRRS 2010, 383. Zu dieser Rspr. auch *Jahn* JuS 2011, 183, 184 f.

4 Weischedel (Hrsg.) Kritik der reinen Vernunft 1787, 1974 B 82; s. dazu etwa *Scheffer* Kants Kriterium der Wahrheit, 1993, S. 8.

5 Zu den Grundannahmen des hier in Fortführung der Arbeiten von *Alexys* und *Habermas*' Theorie des kommunikativen Handelns zugrundegelegten Diskursbegriffs vgl. *Jahn* GA 2004, 272, 286 f. sowie *Theile* Wirtschaftskriminalität und Strafverfahren 2009, S. 326 ff., 332 und *dens.* NK 4/2005, 142, 145 f.

6 BGBl. I, S. 2353 v. 29. 7. 2009.

verkürzende und -beendende Absprachen sind aus dem deutschen Strafprozess nicht mehr hinweg zu denken, ohne dass sich seine Gestalt grundlegend ändern würde.[7] Daran haben auch die von einem kritisch-distanzierten Grundton getragenen Beschlüsse[8] der strafrechtlichen Abteilung des 68. Deutschen Juristentages im September 2010 nichts geändert. Aus der umfangreichen Rechtstatsachenforschung ist zudem bekannt, dass prozessuale Absprachen in Wirtschaftsstrafverfahren seit jeher häufiger als in anderen Gebieten des materiellen Strafrechts getroffen werden, unabhängig vom Vorwurf bestimmter Tatbestände. Vor diesem Hintergrund soll zunächst eine Bestandsaufnahme zum status quo der Absprachen im Zuständigkeitsbereich der Wirtschaftsstrafkammern erfolgen, bevor spezielle Fragen der Verständigung im finanzmarktstrafrechtlichen Verfahren dargestellt werden.

1. Generell: Rechtstatsächliches Wissen zur Verständigung im Wirtschaftsstrafrecht

Das reichste Material liefert die in den Jahren 2004 bis 2006 von *Altenhain* et al. durchgeführte empirische Studie.[9] In ihr wurde die Praxis der Urteilsabsprachen in Wirtschaftsstrafverfahren unter Beteiligung von 142 in Nordrhein-Westfalen tätigen Praktikern untersucht. Die Ergebnisse beanspruchen auch nach den Gesetzesänderungen im Jahr 2009[10] grundsätzlich noch Gültigkeit. Sie dürften, jedenfalls in Teilbereichen, durch die nachgeholte Legitimation der vormals nur richterrechtlichen Praxis sogar noch zu unterstreichen sein.

a) Häufigkeit

Der Großteil der beteiligten Akteure im Wirtschaftsstrafrecht bezeichnet das Mittel der Urteilsabsprache als ein für sie „unverzichtbares Instrument" zur Bewältigung von Wirtschaftsstrafverfahren.[11] Nach ihrer Einschätzung würden über die Hälfte der Prozesse durch Urteilsabsprachen abgeschlossen.[12]

---

7 Umf. Nachw. bei *Kudlich* Gutachten C zum 68. Deutschen Juristentag 2010, S. C 29 ff.

8 Teil II der Beschlüsse des 68. DJT Berlin 2010 StV 2011, 55 f.; zur Einordnung auch *Janisch* ZRP 2010, 266, 267.

9 *Altenhain/Hagemeier/Haimerl/Stammen* Die Praxis der Absprachen in Wirtschaftsstrafverfahren 2007; zur Methodik der Untersuchung auch *Scheinfeld* ZIS 2008, 62, 65. Aus der Rechtstatsachenforschung s. des weiteren *Hassemer/Hippler* StV 1986, 360, 361; *Lüdemann/Bussmann* KrimJ 1989, 54, 56; *dies.* MSchrKrim 1988, 81; *Schünemann* NJW 1989, 1895, 1896; *Siolek* DRiZ 1993, 422 (423) sowie ausf. *Theile* (Fn. 5), S. 128 ff. Zusf. *Nelle-Rublack* Der modernisierte Strafprozess. Zur Soziologie konsensorientierter Wirtschaftsstrafverfahren 1999, S. 101 ff.; *Viering* Absprachen als verfahrensökonomische Lösung des Schuldnachweisproblems im Strafverfahren 2009, S. 95 ff.; *Hildebrandt* Gesetzliche Regelung der Verständigung im Strafverfahren 2010, S. 33 ff.

10 S. Fn. 6.

11 *Altenhain* et al. (Fn. 9) S. 75 f.

12 S. schon *Siolek*, DRiZ 1993, 422, 423: „durchschnittlich die Hälfte".

b) Beteiligte

Die Initiative für Verständigungsgespräche geht überwiegend von der Verteidigung, vom Vorsitzenden und (etwas seltener) auch von der Staatsanwaltschaft aus.[13] Sie werden i.d.R. auch nur zwischen diesen Beteiligten – also ohne den Angeklagten – geführt.[14] Nach Auffassung der Verteidiger könnten auf diese Weise die für den Mandanten besten Verfahrensergebnisse erzielt werden, weil ein offeneres Gespräch möglich sei und unbedachte Äußerungen des Angeklagten vermieden würden. Ebenfalls meist abwesend sind die Schöffen. Dies wird vor allem mit organisatorischen Hindernissen sowie mangelnder Effizienz der Schöffenbeteiligung an den Verständigungsgesprächen begründet.[15]

c) Gründe

Was sind die von den unmittelbar Beteiligten geltend gemachten Motive für Absprachen im Wirtschaftsstrafprozess? Im Mittelpunkt der Praktikerstatements stehen verfahrensökonomische Aspekte.[16] Den auf Seiten der Justiz Beteiligten geht es in erster Linie um die Abkürzung der Beweisaufnahme und die Beschleunigung des Verfahrens – mit anderen Worten: um Zeitersparnis.[17] Im Zusammenhang mit der Zeit- steht auch die Personalknappheit sowie das Problem, dass bei intensiverer Verfolgung von Wirtschaftsdelikten unter Umständen (auf Kosten des Legalitätsprinzips) auf die Verfolgung anderer (Wirtschafts-)Straftaten zunächst oder endgültig verzichtet werden müsste. Als weiteren Grund, nicht jedoch als Hauptmotiv, nennen Richter und Staatsanwälte auch häufig die unklare Beweislage.[18] Dieses Motiv tritt im Zusammenhang der Finanzmarktkrise natürlich besonders deutlich zutage. *Lüdemann/Bussmann*[19] resümieren schon vor zwei Jahrzehnten: „Je ohnmächtiger sich (...) die Justiz fühlt, desto eher lässt sie sich auf Absprachen ein". Bei den Strafverteidigern stehen hingegen – natürlich – die Interessen des Mandanten im Vordergrund. Namentlich handelt es sich hierbei um die Erzielung des bestmöglichen und, in gewissen Grenzen, kalkulierbaren Verfahrensergebnisses, die Verringerung der psychischen Belastungen für den Angeklagten sowie die Geringhaltung finanzieller Einbußen durch die Notwendigkeit der Anwesenheit in der Hauptverhandlung.[20] Nach Einschätzung der Praktiker profitiert der Angeklagte auch tatsächlich am meisten von einer getroffenen Verständigung.[21] Am zweithäufigsten wird das Gericht genannt.

---

13 S. *Hassemer/Hippler* StV 1986, 360, 362. Je früher die Phase des Verfahrens, desto eher ist es die Verteidigung, die für die Anbahnung der Gespräche sorgt, vgl. *Bussmann/Lüdemann* MSchrKrim 1988, 81, 84f.

14 *Wolfslast* NStZ 1990, 409; *Schünemann* NJW 1989, 1895, 1901; *Altenhain* et al. (Fn. 9) S. 84, 88, 225ff.

15 *Altenhain* et al. (Fn. 9) S. 98ff.; krit. etwa *Fischer* StraFo 2009, 177, 183.

16 S. auch *Pfeiffer/Hannich* in: KK-StPO 6. Aufl. 2008, Einl. Rn. 29a.

17 Vgl. *Dahs* NStZ 1988, 153, 159; *Nestler(-Tremel)* DRiZ 1988, 288, 289; *Kintzi* JR 1990, 309, 310; *Rudolph* DRiZ 1992, 6, 9; *Pfister* DRiZ 2004, 178, 181. Umfassend dazu *Kudlich* DJT-Gutachten (Fn. 7) S. C 30ff.; *Wohlers* NJW 2010, 2470, 2473ff.

18 *R. Hassemer/Hippler* StV 1986, 360, 361 („Umfang und Schwierigkeit der Beweisaufnahme"); *Bussmann/Lüdemann* MSchrKrim 1988, 81, 84; *Altenhain* et al. (Fn. 9) S. 59ff.

19 KrimJ 1989, 54, 60.

20 *Schünemann* NJW 1989, 1895, 1899; *Wolfslast* NStZ 1990, 409, 410.

21 *Altenhain* et al. (Fn. 9) S. 71.

d) Zeitpunkt

Verständigungsgespräche wurden vor Inkrafttreten des Verständigungsgesetzes nach Angaben der beteiligten Akteure typischerweise nicht in der Hauptverhandlung selbst, sondern davor oder außerhalb geführt.[22] In der Hauptverhandlung in Wirtschaftsstrafverfahren werden für diese Kommunikation vor allem Zeitpunkte im Verlauf der Beweisaufnahme, nach Verlesung des Anklagesatzes und nach Vernehmung des Angeklagten zur Sache gewählt.[23]

e) Inhalt

Inhaltlich spielten auch schon vor Geltung des Verständigungsgesetzes im Wirtschaftsstrafprozess häufig Aspekte der Reduzierung des Umfangs der Beweisaufnahme und des Verfahrensumfangs eine Rolle.[24] Das kann in Anbetracht der Motivlage der Beteiligten nicht überraschen. Praktisch wird die angestrebte Reduzierung des Prozessstoffs etwa über die Opportunitätsvorschriften der §§ 154, 154a StPO erreicht. Im Gegenzug sagt die Verteidigung zu, auf das Stellen von Beweisanträgen zu verzichten.[25] Verhandelt wird häufig auch über die Aufhebung oder jedenfalls Aussetzung des Vollzugs eines etwaigen Haftbefehls, Fragen des „Ob“ und „Wie“ der Schadenswiedergutmachung, des (späteren offenen) Vollzugs sowie über die Einstellung anderer, nicht angeklagter Taten.[26] Besonders häufig geht es aber um eine Strafmilderung als Gegenleistung für ein vom Angeklagten abgelegtes Geständnis. Dabei beträgt der Umfang der für ein Geständnis gewährten Strafmilderung typischerweise ein Viertel bis ein Drittel der bei einem streitigen Ausgang zu verhängenden Strafe. Zum Teil wird auch nach dem Zeitpunkt des abgelegten Geständnisses differenziert, respektive nach dessen an der Prozessökonomie gemessenen Wert.[27]

Das etwaige Geständnis ist in etwa der Hälfte der Fälle „schlank“. Es handelt sich also um ein lediglich pauschales Einräumen des Tatvorwurfs, bei der das Tatgeschehen nicht ausführlicher geschildert wird.[28] Soweit seine Richtigkeit überhaupt vom Gericht untersucht wird, erfolgt in erster Linie eine Überprüfung durch einzelne Rückfragen an den Angeklagten zur Sache, in selteneren Fällen auch durch die Vernehmung von Zeugen oder Sachverständigen.[29]

---

22 *Hassemer/Hippler* StV 1986, 360, 362; *Altenhain* et al. (Fn. 9) S. 218 f., anders *Siolek* DRiZ 1993, 422, 424.

23 *Altenhain* et al. (Fn. 9) S. 222.

24 *Siolek* DRiZ 1993, 422, 424; *Altenhain* et al. (Fn. 9) S. 121, 125.

25 Vgl. schon *Schmidt-Hieber* NJW 1982, 1017.

26 S. *Bussmann/Lüdemann* MSchrKrim 1988, 81, 85; *Altenhain* et al. (Fn. 9) S. 146.

27 Krit. *Weider* NStZ 2002, 174, 177 („Kurz-, Mittel- und Langstreckentarife“); *B. Schmitt* GA 2001, 411, 420.

28 *Altenhain* et al. (Fn. 9) S. 244 ff.

29 Krit. dazu etwa *Fischer* StraFo 2009, 177, 181 und *Weßlau* ZStW 116 (2004), 150, 166.

f) Scheitern von Absprachen

Es ist nach den Ergebnissen der *Altenhain*-Studie[30] davon auszugehen, dass etwa jedes vierte Verständigungsgespräch letztendlich scheitert, wofür als Gründe unter anderem vom Inhalt der Anklageschrift abweichende Geständnisse angeführt werden. Teilweise ist in der Praxis die ursprüngliche Strafprognose des Gerichts auch deshalb nicht mehr haltbar, weil der Angeklagte zu viel gesteht („überschießendes Geständnis") oder eine Beweisaufnahme nach Ablegung des Geständnisses neue Erkenntnisse mit sich bringt.

2. Speziell: Rechtstatsachen zur Verständigung im Finanzmarktstrafrecht

Inwieweit die Absprachepraxis speziell im Finanzmarktstrafrecht von der dargestellten Handhabung in sonstigen Wirtschaftsstrafsachen abweicht, lässt sich kaum verlässlich sagen.

a) Eine verschwiegene Praxis

Spezifisch auf solche prozessuale Verständigungen ausgerichtete empirische Studien existieren – soweit ersichtlich – nicht.

Ihr Inhalt wäre auch in vielerlei Hinsicht zu hinterfragen. So fehlt es bereits an einer verbindlichen Definition der Begriffe Kapital- bzw. Finanzmarktstrafrecht.[31] Damit geht einher, dass auch die Zuständigkeit der Wirtschaftsstrafkammern wegen der Zufälligkeiten und Beurteilungsspielräume im Katalog des § 74c Abs. 1 GVG kein verlässliches Hilfskriterium darstellt. Mehr als eine Handvoll finanzmarktstrafrechtliche Verfahren ausfindig zu machen, die mit einer Urteilsabsprache abgeschlossen wurden oder zumindest werden sollten, gelingt noch nicht einmal über das Rechtsportal juris, obgleich es immerhin weit über eine Million Rechtsprechungsdokumente verzeichnet. Hierzu gehören etwa die Fälle Badenia und Haffa/EM.TV.[32] Noch schwieriger ist es demzufolge, nach verlässlichen Standards Einzelheiten über prägende konkrete Absprachеinhalte in finanzmarktstrafrechtlichen Verfahren zu erheben.

---

30 *Altenhain* et al. (Fn. 9) S. 269 f.

31 S. nur *Park/Sorgenfrei* in: Kapitalmarktstrafrecht 2. Aufl. 2008, Einl. Rn. 1; *Park* NStZ 2007, 369, 370; *C. Schröder* Handbuch Kapitalmarktstrafrecht 2. Aufl. 2010, Rn. 1; *Colussi* Kapitalmarktstrafrecht 2010, S. 22.

32 Im Fall Haffa/EM.TV waren ausweislich des Revisionsurteils Gespräche über eine mögliche Verständigung vor dem Tatgericht letztlich gescheitert, vgl. BGH NJW 2005, 445, 446 (insoweit in BGHSt 49, 381 [385] nicht abgedr.) sowie LG Mannheim Urt. v. 26. 3. 2010 – 25 KLs 611 Js 21697/04 (Fall Badenia). S. noch BGH NStZ-RR 2007, 20 und LG Düsseldorf Urt. v. 30. 6. 2010 – 14 KLs 3/10.

b) Zugangshindernisse vor Inkrafttreten des Gesetzes zur Regelung der Verständigung im Strafverfahren

Für dieses Informationsdefizit sind verschiedene Gründe zu benennen. In den Fällen, in denen es überhaupt zur Anklage kam, dürften Absprachen in der Vergangenheit nicht selten entgegen der vorläufigen Verfahrensordnung des 4. Senats des BGH aus dem Jahr 1997[33] (wie auch in sonstigen Wirtschaftsstrafverfahren[34]) gänzlich hinter verschlossenen Türen stattgefunden haben. Zumindest eine Protokollierung des Zustandekommens und Inhalts einer getroffenen Verständigung dürfte trotz der entgegenstehenden Forderung des BGH[35] nicht selten unterblieben sein.[36] Eine *gesetzliche* Transparenzregelung wie § 243 Abs. 4 StPO, nach der vorangegangene Gespräche über eine mögliche Verständigung in der Hauptverhandlung bekannt gegeben werden müssen, gab es bis zum 4. 8. 2009 ebenso wenig wie eine Vorschrift nach Maßgabe des § 267 Abs. 3 S. 5 StPO, nach der im Urteil das Vorausgehen einer Verständigung anzugeben ist. Ohnehin wurden die meisten Absprachen vor der Wirtschaftsstrafkammer erst- und letztinstanzlich getroffen. Zur Einlegung von Rechtsmitteln kam es bis zur Einfügung des § 302 Abs. 1 S. 2 StPO wohl nur vereinzelt[37]. Die (ggf. nach § 267 Abs. 4 StPO abgekürzten) Urteile wurden im juristischen Publikationsbetrieb zudem typischerweise nicht berücksichtigt.[38] Entscheidungen des BGH, die sich mit der Problematik der Urteilsabsprachen beschäftigen, gehen zudem häufig nicht auf den zu Grunde liegenden materiell-rechtlichen Sachverhalt ein.[39]

Soweit finanzmarktstrafrechtliche Strafverfahren heute das Stadium der Hauptverhandlung erreichen, treffen sie aber auf ein arrondiertes Umfeld. Auch wenn man die Verständigung im Strafverfahren als Fall staatlich regulierter Selbstregulierung begreift,[40] hat die Verpflichtung auf Transparenz und Einhaltung der prozessualen Form doch den gesetzesfreien Spielraum für die professionellen Akteure deutlich beschnitten. Bei dieser Ausgangslage sind nun einige Schlaglichter auf nach der Finanzmarktkrise 2007/08 eingeleitete Strafverfahren zu werfen.

---

33 BGHSt 43, 195, 206 f.

34 Oben II.1.d.

35 BGH a. a. O. (Fn. 33).

36 Für alle Wirtschaftsstrafverfahren ebenso *Altenhain* et al. (Fn. 9) S. 233 ff.

37 Vgl. *Jähnke* ZRP 2001, 574, 575; *Altenhain* et al. (Fn. 9) S. 257 f. Wie sich die Praxis nach der schon wieder erfolgten partiellen Demontage der neuen gesetzlichen Regelung in § 302 Abs. 1 S. 2 StPO durch BGHSt 55, 82 m. abl. Anm. *Niemöller* StV 2010, 474 und Anm. *Jahn* JuS 2010, 742 entwickeln wird, ist derzeit noch nicht abzusehen.

38 Ein anonymisiertes Fallbeispiel findet sich jedoch bei *Hamm* in: Nelles/Vormbaum (Hrsg.) Strafverteidigung in Forschung und Praxis. Kriminalwissenschaftliches Kolloquium für Welp, 2006, S. 57 ff.

39 Typisch hierfür BGH NStZ 2003, 677.

40 So *Lüderssen* FS Fezer 2008, S. 531, 533 ff.; s. auch *Theile* StV 2010, 661, 662.

III. Kapitalmarktstrafrechtlich relevante Verfahren nach der Finanzmarktkrise 2007/08

Infolge der Finanzmarktkrise kam es bislang zu einer Reihe von Ermittlungsverfahren insbesondere bei den Landesbanken und einer in der Öffentlichkeit bekannt gewordenen, jedoch derzeit noch nicht rechtskräftigen Verurteilung.[41] Dass weitere Verfahren etwa im Strafbefehlswege abgeschlossen wurden, ist nicht gänzlich auszuschließen, aber vor dem Hintergrund vielfältiger Publizitätspflichten im Finanzmarktstrafrecht auch nicht überwiegend wahrscheinlich.

1. Ermittlungsverfahren

a) HSH Nordbank

Gegen sechs teils ehemalige Vorstände der HSH Nordbank – unter ihnen der frühere Vorstandschef *Nonnenmacher* – wird schon seit einiger Zeit wegen des Verdachts der Untreue in einem besonders schweren Fall (§ 266 i. V. m. § 263 Abs. 3 Nr. 1 Var. 1 StGB) ermittelt.[42] Darüber hinaus soll gegen zwei Beschuldigte der Verdacht der unrichtigen Darstellung (§ 400 Abs. 1 Nr. 1 AktG) wegen falscher Angaben zu Gewinn- und Verlustrechnungen und Bilanzzahlen in einem Quartalszwischenbericht im März 2008 und in einer Pressemitteilung im Juni 2008 bestehen. Die Untreuevorwürfe resultieren unter anderem aus dem Geschäft „Omega 55". Hier wurde – wie seinerzeit von zahlreichen anderen Banken auch[43] – eine Zweckgesellschaft (Conduit) gegründet, die Omega Capital Funding in Dublin. Der Gesellschaftszweck bestand nach dem bislang bekannt gewordenen Sachverhalt darin, mit forderungsbesicherten, aber riskanten Immobilienpapieren (CDOs; Collateral Debt Obligations) zu handeln. Dabei übernahm die HSH nur schwer kalkulierbare Haftungsrisiken für den Fall etwaiger Verluste bei der Omega Capital Funding. Resultat war nach den bislang bekannten Fakten ein Verlust von rund 270 Mio. Euro. Die HSH konnte letztlich nur mit 3 Mrd. Euro Kapital und weiteren 10 Mrd. Euro an Garantien seitens der Eigentümer Hamburg und Schleswig-Holstein gerettet werden.

b) Hypo Real Estate

Das blieb kein Einzelfall: Die Staatsanwaltschaft München ermittelt seit Ende 2008 gegen den ehemaligen Vorstandschef der Hypo Real Estate *Georg Funke* und den gesamten früheren HRE-Vorstand.[44] Es geht wiederum um den Verdacht der Untreue, der

41 Bei *Balzli* et al. Der Spiegel. 5/2010, S. 64, 68, ist von „allein drei Dutzend [strafrechtlichen Verfahren] in Deutschland" die Rede. Es mag offenbleiben, wie belastbar diese Zahl ist.

42 Vgl. LG Hamburg Beschl. v. 15. 10. 2010 – 608 Qs 18/10, S. 5 ff., insoweit in StV 2011, 148 m. Anm. *Jahn/Kirsch* nicht abgedr.

43 Vgl. nur *Hellwig* Gutachten E zum 68. Deutschen Juristentag 2010, S. E 26 ff.; *Otto* FS Krey 2010, S. 375, 379 ff. Zur Untreuerelevanz des Refinanzierungsrisikos der Zweckgesellschaften einführend *C. Schröder* (Fn. 31) Rn. 1094 ff.; *ders.* NJW 2010, 1169 f.

44 BT-Drs. 16/12623, S. 1 (Antwort der BReg. auf eine Kleine Anfrage der Fraktion BÜNDNIS 90/ DIE GRÜNEN); http://www.sueddeutsche.de/geld/hypo-real-estate-ermittlungen-die-akte-fun

Marktmanipulation (§§ 38 Abs. 2, 39 Abs. 2 Nr. 11, 20a Abs. 1 WpHG) und der unrichtigen Darstellung der Unternehmensverhältnisse (§ 400 AktG). Mitte August 2008 hieß es in einem auch heute noch im Netz abrufbaren Geschäftsbericht,[45] selbst bei einem worst case-Szenario sei „sichergestellt, dass die Hypo Real Estate Gruppe sowie ihre Tochterbanken jederzeit uneingeschränkt zahlungsfähig sind". Nur wenige Wochen später stand das Institut vor der Zahlungsunfähigkeit, die mit knapp über 100 Mrd. Euro an Kapital und Bürgschaften des Staates abgewendet werden musste; später kamen noch einmal 40 Mrd. Euro an Garantien hinzu. Diese waren zum einen die Folge andauernder Liquiditätsprobleme. Zum anderen dienten sie der Absicherung der Auslagerung von Risikopieren und ganzen Unternehmensteilen in eine Bad Bank („FMS Wertmanagement").

c) Sachsen LB

Auch den ehemaligen Vorständen der Sachsen LB (heute: Sachsen Bank), unter ihnen *Süß*, könnte eine Anklage drohen.[46] Bereits 2007 wurde bekannt, dass die Leipziger Staatsanwaltschaft wegen Untreue ermittelt. Wegen der US-Krise am Subprimemarkt war die Zweckgesellschaft Ormond Quay der Bank-Tochter Sachsen LB Europe in Dublin in eine wirtschaftliche Schieflage geraten. Ende 2007 erfolgte der Notverkauf der Sachsen LB an die Landesbank Baden-Württemberg (LBBW).

d) Landesbank Baden-Württemberg (LBBW)

Verantwortliche der LBBW stehen indes mittlerweile selbst im Fokus der Ermittlungen. Gegen den Ex-Bankchef *Jaschinksi* und sechs amtierende Vorstandsmitglieder besteht bei der Staatsanwaltschaft Stuttgart der Verdacht der Untreue.[47] Seit Ende 2006 sollen trotz erkennbarer Risiken dreistellige Millionenbeträge in amerikanische Hypothekenanleihen investiert und dadurch das Bankvermögen gefährdet bzw. geschädigt worden sein. Der tatsächliche Schaden ist derzeit noch nicht bezifferbar.

e) Bayern LB

Die Münchener Staatsanwaltschaft ermittelt – auch das ist pressebekannt – anlässlich der Affäre um den Kauf der Hypo Group Alpe Adria (HGAA) durch die Bayern LB im Jahr 2007. Der damalige Bayern LB-Chef *Werner Schmidt* wird der Untreue verdächtigt.[48] Im Januar 2010 gab die Staatsanwaltschaft bekannt, dass die Ermittlungen auf weitere

---

ke-1.17689. Das Verfahren gegen den ehemaligen Aufsichtsratschef *Viermetz* wurde hingegen schon Mitte 2010 eingestellt.

45 Zwischenbericht der HRE zum 30. 6. 2008 http://www.hyporealestate.com/pdf/Zwischenbericht_Q2_08_final_GL.pdf (zuletzt abgerufen am 8. 6. 2011).

46 http://www.faz.net/s/RubD16E1F55D21144C4AE3F9DDF52B6E1D9/Doc E80D71F12142E408C83A74C61B4E1ED19 ATpl Ecommon Scontent.html.

47 http://www.faz.net/s/RubD16E1F55D21144C4AE3F9DDF52B6E1D9/Doc EFE5CCE7746DD49DCA7F03C4CF1241C19 ATpl Ecommon Scontent.html.

48 http://www.faz.net/s/RubD16E1F55D21144C4AE3F9DDF52B6E1D9/Doc EF6AA30BA44C54DAB981D9E58B6920257 ATpl Ecommon Scontent.html und http://www.faz.net/s/RubD16E1F55D21144C4AE3F9DDF52B6E1D9/Doc EBF090EA2447442A4B460BCA5435E07B1 ATpl Ecommon Scontent.html.

Beschuldigte und Straftatbestände ausgeweitet würden. Nach Presseinformationen richten sich die Vorwürfe seitdem gegen den gesamten damals amtierenden Vorstand der Bayern LB, daneben auch gegen den früheren Vorstandsvorsitzenden der HGGA. Anfang August 2010 wurde der langjährige Chef der HGAA *Kulterer* wegen des dringenden Tatverdachts der Untreue festgenommen. Er soll u.a. zusammen mit dem mittlerweile verstorbenen früheren Kärntner Landeshauptmann *Haider* den Kauf der HGAA durch die Bayern LB von langer Hand geplant haben. Wegen der hohen Verluste gab die Bayern LB 2009 die HGAA schließlich an Österreich ab. Es kam zur Notverstaatlichung. Insgesamt soll die Bayern LB die zeitweise Übernahme der HGAA 3,7 Milliarden Euro gekostet haben. – Ende Mai 2011 wurde Anklage erhoben.

f) West LB

Gegen Geldauflagen von insgesamt 445.000 Euro nach § 153 a Abs. 1 StPO eingestellt wurden hingegen Strafverfahren der Staatsanwaltschaft Düsseldorf gegen zwei amtierende und mehrere ehemalige Vorstände der West LB.[49] Im Jahr 2007 hatte die Bank durch Fehlspekulationen im Aktien-Eigenhandel Verluste von mehr als 600 Mio. Euro eingefahren. Den Vorstandsmitgliedern wurde vorgeworfen, den Aufsichtsrat zu spät über hohe Risiken an den Börsen informiert zu haben. Lediglich gegen zwei ehemalige Aktienhändler der West LB soll Anklage erhoben werden. Ihnen wird zur Last gelegt, unverantwortlich agiert und so Bankvermögen veruntreut zu haben.

2. Urteil im Fall Ortseifen/IKB

Als erster Bankmanager, der im Zusammenhang mit der Finanzmarktkrise verurteilt wurde, wird in der Öffentlichkeit der Name *Ortseifen* genannt.[50] Auch im Fall der IKB war es zu hohen Verlusten durch Zweckgesellschaften („Rhineland Funding") gekommen. Schließlich stand das Institut vor der Insolvenz und konnte nur durch Garantien von rund zehn Mrd. Euro gerettet werden. Die 14. Große Strafkammer des LG Düsseldorf[51] verhängte gegen ihn wegen vorsätzlicher Marktmanipulation im Juli 2010 eine zur Bewährung ausgesetzte Freiheitsstrafe von zehn Monaten; Untreue war nicht angeklagt. *Ortseifen* hatte nach den tatsächlichen Feststellungen am 20. 7. 2007 die Lage der IKB in einer Pressemitteilung beschönigt, obwohl diese bereits wegen der Krise am US-Hypothekenmarkt unter Druck stand. Die im Rahmen der Pressemitteilung gemachten Angaben sah das Tatgericht als irreführend und als für die Bewertung der Aktie der IKB erheblich an. Sie seien zudem tatsächlich geeignet gewesen, auf den inländischen Börsenpreis der Aktie einzuwirken.

---

49 http://www.sueddeutsche.de/geld/westlb-thomas-fischer-gute-aktien-schlechte-aktien-1.981122.

50 http://www.faz.net/s/Rub58241E4DF1B149538ABC24D0E82A6266/Doc E30C6E9660FE546719B2E101D587B5878 ATpl Ecommon Sspezial.html.

51 Urt. v. 14. 7. 2010 – 14 KLs 6/09 = GWR 2010, 504, im Volltext (mit der rechtlichen Würdigung ab Tz. 354) abrufbar unter http://www.justiz.nrw.de/nrwe/lgs/duesseldorf/lg_duesseldorf/j2010/14_KLs_6_09urteil20100714.html.

3. Bewertung der Ermittlungs- und Hauptverfahren

Um mit dem (vorläufigen) Schlusspunkt zu beginnen: Die Verurteilung im IKB-Verfahren ist für das hier behandelte Thema nicht paradigmatisch. Das liegt weder daran, dass sie noch nicht rechtskräftig ist, noch ist es der Tatsache geschuldet, dass das Strafurteil des *LG Düsseldorf* in zentralen Punkten zu einer Entscheidung eines Düsseldorfer Zivilsenats aus dem März 2010[52] in einem gewissen inhaltlichen Spannungsverhältnis steht, um das Mindeste zu sagen. Die Aufklärung des Vorwurfs der Marktmanipulation durch unrichtige Angaben führt aber nicht in das Epizentrum der Krise der Finanzmärkte, sondern höchstens zur Feststellung eines mehr oder minder großen Maßes individueller krimineller Energie.[53] Dasselbe gilt für zahlreiche betrugsnahe und sonst wie täuschend-manipulative Verhaltensweisen gegenüber dem Publikum, Gläubigern oder Arbeitgebern nach dem – negativen – Vorbild des Société Générale-Händlers *Kerviel*.[54] Die dadurch initiierten Ermittlungsroutinen liegen außerhalb der das Phänomen der Finanzmarktkrise betreffenden Spezialfragen und mögen daher im Folgenden ebenso auf sich beruhen wie die Reaktion der Justiz auf wirtschaftlich zweifelhafte Investitionsentscheidungen, womöglich wiederum gepaart mit unlauterer Einflussnahme auf die zugrundeliegenden Entscheidungsprozesse, wie im Fall Hypo Alpe Adria. Übrig bleiben damit im Wesentlichen Untreuevorwürfe wegen riskanter Anlageentscheidungen im Bereich der Landesbanken. Um ihre prozessuale Behandlung soll es nunmehr gehen.[55]

IV. Moralunternehmergewinne und Gewissheitsverluste – zur systemischen Überforderung des Strafprozessrechts durch die Finanzmarktkrise

1. Materiell-strafrechtlicher Input: Die Suche nach den Schuldigen

Das deutsche Strafrecht knüpft bekanntlich an die persönliche Schuld des Individuums an. Die Leistung des Strafverfahrens im Kontext der Finanzmarktkrise müsste also darin bestehen, die durch das Schuldprinzip mit Verfassungsrang vorgegebene binäre Codierung strafbar/nicht strafbar mit der Orientierung der Märkte am binären Code

52 OLG Düsseldorf Beschl. v. 4. 3. 2010 – I-6 U 94/09, BeckRS 2010, 15745 m. Anm. *Pitsch* GWR 2010, 305346. Zur voraufgegangenen Entscheidung desselben Senats v. 9. 12. 2009 (I-6 W 45/09 = NJW 2010, 1537 m. Anm. *Fleischer* NJW 2010, 1504, rechtskräftig geworden durch BGH [II. ZS] NZG 2010, 347) aus strafrechtlicher Sicht auch *Leitner* StraFo 2010, 323, 324 f.

53 Ebenso *C. Schröder* Der IKB Prozess führt nicht zum Kern der Krise, http://www.lto.de/de/html/nachrichten/967/Der-IKB-Prozess-fC3BChrt-nicht-zum-Kern-der-Krise.

54 Zu diesem Fall *Conac* ECFR 2010, 297, 307; *A. Röhl/O. Terhorst* VW 2008, 1376.

55 Aus Raumgründen müssen daneben auftauchende Fragen des Betruges (§ 263 StGB) durch den Verkauf von problematischen, aber AAA-gerateten Verbriefungen und bilanzstrafrechtliche Tatbestände bei der Verschleierung von Risiken ausgeklammert bleiben, dazu eingehend *Rönnau* in: Schünemann (Hrsg.) Die sogenannte Finanzkrise – Systemversagen oder global organsierte Kriminalität? 2010, S. 43 ff.; *Park/Rütters* StV 2011, 434.

Gewinn und Verlust kompatibel zu machen.[56] Das dürfte nur um den Preis radikaler Vereinfachungen – jargongerecht: Reduktion von Komplexität – gelingen. Systemtische wirtschaftliche Phänomene müssen dabei auf justizielle Sachverhalte herunter gebrochen werden, in denen Menschen als Beschuldigte die Hauptrolle spielen können. Das erklärt die im Bereich des Kapitalmarktstrafrechts unübersehbare „Sehnsucht, die Krise zu personalisieren“[57].

Dieses Leitmotiv konnte man besonders eindrucksvoll an der Wirkung eines Berichts des *Wall Street Journal*[58] vom Februar des letzten Jahres studieren. In ihm hieß es, prominente Hedgefondsmanager hätten sich bei einem Abendessen in New York getroffen und darauf geeinigt, gegen den Euro zu spekulieren. Nicht wenige Europäer sind sich seitdem sicher, die Verantwortlichen für die schwächelnde europäische Währung und die drastische Staatsverschuldung einiger Staaten der Euro-Zone ausgemacht zu haben, die uns auch jetzt wieder täglich in den Nachrichten begegnet. Die Popularität der Vorstellung einer sinisteren Verschwörung gegen die Realwirtschaft – *Stone* hätte sicher Freude an diesem Thema – kontrastiert bereits scharf mit der realen Dimension des Devisenmarktes und seiner Eigendynamik, die aus einer kaum bezifferbaren Anzahl sich gegenseitig beeinflussender Aktionen auf der ganzen Welt resultiert.[59] Während also der individuelle Einfluss auf systemtische Prozesse latent überschätzt wird, werden die Schwierigkeiten gerichtsfester Tatsachenfeststellung latent unterschätzt. Colorandi causa: Schon kurz nach den ersten Berichten meldeten sich Teilnehmer des besagten Abendessens in der *New York Times*[60] zu Wort und gaben an, das Thema „Euro“ sei nicht länger als fünf Minuten diskutiert worden – eine denkbar kurze Frist, um in einem öffentlichen Restaurant die Weichen für die Herbeiführung einer weltweit spürbaren Krise zu stellen.

Die „Entdeckung“ einer von einer gesichtslosen Finanzkleptokratie global organisierten Kriminalität erweist sich vor diesem Hintergrund als popularisierende rhetorische Abbreviatur. Sie ist nicht das belastbare Ergebnis der Prüfung eines Kriterienkataloges.[61] Die Zurechnungsstrukturen des geltenden Strafrechts dürften sich damit schon grundsätzlich nicht als probates Mittel erweisen, um die vernetzten systemischen Prozesse des Finanzmarkts zu rekonstruieren.[62]

---

56 Ausführlicher *Lüderssen* FS Amelung 2009, S. 67, 73, Kempf/*Lüderssen*/Volk (Hrsg.) Die Handlungsfreiheit des Unternehmers 2009, S. 241, 265 ff. sowie *Theile* (Fn. 5) S. 68, 260; *ders.* MschrKrim 2010, 147, 151 f.

57 Treffend *Trüg* in: Kempf/Lüderssen/Volk (Hrsg.) Die Finanzkrise, das Wirtschaftsstrafrecht und die Moral 2010, S. 290, 299.

58 http://online.wsj.com/article/SB10001424052748703795004575087741848074392.html v. 26. 2. 2010.

59 Nach Erhebungen der Bank für Internationalen Zahlungsausgleich (BIS) wurden im April 2010 täglich im Durchschnitt 4 Bio. Dollar umgesetzt, im April 2007 noch durchschnittlich 3,3 Bio. Dollar: http://www.bis.org/press/p100901.htm. Einen tiefer gehenden Eindruck verschafft *Hellwig* DJT-Gutachten (Fn. 43), S. E 12 ff.

60 http://www.nytimes.com/2010/03/04/business/global/04bets.html.

61 A.A. *Schünemann* Die sogenannte Finanzkrise (Fn. 55) S. 71, 102.

62 In der Tendenz ebenso *Ransiek* WM 2010, 869; *Hetzer* Krim 2010, 95, 100; de lege lata auch *Hefendehl* FS Samson, 2010, S. 295, S. 313 f. Diff. *C. Schröder* ZBB 2010, 280, 287; *Fischer* StGB, 58. Aufl. 2011, § 266 Rn. 72 a: „im Einzelfall zu prüfen“.

2. Gewissheitsverluste im Untreuestrafrecht nach der Entscheidung des BVerfG vom 23. 6. 2010

Die Sachverhalte der Finanzmarktkrise bedingen damit fast schon prototypisch jene Gewissheitsverluste, deren Auswirkungen auf das Verfahren aus methodischer Sicht schon vor Jahrzehnten beschrieben worden sind.[63] Diese Diskussion erreicht jetzt das Strafverfahrensrecht und damit auch den Absprachediskurs.[64] Sie trifft auf eine schlecht vorbereitete Justiz. Dass deren Ressourcen für die Behandlung komplexer Finanzmarktprobleme nicht ausgelegt sind, dürfte jedenfalls im Grundsätzlichen nicht in Streit geraten.[65] In seinem schon berühmten, natürlich vor allem rechtspolitisch gemeinten obiter dictum hat der 5. Strafsenat des BGH bereits im 50. Band der amtlichen Sammlung[66] angemerkt, dass es nach seiner Erfahrung „bei einer Vielzahl von großen Wirtschaftsstrafverfahren dazu [kommt], dass eine dem Unrechtsgehalt schwerwiegender Korruptions- und Steuerhinterziehungsdelikte adäquate Bestrafung allein deswegen nicht erfolgen kann, weil für die gebotene Aufklärung derart komplexer Sachverhalte keine ausreichenden justiziellen Ressourcen zur Verfügung stehen“. Der Erst-recht-Schluss für die hier zu verhandelnden Phänomene der Finanzmarktkrise drängt sich auf.

a) Objektiv: Sachverständigenbeweise statt Sprachbilder

Mehr noch: Nach der Grundsatzentscheidung des 2. Senats des BVerfG vom 23. 6. 2010 ist selbst das bisher sicher geglaubte Proprium justizieller Routinen im Untreuestrafrecht flüchtig geworden.

Bislang gleichermaßen zur Begründung der Pflichtverletzung und des Vermögensnachteils bei Risikogeschäften geläufige Vereinfachungen sind nunmehr von Verfassungs wegen unzulässig. Das trifft vor allem Sprachbilder wie die Beschreibung des existenzgefährdenden – und damit potentiell strafbaren – Risikos, das entgegen der Maßstabsfigur des sorgfältigen Kaufmanns „nach Art eines Spielers“ eingegangen worden sei. Sie sind zukünftig tabu.[67] An Stelle der vom fachrichterlichen Bedürfnis nach Greifbarem getragenen Metapher tritt mit der Entscheidung des 2. Senats des BVerfG[68] die Notwendigkeit der Einholung von Sachverständigengutachten mit dem Ziel einer quasi-bilanziellen Schadensbewertung. Zur vollständigen Erfassung und angemessenen Bewertung dieser Richtungsentscheidung für unser Thema gehört zunächst, dass Karlsruhe die dadurch

---

63 S. die Dissertationsschrift von *Haverkate* Gewissheitsverluste im juristischen Denken, Berlin 1977, S. 112 ff.

64 Grdlg. *Lüderssen* FS Hamm 2008, S. 419, 423 ff.; s. auch *dens.* Methodenfragen im Umgang mit der „Sachlogik des Finanzmarkts“ – Grenze oder Herausforderung juristischer Intervention? unter B II 2 c bb (3), in diesem Band S. 241.

65 S. *Schünemann* StraFo 2010, 90, 94 und *Theile* MschrKrim 2010, 147, 153.

66 BGHSt 50, 299, 308.

67 BVerfG NJW 2010, 3209, 3220 Tz. 149 m. Anm. *Saliger* NJW 2010, 3195; *Radtke* GmbHR 2010, 1121; *Wessing/Krawczyk* NZG 2010, 1121; *C. Becker* HRRS 2010, 383. Zur Kritik an der teils schiefen Bildersprache der Untreuedogmatik bereits vorher *Volk* FS Schöch 2010, S. 369, 377 f.

68 BVerfG NJW 2010, 3209, 3215 Tz. 114. S. dazu im Einzelnen *Dierlamm* in: MüKo-StGB 2006, § 266 Rn. 183; *Saliger* in: Satzger/Schmitt/Widmaier (Hrsg.) StGB 2008, § 266 Rn. 52; *ders.* NJW 2010, 3195, 3197 f.; *Deiters* (Fn. 57) S. 131, 134 f. sowie *Lüderssen* Methodenfragen im Umgang mit der „Sachlogik des Finanzmarkts“ (Fn. 64) unter B II 2 b bb, in diesem Band S. 241.

für das Verfahren vor den Fachgerichten entstehenden praktischen Schwierigkeiten sieht und in den Entscheidungsgründen sogar ausdrücklich aufführt.[69] Zu verbuchen ist zudem, dass die Entscheidung allein schon wegen des Beschlussdatums tief in die gesellschaftliche Debatte um das, was heute als „Kasino-Kapitalismus“[70] bezeichnet wird, eingebettet ist. Mit deren metaphorischen Übersimplifikationen bricht der Karlsruher *Senat*. Wenn *Saliger*[71] in einer ersten Reaktion auf die Entscheidung darauf hinweist, das Insistieren des BVerfG „dürfte dem Streben nach einer ‚effektiven Aufarbeitung‘ der Finanzmarktkrise mit den Mitteln des Untreuestrafrechts weitere Grenzen setzen“, trifft das sicher die Tendenz, ist aber wohl noch zu zurückhaltend formuliert.

b) Subjektiv: Der unklare Untreuevorsatz

Denn es ist auch in den Blick zu nehmen, worüber das BVerfG nicht zu entscheiden hatte: Der nach wie vor schwelende Disput zwischen dem *2.* und dem *1.* Strafsenat des BGH zu den Anforderungen an den bedingten Untreuevorsatz beim Risikogeschäft, soweit der Täter nicht eigennützig gehandelt hat.[72] Der revisionssichere Nachweis mehr als nur grob fahrlässigen Verhaltens für einen „Tat“-Zeitpunkt, in dem ein Großteil des Marktes mit den einschlägigen riskanten Finanzprodukten gehandelt (und eine zeitlang blendende Geschäfte gemacht) hat, dürfte jedenfalls in den Fällen, in denen ein unmittelbarer Zusammenhang des Geschäfts mit der Zahlung persönlicher Boni nicht besteht, nur um den Preis wagemutiger subjektiver Zuschreibungen gelingen. *Hellwig*, volkswirtschaftlicher Gutachter des 68. Deutschen Juristentages, schreibt an dieser für die Strafrechtspraxis bedeutenden Weichenstellung: „Im Nachhinein ist man klüger. Daraus folgt nicht unbedingt, dass man im Vorhinein die falschen Entscheidungen getroffen hat“.[73] Zu ergänzen ist: Noch viel weniger folgt daraus ohne Weiteres, dass man den Eintritt von Vermögensnachteilen billigend in Kauf genommen hat.

Die Staatsanwaltschaft Düsseldorf hat, wie bereits erwähnt,[74] von dieser revisionsrechtlich riskanten Operation mit ungewissem Ausgang im IKB-Verfahren gegen *Ortseifen* abgesehen und bereits auf den Anklagevorwurf Untreue verzichtet. Das ist umso bemerkenswerter, als der *3.* Strafsenat[75] erst im August 2009 den Freispruch gegen *Sengera* wegen des Vorwurfs der Kredituntreue ausgerechnet wegen Erörterungsmän-

---

69 BVerfG a.a.O. (Fn. 68). Einen Eindruck von der tatsächlichen Komplexität der Anwendung bilanzrechtlicher Grundsätze auf verschiedene Vermögensdelikts-Fallgruppen verschafft *Joecks* FS Samson (Fn. 62) S. 355, 366 ff.; speziell zu den vom BVerfG geforderten Grundsätzen jetzt eine erste Einschätzung bei *Wattenberg/Gehrmann* ZBB 2010, 507, 511 f.

70 *Sinn* Kasino-Kapitalismus 2009; daran speziell für die Untreuedogmatik anknüpfend jetzt *Capus* ZStrR 128 (2010), 258, 260.

71 NJW 2010, 3195, 3198. Ähnlich bereits *Rönnau* in: Die sogenannte Finanzkrise (Fn. 55) S. 43, 62.

72 Vgl. dazu – mit allen Nachw. – BVerfG (2. Kammer des 2. Senats), NJW 2009, 2370, 2372 Tz. 36 m. Anm. *Jahn* JuS 2009, 859; *Rönnau*, ZStW 122 (2010), 299, 306 f.; *Saliger* FS Samson (Fn. 62) S. 455, 465 ff.; *Kudlich* in: Hilgendorf/Ünver (Hrsg.) Das Strafrecht im deutsch-türkischen Rechtsvergleich 2010, S. 633, 639 f.; *Fischer* StraFo 2010, 329, 334 f. und *Jahn* JuS 2009, 1144, 1145 f.

73 *Hellwig* DJT-Gutachten (Fn. 43) S. E 35, ähnlich *Otto* FS Krey (Fn. 43) S. 375, 402 f.

74 Oben III.2.

75 BGH StV 2010, 79 f.

geln im subjektiven Tatbestand auf ihre Revision hin aufgehoben hatte. Der Erfolg des Rechtsmittels hat hier also den Blick auf die realen Schwierigkeiten beim Vorsatznachweis wegen Risikogeschäften von Zweckgesellschaften nicht verstellt. Die in der Vergangenheit bisweilen geäußerte Hoffnung,[76] in den weiteren Verfahren im Landesbankbereich werde die Entscheidung möglicherweise anders als im Fall *Ortseifen* ausfallen, könnte angesichts der insgesamt restriktiven Linie des BVerfG also enttäuscht werden.

3. Mögliche prozessuale Reaktionen nach den Vorschriften des Verständigungsgesetzes

Die grundsätzliche Frage, ob die Justiz bei der Behandlung komplexer Wirtschaftsstrafverfahren an ihre Leistungsgrenzen stößt, ist alt, wie sich bereits im rechtstatsächlichen Teil der hier angestellten Überlegungen gezeigt hat.[77] Mindestens seit vier Jahrzehnten wird über Umfangs- und Monstreverfahren und ihre unzureichende prozessuale Bewältigung Klage geführt.[78] Es ist kein Zufall, dass in der medienöffentlichen Diskussion unseres Themas wieder auf die Herstatt-Pleite und ihre als unbefriedigend empfundene strafprozessuale Bewältigung hingewiesen wird.[79] Schon der 50. Deutsche Juristentag 1974 in Hamburg hatte sich in der strafrechtlichen Abteilung die Frage gestellt: „Empfiehlt es sich, besondere strafprozessuale Vorschriften für Großverfahren einzuführen?“ Sie wurde – in Ablehnung der Vorschläge des Hauptgutachtens[80] – verneint. Mit dem Verständigungsgesetz wurden demgegenüber vor etwas mehr als einem Jahr zwar nicht *besondere*, aber *besonders einschlägige* Vorschriften zur Bewältigung von komplexen Wirtschaftsstrafverfahren geschaffen.

a) Ermittlungsverfahren: § 160 b StPO

Bei der eben beschriebenen materiell-rechtlichen Ausgangslage liegt es nahe, dass diejenigen Untreue-Verfahren, die nicht ohnehin nach § 170 Abs. 2 StPO mangels hinreichenden Tatverdachts eingestellt werden müssen, typische Anwendungsfälle für die neugeschaffene Erörterungsvorschrift des § 160b StPO werden. Nach dieser Vorschrift können die Beteiligten jederzeit den Stand des Verfahrens erörtern, soweit dies das Verfahren zu fördern geeignet ist. Ziel dieser Erörterungen wird regelmäßig die nicht anfechtbare Einstellung gem. § 153a Abs. 1 StPO gegen Zahlung einer Geldauflage sein.[81]

---

76 Etwa von *Strate* HRRS 2009, 441, 442; *ders.* BLJ 2009, 78, 83; *C. Schröder* NJW 2010, 1169, 1174 und *Kasiske* in: Die sogenannte Finanzkrise (Fn. 55) S. 13, 23.

77 Oben II.

78 Statt vieler *Herrmann* ZStW 85 (1973), 255; *Weber* GA 1975, 289 f.; *Grauhan* GA 1976, 225.

79 *Gelinksy* Finanzkrise vor Gericht: Warten auf Geständnisse, Cicero Nr. 10/2010, S. 114.

80 *Grünwald* Gutachten C zum 50. Deutschen Juristentag 1974, S. C 90 wollte besondere Vorschriften für Verfahren mit einer voraussichtlichen Länge von mehr als fünf Hauptverhandlungstagen oder einer Dauer von mehr als drei Wochen eingeführt wissen.

81 Vgl. *Schlothauer* in: Niemöller/Schlothauer/Wieder (Hrsg.) Gesetz zur Verständigung im Strafverfahren 2010, § 160b Rn. 19; *Meyer-Goßner* StPO, 54. Aufl. 2011, § 160b Rn. 6.

b) Hauptverhandlung: § 257 c Abs. 2 StPO

Die verbleibenden Fälle bieten wegen der vom BVerfG dekretierten Notwendigkeit der Sachverständigenbestellung in Untreueverfahren breiten Raum für Verständigungen nach § 257 c Abs. 2 S. 1 StPO über das Prozessverhalten der Verfahrensbeteiligten. Das kann z.B. der Verzicht auf die Stellung von Beweisanträgen bei Einigung auf einen bestimmten Finanzmarkt-Sachverständigen sein.[82] Möglich sind nach der generalklauselartigen Formulierung des Gesetzes auch „sonstige verfahrensbezogene Maßnahmen". Ein konkretes Beispiel für eine solche Maßnahme enthält bereits die erste seit dem BVerfG-Spruch ergangene einschlägige BGH-Entscheidung im Fall *Schelsky*.[83] Dort wurde wegen der Notwendigkeit der Beauftragung eines betriebswirtschaftlichen Sachverständigen „aus verfahrensökonomischen Gründen" eine Strafverfolgungsbeschränkung nach § 154 a Abs. 2 StPO mit Zustimmung der Bundesanwaltschaft noch in der Revisionsinstanz vorgenommen.

4. Mögliche Einwände gegen die hier entwickelte Konzeption

Natürlich muss man auch die Gegenrechnung aufmachen. Geht nicht das Vertrauen in eine rechtsstaatliche Strafverfolgung zum Teil verloren – um den ersten denkbaren Gegeneinwand[84] gegen die hier vertretene Position vorwegzunehmen – wenn das Instrumentarium prozessualer Verständigung genutzt wird, um Verfahren wegen des Vorwurfs der Untreue im Zusammenhang mit der Finanzmarktkrise zu beenden? Und geht es, wenn man auf die Bedeutung der gesetzlichen Regelung in § 257 c StPO für das Thema hinweist, nicht letztlich der Sache nach um eine weitere apologetische Strategie der Wissenschaft zum Schutz deutscher Bankmanager, wie ein zweites – und wieder rhetorisch geschärftes – Gegenargument[85] lauten könnte?

Beides überzeugt im Ergebnis nicht. Der Vertrauensverlust wäre längerfristig deutlich größer, wenn die Wirtschaftsstrafkammern mit Feststellungsobliegenheiten belastet würden, die sie nicht zu erfüllen in der Lage sein dürften – und wenn dies, spätestens in Rechtsmittelverfahren, als im Widerspruch zu den Vorgaben des BVerfG stehend zugestanden werden müsste. Man darf also mit einer Gegenfrage antworten: Wie und was sollte der Rechtsstaat dabei gewinnen?

---

82 Vgl. dazu *Jahn/Müller* NJW 2009, 2625, 2628; *Niemöller* in: N/S/W (Fn. 81) § 257 c Rn. 37.

83 Der Angeklagte war Vorsitzender der Arbeitnehmervereinigung „Arbeitsgemeinschaft Unabhängiger Betriebsangehöriger" (AUB). Die AUB wurde über Scheinzahlungen in Millionenhöhe finanziert, die ein bei der Siemens AG beschäftigter Mitangeklagter veranlasst hatte. Das LG Nürnberg-Fürth hatte *Schelsky* deshalb auch wegen Beihilfe zur Untreue zum Nachteil der Siemens AG zu einer Gesamtfreiheitsstrafe verurteilt. Seine Revision führte u.a. zu einer Beschränkung der Verfolgung gem. § 154 a Abs. 2 StPO wegen dieses Vorwurfs, weil der Senat eine Strafbarkeit des Siemens-Zentralvorstandes als Haupttäter wegen Untreue schon im Hinblick auf die Pflichtverletzung bezweifelte. Zu den Einzelheiten BGH StV 2011, 25 m. Bespr. *Jahn* JuS 2011, 183.

84 Bereits erhoben speziell gegen die Verständigung im Bereich von Untreue-Risikogeschäften von *Murmann* Jura 2010, 561, 567.

85 *Schünemann* in: Die sogenannte Finanzkrise (Fn. 55) S. 5.

V. Gesamtbewertung

Auf das Komplexitätsgefälle zwischen dem Strafrechtssystem und seiner wirtschaftlichen Umwelt reagiert das Strafrecht prozessual mit konsensualen Selektions- und Kontrollmechanismen. Im Wirtschaftsstrafprozess stehen dafür in besonderer Weise die Verfahrenseinstellung nach Opportunitätsgesichtspunkten und die verfahrensbeendende Absprache.[86] Dieses durch die bisherige Rechtstatsachenforschung bestätigte Ergebnis dürfte auch durch die strafrechtliche Reaktion auf die Finanzmarktkrise 2007/08 kaum dementiert werden.

---

86 Zutr. *Theile* (Fn. 5) S. 287, 339 ff.

Reformprobleme: Regulierung und Kontrolle

Über strafrechtliche Kontrolle und Systemrelevanz

Klaus Volk

Gliederung

1. Kontrolldichte Justiz
2. Kontrolldichte Gesetz
3. Kontrolle, Regulierung, Systemrelevanz
4. Systemrelevant sind Institutionen
5. Legalitätsprinzip

1. Kontrolldichte Justiz

Im Wirtschaftsstrafrecht hat die Justiz das Netz der Kontrolle immer enger geknüpft und die „Eindringtiefe“ in die wirtschaftlichen Vorgänge eines Unternehmens in einer Weise verschärft, die man vielleicht von einem Wirtschaftsprüfer erwartet, nicht aber von einem Staatsanwalt oder einer Wirtschaftsstrafkammer. Ich nehme als Beispiel die „SSV-Reutlingen“-Entscheidung zum Sponsoring[1]. Dort werden vier Kriterien genannt, die – jedenfalls dann, wenn sie alle vorliegen – den Vorwurf der Untreue begründen sollen. Vorab: Der konkrete Fall stinkt zum Himmel und ist richtig entschieden. Aber Leitsätze und Begründungen führen ihr Eigenleben und weisen über den Fall hinaus.

Ich beginne mit dem letzten dieser Kriterien, dem „Vorliegen sachwidriger Motive, namentlich (der) Verfolgung rein persönlicher Präferenzen“. Es ist von meinem Punkt, nämlich der Kontrolldichte, am weitesten entfernt, dennoch aber von grundsätzlicher Bedeutung.

Bemerkenswert sind zunächst einmal die Koordinaten der dogmatischen Ortsbestimmung. Die Motivation wird bei der Frage erörtert, ob eine gravierende Pflichtverletzung zu verzeichnen ist, also im objektiven Tatbestand. Für Strafrechtler, die es gewohnt sind, objektiv und subjektiv zu trennen, ist das ungewöhnlich. Es spiegelt das Muster der Business-Judgement-Rule, implementiert in § 93 Abs. 1 S. 2 AktG: „Eine Pflichtverletzung liegt nicht vor, wenn das Vorstandsmitglied bei einer unternehmerischen Entscheidung vernünftigerweise annehmen durfte, auf der Grundlage angemessener Information zum Wohle der Gesellschaft zu handeln.“ Nicht pflichtwidrig handelt, wer auf objektiver Grundlage eine bestimmte persönliche Einschätzung vornimmt bzw. – wieder nach objektivem Maßstab – vornehmen „durfte“. Diese Gemengelage bereitet selbst den Kommentatoren des AktG Probleme. Haftungsmaßstab, Beweisregel oder beides? Der Strafrechtler muss damit zurecht kommen, dass eine objektive Pflichtverletzung nicht vorliegt, wenn eine Entscheidung nicht fahrlässig getroffen wurde. Das ist das Eine.

---

1 BGHSt 47, 147.

Das Andere betrifft den Inhalt des Begriffs „Motivation“. Sachwidrig, „insbesondere“ persönliche Präferenzen. Wenn der BGH von Bereicherungsabsicht gesprochen hätte, wäre dieses Merkmal auf dem Umweg über den objektiven Tatbestand in die Untreue eingeführt worden. Ich lasse offen, ob das eine der wünschenswerten Restriktionen des Tatbestands wäre. Festzuhalten ist lediglich, dass der BGH der Justiz mit dem vermeintlich objektiven Begriff der Sachwidrigkeit alle Optionen der Kontrolle in die Hand gegeben hat.

Scheinbar harmlos ist das zweite Merkmal – die Forderung nach „Transparenz“. Im konkreten Fall waren Barzahlungen nicht erfasst oder verschleiert worden. Das ist natürlich negativ zu bewerten. Es würde allerdings ausreichen, wenn man verlangt, dass dergleichen nicht geschehen ist, man sich also sozusagen neutral, „ordnungsgemäß“, verhalten hat. Das Kriterium „Transparenz“ aber geht darüber hinaus. Es ist gesellschaftspolitisch und moralisch positiv besetzt: ja bitte, Transparenz, immer und überall! Und die Justiz kann die Anforderungen auf der nach oben offenen Richter-Skala nach Belieben verschärfen – die Vorgänge waren zwar sichtbar, zugegeben, aber nicht durchsichtig; es wäre noch mehr Transparenz möglich und erforderlich gewesen.

Der ferner (als drittes Merkmal) geforderte Vergleich zwischen den Aufwendungen und der Ertragskraft des Unternehmens ist, was den Eingriff in die Entscheidungsfreiheit der Unternehmensführung betrifft, bereits grenzwertig. Der BGH zieht die Grenzen zwar weit.[2] Die Frage ist aber, weshalb es strafrechtlich relevante Grenzen sein sollen. „Waste of property“ ist kein strafrechtliches Argument.

Das vierte Kriterium ist die „Nähe zum Unternehmensgegenstand“. Das wird nirgends kritisiert, erstaunlicherweise. Vor Jahren hat, um ein Beispiel zu nennen, O2 eine Opernpremiere in München gesponsert. Nun besteht für mich die einzige Beziehung zwischen einem Mobilfunk-Unternehmen und einer Oper darin, dass man in der Oper das Handy ausschalten muss. Was geht es, allgemeiner gesagt, den Staat an, wie sich ein Unternehmen profiliert und stilisiert? Nichts natürlich.

Ein letztes Beispiel zur Kontrolldichte. In einem Korruptionsverfahren ist der Staatsanwalt mit mir als dem Unternehmensanwalt alle Bewirtungsaufwendungen durchgegangen, hat sie als übertrieben bezeichnet, demonstrativ auf den Tisch geschlagen und gerufen „Schnitzel ja, Shrimps nein“ (was ja inzwischen zum geflügelten Wort geworden ist).

Je unbestimmter ein Begriff ist („Pflichtwidrigkeit“), desto enger lässt sich damit die Wirtschaft an die Kandare nehmen. Das gilt umso mehr, je offener er gehalten wird, insbesondere dadurch, dass man sagt, wie im Sponsoring-Fall, Untreue liege „insbe-

---

2 BGH NJW 2002, 585 ff., 1587: „Hinsichtlich des Spendenvolumens gilt das Gebot der Angemessenheit: Die korporative Freigebigkeit muss sich insgesamt im Rahmen dessen halten, was nach Größenordnung und finanzieller Situation des Unternehmens als angemessen angesehen werden kann (vgl. nur *Mertens* AG 2000, 157, Fn. 28). Dafür bieten der Zuschnitt und die Ertragslage der Aktiengesellschaft wichtige Anhaltspunkte. Besondere Beurteilungsschwierigkeiten ergeben sich schließlich bei einer angespannten Finanzlage. So wie es in Krisenzeiten nicht tunlich sein kann, den Werbeetat drastisch zu kürzen, wird man vom Vorstand in Verlustjahren weder ökonomisch noch juristisch verlangen können, auf Unternehmensspenden gänzlich zu verzichten. Allerdings ist bei dauerhafter oder längerfristiger Ertragsschwäche eine sorgfältige Prüfung der Spendenpraxis unter dem Gesichtspunkt des Unternehmensinteresses erforderlich“.

sondere“ dann vor, wenn alle vier Kriterien kumulativ verwirklicht sind. Dann bleiben alle Alternativen zur Disposition.

2. Kontrolldichte: Gesetz

Das ist nichts Neues. Die generalpräventive Wirkung steigt tendenziell mit dem Grad der Unbestimmtheit, weil niemand vorher weiß, was post festum darunter subsumiert wird. Und umgekehrt: je bestimmter ein Gesetz gefasst ist, desto eher greift die „Logik des Misslingens“, wie sie in den Wirtschaftswissenschaften erforscht wurde. Man kann den Anwendungsbereich durchspielen, aber irgendetwas vergisst man immer. Selbst aufwändige computergestützte Modelle scheitern an ihren Mängeln. Daher macht der Gesetzgeber immer mehr Gesetze „für alle Fälle“. Sie sollen immer „greifen“. Dieses Streben nach lückenloser Effizienz paralysiert sich am Ende selbst. Die Legislative nimmt bewusst in Kauf, dass sie zu weit geschnitten sind und überlässt es der Judikative, den vernünftigen Anwendungsbereich zu finden (was Anlass gäbe, diese Methode unter dem Aspekt der Gewaltenteilung zu würdigen). Damit riskiert der Gesetzgeber allerdings auch, dass die Effizienz schwindet, so weit, dass er sich symbolischer Gesetzgebung nähert, weil nämlich im Einzelfall alles argumentierbar ist. Auf diese Weise ist zum Beispiel aus den Strafvorschriften des WpHG ein Papiertiger geworden (ein Wertpapiertiger, um im Bilde zu bleiben).

3. Kontrolle, Regulierung, Systemrelevanz

Als Strafrechtler muss man genau beobachten, ob funktionalistische Begriffe dieser Art, die nur eine virtuelle Beziehung zu Werten haben, etwa als Wert an sich ausgegeben und zum „Rechtsgut“ erhoben werden. Dagegen kann sich die Theorie vom Rechtsgut aus eigener Kraft gar nicht wehren. Wer energisch für sie eintritt, wird sagen, dass derart abstrakte, weit von individuellen Interessen entfernte Zustände nicht als Rechtsgüter anerkannt werden könnten. Das mag sein, macht aber wenig Eindruck auf den Gesetzgeber. Dem Subventionsbetrug (um nicht wieder ein Beispiel aus dem Kapitalmarktstrafrecht zu nehmen) liegt als Rechtsgut zugrunde die Institution der Subvention in ihrer Funktion als Steuerungsinstrument. Artifizieller geht es nicht. Was wird denn hier mit den Begriffen Institution, Funktion und Instrument verklausuliert? Ganz einfach: die Entscheidung des Gesetzgebers, die folgenlose Unwahrheit vor Subventionsbehörden zu pönalisieren, selbst dann, wenn sie nicht vorsätzlich war. Einer Rechtsgutslehre, die dagegen nichts erfolgreich einwenden kann, darf man nicht viel zutrauen.

Das sollte man ohnehin nicht. Diese Lehre postuliert nämlich, dass auch hinter Ordnungswidrigkeiten ein Rechtsgut stehen müsse; die Differenz zum Strafrecht sei nur durch andere kriminalpolitische Prinzipien erklärbar (Subsidiarität, Verhältnismäßigkeit etc.). Allzu ernst nehmen darf man das nicht. Die Ordnungswidrigkeiten heißen so, weil die Ordnung geschützt wird, und die „öffentliche Ordnung“ ist sicher kein Rechtsgut (sonst müsste man sich von diesem Begriff sofort verabschieden). Ordnungswidrigkeiten schützen (auch) ein geordnetes Verfahren, Interessen an Kontrolle, Regulierung etc.[3] Sie „flankieren" die Intentionen eines Gesetzes. Das sind in den seltensten Fällen Strafgesetze. Meist handelt es sich um Wirtschaftsverwaltungsrecht. Sie pönalisieren zwar nicht, aber sie sanktionieren abstrakt gefährliches Verhalten, wobei die Gefahr meist nur darin besteht, die Kontrolle über ein Verfahren zu verlieren.

Das wäre vielleicht nicht weiter bemerkenswert, wenn nicht die Sanktionen so einschneidend wären. Das Ordnungswidrigkeitenrecht ist, wie wir alle wissen, längst zum Ersatz für das (noch) nicht vorhandene Strafrecht gegen Unternehmen geworden. Über die Kombination aus § 130 und § 30 OWiG kann man Summen eintreiben, vor denen jede Geldstrafe verblasst. Im Strafrecht wechselt, wie auch im allgemeinen Leben, die Modefarbe der Entrüstung von Saison zu Saison. Das Grau (mit Nadelstreifen) der Compliance hält sich schon lange. Strafrechtlich muss man da nichts umschneidern. Die Ermittlungsrichtung gegen die Führungsebene ist erst Komplize, und wenn da nichts geht, bleibt die Compliance. § 130 OWiG geht immer, weil man immer etwas besser machen kann.

Wird es dabei bleiben?

4. Systemrelevant sind Institutionen

Das bedeutet für das Strafrecht, dass erneut darüber nachgedacht werden muss, ob man auch Institutionen bestrafen sollte, also Juristische Personen, Verbände etc. Je mehr man sich Ökonomie und ökonomischem Denken nähert, desto näher liegt es, jener einfachen Logik zu folgen, die der Supreme Court der USA vor mehr als 100 Jahren angeführt hat, um die Strafbarkeit von Korporationen zu begründen – wer den Profit hat, soll auch die Strafe tragen. Ich glaube auch nicht, dass man dagegen noch lange mit *Kant* und *Hegel* wird angehen können. Die Probleme des materiellen Rechts sind selbst für ein Land wie dem unseren, in dem idealistische und individualistische Philosophie, Moral und Ethik eine lange Tradition und tiefe Spuren hinterlassen haben, nicht unüberwindbar.

Können Unternehmen handeln? Sie schreiben es sich ja selbst zu. Man muss nur die Werbung lesen. „Ford. Die tun was". Oder: „Wir machen das". Na also. Die Rechtswidrigkeit ist nicht das Problem. Die Schuld schon. Soll man individuelle Schuld zurechnen oder alte Schuldbegriffe modernisieren und auf das Unternehmen übertragen? Dann würde zum Beispiel aus der „Charakterschuld" die kriminelle Attitüde des Unternehmens oder aus der „Lebensführungsschuld" eine Art von Organisationsverschulden. Problematisch ist der Vorsatz. Man muss ihn entweder aus der Haltung eines individuell Verantwortlichen transferieren oder fingieren. Die klassische Dogmatik des Individualstrafrechts „funktioniert" also nicht bruchlos. Das wiederum wirft die Frage auf, ob man die Sanktionen gegen ein Unternehmen „Strafe" nennen, aber an ein anderes System knüpfen soll (wie das in anderen Ländern geschieht, die – in alter deutscher Terminologie – ein „Verwaltungsstrafrecht" etabliert haben).

---

[3] Ein beliebiges Beispiel (man kann da Roulette spielen und warten, auf welchem Anfangsbuchstaben des Gesetzes die Kugel zum Ruhen kommt): ordnungswidrig handelt, wer „eine Auskunft nicht oder nicht richtig erteilt, eine Unterlage nicht oder nicht rechtzeitig herausgibt oder eine Unterlage nicht oder nicht für die vorgeschriebene Dauer aufbewahrt" § 34 Abs. 1 Nr. 4 Sicherheits-Untersuchungs-Gesetz (SUG) v. 16. 6. 2002.

Die eigentlichen Probleme liegen im Prozessrecht. Soll man den individuell Verantwortlichen und das Unternehmen nebeneinander oder nacheinander in das Verfahren ziehen (und in welcher Reihenfolge), sind Beweise aus dem einen in dem anderen verwertbar, was wird aus nemo tenetur etc.

Ich habe all das hier nur angedeutet und vorgeschlagen, dass unser nächster Kongress von diesen Problemen handeln soll, und zwar, wie es die Abkürzung ECLE chiffriert, unter strafrechtlichen, wirtschaftsethischen und rechtsvergleichenden Aspekten.

5. Legalitätsprinzip

Im Wirtschaftsstrafrecht treten seine Schattenseiten hervor. Zahlreiche Behörden haben, ohne einen Verdacht darlegen zu müssen, Auskunftsrechte, können die Vorlage von Dokumenten verlangen, das Unternehmen jederzeit betreten, ohne an die strengeren Voraussetzungen einer Durchsuchung gebunden zu sein und so fort. Gegen diese Art der Verdachtsschöpfung hilft nemo tenetur nicht, und aus dem Legalitätsprinzip mit seiner Verdachtsschwelle lässt sich auch kein kritisches Potenzial herleiten. Darüber will ich gar nicht räsonieren. Vielmehr: Das Legalitätsprinzip, dazu ausersehen, Gerechtigkeit zu gewährleisten, legitimiert die Ungerechtigkeit des nur punktuellen Zugriffs. Dass die Staatsanwaltschaften nicht jedem Verdacht nachgehen können, ist unvermeidlich und längst bekannt. Sie verfahren notgedrungen selektiv und verfahren dabei, wiederum notgedrungen, nach Kriterien der „Opportunität", die nicht (alle) vom Gesetzgeber vorgezeichnet sind. Auch das ist aber noch nicht der bedauerliche Aspekt. Wenn Staatsanwaltschaften in einem Unternehmen aufkreuzen und branchenspezifische Kriminalität aufklären, heißt es dort „das machen doch alle". Mag sein, wird die Staatsanwaltschaft antworten, aber nur hier haben wir einen hinreichend konkreten Verdacht. Der Begriff des Verdachts, der anlasslose Ermittlungen verhindern soll und als rechtsstaatliche Begrenzung der Staatsmacht gedacht ist, dient (auch) der Abschottung gegen den Vorwurf „warum nur wir". Auf den meisten Märkten herrscht Verdrängungswettbewerb. In dem Schnitzel-Shrimps-Fall, Bestechung in einem Pharma-Unternehmen mit 256 Beschuldigten, hat sich am Ende der Staatsanwalt selbst gefragt, ob er jetzt die Korruption in der Pharma-Industrie erfolgreich bekämpft oder nicht in erster Linie die Gewinnchancen und den Wettbewerb umverteilt hat. Damit wollte ich nicht für die Abschaffung des Legalitätsprinzips votieren, sondern nur seine Krise akzentuieren.

Sie wird sich noch verschärfen, weil das Wirtschaftsrecht, kombiniert mit den Anforderungen an Compliance, im Begriff ist, den Anfangsverdacht zur Bringschuld zu machen. Und da sich die Ressourcen der staatlichen Deliktsbekämpfung nicht beliebig vermehren lassen, bleibt, wenn man das Legalitätsprinzip beibehalten will, am Ende nur die „Dekriminalisierung" als Strategie. Die Selbstregulierung und Selbstkontrolle wäre fortzuschreiben in eine ebenfalls autonome Lösung der Konflikte. Ob und in welchen Bereichen sich unsere Gesellschaft damit zufrieden geben würde, kann ich hier nicht einmal als Frage stellen, geschweige denn etwas dazu sagen.

Gesetzgebung zur Finanzmarktkrise

Hans-Peter Schmieszek

Gliederung

1. Grundsätzliches

a) Anlass

Über die Ursachen der Finanzmarktkrise ist viel und auch viel Unterschiedliches gesagt und geschrieben worden. Jedenfalls wurde durch die Insolvenz von Lehman Brothers (nach Chapter 11) am 15. 9. 2008 eine Kettenreaktion ausgelöst. Der Bund musste zusammen mit einem Bankenkonsortium der HRE am 28. 9. 2009 Liquiditätshilfen über 35 Mrd. Euro zur Verfügung stellen, nicht nur um den Zusammenbruch der HRE mit immerhin 400 Mrd. Bilanzsumme, sondern des Systems zu verhindern. *Ackermann* sprach von einem bevorstehenden Infarkt des globalen Systems und von Kernschmelze, *Sanio* von Apokalypse. Jedenfalls: ohne den Staat hätten auch Institute, die selbst keine Hilfen in Anspruch genommen haben und sich auch dafür möglicherweise geschämt hätten, nicht überlebt. Im Oktober 2008 war der Gesetzgeber mit dem *Finanzmarktstabilisierungs-*

gesetz gefordert. Danach setzte geradezu ein Feuerwerk von nationaler wie europäischer Gesetzgebung ein: Gesetzgebung zum akuten Crisis-Mangagement,[1] zur Vorbeugung künftiger Krisen, zum Schutz vor Anlegern.

b) Effizienz/Risiko

Gesetzgeberisches Handeln ist situationsabhängig, nicht immer (aber manchmal doch) von ausgewogenen Effizienz- und Risikoabwägungen geprägt; die Finanzmarktgesetzgebung macht das deutlich. Dazu einige Aspekte:

Im Oktober 2008 hatten wir es nicht nur mit dem drohenden Zusammenbruch von Banken, insb. der HRE zu tun, sondern zugleich mit einem geänderten Bankenverhalten: Banken misstrauten sich gegenseitig und gaben sich untereinander keine Liquidität – ein bis dahin unbekanntes Phänomen – und mit einem tiefen Vertrauensschwund innerhalb der Bevölkerung, die den Einlagensicherungssystemen misstraute und risikoorientierte Anlagen abstoßen wollte. Zusätzlich hatte sich auch Einiges an Wut angestaut: „Boni-Banker" mit Einkünften in für den „Normalbürger" unvorstellbaren Größenordnungen, die ohne persönliches Risiko Milliarden verzockt hätten, und die letztlich noch fürstlich dafür entlohnt würden, dass sie hinterher die von ihnen zusammengebauten „Zertifikate" auseinandernehmen. In dieser Situation war es zunächst richtig, aber auch mutig, dass Bundeskanzlerin *Merkel* die sog. *„Merkel-Garantie"* für Einlagen gab, bei der man durchaus die Frage nach den rechtlichen Grundlagen stellen konnte. Der Gesetzgeber und die Exekutive waren gefordert; aber auch die Finanzindustrie: Kundenvertrauen war zurück zu gewinnen, Kundeninteressen waren neu verankern, Eigenkapital und Liquidität waren sicher zu stellen, Nebenwirkungen von gesetzgeberischen Eingriffen waren aufzufangen.

Zurück zu Effizienz- und Risikoabwägungen bei der Gesetzgebungsarbeit im Finanzmarktrecht: In der aktuellen Krisensituation waren zunächst Rettungsmaßnahmen gefordert, danach langfristig wirkende Maßnahmen. Das betrifft die Aufsicht selbst, also die Aufsicht über die Finanzindustrie, deren Eigenkapitalausstattung und Liquidität und deren Managementverhalten und die Abfederung von „Nebenwirkungen" aufsichtsrechtlicher Anforderungen, z.B. bei der Einschränkung der Kreditvergabemöglichkeiten und der Beeinträchtigung der Wettbewerbsfähigkeit. Maßnahmen im Bereich des Anlegerschutzes, die z.T. auch Moral-Hazard-Gesichtspunkten geschuldet waren, hatten ähnliche Nebenwirkungen.

---

1 Vgl. zur Finanzmarktkrise *Becker/Mock* Finanzmarktstabilisierung in Permanenz DB 2009, 1055; *Brandner* Parlamentarische Gesetzgebung in Krisensituationen NVwZ 2009, 211; *Brück/Schalast/Schanz* Das Finanzmarktstabilisierungsgesetz: Hilfe für die Banken – Systemwechsel im Aktien und Insolvenzrecht? BB 2008, 2535; *Günther* Systemrelevanz von Finanzinstituten WM 2010, 825; *Horn* Das Finanzmarktstabilisierungsgesetz und das Risikomanagement zur globalen Finanzkrise BKR 2008, 425; *Krol* Über Untiefen im Finanzmarktstabilisierungsgesetz DÖV 2009, 477; *Langenbucher* Bankaktienrecht unter Unsicherheit ZGR 2010, 75; *Obermüller/Obermüller* Die Finanzmarktstabilisierungsgesetze im Überblick ZInsO 2010, 305; *Ruffer* Verfassungsrechtliche Aspekte zur Finanzmarktkrise NJW 2009, 2093.

c) Rahmen

Der Gesetzgeber hat rechtliche und gesellschaftliche Rahmenbedingungen einzuhalten: Zunächst das nationale Recht, also das Grundgesetz mit den besonderen Komponenten „Eigentum" (Art. 14 GG) und „Rechtsschutzgarantie" (Art. 19 Abs. 4 GG). Letztere erschwert schnelles Agieren. Besonders kritisch war das EU-Recht, wobei die *Kapitalrichtlinie*, die *Aktionärsrichtlinie* und das *Beihilfeverbot* eine besondere Rolle spielten. Verstöße, die letztlich vom EuGH festzustellen gewesen wären, hätten zur Unwirksamkeit ex tunc und der Notwendigkeit von Rückabwicklungen führen können; ein Horrorszenario. Es war zu berücksichtigen, dass Deutschland nicht allein agiert und in einem globalen Markt tätig ist, andererseits aber eine auf Deutschland begrenzte Staatgewalt hat. Einerseits also Fragen wie „was machen die anderen, was machen die Nachbarstaaten", „weicht die Finanzindustrie ins Ausland aus", „schaden wir dem Standort". Auf der anderen Seite war es auch nicht (wie manchmal durchaus gefordert) möglich oder sinnvoll, in eine Art „Lethargie" zu verfallen („Allein können wir in einer globalisierten Finanzwelt doch nichts ausrichten") und abzuwarten, dass auf EU- oder G20-Ebene etwas geschieht. Der Gesetzgeber musste (und muss immer noch) Moral Hazard berücksichtigten und darf dabei den gesellschaftlichen Konsens nicht zu sehr strapazieren. Denn: Der rechtliche Rahmen braucht Akzeptanz bei 80 Mio. Bürgern, nicht nur bei führenden Vertretern der Finanzindustrie. Die – pauschale – Wut über Boni-Banker, die den Staat das Geld kosten, das dieser besser für andere Zwecke ausgegeben hätte, und die ohne persönliche Konsequenzen (angeblich) weiter machen wie bisher oder sich mit einem goldenen Fallschirm (dicken Abfindungen und üppigen Pensionsansprüchen, die sie bei einer Insolvenz nicht hätten) abseilen. Unabhängig davon, dass Pauschalierungen immer problematisch sind: Differenzierung danach, ob ein Institut unmittelbar hilfebedürftig geworden ist oder in ein solches Institut investiert hat und quasi als Trittbrettfahrer auf der zweiten Ebene von Stützungsmaßnahmen profitiert hat oder – vielleicht auf Grund eines besseren Informationsmanagements – toxische Assets abgestoßen hat, dürften zweifelhaft sein. Bundesminister *Steinbrück* brachte es auf einer Pressekonferenz am 13. 10. 2008 in einer spontanen Äußerung auf den Punkt: „Diese Manager sollen im Jahr nicht mehr als 500.000 bekommen, keine Boni, keine Abfindungen". Kurz: Gesetzgebung konnte nicht allein die aus der finanzwirtschaftlichen Sicht am besten begründbar Maßnahme sein.

d) Unterschiedliche Maßnahmen

Je nach Sachlage gab es bei der Finanzmarktgesetzgebung sehr unterschiedliche Maßnahmen: Notmaßnahmen, wenn schnell etwas passieren muss (Bsp.: Finanzmarktstabilisierungsgesetz), Maßnahmen, die konkrete Probleme lösen sollen (Bsp.: Finanzmarktstabilisierungsergänzungsgesetz, Finanzmarktstabilisierungsfortentwicklungsgesetz), Maßnahmen, die politisch gefordert sind (Bsp.: Verbot der Leerverkäufe), hier kann auch der Gesichtspunkt der Begrenzung von Kollateralschäden eine Rolle spielen, und langfristig vorbereitete Projekte; hier möchte ich das Restrukturierungsgesetz beispielhaft erwähnen.

2. Crisis Management

Lassen Sie mich beispielhaft auf einige Maßnahmen eingehen; zunächst zur Krisenbewältigung:

a) Finanzmarktstabilisierungsgesetz

Das Finanzmarktstabilisierungsgesetz (FMStG)[2] wurde am Wochenende vom 11. auf den 13. 10. 2008 in 36 Stunden konzipiert. Das Konzept wurde politisch vorgegeben: Staatsgarantien, finanzielle Stützung und Entlastung von toxischen Wertpapieren. Die Nacht vom 12. auf den 13. 10. 2008 wurde durchgearbeitet. Am 13. 10. 2008 war um 13.00 Uhr Kabinettbefassung. Die Gesetzesmaschinerie war angelaufen.

Ein zentrales Problem waren bei der Vorbereitung der Gesetzesvorlage neben *Akzeptanzfragen* (Bevölkerung, Politik, Finanzindustrie) und *verfassungsrechtlichem Rahmen* das *europäische Beihilferecht* (das mit der europäischen Kommission abgeklärt werden musste) und das *europäische Gesellschaftsrecht*: Es erschien am Wochenende (11./12. 10. 2008) denkbar, Rekapitalisierungen von Unternehmen im worst case in kürzester Frist durchzuführen (Stichwort: „Eigenkapital nachtanken"). § 3 des Gesetzes zur Beschleunigung und Vereinfachung des Erwerbs von Anteilen an sowie Risikopositionen von Unternehmen des Finanzsektors durch den Fonds „Finanzmarktstabilisierungsfonds – FMS" (= Art. 2 FMStG) sah deshalb eine gesetzliche Ermächtigung des Vorstands vor, mit Zustimmung des Aufsichtsrats das Kapital der Gesellschaft zu erhöhen.[3] Nun braucht man kein Prädikatsexamen, um festzustellen, dass die Vorschrift nach ihrem Wortlaut offensichtlich nicht mit Art. 25 der Zweiten gesellschaftsrechtlichen Richtlinie (Hauptversammlung beschließt Kapitalerhöhung, Bezugsrecht der Aktionäre) übereinstimmte. Die Zustände waren aber so außerordentlich, dass eine Ausnahme gerechtfertigt erschien; wir sahen Auslegungsspielraum. Europarechtliche Zweifler meldeten sich aber sofort zu Wort; Art. 2 § 3 wurde praktisch „zerschrieben". Kurz: Niemand traute sich, die Vorschrift anzuwenden. Eine rückwirkende Unwirksamkeit der Maßnahmen und ihre Rückabwicklung wären unvorstellbar gewesen.

Die ganze Diskussion um das nachfolgende Finanzmarktstabilisierungsergänzungsgesetz (FMStErgG) wären uns erspart geblieben, wenn Art. 2 § 3 FMStG hätte angewandt werden können und die Übernahme der HRE durch den Staat hätte viel reibungsloser erfolgen können.

---

2 V. 17. 10. 2008, BGBl. I 2008, 1982.

3 Vgl. *Haertlein* Aktionärsrechtsschutz gegen Rekapitalisierungsmaßnahmen auf Grund des Finanzmarktstabiliserungsgesetzes NZG 2009, 576; *Mock* Zum gesetzlich genehmigten Kapital, EWiR 2009, 383; *Roitsch/Wächter* Gesellschaftsrechtliche Probleme des Finanzmarktstabilisierungsgesetzes DZWIR 2009, 1; *Seiler/Wittgens* Sonderaktienrecht für den Finanzsektor – Kapitalerhöhungen nach dem Finanzmarktstabilisierungsgesetz ZIP 2008, 2245.

b) Finanzmarktstabilisierungsergänzungsgesetz

Das Gesetz zur weiteren Stabilisierung des Finanzmarkts (Finanzmarktstabilisierungsergänzungsgesetz – FMStErgG) v. 4. 7. 2009[4] war die Antwort auf die Notwendigkeit, die HRE als Ganzes zu übernehmen. Das zeichnete sich Ende 2008 ab. Am Anfang stand die Idee „Enteignung"; eine Vokabel, die aber gesellschaftspolitisch mit spitzen Fingern angefasst wurde. Natürlich wurde auch die Idee einer (gesteuerten) Insolvenz (nach vorausgegangener Stützung) ventiliert, aber als volkswirtschaftlich zu risikoreich verworfen. Die Bandbreite der – gegriffenen – Schätzung des volkswirtschaftlichen Schadens reichte bis zu einem Drittel der Bilanzsumme. Ergebnis der Überlegungen waren gesellschaftsrechtliche Kapitalisierungsregelungen, die an die Grenze dessen gingen, was verfassungs- und europarechtlich gesichert erschien, und eine Enteignung als Notmaßnahme in der Hinterhand. Das Gesetz sah eine Verstaatlichung sog. systemrelevanter Unternehmen (zeitlich beschränkt bis zum 30. 6. 2009) sowie Regelungen im Gesellschafts- und Übernahmerecht vor, nach denen die erforderlichen Mehrheiten für Hauptversammlungsbeschlüsse gesenkt wurden und Hauptversammlungen innerhalb kurzer Fristen einberufen werden konnten. Das Gesetz hatte allerdings einen erheblichen „Webfehler": Der Bund und damit der Steuerzahler hat für wertlose Aktien Millionenbeträge gezahlt, ein Unternehmen mit einem negativen Wert übernommen und dabei Eigenkapitalgeber und Nachranggläubiger befriedigt.[5] Er läuft zusätzlich noch Gefahr, als Eigentümer Aktionären, die bei einer Insolvenz völlig leer ausgegangen wären, Schadensersatz wegen evtl. Managementverfehlungen in der Zeit vor September 2008 zahlen zu müssen. Immerhin ist allerdings der Gesamtschaden deutlich geringer als der Schaden einer Insolvenz. Nutznießer waren allerdings: Aktionäre und Nachranggläubiger, deren Forderung erhalten geblieben ist. Ihnen wäre bei einer Insolvenz – zu Recht – nichts zugefallen. Dieses Ergebnis wäre auch „gerecht"; die Zielvorstellung liegt dem Restrukturierungsgesetz zu Grunde.

---

4 BGBl. I 2009, 725; vgl. zu dem Gesetz *Amend* Das Finanzmarktstabilisierungsergänzungsgesetz oder der Bedeutungsverlust des Insolvenzrechts ZIP 2009, 589; *Bachmann* Der beschleunigte Anteilserwerb nach dem Finanzmarktstabilisierungsergänzungsgesetz vor dem Hintergrund des Verfassungs- und Europarechts ZIP 2009, 1249; *Böckenförde* Die getarnte Enteignung NJW 2009, 2484; *Brück/Schalast/Schanz* Das 1. Finanzmarktstabilisierungsergänzungsgesetz: Lex Hypo Real Estate oder mehr? BB 2009, 1306; *Droege* Die Wiederkehr des Staates – Eigentumsfreiheit zwischen privatem Nutzen und sozialisiertem Risiko DVBl 2009, 1415; *Engels* „Lex Hypo Real Estate" – Das Finanzmarktstabilisierungsergänzungsgesetz auf dem verfassungsrechtlichen Prüfstand BKR 2009, 365; *Hopt/Fleckner/Kumpan* Kontrollerlangung über systemrelevante Banken nach den Finanzmarktstabilisierungsgesetzen (FMStG/FMStErgG) WM 2009, 821; *Nieding* Das Finanzmarktstabilisierungsergänzungsgesetz – Beitrag zur Rettung des Finanzsystems oder Verfassungsbruch? jurisPR-BKR 6/2009 Anm. 4; *Wolfers/Rau* Enteignung zur Stabilisierung des Finanzmarktes: Das Rettungsübernahmegesetz NJW 2009, 1297.

5 Trotzdem ist die Regelung z. T. als verkappte Enteignung kritisiert worden; vgl. die unter der vorstehenden Fn. angeführte Literatur.

c) Finanzmarktstabilisierungsfortentwicklungsgesetz

Um einen (z. T. eher vermeintlichen) Bedarf, toxische Assets auszulagern, befriedigen zu können, ist schließlich das Gesetz zur Fortentwicklung der Finanzmarktstabilisierung (Finanzmarktstabilisierungsfortentwicklungsgesetz – FMStFortG)[6] geschaffen worden. Zentrales gesetzgeberisches Problem war hier das europäische Beihilfeverbot; die Auslagerung von toxischen Wertpapieren darf nach den EU-Vorgaben nicht zum Buchwert erfolgen; sie kostet zusätzliches Eigenkapital und muss außerdem bezahlt werden. Das ist teuer und dürfte auch letztlich der Grund dafür gewesen sein, dass nur die WestLB und die HRE von dem auf Banken mit einem festen Eigentümerkreis zugeschnittenen Modell (sog. „AidA-Modell“) Gebrauch gemacht haben. Dass auch das nicht problemlos ist, sieht man an Diskussionen um die Bewertung übertragener Assets im Zusammenhang mit Beihilfefragen.

d) Auslaufen der Förderung nach FMStG

Die Möglichkeiten, Unterstützung nach dem Finanzmarktstabilisierungsgesetzen zu erhalten, sind Ende 2010 ausgelaufen. Die Bundesregierung bereitet eine Exit-Strategie vor.[7]

e) Restrukturierungsgesetz[8]

aa) politische Vorgaben

Schon von der alten Bundesregierung war im Zusammenhang mit dem Finanzmarktstabilisierungsergänzungsgesetz (FMStErgG) von den beteiligten Ministerien ein Vorschlag für eine Dauerlösung gefordert worden, die die Probleme des FMStErgG vermeidet. Vor allem aber sollte das Gesetz ohne Enteignung auskommen, denn Enteignung ist unseren gesellschaftspolitischen Vorstellungen, insb. auch den Vorstellungen der Regierungskoalition eher fremd. Kosten für den Steuerzahler sollten nach Möglichkeit vermieden werden. Das Gesetz sollte möglichst zunächst eine privatrechtliche Lösung suchen, bevor der Staat durch Verwaltungsakte der BaFin eingreift. Natürlich auch eine Lösung, die von der Finanzindustrie und der Bevölkerung akzeptiert werden kann. Ziel war eine Lösung, die *Finanzmarktstabilität* sichert, zugleich aber systemrelevanten Instituten – weil (vermeintlich) *„too big to fail“* oder *„too connected to fail“* – keinen Bestandsschutz gewährt.

---

6 V. 17. 7. 2009, BGBl. I 2009, 1980; zu dem Gesetz vgl. *Wolfers/Rau* Finanzmarktstabilisierung, 3. Akt: „Bad Banks“ NJW 2009, 2401.

7 Der von der Bundesregierung eingesetzte Expertenrat hat einen Bericht vorbereitet.

8 V. 9. 12. 2010, BGBl. I 2010, 1900; zu dem Gesetz vgl. *Bachmann* Das neue Restrukturierungsrecht der Kreditinstitute ZBB 2010, 459; *Müller-Eising/Brandi/Sinhart/Lorenz/Löw* Das Banken-Restrukturierungsgesetz BB 2011, 66; *Obermüller/Kuder* Die Entwicklung der Gesetzgebung zu Bankeninsolvenzen, ZInsO 2010, 2016; *Pannen*, Das geplante Restrukturierungsgesetz für Kreditinstitute ZInsO 2010, 2026; *Schön/Hellgardt/Osterloh-Konrad* Bankenabgabe und Verfassungsrecht WM 2010, 2145; *Wimmer* Das Restrukturierungsgesetz für Kreditinstitute.

bb) Zentrale Punkte des Gesetzes

Das Gesetz sieht in *Art. 1* Regelungen für eine eigenverantwortliche Krisenbewältigung durch ein (allen Instituten offenstehendes) Sanierungsverfahren und ein Reorganisationsverfahren vor, das sich am Insolvenzplanverfahren orientiert und auch Eingriffe in Gläubigerrechte vorsieht. Weil dabei in Rechte eingegriffen wird, kommt dieses Verfahren nur bei Systemrelevanz in Betracht, denn nur in diesen Fällen besteht ein öffentliches Interesse an einer Reorganisation. Ob von diesem Verfahren Gebrauch gemacht wird, wird die Praxis zeigen. Es ist eine Option.

Für den Fall, dass eine eigenverantwortliche Krisenbewältigung ausscheidet, sieht *Art. 2* des Gesetzes aufsichtsrechtliche Instrumentarien zur Krisenbewältigung vor, die sich an das entsprechende Modell des US *Dodd-Frank-Akt* (DFA)[9] anlehnen: Neben einem Frühinterventionsinstrumentarium sieht das Gesetz als Kern die Möglichkeit vor, systemrelevante Teile des Instituts auf ein Brückeninstitut auszugliedern; die nichtrelevanten Teile bleiben bei dem betroffenen Institut, das im Rahmen einer Insolvenz abgewickelt werden kann. Weil die Restrukturierungsmaßnahme schnell abgewickelt werden muss – möglichst freitags nach Börsenschluss und vor Eröffnung der asiatischen Börsen am folgenden Montag – können zunächst die gesamte Geschäftstätigkeit auf das Brückeninstitut übertragen und in der Folgezeit die nicht relevanten Teile zurück übertragen werden. Die Ausgliederungsanordnung ist – unabhängig von einer gerichtlichen Anfechtung – sofort wirksam.

Das Brückeninstitut wird durch einen Restrukturierungsfonds finanziert, der seinerseits durch eine Sonderabgabe der Kreditinstitute (Art. 3 des Gesetzes) finanziert werden soll.

Ferner sieht das Gesetz noch das Erlöschen von Boni bei Gefährdung des Instituts, eine Begrenzung von Vergütung und Boni bei Stützung des Instituts durch den Restrukturierungsfonds und nach dem Finanzmarktstabilisierungsgesetz und eine Verlängerung der Verjährungsfristen vor.

cc) fachliche und politische Probleme

Das Restrukturierungsgesetz ist Ergebnis von 1½ Jahren intensiver Arbeit, Ergebnis einer Vielzahl von Gesprächen mit allen Beteiligten. Es ist für Einige vielleicht auch schmerzlich, aber wohl akzeptabel. Das Gesetz ist sicher kein Rundum-Sorglos-Paket; ich will hier einige Probleme anreißen, mit denen wir uns auseinandersetzen mussten und die wir nicht oder nicht vollständig in den Griff bekommen haben oder in den Griff bekommen konnten:

- Das Gesetz ist ein nationaler *Alleingang*; das hat Nachteile für die Finanzindustrie, aber: weltweite oder auch nur G20-weite Regelungen sind z.Zt. nur Wunschdenken und eine europäische Lösung steht erst in den kommenden Jahren bevor. Die Europäische Kommission wollte bereits im Frühjahr 2011 einen Vorschlag vorlegen. Daran arbeiten wir auch mit und hoffen, dass das deutsche Gesetz Maßstäbe setzen wird; das Wort von der Blaupause möchte ich ausdrücklich nicht benutzen. Wenn wir immer nur auf andere warten, kommen wir überhaupt nicht weiter.

---

9 Vgl. *Spindler/Brandt/Raapke* Finanzmarktreform in den USA, RIW 2010, 746.

- Es musste eine Lösung gefunden werden, die mit dem *europäischen Gesellschaftsrecht* vereinbar ist: Hier kam uns zugute, dass die Ausgliederung (anders als Kapitalerhöhungen) nicht von der Hauptversammlung beschlossen werden muss. Das haben wir uns zunutze gemacht. Wir hoffen, dass die *Zweite gesellschaftsrechtliche Richtlinie* im Zuge der Diskussion um ein Europäisches Crisis Management so geändert wird, dass sie Kapitalmaßnahmen in Notzeiten zulässt. Dann könnte auch mit Kapitalherabsetzungen und Kapitalerhöhungen durch Vorstand und Aufsichtsrat agiert werden, wobei die (real) handelnden Personen auch im Wege des Aufsichtsrechts ersetzt werden könnten.

- Es musste eine Regelung gefunden werden, die durch Art. 14 GG gedeckt ist und – viel problematischer – eine Regelung, die dem Rechtsschutzgewährungsanspruch Rechnung trägt. Denn: Verwaltungsakte der BaFin sind (anfechtbare) Verwaltungsakte, gegen die grundsätzlich vorläufiger Rechtsschutz möglich ist. Das darf aber nicht dazu führen, Projekte zu verzögern, die schnell, optimal an einem Wochenende, ablaufen müssen. Deshalb sind die Maßnahmen sofort wirksam und der Rechtsschutz wird auf die Sekundärebene (sprich: Schadensersatz) verlagert.

- Wir haben lange darüber gesprochen, wie ein Sanierungs- und ein Restrukturierungsverfahren zu einem späteren behördlichen Verfahren stehen. Natürlich kam hier auch der Einwand: Das Verfahren wird nicht genutzt werden, denn ein Institut offenbart freiwillig keine Schieflage, weil sonst alle Anleger sofort versuchen, ihr Geld von dem Institut zurückzubekommen. Aber: Abgesehen von dem politischen Auftrag für eine privatrechtliche Lösung, stellt sich auch unter verfassungsrechtlichen Gesichtspunkten (Grundsatz der Verhältnismäßigkeit) die Frage, ob man es nicht zumindest privatrechtlich versucht haben muss, bevor man staatlich eingreift und im Übrigen ist es eine Glaubensfrage, ob ein Sanierungsversuch eines bekannterweise in Schwierigkeiten geratenen Unternehmens positiv aufgenommen wird.

- Wir wissen, dass die Eingriffsvoraussetzungen sehr detailliert geregelt sind; vielleicht zu detailliert. Aber: Wenn staatliche Eingriffe erfolgen, dann müssen die Voraussetzungen einer Eingriffsgrundlage präzise definiert sein. Weites Ermessen wäre in der Tat praktikabel, aber verfassungswidrig.

- Ein wichtiger Punkt waren für uns – und auch die Finanzindustrie – die internationalen *Derivateverträge*. In diese Verträge wird nicht eingegriffen; auch wenn das nach unserem IPR vielleicht möglich gewesen wäre: Aber: Wir hätten damit das *Netting* weitgehend entwertet und damit verhindert, dass Verträge abgeschlossen werden, in denen deutsches Recht oder ein deutscher Gerichtsstand vereinbart wird. Möglicherweise hätten wir auch noch weitere Wettbewerbsnachteile für die Finanzwirtschaft produziert, ohne einen wirklichen Gegenwert zu bekommen.

- Es ist kritisiert worden, das Ausgliederungsmodell, das grundsätzlich vorsieht, dass Unternehmensteile ausgegliedert werden und das Kerninstitut in die Insolvenz entlassen wird, funktioniere nicht, weil das Auseinandernehmen der Teilbereiche, die Portfolioselektion, kompliziert sei und zeitlichen Vorlauf brauche, den wir nicht haben. Das ist richtig. Deshalb wird, wenn man nicht ausnahmsweise Zeit hat, nur der zweite Weg funktionieren: Zunächst Übertragung des gesamten Unternehmens – mit einem Signal an den Markt, welche Bereiche endgültig in der Brückenbank bleiben sollen – und anschließend Rückübertragung der nicht relevanten Teile auf das abgebende Institut.

- Der nationale Gesetzgeber kann *Transferhindernisse* des ausländischen Rechts oder die *Nichtanerkennung* der Ausgliederung als partielle Gesamtrechtsnachfolge nicht in den Griff bekommen. Hier konnte nur mit Hilfskonstruktionen gearbeitet werden. Sicher können hier nur international abgestimmte Lösungen helfen.
- Die Regelungen zu Einkünften, insb. Boni, beruhen auf politischen Vorgaben; sie sind dem Gesichtspunkt „moral hazard" geschuldet.
- Politisch umstritten ist – jedenfalls was die Ausgestaltung angeht – die Bankenabgabe, die dazu dienen soll, Restrukturierungen zu finanzieren. Klar ist: Die Beträge, die eingezahlt werden (1,2 Mrd. EURO pro Jahr) werden auf absehbare Zeit nicht ausreichen, um eine Restrukturierung einer bedeutenden Bank zu finanzieren. Deshalb wird auch das Geld aus dem Bankenrettungsfonds (SoFFin) umgewidmet und steht für Restrukturierungsmaßnahmen zunächst einmal (als Vorschuss) zur Verfügung. Dass hier der Steuerzahler von vorneherein außen vor ist, ist Illusion. Bei der Bemessung der Abgabe muss aber auch klar sein, dass sich unsere Finanzindustrie im internationalen Wettbewerb befindet und durch jede Form von Abgaben geschwächt wird. Im Übrigen wird natürlich auch die Bankenabgabe in die betriebswirtschaftliche Kalkulation eingehen. Irgendwo ist auch die Belastungsgrenze.

f) Europäische Lösung

Das Restrukturierungsgesetz wird zwangsläufig geändert werden, wenn eine europäische Lösung kommt. Die jetzt vorliegenden Vorschläge greifen die Instrumente des Restrukturierungsgesetzes auf, werden aber noch darüber hinaus gehen. Die Abwicklungsinstrumente werden erweitert werden. Insb. wird voraussichtlich auch die Zweite gesellschaftsrechtliche Richtlinie (Kapitalrichtlinie), die Kapitalmaßnahmen von Hauptversammlungsbeschlüssen abhängig macht, für Notsituationen suspendiert werden, sodass auch über Kapitalmaßnahmen erreicht werden kann, dass Anteilseigner und nachrangige Gläubiger die Verluste tragen. Präventiv soll den Instituten eine Abwicklungsplanung abverlangt werden. Die Abwicklung grenzüberschreitend tätiger Institute soll koordiniert werden.

3. Vorbeugende Maßnahmen

Neben dem (akuten) Krisenmanagement gibt es eine Fülle von – nationalen und europäischen – Projekten, die Krisen vorbeugen sollen und die ich kurz unter den Stichworten *Aufsicht, falsche Anreize, Eigenkapitalanforderungen, Leerverkäufe* und *Einlagensicherung* ansprechen möchte. Jede Maßnahme reklamiert für sich viele Argumente. In ihrer Gesamtheit können die Maßnahmen erdrosselnd für den Markt und die Wirtschaft, die auf die Versorgung mit Krediten angewiesen ist, wirken. Das wäre das Gegenteil dessen, was gewollt war. Problematisch sind dabei die Eigenkapitalanforderungen einerseits wegen der Prozyklität einer Fair-Value-Bewertung, also der hohen Bewertung in guten Zeiten, dem niedrigen Bewertung in schlechten Zeiten, der Auswirkungen auf die Kreditvergabemöglichkeiten und die Wettbewerbsgesichtspunkte andererseits. Dabei möchte ich anmerken, dass Lehman keine Frage des Eigenkapitals, sondern der Liquidität war, und dass Stresstests nur das zu Grunde liegende Scenario austesten können.

a) Aufsicht

Laxe Aufsicht ist mitverantwortlich gemacht worden für die Krise:

Auf *EU-Ebene* haben wir seit dem 1. 1. 2011 eine europäische Aufsicht über Finanzinstitute:[10] Im Wesentlichen wird sie koordinierend tätig, in Krisen kann sie allerdings auf systemrelevante Institute durchreifen. Hier gibt es Pros und Cons. Rating-Agenturen stehen seit dem 1. 1. 2011 ebenfalls unter einer EU-Aufsicht. In diesem Bereich wird auf EU-Ebene auch noch über stärkere Reglementierung nachgedacht, weil unzutreffende „Gefälligkeitsratings“ eine der Ursachen für den Kauf toxischer Assets ohne Blick auf die verbrieften Risiken waren.

National haben wir seit Juli 2009 das Gesetz zur Stärkung der Finanzmarkt- und Versicherungsaufsicht,[11] das der BaFin stärkere Eingriffsrechte gibt. Weiter ist das Anliegen der Bundesregierung auf dem Tisch, die nationale Finanzaufsicht durch die Bundesbank zu stärken. Grundlegende Änderungen sind dabei nicht (mehr) geplant. Das ursprüngliche Anliegen, die Finanzaufsicht allein von der Bundesbank durchführen zu lassen,[12] wird nicht weiter verfolgt.[13]

Für *Finanzkonglomerate* ist auf europäischer Ebene eine Richtlinie in Arbeit.

In diesem Zusammenhang stellt sich die Frage nach den *Grenzen der Aufsicht*: Die Eigenkapitalunterlegung ist über die Meldungen der Institute insgesamt gut zu kontrollieren. Liquiditätsprobleme können überraschend auftreten. Informationen können nicht flächendeckend überprüft werden. Stresstests geben nur Auskunft über die getesteten Szenarien und belasten die Institute.

b) Managervergütung

Dem Ziel, falsche finanzielle Anreize zu vermeiden, dienen (seit August 2009) das Gesetz zur Angemessenheit der Vorstandsvergütung[14] und (seit Juli 2010) das Gesetz über aufsichtsrechtliche Anforderungen an die Vergütungssysteme[15] nebst Rechtsverordnungen. Die Gehälter sollen an nachhaltigen Entwicklungen ausgerichtet sein.

---

10 Verordnungen (EU)Nr. 1092, 1093, 1094, 1095/2010 v. 24. 11. 2010, ABl. Nr. L 331 v. 15. 12. 2010, S. 1 ff.

11 V. 29. 7. 2009, BGBl. I 2009, 1980.

12 So in der Koalitionsvereinbarung festgeschrieben.

13 Zu den verfassungsrechtlichen Risiken vgl. *Becker* DÖV 2010, 909.

14 V. 4. 8. 2009, BGBl. I 2009, 2509.

15 V. 21. 7. 2010, BGBl. I 2010, 950.

c) Eigenkapital

Eigenkapitalvorschriften haben die negative Folge, dass sie Kapital binden, das ansonsten in den Wirtschaftskreislauf fließen könnte. Sie vermindern u.a. die Kreditvergabemöglichkeiten und gehen im Übrigen in die betriebswirtschaftliche Kalkulation ein. Die Eigenkapitalanforderungen werden durch europäisches Recht vorgegeben, sodass für den nationalen Gesetzgeber im Wesentlichen nur die Umsetzung in nationales Recht bleibt.

Die Umsetzung der *Capital Requirements Directive II* (CRD II) in nationales Recht ist inzwischen abgeschlossen[16]: Im Wesentlichen geht es dabei um Regelungen für grenzüberschreitende Aufsichtskollegien, einen Risikorückbehalt des Originators (5%), eine stärkere Berücksichtigung von Hybridkapital (z.B. Genussrechtskapital) bei den Eigenmitteln, die Akzeptanz von Kreditforderungen als Sicherheit und erhöhte Transparenz.

2011 folgen die Umsetzung der *Capital Reqirements Directive III* (CRD III) mit den Komponenten Managerhaftung, Offenlegung zu Verbriefungsaktionen im Handelsbuch, zusätzliche Kapitalanforderungen für komplexe Verbriefungstransaktionen, höhere Eigenkapitalanforderungen für das Risiko, dass bei kurzfristigen Handelsgeschäften der Geschäftspartner ausfällt.

Die *Capital Requirements Directive IV* (CRD IV) hat eine EU-weite Harmonisierung der Liquiditätsstandards, eine Präzisierung des aufsichtsrechtlichen Eigenkapitals, die Einführung einer Leverage Ratio, eine Risikobegrenzung bei Geschäften mit derivativen Finanzinstrumenten und die Einführung eines Kapitalpuffers gegen prozyklische Effekte zum Gegenstand. In diesem Zusammenhang werden auch Teile von Basel III umgesetzt. Erhebliche Diskussionen wird es um die Angemessenheit der Eigenkapitalunterlegung bei Krediten und Wertpapieren gehen. Eine Leverage Ration ohne Risikogewichtung ist im Übrigen bei besicherten Finanzanlagen problematisch; sie sollte nicht mehr Bedeutung als eine Kennziffer haben.

Für den Versicherungsbereich steht die Umsetzung von *Solvency II*[17] an; hier geht es im Wesentlichen um risikobasierte Anforderungen an die Eigenmittelausstattung der Versicherungen.

Die *AIFM-Richtlinie* (Richtlinie zu alternativen Investmentfondsmanagern, also Hedge Fonds, Private Equity Fonds),[18] führt eine Zertifizierung und Beaufsichtigung der Manager durch EU-Behörden ein.

---

16 Gesetz zur Umsetzung der geänderten Bankenrichtlinie und der geänderten Kapitaladäquanzrichtlinie v. 19. 11. 2010, BGBl. I 2010, 1592; zu dem Gesetz vgl. *Schalast* Lehren aus der Finanzkrise?: Entwurf eines Gesetzes zur Umsetzung der geänderten Banken-RL und der geänderten Kapitaladäquanz-RL, BB 2010, 1042.

17 RL 2009/138/EG v. 25. 11. 2009; die RL muss bis zum 31. 10. 2012 in deutsches Recht umgesetzt sein.

18 Vorschlag für eine Richtlinie des Europäischen Parlaments und des Rates über die Verwalter alternativer Investmentfonds und zur Änderung der Richtlinien 2004/39/EG und 2009/65/EG.

d) Einlagensicherung

Zur Einlagensicherung liegt ein Richtlinienentwurf der Europäischen Kommission vor,[19] über den diskutiert wird.

e) Marktinfrastruktur

Seit Juli 2010 gilt in Deutschland ein Verbot ungedeckter Leerverkäufe in Aktien und Schuldtiteln von Staaten der Euro-Zone und von Derivategeschäften, die auf das gleiche Ergebnis hinauslaufen.[20] Darüber kann man geteilter Auffassung sein. Unabhängig davon hat die Europäische Kommission einen Richtlinienvorschlag vorgelegt, der faktisch auf ein Verbot von ungedeckten Leerverkäufen hinausläuft und einen weiteren Vorschlag zur transparenten Abwicklung von OTC-Kontrakten, der aus meiner Sicht zu begrüßen ist. Der Vorschlag wird z.Zt. intensiv diskutiert.

4. Fazit

Es gibt keine Patentrezepte gegen Krisen. Ziel muss sein, ein ausgewogenes Verhältnis zwischen der Begrenzung von Risiken und dem Abwürgen der Geschäftstätigkeit der Finanzindustrie zu schaffen; und das möglichst global. Dass man bei wertenden Abwägungen unterschiedlicher Auffassung sein kann liegt ebenso auf der Hand wie die Erkenntnis, dass sich eine global agierende Finanzindustrie den Standort, von dem aus sie agiert, zum Teil aussuchen kann. So gesehen müssen gesetzliche Regelungen auch zum Erhalt des Standorts Deutschland beitragen.

---

19 Vgl. KOM (2010) 368/2 v. 12. 7. 2010.

20 Gesetz zur Vorbeugung gegen missbräuchliche Wertpapier- und Derivategeschäfte v. 21. 7. 2010, BGBl. I 2009, 945.

Die Demokratisierung des Finanzsystems

Florian Becker

Gliederung

I. Einleitung

Das Thema der „Demokratisierung des Finanzsystems“ ist einer Vorlesung von *Robert Shiller* aus dem Jahre 2008 über die „Democratization of Finance“ entlehnt.[1] *Shiller* versteht in seiner Vorlesung aber weder „Demokratie“ als Legitimationsmechanismus noch den Demos als Quelle von Regulierung. Vielmehr umschreibt er mit dem Begriff die Aufgabe des Finanzmarktes, den Bürgern eines Landes zu dienen und einen über den bloßen Selbstzweck hinausgehenden Beitrag zu der Entstehung von Verbraucherwohlfahrt zu leisten. Dies alles ist etwas anderes als die „Demokratisierung“ in dem Sinne, in dem sie hier verstanden wird.

Gegenstand der vorliegenden Betrachtungen ist vielmehr die Beobachtung, dass die globale Komplexität der Finanzmärkte durch Recht und Regulierung bewältigt werden soll, die nicht streng einseitig-hoheitlich dekretiert werden, sondern als staatlich-gesellschaftliches Verbundprodukt entstehen.

Demokratie bezieht sich auch in dem vorliegenden Kontext nicht in einem streng verfassungsrechtlichen Sinn auf die gegebenenfalls mehrfach vermittelte, von dem Wahlvolk an die Staatsorgane erteilte Ermächtigung zur Ausübung von Staatsgewalt. Es geht vielmehr um den inhaltlichen Beitrag, den nicht-staatliche Akteure, der Demos, zu Formulierung und Implementierung von Recht und Regulierung leisten können und dürfen, ohne dabei den modernen demokratischen Staat seiner charakteristischen Eigenschaften zu berauben.

---

1 Vgl. *Schiller* Financial Markets: Lecture 24, Transcript 23. 4. 2008 (http://oyc.yale.edu/economics/financial-markets/content/transcripts/transcript-24-making-it-work-for-real-people-the; abgerufen am 26. 1. 2011).

II. Der kooperative Staat

Die Beteiligung privater Akteure an der Setzung von Recht und der Ausübung von staatlichen Regulierungsfunktionen ist ein Indiz für die Entwicklung des schon vor mehreren Jahren diagnostizierten „kooperativen Staats".[2] Mit diesem Topos wird nicht auf einen bestimmten Aufgabeninhalt, sondern vielmehr auf eine Form staatlicher Aufgabenerfüllung Bezug genommen. Der Begriff charakterisiert den Wandel der staatlichen Steuerungsfunktion,[3] indem das Phänomen der zunehmenden verbundweisen Bewältigung staatlicher Aufgaben, insbesondere solcher, die über die klassischen Staatsfunktionen der Gewährleistung physischer Sicherheit hinausgehen, aufgegriffen wird.[4] Der kooperative Staat bietet das Gegenkonzept zu einem Staat, der mit den Kriterien der Souveränität, Einheitlichkeit und Autonomie charakterisiert wird.[5] Souveränität impliziert Hoheitlichkeit und damit Überlegenheit.[6] Die Entfaltung des kooperativen Staates geht demgegenüber mit einer Auflösung des hoheitlichen Moments einher.[7] Ein herkömmliches Definitionselement des juristischen Staatsbegriffs – die Verfügung über einseitig-hoheitliche Machtmittel[8] (insbesondere gegenüber den Wirtschaftssubjekten) – wird durch das Prinzip der Zweiseitigkeit und der Zusammenarbeit relativiert.

III. Demokratie und staatlich-private „Verbundproduktion" von Recht und Regulierung

Der Staat kann und darf nicht alle Gemeinwohlprobleme selbst lösen. Die Förderung des Gemeinwohls dürfte zwar die am wenigsten umstrittene Staatszielbestimmung sein. Sie ist schlechthinnige Existenzbedingung des Staates. Der moderne Verfassungsstaat westlicher Prägung teilt sich die Verantwortung für die Hervorbringung des Gemeinwohls aber mit der Gesellschaft.

Zum einen streitet die verfassungsrechtlich gewährleistete grundrechtliche Freiheit für einen Vorrang privater Konflikt- und Problemlösungen gegenüber staatlichen Lösungen. Zum andern steht die Durchsetzungskraft des nationalen Rechts gegenüber starken und vor allem international mobilen Akteuren des gesellschaftlichen Funktionsbereichs in Zweifel. Neben den auf Seiten staatlicher Rechtsnormsetzer ubiquitären Informationsproblemen, sind die Hindernisse bei der Erreichung der angestrebten Ziele auf den erforderlichen Durchsetzungs- und Kontrollaufwand, sowie auf die Ge-

---

2 Der Sache nach grundlegend *Krüger* Allgemeine Staatslehre 2. Aufl. 1966, S. 572ff., 628f.; begriffliche Konzeption dann bei *Ritter* AöR Bd. 104 (1979) S. 389ff. Zusammenfassend zu der Entwicklung seit diesem Zeitpunkt *Becker* Kooperative und konsensuale Strukturen in der Normsetzung 2005, S. 55ff.

3 *Ritter* in: Grimm(Hrsg.) Wachsende Staatsaufgaben – sinkende Steuerungsfähigkeit des Rechts, S. 69ff., 105.

4 *Hartwich* Aus Politik und Zeitgeschichte B 46–47 (1987), S. 3ff., 8.

5 Diese Beurteilung stammt von *Neumann* VSSR 1992, S. 119ff., 120.

6 Zu Wesen und Geschichte der „Hoheitlichkeit": *Hill* DVBl. 1989, S. 321ff., 321ff.

7 *Hill* DVBl. 1989, S. 321ff., 324ff.

8 Zum Staat als Entscheidungs- und Machteinheit *Isensee*/Kirchhof, HdbStR Bd. II 3. Aufl. 2004, § 15 Rn. 65ff.

fahr sich ablehnend verhaltener gesellschaftlicher Machtreservate zurückzuführen, innerhalb derer die mit unverbrüchlichem Geltungsanspruch ausgestatteten Rechtsnormen umgangen oder ignoriert werden. Doch fehlt dem Staat nicht allein das bei gesellschaftlichen Akteuren vorhandene Wissen zur Lösung von gesellschaftlichen Problemen. Er *kann* auch unabhängig davon nicht alle Probleme der Gesellschaft lösen, hierzu fehlen ihm die tatsächlichen Kapazitäten und Reserven. Soweit zu lösende Probleme grenzüberschreitende Auswirkungen haben, bricht die Problemlösungskapazität des Staates auch an der völkerrechtlich gewährleisteten Souveränität anderer Staaten.

1. Staatlicher und gesellschaftlicher Funktionsbereich

Dem Staat i. w. S., dem Gemeinwesen, sind zwei voneinander zu unterscheidende Funktionsbereiche zugeordnet.[9] Diese beiden Funktionsbereiche – der staatsorganisatorische bzw. der staatliche i.e.S. sowie der gesellschaftliche – basieren auf unterschiedlichen Legitimationsgrundlagen.[10] Auf der Seite des gesellschaftlichen Funktionsbereichs ist die ungebundene, originäre, nicht der Rechtfertigung bedürfende Ausübung grundrechtlicher Freiheit angesiedelt.

Nach deutschem verfassungsrechtlichem Begriffsverständnis beschreibt „Demokratie" einen auf den staatlichen Funktionsbereich bezogenen Legitimationsmechanismus für die Ausübung staatlicher Macht gegenüber den Bürgern.[11] Dies bedeutet im Umkehrschluss, dass es zumindest in einem verfassungsrechtlichen Sinn Demokratie *in* der Gesellschaft nicht geben kann, da hier keine staatlichen Funktionen ausgeübt, sondern Grundrechte verwirklicht werden. In einem verfassungsrechtlichen Sinne demokratisch legimitiert muss mithin nur die staatliche Funktionsausübung sein.

Wichtigste Konsequenz grundrechtlicher Freiheit ist die Anerkennung der Privatautonomie. Diese begründet eine voraussetzungslose und nicht der Rechtfertigung bedürftige Entscheidungsfreiheit des individuellen Grundrechtsträgers bei wirtschaftlichen Entscheidungen. Allerdings ist die wirtschaftliche Folgenverantwortung, deren äußerste Konsequenz die Insolvenz ist, die Bedingung dieser Freiheit. Die aus der Freiheitsausübung entstehende wirtschaftliche Macht wird durch den Wettbewerb anderer Freiheitssubjekte begrenzt. In ihrem privatautonomen Zusammenwirken fördern alle individuellen Entscheidungen gemeinsam das Gemeinwohl.

Die Zuordnung zu dem einen oder dem anderen Funktionsbereich erfolgt rein formal. Auch der wirtschaftlich mächtige Private, der durch seine Entscheidungen die wirtschaftliche Ordnung des Gemeinwesens mitzuprägen vermag, ist grundrechtsberechtigt und nicht – verpflichtet, so dass auch die Akteure auf den Finanzmärkten – unabhängig von einer eventuellen „Systemrelevanz" – dem gesellschaftlichen Funktionsbereich zuzuordnen sind.[12] Die den Akteuren auf den Finanzmärkten zustehende grundrechtli-

9 Zu dem folgenden nur *Isensee* Der Staat Bd. 20, 1981, S. 161 ff. 162 ff.

10 *Isensee* Der Staat Bd. 20, 1981, S. 161 ff., 162 ff.

11 S. nur *Grzeszick* in: Maunz/Dürig (Hrsg.) Grundgesetz Stand 2010, Art. 20 Abschn. II, Rn. 11 ff.

12 Dies gilt natürlich aufgrund von Art. 19 Abs. 3 GG, der die Grundrechtsträgerschaft des Staates und seiner Trabanten ausschließt, nur soweit es sich bei diesen Institutionen nicht um staatliche oder kommunale Einrichtungen handelt.

che Freiheit ermöglicht und rechtfertigt das Streben nach und die Maximierung von Gewinn. Pflichten und Bindungen, die auf dieser grundrechtlichen Freiheit lasten, mögen durch verfassungsrechtliche Appelle und Erwartungen vorgezeichnet sein (vgl. die in Art. 14 GG angelegte Sozialbindung des Eigentums[13]). Für die konkrete Beschränkung grundrechtlicher Freiheit bedarf es eines Gesetzes, das seinerseits der Grundrechtsbindung unterliegt. In diesem Rahmen kann die individuelle Freiheit des Grundrechtsträgers durch den Staat mittels der Rechtsordnung vorgeordnet, gewährleistet und beschränkt werden. Die Aufgabe des Staates ist dabei der Ausgleich von Marktversagen wie etwa die Abwehr von Gefahren für die Finanzmarktstabilität durch negative Externalitäten. Im modernen Sozial- und Vorsorgestaat engagiert der Staat sich zudem in der Umverteilung, setzt sozialstaatliche Anliegen durch Risikoabsicherung durch und gewährleistet die Daseinsvorsorge für seine Bürger.

Zur Erfüllung dieser Aufgaben wirkt der Staat in verschiedenen Intensitätsstufen auf die gesellschaftlichen Funktionsbereiche ein. Zunächst kann er bestimmte Tätigkeiten aus dem Bereich der Privatautonomie gänzlich herausnehmen. Dies ist der Fall, wenn staatliche Monopolunternehmen bestimmte wirtschaftliche Bereiche ausschließlich versorgen. Darüber hinaus werden Gemeinwohlbelange durch die Setzung von Rechtsnormen zur Geltung gebracht, die den Rahmen privater Grundrechtsausübung bilden.

Wie jede staatliche Funktionsausübung ist auch die Rechtsnormsetzung durch verfassungsrechtliche Vorgaben gebunden und auf die Gemeinwohlverwirklichung verpflichtet. Sie bedarf der demokratischen Legitimation. Diese gründet auf einen ununterbrochenen Ableitungszusammenhang zwischen der staatlichen Entscheidung und dem Willen des Volkes, der sich in Wahlen und Abstimmungen äußert. Dieser Ableitungszusammenhang von der Willensentscheidung des Wahlvolkes bis hin zu dem staatlichen Rechtsakt wird indes dort beeinträchtigt, wo ihrerseits nicht-legitimierten Dritten maßgeblicher Einfluss auf die inhaltliche Ausgestaltung dieses Rechtsakts eingeräumt wird. Hier scheint sich die „Demokratisierung“ von Recht und Regulierung in ihr Gegenteil zu wenden, indem gerade der demokratisch legitimierte Einfluss geschmälert wird. Dies lässt sich anhand des Phänomens der kooperativen Normsetzung verdeutlichen.

2. Kooperative Normsetzung

Bei der Setzung von Rechtsnormen handelt der Staat oftmals nicht mehr völlig einseitig-hoheitlich. Er öffnet sich zum einen bei den der Gesetzgebung vorgeschalteten Anhörungen für private Ansichten und Interessen. Zum anderen werden gerade besonders umstrittene und verfassungsrechtlich heikle Rechtsnormen, die zudem hoch organisierte und daher „widerstandsfähige“ Bereiche von Wirtschaft und Gesellschaft betreffen, zwischen staatlichen und privaten (verbandlichen) Akteuren „ausgehandelt“.[14] Der staatliche Gesetzgeber kann aber auch vollends auf die inhaltliche Gestaltung einer Norm verzichten und diese Aufgabe im Wege des Verweises oder der Rezeption priva-

---

13 Zu dem Appellcharakter Stern/*Becker* (Hrsg.) Grundrechte-Kommentar 2010, Art. 14 Rn. 10.
14 Genauerer Überblick bei *Becker* (Fn. 2), S. 63 f.

ten Normgebern überlassen. Er verleiht den Normen dann nur noch die Dignität staatlichen Rechts.[15]

Doch muss der Staat nicht nur bei der Formulierung von final strukturierten Rechtsnormen bisweilen auf die ihm eigene Einseitigkeit und Hoheitlichkeit verzichten, um die angestrebten Ziele zu erreichen und tatsächlich wirksame Normen zu erlassen. Es kann gegenüber gut organisierten, global agierenden gesellschaftlichen Akteuren sogar geboten sein, eine unmittelbare und zielgerichtete Beeinflussung gar nicht erst zu versuchen, sondern diese durch die Setzung von Rahmenbedingungen und Anreizen selbst zur freiwilligen Zielverwirklichung zu motivieren. Dieser Methode bediente sich der europäische Gesetzgeber bei der Regulierung der – hauptsächlich US-amerikanischen – Ratingagenturen.

3. Regulierte Selbstregulierung

Jeder staatliche Versuch, die Tätigkeit von Ratingagenturen zu regulieren, muss eine delikate Balance zwischen denjenigen Anforderungen finden, die sich aus der Durchsetzung des Gemeinwohls einerseits und der Bewahrung der spezifischen Fähigkeiten und Expertise dieser Unternehmen andererseits ergeben. Weder Regierung noch Gesetzgeber sind in der Lage (oder sollten für sich beanspruchen) eine „bessere" Ratingagentur zu sein oder zu wissen, wie ein Rating zu erstellen ist oder gar, wie sein Ergebnis aussehen sollte. Will man auch die in dem staatlichen Rückgriff auf Ratings liegenden Effizienzgewinne nicht verbrauchen, können diese auch nicht vor Verwendung oder gar routinemäßig auf ihre Qualität hin überprüft werden. Sinnvoller erscheint, Struktur und Verhalten der Unternehmen durch die Setzung von verpflichtenden Rahmenbedingungen zu beeinflussen, die nach Vorstellung des Gesetzgebers erforderlich sind, um eine richtige inhaltliche Ratingentscheidung zu treffen.

Aus diesem Grunde ist die Errichtung einer Struktur der regulierten Selbstregulierung erforderlich. Diese schlägt eine Brücke zwischen privaten Entscheidungen, welche die eigenen Verhaltensmaßstäbe der Beteiligten sichern sollen, und den hoheitlich wahrgenommenen Tätigkeiten des Staates, bei denen es sich um Steuerung mit einem spezifischen, über den Einzelfall hinausgehenden Ordnungszweck handelt.[16] Regulierte Selbstregulierung will die Eigendynamik gesellschaftlicher Teilbereiche respektieren und dabei zugleich nutzen, indem sie Raum für die Einbringung privaten Wissens und privater Initiative in das Produkt staatlicher Regulierung eröffnet. Die staatliche Gewährleistungsverantwortung für definierte öffentliche Belange wird realisiert, indem der gesellschaftlichen Selbstregulierung über die normale Rechtsordnung hinausgehende Rahmen-, Struktur- oder Zielvorgaben gemacht bzw. staatliche Interventionsbefugnisse für den Fall gemeinwohlwidriger Selbstregulierungsergebnisse bereitgehalten werden.[17] Finale staatliche Vorschriften dienen aber lediglich dazu, Form und Verfahren

15 *Becker* (Fn. 2), S. 537 ff.

16 *Schmidt-Aßmann* Die Verwaltung, Beiheft 4, 2001, 253 ff., 254 ff.; grundlegend *Hoffmann-Riem*/Schmidt-Aßmann, Öffentliches Recht und Privatrecht als wechselseitige Auffangordnungen, S. 261 ff., 300 ff.; s. a. die Beiträge: Die Verwaltung, Beiheft 4, 2001.

17 Hierzu *Voßkuhle* VVDStRL Bd. 62, 2003, S. 266 ff., 305, 307 ff. und passim.

einer ansonsten privaten Entscheidung zu strukturieren, um ihr ein Mindestmaß an rechtsstaatlicher Dignität zu verleihen. Zudem ist es möglich, Organisations- und Verfahrensvorschriften zur Beförderung materieller Zwecke einzusetzen. An die Stelle materiellrechtlicher Anordnungen treten Verfahren und Strukturen, die das erwünschte, aber imperativ nicht erreichbare Ergebnis begünstigen, ohne es zugleich gewährleisten zu können. Regulierte Selbstregulierung verspricht, sich besser auf die veränderten Steuerungsbedingungen einzustellen, indem sie Informationskapazitäten sowie Eigenlogik der Teilsysteme besser ausnutzt.

Dementsprechend schreibt der europäische Gesetzgeber den Ratingagenturen nicht vor, wie sie bessere und v.a. zuverlässigere Ratings erstellen können. Vielmehr normiert er eine ganze Reihe von strukturellen und organisatorischen Vorgaben für die Unternehmen, damit sich die dort aufgetretenen Fehlentwicklungen gleichsam von selbst abstellen.[18]

4. Kooperation von staatlichem und privatem Funktionsbereich

Phänomene wie kooperative Setzung von Rechtsnormen oder die regulierte Selbstregulierung unterstreichen, dass die der Differenzierung zwischen staatlichem und gesellschaftlichem Funktionsbereich zugrunde liegende, verfassungsrechtlich gebotene Abschichtung der jeweiligen Legitimationsgrundlage nicht Impermeabilität oder ein rigoroses Kontaktverbot der Funktionsbereiche impliziert.

Dementsprechend ist der staatliche Funktionsbereich auch außerhalb der periodisch wiederkehrenden Wahlen auf eine Mitwirkung gesellschaftlicher Kräfte angewiesen und für diese Mitwirkung auch offen.[19] Die theoretische Unterscheidbarkeit von Staat und Gesellschaft darf somit nicht zur Annahme verleiten, dass es sich hierbei um zwei autarke Funktionskreise handelt. Der Staat bezieht gestalterische Aufträge zur Lösung gesellschaftlicher Konflikte zu einem guten Teil aus dem gesellschaftlichen Bereich. Das demokratische Repräsentationssystem stärkt seine Wirkkraft aus dem Dialog mit der politischen Grundrechtskultur. Der staatliche Normsetzer ist daher einerseits natürlich berechtigt, in der Gesellschaft herrschende Meinungsbilder aufzunehmen und dort formulierte Regelungsanliegen umsetzen. Andererseits darf der demokratische Verfassungsstaat aber nicht gleich einem Notar die im Wettbewerb der gesellschaftlichen Kräfte gefundenen Ergebnisse ratifizieren. Viele für das Gemeinwohl relevante Anliegen vermögen sich im gesellschaftlichen Wettbewerb der Interessen und Meinungen nicht durchzusetzen[20], so dass der Staat unverzichtbare Befriedungs-, Schutz-, Integrations- und Entscheidungsbefugnisse wahrzunehmen hat.[21] In dieser Eigenschaft ist der Staat funktional auf die Verwirklichung gesellschaftlicher Freiheit bezo-

18 Hierzu ausf. *Becker* DB 2010, 941 ff.

19 Über den Zusammenhang der Differenzierung zwischen Volkswillensbildung und Staatswillensbildung und dem Dualismus von Staat und Gesellschaft: *Isensee* Subsidiaritätsprinzip und Verfassungsrecht, S. 152 (Fn. 11).

20 *Isensee* Der Staat, Bd. 20, 1981, S. 161 ff., 174.

21 Zu diesen Funktionen *Schlaich* Neutralität als verfassungsrechtliches Prinzip 1972, S. 259 ff.; *Böckenförde* Die verfassungstheoretische Unterscheidung von Staat und Gesellschaft als Bedingung der individuellen Freiheit 1973, S. 27.

gen. Die so bewirkte Annäherung der beiden Funktionskreise führt aber nicht zu deren Diffusion, sondern nur zu ihrer Wechselbezüglichkeit.

Vor dem Hintergrund dieser Wechselbezüglichkeit stellt sich die Frage, wie und in welchem Umfang die Gesellschaft (der Demos) an der „Produktion" von Recht und Regulierung – dem typischen Element des staatlichen Funktionsbereichs – teilhaben kann. Was und wie viel bleibt vom Staat und von der demokratischen Dignität seiner Entscheidungen, wenn er Private einlädt oder einladen muss, sich an typischen staatlichen Funktionen wie der Regulierung oder der Formulierung und Setzung von Rechtsnormen zu beteiligen?

IV. Was aber bleibt vom Staat?

In seiner Geburtsstunde diente der moderne Staat in erster Linie der Gewähr von Frieden und Sicherheit seiner Bürger. Diese Verpflichtungen sind ihm nach wie vor wesenhaft, sie gehen der Verfassung voraus und ermöglichen erst deren Wirksamkeit.[22] Charakteristisch sind seine Mittel und Befugnisse, die auf der Einheit, Einseitigkeit und Überlegenheit der Staatsgewalt basieren. Allerdings wurde bereits dargelegt, dass dieses (überhöhte?) Ideal des zumindest potentiell allmächtigen Staats nicht mehr der Realität entspricht (wenn es ihr denn je entsprochen hat). Aber wird das Wesen des modernen demokratischen Staates durch die Integration privater Rationalität in Regulierung und Regelsetzung grundsätzlich, gleichsam systemgefährdend in Frage gestellt?

Der Staat verliert durch die Globalisierung weder Existenz noch Identität. Allerdings beherrscht er die Globalisierung auch nicht. Vielmehr wächst der Graben zwischen der tatsächlichen Macht des Staates einerseits und der von seinen Bürgern erwarteten Problemlösungskapazität im Hinblick auf globale und gesellschaftliche Probleme andererseits. Der Staat befindet sich daher in der Phase der Transformation vom Herrschaftsmonopolisten zum Herrschaftskoordinator mit Letzt- und Gewährleistungsverantwortung. Dies führt dazu, dass er bei der Übernahme konkreter Aufgaben partiell durch nicht- oder überstaatliche Akteure substituiert wird. Diese typischerweise funktions- und sektorspezifische Substitution ist in einigen Bereichen durch Privatisierungen angestoßen worden. Auch auf völkerrechtlicher Ebene überträgt der Staat weitgehende Aufgaben auf internationale Organisationen. Die europäische Integration ist nur ein besonders wirkmächtiger Fall der Aufgabenübertragung auf eine überstaatliche Instanz, aber auch in anderen Bereichen (WTO) lassen sich diese Tendenzen der „Heraufzonung" von Aufgaben zum Zwecke kollektiver Problemlösung ebenso beobachten wie ein „Souveränitätsverlust" des Staates – vor allem soweit man mit dem Begriff der Souveränität eine Fähigkeit zu umfassenden Zugriff auf alle gesellschaftlichen Probleme verbindet.

Kräfte- und Aufgabenverschiebungen zwischen der nationalen und internationalen Ebene bzw. zwischen dem staatlichen und dem gesellschaftlichen Funktionsbereich sind aber keineswegs ein Nullsummenspiel. Bei jeder privaten oder auch internationalen Aufgabenerfüllung behält der Staat komplementäre Aufgaben. Dies lässt sich daran belegen,

22 *Becker* (Fn. 2) S. 729 ff.

dass jede Privatisierung und Liberalisierung für eine geraume Zeit zu einem erheblichen Regulierungsaufwand führt. Aber auch dort, wo Private tätig sind und wo Aufgaben auf internationaler Ebene wahrgenommen werden, behält der Staat seine Komplementärfunktion unter Inanspruchnahme seiner spezifischen Instrumente.

Internationale Organisationen sind zur Durchsetzung ihrer Entscheidungen auf die Staaten und ihre staatlichen Funktionen angewiesen. Private sind auf staatliche Vor- und Durchsetzungsleistungen angewiesen. Dies wird etwa im Fall der internationalen Schiedsgerichtsbarkeit deutlich, deren Sprüche nur durch staatliche Behörden vollstreckt werden können. Auch Standards bzw. private Normen können nur dann in der staatlichen Rechtsordnung wirken, wenn sie normativ rezipiert oder aber zumindest durch die Rechtsprechung mittelbar zur Interpretation von Tatbestandsmerkmalen staatlicher Rechtsnormen akzeptiert werden. Das demokratische Prinzip realisiert sich insoweit, als der Staat und seine Organe zumindest potentiell die Anerkennung solcher fremdformulierter Rechtsnomen verweigern bzw. ihre Rezeption verhindern können. Allerdings stellt sich dann stets die Frage, wie das entstehende Regelungsvakuum zu füllen ist.

Zwar verliert der Staat durch Privatisierung und Globalisierung potentielle oder tatsächliche Gestaltungsmöglichkeiten, diese werden aber durch den Zuwachs von Problemlösungskapazitäten ausgeglichen: Die Teilnahme des Staates an internationalen Integrationsprozessen sowie die „Verhandlung" mit privaten Akteuren stellen eine mittelbare Gestaltungsoption von Politik dar. Der Staat agiert in hybriden internationalen Netzwerken. Dies führt zwar dazu, dass insbesondere bei Behördennetzwerken[23] die jeweilige staatliche Regierung kein externes Handlungsmonopol mehr hat. Allerdings vervielfältigen sich die Einflußnahmemöglichkeiten des Staates insgesamt durch die Zusammenarbeit verschiedener Behörden. Dort, wo unmittelbarer Zugriff nicht möglich oder untunlich ist, bedient sich der Staat der Anreizregulierung (vgl. das Beispiel der Ratingagenturen) oder setzt entsprechende Rahmenbedingungen für regulierte Selbstregulierung.

Der staatlichen Souveränität als Verfassungsvoraussetzung ist Genüge getan, wenn sie auf die klassischen hoheitsstaatlichen Handlungsfelder beschränkt wird und wenn dem Staat die Befugnis zukommt, einer Regelung den Charakter einer Rechtsnorm zu- oder abzuerkennen sowie deren Beachtung ggfs. mit den Mitteln legitimen Zwangs durchzusetzen. Die Notwendigkeit eines ohnehin nicht zu realisierenden potentiellen totalen staatlichen Zugriffs auf die Gesellschaft kann aufgrund des sektoralen Charakters der Verfassung, der insoweit auf deren Voraussetzungen rückwirkt, aus der Verfassungsvoraussetzung der inneren staatlichen Souveränität nicht abgeleitet werden.

V. Zusammenfassung und Ausblick

Recht und Regulierung der Finanzmärkte können nicht in nationalen, einseitig-hoheitlich strukturierten Prozessen entstehen. Der globale Charakter der Märkte, die Mobi-

---

23 Wie etwa der Basler Ausschusses an der Bank für Internationalen Zahlungsausgleich (BIZ); vgl. hierzu mit dem bezeichnenden Titel „International Law by Other Means: The Twilight Existence of International Financial Regulatory Agencies" *Zaring* Tex. Int'l L.J. Bd. 33 1998, S. 281 ff.

lität der zentralen Akteure sowie die Komplexität der Materie, die den staatlichen Zugriff aus tatsächlichen Gründen hinsichtlich der Folgenabschätzung erschwert, legen eine Einbeziehung privater Akteure in Rechtsetzung und Regulierung nahe. Der moderne demokratische Staat kann und wird dadurch nicht globalisiert und privatisiert werden. Er befindet sich vielmehr in einem kompensatorischen Wandlungsprozess vom einseitigen Einsamentscheider als „Idealbild" zum Verbundproduzenten von Recht und Regulierung. In diesem Sinne bedeutet „Demokratisierung" staatlicher Funktionen, dass Private in die Produktion von Recht und Regulierung mit einbezogen werden. Allein auf diese Weise kann der Staat sich das erforderliche Wissen und die erforderliche Macht erschließen, um internationale und gesellschaftlich oder wirtschaftlich prekäre Problemlagen zu lösen. Er verschafft sich auf diese Weise einen Machtzuwachs zur Kompensation desjenigen Machtverlustes, der damit verbunden ist, dass Probleme nicht mehr vom Nationalstaat alleine gelöst werden können.

Risiko, Risikomessung und Risikoregulierung aus ökonomischer Sicht

Lutz Johanning

Gliederung

1. Einleitung

Zu den Begleiterscheinungen der Finanzkrise gehört die deutliche Zunahme rechtlicher Auseinandersetzungen zwischen Anlegern auf der einen und Finanzdienstleistern sowie Emittenten auf der anderen Seite. Gegenstand des Streits sind in der Regel Verluste aus risikobehafteten Wertpapiergeschäften. Dabei wird von der klageführenden Anlegerseite gemeinhin der Vorwurf erhoben, nicht sachgerecht bzw. hinreichend über das Risiko der jeweiligen Kapitalanlage informiert worden zu sein. Die öffentliche Diskussion wie auch die Rechtsprechung hierzu zeichnen sich nicht selten durch eine erstaunliche Diskrepanz zwischen den solchen Finanztransaktionen zugrundeliegenden ökonomischen Sachverhalten und der medialen sowie juristischen Bewertung ihrer Folgen aus. Diese Diskrepanz kann nur überwunden werden, indem die ökonomischen Grundlagen des Risikos von Kapitalmarktgeschäften stärker als bisher berücksichtigt werden. In der jüngsten Finanz- und Wirtschaftskrise sind ferner die Grenzen quantitativer Risikomanagement-Konzepte offenbar geworden. Selbst hochkomplexe mathematische und statistische Berechnungsverfahren konnten eintretende Verluste nicht mit hinreichender Sicherheit vorhersagen. Gleichzeitig wurde auch deutlich, dass die auf klassischen Risikoberechnungsverfahren basierende Eigenkapitalregulierung zielkonträre krisenverstärkende Mechanismen enthält, die dringend einer Korrektur bedürfen.

Ziel des Beitrags ist es, Risiko aus ökonomischer Sicht zu definieren, Möglichkeiten und Grenzen der quantitativen Risikomessung zu diskutieren sowie die bisherige Praxis der Risikoregulierung bei Banken einer kritischen Überprüfung zu unterziehen.

In Kapitel 2 werden zunächst Risiko und Risikomaße definiert und für CMS Spread Ladder Swaps, Produkte, welche vielfach Gegenstand gerichtlicher Auseinandersetzungen waren, das Risiko nach herkömmlichen Ansätzen ermittelt. In Kapital 3 werden die

Möglichkeiten und Grenzen der etablierten quantitativen Risikomanagement-Konzepte aufgezeigt. Kapitel 4 befasst sich mit der Risikoregulierung nach Basel II und stellt die wesentlichen Neuerungen im Regelwerk Basel III vor. Der Beitrag schließt mit einem Fazit in Kapitel 5.

2. Risiko und Risikomaße

2.1. Ökonomische Definition von Risiko

Unsicherheit entsteht in einer Anlagesituation immer dann, wenn das zukünftige Ergebnis, beispielsweise eine Aktienrendite, nach Ablauf einer definierten Halteperiode von einem vorgegebenen Zielwert abweichen kann. Lassen sich für eine solche mögliche Abweichung keine Wahrscheinlichkeiten angeben, so wird diese Situation in der Literatur als „Unsicherheit" im ökonomischen Sinn bezeichnet.[1] Lässt sich diese Unsicherheit hingegen durch Wahrscheinlichkeiten spezifizieren, so wird im ökonomischen Sinn von „Risiko" gesprochen. Eine „Unsicherheit" hat im Vergleich zum „Risiko" den Nachteil, dass sie nicht konkret mit Wahrscheinlichkeiten beziffert werden kann. Im Risikofall kann der Anleger dagegen über die Wahrscheinlichkeitsverteilung die Eintrittswahrscheinlichkeiten für bestimmte zukünftige Renditen ableiten.

Risiko wird folglich in Form vollständiger Wahrscheinlichkeitsverteilungen „gemessen". Diese Form der Risikomessung ist jedoch sehr komplex und selbst in theoretischen Modellen nur mit großem Aufwand durchführbar. Deshalb wird Risiko häufig in einzelne, leichter verständliche Kennzahlen, sogenannte Risikomaße, zusammengefasst. In der Kapitalmarktpraxis werden beispielsweise die Volatilität (die Schwankung der Zielgröße) und die erwartete Verlusthöhe als Risikomaße verwendet.

Da jeder Anleger anhand eigener, subjektiver Präferenzen festlegt, was für ihn Risiko darstellt, gibt es kein einheitliches, für alle Investoren gültiges Risikomaß. Für eine Lebensversicherung beispielsweise besteht ein wesentliches Risiko, wenn ihr Kapitalstock so stark fällt, dass die Zahlung der zugesagten Garantieverzinsung an die Anleger nicht mehr möglich ist. Der Eintritt eines solchen Falls würde die Existenz des Unternehmens bedrohen und ist deshalb unbedingt zu vermeiden. Andere Anleger haben wiederum andere Risikopräferenzen. Risiko ist also eine von den Investorenpräferenzen abhängige Größe.

Mit dem Value at Risk (VaR) hat sich aber zumindest ein Standard zur Risikomessung bei Banken, professionellen Marktteilnehmern und Aufsichtsbehörden etabliert. Der Value at Risk beschreibt den Verlust, der nach einer bestimmten Halteperiode – z. B. zehn Tage – mit einer vorgegebenen Wahrscheinlichkeit[2] – z. B. 99% – nicht überschritten wird.[3] Beträgt der VaR (99%, 10 Tage) bei einer Anlagesumme von 10 Mio. Euro beispielsweise 1 Mio. Euro, so bedeutet dies, dass der Verlust nach einer Haltedauer von zehn Tagen nur

1 Laux 2003.
2 Diese Wahrscheinlichkeit wird als Konfidenzniveau des VaR bezeichnet.
3 Zum Value at Risk vgl. *Jorion* 2007.

in 1% der Fälle größer als 1 Mio. Euro ausfällt. Der Value at Risk bezeichnet damit keinen Maximalverlust. In der Praxis des Marktrisikomanagements werden typischerweise kurze Haltedauern von ein bis zehn Tagen sowie vorgegebene Wahrscheinlichkeiten von 95% bis 99% verwendet. Eine Berechnung des Value at Risk über einen langen, mehrjährigen Anlagehorizont ist dagegen wenig sinnvoll. Die Genauigkeit und damit die Aussagekraft der Risikoberechnung nehmen mit zunehmender Haltedauer sowie zunehmenden Wahrscheinlichkeiten stark ab.[4]

2.2. Going-Concern-Risiken und Worst-Case-Risiken

Risiken werden zudem in Going-Concern- und Worst-Case-Risiken (Stress-Risiken) unterteilt. Going-Concern-Risiken beschreiben Risiken in Zeiten normaler Markt- und Geschäftsverhältnisse. Worst-Case-Risiken bezeichnen demgegenüber mögliche Szenarien, die den Bestand des Unternehmens gefährden. Für Going-Concern-Risiken lassen sich i.d.R. Eintrittswahrscheinlichkeiten mit unterschiedlicher Genauigkeit beispielsweise auf Basis historischer Daten bestimmen. Für Worst-Case-Risiken hingegen können Wahrscheinlichkeiten häufig nicht angegeben werden. Das Ausmaß möglicher Worst-Case-Risiken wird für diesen Fall über verschiedene Eintrittsszenarien – beispielsweise historische Szenarien mit hohen Aktienmarktverlusten – ermittelt. Da Wahrscheinlichkeitsverteilungen für diese Szenarien nicht angegeben werden können, sollte man analog zur obigen Unterteilung in diesem Fall besser von „Worst-Case-Unsicherheit" sprechen. Ein Worst-Case-Risiko liegt vor, wenn eine Bestandsbedrohung bewusst in Kauf genommen und eine Insolvenzwahrscheinlichkeit einkalkuliert wird. Dies ist beispielsweise dann der Fall, wenn ein Unternehmen ein Zielrating anstrebt, was typischerweise mit einer bestimmten Ausfallwahrscheinlichkeit verbunden ist (*Crouhy/Galai/Mark* (2000)). Die Unterscheidung von Worst-Case- und Going-Concern-Risiken wird auch von der Bankenaufsicht gefordert und in Kapitel 4 weiter diskutiert.

2.3. Anwendungsfall CMS Spread Ladder Swaps

Die vorstehende Diskussion soll anhand der Risikoberechnung für CMS Spread Ladder Swaps verdeutlicht werden. Kommunen, kommunale Unternehmen sowie vereinzelte Industrieunternehmen hatten vermehrt solche Swaps abgeschlossen, dabei aufgrund des Eintritts einer zuvor nicht erwarteten Zinsentwicklung jedoch z.T. hohe Verluste erlitten. Diese wollten sie nicht hinnehmen und zogen gegen die begebenden bzw. vermittelnden Banken vor Gericht. Hierüber wurde in der Presse ausführlich berichtet.

Bei einem CMS Spread Ladder Swap zahlt die Bank beispielsweise über eine fünfjährige Laufzeit einen durchgehend festen Zinssatz von 3% pro Jahr auf einen vereinbarten Nominalbetrag, während der Kunde im ersten Jahr einen festen Zinssatz von 1,5% pro Jahr zahlt und sich damit einen anfänglichen Zinsvorteil sichert. In den folgenden Jahren zahlt der Kunde einen variablen, sich halbjährlich anpassenden Zinssatz auf den vereinbarten Nominalbetrag. Dieser Zinssatz hängt von der Entwicklung der Dif-

4 Zu den Problemen bei der Berechnung von langfristigen VaR-Werten vgl. *Kim/Malz/Mina* 1999.

ferenz aus Zehn- und Zweijahreszinssatz, dem sogenannten Spread, ab. Der Vereinbarung eines variablen Zinssatzes liegt die Erwartung des Kunden zugrunde, dass diese Differenz nur geringfügig absinkt, konstant bleibt oder ansteigt. Sollte sich der Spread jedoch deutlich verringern, muss der Kunde mit einem Verlust rechnen. Weitere Strukturierungsmerkmale sind eine Zinsuntergrenze von 0% für den variablen Zinssatz (Floor), ein dreifacher Hebel, absinkende Schwellenwerte (Strikes), die Anknüpfung an den Vorperiodenzinssatz (Ladder) sowie ein einseitiges Beendigungsrecht der Bank. Die konkrete Ausgestaltung der Swaps kann von den Vertragspartnern je nach Präferenz frei ausgehandelt werden. So gibt es auch Swaps mit einem Beendigungsrecht für den Kunden. Für eine detaillierte Darstellung der Funktionsweise dieser Swapgeschäfte vgl. beispielsweise *Stark/Loose* (2007).

Im ersten Halbjahr 2005, als vermehrt CMS Spread Ladder Swaps abgeschlossen wurden, prognostizierte die Mehrzahl der Marktteilnehmer und -beobachter ein leichtes Absinken der Differenz zwischen lang- und kurzfristigen Zinsen.[5] Unter diesen Bedingungen wären den Kunden keine Verluste entstanden. Tatsächlich aber reduzierte sich die Zinsdifferenz in der Folgezeit erheblich stärker als erwartet, wurde für einige Monate sogar negativ – eine inverse Zinslage entstand – und verursachte so hohe Verluste für die Kunden.

Häufig werden diese Swapgeschäfte generell als hoch riskant und spekulativ bezeichnet. Diese Einschätzung wird damit begründet, dass die Swapposition einer Stillhalterposition (das ist die Position einer verkauften Option) ähnelt und der Swap Optionen enthält, die generell der höchsten Risikokategorie einer Bank angehören. Eine solche pauschale Einordnung ist aus ökonomischer Perspektive jedoch nicht sachgerecht.

Berechnet man die Value at Risk-Werte für Swaps und vergleicht diese mit den Risikowerten anderer Produkte, so ergibt sich, dass die Swaps in der Mehrzahl der Fälle ein eher geringes bis mittleres Risiko aufweisen und folglich nicht als hoch riskant und spekulativ einzustufen sind. Es wird zuweilen übersehen, dass bei unerwarteten Umweltentwicklungen auch weniger riskante Anlageprodukte mit einer geringen Wahrscheinlichkeit hohe Verluste erleiden können. Wie der Fall griechischer und irischer Staatsanleihen zeigt, kann ein solcher Fall selbst bei im Jahr 2005 als vergleichbar sicher eingestuften Staatsanleihen eintreten.

Ökonomen greifen bei ihren Analysen nur dann auf subjektive Risikoeinschätzungen zurück, wenn nachvollziehbare Risikomessverfahren wie etwa der Value at Risk aufgrund mangelnder Daten oder anderer Umstände nicht angewendet werden können. Im Falle eines solchen Mangels an standardisierten Messinstrumenten muss aber deutlich gemacht werden, dass die Risikoeinschätzung in der Tat subjektiv ist und allein durch die Darstellung und Beschreibung der Entscheidungssituation maßgeblich beeinflusst werden kann. Es darf dann nicht unterstellt werden, die persönliche Risikoeinschätzung sei allgemeingültig und richtig.

5 Vgl. bspw. *Roller/Elster/Knappe* 2007, S. 351.

3. Nutzen und Grenzen der quantitativen Risikomessung

Um das Risiko und damit die Wahrscheinlichkeitsverteilung der Rendite eines Finanzprodukts oder Portfolios zu bestimmen, sind bestimmte Schritte und Annahmen erforderlich. Zunächst ist zu bestimmen, für welche Halteperiode das Risiko zu schätzen ist. Für Kreditrisiken wird von der Bankaufsicht beispielsweise eine einjährige Haltedauer vorgegeben. Typischerweise umfassen Portfolios von großen Banken eine sehr hohe Anzahl von Krediten oder Wertpapieren, so dass zunächst die relevanten Risikofaktoren bestimmt werden müssen (Mapping), die maßgeblich die Renditen und das Risiko des Portfolios beeinflussen. Dieses Mapping wird immer dann erforderlich, wenn die Anzahl der Wertpapiere im Portfolio so groß ist, dass eine Korrelationsmatrix der Wertpapierrenditen nicht erstellt werden kann. Mit dem Mapping wird die Anzahl der Risikofaktoren reduziert, so dass sich die Korrelationsmatrix berechnen lässt. Anschließend muss für jeden der identifizierten Risikofaktoren eine historische Zeitreihe (mindestens für ein zurückliegendes Jahr) aufgebaut werden. Unter der Annahme, dass die Risikofaktoren sich in der Zukunft so verhalten wie in der Historie, wird eine Vielzahl an zukünftigen Ausprägungen der Risikofaktoren erstellt. Dies erfolgt häufig über eine Monte Carlo Simulation. Für die potenziellen Risikofaktoren wird das Portfolio neu bewertet, so dass sich eine Wahrscheinlichkeitsverteilung der möglichen Werte des Kreditportfolios nach einem Jahr, also nach Ablauf der Haltedauer ergibt. Eine solche Wahrscheinlichkeitsverteilung ist beispielsweise für ein Kreditportfolio in Abb. 1 dargestellt. Die Wahrscheinlichkeitsverteilung berücksichtigt keine Wertänderungen aufgrund von Ratingveränderungen, sondern nur Verluste aufgrund von Kreditausfällen.

Nach Basel II wird Eigenkapital in Höhe des Value at Risk zum 99,9%-Konfidenzniveau abzüglich der erwarteten Verlusthöhe gefordert. Diese Differenz wird auch als ökonomisches Kapital bezeichnet. Das 99,9%-Konfidenzniveau impliziert, dass durchschnittlich einmal in eintausend Jahren eine Überschreitung und damit eine Aufzehrung des für das Kreditportfolio bereitgestellten Eigenkapitals zu beobachten ist.

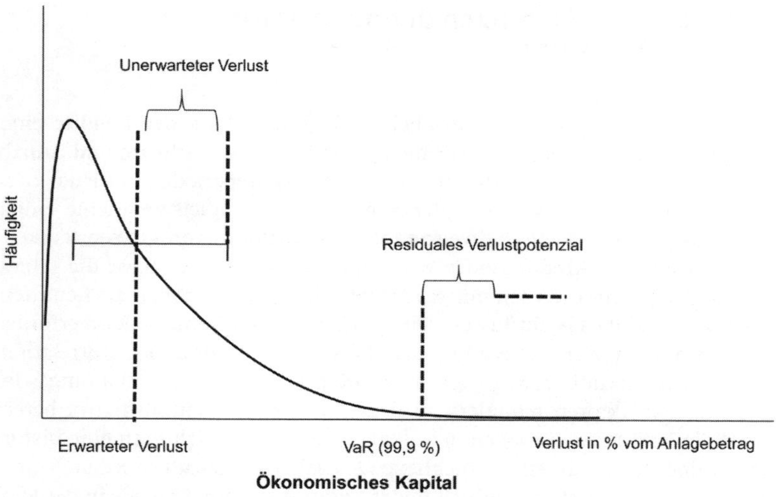

Abbildung 1: Verlustverteilung und Risiko für ein Kreditportfolio

Die Ableitung dieser Wahrscheinlichkeitsverteilung basiert auf anspruchsvollen finanzmathematischen Verfahren in Verbindung mit einigen Annahmen. Nun liegt es aber auf der Hand, dass beispielsweise die Annahme, die Zukunft verhalte sich wie die Vergangenheit, unrealistisch ist. Wurden in der Vergangenheit keine Extremszenarien beobachtet, so kann das Risikomodell derartige Szenarien nicht vorhersagen. Auch hat sich beispielsweise in der Finanzkrise gezeigt, dass die Korrelationen der Risikofaktoren nicht – wie häufig unterstellt – konstant waren, sondern stark angestiegen sind, was wiederum zu unerwarteten Verlusten führte. Schließlich sollten sich alle Anwender darüber im Klaren sein, dass die Ungenauigkeit der Risikovorhersage mit der Länge der Haltedauer und der Höhe des Konfidenzniveaus stark zunimmt. Im vorliegenden Fall wird das Risiko des Kreditportfolios für einen Horizont von einem Jahr und für ein 99,9%-Konfidenzniveau prognostiziert. Diese Prognose muss also als ungenau eingestuft werden.

Die quantitativen Risikomessverfahren haben die Möglichkeit geschaffen, Risiken innerhalb und im Verkehr zwischen Banken vergleichbar und transparent zu machen. Das Management kann, ja muss die Risikoanalysen und Szenarien in seinen Entscheidungen und Planungen berücksichtigen. Der Mehrwert an Transparenz und Planbarkeit ist unbestreitbar und grundsätzlich nicht in Frage zu stellen. Andererseits müssen aber auch die oben beschriebenen Grenzen der quantitativen Risikomessung berücksichtigt werden. Tritt in der Realität ein historisch nicht beobachtetes Szenario ein, so kann es zu erheblichen Abweichungen von den Risikoprognosen kommen. Ignorieren Management und Regulatoren diese Tatsachen, so wiegen sie sich in der gefährlichen illusorischen Sicherheit, die prognostizierten Risiken würden „genau geschätzte" Kennzahlen und damit verlässliche Planungs- und Entscheidungsgrundlagen darstellen.

Vor dem Hintergrund dieser Argumentation ist somit festzustellen, dass in der Finanzkrise nicht – wie häufig behauptet wurde – die Risikomodelle versagt haben, sondern

Entscheider und Regulatoren sich vielmehr zu stark auf die etablierten quantitativen Verfahren verlassen und die Grenzen dieser Verfahren zu wenig berücksichtigt haben. Zu dieser illusorischen Sicherheit mag auch der große Respekt vor den komplexen mathematischen Modellen beigetragen haben.

4. Risikoregulierung – von Basel II zu Basel III

Die quantitativen Risikomessverfahren für Marktpreis-, Kredit- und operationale Risiken sind auch Grundlage der Bankenregulierung nach dem Basel II-Regelwerk. Dies gilt insbesondere für die Berechnung der Mindesteigenkapitalanforderungen. Die Basel II-Regeln wurden abschließend im Juni 2004 vom Basler Ausschuss für Bankenaufsicht veröffentlicht. Seit Januar 2007 kommen diese Regeln in den EU-Mitgliedsstaaten in der Aufsicht für alle Kredit-und Finanzdienstleistungsinstitute zur Anwendung. Die Zielsetzung von Basel II ist die Schaffung internationaler Standards für die Bankregulierung, insbesondere was die Eigenkapitalhinterlegung von verschiedenen Bankrisiken betrifft. Der regulatorische Rahmen besteht grundsätzlich aus den folgenden drei Säulen („pillars"):

- Mindestkapitalanforderungen („minimum capital requirements") der verschiedenen Bankrisiken,
- aufsichtlichen Überprüfungsverfahren („supervisory review process") der Risikomodelle und Organisation sowie
- Marktdisziplin („market discipline"), d.h. Verbesserung der Risikotransparenz der Banken.

Die Funktionsweise der Eigenkapitalregulierung für Kreditrisiken wurde bereits in Abb. 1 skizziert. Die Berechnung der Mindesteigenkapitalanforderung basiert auf Wahrscheinlichkeitsverteilungen und den daraus abgeleiteten Risikokennzahlen.

In der Finanzkrise ist deutlich geworden, dass insbesondere die Eigenkapitaldecke vieler Banken nicht ausreichend war, um die unerwartet hohen Verluste abzudecken. Ohne staatliche Verlustübernahmen und Garantieerklärungen wäre es zu einem Kollaps des globalen Finanzsystems gekommen. Ursächlich für das Versagen der verschiedenen Risikosteuerungssysteme war – wie bereits oben ausgeführt – nicht zuletzt die fehlende Vorsicht gegenüber den Annahmen und Grenzen der quantitativen Verfahren. Analysiert man Basel II, so fällt auf, dass der weit überwiegende Teil des Regelwerks der Risikomessung und Eigenkapitalregulierung gewidmet ist, strategische Gesichtspunkte des Bankmanagements dagegen nur einen geringen Umfang einnehmen. Es ist zu vermuten, dass die bereits oben geschilderte Fokussierung der Bankwirtschaft auf die quantitativen Risikomessverfahren durch die Regulierung verstärkt wurde. Problematisch sind aber auch weitere Aspekte.

Banken und Bankenaufsicht verfolgen mit der Risikomessung grundsätzlich unterschiedliche Ziele. Der Bankenaufsicht geht es mit Blick auf mögliche Auswirkungen auf die Realwirtschaft in erster Linie darum, das Finanzsystem zu sichern und Systemkrisen zu vermeiden, ihre Strategie ist deshalb vorrangig darauf ausgerichtet, der Insolvenz insbesondere von systemrelevanten Banken vorzubeugen. Da die Bankenaufsicht keinen unmittelbaren Zugriff auf das Finanzsystem hat, stellt die Anforderung an die Banken, für ihre Risikoaktiva ein bestimmtes Mindesteigenkapital vorzuhalten, ein bedeutendes Regulierungsinstrument dar. Das Eigenkapital dient als Verlustpuffer für den Fall des Eintritts unerwarteter Ausfälle. Die Eigenkapitalregulierung ist somit grundsätzlich auf die Absicherung von Worst-Case-Risiken bzw. Worst-Case-Unsicherheiten ausgelegt. Je höher das Eigenkapital einer Bank ist, desto geringer ist die Insolvenzwahrscheinlichkeit und damit die Wahrscheinlichkeit einer Systemkrise. Die Banken selbst verfolgen mit der Risikomessung dagegen in erster Linie das Ziel der Unternehmenswertmaximierung und streben dementsprechend aufgrund von Ressourcenknappheit in der Tendenz ein eher geringes Eigenkapital an. Bei einem geringeren Eigenkapital erhöht sich der Verschuldungsgrad und damit die erwartete Eigenkapitalrendite. Die Risikomessung der Banken ist somit in erster Linie auf Going-Concern-Risiken ausgelegt. Die Vermeidung der Insolvenz ist im Rahmen der Unternehmenswertmaximierung dagegen eine Nebenbedingung. Aufgrund der unterschiedlichen Zielsetzungen von Banken und Bankenaufsicht überrascht es nicht, dass nach Basel II die Eigenkapitalanforderungen auf Basis von Going-Concern-Risiken zu ermitteln sind. Zwar sind für alle Risiken Stresstests durchzuführen, doch haben diese lediglich begleitenden Charakter. Es erscheint wenig sinnvoll, aus Going-Concern-Risiken eine Absicherung für Stressszenarien abzuleiten.

Stresstests gewinnen in Basel III nicht nur an Bedeutung, sondern werden auch zunehmend für die Berechnung der Eigenkapitalanforderung herangezogen. Damit rücken Worst-Case-Risiken und Worst-Case-Unsicherheiten, wie sie in Abschnitt 2.2 definiert wurden, verstärkt in den Fokus. Für Worst-Case-Szenarien können typischerweise keine Wahrscheinlichkeiten angegeben werden, die Vorhersage ist daher nicht nur äußerst ungenau, sondern schlicht unmöglich. Die Banken müssen nach den Vorgaben der Bankenaufsicht historische und solche Stressszenarien simulieren, die für die bankenspezifische Portfoliostruktur außergewöhnlich große Verluste verursachen. Wenn sich die Banken auf diese historischen und spezifischen Stressszenarien vorbereiten, werden sie im Fall eines Eintritts vermutlich gar nicht mehr zu Problemen führen. Ein wirkliches Stressszenario ist gerade jenes, das zuvor nicht antizipiert und simuliert wurde. Das eigentliche Problem ist also, dass ein Worst Case per Definition nicht antizipiert werden kann. Die Finanzkrise wurde beispielsweise in dieser Form von den allermeisten Marktteilnehmern nicht antizipiert, weshalb es erst zu einem Kollaps solchen Ausmaßes kommen konnte.

Ein Hauptproblem in der Finanzkrise waren aber weniger die einzelnen Elemente des Finanz- und Regulierungssystems als vielmehr das Zusammenspiel dieser Elemente und damit die prozyklisch wirkenden Mechanismen. Wie oben dargestellt, basiert die Mindesteigenkapitalanforderung auf der Risikomessung der Banken. Kommt es beispielsweise in Folge einer sich ankündigenden Rezession zu einem Anstieg des Risikos, so können die Banken entweder das Risiko reduzieren oder zusätzliches Eigenkapital beschaffen, um die Mindesteigenkapitalanforderungen weiterhin zu erfüllen. Da in rezessiven Zeiten die Eigenkapitalbeschaffung entweder teuer ist oder gar nicht gelingt, bleibt als einzige Alternative häufig nur der Abbau von Risiken, also der Verkauf von risikobehafteten Aktiva. Da nicht nur Banken einer Regulierung auf Basis der Risikomodelle und Stresstests unterliegen, sondern in ähnlicher Form auch Fonds und demnächst Versicherungen (Solvency II), kann es schnell zu einem kollektiven Verkauf risikobehafteter Aktiva kommen, der weitere Kursverluste an den Märkten auslöst, die wiederum aufgrund der Zeitwertbilanzierung häufig unmittelbar das Eigenkapital der Banken verringern. Es ist zu vermuten, dass die krisenverstärkende Prozyklizität an den Märkten durch die – in den Branchen vergleichbare – Risikoregulierung mit bedingt wurde. Die Funktionsfähigkeit eines Regulierungssystems, das auf automatischen Mechanismen beruht, ist grundsätzlich in Frage zu stellen, da im Fall einer sich anbahnenden Krise keine Auffang- resp. Korrekturmechanismen vorhanden sind.

Die aktuelle Forschung beschäftigt sich derzeit mit der Internalisierung der externen Effekte, die Banken durch die Übernahme eines Finanzsystemrisikos verursachen.[6] Die Neugestaltung und Weiterentwicklung der Bankenregulierung sind vor dem Hintergrund dieser Ausführungen zu bewerten. Der Baseler Ausschuss für Bankenaufsicht entwickelt derzeit ergänzende und weitergehende Vorschriften, deren vorläufige Fassung im Dezember 2010 veröffentlicht wurde und die als Basel III bezeichnet werden. Die wesentlichen Änderungen im neuen Regelwerk sind im Einzelnen:

- höhere Qualität des Eigenkapitals (Ergänzungskapital wird durch Kernkapital ersetzt),
- höhere Mindestkapitalanforderungen insbesondere für Marktrisiken und Kontrahentenrisiken im Handelsbuch,
- zunehmende Ausrichtung der Kapitalunterlegung an Stressszenarien bzw. historischen Stresszeitreihen,
- Aufbau von Eigenkapitalpolstern (Kapitalerhaltungspolster und antizyklisches Polster),
- Einführung einer Leverage Ratio und
- Anheben der Standards für das aufsichtliche Überprüfungsverfahren (Säule 2) und die Marktdisziplin (Säule 3) sowie zusätzliche Regeln zur Bewertung von Wertpapieren, zu Stresstests, zum Liquiditätsrisiko und zu Führungsstrukturen und Vergütung.

Mit der Erhöhung der Eigenkapitalanforderungen steht zukünftig ein höherer Verlustpuffer zur Abdeckung unerwarteter Ausfälle zur Verfügung. Die Regeln zum Liquiditätsrisiko adressieren zudem ein in der Bankenregulierung bislang nicht berücksichtigtes Risiko, das aber in der jüngsten Finanzkrise erheblich zur Krise beigetragen hat. Die Basel III-Regeln stärken auch die Bedeutung des strategischen Managements. Insbesondere die Anforderung zum Aufbau eines antizyklischen Polsters ist positiv zu beurteilen. Ein antizyklisches Polster muss aufgebaut werden, wenn die nationale Bankenaufsicht ein exzessives Kreditwachstum beobachtet, das zum Aufbau eines Systemrisikos geeignet erscheint. Die Anforderung wird bis zu zwölf Monate vorab durch die Bankenaufsicht bekanntgegeben. Die Berechnung des antizyklischen Polsters leitet sich von der Differenz aus dem Verhältnis des gesamten Kreditvolumens und dem Bruttosozialprodukts einer Volkswirtschaft und seinem langfristigen Trend ab. Bei der Bestimmung des langfristigen Trends sowie der Festsetzung der Grenzen für den Auf- und Abbau des antizyklischen Polsters hat die Bankenaufsicht einen Handlungsspiel-

6 Vgl. bspw. *Adrian/Brunnermeier* 2010.

raum. Mit der Einführung dieses Verlustpuffers beschreitet die Bankenaufsicht in zweierlei Hinsicht einen neuen Weg. Einerseits wird gezielt ein antizyklisches Element eingeführt, andererseits wird das Polster auf Basis der Einschätzung der nationalen Bankenaufsicht bestimmt, es gibt also keinen automatischen, möglicherweise krisenverstärkenden Mechanismus. Auch wenn sich die Funktionsfähigkeit dieses Polsters zukünftig noch erweisen muss, ist die generelle Konzeption als richtig zu bewerten. Da bei den anderen Regeln zur Berechnung der Mindesteigenkapitalanforderung keine grundlegende Änderung der bestehenden Mechanismen verankert wurde, bleibt jedoch abzuwarten, in welchem Ausmaß der antizyklische Verlustpuffer seine Wirkung entfalten kann. Die Berechnung der Eigenkapitalanforderungen für die Risiken des Handelsbuchs auf Basis von Stressszenarien stellt eine prinzipiell richtige Abkehr von der Verwendung der Going-Concern-Risiken dar. Das Problem, dass zukünftige Worst-Case-Szenarios nicht vorhergesagt werden können, bleibt aber ungelöst.

5. Fazit

Die Ausführungen dieses Beitrags lassen sich wie folgt zusammenfassen:

- Risiko stellt eine subjektive, investorenspezifische Größe dar. Eine alle Investoren umfassende allgemeingültige Einschätzung, wann ein Risiko für eine Anlage als hoch oder gering einzustufen ist, existiert deshalb nicht. Mit dem Value at Risk hat sich in der Finanzbranche und der Regulierung aber eine Kennzahl als Marktstandard etabliert, die häufig für den Risikovergleich verschiedener Anlagen herangezogen wird. Berechnet man für die aktuell in der Diskussion stehenden CMS Spread Ladder Swaps Value-at-Risk-Werte, so ist entgegen vieler subjektiver Einschätzungen festzustellen, dass das Risiko der meisten Swaps als gering oder mittel einzustufen ist. Persönliche Risikoeinschätzungen werden von Experten nur verwendet, wenn Risiken beispielsweise aufgrund mangelnder Datenverfügbarkeit nicht auf Basis quantitativer Kennzahlen berechnet werden können. Dabei muss aber bedacht werden, dass diese persönlichen Bewertungen keine Allgemeingültigkeit beanspruchen können.

- Quantitative Risikomanagementsysteme bieten erhebliche Möglichkeiten, Risiken in und zwischen Banken vergleichbar zu machen. Es darf aber nicht verkannt werden, dass die quantitative Risikomodellierung auf in der Realität nicht gegebenen Annahmen beruht und die Risikoprognose mit zunehmender Haltedauer sehr ungenau wird. Viele Entscheider und Regulatoren haben die Fähigkeit der quantitativen Risikomodelle überschätzt und sich zu lange in der illusorischen Sicherheit gewogen, die Risikokennzahlen würden verlässliche Plangrößen darstellen. Erst wenn die restriktiven Annahmen und die Ungenauigkeit der Risikoschätzung in die Überlegungen zur Risikosteuerung einbezogen werden, kann der Mehrwert dieser Verfahren genutzt werden.

- Insbesondere Worst-Case-Unsicherheiten sind per Definition nicht zu prognostizieren. Die Berechnung der Mindesteigenkapitalanforderung auf Basis von Stress-Zeitreihen ist zwar grundsätzlich als richtiger Ansatz einzustufen, das Problem der Nicht-Prognostizierbarkeit von Worst-Case-Unsicherheiten besteht aber fort.

- Ein Problem in der Finanzkrise war nicht das Versagen der Risikomodelle und anderer Elemente des Regulierungssystems, sondern das Zusammenspiel der einzelnen Elemente und insbesondere die prozyklischen Mechanismen der Basel II-Regulierung. Die Basel III-Regeln erhöhen die Eigenkapitalanforderungen und damit das Deckungspotenzial für unerwartete Verluste. Zudem werden Liquiditätsrisiken zukünftig direkt adressiert. Die Einführung eines antizyklischen Verlustpuffers, dessen Bestimmung nicht mittels automatischer Mechanismen erfolgt, stellt die wesentliche Innovation der Basel III-Regulierung dar. Die Funktionsfähigkeit des antizyklischen Polsters bleibt aber abzuwarten.

Die Ausführungen haben gezeigt, dass der Prozess der quantitativen Risikomessung komplex ist. Die Vorzüge dieser Verfahren können bei ökonomischen Entscheidungen beispielsweise im Bankmanagement und der Bankenregulierung erst dann vollständig genutzt werden, wenn die Annahmen, Berechnungsschritte und Grenzen der Verfahren vollständig von allen beteiligten Parteien verstanden und in die Planungsprozesse einbezogen werden.

Literatur

Adrian/Brunnermeier CoVaR*, Working Paper, Princeton University, Department of Economics (2010).

Basler Ausschuss für Bankenaufsicht Internationale Konvergenz der Eigenkapitalmessung und Eigenkapitalanforderungen (2006).

Basel Committee on Banking Supervision Revisions to the Basel II market risk framework (2011).

Basel Committee on Banking Supervision Guidance for national authorities operating the countercyclical capital buffer (2010).

Basel Committee on Banking Supervision Basel III: A global regulatory framework for more resilient banks and banking systems (2010).

Basel Committee on Banking Supervision Principles for sound stress testing practices and supervision (2009).

Basel Committee on Banking Supervision Enhancements to the Basel II framework (2009).

Crouhy/Galai/Mark A Comparative Analysis of Current Credit Risk Models, in: Journal of Banking and Finance, Vol. 24, 2000, 59–117.

Jorion, P. Value at Risk – The New Benchmark for Managing Financial Risk, 3rd ed. (2007).

Kim/Malz/Mina LongRun Technical Document, RiskMetrics Group (1999).

Laux Entscheidungstheorie I, 5. Aufl. (2003).

Roller/Elster/Knappe Spread-abhängige Constant Maturity (CMS) Swaps – Funktionsweise, Risikostruktur und rechtliche Bewertung, in: Zeitschrift für Bankrecht und Bankwirtschaft, Jg. 19, Nr. 5, S. 345–364 (2007).

Stark/Loose Exotische Zinsderivate im kommunalen Schuldenmanagement – Eine Analyse der jüngsten CMS-Spread-Ladder-Swap-Geschäfte, in: FinanzBetrieb, Jg. 9, Nr. 10, S. 610–618 (2007).

Ordnungswidrigkeitenrecht statt Strafrecht im Kartellrecht – Folgerungen für Regulierung und Kontrolle der Finanzmärkte*

Meinrad Dreher

Gliederung

---

* Teile I bis IV dieses Beitrags entsprechen im Wesentlichen einer Veröffentlichung des Autors in WuW 2011, 232 ff.

I. Einleitung

Kartellrechtsverstöße sind Ordnungswidrigkeiten und keine Straftaten. Dies gilt mit einer Einschränkung[1] seit der Grundsatzentscheidung des Gesetzgebers im Gesetz gegen Wettbewerbsbeschränkungen (GWB)[2] aus dem Jahr 1957. Obwohl schon früh als angeblicher „Geburtsfehler“[3] in der Kritik, führten die sieben Novellen des GWB bislang keine Umorientierung herbei.[4] Auch die Bundesregierung sah im Jahr 2008 anlässlich einer Anfrage im Bundestag keinen Anlass, von den Kartellbußgeldtatbeständen zu Gunsten des Strafrechts Abstand zu nehmen.[5] Dem entspricht die Lage im europäischen Kartellrecht. Die Geldbußenentscheidungen der EU-Kommission haben nach Art. 23 Abs. 5 VO 1/2003 ausdrücklich „keinen strafrechtlichen Charakter“.[6]

Auch wenn das Kartellrecht de lege lata somit in Deutschland – bis auf den Bereich der Submissionsabsprachen – und in Europa keine strafrechtlichen Sanktionen kennt, wird die Debatte über die Zuordnung des Kartellrechts zum Ordnungswidrigkeitenrecht wieder verstärkt geführt.[7] Angestoßen durch Impulse aus den USA,[8] anderen EU-Mitgliedstaaten[9] sowie der OECD[10] und anknüpfend an eine entsprechende Debatte in den 70er und 80er Jahren über die Kriminalisierung des Kartellrechts,[11] reden vereinzelte straf- und kartellrechtliche Stimmen einer Kriminalisierung des Kartellrechts erneut das

1 Zu diesem Straftatbestand der Submissionsabsprache s. u. III. 1.

2 BGBl. I, S. 1081 ff. Das GWB ist zum 1. 1. 1958 in Kraft getreten.

3 So bezeichnet von *Baumann/Arzt* ZHR 134 (1970), 24, 30; zur Kritik in der Frühzeit des GWB vgl. Niederschriften über die Sitzungen der Großen Strafrechtskommission 8. Band (1959) S. 75 ff. (bes. *Bockelmann*, *Jescheck* und *Schmidt*).

4 Die Strafbarkeit von Kartellabsprachen wird als mögliches Thema einer 8. GWB-Novelle aus der Sicht des BKartA genannt von *Klocker/Ost* FS Bechtold 2006, S. 229, 240 ff.

5 Antwort der Bundesregierung auf eine Anfrage von MdB Sabine Zimmermann et al. BTDrucks. 16/8681 v. 1. 4. 2008, Antwort zu Frage 7.

6 Allerdings berührt die Praxis der Verhängung extrem hoher Bußgelder – so gegen ein einzelnes Unternehmen sogar i.H.v. 1,06 Mrd. Euro, EU-Kommission v. 13. 5. 2009 WuW/E EU-V 1441 „Intel“ – die Grenzen zu strafrechtlichen Sanktionen, vgl. *Rittner/Dreher* Europäisches und deutsches Wirtschaftsrecht 3. Aufl., 2008, § 23 Rn. 116; *Schwarze* WuW 2009, 6 ff.; vgl. auch unten bei Fn. 23.

7 *Wagner-von Papp* WuW 2010, 268 ff.; *ders.* in: Möschel/Bien (Hrsg.) Kartellrechtsdurchsetzung durch private Schadenersatzklagen? 2010, S. 267 ff.; *Biermann* ZWeR 2007, 1 ff.; *Federmann* Kriminalstrafen im Kartellrecht 2006; ausdrücklich gegen eine Kriminalisierung des Kartellrechts z. B. *Rittner/Dreher* (Fn. 6) § 23 Rn. 132; *Dreher* WuW 2009, 133, 143; *Achenbach* in: Frankfurter Kommentar (FK) Lfg. 61, Oktober 2006, Vor § 81 GWB 2005 Rn. 24, jew. m. w. N.

8 S. *Pate* International Anti-Cartel Enforcement 2004 ICN Cartels Workshop, abrufbar unter http://www.justice.gov/atr/public/speeches/206428.htm; *Hammond*, Ten Strategies for winning the Fight against Hardcore Cartels, OECD Competition Committee 2005, abrufbar unter http://www.justice.gov/atr/public/speeches/212270.pdf; *Girardet* Journal of European Competition Law & Practice 2010, 286, 289 ff. (auch zu UK).

9 Einführung bzw. Verschärfung gesetzlicher strafrechtlicher Sanktionen im Vereinigten Königreich, Irland, Estland, Griechenland und Slowenien.

10 Vgl. z. B. OECD, Hard Core Cartels, Third Report on the Implementation of the 1998 Recommendation 2005; OECD, Cartels: Sanctions against Individuals 2005, DAF/COMP(2004)39.

11 *Baumann/Arzt* (Fn. 3) 24 ff.; *Steindorff* ZHR 138 (1974), 504 ff.; *Kartte/von Portatius* BB 1975, 1169 ff.; *Tiedemann* Kartellrechtsverstöße und Strafrecht 1976; *Möschel* Zur Problematik einer Kriminalisierung von Submissionsabsprachen 1980.

Wort.[12] Demgegenüber ist im Kapitalmarktrecht eine deutliche Tendenz hin zu strafrechtlichen Sanktionen auszumachen.[13] Gerade im Kontext der Finanzmarktkrise wird der Ruf nach dem Strafrecht als Mittel der Heranziehung zur persönlichen Verantwortung laut.[14]

Die Parallelen zwischen dem Kartellrecht einerseits und dem Recht der Finanzmärkte andererseits, insbesondere der mit ihnen verfolgte Zweck der Aufrechterhaltung der Funktionsfähigkeit überindividueller Rechtsgüter, nämlich der Funktionsfähigkeit des Wettbewerbs und der Kapitalmärkte, erlauben den Versuch, die kartellrechtlichen Erfahrungswerte mit dem Ordnungswidrigkeitenrecht und die Erkenntnisse aus der gegenwärtigen Diskussion um mehr Strafrecht bei der Regulierung und Kontrolle der Finanzmärkte nutzbar zu machen. Hierzu ist zunächst auf die Rechtslage im Kartellrecht de lege lata einzugehen. Dazu sind die ordnungswidrigkeitenrechtliche Durchsetzung des GWB als Regelfall (unten II.) und die strafrechtliche Durchsetzung des GWB als Ausnahmefall (unten III.) im Überblick darzustellen. Im Anschluss daran erfolgt eine Auseinandersetzung mit den Gründen, die immer wieder für eine Kriminalisierung des Kartellrechts angeführt werden (unten IV.), um daraus schließlich Folgerungen für die Regulierung und Kontrolle des Rechts der Finanzmärkte ziehen zu können (unten V.).

II. Die ordnungswidrigkeitenrechtliche Durchsetzung des GWB als Regelfall

1. Die Ordnungswidrigkeitentatbestände

Die Ordnungswidrigkeitentatbestände des GWB sind in § 81 GWB als Blankettnormen ausgestaltet, d.h. sie verweisen auf das materielle Kartellrecht. Bußgeldbewehrt sind schuldhaft – d.h. vorsätzlich und in den meisten Fällen fahrlässig – begangene Kartellrechtsverstöße. Die Tatbestände des § 81 Abs. 1 Nr. 1 und 2, Abs. 2 Nr. 1, Abs. 3 Nr. 1 und 2 GWB sanktionieren die einzelnen wettbewerbsbeschränkenden Verhaltensweisen, wohingegen die übrigen Tatbestände des § 81 GWB die kartellbehördlichen Rechte,

12 Für eine Kriminalisierung von (horizontalen) *hardcore*-Kartellen *Wagner-von Papp* (Fn. 7) 281 sowie *Säcker* WuW 2009, 3 und *Biermann* (Fn. 7) 47; für eine allg. Kriminalisierung von Wettbewerbsverstößen bei Einsatz von Täuschung oder Gewalt *Tiedemann* Wirtschaftsstrafrecht, BT 2. Aufl. 2008, Rn. 157; zur – behaupteten – Verbesserung der Effizienz des Kartellrechts durch Kriminalstrafen in Form von Gefängnisstrafen *Möschel* WuW 2006, 115 sowie *ders.* WuW 2007, 483 mit Bezugnahme auf die von *Wils* geführte Diskussion auf EU-Ebene, vgl. hierzu *Wils* in: Zäch/Heinemann/Kellerhals (Hrsg.) The Development of Commercial Law 2010, S. 250 ff.

13 Eingeführt durch das Zweite (in Kraft seit 1. 8. 1994 bzw. 1. 1. 1995) und Vierte Finanzmarktförderungsgesetz (in Kraft seit 1. 7. 2002) und das Anlegerschutzverbesserungsgesetz (in Kraft seit 30. 10. 2004). Auf die gestiegene Bedeutung weist auch die Benennung einer Disziplin Kapitalmarktstrafrecht – s. Forschungsstelle zum Kapitalmarktstrafrecht an der Martin-Luther-Universität Halle-Wittenberg, abrufbar unter http://www.fs-kapitalmarktstrafrecht.de/forschungsstelle/kapitalmarktstrafrecht/ – bzw. Finanzmarktstrafrecht und immer zahlreichere Literatur zu diesem Thema – vgl. zuletzt *Volk* Marktmissbrauch und Strafrecht FS Hassemer 2010, S. 915 ff. – hin.

14 Dazu ablehnend *Lüderssen* StV 2009, 486, 487 ff.

z. B. auf Auskunft und Anzeige, durchsetzen. Das GWB sieht Geldbußen für natürliche und juristische Personen vor. Die Geldbuße für die schwerwiegenderen Zuwiderhandlungen der Tatbestände des § 81 Abs. 1 bis 3 GWB, darunter die in der Praxis relevanten Verstöße gegen das Kartellverbot des § 1 GWB,[15] die missbräuchliche Ausnutzung einer marktbeherrschenden Stellung (§ 19 Abs. 1 GWB), die Diskriminierung und die unbillige Behinderung (§ 20 Abs. 1 bis 4 und 6 GWB) sowie das Vollzugsverbot (§ 41 Abs. 1 Satz 1 GWB), beträgt bis zu einer Mio. Euro. Im Fall von Unternehmen oder Unternehmensvereinigungen kann die Geldbuße gem. § 81 Abs. 4 Satz 2 GWB über diesen Betrag hinaus bis zu 10% des jeweils im vorausgegangenen Geschäftsjahr erzielten Gesamtumsatzes betragen.[16] Die übrigen, „leichteren" Ordnungswidrigkeiten sind mit einem Bußgeld bis zu 100.000 Euro bedroht.

2. Die Durchsetzung im Bußgeldverfahren

Auf die Durchsetzung der kartellrechtlichen Ge- und Verbote des GWB sowie der Artt. 101 und 102 AEUV findet im Bußgeldverfahren grundsätzlich das Gesetz über Ordnungswidrigkeiten Anwendung. Es gilt gem. § 47 Abs. 1 OWiG das Opportunitätsprinzip, d. h. die Verfolgung liegt im pflichtgemäßen Ermessen der Kartellbehörde. Als verantwortliche Täter kennt das Ordnungswidrigkeitenrecht nur natürliche Personen.[17] Dies sind bei den Sonderdelikten des GWB, die sich an „Unternehmen" und „Vereinigungen von Unternehmen" richten, gem. § 9 OWiG die Inhaber, Organe, Organmitglieder, Vertreter bzw. Beauftragte der Unternehmen. Eine Haftung besteht nach § 130 OWiG auch für die Verletzung von Aufsichtspflichten. Die Anknüpfungstat der natürlichen Person vorausgesetzt, erfolgt die Zurechnung zum Unternehmen über § 30 Abs. 1 OWiG. Seit dem Jahr 1986 kann die Unternehmensgeldbuße nach § 30 Abs. 4 OWiG auch eigenständig – und nicht nur als Nebenfolge – verhängt werden. Das bedeutet, dass die Festsetzung einer Geldbuße bzw. Strafe gegenüber einer natürlichen Person nicht mehr Voraussetzung ist. Ergänzende verfahrensrechtliche Bestimmungen enthält das GWB in §§ 81 bis 86 GWB. Insbesondere bleiben danach die Kartellbehörden für das Verfahren wegen der Festsetzung der Unternehmensgeldbuße auch dann zuständig, wenn die Staatsanwaltschaft gegen eine natürliche Person wegen einer strafrechtlichen Anknüpfungstat[18] ermittelt.

Im Zeitraum zwischen 2006 und 2009 hat das Bundeskartellamt gegen Unternehmen insgesamt Bußgelder in Höhe von fast einer Milliarde Euro verhängt.[19] Der Gesamt-

---

15 Etwa 50% der eingeleiteten und 80% der abgeschlossenen Verfahren des BKartA und der Landeskartellbehörden betreffen Verstöße gegen § 1 GWB, vgl. *Klusmann* in: Wiedemann (Hrsg.) Handbuch des Kartellrechts 2. Aufl. 2008, § 55 Rn. 1.

16 Zu der Frage, ob dies als Kappungs- oder Bußgeldobergrenze zu verstehen ist, vgl. zuletzt OLG Düsseldorf v. 26. 6. 2009 – VI-2a Kart 2-6/08 und *Achenbach* ZWeR 2010, 237, 243 ff. sowie *Brettel/Thomas* ZWeR 2009, 25, 33 ff.

17 Im Ordnungswidrigkeitenrecht gilt gem. § 14 OWiG der Einheitstäterbegriff; zwischen Täterschaft, Anstiftung und Beihilfe wird nicht unterschieden.

18 S. hierzu ausführlich unter III.

19 Vgl. BKartA, Erfolgreiche Kartellverfolgung – Nutzen für Wirtschaft und Verbraucher 2010, abrufbar unter http://www.bundeskartellamt.de/wDeutsch/download/pdf/Infobroschuere/1009Kartellverfolgung_web_bf.pdf S. 8.

betrag an Bußgeldern, die das BKartA gegen persönlich Betroffene verhängt hat, beläuft sich in den Jahren 2005 bis 2008 auf 7,9 Mio. Euro.[20] Im europäischen Kartellrecht werden diese Summen noch weit übertroffen. Hier beläuft sich die Gesamtsumme der Geldbußen, die die EU-Kommission in den Jahren 2006 bis 2009 verhängt hat, auf über 9 Mrd. Euro. Mit Blick auf die Höhe der Geldbußen gegen Unternehmen nähern sie sich einer Unternehmensstrafbarkeit im Sinne einer Vermögensstrafe,[21] obwohl das deutsche Recht ein solches Unternehmensstrafrecht nicht kennt.[22]

III. Die strafrechtliche Durchsetzung des GWB als Ausnahmefall

1. Der Straftatbestand

Die Submissionsabsprache ist als einziger Kartellrechtsverstoß mit Strafe bedroht. Der eigenständige Kriminalstraftatbestand des § 298 StGB[23] sieht für „Wettbewerbsbeschränkende Absprachen bei Ausschreibungen" Freiheitsstrafe bis zu fünf Jahren oder Geldstrafe vor und gilt für Taten seit dem 20. August 1997. Tatbestandsmäßig handelt, wer „ein Angebot abgibt, das auf einer rechtswidrigen Absprache beruht, die darauf abzielt, den Veranstalter zur Annahme eines bestimmten Angebots zu veranlassen." Zudem ist bereits seit der ersten *Rheinausbau*-Entscheidung des BGH im Jahr 1992 der Betrugstatbestand des § 263 StGB auf Submissionsabsprachen anwendbar.[24] Die eigenständige Regelung in § 298 StGB als abstraktes Gefährdungsdelikt[25] vermeidet jedoch die bei § 263 StGB auftretenden Schwierigkeiten hinsichtlich der Beweisbarkeit des Vermögensschadens.

2. Der Ausnahmecharakter

Die strafrechtlich sanktionierte Submissionsabsprache stellt einen Sonderfall im Durchsetzungssystem des deutschen Kartellrechts dar.[26] Sie wurde seit jeher als betrugsnah eingestuft.[27] Historisch gesehen beschließt sie eine Reihe von gescheiterten Gesetzesvorhaben des letzten Jahrhunderts, mit denen die Submissionsabsprache zumindest in

---

20 Vgl. – auch dazu – *Dreher* Risikobereich und Haftung: Kartellrecht, in: Krieger/Schneider (Hrsg.) Handbuch Managerhaftung 2. Aufl. 2010, § 31 Rn. 1 ff.

21 So z. B. auch *Kämmerer* FS Hopt 2010, S. 2043, 2056; vgl. schon oben Fn. 6.

22 Vgl. dazu zuletzt *Trüg* wistra 2010, 241 ff; *Hetzer* EWS 2008, 73 ff.

23 Eingeführt durch das Gesetz zur Bekämpfung der Korruption vom 13. 8. 1997 im neu geschaffenen 26. Abschnitt „Straftaten gegen den Wettbewerb".

24 Vgl. in Abkehr von seiner früheren Rechtsprechung BGHSt 38, 186 ff. = BGH WuW/E BGH, 2849 ff. – Arbeitsgemeinschaft Rheinausbau.

25 So die h. M., vgl. *Tiedemann* (Fn. 12) Rn. 186.

26 So auch *Tiedemann* FS Müller-Dietz 2001, S. 905, 910.

27 *Vollmer* in: Cseres/Schinkel/Vogelaar (Hrsg.) Criminalization of Competiton Law Enforcement 2006, S. 257, 262.

Bezug auf den öffentlichen Vergabebereich kriminalisiert werden sollte.[28] Die Schaffung des kartellvergaberechtlichen Straftatbestands im Rahmen des Korruptionsbekämpfungsgesetzes zeigt, dass letztlich das Ziel, Korruption zu verhindern, und nicht kartellrechtliche Erwägungen für die Kriminalisierung ausschlaggebend waren.[29] In der Literatur wurde konstatiert, dass die Korruption die Submissionsabsprache erst ermöglicht[30] und den Angriff auf den Wettbewerb verstärkt.[31] Aus diesem Grund bedeutet die Kriminalisierung der Submissionsabsprache auch nicht den Beginn einer Gesamtkriminalisierung des Kartellrechts.[32]

3. Die Durchsetzung im Strafverfahren

Zuständig für die Verfolgung der Submissionsabsprache als Straftat sind die Staatsanwaltschaft und die Strafgerichtsbarkeit.[33] Mögliche Täter sind ausschließlich natürliche Personen. Im Strafverfahren gilt das Legalitätsprinzip, d. h. die Staatsanwaltschaft ist gem. § 152 StPO verpflichtet, bei zureichenden tatsächlichen Anhaltspunkten wegen aller verfolgbaren Straftaten einzuschreiten. Liegen Anhaltspunkte für eine Straftat gem. § 298 StGB vor und ermittelt die Kartellbehörde bereits wegen der konkurrierenden Kartellordnungswidrigkeit, muss sie das Verfahren gem. § 41 Abs. 1 OWiG an die Staatsanwaltschaft abgeben. Im Unterschied zur Kartellbehörde verfügt die Strafverfolgungsbehörde über weitere Ermittlungsbefugnisse, denen allerdings stärkere Verfahrensrechte des mutmaßlichen Täters gegenüberstehen.

IV. Die Frage einer Kriminalisierung des Kartellrechts

1. Der Gegenstand

Bei der derzeit wieder aktuellen Forderung nach einer Kriminalisierung des Kartellrechts wird von den wenigen Befürwortern überwiegend eine Kriminalisierung sogenannter Hardcore-Kartelle (Preis-, Quoten-, Kunden- und Gebietsabsprachen)[34] angemahnt.[35] Selbst unter diesen Befürwortern sind dagegen Kriminalstrafen für Marktmissbrauchstatbestände umstritten.[36] Nur am Rande wird die Inkriminierung

---

28 Zur Historie s. *Engisch* ZStW 76 (1964), 177, 179 ff.; *Möschel* (Fn. 11) 4 ff.; *Bangard* wistra 1997, 161, 162; *Lüderssen* Entkriminalisierung des Wirtschaftsrechts 1998, S. 181 ff., 228 ff.

29 *Rittner/Dreher* (Fn. 6) § 23 Rn. 133. Zu den im Gesetzgebungsverfahren vorgebrachten Gründen vgl. BTDrucks. 13/3353 v. 18. 12. 1995, S. 8 ff.

30 *Schaupensteiner* ZRP 1993, 250 f.

31 *Tiedemann* (Fn. 26) S. 911.

32 *Rittner/Dreher* (Fn. 6) § 23 Rn. 133; zustimmend *Tiedemann* (Fn. 26) S. 915.

33 Die polizeiliche Kriminalstatistik 2009 des Bundeskriminalamts weist für das Jahr 2009 fünfzig Fälle von wettbewerbsbeschränkenden Absprachen bei Ausschreibungen auf mit einer Aufklärungsquote von 94%. Im Jahr 2008 waren es 42 Fälle mit einer Aufklärungsquote von 78,6%.

34 Definition nach BKartA (Fn. 19) S. 12.

35 Vgl. die Nachw. in Fn. 12.

36 Dagegen *Wagner-von Papp* (Fn. 7) 277; dafür *Biermann* (Fn. 7) 33 f. und *Tiedemann* (Fn. 26) S. 915.

weiterer Verstöße, z.B. im Bereich der Fusionskontrolle und der wettbewerbsbehördlichen Verfügungen, thematisiert.[37] Im Unterschied zu früheren Zeiten, in denen die Diskussion hauptsächlich von Strafrechtswissenschaftlern genährt wurde,[38] hat die wirtschaftsrechtliche und wirtschaftswissenschaftliche Literatur allerdings zuletzt ihre Zurückhaltung aufgegeben und sich national wie international der Kriminalisierungsdebatte angenommen.[39]

Grundlegend für jede Auseinandersetzung mit der Kriminalisierung des Kartellrechts ist die Abgrenzung der Straftat von der Ordnungswidrigkeit. Nach heutiger Ansicht unterscheiden sich Straftat und Ordnungswidrigkeit in quantitativer und nicht in qualitativer Hinsicht, d.h. nicht im Wesen, sondern nur im Grad.[40] Das bedeutet für die Gesetzgebungspraxis, dass geringeres Unrecht vom Ordnungswidrigkeitenrecht sanktioniert wird, während das Strafrecht die gewichtigeren Unrechtstatbestände erfasst.[41] Erst mit der Rechtsfolge tritt ein qualitatives Element hinzu,[42] denn im Unterschied zur Geldbuße enthält die Kriminalstrafe ein sozialethisches Unwerturteil.[43] Nach dem Bundesverfassungsgericht gibt es bedeutsame Unrechtstatbestände, die zwingend zum Kernbereich des Strafrechts gehören.[44] Außerhalb dieses Kernbereichs ist nicht die Art des Vergehens, sondern die jeweilige Sanktion entscheidend, wobei die Zuordnung den maßgeblichen Verfassungsgrundsätzen genügen muss.[45] Das bedeutet für die Kriminalisierung von Kartellrechtsverstößen, die allgemein nicht dem Kernbereich des Strafrechts zugeordnet werden, dass sie strafwürdig und strafbedürftig sein müssen. Mit Strafwürdigkeit sind die Sozialschädlichkeit einer Rechtsgutverletzung und das Handlungsunrecht gemeint und unter Strafbedürftigkeit versteht man die Praktikabilität und Effektivität einer Kriminalstrafe.[46]

Von den Befürwortern einer Kriminalisierung des Kartellrechts wird die Strafwürdigkeit von *hardcore*-Kartellverstößen mit Hinweis auf ihre Sozialschädlichkeit im Sinne bedeutender Schäden für den Wettbewerb und die Volkswirtschaft[47] bejaht.[48] Geht man jedoch davon aus, dass sich die Strafwürdigkeit auch nach der sozialethischen Bewertung durch die Allgemeinheit bemisst,[49] ist eine Einordnung der *hardcore*-Kartellver-

---

37 *Biermann* (Fn. 7) 34. Vgl. auch den älteren Vorstoß zur Kriminalisierung der meisten Ordnungswidrigkeiten der §§ 38 ff. GWB [jetzt § 81 GWB] von *Baumann/Arzt* (Fn. 3) 33.

38 *Tiedemann* (Fn. 11) S. 30.

39 Vgl. z.B. die Beiträge in Cseres/Schinkel/Vogelaar (Fn. 27).

40 So z.B. *Dannecker/Biermann* in: Immenga/Mestmäcker (Hrsg.) GWB 4. Aufl. 2007, Vor § 81 Rn. 21.

41 Vgl. *Tiedemann* (Fn. 11) S. 101 f.

42 *Dannecker/Biermann* (Fn. 40) Vor § 81 Rn. 23.

43 *Federmann* (Fn. 7) S. 33.

44 BVerfG NJW 1969, 1619, 1621.

45 *Federmann* (Fn. 7) S. 259.

46 *Biermann* (Fn. 7) 25.

47 Das BKartA (Fn. 19) S. 15 beziffert den Schaden für den Verbraucher, der sich ohne die Aufdeckung der in den Jahren 2003 bis 2009 geahndeten Kartelle für das Jahr 2010 ergeben würde, auf ca. 500 bis 750 Millionen Euro jährlich.

48 Vgl. nur *Biermann* (Fn. 7) 31 f.

49 So offensichtlich der Gesetzgeber bei Schaffung des GWB, vgl. BTDrucks. 2/1158 v. 22. 1. 1955, Anlage 1, S. 27 f.; vgl. dagegen *Tiedemann* in: Verh. 49. DJT Bd. I, C 38, der eine Anerkennung

stöße in den Bereich des Strafrechts weniger offensichtlich. Der freie Wettbewerb ist ein hohes Rechtsgut und das GWB ist die Magna Charta des Wirtschaftsrechts.[50] Bereits der Stellenwert des Wettbewerbs als Strafrechtsgut ist allerdings nicht unbestritten.[51] Bejaht man ihn grundsätzlich,[52] sagt dies noch nichts über die Strafwürdigkeit des Angriffswegs, d.h. der konkret zu sanktionierenden Verhaltensweise, beispielsweise der *hardcore*-Kartellverstöße, aus. Diese ist am sozialethischen Maßstab gemessen fraglich, dürfte doch ein Preiskartell im Bewusstsein der Öffentlichkeit nicht an die moralische Verwerflichkeit von Kapitalverbrechen heranreichen.[53] Vor diesem Hintergrund wenden sich die folgenden Ausführungen den Kernpunkten der Kriminalisierungsdebatte, der Abschreckungswirkung einer Kriminalstrafe sowie ihrer Praktikabilität und Effektivität zu.

2. Die Abschreckungswirkung einer kartellrechtlichen Kriminalstrafe

a) Das Problem

Die Befürworter einer Kriminalisierung des Kartellrechts argumentieren mit einer erhöhten Abschreckungswirkung der Kriminalstrafe, insbesondere der Freiheitsstrafe für Unternehmensverantwortliche.[54] Ausschlaggebend sei der stigmatisierende Effekt. Der Unternehmensgeldbuße sprechen sie ab, *Principal-Agent*-Probleme[55] lösen zu können und wirksame Abschreckung im Sinne einer optimalen Sanktion zu gewährleisten.[56] Dem ist jedoch entgegenzuhalten, dass die optimale Durchsetzung des Rechts[57] im Sinne einer wirksamen Generalprävention weniger von der Verschärfung der Straf-

der Werte durch die Allgemeinheit nicht für erforderlich hält und ebenso *Baumann/Arzt* (Fn. 3) 30 und 32.

50 Vgl. *Dreher* Das GWB als Magna Charta des Wettbewerbs oder als Einfallstor politischer Interessen, WuW 1997, 949 ff.; *ders.* (Fn. 20) § 31 Rn. 93.

51 Vgl. nur *Lüderssen* BB Beilage 1996, Nr. 11, 1, 7, der den Wettbewerb – zu Unrecht – lediglich als Zwischenrechtsgut mit Blick auf die persönliche Freiheit und das persönliche Vermögen ansieht, welches den strafrechtlichen Schutz nicht selbstverständlich genießt, sondern nur im Fall konkreter Gefährdung des primären Rechtsguts.

52 So wohl der Gesetzgeber mit Einführung des 26. Abschnitts „Straftaten gegen den Wettbewerb" in das StGB durch das Korruptionsbekämpfungsgesetz. Vgl. auch *Tiedemann* (Fn. 49) C 34 und C 38, der im Hinblick auf die Wirtschaftsordnung fundamentale Gemeinwohlwerte, Lenkungsziele und Belange der Leistungsverwaltung für strafschutzwürdig hält, darunter jedenfalls das Wettbewerbs- und Leistungsprinzip.

53 So sogar *Wagner-von Papp* (Fn. 7) 274 mit Verweis auf eine Umfrage unter der britischen Bevölkerung.

54 *Wagner-von Papp* (Fn. 7) 272; *Säcker* (Fn. 12) 3; *Wils* (Fn. 12) S. 282 ff.

55 Dies bezeichnet das Problem der unterschiedlich gelagerten Interessen von Handelndem und Unternehmen, vgl. *Rittner/Dreher* (Fn. 6) § 9 Rn. 77 m.w.N. Es wird argumentiert, die Unternehmensgeldbuße stelle für den Handelnden kein Malus dar, er sei primär geleitet durch persönliche Interessen wie Karrierechancen oder Boni.

56 *Wagner-von Papp* (Fn. 7) 272; OECD (Fn. 10), Sanctions against Individuals, S. 7.

57 Zu den ökonomischen Theorien der optimalen Durchsetzung des Rechts vgl. *Becker* in: Becker/Landes (Hrsg.) Essays in the Economics of Crime and Punishment, S. 1 ff. sowie *Stigler* ebenda, S. 55 ff., wonach die optimale Rechtsdurchsetzung maßgeblich durch die optimale Ressourcenverteilung und das optimale Maß an Sanktionen beeinflusst wird.

drohung als vielmehr von der Ahndungswahrscheinlichkeit[58] sowie der Häufigkeit und Schnelligkeit der Verfolgung beeinflusst wird[59] und nicht zuletzt nur vor dem jeweiligen rechtlichen und gesellschaftlichen Hintergrund beantwortet werden kann.

b) Stigmatisierung und *Principal-Agent*-Probleme

Eine stigmatisierende Wirkung von Gefängnisstrafen für Manager ist schwerlich in Abrede zu stellen. Selbst kurze Freiheitsstrafen sind für *white collar*-Täter im Bereich der Wirtschaftskriminalität ein hoher Preis.[60] Auch ist eine verbüßte Freiheitsstrafe im Gegensatz zur Geldbuße dem Betroffenen vom Unternehmen kaum zu entschädigen.[61] Dies gilt nicht in gleichem Maße für die Geldstrafe, da ihre Übernahme keine Strafvereitelung gem. § 258 StGB darstellt.[62] Ausschließlich die Freiheitsstrafe scheint damit beim Handelnden selbst anzusetzen und *Principal-Agent*-Probleme zu vermeiden. Denn nur sie stellt im Gegensatz zur Unternehmensgeldbuße und auch der persönlichen Geldbuße sowie -strafe für den Täter selbst einen unumkehrbaren Malus dar und könnte ihn daher von der Entscheidung, an einem Kartell teilzunehmen, abschrecken.

Soweit die Theorie. Wie stark abschreckend wirkt die Kriminalstrafe, insbesondere die Freiheitsstrafe, aber in der Praxis? Systematische empirische Befunde für eine erhöhte Abschreckung der Kriminalstrafe im Wirtschaftsrecht fehlen.[63] Ausländische Erfahrungen können hier möglicherweise weiterhelfen. Anekdotische Berichte aus den USA[64] überliefern, dass Manager angeboten haben, bedeutende Geldstrafen zu zahlen, um nicht ins Gefängnis gehen zu müssen.[65] Auch soll es Kartelle gegeben haben, die aus Furcht vor Kriminalstrafen bewusst nicht auf die USA erstreckt wurden.[66] Ob Letzteres tatsächlich auf die strafrechtliche Kartelldurchsetzung oder vielmehr auf die private Kartellrechtsdurchsetzung zurückzuführen ist, bleibt allerdings offen.[67] Unklar ist auch, ob die Kartelle in den USA aufgrund von Strafdrohungen insgesamt abgenommen haben.[68]

Für eine effektive Abschreckung im U.S.-amerikanischen Umfeld könnte sprechen, dass Kriminalstrafen glaubhaft vollstreckt werden. Im Zeitraum von 2000 bis 2008 wurden

---

58 So die verbreitete Meinung, vgl. z. B. *Wils* (Fn. 12) S. 288; *Schroeder* FS Bechtold 2006, S. 437, 453; differenzierend *Federmann* (Fn. 7) S. 383 ff., für den aus verhaltensökonomischer Sicht im Hinblick auf die Risikoneutralität von Unternehmen Ahndungswahrscheinlichkeit und Sanktionshöhe gleichbedeutend sind, für die überwiegend risikoaversen individuellen Entscheidungsträger aber von einer größeren Bedeutung der Sanktionshöhe als der Ahndungswahrscheinlichkeit auszugehen ist.

59 *Tiedemann* (Fn. 49) C 41.

60 So z. B. *Reindl* in: Cseres/Schinkel/Vogelaar (Fn. 27) S. 110, 115 f.

61 *Wagner-von Papp* (Fn. 7) 272; *Wils* (Fn. 12) S. 286.

62 BGHSt 37, 226; vgl. näher *Dreher* FS Konzen 2006, S. 85, 98 ff.

63 OECD (Fn. 10) Third Report, S. 27; OECD (Fn. 10) Sanction against Individuals, S. 7.

64 Der Sherman Act sieht bereits seit dem Inkrafttreten im Jahr 1890 Kriminalstrafen für Kartellverstöße vor.

65 OECD (Fn. 10) Third Report, S. 27.

66 OECD (Fn. 10) Third Report, S. 27.

67 Zu Recht angemerkt von *Wagner-von Papp* (Fn. 7) 273 in Fn. 39.

68 Bezweifelnd *Lande/Davis* Comparative Deterrence from Private Enforcement and Criminal Enforcement of the U.S. Antitrust Laws 2010, S. 12 und 13, abrufbar unter http://papers.ssrn.com/sol3/papers.cfm?abstract_id=1565693.

mehr als 150 Personen zu Freiheitsstrafen verurteilt, im Durchschnitt zu 19 Monaten,[69] einmal wurde die Höchststrafe von 10 Jahren[70] verhängt.[71] In den USA besteht ein breiter Konsens zur Verhängung hoher Haftstrafen bei Fällen von Wirtschaftskriminalität sowohl in der Bevölkerung als auch in der Justiz.[72] Im öffentlichen Bewusstsein sind Kartelle kriminelle Taten.[73] Eine Vielzahl von Verurteilungen wird durch eine Absprachevereinbarung (*plea-bargaining*) mit dem Inhalt Schuldeingeständnis gegen mildere Freiheitsstrafe erreicht. Dies erübrigt die Durchführung des Strafverfahrens mit seinen hohen Beweisanforderungen.[74]

Unterstellt man vor diesem Hintergrund eine wirksame Abschreckung durch die Kriminalstrafe in den USA, scheidet eine Übertragung auf Deutschland dennoch wegen erheblicher Unterschiede im Rechtssystem, der rechtlichen Praxis und dem öffentlichen Bewusstsein aus.[75] Schon ein sozialer Konsens dahingehend, dass Kartellanten in das Gefängnis gehören, besteht in der deutschen Öffentlichkeit nicht.[76] Weiter sollen nach dem deutschen Strafgesetzbuch Kurzfreiheitsstrafen nur ausnahmsweise verhängt (§ 47 StGB) und Freiheitsstrafen von nicht mehr als einem Jahr zur Bewährung ausgesetzt werden (§ 56 Abs. 1 StGB). Eine Aussetzung zur Bewährung ist auch für Freiheitsstrafen bis zu 2 Jahren möglich (§ 56 Abs. 2 StGB).

Dem deutschen Rechtssystem näher und daher aufschlussreicher sind die Erfahrungen Österreichs und der Niederlande mit Kriminalstrafen im Kartellrecht.[77] Das österreichische Kartellgesetz von 2002 hat mit Ausnahme des Submissionstatbestands Kriminalstrafen abgeschafft und verwaltungsrechtliche Sanktionen eingeführt.[78] Geringe Verurteilungszahlen hatten die Kriminalstrafen in einen ineffizienten Papiertiger verwandelt.[79] Zurückgeführt wird das u.a. auf die mit den Besonderheiten kartellrechtlicher Sachverhalte – wie Heimlichkeit und Komplexität – zusammenhängenden Schwierigkeiten bei der Verfolgung durch die Staatsanwaltschaften.[80] In den Niederlanden wurden Strafen im Jahr 1997 durch Geldbußen ersetzt.[81] Als Grund dafür, dass sich die

69 *Hammond* Recent Developments, Trends, and Milestones in the Antitrust Division's Criminal Enforcement Program, 56th Annual Spring Meeting of the ABA Section of Antitrust Law 2008, abrufbar unter http://www.justice.gov/atr/public/speeches/232716.htm.

70 Die Höchststrafe wurde durch den *Antitrust Criminal Penalty Enhancement and Reform Act of 2004* auf 10 Jahre erhöht.

71 *Cseres/Schinkel/Vogelaar* (Fn. 27) S. 1, 3.

72 Vgl. *Reindl* (Fn. 60) S. 120.

73 Zu den Gründen vgl. *Federmann* (Fn. 7) S. 350.

74 Zum *plea-bargaining Reindl* (Fn. 60) S. 118. Ob sich die seit kurzem im deutschen Recht in § 257c StPO vorgesehene Möglichkeit zur Verfahrensabsprache als ähnlich erfolgreich erweisen wird, bleibt abzuwarten.

75 Vgl. *Rittner/Dreher* (Fn. 6) § 23 Fn. 138. Zur Problematik der Übertragbarkeit des U.S.-amerikanischen Models auf andere Staaten vgl. auch *Reindl* (Fn. 60) S. 125.

76 Vgl. *Wagner-von Papp* (Fn. 7) 274; *Vollmer* (Fn. 27) S. 262.

77 Zur europäischen Entwicklung im Vergleich zur USA s. *Federmann* (Fn. 7) S. 350ff.

78 Ausführlich dazu s. *Lewisch* in: Cseres/Schinkel/Vogelaar (Fn. 27) S. 290, 297.

79 *Lewisch* in: Cseres/Schinkel/Vogelaar (Fn. 27) S. 296.

80 *Lewisch* in: Cseres/Schinkel/Vogelaar (Fn. 27) S. 296f.

81 Zu einer laufenden gesetzgeberischen Initiative für eine Rekriminalisierung in den Niederlanden vgl. *de Putter/Glerum-van Aalst/Reznitchenko* in: The European Antitrust Review 2011, Section 4, Country Chapters, Netherlands: Cartels, abrufbar unter http://www.globalcompetitionreview.com/reviews/28/sections/100/chapters/1118/netherlands-cartels/.

Kriminalstrafen nicht bewährt haben, wurde angeführt, dass die Öffentlichkeit und die Staatsanwaltschaft Kartellverstöße nicht für unmoralisch hielten, es der Staatsanwaltschaft sowie den Strafrichtern an kartellrechtlicher Expertise mangelte und auf Seiten der Staatsanwaltschaft kein Interesse an der Durchsetzung von Kartellrecht bestand.[82]

Vorsichtig ausgedrückt lassen die Erfahrungen Österreichs und der Niederlande den Schluss zu, dass die Kriminalstrafe für Verstöße gegen das Kartellrecht in den mitgliedstaatlichen Rechtssystemen[83] nicht die optimale Durchsetzung und damit nicht die optimale Abschreckung erreichen kann.

c) Die Theorie der optimalen Sanktion und das Kartellrecht

Unter den Befürwortern einer Kriminalisierung des Kartellrechts gelten Unternehmenskartellgeldbußen nicht als ausreichend hoch, um eine wirksame Abschreckung darzustellen.[84] Nach der Theorie der optimalen Sanktion[85] wird eine wirksame Abschreckung nur dann erreicht, wenn die Kartellgeldbuße den Betrag erreicht, der sich aus der Multiplikation des Kartellgewinns und des *deadweight loss*[86] mit dem Kehrwert der Aufdeckungswahrscheinlichkeit ergibt.[87] Dies soll bei einer vorsichtigen Schätzung der objektiven Aufdeckungswahrscheinlichkeit[88] von etwa 1/6 bis 1/3 und einem Kartellaufpreis von 10% bis 30% Kartellgeldbußen von etwa 75% bis 450% des Jahresumsatzes der von der Absprache betroffenen Produkte bedeuten.[89] Es wird weiter geschätzt, dass eine auf Basis dieser Formel errechnete optimale Sanktion in 60% der Fälle die Insolvenz der Unternehmen zur Folge hätte,[90] was insbesondere in vermachteten Märkten nicht im Interesse des Wettbewerbs sein kann.

82 *Kalbfleisch* in: Cseres/Schinkel/Vogelaar (Fn. 27) S. 312, 313.

83 Das Vereinigte Königreich führte die Kriminalstrafe mit dem *Enterprise Act 2002* ein. Der Regelung wurde eine mangelnde Durschlagkraft prophezeit und tatsächlich wurde eine Gefängnisstrafe erst 2008 – in einem allerdings untypischen Fall – verhängt, vgl. OFT Pressemitteilung 72/08 v. 11. 6. 2008 – Marine Hose, abrufbar unter http://www.oft.gov.uk/news/press/2008/72-08). Der zweite Fall – BA Fuel Surcharges – ist gerade vor kurzem zu Lasten der Kartellbehörde in vollem Umfang vor den Gerichten gescheitert, *Joshua* The Antitrust Source 8/2010, 1 ff.; *O'Kane* The Law of Criminal Cartels 2009; in einer Rezension dieses Werks kommt daher sogar *Wagner von-Papp* World Competition 2010, 543, 544, der sich in WuW 2010, 268 ff. noch für eine Kriminalisierung des Kartellrechts ausgesprochen hatte, zu dem Ergebnis: „It is an open question whether criminal cartel prosecutions will be brought anytime soon after the BA Fuel Surcharges debacle."

84 OECD (Fn. 10) Sanctions against Individuals, S. 7.

85 Vgl. schon oben bei Fn. 57; wegweisend für das Kartellrecht *Landes* University of Chicago Law Review 50 (1983) 652 ff.

86 Die Formel wird teilweise ohne die Addition des *deadweight loss* angewandt, vgl. *Jephcott* in: Issues in Competition Law and Policy 2008, S. 2183, 2186. *Landes* addiert dagegen *deadweight loss* und Durchsetzungskosten, vgl. *Landes* (Fn. 85) ebenda.

87 Dazu jüngst *Wagner-von Papp* (Fn. 7) 271, der die subjektive Aufdeckungswahrscheinlichkeit für maßgeblich hält.

88 Die nach *Wagner-von Papp* (Fn. 7) 271 höher sein dürfte als die subjektive Aufdeckungswahrscheinlichkeit.

89 Die Schätzung stammt von *Wagner-von Papp* (Fn. 7) 271; *Wils* (Fn. 12) 277 geht davon aus, dass ein Betrag von weniger als 150% des Jahresumsatzes der betroffenen Produkte nicht abschreckend wirkt.

90 *Calvani* in: Cseres/Schinkel/Vogelaar (Fn. 27) S. 270, 273.

Vor diesem Hintergrund wird das Dilemma einer wirksamen Abschreckung postuliert: Würde die Freiheitsstrafe für natürliche Personen parallel zur Unternehmensgeldbuße angewandt werden, argumentieren die Befürworter der Kriminalisierung, könnte die Unternehmensgeldbuße auch auf niedrigerem Niveau Abschreckung bewirken.[91] Diese Korrelation besteht allerdings angesichts des dramatischen Anwachsens von Unternehmensgeldstrafen in der U.S.-amerikanischen Kartellrechtsverfolgung[92] trotz persönlicher Freiheitsstrafen nicht. Effektiver erscheint, die Aufdeckungswahrscheinlichkeit zu erhöhen – also den zweiten Hebel der Formel der optimalen Sanktion zu bedienen –, wodurch die „optimale" Geldbuße ebenfalls sinkt. Infolgedessen ist es wichtiger, durch eine effiziente *Leniency*-Politik die Aufdeckungsrate zu verbessern, als die Kriminalisierung des Kartellrechts zu forcieren.[93] Denn im Gegensatz zur Kriminalstrafe haben sich die *Leniency*-Programme allgemein bewährt.[94]

3. Die Praktikabilität und die Effektivität einer kartellrechtlichen Kriminalstrafe

a) Das Problem

Jede Entscheidung über eine Kriminalisierung des Kartellrechts hängt auch davon ab, wie praktikabel und effektiv eine Kriminalstrafe für Kartellrechtsverstöße wirklich ist. Schon aus dem Grundsatz der Verhältnismäßigkeit des Mittels folgt: Eine Kriminalstrafe als schärfstes Schwert des Staates muss zur Bekämpfung der Kartellrechtsverstöße geeignet sein und darf nur dann in Betracht gezogen werden, wenn weniger einschneidende, gleich effektive Mittel zur Rechtsdurchsetzung fehlen.[95]

b) Der Bestimmtheitsgrundsatz

Ernste Bedenken gegen eine Kriminalisierung des Kartellrechts bestehen im Hinblick auf den für strafrechtliche Normen – aber grundsätzlich auch für ordnungswidrigkeitenrechtliche Normen, bei denen allerdings ein milderer Schuldvorwurf im Raum steht – gem. Art. 103 Abs. 2 GG geltenden Bestimmtheitsgrundsatz. Danach muss für jedermann erkennbar sein, welches Handeln mit welcher Strafe bedroht ist. Daraus folgt zunächst, dass eine Verweisung auf die Vorschriften des materiellen Kartellrechts wie bei den Ordnungswidrigkeiten des § 81 GWB im Fall der Strafandrohung nicht möglich wäre.[96] Denn dann müsste der Straftatbestand erst durch Interpretation geschaffen

---

91 *Wagner-von Papp* (Fn. 7) 272.

92 *Spratling* The trend towards higher corporate fines: It's a whole new ball game, the Eleventh Annual National Institute on White Collar Crime 1997, abrufbar unter http://www.justice.gov/atr/public/speeches/4011.pdf.

93 *Schroeder* (Fn. 58) S. 453; vgl. auch *Spagnalo* in: Cseres/Schinkel/Vogelaar (Fn. 27) S. 130, 136, der das *Leniency*-Programm um die Belohnung von Denunzianten erweitern will. Zu den Gründen, die einer Kombination von *Leniency* und Strafe entgegenstehen, vgl. unten IV. 3. f).

94 Vgl. nur *Schroeder/Heinz* in: Cseres/Schinkel/Vogelaar (Fn. 27) S. 161, 172; nach BKartA (Fn. 19) S. 19 wurden im Zeitraum von 2000 bis 2009 insgesamt über 230 Bonusanträge gestellt.

95 *Tiedemann* (Fn. 49) C 38.

96 *Rittner/Dreher* (Fn. 6) § 23 Rn 132.

werden.[97] Bei den Wettbewerbsbeschränkungen handelt es sich nämlich um ein „offenes, nicht determiniertes System“[98], wohingegen der Straftatbestand nur einzelne schwere Verstöße erfassen sollte. Deshalb müssten die Straftatbestände autonom formuliert werden.[99]

Da bei den Wettbewerbsbeschränkungen die Grenze zwischen legitimen und verbotenen Verhaltensweisen in den meisten Fällen unscharf ist, sind die Schwierigkeiten hinsichtlich der Definition des strafbaren Tatbestands erheblich.[100] Praktisch nicht zu erfüllen ist die strafrechtliche Bestimmtheitsanforderung im Bereich der vertikalen Absprachen, welche anerkanntermaßen auch wettbewerbsfördernde Wirkung haben können. Ähnlich aussichtslos erscheint das Unterfangen bei Marktmissbrauchstatbeständen, die von ökonomischen Begriffen wie Markt und Oligopol sowie Vermutungsregeln geprägt sind. Aber auch bei den vermeintlich leichter zu definierenden horizontalen Sachverhalten bedingen die Nähe zu erlaubten Kooperationen, unbestimmte Rechtsbegriffe wie „abgestimmte Verhaltensweisen“ und die zahlreichen Ausnahmetatbestände[101] Abgrenzungsschwierigkeiten.[102] Daher käme im Ergebnis wegen des Bestimmtheitsgrundsatzes überhaupt nur eine enumerative Aufzählung weniger verbotener Verhaltensweisen in Betracht. Dass dies sachlich befriedigend und praktikabel gelingt,[103] erscheint auch mit Blick auf die Umständlichkeit[104] der im *Enterprise Act* (ss 188 und 189) des Vereinigten Königreichs formulierten Regelung zumindest zweifelhaft.

Nur praktikable Tatbestände sind jedoch geeignet, die effektive Verfolgung von Wirtschaftsdelikten zu gewährleisten und damit generalpräventiv zu wirken.[105] Andernfalls besteht die Gefahr, von legitimen Verhaltensweisen abzuschrecken (sog. *chilling effect*), was der Generalprävention abträglich ist.

c) Die Gefahr der Überformung des Kartellrechts und der Schaffung von Kartellnebenstrafrecht

Die Schaffung von Kartellstraftatbeständen birgt weitere Risiken. Entweder droht eine „Überformung“ des Kartellrechts im Sinne einer restriktiveren Auslegung durch die Strafgerichte. Dies zeigt die parallel gelagerte Frage im Aktien- und Wirtschaftsauf-

97 *Tiedemann* (Fn. 49) C 43.
98 *Rittner/Dreher* (Fn. 6) § 23 Rn. 132.
99 *Rittner/Dreher* (Fn. 6) § 23 Rn. 132. Für die Aufnahme eigenständiger Straftatbestände bezüglich originärer Kartelldelikte in das StGB oder ein Wirtschaftsstrafgesetz unter dem Gesichtspunkt verstärkter Generalprävention *Tiedemann* (Fn. 49) C 45 f.
100 Zu der Schwierigkeit der Formulierung von Tatbeständen schon *Baumann/Arzt* (Fn. 3) 25.
101 Unpraktikabel erscheint der Vorschlag von *Biermann* (Fn. 7) 32, die Kernverstöße gegen das Kartellrecht als Straftatbestände mit gleichzeitiger Legalisierungsmöglichkeit durch vorherige Freistellung der Kartellbehörde zu formulieren.
102 *Wagner-von Papp* (Fn. 7) 282 hält die Formulierungsprobleme dagegen für lösbar, ohne allerdings Ansätze dafür aufzuzeigen.
103 So zu den notwendigen Anforderungen *Rittner/Dreher* (Fn. 6) § 23 Rn. 132.
104 So zu Recht bezeichnet von *Federmann* (Fn. 7) S. 275.
105 *Tiedemann* (Fn. 49) C 41.

sichtsrecht.[106] Aus einer solchen Überformung würden nachteilige Auswirkungen auf die behördliche Kartellrechtsdurchsetzung folgen. Zudem würde sich ein Kartellnebenstrafrecht entwickeln, was im Hinblick auf die Kohärenz der Rechtsordnung ebenfalls nicht wünschenswert wäre.[107]

d) Die Verfolgungszuständigkeit und das Opportunitäts- statt des Legalitätsprinzips

Die Befürworter einer Kriminalisierung des Kartellrechts betonen weiter zum einen die besseren Ermittlungsbefugnisse der Staatsanwaltschaft – z.B. § 100a Abs. 1, 2 lit. r StPO – im Vergleich zu denjenigen des BKartA. Die Verlagerung der Verfolgungszuständigkeit von den Kartellbehörden auf die Staatsanwaltschaften hätte wegen des mangelnden kartellrechtlichen Know-How und geringerer Ressourcen aber eine deutliche Verminderung der Verfolgungsintensität und -effizienz zur Folge.[108] Dies wiederum verringert die generalpräventive Wirkung.[109] Zum anderen gehen die Befürworter davon aus, dass das Legalitätsprinzip mit den Einstellungsbefugnissen der §§ 153ff. StPO der Flexibilität des Opportunitätsprinzips nicht nachstehe.[110] Dabei übersehen sie jedoch, dass das Opportunitätsprinzip im Gegensatz zum Legalitätsprinzip wettbewerbsfördernde und nicht nur rein repressive Maßnahmen ermöglicht und nur so die wichtige Beratungs- und Gestaltungsfunktion der Kartellbehörden zu erfüllen ist.[111]

e) Die Kosten einer Kriminalisierung des Kartellrechts und die Gewährleistung der Verfahrensrechte

Unter dem Aspekt der Effizienz des Strafrechts müssten etwaige Vorteile einer Kriminalisierung des Kartellrechts die damit einhergehenden zusätzlichen Kosten bei weitem überwiegen.[112] Mit Kosten sind dabei nicht nur die direkten Kosten für die im Vergleich zum Verwaltungsverfahren kostspieligere Strafverfolgung und die Bereitstellung von Justizvollzugsanstalten gemeint, sondern auch – kaum bezifferbare – indirekte „Kosten" wie das Weniger an Kartellrechtsdurchsetzung[113] und dadurch verminderte Anreize, das Recht zu befolgen.[114] Beispielsweise können die Verteidigungsgarantien –

---

106 Vgl. dazu *Dreher* Überformung des Aktienrechts durch die Rechtsprechung von Straf- und Verwaltungsgerichten? AG 2006, 213ff.

107 Vgl. zu diesem Problemkreis z.B. *Möschel* in: Festgabe Kummer 1980, S. 431, 435 und *Federmann* (Fn. 7) S. 276f.

108 So bereits anlässlich der Kriminalisierung von Submissionskartellen *Bangard* (Fn. 28) 168f.; *Klocker/Ost* (Fn. 4) S. 241. Dem vielfach geäußerten Vorschlag, die Zusammenarbeit zwischen Kartellbehörde und Staatsanwaltschaft zu institutionalisieren, steht entgegen, dass Reibungsverluste und Koordinierungsschwierigkeiten nicht zu vermeiden wären. Vgl. im Übrigen zu den entsprechenden negativen Erfahrungen in Österreich und den Niederlanden oben IV. 2. b).

109 *Rittner/Dreher* (Fn. 6) § 23 Rn. 132.

110 Vgl. z.B. *Wagner-von Papp* (Fn. 7) S. 279.

111 *Vgl. Möschel* (Fn. 107) S. 431 und 433f.

112 S. *Becker* (Fn. 57) S. 28ff., der Geldbußen wegen der hohen Kosten von Gefängnisstrafen für die Gesellschaft den Vorzug gibt.

113 Vgl. zu den entsprechenden Erfahrungen in Österreich und den Niederlanden oben IV. 2. b).

114 *Reindl* (Fn. 60) S. 123.

z. B. des Beweisrechts – im Strafverfahren zu geringeren Verurteilungszahlen führen, was sich negativ auf die Generalprävention auswirkt. Aus diesen Gründen ist eine Untersuchung in Neuseeland im Jahr 2001 zu dem Ergebnis gekommen, dass sich eine Einführung von Kriminalstrafen nachteilig auf die Kartellverfolgung auswirken könnte.[115]

Im Hinblick auf eventuell zu befürchtende Monsterprozesse nach der StPO ist allerdings anzumerken, dass sie sich vom Umfang der Bußgeldverfahren kaum unterscheiden dürften[116] und mit § 257c StPO die Möglichkeit eines „Deals" auch im Strafverfahren geschaffen wurde.

f) Das Verhältnis von Leniencyprogrammen und Kartellstrafrecht

Schon auf den ersten Blick ist deutlich, dass Leniencyprogramme und eine Kriminalisierung des Kartellrechts unvereinbar sind. Denn wer eine – potentielle – strafrechtliche Verfolgung fürchten muss, wird mit der Verfolgungsbehörde nicht freiwillig zusammenarbeiten. Gleichwohl wird von Befürwortern einer Kriminalisierung des Kartellrechts versucht, diesen Zusammenhang zu überspielen. Mittel hierzu soll ein verstärkter Anreiz für natürliche Personen sein, mit den Kartellbehörden zusammenzuarbeiten, indem ihnen dafür Straffreiheit gewährt wird.[117] Für eine solche Kronzeugenregelung im Kartellstrafrecht bedürfte es jedoch einer gesetzlichen Regelung im Unterschied zur bisherigen Verwaltungsvorschrift für Leniencyprogramme.[118] Gegen Kronzeugenregelungen im Strafrecht sind aber schon unabhängig vom Kartellrecht verfassungsrechtliche Bedenken im Hinblick auf den Gleichheitssatz, das Rechtsstaatsprinzip und das Legalitätsprinzip geltend gemacht worden.[119] Auch ist zu bezweifeln, ob für die Einführung eines automatischen Straferlasses für Kartelltäter eine politische Akzeptanz bestünde.[120]

Zwar gibt es seit kurzem mit § 46 b StGB eine neue strafrechtliche Kronzeugenregelung. Sie sieht aber lediglich eine fakultative Strafmilderung bzw. einen entsprechenden Erlass vor. Selbst von Befürwortern einer Kriminalisierung des GWB wird daher eingeräumt, dass das für das Kartellrecht nicht genügen würde.[121]

4. Zwischenergebnis

Im Ergebnis ist eine Kriminalisierung des Kartellrechts abzulehnen.[122] Eine Kriminalstrafe wäre im Vergleich zur Geldbuße kein abschreckenderes, praktikableres und ef-

115 Vgl. hierzu die Zusammenfassung der OECD (Fn. 10) Sanctions against Individuals, S. 21 f.

116 Im Zement-Kartellordnungswidrigkeitenverfahren wurden von Dezember 2008 bis Juni 2009 in 36 Verhandlungstagen 40 Zeugen vernommen und ein ökonomisches Sachverständigengutachten erstellt, vgl. BKartA (Fn. 19) S. 25.

117 So *Wagner-von Papp* (Fn. 7) 275.

118 So auch *Klocker/Ost* (Fn. 4) 242; zu den rechtlichen Bedenken vgl. *Vollmer* (Fn. 27) S. 259.

119 Vgl. z. B. *Mühlhoff/Pfeiffer* ZRP 2000, 121, 122; *Kinzig* in: Schönke/Schröder (Hrsg.) StGB 28. Aufl. 2010, § 46 b Rn. 2.

120 So auch *Wagner-von Papp* (Fn. 7) 276.

121 *Wagner-von Papp* (Fn. 7) S. 276, der eine Regelung zum automatischen Straferlass entsprechend § 129 Abs. 6 StGB a. E. vorschlägt.

122 Vgl. schon oben Fn. 7.

fektiveres Mittel. Unter dem Aspekt der Subsidiarität des Strafrechts sollte der Gesetzgeber deshalb davon absehen, kartellrechtliche Straftatbestände zu schaffen.

Diese inhärenten Grenzen jeder Kriminalisierung des Wirtschaftsrechts[123] beachtet der Gesetzgeber angesichts der im Wirtschaftsrecht allgemein zu verzeichnenden, fortschreitenden Kriminalisierung aus nur kurzfristig aktuellen oder generell nicht tragfähigen rechtspolitischen Interessen heraus oftmals nicht genügend.[124] Dabei erliegt er nicht nur dem Sirenengesang der scheinbar einfachen „Lösung“ gesellschaftlicher Konflikte durch gesetzgeberische strafrechtliche Entschiedenheit. Er verkennt vor allem aber auch, dass mit einer zunehmenden Ausweitung von Strafdrohungen und behördlicher Kontrolle das Grundvertrauen des Bürgers in den Staat und seine Regeln nicht weiter zu-, sondern im Gegenteil abnimmt.[125] Dieser Vertrauensverlust unterdrückt selbstorganisiertes Unternehmerverhalten als Grundpfeiler der Effizienz und Funktionsfähigkeit der Märkte und schadet damit der durch das Grundgesetz und den Vertrag über die Europäische Union garantierten freiheitlichen Wirtschaftsordnung. In letzter Konsequenz schafft sich der Sinn der Strafe durch ihr Übermaß selbst ab.[126] Am Ende einer solchen Entwicklung droht ein Kontroll- und Zwangsstaat, der den Bürger zum Objekt der Staatsgewalt macht.[127] Hält man dagegen sozialverantwortliches Handeln der Einzelnen in der Tradition der sozialen Marktwirtschaft[128] für wünschenswert und bevorzugt Aufsicht über die Märkte als Aufsicht über Selbstregulierung oder als Aufsicht in Form verwaltungsrechtlicher Eingriffe, so folgt daraus ein weitgehender, wenn auch nicht vollständiger Verzicht auf eine direkte strafrechtliche Steuerung des Wirtschaftslebens.[129]

Vor dem Strafrecht mit seinem ultima ratio-Charakter stehen als verhältnismäßigere Mittel zudem andere, noch nicht gesetzlich oder durch die Rechtsprechung aktualisierte Sanktionen zur Verfügung. Dazu zählen für das Kartellrecht z.B. die persönliche Geschäftsleiterhaftung nach außen auf Schadenersatz bei kartellrechtlichen Pflichtverletzungen[130] oder die – in anderen EU-Mitgliedstaaten zum Teil bereits mögliche – directors disqualification im Fall solcher Verstöße.[131]

---

123 Vgl. *Rittner/Dreher* (Fn. 6) § 23 Rn. 132 f. und § 24 Rn. 48 ff.

124 Vgl. *Lüderssen* Entkriminalisierung des Wirtschaftsrechts 1998, S. 7.

125 *Rittner/Dreher* (Fn. 6) § 24 Rn. 50.

126 BVerfG (Fn. 44) ebenda.

127 Vgl. *Rittner/Dreher* (Fn. 6) § 24 Rn. 50 und schon *Hellmer* JZ 1981, 153, 154 und 156.

128 Vgl. dazu *Rittner/Dreher* (Fn. 6) § 2 und jetzt auch die Formulierung in Art. 3 Abs. 3 Satz 2 EU: „eine in hohem Maße wettbewerbsfähige soziale Marktwirtschaft“ sowie dazu *Dreher/Lange* Die europäische Wirtschaftsverfassung nach dem Vertrag von Lissabon FS 50 Jahre FIW 2010, S. 161 ff.

129 So *Lüderssen* (Fn. 14) S. 493; vor diesem Hintergrund ebenfalls den Rückzug des Wirtschaftsstrafrechts fordernd *Hermes* in: Kempf/Lüderssen/Volk (Hrsg.) Die Finanzkrise, das Wirtschaftsstrafrecht und die Moral 2010, S. 26, 43 ff.

130 Vgl. *Dreher* WuW 2009, 133 ff., zustimmend *Kapp/Gärtner* CCZ 2009, 168, 170; a.A. *K. Schmidt* ZWeR 2010, 15, 19 f.

131 Vgl. für das Kartellrecht *J. Schmidt* ZWeR 2010, 378 ff. und für entsprechende Ansätze im Gesellschaftsrecht *Dreher* (Fn. 106) 221 f. sowie im Versicherungsaufsichtsrecht *Dreher* ZVersWiss Supplement Jahrestagung 2006, 375 ff.

V. Folgerungen für die Aufsicht über die Finanzmärkte

1. Die grundsätzliche Zurückhaltung beim Einsatz von Strafrecht hinsichtlich der Aufsicht über die Finanzmärkte

Vor dem Hintergrund des zuvor Ausgeführten kann das Plädoyer für eine große Zurückhaltung beim Einsatz von Strafrecht nicht nur für das Kartellrecht gelten. Es trifft gleichermaßen auch die Aufsicht[132] über die Finanzmärkte und damit insbesondere das Kapitalmarktrecht. Denn hier spielt der Zusammenhang zwischen dem Vertrauen des Bürgers in den Staat sowie seine Regeln und dem Vertrauen in die Funktionsfähigkeit des Markts – d.h. der Kapitalmärkte – ebenfalls eine entscheidende Rolle.[133]

Zudem schützen sowohl das Bankaufsichts- und das Kapitalmarktrecht als auch das Kartellrecht überindividuelle, wirtschaftsbezogene Rechtsgüter. In einem solchen Zusammenhang kommen aus der Sicht des Gesetzgebers selbst solche Regelungen in Betracht, die wirtschaftspolitische Zweckmäßigkeitserwägungen zulassen.[134] So wurden im Kartellrecht immer wieder Wettbewerbsaspekte anderen Zielvorstellungen geopfert.[135] Dies hat sich auf der Ebene des Gesetzgebers, aber auch auf der Ebene der Rechtsanwendung zuletzt zum Beispiel bei der Laufzeitverlängerung von Atomkraftwerken, bei der sehr weitgehenden Herausnahme der Sozialversicherungsträger aus dem Anwendungsbereich des Kartellrechts, bei der Rechtsweggestaltung für wettbewerbsbezogene Streitigkeiten im Sozialversicherungsbereich und sogar bei der „Verfolgung“ des Milchpreiskartells durch das BKartA gezeigt. Wirtschaftspolitik bedeutet also Kompromissbereitschaft.[136] Und Rechtsanwendung im Wirtschaftsrecht bedeutet immer wieder auch Abwägung – so im Kartellrecht eine Abwägung widerstreitender Interessen unter besonderer Berücksichtigung der auf die Freiheit des Wettbewerbs gerichteten Zielsetzung des Gesetzes.[137] Mit einem solchen Ansatz ist das rigide Instrumentarium des Strafrechts, insbesondere das Legalitätsprinzip, nur schwer zu vereinbaren.[138] Gleiches gilt für das Dilemma des Gesetzgebers, bei der Aufsicht über die Finanzmärkte Kompromisse zu finden zwischen Risikofreiheit und Risikogefahr.[139]

Nicht zuletzt sollte man aber den Menschen und ihrem ethischen Potential mehr zutrauen.[140] Dass die Wirtschaft grundsätzlich in der Lage ist, auf Missstände im Wege der Selbstregulierung zu reagieren, zeigt der Bewusstseinswandel durch kartellrechtliche

132 Vgl. zu dem Begriff der (Wirtschafts)Aufsicht und dem der Regulierung sowie zu dem Verhältnis der beiden Begriffe *Rittner/Dreher* (Fn. 6) § 4 Rn. 70ff., § 6 Rn. 61, § 24 Rn. 13 und § 29 Rn. 16ff.; *Fehling/Ruffert* (Hrsg.) Regulierungsrecht 2010 und dazu *Laubinger* Regulierungsrecht: Gibt's das – und wenn ja: wie viele? VBlBW 2010, 306ff.

133 *Schröder* ZBB 2010, 280, 289.

134 Für das Kartellrecht allerdings zu weitgehend *Lüderssen* BB 1996, 2525, 2530.

135 Zu den Zielkonflikten im Kartellrecht vgl. z.B. *Dreher* WuW 1998, 656, 659ff. und *Möschel* Oligopolmißbrauch im Recht der Wettbewerbsbeschränkungen, 1974, S. 12.

136 *Kartte/von Portatius* (Fn. 11) 1170.

137 Vgl. zu dieser insb. für § 20 Abs. 1 GWB geltenden Formel nur BGHZ 52, 65, 71 = WuW/E BGH 1027, 1031f. – Sportartikelmesse sowie *Rittner/Dreher* (Fn. 6) § 20 Rn. 56f.

138 Vgl. *Lüderssen* (Fn. 51) 8.

139 Dazu *Lüderssen* (Fn. 14) 491.

140 *Rittner/Dreher* (Fn. 6) § 23 Rn. 50.

Compliance Programme[141] und den – inzwischen allerdings ausufernden und zu Deparlamentarisierung sowie mittelbaren Befolgungszwang führenden –[142] Deutschen Corporate Governance Kodex.[143] Dies entspricht zugleich der Subsidiarität des Strafrechts und dem Vorrang der Prävention vor der Repression. Das Grünbuch der Europäischen Kommission zur „Corporate Governance in Finanzinstituten und Vergütungspolitik" steht dafür als letztes Beispiel.[144]

Versagt jedoch die Selbstüberwachung und die im Kapitalmarktrecht bereits jetzt weitreichende behördliche Eingriffsverwaltung – neben den systemischen Ursachen eine Mitursache der Finanzkrise – kommt bei nachweislich persönlicher Schuld die strafrechtliche Verantwortung des Einzelnen im Rahmen der allgemeinen Gesetze ohne weiteres auch hier zum Tragen.[145] Wenn selbst zu flexiblen Reaktionen fähige Aufsichtsbehörden die Finanzmärkte nicht vor der großen Krise schützen konnten, wäre es aber eine Anmaßung von Wissen, insoweit mit Blick auf eventuelle künftige Krisen grundsätzlich auf entsprechende Hilfe durch allgemein geltende strafrechtliche Normen zu hoffen.

2. Die Unvereinbarkeit strafrechtlicher Sanktionsnormen mit einem prinzipienbasierten Wirtschaftsaufsichtsrecht

Strafrechtliche Sanktionen setzen eine Klärung der Pflichtenstellung im materiellen Recht durch den Gesetzgeber voraus. Daran fehlt es oft schon heute im Aufsichtsrecht der Kreditinstitute und Versicherungsunternehmen. Ein Beispiel hierfür bilden die rudimentären gesetzlichen Vorgaben zum Risikomanagement in § 64a VAG[146] – gleiches gilt für § 25a KWG –, die durch umfangreiche „Konkretisierungen" mit sehr zahlreichen Rechtspflichten der Geschäftsleiter durch MaRisk der BaFin ergänzt werden.[147]

Bereits jetzt fehlt es daher – der Lage und deren Ursachen im Kartellrecht gleichend – in weiten Bereichen des Aufsichtsrechts der Finanzmärkte an der notwendigen Bestimmtheit der Normen, an die strafrechtliche Sanktionen anknüpfen könnten. Unbestimmte Rechtsbegriffe wie das Verbot „sonstiger Täuschungshandlungen" bei der Marktmanipulation im Sinne von § 20a Abs. 1 Satz 1 Nr. 3 WpHG eignen sich nicht für eine Krimina-

---

141 Vgl. dazu ausf. *Dreher* Kartellrechtscompliance ZWeR 2004, 75 ff.; *ders.* Kartellrechtscompliance in der Versicherungswirtschaft VersR 2004, 1 ff.; *ders.* (Fn. 20) § 31 Rn. 59 ff.

142 Vgl. *Rittner/Dreher* (Fn. 6) § 9 Rn. 78 m. w. N.

143 *Suchanek* in: Kempf/Lüderssen/Volk (Hrsg.) (Fn. 129) S. 47, 63 ff., hält die Mittel der Unternehmensethik allerdings für begrenzt und betont ein komplementäres, aber nicht ersetzendes Verhältnis zum Strafrecht.

144 Grünbuch der EU-Kommission, KOM (2010) 284 v. 2. 6. 2010, abrufbar unter http://ec.europa.eu/internal_market/company/docs/modern/com2010_284_de.pdf.

145 Gegen eine systemische Verantwortungszuweisung im Kontext der Aufarbeitung der Finanzmarktkrise und für eine persönliche Verantwortungszurechnung mit den Mitteln des bestehenden Strafrechts *Fischer* in: Kempf/Lüderssen/Volk (Hrsg.) (Fn. 129) S. 190, 195 ff.; konkret zur Problematik des Untreuetatbestands im Zusammenhang mit der Finanzmarktkrise *Säcker* und *Deiters* beide in: Kempf/Lüderssen/Volk (Hrsg.) (Fn. 129) S. 119 ff. und S. 132 ff.

146 Vgl. dazu *Dreher* VersR 2008, 998 ff.; *Dreher/Schaaf* VersR 2009, 1151 ff.

147 Vgl. *Dreher* Die BaFin geriert sich als Ersatzgesetzgeber, FAZ Nr. 216 vom 17. 9. 2009, S. 22.

lisierung.[148] Hinzu kommt die Herkunft zahlreicher Normen des Aufsichtsrechts der Finanzmärkte und des Kapitalmarktrechts aus dem Europarecht. Sie bringt bei vielen Tatbeständen zusätzliche Auslegungsunsicherheiten und Abgrenzungsschwierigkeiten sowie Zuständigkeitsverlagerungen im Rahmen der Streitentscheidung auf den EuGH mit sich.[149] Aber selbst unabhängig davon ist § 38 WpHG, die zentrale Strafnorm des Kapitalmarktrechts, bereits heute infolge ihres Charakters als zu unbestimmter Blankettnorm nicht unerheblicher Kritik aus verfassungsrechtlicher Sicht ausgesetzt.[150]

Eine neue Dimension gewinnt die Unbestimmtheit von sanktionserheblichen Pflichtenstellungen jedoch mit der bevorstehenden Reform des Aufsichtsrechts der Kreditinstitute und Versicherungsunternehmen durch Basel III und Solvency II. So ist es ausdrückliches Ziel der Solvency II-Richtlinie,[151] an die Stelle einer regelgebundenen Aufsicht eine prinzipienorientierte Aufsicht zu setzen.[152] Dies führt dazu, dass die Geschäftsleiter nicht mehr konkrete normative Vorgaben umsetzen, sondern allgemeine Prinzipien im Wege der Selbsteinschätzung bezogen auf das eigene Unternehmen rechtlich konkretisieren müssen. Regelverletzungen lassen sich in einem solchen prinzipienbasierten Aufsichtsrecht strafrechtlich nicht sanktionieren. Es fehlt schon an der Bestimmtheit und Vorhersehbarkeit der materiellen Rechtspflichten, die strafbewehrt sein könnten. Die Parallele zum Kartellrecht mit den Generalklauseln des Kartell- und des Missbrauchsverbots sowie der Unmöglichkeit ihrer strafrechtlichen Sanktionierung drängt sich dabei förmlich auf.

3. Die Existenz effizienter nichtstrafrechtlicher Aufsichtsmittel und Aufsichtsbehörden im Vorfeld des Strafrechts

Voraussetzung für einen zurückhaltenden Einsatz des Strafrechts sind andere effiziente Aufsichtsmittel, die im Vorfeld strafrechtlicher Sanktionen den Bedarf dafür reduzieren können. Eine solche Wirkung haben vor allem verwaltungsrechtliche und ordnungswidrigkeitenrechtlichen Sanktionen, aber auch die privatrechtliche Durchsetzung des Rechts.

Was zunächst die verwaltungsrechtlichen Sanktionen angeht, existiert schon heute ein großes Spektrum an Aufsichtsmitteln. Dieses könnte de lege ferenda noch erweitert werden. Mit Blick auf den Grundsatz der Verhältnismäßigkeit und den ultima ratio-Charakter von strafrechtlichen Sanktionsnormen erscheint ein solches Vorgehen im

---

148 Zur Unbestimmtheit am Beispiel des Insider-Strafrechts mit seinen Ermessenspielräumen und Verweisungstechniken vgl. Kempf/*Lüderssen*/Volk (Hrsg.) (Fn. 129) S. 15.

149 Vgl. sogar im Vorfeld des Strafrechts die Divergenz zwischen europäischem und nationalem Kartellrecht im Kartellverwaltungsrecht die den BGH WuW/DE-R 2679, 2688 – Gaslieferverträge für das Kartellrecht sogar zu dem Leitsatz gebracht hat: „Ein Gebot, ‚von Maßnahmen gleicher Zweckbestimmung und Wirkung abzusehen', verstößt gegen das Bestimmtheitsgebot."

150 Vgl. dazu *Vogel* in: Assmann/Schneider (Hrsg.) WpHG 5. Aufl. 2009, Vor § 38 Rn. 4a.

151 Richtlinie 2009/138/EG betreffend die Aufnahme und Ausübung der Versicherungs- und Rückversicherungstätigkeit, ABl.EU 2009, Nr. L 335, S. 1.

152 Vgl. dazu die Beiträge in *Dreher/Wandt* (Hrsg.) Solvency II in der Rechtsanwendung, 2009 sowie *Schaaf* Risikomanagement und Compliance in Versicherungsunternehmen – aufsichtsrechtliche Anforderungen und Organverantwortung 2010, S. 25 ff.

Verhältnis zu einer weiteren Kriminalisierung des Wirtschaftsrechts ohnehin zwingend. Im Bereich der verwaltungsrechtlichen Sanktionen kennt das Recht der Finanzmärkte bereits ein durchaus beachtliches und differenziertes Instrumentarium. Dies gilt zum Beispiel für das Kapitalmarktrecht mit dem Ruhen von Stimmrechten bei der Verletzung von Rechtspflichten[153] und für das Aufsichtsrecht der Kreditinstitute und Versicherungsunternehmen mit der sogenannten Geschäftsleiterkontrolle[154]. Während das Kartellrecht ersteres in Form von Stimmrechtsuntersagungen zur Durchführung eines verbotswidrig vollzogenen Zusammenschlusses ebenfalls vorsieht,[155] ist die Sanktion einer director's disqualification jedenfalls im europäischen und deutschen Kartellrecht derzeit noch unbekannt.[156]

Ordnungswidrigkeitenrechtliche Sanktionen kennen sowohl das Kartellrecht als auch das Recht der Finanzmärkte. Im Kartellrecht, insbesondere im europäischen Kartellrecht, erscheint die Höhe der Geldbußen nicht mehr steigerbar. Sie wird daher schon jetzt weithin kritisch gesehen.[157] Insoweit nähern sich die kartellrechtlichen Geldbußenbestimmungen, wie bereits ausgeführt, einer Unternehmensstrafbarkeit im Sinne einer Vermögensstrafe.[158] Im Vergleich dazu erscheinen die Bußgeldandrohungen im Aufsichtsrecht der Finanzmärkte, auch wenn sie andersartige Vorbedingungen – insbesondere die grundsätzliche Fokussierung auf natürliche Personen – haben, jedenfalls nicht zu hoch.

Sodann ist neben dem verwaltungs- und ordnungswidrigkeitenrechtlichen Instrumentarium aber auch die zivilrechtliche Durchsetzung des Rechts in den Blick zu nehmen. Sie betrifft primär die Schadenersatzhaftung. Vor dem Hintergrund des Kartellrechts und seiner Entwicklung ist hier auf die bereits praktizierte Schadenersatzhaftung von Unternehmen bei Kartellverstößen einerseits[159] und die noch in der Entwicklung befindliche persönliche Außenhaftung von Geschäftsleitern aufgrund eigener Verursachungsbeiträge bzw. der Verletzung von Aufsichtspflichten im Fall von Verstößen gegen das Kartellrecht durch ein Unternehmen[160] andererseits zu verweisen. Die private Durchsetzung des Kartellrechts über Schadenersatzklagen erlebt derzeit in Deutschland und in Europa[161] einen großen Aufschwung. Für die USA gehen einzelne Stimmen in der Literatur sogar davon aus, dass die private Kartellrechtsdurchsetzung einen höheren Abschreckungseffekt habe als die strafrechtliche Verfolgung durch die Kartellrechtsabteilung des U.S.-Department of Justice.[162] Hinzu kommt aus gesamtwirtschaft-

153 Vgl. § 59 WpÜG und § 28 WpHG.
154 Vgl. dazu oben Fn. 131.
155 Vgl. § 41 Abs. 4 Nr. 2 GWB.
156 Vgl. Nachw. in Fn. 131.
157 S. o. II. 4. und passim.
158 Vgl. oben II. 2.
159 Vgl. § 33 Abs. 3 GWB.
160 S. o. dazu Nachw. Fn. 130.
161 Vgl. Weißbuch der EU-Kommission zu Schadenersatzklagen wegen Verletzung des EU-Wettbewerbsrechts, KOM (2008) 165 v. 2. 4. 2008 abrufbar unter http://eur-lex.europa.eu/LexUriServ/LexUriServ.do?uri=COM:2008:0165:FIN:DE:PDF.
162 Vgl. die Studie von *Lande/Davis* (Fn. 68). Das Ergebnis basiert zwar auf einem fragwürdigen Vergleich des „Geldwerts" von Gefängnisstrafen (Wert des Lebens) und Schadenersatzsummen. Die Studie legt aber die oft unterschätzte Bedeutung von Zivilklagen grundsätzlich dar. *Wils* (Fn. 12) 288 hält private Schadenersatzklagen kombiniert mit Geldbußen wegen der In-

licher Sicht, dass die private Rechtsverfolgung für die öffentliche Hand nahezu kostenneutral ist. Demgegenüber verursacht das Strafrecht in seiner Durchsetzung erhebliche öffentliche Verfolgungs- und Sanktionierungskosten.[163]

Außer bei den Aufsichtsmitteln stellt sich die Effizienzfrage auch bei den Aufsichtsbehörden. Strafrecht führt zur Zuständigkeit der Staatsanwaltschaften. Aufsichtsrecht im Bereich der Finanzwirtschaft wird durch die BaFin – zum Teil in Zusammenarbeit mit der Deutschen Bundesbank – durchgesetzt.[164] In der Debatte um die Kriminalisierung des Kartellrechts ist genau diese Zuständigkeitsfrage ein entscheidender Punkt.[165] Hier gilt die Zuständigkeit des BKartA für die Rechtsdurchsetzung gegenüber derjenigen der Staatsanwaltschaften allgemein als vorzugswürdiger Weg. Denn die Zuständigkeit einer sachnahen, mit Spezialwissen und Spezialkompetenzen ausgestatteten Behörde bildet einen wesentlichen Vorteil des Kartellordnungswidrigkeitenrechts. Die insgesamt sehr erfolgreiche Kartellverfolgung ist vor allem auf die Zuständigkeit der spezialisierten Beschlussabteilungen im BKartA und deren angemessene personelle sowie sachliche Ausstattung in Verbindung mit entsprechend hohem Know-How zurückzuführen.[166]

Dies alles lässt sich auch auf die Aufsicht über die Finanzmärkte übertragen. In Gestalt der BaFin existiert hier ebenfalls eine mit Sonderwissen und speziellen Kompetenzen ausgestattete Behörde. Eine breitflächige Normierung strafrechtlicher Tatbestände und die damit einhergehende Verlagerung der Verfolgungszuständigkeit auf die Staatsanwaltschaften[167] würde die Abschreckungswirkung nicht verbessern. Denn eine glaubhafte Vollstreckung, die bei einer spezialisierten Behörde immer gewährleistet ist, setzt eine tatsächlich bis zum Ende gelebte Verfolgungspraxis und eine effektive Rechtsdurchsetzung – unter Umständen auch über hohe Geldbußen[168] – voraus.

VI. Schluss

Das Ordnungswidrigkeitenrecht hat sich im Kartellrecht grundsätzlich bewährt. Dies gilt offensichtlich nicht nur in Deutschland, sondern europaweit. Denn immerhin zehn von siebenundzwanzig Mitgliedstaaten der EU kennen eine Kriminalisierung des Kartellrechts aus guten Gründen nicht. Und in fünf weiteren Mitgliedstaaten beschränkt sie sich auf die Schaffung eines strafrechtlichen Tatbestands gegen Ausschreibungsbe-

solvenzgefahr dagegen nicht für so effizient wie persönliche Strafen. Das BKartA (Fn. 19) S. 11 spricht von privaten Schadenersatzklagen lediglich als ergänzendem Beitrag zur Abschreckungswirkung des Kartellrechts.

163 Vgl. *Lande/Davis* (Fn. 68) S. 313.

164 Vgl. die ausführlichen Überblicke bei *Rittner/Dreher* (Fn. 6) § 31 (Versicherungswirtschaft), § 32 (Kreditwirtschaft), § 33 (Kapitalmärkte).

165 Vgl. oben III. 3. und IV. 3. d).

166 BKartA (Fn. 19) S. 7.

167 Die Beteiligung der BaFin über § 40 a WpHG bildet dabei keinen ausreichenden Ersatz.

168 Nach *Hassemer/Dallmeyer* Gesetzliche Orientierung im deutschen Recht der Kartellgeldbußen und das Grundgesetz 2010, S. 32, zählen die Tatbestände in § 39 WpHG wie in § 81 GWB zu den großen Wirtschaftsordnungswidrigkeiten, welche durch Geldbußen in Millionenhöhe bedroht werden und eine Unternehmensgeldbuße vorsehen.

trug. In den meisten der verbleibenden Mitgliedstaaten ist das Kartellstrafrecht reines „law in the books", wird also nicht praktiziert.[169] Und auch die Erfahrungen in den lediglich vier Mitgliedstaaten der EU, in denen eine gewisse Praxis des Kartellstrafrechts existiert, konnten bisher nicht für eine breitflächige Kriminalisierung des Kartellrechts sprechen. Dies gilt insbesondere für das oft allein angeführte angebliche Vorbild Großbritannien.[170]

Die Gründe, die im Kartellrecht gegen eine Kriminalisierung sprechen, gelten ebenso für das Recht der Finanzmärkte. Dies betrifft die Zweckmäßigkeitsaspekte der Aufsicht ebenso wie die rechtlich auch hier weitgehend nicht erfüllbaren Anforderungen an Rechtsklarheit sowie Bestimmtheit der Tatbestände. Die vor kurzem in Kraft getretenen Gesetze zur Vorbeugung gegen missbräuchliche Wertpapier- und Derivategeschäfte,[171] das Ausführungsgesetz zur EU-Verordnung über Rating-Agenturen[172] sowie die Regierungsentwürfe für ein Anlegerschutz- und Funktionsverbesserungsgesetz[173] sowie für das Restrukturierungsgesetz betreffend Kreditinstitute[174] sehen daher zu Recht nur ordnungswidrigkeitenrechtliche Sanktionen vor. Dies entspricht dem ultima ratio-Charakter des Strafrechts. Er gilt für das gesamte Wirtschaftsrecht, insbesondere aber für das Kartellrecht und das Recht der Finanzmärkte.

169 Vgl. *Giradet* Journal of European Competition Law & Practice 2010, 286, 287.
170 Vgl. oben Fn. 83.
171 BGBl. I 2010, 945. In Kraft getreten am 27. 7. 2010.
172 BGBl. I 2010, 786 ff. In Kraft getreten am 19. 6. 2010.
173 Entwurf vom 22. 9. 2010 abrufbar unter http://www.bundesfinanzministerium.de/nn_82/DE/BMF__Startseite/Aktuelles/Aktuelle__Gesetze/Gesetzentwuerfe__Arbeitsfassungen/20100921-Anlegerschutz.html?__nnn=true.
174 RegE BTDrucks. 17/3024 v. 27. 9. 2010.

Ausblick

Methodenfragen im Umgang mit der „Sachlogik des Finanzmarkts" – Grenze oder Herausforderung juristischer Intervention?

Klaus Lüderssen

Gliederung

A. Ausgangspunkt: Die Verbindlichkeitsstruktur des Rechts
I. Geltung als Inbegriff rechtlicher Verbindlichkeit
II. Kriterien der Geltung
III. Begründung der Geltungsrelevanz
B. Rechtliche Verbindlichkeitsstrukturen im Finanzmarkt
I. Eine erste Tour d'Horizon
II. Reformvorschläge – exemplarisch
1) Nicht-strafrechtliche Lösungen
a) Das Verbot ungedeckter Leerverkäufe
aa) Die vorgeschlagene Regelung im Überblick
bb) Das Zweck/Mittel-Schema
(1) Ziele
(2) Mittel
b) Die Wiederherstellung der Kongruenz von Vertrag und Haftung
aa) Der Ansatz bei den Finanzmarktprodukten
(1) Begrenzung des Personenkreisese im Wertpapierhandel
(2) Investitionsrationalität
bb) Der Ansatz beim Finanzmarktakteur
(1) Anreize zur Vermeidung von Systemrelevanz
(2) Fusionskontrollen und Entflechtung
(a) Entflechtung
(aa) de lege lata
(bb) de lege ferenda
(b) Fusionskontrolle
(aa) de lege lata
(bb) de lege ferenda
c) Zwischenbilanz
aa) Ontologie, Empirie oder Konstruktion?
bb) Verbindlichkeit nur durch den Staat?
(1) Neue Wege der Legitimation
(2) Sekundärnormen
(a) Natur der Sache und Konvention
(b) Die normative Wirkung von Anerkennungsverhältnissen in marktwirtschaftlichen Institutionen des offenen Verfassungsstaates

A. Ausgangspunkt: Die Verbindlichkeitsstruktur des Rechts

I. Geltung als Inbegriff rechtlicher Verbindlichkeit

Der mit der Finanzkrise einsetzende Ruf nach Regulierung und Kontrolle der Wirtschaft und deren Appell an Staat und Gesellschaft, ökonomische Gesetzlichkeiten zu respektieren, sind gleich stark. Die sachlichen Vorschläge stehen in scharfer Konkurrenz. In einem Gutachten für den 68. Deutschen Juristentag ist von „ordnungsbildender Sachgesetzlichkeit des Finanzmarkts" die Rede,[1] aber auch von „missbräuchlichen Selbststeuerungsprozessen".[2] Die Positionen der Wirtschaft werden besonders deutlich repräsentiert durch den Anspruch auf eine autonome Unternehmens*ethik*. Gesetzgebung, Rechtsprechung, aber auch Rechtswissenschaft bestehen dem gegenüber auf dem Steuerungsanspruch des *Rechts*. Unternehmensethik gibt es natürlich nicht ohne Berührung mit dem Recht, und das Recht akzeptiert ethische Implikationen. Aber die polemische Akzentuierung der primären Ausgangspunkte – Ethik in der Wirtschaft, Recht in Gesetzgebung und

---

1 *Höfling* Finanzmarktregulierung – Welche Regelungen empfehlen sich für den deutschen und europäischen Finanzsektor? Gutachten F zum 68. Deutschen Juristentag 2010, S.11 (mit vielen Belegen).

2 AaO. S.39.

Rechtsprechung – fällt doch auf und zeigt, dass nicht nur die Beziehung zweier sozialer Systeme das Thema ist, sondern auch der Unterschied im normativen Ausgangspunkt. Isoliert wird das alles seit langem breit und intensiv diskutiert. Aber einen wirklichen Schritt nach vorn wird man erst tun können, wenn das *Verhältnis* von Unternehmensethik und Rechtsquellenlehre geklärt ist.

So sehr sich hier auf beiden Seiten *bewährte* Traditionen behaupten – sie jetzt zu rekonstruieren, würde uns zwar jeweils auf vertrautes Gebiet führen und insofern sichere Plattformen schaffen, aber gleichzeitig auch suspensive oder retardierende Effekte auslösen. Besser ist es deshalb wohl, von vornherein eine verhältnismäßig avancierte methodologische Perspektive einzunehmen, und deshalb möchte ich vorschlagen, dass man vom Begriff der strukturellen Kopplung ausgeht.

Von „struktureller Kopplung" kann man sprechen, „wenn ein System bestimmte Eigenarten seiner Umwelt dauerhaft voraussetzt und sich strukturell darauf verlässt". Dieser seit *Luhmann*[3] geläufige Begriff erfasst auch das Verhältnis zwischen Ökonomie und Recht. Für das Recht liest sich das so: „Das Recht ist aber nicht ein in sich selbst legitimiertes, aus immanenten Antrieben sich entwickelndes geistiges Naturgebilde, sondern steht immer funktionsgebunden innerhalb und als Teil einer gesellschaftlichen Wirklichkeit. ... Aus dieser sozialordnenden Funktion des Rechts folgt aber, dass es auf die zu ordnende soziale Wirklichkeit notwendig *bezogen* sein muss, und zwar nicht nur formell durch seinen Geltungsanspruch und die Möglichkeit seiner zwangsweisen Durchsetzbarkeit, sondern auch sachlich-inhaltlich".[4] Transponiert man diese Vision auf die aktuellen Probleme des Finanzmarkts, so könnte man beispielsweise fragen: Wie viele genuine Risikoabschätzungsgewohnheiten des Finanzmarkts muss das Recht akzeptieren, was muss es normativ und abstrakt vorgeben?

Bei der Suche nach Antworten wird pars pro toto deutlich, weshalb „für die Gegenwart geradezu ein Aufblühen wirklichkeitswissenschaftlicher Fragestellungen in der Rechtswissenschaft" festgestellt werden kann.[5] „Das alte Grundsatzproblem der Rechtswissenschaft, ob ihre Anwendungsorientierung sie notgedrungen dazu zwingt, auf ‚die' Wirklichkeit zu rekurrieren, stellt sich eh und je. Im Laufe der Zeit pflegen sich Wirklichkeitswahrnehmungen zu verändern; die Referenzwissenschaften wechseln einander ab".[6] Die in unseren Tagen primäre Referenzwissenschaft scheint die Ökonomie zu sein; ein Ökonom ist es jedenfalls, der das Potential hier einschlägiger Fragestellungen besonders eindrucksvoll verwaltet: „Normative Maßstäbe sind zur Erkenntnis der Wirklichkeit unverzichtbar, weil es eine Faktizität, die abgelöst von normativen Selektionsentscheidungen besteht, jedenfalls für das menschliche Erkenntnisvermögen nicht gibt.... Hinzu tritt das Problem von Subjektivität und Intersubjektivität. Da wissenschaftliche Aussa-

---

3 Das Recht der Gesellschaft, S. 440 ff. (441); speziell zur Internationalisierung: *Fischer-Lescano* Globalverfassung. Die Geltungsbegründung der Menschenrechte. 2005, S. 70 f.

4 *Böckenförde* Recht, Staat, Freiheit. Studien zur Rechtsphilosophie, Staatstheorie und Verfassungsgeschichte 1991, S. 29.

5 *Lepsius* Wandlungen in der juristischen Wirklichkeitswahrnehmung 1880 bis 1932, in: Oexle (Hrsg.) Krise des Historismus – Krise der Wirklichkeit 2007, S. 314 ff. (357); aus wirtschaftsrechtlicher Perspektive: *Engel* Das schwindende Vertrauen in die Marktwirtschaft und die Folgen für das Recht, FS Hopt 2010, S. 2733 ff. (2735 ff.).

6 AaO. S. 357.

gen an die Erkenntnisfähigkeit des Menschen geknüpft sind und durch diese beschränkt werden, hängt die Erkenntnis in Wirklichkeit zunehmend vom Erkenntnisvermögen des Individuums ab. Der Blick auf die Wirklichkeit ist jedoch subjektiv kontingent, daraus folgt, dass alle objektive Erkenntnis, die das Stadium der subjektiven Vereinzelung überschreiten will, auf einen Konsens über erkenntnisleitende Kriterien und Bewertungsmaßstäbe angewiesen ist".[7]

In der Rechtsphilosophie ist seit langem von der „Natur der Sache" die Rede,[8] wenn es darum geht, sowohl die Aspektabhängigkeit wie die Stoffbestimmtheit von Ideen brennpunkthaft in einer harmonisierenden Abbreviatur zu fixieren. Das ist eine Abgrenzung nach zwei Seiten. Einmal relativiert der Empiriegehalt, der in der „Natur der Sache" steckt, den Anspruch, der im Namen eines absoluten Vernunftgehalts erhoben werden könnte; er wäre mit aufgeklärter Erkenntniskritik und modernen Demokratiepostulaten nicht vereinbar. Vielmehr muss – das ist aber nur eine vorläufige Auskunft – „in der Demokratie ... die Geltung der Rechtsordnung, also eine spezifisch juristische Wirklichkeit, auf ein System der Normentstehung gegründet werden, nämlich die parlamentarische Gesetzgebung, das auf ein vorrechtliches Sein, also eine außerjuristische Wirklichkeit, gar nicht angewiesen ist".[9] Auf der anderen Seite relativiert eben jener Empiriegehalt der „Natur der Sache", aber auch konstruktivistische Positionen. Die Wertungen, die schließlich zu einer rechtlichen Norm führen, können nicht alle Freiheiten für sich reklamieren. Diese „Vielseitigkeit" des Begriffs ist offenbar auch anziehend für – mit reichem rechtshistorischem Material ausgestattete – Rekurse auf die „Natur der Sache" in der modernen ökonomischen Literatur.[10]

Bei der Suche nach einer Funktion des Rechts, die sich der Dichotomie von Unverfügbarem und Kontingenz entzieht, stößt man auf Vorschläge, die nur mit formalen Unterscheidungen arbeiten. Nicht auf das, *was* das Recht ausmacht, kommt es an, sondern darauf, *wie* es Gestalt annimmt. „Erwartungssicherung" und „Verhaltenssteuerung"[11] sind die modernen Stichworte.

---

7 *Homann* Rationalität und Demokratie 1988, S. 218.

8 Überblick bei *Rüthers* Rechtstheorie 5. Aufl. 2010, Rn. 919 ff.; *Seelmann* Rechtsphilosophie 5. Aufl. 2010, S. 141 ff.; *Horn* Einführung in die Rechtswissenschaft und Rechtsphilosophie 4. Aufl. 2007, RnRn. 424 ff.; in: Kaufmann/Hassemer/Neumann (Hrsg.) Einführung in die Rechtsphilosophie und Rechtstheorie der Gegenwart 7. Aufl. 2004, S. 196 ff. Unter den zahlreichen monographischen Arbeiten sind hervorzuheben: *Ballweg* Zu einer Lehre von der Natur der Sache 1960; *Dreier* Die Natur der Sache 1965; *Poulantzas* Nature des Choses et droit 1965; *Radbruch* Die Natur der Sache als juristische Denkform, Bd. Rechtsphilosophie III Bd. 3, 1990, S. 229 ff.; *Schambeck* Die Natur der Sache 1964.

9 *Lepsius* a. a. O. S. 352. Hierzu weiter grundlegend *Höfling* a. a. O. F 14 ff: „Die rechtstaatlich-demokratische Verfassungsordnung schließt es aus, dass durchsetzungsstarke Interessen sich zu eigenberechtigten Teilhabern an staatlichen Entscheidungsprozessen machen" (F 15). Freilich wird auch die Rückbindung gefordert „an sachgesetzliche Steuerungsnormen, die zugleich die Einbindung in einen demokratischen Legitimationszusammenhang sicherstellen. Darüber hinaus bedarf es einer steuernden Rezeption von professionellen Standards" (*Höfling* a. a. O. F 63).

10 Vgl. *Wüstemann* Institutionenökonomik und internationale Rechnungslegungsordnungen 2002, S. 108 ff., und *Koslowski* Ethik der Banken 2009, S. 24 ff. Explizite Bezüge zur „Wirtschaft" auch bei *Horn* a. a. O. Rn. 425; *Rüthers* a. a. O. Rn. 921.

11 *Luhmann* Ausdifferenzierung des Rechts 1981, S. 73.

Demnach stehen Ökonomie und Recht einander nicht als sich substanziell wechselseitig begrenzende Materien gegenüber. Vielmehr beschränkt sich der Unterschied darauf, dass das Recht eine spezifische Verbindlichkeitsstruktur hat. Das ergibt sich am deutlichsten aus der Abgrenzung zur Moral. Gleichviel, worauf man dabei abstellt und unerachtet vieler Gemeinsamkeiten (etwa der Verantwortungsethik) – das typisch Rechtliche wird erst durch eine besondere Verbindlichkeit erreicht.[12] Die Originalität des Rechts besteht in *dieser Qualifizierung* externer Inhalte und der Entscheidung darüber, wer zuständig ist, diese Qualifizierung vorzunehmen, und in welchen Verfahren das geschieht.

Heißt das, dass Geltung den *Inhalten* des Rechts nur eine gewisse Färbung oder Zuspitzung gibt, ist sie also eine Art „surplus“, das man zur Abrundung des Stoffs heranzieht, oder durchdringt sie gleichsam die Rechtsgesellschaft?

Generalisierend wird man diese Frage nicht beantworten können. Also empfehlen sich zunächst pragmatische Annäherungen. Für „Ökonomie und Recht“ heißt das: Wer in erster Linie die an der Souveränität der Staaten vorbei *agierenden* globalisierten *Märkte* vor Augen hat, wird direkt von der *Ökonomie* ausgehen. Wer sofort die vielfältigen *Bindungen* reflektiert, die das Wirtschaftsleben durch rechtliche Regeln erhält, wird vom *Recht* ausgehen.

Vielleicht sollte man dort ansetzen, wo der größte Bedarf an Aufklärung besteht. Und dieser Punkt ist leicht zu finden: Was macht ein ökonomisches Konzept so attraktiv, beziehungsweise – für sich genommen oder in der Konkurrenz mit anderen Werten – so kritikwürdig, dass das Ergebnis dieser Abwägung in den Rang *rechtlicher Geltung* rücken soll? Von Fall zu Fall wird das zwar täglich entschieden. Aber das passiert auf der Basis summarischer oder situationsbezogener politischer Erwägungen; übergreifende Kriterien fehlen. Will man sie finden, so sind drei Fragestellungen auseinander zu halten.

- Was ist Rechtsgeltung? (II)
- Wie ist zu begründen, dass bestimmte Programme rechtliche Geltung erlangen? (III)
- Was wäre insofern – bezogen auf den Finanzmarkt – auszuwählen? (B)

II. Kriterien der Geltung

Die metaphysische Rechtsgeltung interessiert hier nicht, nur die verfassungsrechtliche.[13] Danach kann man sagen, „dass eine Norm rechtlich gilt, wenn sie von einem dafür zuständigen Organ in der dafür vorgesehenen Weise erlassen worden ist und

---

12 Man kann das an der Genese subjektiver Rechte studieren, sie entspricht vor allem der Individualisierung „im modernen Naturrecht des 16., 17. und 18. Jahrhunderts“ (*von der Pfordten* Zur Differenzierung von Recht, Moral und Ethik, in: Sandkühler (Hrsg.) Recht und Moral 2010, S. 33 ff. [42]); ausführlicher *Fischer-Lescano* a. a. O. S. 70 ff. (vor allem 72 ff.); über die rechtshistorischen und rechtstheoretischen Hintergründe einer *substantiellen* Eigenständigkeit des Rechts, *Rückert*, Autonomie des Rechts in rechtshistorischer Perspektive, 1988.

13 Zu diesen Differenzierungen *Hofmann* Legitimität und Rechtsgeltung 1971, S. 32 ff.

nicht gegen höherrangiges Recht verstößt, kurz: wenn sie ordnungsgemäß gesetzt ist".[14] Aber die moderne Rechtstheorie ist längst dabei, traditionelle Funktionen des Rechts gewissermaßen auszulagern, und Normen zu verifizieren, die sich in – vor allem im Zuge der Globalisierung entstandenen – gesellschaftlichen Subsystemen finden, etwa in Codices der Selbstregulierung.[15] Deshalb will eine Forschungsinitiative, die sich mit dem Thema „Normativität des Rechts im Wandel" beschäftigt, „den Zugang zum prestigeträchtigen Geltungssymbol „Recht" für alle, die davon sprechen und damit handeln wollen", eröffnen.[16] Die vordergründige Intuition, entscheidend sei doch die Erzwingbarkeit einer rechtlichen Regelung durch Gerichte und Prozesse, scheitere daran, heißt es, dass in Wahrheit die Geltung von Normen in der modernen Gesellschaft auf vielfältige differenzierte Weise erprobt werde. Danach erzeugen inoffizielle, halboffizielle oder stillschweigende konkludente Einigungsprozesse eine der offiziellen Geltung vergleichbare Wirkung oder Vorwirkung, und wenn auch nur im Interesse und mit dem Motiv eines vorauseilenden Gehorsams für das, was vielleicht doch erzwungen wird.

Die Bedenken liegen natürlich auf der Hand. Die „Transformation des ‚soft-law' in Rechtsregeln (...) bei gleichzeitiger Verlagerung der materiellen Entscheidungsverantwortung" ist als Prozess „der Entformalisierung, ‚Privatisierung' und Entparlamentisierung (...) auch unter den Bedingungen eines offenen Verfassungsstaates hoch problematisch".[17] „Informalität und Konsensualität von Entscheidungsprozessen" stellen „ein zentrales Element parlamentarischer Demokratie" in Frage.[18]

Es gibt aber auch die Tendenz, Staat und Demokratie zu entkoppeln. Das Völkerrecht hat Modelle dafür.[19] Längst ist von Rechtspluralismus die Rede als einer modernen Frage „nach den Quellen des Rechts".[20] Die vorläufige Antwort lautet: Es etablieren sich partikulare und vielleicht auch regionale Ordnungen, die – obwohl eine ausdrückliche

---

14 *Alexy* Begriffe und Geltung des Rechts 1992, S. 143. Das Problem, das „die Definition der rechtlichen Geltung bereits rechtliche Geltung voraussetzt und insofern zirkulär zu sein scheint" (*Alexy* a. a. O. S. 143), gehört in die allgemeine Rechtstheorie und kann hier nicht näher untersucht werden.

15 Dabei erheben sich – bezogen auf das Kapitalmarktrecht – folgende Fragen: „Welche Gruppen sind berechtigt, an Unternehmensdiskursen teilzunehmen? Für wen müssen sich die Repräsentanten der Stakeholder verantworten? Wer vertritt das öffentliche Interesse? Wie verhält sich all dieses zu der gesellschaftsrechtlichen Verantwortung des Managements gegenüber den Aktionären? Wie muss das Verhältnis von interessenpluralistisch angelegten Dialogprozessen zu den gesellschaftlich geregelten Entscheidungsprozessen gestaltet werden, die ja allein auf die Interessen der Kapitaleigner ausgerichtet sind, denen mit der Unternehmensethik auch formal legitimierende Kraft zukommt? Braucht es dafür ein neues Unternehmensrecht statt des kapitalistischen Gesellschaftsrechts?" (*Steinmann* Unternehmensethik und Globalisierung – globale Regeln und private Akteure, in: Heidbrink/Hirsch (Hrsg.) Verantwortung als marktwirtschaftliches Prinzip. Zum Verhältnis von Moral und Ökonomie 2008, S. 145 ff. (166/167).

16 *Seinecke* Rechtspluralismus – Anmerkungen zum „Recht" des Rechtsdualismus, Arbeitspapier im Rahmen des Exzellenzclusters 243 „Die Herausbildung normativer Ordnungen" Goethe-Universität Frankfurt am Main 2010, S. 41 mit Belegen.

17 *Höfling* a. a. O. F 37.

18 *Höfling* a. a. O. F 38.

19 *Preuß* Gibt es eine völkerrechtliche Demokratietheorie (im Erscheinen); historisch aufschlussreich *Wesel* Geschichte des Rechts in Europa 2010, S. 513/514.

20 *Seinecke* a. a. O. S. 48.

verfassungsrechtliche Ermächtigung dazu fehlt – eine folgenreiche Verbindlichkeit entfalten. Als Musterbeispiel des globalisierten Marktes, der diese neuen Rechtsformen hervorbringt, gilt der Finanzmarkt.[21] Die Globalisierung hat hier dazu geführt, dass die Unterscheidung zwischen staatlichen und anderen Regeln nicht unbestimmt die zwischen Recht und Unternehmensethik ist, sondern auch die zwischen zwei verschiedenen Sorten von Recht sein kann.

Viele sozial relevante und insoweit schon bewertete Handlungen und Zustände erfahren keine zusätzliche juristische Bewertung. In anderen Fällen liegt es umgekehrt, die soziale Auszeichnung einer Position erfolgt erst – uno actu also – mit der juristischen Verbindlichkeitsqualifikation. Das gilt für weite Teile der Rechtsordnung und wird deshalb auch ganz selbstverständlich akzeptiert. Typisch ist das vor allem für die Verfahrensordnungen.

Zweckrationalität, Gerechtigkeit und Rechtssicherheit. Das sind die abstrakten – antinomischen – Elemente der Rechtsidee. Den konkreten Inhalt bezieht sie indessen aus externen Interessenabwägungen. Bei der Zweckrationalität liegt das auf der Hand. Aber auch bei der Gerechtigkeit geht es um gesellschaftliche Diskurse, in denen geklärt wird, weshalb etwa jemand das gleiche erhält wie ein anderer, oder auch vielleicht nicht erhält, je nach dem, worauf man abstellt: auf verschiedene Bedürfnisse, verschiedene Verdienste, Herkunftsbedingungen etc., denn „Gleichheit ist immer nur Abstraktion von gegebener Ungleichheit unter einem bestimmten Gesichtspunkte“.[22] Damit ist die ganze Welt für die Gerechtigkeit geöffnet. Bei der Rechtssicherheit schließlich gibt es ebenfalls keinen abstrakten Zugang; vielmehr geht es um handfeste Interessen aus der Freiheits- und Sicherheitssphäre des Menschen. Durchweg also lebt die *Rechtsidee* davon, dass ihre Substanz in die instrumentale Funktion der Geltung überführt wird.

Die juristischen *Wirkungen* der Rechtsgeltung sind unterschiedlich. Am eindeutigsten ist die Sanktionsgeltung mit allen Haftungssystemen, aber es gibt auch bloße juristisch relevante Feststellungen, jeweils kalkulierbar als sichere Erwartung oder als vollzogen.

Wie sich die Wirkung der Rechtsgeltung (nicht identisch mit praktischer Wirksamkeit[23]) entfaltet, hängt davon ab, wie konkret die Ausgangspunkte sind. Steht am Anfang eine Generalklausel, so entscheidet die Methodologie der Auslegung über alles weitere. Ein Stück weit genügt die Logik des analytischen Urteils. Schon damit ist das genuin Juristische verlassen, und erst recht dann, wenn mit dem, was man sprachliche oder grammatische Auslegung nennt, semantische Grundprobleme hinzutreten. Womöglich mag man ein Primat der Jurisprudenz dort vermuten, wo der Wille des Gesetzgebers erforscht werden muss. Geht es dabei dann aber auch um den objektiven Gehalt der so genannten Gesetzesmaterialien, so tauchen gleichzeitig schon hier die extern zu beantwortenden Fragen nach Sinn und Zweck der Regeln auf, und sie rücken endgültig in den Vordergrund, wenn sie sich auf die aktuelle Rechtslage beziehen. Dass „teleologi-

21 *Becker* Staatlich-private Rechtssetzung in globalisierten Finanzmärkten, Zeitschrift für Unternehmens- und Gesellschaftsrecht 2009, S. 123 ff. (125).
22 *Radbruch* Rechtsphilosophie, in: Gesamtausgabe Bd. 2 Rechtsphilosophie II 1993, S. 259.
23 Dazu *Lüderssen* Genesis und Geltung in der Jurisprudenz 1996, S. 157 ff.

sche" Rechtsauslegung und Normentstehung in dieser Weise inhaltlich zusammentreffen, ist ein geläufiger Topos der allgemeinen Rechtstheorie.[24]

III. Begründung der Geltungsrelevanz

Rechtsgeltung wird angestrebt, wenn man sich darauf, dass bestimmte Dinge geschehen oder nicht geschehen, nicht nur in – mehr oder weniger gut begründetem – Vertrauen verlassen, sondern auf speziellen Garantien bestehen möchte. Sie werden vor allem in Gestalt von Erlaubnissen und Verboten gewährt und bilden in dieser Weise etwa auch den Rahmen einer Wirtschaftsordnung.[25] Das erlebt man vor allem, wenn das Recht für die Einleitung von Reformen bemüht wird: Die Lösung einer Aufgabe soll nicht mehr einer organischen sozialen Entwicklung überlassen bleiben, sondern wird für so wichtig gehalten, dass – in verschiedener Intensität und Ausdehnung – verbindliche Regelungen geschaffen werden. Gerade für neue Ideen im Wirtschaftsrecht ist zu registrieren, dass sie häufig zugleich mit dem Verbindlichkeitspostulat präsentiert werden, etwa im Bilanzrecht. Das ändert aber nichts daran, dass die Materie nicht genuin juristisch ist, sondern von Abwägungen beherrscht wird, die aus einem großen gesellschaftlichen Potential kommen.

Dass der *Stoff* des Rechts über die Verbindlichkeit, mit der die sich auf ihn beziehenden Regeln ausgestattet sind, definiert wird, sagt also noch nichts über Art und Umfang dieses Stoffs, auch wenn das Interesse an einer Materie überhaupt erst durch das Regelungsbedürfnis geweckt worden ist. Hinge es beispielsweise nicht von der Schuld eines Menschen ab, ob er ins Gefängnis kommt oder nicht, würde man sich nicht mit so verzweigten und intensiven Anstrengungen um eine Antwort auf die Frage, was Schuld denn sei, bemühen. Ganze Bibliotheken des Allgemeinen Teils des Strafrechts sind aus diesem Grund entstanden. Daher findet auch die philosophische Ethik ihr Material häufig in der strafrechtlichen Dogmatik. Erst über die Forderung nach Verbindlichkeit wird die Materie gewissermaßen sichtbar. Das gilt für viele Rechtsgebiete.

Das Umgekehrte ist aber genau so häufig: Erst nach einem langem Prozess sich allmählich herausbildender Gewohnheiten taucht das Bedürfnis auf, sie in einen stärkeren Verbindlichkeitsgrad zu versetzen, also rechtlich zu fixieren. Dort wiederum, wo an Gewohnheiten Anstoß genommen wird und man diese Kritik inhaltlich verbindlich machen möchte, wird das Recht nicht als Bestätigung, sondern als Korrektur angestrebt. Was inhaltlich passiert, ist aber in jedem Fall durch den Normativierungseffekt initiiert und wird nur dadurch zum Recht.

Man kann das Funktionalismus nennen, um zu vermeiden, dass Substanzielles a priori mit dem Siegel des Rechts versehen wird. Denn für demokratische Gesellschaften kommt so etwas nicht mehr in Betracht. Aber wie bei dieser Sachlage die „Stoffbe-

---

24 Weitere Klassifizierungen mit Blick auf die – innerhalb des Positivismus – einander gegenüber stehenden „Schulen", etwa das Verhältnis zur reinen Rechtslehre *Kelsens* einerseits, zu soziologischen Positionen (*Ehrlich*) andererseits (vgl. dazu *Lüderssen/Kelsen/Ehrlich* in: Stanley/Stolleis (Hrsg.) Hans Kelsen 2005, S. 264ff.), müssen hier mit Blick auf den begrenzten Raum unterbleiben.

25 Analytisch sehr klar *Reifner* Die Geldgesellschaft 2010, S. 311.

stimmtheit“ des Rechts rechtstheoretisch zu interpretieren und rechtspolitisch auszuwerten ist, kann nicht abstrakt beantwortet werden. Vielmehr bedarf es einer Konkretisierung der Probleme.

B. Rechtliche Verbindlichkeitsstrukturen im Finanzmarkt

Eine Formel, nach der diese Prozesse einzuleiten sein könnten, gibt es nicht. Wohl aber muss man davon ausgehen, dass die Überlegungen, die der Entscheidung, das Recht einzuschalten, vorausgehen,[26] eine anknüpfungsfähige Struktur aufweisen. Statistische Mitteilungen, Erfahrungsberichte, Prognosen etc. genügen nicht. Es muss erkennbar sein, ob Handlungsbedarf besteht, welche Vorschläge gemacht und wie sie begründet werden. Zwar verbürgt das Recht auch dort, wo es konstitutiv ist für eine gesellschaftliche Veränderung, diese nur durch das Medium der Geltung. Sie bleibt jedoch abhängig von der Regelungssubstanz. Ehe diese mit dem folgenreichen Gütesiegel des Rechts versehen wird, muss man über sie also erst einmal etwas wissen.[27]

Um welche Ziele geht es, mit welchen Mitteln können sie realisiert werden, welche unerwünschten Nebenfolgen sind zu registrieren und gegebenenfalls auszuschließen oder abzuschwächen? Diese auf *Weber* zurückgehende Dreiteilung ist nach wie vor am besten geeignet, die jeweils erforderlichen Entscheidungsschritte vorzubereiten.[28] Damit sind weitere Fragestellungen impliziert. Wie verhalten sich Fakten und Werte? Sind nicht nur die Werte konstruiert, sondern auch die Fakten, oder werden sie objektiv festgestellt? Werden Fakten und Werte überhaupt durchgehend getrennt oder treten sie kombiniert auf?[29] Die Fragen stellen sich auf jeder Stufe der Zweck/Mittel-Ketten.

I. Eine erste Tour d'Horizon

Zu beginnen wäre – noch nicht nach dem strengen Zweck/Mittel-Verfahren – mit der Formulierung einer Art oberstem Ziels: „Soziale Marktwirtschaft“ könnte das sein, als gegenwärtig nach wie vor reifste, wiewohl ausbaubedürftige Konzeption für die Fi-

---

26 Allgemeines über die „Gründe für die Normsetzung“ bei *Kirchner* Handbuch für Wirtschaftsethik [herausgegeben im Auftrag der Görres-Gesellschaft von Wilhelm Korff u. a.] Bd. 2: Ethik wirtschaftlicher Ordnungen 1999 [Neudruck 2009], S. 128 (im Rahmen der Erörterung der „Formen innerstaatlicher Interaktionsregeln für wirtschaftliche Prozesse, a. a. O. S. 127 ff.).

27 Insofern gibt es keine „reine“ Beantwortung der Geltungsfrage (*MacCormick/Weinberger* Grundlagen des Institutionalistischen Rechtspositivismus1985, S. 13). Dieser „Positivismus“ ist also insofern deutlich abzugrenzen von dem, der sich aus dem Konzept der „reinen Rechtslehre“ von *Kelsen* ergibt (dazu auch *MacCormick/Weinberger* a. a. O. S. 140 f.).

28 S. dazu genauer *Homann* Die Interdependenz von Zielen und Mitteln, Tübingen 1983; *Lüderssen* Erfahrung als Rechtsquelle 1972, S. 68 ff.

29 Über „Konstruktivismus und Normativität auch in der ökonomischen Theorie“ vgl. *Lüderssen* Ökonomische Analyse des Strafrechts und Alternativen zum Strafrecht, in: Ott/Schäfer (Hrsg.) Die Präventivwirkung zivil- und strafrechtlicher Sanktionen 1999, S. 25 ff. (27 ff.); vgl. auch den Überblick bei *Budäus/Steenbock* Erkenntnistheorie und ökonomischer Ansatz, Handbuch der Wirtschaftsethik, a. a. O. Bd. 3: Ethik wirtschaftlichen Handelns, S. 190 ff.

xierung der „sozialen und politischen Funktionsvoraussetzungen des kapitalistischen Systems".[30]

Bei der Frage, wer von der sozialen Marktwirtschaft profitieren soll, können sich allerdings schon Konkurrenzen ergeben mit Blick auf Probleme, die beispielsweise bei der Aktiengesellschaft die Debatten über Shareholder/Stakeholder beherrschen und mutatis mutandis auch bei anderen Unternehmensverfassungen auftreten.[31] Noch eindeutigere Konkurrenzen ergeben sich dann, wenn man der nur auf Unternehmensgewinn bezogenen Effizienz die „Wohlfahrt" aller gegenüberstellt. Versucht man, diese Positionen aufzuschlüsseln, verschwinden die Gegensätze aber. Denn so sehr man beispielsweise die Risikobegrenzung im Umgang mit Finanzprodukten aus Rücksicht auf viele womöglich zu Schaden kommende Personen oder Institutionen prima vista als eine Beschränkung der Effizienz auffassen möchte, so wenig kann man verhehlen, dass bei einem weiteren oder reflektierteren Begriff von Effizienz die Notwendigkeit der Risikobegrenzung gerade dazu gehört.[32] Dies kann sowohl im Sinne einer doppelten oder kumulativen Funktion wie einer ambivalenten Wirkung gemeint sein.

Das lehrt beispielsweise der Umgang mit Verbriefungen, die – auch mehrfach abgestuft – zwar Liquidität generieren, damit also eindeutig die Effizienz fördern,[33] gleichwohl nicht uferlos werden dürfen, sondern durch Erhöhung der Eigenkapitalanteile oder die Etablierung eines Selbstbehaltes einzudämmen sind; das dient dem Schutz „unschuldig" in diese Geschäfte hineingezogener Dritter. Andererseits können diese Restriktionen (wiederum) auch dazu beitragen, dass das ganze Verbriefungssystem solider und damit die Effizienz *gesteigert* wird. Bei der Frage der Einführung oder Verstärkung der Haftung für „schlechte" Papiere (sei es der Emittenten, sei es der Zwischenhändler) verschärft sich diese Ambivalenz. Sie spitzt sich weiter zu, wenn man in diesem Zusammenhang Vertrag und Schutz Dritter einander gegenüber stellt. Noch schwieriger wird die Abwägung, wenn man den Schutz der Abnehmer der Finanzprodukte durch zusätzliche Pflichten bei der Anlageberatung verstärkt oder in deutlicher Analogie zum Verbraucherschutz, eine Art TÜV für toxische Papiere fordert.[34] Ein weiterer Schritt wäre

30 *Beckert* Die Anspruchsinflation des Wirtschaftssystems. Zur Theorie des Spätkapitalismus im Licht der Finanzmarktkrise, in: Westend. Neue Zeitschrift für Sozialforschung 2009, S. 135 ff. (138).

31 *Spindler* Gemeinwohlorientierte Unternehmensinteressen und Kapitalgesellschaften, in: Kempf/Lüderssen/Volk (Hrsg.) Die Finanzkrise, das Wirtschaftsstrafrecht und die Moral 2010, S. 71 ff.; *Forstmoser* Verallgemeinerbare Modelle für die Gemeinwohlorientierung von Unternehmen, in: Kempf/Lüderssen/Volk, a. a. O. S. 107 ff.

32 Darüber, dass durch die Schaffung „anlegerschützender Regelungen im Bereich der Kapitalmärkte (…) zugleich (…) die Funktionsfähigkeit des Kapitalmarkts im Ganzen gefördert werden soll" vgl. *Zimmer* Finanzmarktregelung – Welche Regelungen empfehlen sich für den deutschen und europäischen Finanzsektor? Gutachten G, S. 10 zum 68. Deutschen Juristentag 2010, unter Hinweis auf den Erwägungsgrund 10 der Prospektrichtlinie des Europäischen Parlaments „zum Verhältnis von Anlegerschutz und (…) Markteffizienz".

33 Für die „Efficient Market Theory" hat es kürzlich *Skidelsky* Die Rückkehr des Meisters, Keynes für das 21. Jahrhundert 2009, S. 73, besonders treffend formuliert: „Die zunehmende Verbriefung von Krediten hat, da sie auf der Schaffung neuer und liquider Märkte basiert, die allokative Effizienz und finanzielle Stabilität verbessert".

34 Wachstum. Bildung, Zusammenhalt. Koalitionsvertrag zwischen CDU, CSU und FDP, 17. Legislaturperiode Rn. 2269/2270.

das Verbot von Credit Default Swaps (CDS). Das würde dazu führen, dass Kreditvergaben weniger leichtfertig erfolgen, andererseits aber auch erwünschte Kreditvergaben erschwert werden. Wer schließlich die Integration der Wertschöpfungshintergründe fordert und damit einen Beitrag zur Transparenz der Papiere leisten möchte, schützt die gleichsam am Ende Betroffenen, dämmt den Handel mit diesen Produkten aber ein, so dass per saldo schließlich eine alle treffende Verkleinerung des Marktes zu befürchten sein könnte.

Wie man sieht, führen diese Konkretisierungen nicht zu eindeutigen Entscheidungen. Das Verhältnis zwischen Effizienz und Risikobegrenzung bleibt unklar. Daran ändert sich nichts, wenn man in einem zweiten Anlauf zunächst wieder mit großen Parolen beginnt. Ein so motivierter Satz könnte lauten: Die Praxis sehr weitgehender und großzügiger Kredite ist unter anderem Ausdruck einer Art demokratischer Verteilung des Geldes.[35] Die Konfrontation mit Details, als Test gewissermaßen, schafft aber sofort wieder Unsicherheit: Wird dieser Effekt gefördert, wenn man unabhängige oder vielleicht sogar staatliche Rating-Agenturen fordert, oder führt das zu unerwünschten Rückgängen im Kreditgeschäft?[36]

Geht man schließlich wieder eine Ebene höher, erhebt sich zum Beispiel die Frage, ob eine generelle Anpassung des Finanzmarkts an die Realwirtschaft favorisiert werden sollte. Das würde bedeuten (in der Terminologie des Ordoliberalismus), dass man Ordnungsprinzipien auch im Finanzmarkt gelten lässt, welche die dort herrschenden Interventionsmodelle relativieren. Darüber könnte sogar die zunächst einleuchtende Feststellung eines Gegensatzes zwischen Effizienz und Wohlfahrt hinfällig werden: die „wahre“ Effizienz wäre zugleich die wohlfahrtsfreundlichste.

Wer versucht, von diesen Ebenen ausgehend, erneut Konkretisierungen vorzunehmen, stößt auf den Vorschlag, dass im Finanzmarkt Vorkehrungen gegen Wettbewerbsbeschränkungen getroffen werden sollten. „Die gesamtwirtschaftliche Bedeutung des Wettbewerbs der Banken folgt aus der mit dem Kreditgeschäft verbundenen Geldschöpfung. Die gesamtwirtschaftlichen Gefahren folgen aus dem Kreditwettbewerb, in dem sich die Banken im Angebot günstiger Konditionen unterbieten, womit sie sich in der Bereitschaft zur Übernahme von Risiken überbieten“.[37] Wenn nicht nur wenige Unternehmen dominierend die Kalkulationen mit kaskadenhaften Verbriefungen handhaben, könnten deren Risiken – durch wechselseitige Risikokontrolle – vermindert werden usw.[38]

35 Vgl. das Projekt des Nobelpreisträgers *Yunus* (darüber *Schmidt* Microfinance, Kommerzialisierung und Ethik, Sitzungsberichte der Wissenschaftlichen Gesellschaft an der Goethe-Universität Frankfurt am Main, Stuttgart 2008; dazu auch *Lüderssen* Finanzmarktkrise, Risikomanagement und Strafrecht: *Kempf/Lüderssen/Volk* (Hrsg.) 2010 a. a. O. S. 223/224 mit weiteren Hinweisen.

36 Vorzügliche Analyse des Problems bei *Höfling* a. a. O. F 40 ff.

37 *Mestmäcker* Gesellschaft und Recht bei David Hume und Friedrich A. von Hayek – Über die Zivilisierung des Egoismus durch Recht und Wettbewerb, in: Ordo – Jahrbuch für die Ordnung von Wirtschaft und Gesellschaft, Bd. 60, 2009, S. 87 ff. (97).

38 Wenn Banken als „systemrelevant betrachtet werden“, haben sie „Zugriff auf Vorteile, die Unternehmen in funktionierenden Märkten nicht zukommen. Dass der Wettbewerb unter solchen Voraussetzungen seine Auslese- und Allokationsfunktionen nicht erbringen kann, ist offensichtlich“ (*Zimmer* a. a. O. G 13 mit weiteren Argumenten).

Dieses Kaleidoskop möglicher Antagonismen, Interdependenzen, Ambivalenzen und Paradoxien ist natürlich ganz lückenhaft und auch auf das Ganze gesehen ein flüchtiges Fragment. Aber die Andeutungen bieten genug Material, um begreiflich zu machen, wie die Differenzierung und Zusammenführung von Zielen und Mitteln, Fakten und Wertungen die Vorgaben strukturieren, auf die stößt, wer für die besonders problematischen Vorgänge am Finanzmarkt rechtliche Lösungen suchen möchte.

Manches deutet freilich darauf hin, dass die hier vorgeschlagenen analytischen Trennungen auf jene ganzheitlichen Konzepte wie „Sachlogik" oder „Natur der Sache" zurückverweisen, im Sinne der Fixierung prästabilisierter Verhältnisse, für deren Beurteilung ja auch geschlossene Wissensgebiete verfügbar sind, wie etwa die Unternehmensethik oder soziale Verantwortungslehren.[39]

II. Reformvorschläge – exemplarisch

Präzisere Aussagen sind nur von einer Diskussion über spezielle Maßnahmen zu erwarten. Dafür sind am besten aktuelle Regelungsempfehlungen geeignet. Im Vordergrund stehen dabei die primären Rechtsmaterien, d. h. das Strafrecht als subsidiäres Rechtsgebiet bleibt erst einmal ausgeklammert.

1) Nichtstrafrechtliche Lösungen[40]

a) Das Verbot ungedeckter Leerverkäufe[41]

Welche Funktion das Verbot von Leerverkäufen übernehmen könnte, soll im Handlungsgeflecht von Zielsetzung, Mittelauswahl und Abwägung von Zielkonflikten Schritt für Schritt geklärt werden.

Auf jeder Stufe ist zu fragen, ob bereits ein rechtlicher Geltungsstatus etabliert werden soll. Zum Beispiel kann es sein, dass schon für die Plausibilität der Zielsetzung auf die präsumtive rechtliche Durchsetzung hingewiesen werden muss.

Dabei kommt es nicht so sehr darauf an, eine abschließende und überzeugende Lösung zu erarbeiten. Vielmehr soll ein *Modell* dafür präsentiert werden, wie das, was als undurchdringliche Osmose von Ökonomie und Recht erscheint, ins Licht gerückt werden kann.

---

39 S. dazu *Lüderssen* Finanzmarktkrise, Risikomanagement und Strafrecht: *Kempf/Lüderssen/Volk* (Hrsg.) 2010, a. a. O. S. 211 ff.;

40 Aktueller Überblick bei *Mülbert* Finanzmarktregulierung – Welche Regelungen empfehlen sich für den deutschen und europäischen Finanzsektor? JZ 2010, S. 834 ff.

41 Gesetz zur Vorbeugung gegen missbräuchliche Wertpapier- und Derivatgeschäfte, in Kraft getreten am 27. 7. 2010; Änderungen aufgrund europäischer Entwicklungen sind schon absehbar (EU-Richtlinien-Entwurf); dazu jetzt *T. Möllers/Christ/Harrer* Das neue Recht zur Regulierung ungedeckter Kreditderivate. Das Gesetz gegen missbräuchliche Wertpapier- und Derivategeschäfte versus europäische Regulierungsvorschläge, Neue Zeitschrift für Gesellschaftsrecht 2010, S. 1124 ff.

aa) Die Regelung im Überblick

Das Gesetz formuliert ein Verbot und anschließend Ausnahmen von diesem Verbot. Außerdem werden besondere Mitteilungs- und Veröffentlichungspflichten eingeführt. Hier interessiert zunächst nur das Verbot (§ 30h, Abs.1 Wertpapierhandelsgesetz). Es ist überschrieben als „Verbot ungedeckter Leerverkäufe in Aktien“.
Der Abs. 1 lautet wie folgt:

Es ist verboten, ungedeckte Leerverkäufe in Aktien zu tätigen, welche an einer inländischen Börse zum Handel im regulierten Markt zugelassen sind. Dies gilt nicht für Aktien von Unternehmen mit Sitz in einem anderen Mitgliedstaat der Europäischen Union oder einem anderen Vertragsstaat des Abkommens über den Europäischen Wirtschaftsraum oder einem Drittstaat, sofern die Aktien nicht ausschließlich an einer inländischen Börse zum Handel im regulierten Markt zugelassen sind. Ein ungedeckter Leerverkauf liegt vor, wenn der Verkäufer der Aktien zum Zeitpunkt des Abschlusses des jeweiligen Geschäftes

1. nicht Eigentümer der verkauften Aktien ist oder
2. keinen schuldrechtlich oder sachenrechtlich unbedingt durchsetzbaren Anspruch auf Übereignung einer entsprechenden Anzahl von Aktien gleicher Gattung hat.

Zur Begründung wird zunächst unter A. Allgemeiner Teil, Ziff. II, („wesentlicher Inhalt der Gesetzgebung“) ausgeführt (auf S. 2):

Ungedeckte Leerverkäufe ermöglichen es, in kurzer Zeit eine große Zahl von Aktien zu verkaufen, ohne dass diese zuvor durch ein mit Kosten verbundenes Wertpapierleihgeschäft beschafft werden müssen. Dadurch kann ein starker Druck auf Aktienkurse entstehen. Es ist grundsätzlich auch möglich, mehr Aktien zu verkaufen, als am Markt verfügbar sind. Mit dem Verbot wird damit verbundenen Risiken für die Stabilität und Funktionsfähigkeit der Finanzmärkte im Kern entgegen gewirkt.

Dann wird unter B, Besonderer Teil, noch einmal speziell zu § 30h ausgeführt:

Ungedeckte Leerverkäufe ermöglichen es, im Gegensatz zu gedeckten, sehr schnell eine große Zahl von Leerverkäufen ohne vorherigen finanziellen Aufwand für eine Wertpapierleihe zu tätigen. Daneben ist es durch die Nutzung ungedeckter Leerverkäufe theoretisch möglich, mehr Aktien zu verkaufen, als am Markt verfügbar sind. Von dieser Handelsstrategie gehen daher besondere Risiken für die Stabilität und Integrität des Finanzmarktes aus. Daneben dient das Verbot auch einer Verhinderung von Marktmanipulationen, welche unter Nutzung ungedeckter Leerverkäufe erfolgen können.

Sieht man von den Redundanzen in den beiden Begründungen ab, so kann man in den beiden Texten analytisch trennen zwischen Beschreibungen, Definitionen, Prognosen und normativen Schlussfolgerungen.

Dabei verfährt die Begründung insofern nicht einheitlich, als einige Sätze zugleich Beschreibung und Prognose sind, andere sogar auch noch die normative Forderung semantisch aufnehmen.

Beschreibend wird auf die Möglichkeit hingewiesen, dass ungedeckte Leerverkäufe „sehr schnell eine große Zahl von Leerverkäufen ohne vorherigen finanziellen Aufwand für eine Wertpapierleihe zu tätigen“, ermöglichen. Hinzu tritt der Hinweis darauf, „dass durch die Nutzung ungedeckter Leerverkäufe theoretisch möglich ist, „mehr Aktien zu verkaufen, als am Markt verfügbar sind“.

Hinzu tritt der weitere Hinweis, dass durch diese Vorgänge „ein starker Druck auf Aktienkurse“ entstehen kann.

Das ist zugleich eine Prognose, die außerdem die normative Forderung einschließt, dass ein solcher Druck vermieden werden muss.

Die gleiche Kombination von Prognose und normativer Schlussfolgerung findet sich in dem Satz: „von dieser Handelsstrategie gehen daher besondere Risiken für die Stabilität und Integrität des Finanzmarktes aus“.

Als normative Schlussfolgerung ausdrücklich formuliert ist dann: „Mit dem Verbot wird damit verbundenen Risiken für die Stabilität und Funktionsfähigkeit der Finanzmärkte im Kern entgegen gewirkt“. Ausdrücklich als normative Schlussfolgerung erscheint dann auch das Verbot der „Verhinderung von Marktmanipulation“, mit der Besonderheit freilich, dass die Prognose, solche Marktmanipulationen könnten „unter Nutzung ungedeckter Leerverkäufe erfolgen (...)“, nachgeschoben wird.

bb) Das Zweck/Mittel-Schema

(1) Ziele

Hier steht an oberster Stelle:

- Stabilität des Finanzmarktes
- Integrität des Finanzmarkts

Bereits an dieser Stelle schon das Recht ins Spiel zu bringen, ist durchaus denkbar. Das Verfassungsrecht etwa kennt die verbindliche Formulierung von Zielen. Im vorliegenden Zusammenhang wäre daran zu denken, dass auf dem Hintergrund eines Bekenntnisses des GG zur sozialen Marktwirtschaft, das Ziel, die Stabilität des Finanzmarkts und seine Integrität zu wahren und zu stärken, im Rahmen einer speziellen Gesetzgebung über Leerverkäufe rechtlich verbindlich formuliert würde. Das ist aber nicht geschehen – vielleicht deshalb nicht, weil jene verfassungsrechtliche Grundlage als streitig gilt.

(2) Mittel

Hierzu gehört, dass

- besondere Risiken
- sowie Marktmanipulationen

vermieden werden.

Diese Mittel für die Erreichung des Zieles (Stabilität und Integrität des Finanzmarkts) kann man auch formulieren als Zwischenziel, für dessen Erreichung nun das Mittel eingesetzt wird:

- Verbot ungedeckter Leerverkäufe.

Weshalb dieses Mittel geeignet und erforderlich ist für die Erreichung der Zwischenziele, und weshalb die Erreichung dieses Zwischenziels das geeignete und erforderliche Mittel ist zur Erreichung des Hauptzieles, wird in der Gesetzesbegründung nicht gesagt.

Dass sich das von selbst versteht, wird man nicht sagen können; vielmehr liegt die Vermutung nahe, dass es beim Zustandekommen der Begründung Argumente pro und contra gegeben hat.

Man muss also den Versuch machen, diese Argumente zu rekonstruieren. ehe man zu einer Bewertung des Gesetzgebungsvorschlags gelangt.

Zunächst muss ermittelt werden, ob das Unterbleiben von ungedeckten Leerverkäufen wirklich geeignet und erforderlich ist, damit kein Druck auf die Aktienkurse geschieht, Risiken eingedämmt und Marktmanipulation verhindert werden, und dass diese Vorgänge wiederum geeignet und erforderlich erscheinen, um Stabilität und Integrität des Finanzmarkts zu gewährleisten.

Diese Frage kann und muss man beantworten, ohne gleich an ein *Verbot* der ungedeckten Leerverkäufe zu denken. Empfehlungen, indirekte Maßnahmen und ähnliches genügen ja vielleicht, damit die gewünschten Erfolge in einem gewissen Maß, das als ausreichend angesehen werden könnte, eintreten.

Erst wenn sich zeigen sollte, dass eine generelle oder auch vielleicht mit speziellen Maßnahmen zu erreichende Förderung der einschlägigen Tendenzen für die Erreichung der Zwischenziele und dann auch der Hauptziele nicht genügt, sondern etwas geschaffen werden muss, das ein höheres Maß an Garantie und Verallgemeinerbarkeit der erstrebten Erfolge verbürgt, darf an Verbote gedacht werden. Sie bewirken, auch wenn sie noch nicht in das Strafrecht reichen, doch eine erhebliche Beschränkung der persönlichen Freiheit des Wirtschaftens und müssen sich unter dem Aspekt dieses Eingriffs legitimieren. Da das Minimum einer Rechtsgeltung die Verbindlichkeit ist, die alle Rechtsgenossen dazu verpflichtet, sich – ob nun eine Sanktion folgt oder nicht – an die erlassene Norm zu halten, muss gesondert geprüft werden, ob die Zurückdrängung oder gar Ausschließung ungedeckter Leerverkäufe wirklich so universell und dringlich ist, dass ein – mit Sanktionen bewehrtes – rechtliches Verbot erforderlich wird.

Dabei ist noch einmal hervorzuheben, dass es um eine besondere Wirkung geht. Geschäfte, die gegen das Verbot verstoßen, sind – „wenn sich nicht aus dem Gesetz etwas anderes ergibt“ – nichtig (§ 134 BGB[42]). Der geplante Erfolg ist ihnen also von vornherein verwehrt. Unter welchen Voraussetzungen das Verbot als übertreten angesehen werden muss, betrifft unter anderem eine Frage der Verhaltenszurechnung. Die Maßstäbe dafür scheinen genuin juristisch zu sein, sind aber primär unter dem Gesichtspunkt zu reflektieren, was die Zurechnung ökonomisch bedeutet, ob sie Maßstäben genügt, die auch sicherstellen, dass die beabsichtigte ökonomische Wirkung eintritt. Nach dieser Wirkung ist also zunächst zu fragen.

Es wird die Gefahr beschworen, dass Unternehmen „in systematischer Weise Leerverkäufe der Aktien von Konkurrenzunternehmen ohne tatsächliche Verkaufsabsicht“ ausführen, „um deren Aktienkurs zu senken, indem der Markt (scheinbar) mit Aktien geflutet wird“.[43] Dass damit Gefahren für den Finanzmarkt gegeben seien, sei offensichtlich,

---

42 Hierzu *Köhler* Wettbewerbsverstoß und Vertragsnichtigkeit, JZ 2010, S. 767 ff.

43 *Trüg* Leerverkäufe in: Kempf/Lüderssen/Volk a. a. O. 2010, S. 290 ff., mit Belegen. Dazu auch der Hinweis bei *Zimmer* a. a. O. G 22: Leerverkäufe können „auch ungünstige Wirkungen für die Funktionsfähigkeit der Kapitalmärkte entfalten: Ihr Einsatz kann zur Beschleunigung einer

denn „Investoren werden sich zurückhaltend geben, wenn am Markt eine Vielzahl von Wertpapieren dieses Unternehmens zum Verkauf anstehen".[44] Die Folge sind einschneidende „Liquiditätsengpässe".[45]

Die Beschreibung des Risikos impliziert zugleich, dass es vermieden werden soll. Man weiß also jetzt, weshalb die Vermeidung dieses Risikos das Mittel sein könnte, einen (unerwünschten) Druck auf Aktienkurse zu verhindern. Dass dieser Erfolg gut ist für die Stabilität und Integrität des Finanzmarkts, müsste – nach der Logik des hier behandelten Gesetzes – auch noch nachgewiesen werden, wird aber erst einmal unterstellt.

Denn viel wichtiger ist die Überprüfung der ersten Behauptung. Sie stützt sich ja im Wesentlichen auf etwas, das man als Missbrauch der Möglichkeit eines Leerverkaufes bezeichnen müsste. Wenn es statistisch so ist, dass diese Fälle überwiegen oder sehr zahlreich sind, dann können die Anstrengungen, Leerverkäufe zu vermeiden, das richtige Mittel sein, sie könnten aber auch unverhältnismäßig sein, wenn damit Vorteile, die sich aus der Praxis von Leerverkäufen ergeben, blockiert werden. Damit wären wir schon bei der Abwägung der Zielkonflikte bzw. der unerwünschten Nebenwirkungen eines an sich geeigneten und erforderlichen Mittels zur Erreichung eines erwünschten Zieles, aber das mag jetzt erst einmal dahinstehen, denn schon für die Behauptung selbst gibt es ja eine Gegenbehauptung: Auch ungedeckten Leerverkäufen wird „eine stabilisierende Wirkung für den Finanzmarkt zugeschrieben".[46] „So können *short sales* Arbitragegeschäfte in der Zeit sein, weil sie Angebot und Nachfrage zusammenführen (etwa in Form des sog. *convertible bond arbitrage,* wo Anleger versuchen, aus Ungereimtheiten zwischen dem Marktpreis der Wandelanleihe und jenem der unterliegenden Aktien einen Gewinn zu erzielen. Sind die Aktien im Vergleich mit der Wandelanleihe zu teuer, kauft der Anleger die Wandelanleihen und verkauft die Aktien leer). Die *short seller* teilen dem Markt überdies mittelbar ihre Erwartungen mit. Leerverkäufe können als Instrument zur Kurssicherung eingesetzt werden und dazu beitragen, einen preiseffizienten Kapitalmarkt zu bilden. Ferner können Leerverkäufe die Liquidität einer Börse erhöhen, so dass die Transaktionspreise sich dem realen Marktpreis annähern, weil davon auszugehen ist, dass der Transaktionspreis umso eher dem realen Marktpreis entspricht, je höher die Liquidität einer Börse ist. Weiter können dort *short sales* entscheiden über Leerverkäufe anhand der Unternehmenskennzahlen, namentlich in Verbindung mit dem Marktwert und den erwarteten Gewinnen. Geht man davon aus, dass überbewertete Unternehmen schädlich für eine Volkswirtschaft sein können, so dient der fallende Kurs eines solchen Unternehmens dessen realem Bild. Bei einem

---

Abwärtsbewegung von Kursen führen; Leerverkäufe können sogar gezielt eingesetzt werden, um die Preise bestimmter Papiere unter Druck zu setzen. So gehört die Tätigung von Leerverkäufen insbesondere im Zusammenhang mit einem ‚Streuen' schlechter Nachrichten über das betroffene Unternehmen zum Repertoire der Kursmanipulation". Hier käme es natürlich spätestens auch auf „behavioural economics" an (gute Orientierung bei *Kübler/Kübler* Zur Einführung: Recht und Sozialwissenschaft – Herausforderungen und Chancen der Verhaltensökonomie, Kritische Vierteljahresschrift für Gesetzgebung und Rechtswissenschaft 2007, S. 94ff.; s. ferner *Akerlof/Shiller* Animal Spirits 2009; weitere Hinweise bei *Zimmer* Rating-Agenturen: Reformbedarf nach der Reform, FS Hopt a. a. O. S. 2689ff., Anm. 2.

44 *Trüg* a. a. O. S. 314.

45 *Trüg* a. a. O. S. S. 317.

46 *Trüg* a. a. O. S. 21.

Verbot von Leerverkäufen besteht an den Börsen überdies eine starke Asymmetrie: Jeder Investor kann Aktien kaufen (und somit darauf setzen, dass der Kurs steigt), aber nur ein kleiner Kreis, die Aktieninhaber, kann Verkäufe tätigen. Jedenfalls ist gesichert, dass Leerverkäufe eigentlich nur das Gegenstück zur allgemein akzeptierten Long-Strategie sind, bei der Wertpapiere gekauft werden in der Erwartung, man könne sie zu einem späteren Zeitpunkt zu einem höheren Preis verkaufen“.[47]

Juristen sind es gewohnt, mit Ungewissheiten zu hantieren und auf dieser Basis zu entscheiden. Methoden sind dafür bisher nicht entwickelt worden. So geben meistens gesetzlich vorgegebene Kompetenzen den Ausschlag. Substanziell geht es um mehr oder weniger plausible Rechtfertigungen für die eine oder andere Option.

Anders ist das in den Wirtschaftswissenschaften. Dort ist der Umgang mit Hypothesen, insbesondere auch prognostischer Natur, methodologisch reflektiert in speziellen Lehren über „Ambiguität von Informationen als eine spezielle Form und Quelle der Unsicherheit“.[48] Der Ausgangspunkt ist die Einsicht: „Wirtschaftliche Entscheidungen beziehen sich auf die Zukunft und sind deshalb unter Unsicherheit zu treffen“. Ambiguität liegt vor, wenn „die Entscheider“ nicht wissen, „welche von mehreren möglichen Wahrscheinlichkeitsverteilungen für mögliche Zukunftsentscheidungen wirklich vorliegt“.[49]

An beiden Prognosemodellen, dem ablehnenden und dem befürwortenden, ist der Anteil der vermuteten Tatsachen, die auf irrationalem, nachahmendem oder gar herdenhaftem Verhalten beruhen, nicht feststellbar. Es liegen nur mehr oder weniger zahlreiche, schlechter oder besser gesammelte Erfahrungen und subjektive Einschätzungen vor, die mit einer gewissen Wahrscheinlichkeit den Schluss erlauben, dass es diese Tatsachen gibt.

Für einen Gesetzgeber, der seine Entscheidungen im Rahmen einer Zweck/Mittel/Zielkonflikt-Abwägung rechtfertigen muss, eröffnen sich angesichts dieser Befunde eigentlich keine Handlungsmöglichkeiten. Man kann also nur experimentieren.[50]

---

47 *Trüg* a. a. O. Dazu auch mit weiteren Argumenten *Zimmer* a. a. O. G 16/G17 mit dem Hinweis schließlich, dass „diese Technik – zum Teil als ‚momentum investment‘ bezeichnet – (…) in auflagenstarken Anlageratgebern dem breiten Anlegerpublikum als optimale Handelsstrategie angepriesen“ werde. Weitere Argumente folgen: „Ein Verkäufer, der sich das von ihm verkaufte Instrument noch verschaffen muss, bringt mit dem Leerverkauf seine Einschätzung zum Ausdruck, dass der Kaufgegenstand überbewertet sei. Dies ist – bei Annahme grundsätzlich bestehender Informationseffizienz der Kapitalmärkte – eine Information, die dem Markt nicht vorenthalten bleiben sollte“ (G 21/G 22); vgl. ferner G 81 ff. mit wichtigen Literaturhinweisen und kritischer Überprüfung der Rechtsgrundlagen für die Untersagungen der Leerverkäufe durch die BaFin.

48 *Clemens/Schmidt* Mehrdeutigkeit der Rechnungslegung und Herdenverhalten als Ursache der Finanzkrise, in: Kempf/Lüderssen/Volk, a. a. O. S. 239 (247 ff.).

49 *Clemens/Schmidt* a. a. O. S. 247. In der Jurisprudenz ist es das Verwaltungsrecht, das inzwischen „in hohem Maße Probleme des Umgangs mit Phänomenen der Ungewissheit“ hat. Hier gibt es „vor allem neue experimentelle Formen eines Lernprozesse arrangierenden Rechts, Formen der laufenden kybernetischen ‚Nachsteuerung‘, rückkoppelnde Verfahren der Lektüre der Praxistauglichkeit von Recht, wie man sie etwa im Technikrecht oder in der Risikoregulierung findet“ (*Vesting* Rechtstheorie 2007, S. 32 mit weiteren Beispielen).

50 Im Strafrecht ist das – das sei schon hier bemerkt – verfassungsrechtlich problematisch (vgl. *Lüderssen* Entkriminalisierung des Wirtschaftsrechts 1998, S. 202 f). Wenn der Gesetzgeber gleichwohl tätig wird, so ist die Vermutung nicht von der Hand zu weisen, dass er das aus sym-

Wenn bei den Leerverkäufen der Gesetzgeber sich einseitig für bestimmte Lösungen und deren Bewertung entscheidet, so kann das also gegenüber der Ökonomie substanziell nicht legitimiert werden, es sei denn, man lässt hier die „Dezision" als ein originär mit der Ökonomie konkurrierendes Element gelten. Unsicher ist, was zweckmäßig ist für die Ökonomie und was nicht. Dabei könnte es von Wert sein, bei so viel widerstreitenden Konzepten eine vielleicht falsche, aber wenigstens eindeutige und klare Entscheidung zu haben. Dieser abstrakte Ordnungsstandpunkt oder auch Funktionalismus könnte freilich in einem höheren System ökonomischer Zweckrationalität auch seinen Platz finden, aber selbst dann bliebe das dezisionistische Element als selbständige Enklave im Rahmen eines alle substanziellen Aspekte einbeziehenden Parallelogramms von Kräften und Bewertungen erhalten.

Die neuen Verbotsvorschläge in Bezug auf die Leerverkäufe erreichen mithin gar nicht den Rang von Vorschriften, die demonstrieren könnten, unter welchen Voraussetzungen eine inhaltliche ökonomische Konzeption nur dadurch in Funktion treten kann, dass sie rechtlich verbindlich wird.[51] Die konkurrierenden Prognosen sind nicht von der Art, dass man im Interesse von Entschiedenheit und Klarheit eine davon durchsetzen müsste. Vielmehr ist – grosso modo – die Situation vergleichbar der eines Gesetzgebers, der sich entscheiden muss, ob links oder rechts gefahren werden soll im Straßenverkehr, oder ob man beides zulassen kann, wie beispielsweise bei den Fahrradfahrern.[52]

Das non-liquet der verschiedenen miteinander konkurrierenden, gegensätzlichen ökonomischen Prognosen, wie sie sich bei der Diskussion über Verbot und Erlaubnis der Leerverkäufe ergibt, wird sicher kein Einzelfall bleiben.[53] Aussichtsreicher sind deshalb vielleicht doch Vorschläge, die nicht das Interventions- oder Kontrollpotential des Rechts abrufen, sondern auf Marktteilnehmer beeinflussende Mechanismen setzen.[54]

---

bolischen Gründen tut. Dem Bürger wird demonstriert, dass etwas geschieht. Die auf versteckten Wegen regulierende Funktion symbolischer Gesetzgebung oder Politik wird nicht nur in Kauf genommen, sondern angestrebt. Im Strafrecht ist das ebenfalls verfassungsrechtlich bedenklich, vgl. *Lüderssen* (Hrsg.) Moderne Wege kriminalpolitischen Denkens Aufgeklärte Kriminalpolitik oder Kampf gegen das Böse? Bd. I: Legitimationen 1998, S. 25 ff. (67 ff.). *Hassemer* Das Symbolische am symbolischen Strafrecht, FS Roxin 2001, S. 1001 ff.

51 Zur weiteren Diskussion des pro und contra vgl. *Zimmer* a. a. O. G.21, G.81 ff. mit viel Literatur.

52 Was die Zielkonflikte angeht, so wäre beispielsweise zu erwägen, ob man unter Umständen mit behördlichen Verboten, die gegenständlich und zeitlich begrenzt sind, dieselben Zwecke erreichen könnte, also das mildere Mittel genügt, s. Ziff. 20 der Thesen von Zimmer; so auch Nr. 20 b der Beschlüsse der Abteilung Öffentliches und Privates Wirtschaftsrecht (Finanzmarktregulierung – Welche Regelungen empfehlen sich für den deutschen und europäischen Finanzsektor?) des 68. Deutschen Juristentags in Berlin 2010; im übrigen werden die Zielkonflikte jetzt erst einmal ausgeklammert, weil sie sich auf die Ausnahmen beziehen, die von vornherein für das Verbot von Leerverkäufen gelten.

53 Kommentierung der hier besprochenen Gesetzgebung bei *Tyrolt/Bingel* Short Selling – neue Vorschriften zur Regulierung von Leerverkäufen, Betriebsberater 2010, S. 1419 ff.

54 Über die Vernachlässigung ordnungspolitischer Konzepte für den Finanzmarkt zugunsten einer Interventionspolitik s. schon *Lüderssen* Komplexität und Ambivalenzen, *Kempf/Lüderssen/Volk* (Hrsg.) 2010, a. a. O. S. 15 ff.; zur neuesten deutschen Gesetzgebung, die der Finanzaufsicht weitreichende Befugnis zur Restrukturierung systemwichtiger Banken gibt, speziell unter dem Gesichtspunkt, ob sich „Finanzmarktstabilität und Marktwirtschaft verbinden" lassen, *Zimmer* Was das Gesetz zur Rettung der Banken taugt, FAZ, 10. 9. 2010, S. 12; Zusammenstel-

b) Die Wiederherstellung der Kongruenz von Vertrag und Haftung

„Verträge“ haben „zwar die Funktion, Rechte zu begründen, oder zu übertragen, und damit Risiken zu transformieren. Mit solchen Risiken muss man umgehen, aber man kann sie nicht vernichten. Zum privatrechtlichen Umgang mit Risiken gehört es jedoch, dass sie für die Beteiligten kalkulierbar und berechenbar bleiben. Dazu gehört das Prinzip der unbeschränkten Haftung für vertraglich begründete, dadurch zugleich begrenzte Verbindlichkeiten.[55] Dies trennt Rechtsgeschäfte vom Glücksspiel“.[56] D.h. „das Vertragsprinzip versagt, wo die unbeschränkte Haftung und der Konkurs des Schuldners mit unübersehbaren Risiken für Dritte verbunden sind. ... Dieses Risiko rechtfertigt eine vorbeugende Regulierung, die sich am Prinzip einer auch realistischen unbeschränkten Haftung der Banken für ihre Verbindlichkeiten orientiert“.[57] Auf diese Weise wird den Problemen entgegen getreten, die sich dort ergeben, wo Forderungen „zur Grundlage neuer Finanzprodukte“ dienen, „die den Zusammenhang mit den Risiken der zugrunde liegenden Ressourcen nicht mehr erkennen lassen“. In diesem Fall handelt es sich um Schulbeispiele „für das Potential von Finanzmärkten, sich unabhängig von den zugrunde liegenden Gütermärkten zu entwickeln“.[58]

Man könnte versucht sein, diese Überlegungen nun doch als schon juristische zu identifizieren und damit eine klare inhaltliche Korrekturfunktion des Rechts in der Hand zu haben. Aber das würde nicht funktionieren. Erst wenn Vertrag und Haftung als so wichtige Konstruktionsprinzipien unserer Wirtschaft anerkannt sind, dass man sie auf spezifische Weise verbindlich machen möchte, tritt das Recht in Funktion. Das beginnt mit dem Satz „pacta sunt servanda“. „pacta“, für sich genommen, sind noch nicht genu-

---

lung weiterer gegenwärtiger einschlägiger Initiativen bei *Kindler* Finanzkrise und Finanzmarktregulierung – Ein Zwischenruf zum 68. Deutschen Juristentag NJW 2010, S. 2465 ff. (2465 und 2469 a.E.).

55 Bei Verbriefungen wird deshalb auch die grundsätzliche Frage gestellt: „Ob die Verbriefung von Forderungen in Zweckgesellschaften tatsächlich denjenigen entlasten darf, der den Schuldner ausgesucht und deswegen die Bonität dieses Schuldners zu verantworten hat“ (*Kirchhof* Rückbesinnung auf ein Grundrecht – Eigentum als Schule von Freiheit und Risiko, in: Depenheuer (Hrsg.) Eigentum, Verfassung und Finanzkrise 2009, S. 7 ff. (14). Zu den Weiterverbriefungen (Verbriefungen von Verbriefungen) vgl. die Empfehlung des 68. Deutschen Juristentages, „sie zu erschweren und gegebenenfalls zu untersagen“ (Beschluss Nr. 19 a. a. O.). Sehr nachdenkenswert freilich die Differenzierung bei *Rudolph* Die internationale Finanzkrise: Ursachen, Treiber, Veränderungsbedarf und Reformansätze, Zeitschrift für Unternehmens- und Gesellschaftsrecht 2010, S. 1 ff. (weitgehend identisch mit dem Beitrag „Die Finanzkrise aus mikroökonomischer Perspektive“, in: Bitburger Gespräche, Jahrbuch 2009/I 2010): „Der Mehrwert der Subordination durch Tranchenbildung resultiert insbesondere daraus, dass einerseits informationsinsensitive, quasi risikofreie bzw. risikoarme Wertpapiere konstruiert werden können, die wegen ihres niedrigen Risikos an nichtprofessionelle Anleger bzw. Anleger mit strengen Anlagekriterien abgegeben werden können, so wie andererseits informationssensitive, höher verzinsliche risikobehaftete Wertpapiere, für die spezialisierte Anleger (z. B. Hedge Fonds) eine Präferenz haben, die geringeren Anforderungen entsprechen müssen, im Gegenzug aber häufig mehr Informationen für die Poolqualität zur Verfügung gestellt bekommen“ (S. 11, s. a. S. 42 ff.).

56 *Mestmäcker* a. a. O. S. 98.

57 *Mestmäcker* a. a. O.

58 *Mestmäcker* a. a. O. S. 97.

in rechtlich, sondern Teil einer durchdachten Zweckrationalität der Wirtschaft,[59] die auf Austausch setzt. Wer sich an diese Regeln nicht hält, entfällt als Partner. Doch ist das noch nicht notwendig eine Wirkung des Rechts.

Die tritt erst ein, wenn man Vertrag und Haftung so ernst nimmt, dass ihre Garantie den Rang rechtlicher Regelungen erhält, die – im äußersten Fall – zu Zwangsmaßnahmen führen können. Diese Entscheidungen provozieren für den Fall, dass sie mit dem Usus konträrer Vorgänge konkurrieren, einen ernsthaften Abwägungsprozess. Dessen vorläufiges Ergebnis könnte sein, dass Folgen, die am Vertrag nicht beteiligte Dritte treffen,[60] rechtlich zu verhindern sind, auch wenn sie vielleicht in einer größeren Kosten/Nutzen-Erwägung einen kompensierenden Effekt haben.[61]

Man kann dabei an die Finanzprodukte anknüpfen und Vorschläge machen, die den Haftungszusammenhang wieder herstellen.

Man kann aber auch die Finanzmarktakteure anvisieren und deren Handeln unter dem Gesichtspunkt der Vermeidung unerwünschter externer Wirkungen[62] zu beeinflussen

---

59 Man spricht vom „Konzept der *sich selbst durchsetzenden Vereinbarung*. Das einzige Durchsetzungsinstrument ist hier die (ausgesprochene oder unausgesprochene) Drohung des Abbruchs der Beziehung (...)" (*Richter* Von der Aktion zur Interaktion: Der Sinn von Institutionen, Handbuch der Wirtschaftsethik, Bd. 2 a. a. O. S. 17 ff. [26]).

60 Vertragssoziologische Betrachtungen über das Verhältnis zwischen einem „einfachen Austauschvertrag" und den Problemen, die „komplexere Vertragsformen" aufwerfen, bei *Kirchner* a. a. O. S. 153, zunächst freilich mit dem Hinweis, „schlicht an die Systematik des Privatrechts, wie es sich im Bürgerlichen Gesetzbuch niederschlägt, anzuknüpfen und (...) Verträge wegen möglicher negativer Drittwirkungen für unzulässig – und damit zivilrechtlich für unwirksam bzw. nichtig – zu erklären, die gegen ein gesetzliches Verbot (§ 134 BGB) oder gegen die guten Sitten (§ 138 BGB) verstoßen". Dann heißt es freilich weiter: „Ginge man aber so vor, geriete man bezüglich § 134 BGB (gesetzliches Verbot) in einen Zirkelschluss, denn die negativen Drittwirkungen unter Hinweis auf das gesetzlich statuierte Verbot zu unterstellen, würde der Frage ausweichen, ob und warum denn derartige gesetzliche Verbote existieren. Hier kann es mancherlei Gründe geben, die direkt mit negativen Drittwirkungen zu tun haben". Das gleiche Problem ergibt sich bei § 138 BGB.

61 Verträge zu Lasten Dritter kann es ja durchaus geben (dazu *Kirchner* a. a. O. S. 153). Es kommt dann darauf an, ob die „externen Effekte (...) selbst Teil des Sanktions-Anreiz-Mechanismus des Marktes sind. Ist dies nicht der Fall, ist abzuwägen zwischen einer Verhandlungslösung, in die alle Beteiligten einzubinden wären, und einer Regelung durch Kollektiventscheidung (Gesetz). In aller Regel wird die Verhandlungslösung scheitern, zumeist bereits aus Transaktionskostenüberlegungen heraus. Die Leitlinie für die gesetzliche Lösung ist dann die hypothetische Verhandlungslösung" (a. a. O. S. 155/156).

62 Unter externen Wirkungen versteht man Fälle, in denen „die Aktivitäten einer Partei den Nutzen einer anderen Partei direkt beeinflussen, ohne dass für diese Effekte ein Marktpreis erhoben wird. Für den Urheber externer Effekte bestehen grundsätzlich keine Anreize, diese in sein Entscheidungskalkül mit einzubeziehen. Der Urheber entscheidet nach seinen privaten, nicht nach den volkswirtschaftlichen Kosten seines Tuns. Ohne diese Kosten tragen zu müssen, dehnt der Urheber im Falle negativer externer Effekte seine Aktivität aus volkswirtschaftlicher Sicht also zu weit aus. Im Finanzmarkt bestehen negative externe Effekte in Form der systemischen Risiken der Tätigkeiten einer Großbank. Ihre Insolvenz kann Kettenreaktionen auslösen, welche Verluste weiterer Banken bewirken, sogar deren Insolvenz nach sich ziehen und so mittelbar die Realwirtschaft beeinträchtigen können. Zugleich aber spielen diese Kettenreaktionen für die Großbank selber aber keine Rolle. Sie wird die volkswirtschaftlichen Kosten ihrer Insolvenz daher nicht in ihren Entscheidungen berücksichtigen und somit ein aus volkswirt-

versuchen. Dabei kann man dann unterscheiden zwischen der Einwirkung auf den Ablauf dieser Handlungen und der Organisation der Rahmenbedingungen.

Was den *Ablauf* der Handlungen angeht, so sind Vorschläge zu diskutieren, die sich darauf beziehen, den systemrelevanten Banken Anreize zu vermitteln, die sie dazu motivieren, die Entstehung systemrelevanter Strukturen zu verhindern.

Die *Organisation* ist das Thema, wenn an Fusionskontrolle oder Entflechtung gedacht wird zur Vermeidung jener verhängnisvollen Systemrelevanz, die das Motto „too big to fail“ auslöst – ein Effekt, der in unserer Wirtschaftsordnung rechtlich nicht vorgesehen ist.

aa) Ansatz bei den Finanzmarktprodukten

Hier ist zu prüfen, in welchen Fällen die Intransparenz durch eine Konstruktion der in den verbrieften Papieren enthaltenen Positionen aufgehoben oder gemindert werden kann.

Dabei wird hier nicht – wie bei dem erörterten Gesetzesvorschlag – ausdrücklich und förmlich das Zweck/Mittel-Schema eingesetzt. Bei den zur Wahl stehenden Vorschlägen handelt es sich nicht um für eine Gesetzgebung ausgearbeitete Regeln. Vielmehr werden nur Hypothesen aufgestellt. Deshalb passiert es, dass Zwecke formuliert werden, die – verfolgt man sie weiter – zu Mitteln werden. Dahinter stecken komplizierte Vorgänge: „Nur durch die Voraussetzung, dass ein *endlicher* Teil der unendlichen Fülle der Erscheinungen allein *bedeutungsvoll* sei, wird der Gedanke einer Erkenntnis *individueller* Erscheinungen überhaupt logisch sinnvoll. Wir ständen, selbst mit der denkbar umfassendsten Kenntnis aller »Gesetze« des Geschehens, ratlos vor der Frage: wie ist *kausale Erklärung* einer *individuellen* Tatsache überhaupt *möglich*, – da schon eine *Beschreibung* selbst des kleinsten Ausschnittes der Wirklichkeit ja niemals erschöpfend denkbar ist? Die Zahl und Art der Ursachen, die irgendein individuelles Ereignis bestimmt haben, ist ja stets *unendlich*, und es gibt keinerlei in den Dingen selbst liegendes Merkmal, einen Teil von ihnen als allein in Betracht kommend auszusondern. Ein Chaos von ‚Existenzialurteilen‘ über unzählige einzelne Wahrnehmungen wäre das einzige, was der Versuch eines ernstlich ‚voraussetzungslosen‘ Erkennens der Wirklichkeit erzielen würde. Und selbst dieses Ergebnis wäre nur scheinbar möglich, denn die Wirklichkeit jeder einzelnen Wahrnehmung zeigt bei näherem Zusehen ja stets unendlich viele einzelne Bestandteile, die nie erschöpfend in Wahrnehmungsurteilen ausgesprochen werden können. In dieses Chaos bringt *nur* der Umstand Ordnung, dass in jedem Fall nur ein *Teil* der individuellen Wirklichkeit für uns Interesse und *Bedeutung* hat, (…)“.[63] Das alles bei der Anwendung auf einen Einzelfall Schritt für Schritt methodologisch zu reflektieren, würde die Darstellung zu umständlich machen. Dass die vorgetragenen Argumentationen mehr oder weniger dem Duktus der „Problemverkleinerung durch Zwecksetzung und Operationalisierung von Unterzwecken“[64] folgen, wird gleichwohl unschwer zu erkennen sein, manchmal auch exemplarisch deutlich ausgesprochen werden.

---

schaftlicher Sicht übermäßiges Niveau an systemischen Risiken hervorbringen. In der aktuellen Finanzmarktkrise ist das mittlerweile gravierende Ausmaß an systemischen Risiken deutlich zutage getreten“ (*Zimmer* a. a. O. G 41/42).

63 *Weber* Die „Objektivität sozialwissenschaftlicher und sozialpolitischer Erkenntnisse“, in: Gesammelte Aufsätze zur Wissenschaftslehre, 2. Aufl. 1951, S. 146 ff. (177/178); ausführlicher dazu *Lüderssen* Erfahrung als Rechtsquelle 1972, S. 74 ff.

64 *Luhmann* Zweckbegriff und Systemrationalität 1968, S. 238.

(1) Begrenzung des Personenkreises beim Wertpapierhandel

Es gibt den Vorschlag, private, durch keinerlei institutionelle Kompetenz ausgezeichnete Personen von dem Handel mit bestimmten Papieren dieser Art auszuschließen, oder eine subventionierte Anlageberatung einzuführen.[65] Die möglicherweise unübersehbare Zahl von Geschäften mit Verbriefungen, die unter diesen Voraussetzungen nicht mehr zustande kämen,[66] könnten den Markt, der sich an die Generierung von Liquidität auf diesem Wege gewöhnt hat, fehlen. Wenn das richtig ist, und das sei hier einmal unterstellt, liegt ein ernst zu nehmender Interessenwiderstreit vor, der ohne größere empirische und experimentelle Untersuchungen nicht aufgelöst werden kann.

(2) Investitionsrationalität

Ein Indikator für die Rückkoppelbarkeit einer Verbriefung an den Gütermarkt könnte darin bestehen, dass die jeweilige bilaterale Transaktion sich ökonomisch als investitionsrational qualifizieren lässt.[67] Die Basis für diese Überlegung ist: „Am Kapitalmarkt wird privates Geld zu Investitionskapital, hier entscheidet sich, ob es einer volkswirtschaftlich sinnvollen und damit wohlfahrtsteigernden Verwendung zugeführt wird".[68] Aber der Anleger eines Papiers muss das nachvollziehen können.[69] Man müsste also versuchen, die Zahl der verbrieften Kredite so zu verringern, dass sie im Rahmen des

---

65 Vorschlag von *Shiller*: „Subsidising the consulting business" (im Rahmen seines Vortrages „Outlook and Opportunity after the Financial Crisis" beim DB-Symposium 2010). Eine Basis für diesen Vorschlag könnte auch die Beobachtung des Verhaltens vieler Anleger sein, „die in der Vergangenheit offensichtlich sehr sorglos in die komplexen Produkte investiert haben und gezwungen werden könnten, die ökonomische Basis für ihre Anlageentscheidung besser zu begründen und zu dokumentieren" (*Rudolph* a. a. O. S. 44).

66 Zu den Aufklärungspflichten, die sich hier ergeben könnten, vgl. *Roberts* Vertragliche Grundlagen von Finanzderivaten. Ein Beitrag zur Aufarbeitung der Krise? NJW 2010, S. 2988 ff.

67 Ein Desiderat im Rahmen der allgemeinen Forderung nach einer (Wieder)Ankopplung der „Finanzgeschäfte an die Realwirtschaft" (*Kirchhof* Die Bankenkrise und die Folgen für das Staatsfundament, FS Steiner 2009, S. 411 ff. [421]).

68 *Zimmer* a. a. O. G 14. Zur Empirie – wie verhalten sich die Anleger (eine Frage letztlich an „Behavioural Economics") – interessanter Hinweis darauf, dass es gar nicht unbedingt die professionellen Anleger sind, die das „kluge Geld" bringen. Andererseits heißt es, „dass auch professionelle Akteure oft kein Interesse daran haben, sich Diskrepanzen zwischen einem ‚inneren Wert' von Vermögensanlagen und ihrem Kurs kurzfristig durch Arbitrage-Geschäfte zunutze zu machen und so zu einer ‚realistischeren' Preisbildung beizutragen" (*Zimmer* a. a. O. G 15/G 16). Neue Mitteilungen über „Verhaltenswissenschaftliche Grundlagen von Anlageentscheidungen" bei *Haar* Anleger in geschlossenen Fonds – Kapitalmarkteffizienz, Behavioural Finance und Anlegerkoordination als Bausteine eines neuen Regulierungsparadigmas, FS Hopt, a. a. O. S. 1865 ff. (1881 ff.).

69 Bei der immer weiter gehenden „Aufspaltung der Wertschöpfungskette der Kreditvergabe ohne Refinanzierung" muss davon ausgegangen werden, „dass die Mehrzahl dieser Marktteilnehmer weder das von ihnen übernommene Risiko vollständig erkannt haben, noch fundierte Vorstellungen darüber besaßen, welche Risiken andere Marktteilnehmer über ihre verschiedenen Engagements an diesen Märkten übernommen hatten." (*Rudolph* a. a. O. S. 40). Daraus folgt, „dass Transparenzanforderungen die gesamte Wertschöpfungskette bzw. die gesamte Produktvielfalt erfassen müssen und nicht auf einzelne Produkte, Prozesse oder Instrumente beschränkt werden dürfen. Transparenz muss auch hinsichtlich der Verteilung der Risiken auf die verschiedenen Marktteilnehmer sowie über die Konstellation dieser Risiken bei bestimmten Marktteilnehmern bestehen (…)", a. a. O. S. 44/45.

Überprüfbaren bleiben. Diese Strategie wäre zu verbinden mit der weiteren, dass für die Überprüfbarkeit der Transparenz die stillschweigende Voraussetzung gemacht wird, sie nur in einer begrenzten Zahl von Fällen zu verlangen. Überprüfungssysteme[70] werden ja nie voll ausgereizt, immer sind Vertrauenspotentiale stillschweigend beteiligt.[71]

Würde der Handel mit Papieren, wobei in erster Linie der außerbörsliche Handel gemeint ist,[72] in dieser Weise begrenzt,[73] wäre für den Endabnehmer eine Position fixiert, die garantieren könnte, dass die Allokation von Effizienz nicht über seine Sicherheitsbedürfnisse hinweggeht. Die gleiche Rechnung ließe sich aufmachen mit Blick darauf, dass die Effizienzallokation auch Gemeinwohlinteressen in dem Sinne zu berücksichtigen hätte, dass einzelne Personen nicht in für sie unüberblickbare Geschäfte hineingezogen werden.[74]

Damit sind freilich die Bedenken nicht beseitigt, die generell gegen die Messbarkeit von Risiken im wirtschaftlichen Alltag vorgebracht werden.[75] Es wird vor allem hingewiesen auf die „Korrelationen zwischen den Kreditrisiken der verschiedenen Hypotheken oder Hypothekenverbriefungen, die Risiken aufgrund von Korrelationen zwischen den Kreditrisiken der Gegenparteien und der zugrunde liegenden Risiken in Derivaten und anderen Absicherungsverträgen“, schließlich auch auf „die Risiken für Wertpapiermärkte, die daher rühren, dass viele der Marktteilnehmer, die diese Papiere halten, bei einem Zusammenbruch ihrer Refinanzierung Papiere verkaufen müssen“.[76] Normativ bedeutet das: „Der Umstand, dass ein Risiko schlecht ausgeht, ist noch kein Beleg dafür, dass dieses Risiko nicht hätte eingegangen werden dürfen“.[77] Aber das heißt nicht, dass hier eine genuine, aus dem Recht folgende Bewertung ausgesprochen wird, sondern

70 Für die technischen Einzelheiten vgl. beispielsweise den Offenlegungsbericht 2009 der Commerzbank (Offenlegung gemäß Solvabilitätsverordnung zum 31. 12. 2009, S. 17 ff.).

71 *Clemens/Schmidt* a. a. O. sehen deshalb den „Prozess der Verbriefung als Quelle der Ambiguität“ (S. 249).

72 „Over the Counter“-Geschäfte vor allem, die bisher „nahezu unreguliert sind“, *Heun* Der Staat und die Finanzkrise, JZ 2010, S. 53 ff. (61) – gleichwohl Maßnahmen zur Herstellung von Transparenz fordernd.

73 Ein Indikator für diese Tendenz ist der Vorschlag eines Investor-Paid Ratings anstelle des Issue-Paid Models, d. h. der Vermittlung durch die Emittenten (dazu *Kindler* a. a. O. S. 2469). Zur Einordnung dieses Vorschlags in die allgemeine Diskussion über Rating Agenturen vgl. jetzt *Möllers* Regulierung von Rating Agenturen. Das neue europäische und amerikanische Recht – wichtige Schritte oder viel Lärm um nichts? JZ 2009, S. 861 ff.; vgl. die entsprechende Empfehlung des 68. Deutschen Juristentages, a. a. O. Beschluss Nr. 23 (a).

74 Die „Informationsasymmetrie“, die hier zu beobachten ist, wäre à la longue freilich nur aufzufangen durch Vorkehrungen, die unzweckmäßige Wettbewerbsvorteile abbauen (dazu *Zimmer* Gutachten a. a. O. G 20). Zur Funktion des „Vertrauen im institutionellen Rahmen“, insbesondere „Vertrauen als Mechanismus zur Stabilisierung unsicherer Erwartungen“ vgl. *Ripperger* Handbuch der Wirtschaftsethik a. a. O. Bd. 4, S. 67 ff. (72 ff.), mit der Zuspitzung auf „Vertrauen in Vertrauen“, a. a. O. S. 95 ff. Freilich sind mit diesen Wahrnehmungen auch „ethische Herausforderungen an das Informationsmanagement“ benannt (dazu *Klein/Teubner* Informationsverhalten und Informationsstrukturen, Handbuch der Wirtschaftsethik, Bd. 3 a. a. O. S. 416 ff. (427 ff.).

75 Zusammenfassend dazu *Hellwig* Gutachten zum 68. Deutschen Juristentag, E 45 ff.; zu den Folgerungen für die Ambiguität bei Verbriefungen vgl. *Clemens/Schmidt* a. a. O. S. 249 ff.

76 *Hellwig* a. a. O. E 45.

77 AaO. E 35.

folgendes gilt: „Es liegt in der Natur der Sache, dass Risiken manchmal gut ausgehen und manchmal schlecht. Wollte man, dass alles immer nur gut ausgeht, dann müsste man alle Risiken vermeiden. Wirtschaft und Gesellschaft würden alsbald ihre Innovationskraft verlieren, es käme zum sicheren Niedergang – in Relation zu dynamischeren Gesellschaften, vielleicht sogar absolut, denn ein Teil unseres heutigen Lebensstandards beruht darauf, dass hiesige Unternehmen aufgrund innovativer – und daher riskanter – Tätigkeiten in der Lage sind, mit ihren Produkten hohe Preise zu erzielen. Solche Marktpositionen werden durch den Wettbewerb Dritter erodiert, wenn sie nicht immer wieder neu durch weitere Innovationen gefestigt werden“.[78]

Wir haben hier somit den Fall eines Regelungsbedarfs, der zeigen kann, in welchem Maß die mit einer Rechtsregel typischerweise verbundene Verbindlichkeit einem „rein“ ökonomischen Bestreben Grenzen setzen kann. Aber es ist erneut zu betonen, dass es sich hierbei nicht um eine genuine Konkurrenz von Recht und Ökonomie handelt, sondern darum, dass das Recht durch seine Allgemeinverbindlichkeit dem ökonomischen Konzept erst zu seiner überzeugenden Geltung verhilft – vorausgesetzt, dass dieses Konzept nicht zu eng definiert ist. Gegen eine solche enge Definition, die den Gemeinwohlbezug unternehmerischen Handelns ausklammern würde, sprechen die ökonomischen und politischen Erwägungen, die in die verfassungsrechtlichen Prämissen unseres Wirtschaftsrechts eingegangen sind.

Auch diese Prämissen sind also nicht genuin rechtlich in dem Sinne zu verstehen, dass das *Rechts*prinzip der Freiheit oder der Sozialpflichtigkeit des Eigentums ökonomischen Konzepten entgegen stünde. Vielmehr ist von einem einheitlichen, auf kollektive und individuelle Interessen bezogenen Konzept auszugehen, dessen Ursprung politisch und am Ende also demokratischer Legitimation bedürftig ist, wegen des auf eine gewisse Unverbrüchlichkeit gerichteten Bedürfnisses aber in einen Verbindlichkeitsstatus versetzt werden muss, den nur die Rechtsordnung, und zwar in ihrer höchsten Form – der Verfassung – gewähren kann.

bb) Der Ansatz beim Finanzmarktakteur

(1) Anreize zur Vermeidung von Systemrelevanz

Der Vorschlag zielt darauf, die externen Effekte, die sich in der Systemrelevanz niederschlagen, zu internalisieren. Das heißt, dem Urheber der externen Effekte werden „auch die volkswirtschaftlichen Kosten seiner Aktivität auferlegt, so dass er sie in sein Entscheidungskalkül mit einbezieht. Das führt dazu, dass er dasjenige Ausmaß an Aktivität wählt, welches aus volkswirtschaftlicher Sicht optimal ist“.[79] Danach empfiehlt es sich, „alle Aktivitäten, die systemische Risiken auslösen, mit einem den Kosten dieser Risiken entsprechenden Preis“ zu belegen. Die Bank würde dann wahrscheinlich versuchen, dem Risikopreis dadurch zu entgehen, dass sie die systemischen Risiken reduziert.[80]

Für die Konkretisierung dieser Idee werden Eigenkapitalanforderungen erwogen, die dazu dienen, den aus der „Einlagensicherung herrührenden Anreiz zu risikoträchtigem

78 A. a. O. E 35, s. a. E 45 ff.
79 *Zimmer* a. a. O. G 42.
80 *Zimmer* a. a. O. G 43.

Verhalten (‚moral hazard‘) durch Sicherstellung einer Haftung des Kapitals der Anteilseigner zu korrigieren“. Denn die „too big to fail“-Garantie lässt ohne weiteres eine Sicherung aller Einlagen der Bank erwarten. „Dem dadurch verschärften Fehlanreiz für ‚moral hazard‘ könnte eine Erhöhung des haftenden Kapitals der Anteilseigner begegnen“,[81] aber natürlich nur unter der Voraussetzung, dass keine bilanzielle Auslagerung an eine so genannte Zweckgesellschaft stattfindet.[82] Hinzuzufügen ist, dass dieser Vorschlag nicht verwechselt werden darf mit dem viele andere Banken treffenden Vorschlag von Basel III (sehr kritisch diskutiert bei der Jahrestagung der Internationalen Bankenvereinigung[83]).

Alternativ kommt auch eine Modifizierung der „Prämie zur Einlagensicherung“ in Betracht. Denn „je geringer die Reserven der Einlagensicherung sind, desto eher wird der Staat versucht sein, die Bank zu retten“.[84] „Aus diesem Grund gehen Überlegungen dahin, einen Finanzkrisenfonds zu schaffen, der die zusätzlichen Kosten einer Rettung oder Abwicklung übernimmt.“. Besser wäre es allerdings, die Beiträge „allein den Urhebern systemischer Risiken aufzuerlegen. Die externen Effekte ließen sich dann über gesteigerte Prämien zur Einlagensicherung internalisieren“.[85]

Alle diese Vorschläge setzen voraus, dass Systemrelevanztests vorliegen. Es gibt sowohl generelle wie individuelle Methoden, die Systemrelevanz zu testen. Eine „abstrakt-generelle Bestimmung von Größenschwellen“ ist mit vielen Unwägbarkeiten belastet.[86] Beim individuellen Systemrelevanztest „erstellt die Aufsicht in Deutschland für jede Bank ein Risikoprofil, das ihr niedrige, mittlere oder hohe Systemrelevanz attestiert“.[87] „Die Ermittlung der jeweiligen Stufe erfolgt anhand der in der Legaldefinition der Systemrelevanz in Art. 6 Abs. 3 Aufsichtsrichtlinie[88] genannten Kriterien: Größe, Intensität der Interbankbeziehungen und Verflechtungen mit dem Ausland“.[89]

Die Vorteile die ein individueller Systemrelevanztest gegenüber Größenschwellen „bietet, liegen in ganz speziellen“ Anreizwirkungen. „Wenn nämlich „das Erreichen einer

---

81 *Zimmer* a. a. O. Allerdings taucht hier ein neues Problem auf, denn die Erhöhung des Eigenkapitalanteils nötigt die Firmen ihrerseits dazu, ertragreiche Geschäfte zu machen, die es ermöglichen, dieses zusätzliche Kapital aufzubringen. Außerdem setzen die dafür erforderlichen Kredite voraus, dass die Kreditgeber den Hintergrund nicht durchschauen; s. aber auch Fn. 80.

82 Besonders hervorgehoben bei *Heun* a. a. O. S. 61.

83 Handelsblatt v. 13. 10. 2010, S. 4.

84 *Zimmer* a. a. O. G 49; ferner *Zimmer/Rengier* Entflechtung, Fusionskontrolle oder Sonderregulierung für systemrelevante Banken? Ansätze zur Lösung des „too big to fail“-Problems, Zeitschrift für Wettbewerbsrecht 2010, S. 105 ff. (132).

85 Welches der Einlagensicherungssysteme dabei zu bevorzugen wäre – das gesetzliche (dazu Einlagensicherungs- und Anlegerentschädigungsgesetz [EAEG] in der Fassung vom 25. 6. 2009) oder das vertragliche –, ist eine untergeordnete Frage, die hier nicht beantwortet zu werden braucht.

86 *Zimmer* a. a. O. G 28.

87 *Zimmer* a. a. O. G 29. S. Deutsche Bundesbank/BaFin, Bankaufsichtliches Risikoprofil, S. 4, abrufbar unter ATP: www.bundesbank.de/download/bankenaufsicht/pdf/risikoprofil.pdf.

88 Richtlinie zur Durchführung und Qualitätssicherung der laufenden Überwachung der Kredit- und Finanzdienstleistungsinstitute durch die Deutsche Bundesbank.

89 *Zimmer* a. a. O. G.29/30, dort weitere Hinweise auf die gesetzlichen Grundlagen solcher Tests; s. dazu auch *Eidenmüller* Rekonstruktuierung systemrelevanter Finanzinstitute, FS Hopt, a. a. O. S. 1713 ff.

bestimmten Größe eine Entflechtung" auslösen könnte, „so können für eine Bank, die sich dieser Schwelle nähert, Anreize entstehen, ihr Wachstum aufzuhalten, indem sie ineffizient wirtschaftet oder sich im Wettbewerb zurückhält".[90]

Es gibt dann aber auch neue Probleme. Denn das „optimale Maß fördert nicht die völlige Ausschaltung systemischer Risiken, sondern nur ihre Minderung bis zu dem Punkt, in dem die Kosten einer zusätzlichen Reduzierung der Risiken deren Vorteile nicht mehr aufwiegen würden, etwa weil Anreize für Innovationen erstickt würden".[91] Ein weiteres Bedenken rührt daher, dass der Staat „durch explizite Erfassung" der systemrelevanten Institute „offen legen" würde, „dass er sie vor einer Insolvenz retten müsste. Anreizeffekte und Wettbewerbsverzerrungen der ‚too big to fail-Doktrin' würden also noch verschärft".[92] Schließlich sind Probleme der Wettbewerbsneutralität[93] zu bedenken. „Systemrelevante Banken werden mit höheren Eigenkapitalanforderungen und Prämien zu Einlagensicherung belastet als ihre Wettbewerber. In der Regel gilt die Wettbewerbsneutralität staatlicher Eingriffe als ein zentrales wirtschaftspolitisches Postulat". Problematisch wird das freilich nur dann, wenn man „Wettbewerbsneutralität als Ergebnisgleichheit" versteht. „Danach sollen aufsichtsrechtliche Normen auch bestehende Wettbewerbsnachteile egalisieren dürfen. (...) Dies kann einer Sonderregulierung gelingen, wenn sie diejenigen Wettbewerbsvorteile kompensiert, die systemrelevante Banken bisher gegenüber kleineren Banken genießen. Dabei handelt es sich insbesondere um ... Vorteile bei der Refinanzierung".[94]

---

90 *Zimmer* aaO) G 30, mit weiteren Hinweisen auf Literatur.

91 *Zimmer/Rengier* Entflechtung, Fusionskontrolle oder Sonderregulierung für systemrelevante Banken? Ansätze zur Lösung des „too big to fail"-Problems, Zeitschrift für Wettbwerbsrecht 2010, S. 133. Hierher gehört auch die Besorgnis, die Vermehrung der Eigenkapitalsquote werde zu einer unakzeptablen Verminderung des Kreditvolumens für mittelständische Unternehmen führen (vgl. Kindler a. a. O. S. 2466, 2468; s. auch Hellwig, Gutachten, a. a. O. E 50; vgl. andererseits die Verteidigung des Vorschlages der Erhöhung der Eigenkapitalquote gegen die vielfach erhobenen Einwände bei *Admati/DeMarzo/Hellwig/Pfleiderer* Fallacies, Irrelevant Facts and Myths in the Diskussion of Capital Regulation: Why Bank Equity is *Not* expensiv, Stanford GSB Research Paper No.2063 [The Rock Center for Corporate Governance at Stanford University Working Papers Series No.68, August 2010]; ferner den Bericht in der FAZ v. 10. 9. 2010 über die unterschiedlichen Standpunkte der Großbanken in dieser Frage [Commerzbank versus Deutsche Bank], S. 15).

92 *Zimmer/Rengier* a. a. O. S. 135; dort auf S. 136 auch der Versuch einer Widerlegung dieser Annahme.

93 Dabei kommt es darauf an, dass der Wettbewerbsbegriff nicht zu eng gefasst wird. Über „begriffliche Vorverständnisse, Konzeptualisierungsansätze", verbunden mit der Warnung, „mögliche Wettbewerbskonzepte allein ökonomisch zu denken", unter gründlicher Heranziehung der über verschiedene Disziplinen verteilten Literatur: *Kotzur* Demokratie als Wettbewerbsordnung, Veröffentlichungen der Vereinigung der Deutschen Staatsrechtslehrer, Gemeinwohl durch Wettbewerb? 2010, S. 173 ff. (180 ff.); s. auch *Meesen* Prinzip Wettbewerb, JZ 2009, S. 697 ff.

94 Wichtig der – in einem weitläufigeren Zusammenhang gegebene – Hinweis von Hellwig, mittelständischen Unternehmen sei bisher der Zugang zur Börse verweigert worden (Zweifel an dieser Wahrnehmung bei *Kindler* a. a. O. S. 2466), teilweise deshalb, weil das restriktiv gehandhabt worden sei, „insbesondere von den im Emissionsgeschäft tätigen Banken, die auf diese Weise de facto die Kreditgeschäfte schützen" (Gutachten, a. a. O. E 51). Das sei aber mit Blick auf die Belastungen und Risiken unter den geltenden Eigenkapitalanforderungen nicht zu rechtfertigen. Wahrscheinlich werde eine Börsenzulassung in breitem Umfang automatisch

Es bleibt die Frage, wie „verschärfte Regulierungsvorgaben eine wirksame Internalisierung zu bewirken“ vermögen. „Wenn diejenigen Aktivitäten reduziert werden sollen, die systematische Risiken auslösen, könnte man zunächst an eine Bepreisung dieser kritischen Transaktionen denken. Allerdings ist das systemische Risiko einer Transaktion nicht messbar. Systemische Risiken entstehen vielmehr aus der Korrelation oder dem Umfang vieler Transaktionen. Der Risikopreis kann damit nicht an einzelne Transaktionen anknüpfen, sondern muss das Risiko des Bestandes eines Portfolios adressieren“.[95]

Zusammengefasst: „Über die differenzierende Bemessung von Eigenkapitalanforderungen sowie Prämien für die Einlagensicherung können systemische Risiken internalisiert (d. h. deren Verursachung zugewiesen) und dadurch Anreize zu deren Abbau und Vermeidung gesetzt werden“.[96] Natürlich müsse darüber längerfristig ein internationaler Konsens geschaffen werden.[97]

Ob diese Maßnahmen wirklich greifen würden, ist eine empirische Frage,[98] auf deren Beantwortung es hier nicht ankommt, und die auch hier nicht gesucht werden kann.[99] Aber schlüssig in dem Sinne, dass es auf diese Weise gelingen könnte, das größte durch

---

die Monopolstellung von Banken mit zu geringem Eigenkapital in Frage stellen, und sie müssten dann zwangsläufig die erhöhten Eigenkapitalanforderungen erfüllen, man hätte dann gewissermaßen nicht mehr das Risikomonopol. Wenn dadurch Kreditfinanzierungen gefährdet würden, sei das ausgeglichen durch die Senkung der Risiken für Dritte, Gläubiger und Steuerzahler, „die bei den derzeit exorbitant niedrigen Eigenkapitalausstattungen unvermeidlich sind“ (a. a. O. E 50). Freilich sei nicht zu übersehen, dass es zu einem „Paradox der Eigenkapitalregulierung“ kommen könne. Das Eigenkapital solle ja „als Puffer gegen Verluste dienen“. Regulatorisch gefordertes Eigenkapital aber stehe als Puffer nicht zur Verfügung (a. a. O. E 47).

95 *Zimmer/Rengier* a. a. O. S. 133/134 mit weiteren Einzelheiten.

96 *Zimmer* a. a. O. G 47/48. Dort auch der Hinweis, dass diese differenzierende Belastung sich vorteilhaft unterscheide „von Vorschlägen zur Schaffung eines sog. Finanzkrisenfonds, zu dem der Staat und alle Banken – auch die nicht systemrelevanten Institute – beitrügen“. Vgl. auch die Empfehlung des 68.Deutschen Juristentages, Beschlüsse a. a. O. Nr. 8. Etwas anderes sind natürlich auch die generellen Eigenkapitalerhöhungen, wie sie jetzt europaweit beschlossen worden sind (Basel III, s. dazu FAZ v. 13. 9. 2010; bundesgesetzliche Implementierung und umfangreiche Änderungen im KWG stehen bevor). Zur Verteidigung dieser Vorschläge gegen mannigfache Einwände vgl. oben Fn. 85; gute Orientierung bei *Rudolph* Bankregulierung nach der Finanzkrise, FS Hopt, a. a. O. S. 2407 ff. (2419).

97 *Zimmer* a. a. O. G 48.

98 Immerhin gäbe es keine Alternativen. Denn wenn die Banken die Erhöhung der Eigenkapitalsquote beschließen und damit in Kauf nehmen, dass sie systemrelevant werden, dann ist die damit verbundene Gefahr dadurch gebannt, dass der Umgang mit dem Eigenkapital zu größerer Vorsicht zwingt und auch ganz andere Haftungskonsequenzen hat. Lassen sich die Banken hingegen nicht auf den Risikopreis der Erhöhung der Eigenkapitalsquote ein, dann nehmen sie in Kauf, dass sie klein bleiben und nicht systemrelevant werden, und insofern ist die Gefahr der externen, nicht übersehbaren Effekte auch eingeschränkt.

99 Ebenfalls ausgeklammert bleibt das Problem, „Bankinsolvenzen, die Systemrisiken begründen, von vornherein vermeiden“. Dazu *Zimmer* a. a. O. S. G 49 ff. unter Hinweis auf die gründlichere Behandlung der Fragen bei *Zimmer/Fuchs* Bankenkrise und Insolvenz. Ansätze zur Minderung des systemischen Risikos, in: Zeitschrift für Unternehmens- und Gesellschaftsrecht 2010, S. 597 ff.; vgl. auch *Lorenz* Der Regierungsentwurf eines Gesetzes zur Restrukturierung und geordneten Abwicklung von Kreditinstituten – Überblick und erste Einordnung, Neue Zeitschrift für Gesellschaftsrecht 2010, S. 1046 ff.

die Finanzkrise hervorgerufene Problem, mit dessen Wiederkehr auch gerechnet werden muss, zu lösen, ist dieser Vorschlag.

Der gewünschte Effekt – die Reduzierung systemischer Risiken – wird nur eintreten, wenn das Mittel für seine Realisierung nicht dem betriebswirtschaftlichen Ermessen überlassen bleibt, sondern die Bereitschaft, das systemische Risiko voll einzugehen, mit dem Risikopreis erkauft werden *muss*, d.h. dass dafür eine Regulierung vorzusehen ist, die den modernen Anforderungen an Rechtsgeltung entspricht. Erst mit und durch diese Regelung ist die Funktion, die das *Recht* in diesem ökonomischen Zusammenhang übernehmen kann, erreicht. Wiederum bedarf es empirischer Überprüfung der mit diesem Geltungsanspruch verbundenen Zweck/Mittel-Rationalität. Nach Eignung, Erforderlichkeit und Zielkonflikten ist also zu fragen, und wenn sich hier Lücken ergeben (etwa mit Blick darauf, dass eher *constructive ambiguity*[100]angezeigt ist und diese nach den Umständen in einer rechtlichen Regelung nicht aufgefangen werden kann), sollte die dem Gesetzgeber obliegende Folgenkalkulation ihn veranlassen, hier nicht einzugreifen. Auch diese Frage wird jetzt nicht abschließend beurteilt; vielmehr soll nur deutlich gemacht werden, worauf es für die Einkalkulierung rechtlicher Maßnahmen in das Netzwerk betriebswirtschaftlicher Entscheidungen ankommt.

(2) Fusionskontrollen und Entflechtung

Zu prüfen ist, ob die Sonderstellung systemrelevanter Unternehmen nicht zu einem „moral hazard“ führen kann, indem jedes Unternehmen sich darauf verlässt, es werde staatlich gestützt. Wer deshalb im Sinne von „constructive ambiguitiy“ eine exakte Definition des systemrelevanten Unternehmens vermeiden möchte, produziert am Ende einen interessanten Anwendungsfall von erwünschten Paradoxien im Recht. Vielleicht muss man hier wirklich auf letzte Klarheit verzichten zugunsten der flexibleren Lösung, die das Paradox nicht nur in Kauf nimmt, sondern geradezu intendiert. Auf jeden Fall sind systemrelevante Finanzakteure Monopolisten oder Oligopolisten, und hier müsste eigentlich das Wettbewerbsrecht greifen, so dass die Rücksicht auf Systemrelevanz mit ihren Versuchungen zum „moral hazard“ gegenstandslos wird.[101] Wenn es sich darum handelt, die Wettbewerbsfreiheit eines Unternehmens zu garantieren, das nicht in den Rang der Systemrelevanz rückt, ist der Anschluss erreicht an eine „Gewährleistungsverantwortung des Staates“, die zu einem nicht genuin juristischen Ergebnis (Systemrelevanz nur unter Wahrung der Wettbewerbsfreiheit) kommen kann, das dann gegebenenfalls, wenn die Bedingungen erfüllt sind, durch Recht in einen besonderen Verbindlichkeitsstatus gerückt werden könnte.

Dieser Vorschlag muss allerdings gegen etliche Einwände verteidigt werden. Zu diesen Einwänden gehört einmal der Gedanke und wohl auch die Erfahrung, dass die Größe einer Unternehmung, insbesondere auch einer Bank, eine besonders produktive Effizienz garantiert, allein schon mit Blick auf die „Verbundsvorteile“ bei den „hohen Fixkosten von Computer- und Telekommunikationsanlagen sowie Finalnetzen“.[102]

---

100 S. dazu schon oben S. 257; zum „eigentümlichen Umgang mit Mehrdeutigkeit oder Ungewissheit“ vgl. auch *Akerlof/Shiller* a.a.O. S. 21.

101 Dazu auch *Höfling* a.a.O. F 60.

102 *Zimmer* a.a.O. G 32.

Weiter geht es um die „Fähigkeit zur Betreuung von Großkunden“, die nur durch „zahlreiche Großfusionen“ möglich geworden zu sein scheint.[103] Außerdem kann „Größe … eine effiziente Risikoallokation bewirken, da Großbanken ihr Portfolio diversifizieren“.[104] Auch hier wiederum gibt es die Gegenrechnung, dass Diversifizierungen das systemische Risiko insofern erhöhen können, als große Banken mit sehr vielen Geschäftspartnern Verflechtungen haben und durch diese Verflechtungen „die Kettenreaktionen im Markt wahrscheinlicher[105] werden“. Auf keinen Fall dürfen die Anforderungen so hoch sein, „dass eine Bank nicht mehr rentabel wirtschaften kann“.[106]

(a) Entflechtung

(aa) De lege lata

Ein Anknüpfungspunkt könnte § 41 Abs. 3 GWB sein, wonach die Entflechtung nicht freigegebener, aber vollzogener Zusammenschlüsse möglich ist. Aber es scheint unsicher zu sein, ob diese Vorschrift eine ausreichende Gesetzesgrundlage für die hier erwogene Maßnahme ist.[107]

(bb) De lege ferenda

Die gegenwärtige Berliner Regierungskoalition hat im Koalitionsvertrag die Einführung einer einschlägigen Entflechtungsregelung vorgesehen.[108] Ein Referentenentwurf liegt inzwischen vor.[109] Abgestellt wird auf Systemrelevanz. Dabei stellt sich die Frage, wie man sie ermittelt.[110] Dieses Problem ist lösbar; Schwierigkeiten ergeben sich aber mit Blick auf das Eigentumsgrundrecht. Ferner ist fraglich, ob nicht aus gesamtwirtschaftlicher Sicht die Vorteile von Großbanken ihre Nachteile überwiegen.[111]

(b) Fusionskontrolle

(aa) de lege lata

Entscheidend ist hier das Kriterium der Marktmacht (§ 36 Abs. 1 GWB). Dabei geht es nicht um die absolute Unternehmensgröße, sondern um die „durch einzelne Wettbewerbsparameter vermittelte Macht, bezogen auf einen relevanten Markt“.[112]

103 *Zimmer* a. a. O. G 34.
104 *Zimmer* a. a. O. G 35.
105 *Zimmer* a. a. O. G 35; dort Diskussion weiterer Einwände, vor allem juristischer Provenienz.
106 *Zimmer* a. a. O. S. G 45. Zum Problem der „Wettbewerbsneutralität“ von Regulierungsmaßnahmen s. G 46.
107 *Zimmer/Rengier* a. a. O. S. 114.
108 Rn. 461 ff. Dazu *Zimmer/Rengier* a. a. O. S 114. Für eine solche Regelung hat sich auch der 68. Deutsche Juristentag ausgesprochen, vgl. Beschlüsse a. a. O. Nr. 4 a).
109 Abgedruckt im Anhang der Monopol-Kommission Sondergutachten Nr. 58 Gestaltungsoptionen und Leistungsgrenzen einer kartellrechtlichen Unternehmensentflechtung, 2010. Dazu *Zimmer/Rengier* a. a. O. S. 114.
110 S. hierzu schon oben S. 265/266.
111 Dazu im einzelnen *Zimmer/Rengier* a. a. O. S. 119 ff.
112 Dazu *Zimmer/Rengier* a. a. O. S. 127.

Denkbar wäre aber auch, auf das „Merkmal der Finanzkraft" abzustellen. Alles dies wird jedoch nicht genügen, besondere Verhaltensspielräume gegenüber ihren Wettbewerbern zu begründen. In der Gesamtabwägung verlangt die Praxis in der Regel „zusätzliche Marktanteile von 20 bis 30%". Vielleicht kann man mit der Annahme, dass „langfristig ... der Bankmarkt hin zu einem Monopol tendieren" könnte, arbeiten. Indessen: Der „intensive Wettbewerb und die Marktstrukturen des Bankensektors mit hoher Angebotsumstellungsflexibilität und geringen Marktzutrittsschranken" sprechen bislang „gegen die Annahme einer oligopolistischen Marktbeherrschung".[113]

(bb) De lege ferenda

Hier wäre als „Untersagungskriterium" das Ergebnis des Systemrelevanztests aufzugreifen. „In Entsprechung zu der ... Entflechtungsregelung könnte das Erreichen der höchsten Stufe dann eine Untersagung begründen".[114] Die erforderliche Folgenkalkulation und prognostische Abschätzung dieses Vorschlages können z. Zt. aber noch nicht geleistet werden.[115]

c) Rechtstheoretische Zwischenbilanz

aa) Zwischen Ontologie, Empirie und Konstruktion

Hinter der auch in den Juristentagsgutachten[116] assoziierten „Natur der Sache" verbergen sich vor allem *Kompromisse. Logisch* überzeugend ist eigentlich nur der radikale Konstruktivismus oder seine völlige Ablehnung. Das Problem unserer Epoche sind die Zwischenpositionen, deren Plausibilität niemand bestreitet, die aber epistemologisch nach wie vor ein Rätsel sind. Das bleibt so lange ungelöst, wie es nicht gelingt, die stereotype Dichotomie von „Wirklichkeit und Wert" oder „Sein und Sollen" von der Last zu befreien, man müsse unbedingt den „naturalistischen Fehlschluss" vermeiden.

Sachlogische Strukturen der Wirtschaft, institutionen-ökonomische Vernunft, strukturelle Kopplungen etc. sind die hier einschlägigen *modernen* Anknüpfungspunkte. Dass das Recht mit seinen Verbindlichkeitsgarantien gewissermaßen auf diese Konzeptionen *stößt*, ist aber schon das falsche Bild.[117] Denn sie sind durch die Verbindlichkeitsstrukturen, die das Recht hier etabliert, in relativ frühen Stadien geprägt; die erst spätere Realisierung der Verbindlichkeitspostulate ändert daran qualitativ nichts. Die Legitimationsfrage, die sich durch die Gegenüberstellung von Recht und Ökonomie ergibt, sucht also keine Antwort darauf, welche Konkurrenzen hier wie zu entscheiden sind, sondern gilt einer strukturell einheitlichen – wegen seiner Verbindlichkeit – in bestimmten Konstellationen auf das Recht angewiesenen, in ihrer Provenienz mannigfaltigen Ordnung des sozialen und wirtschaftlichen Lebens.

---

113 *Zimmer/Rengier* a. a. O. S. 127 (128).
114 Weitere Einzelheiten bei *Zimmer/Rengier* a. a. O. S. 127 ff.
115 Gleichwohl spricht sich der 68. Deutsche Juristentag dafür aus, vgl. Beschlüsse a. a. O. Nr.3.
116 S. *Hellwig* Gutachten a. a. O. S. E 35.
117 „Die Ökonomie ist keine zweite Physik" *Vanberg* Wettbewerb und Regelordnung 2008, S. 289.

bb) Verbindlichkeit nicht nur durch den Staat?

Bei „Verbindlichkeit durch Recht“ denkt man zunächst an die Zuständigkeit des – durch parlamentarisch-demokratische Strukturen geprägten – Staates. Aber mit Globalisierung und Dezentralisierung erweitert sich die Basis für eine demokratisch legitimierte Rechtsgeltung. Das ist nach den Andeutungen, die schon sowohl abstrakt wie bezogen auf einige praktische Fälle gemacht worden sind, jetzt näher auszuführen.

Im Verwaltungsrecht wird schon lange von der Notwendigkeit einer „Neukonzeption der Rechtsquellenlehre“ gesprochen.[118] Das heißt unter anderem, dass „der Rechtsquellenlehre (...) die Integration privater Rechtsetzungsakte aufgegeben ist“. Autonome Produktion von Konventionen, Regeln und Standards werden zunehmend akzeptiert. Zwischen den Gesetzespositivismus alten Stils und die Abrufung von „Gesetzlichkeiten“ in der Wirtschaft etwa schieben sich Institutionen, die zu der Empfehlung führen, dass „das staatliche Gesetzgebungsmonopol (...) durch einen Gesetzgebungswettbewerb abzulösen“ ist, „durch die Idee eines flexiblen Netzwerks von Rechtsquellen, das nicht mehr in starren Vor- und Nachrangrelationen fundiert werden kann. Die (staatszentrierte) Rechtsquellenhierarchie ist (...) zugunsten der Vorstellung einer Heterarchie von Rechtsquellen aufzugeben“.[119]

Hier interessiert vor allem die Frage einer „Bindungswirkung von Standards im Kapitalmarktrecht“.[120] „IOSCO (Organisation of Securities Commissions)“, „Baseler Ausschuss“, CESR (Committee of European Securities Regulators)“ sind die bekanntesten Beispiele.[121] Als problematisch gilt „die rechtliche Relevanz des DCGK (Deutscher Corporate Governance Kodex)“,[122] wie bei der unlängst stattgefundenen Tagung der Regie-

---

118 *Vesting* a.a.O. S. 74; *Ruffert* Rechtsquellen und Rechtsschichten des Verwaltungsrechts, in: Hoffmann-Riem/Schmidt-Aßmann/Voßkuhle (Hrsg.) Grundlagen des Verwaltungsrechts, Bd. I, 2006, S. 1085 ff. Es ist die „Emergenz neuer gesellschaftlicher Problemlagen“, welche „die Undurchsichtigkeit der Rahmenordnung“ indiziert mit „ihrem notwendig geringen Spezifikationsgrad“ (*Wieland* Handlungsbedingungen und Handlungsspielräume im institutionellen Rahmen, Handbuch der Wirtschaftsethik, a.a.O. Bd. 3: Ethik wirtschaftlichen Handelns, S. 27). Das Problem ist älter als man denkt und ergreift auch Fragen, von denen man sich inzwischen angewöhnt hat, sie als primär an den Staat gerichtet zu begreifen (vgl. den Hinweis bei *Wieland* a.a.O. auf die Zuständigkeit „der kollektiven Wirtschaftsakteure (Unternehmen, Gewerkschaften, Genossenschaften)“ für das, was man seit dem letzten Jahrhundert mit der „sozialen Frage“ bezeichnet, die bis zum 2. Weltkrieg reichte und dann erst „auf der Ebene des Staates (Sozialgesetzgebung) bearbeitet“ wurde (*Wieland* a.a.O.).

119 *Vesting* a.a.O. S. 95.

120 *Spindler/Hupka* Bindungswirkung von Standards im Kapitalmarktrecht, in: Möllers (Hrsg.) Geltung und Faktizität von Standards 2009, S. 117 ff.

121 *Spindler/Hupka* a.a.O. S. 120 ff.

122 Umfassende Orientierung bei *Lutter* Der Codex und das Recht, FS Hopt, a.a.O. S. 1025 ff.; vgl. auch die Hinweise bei *Lüderssen* Regulierung, Selbstregulierung und Wirtschaftsstrafrecht. Versuch einer interdisziplinären Systematisierung, *Kempf/Lüderssen/Volk* (Hrsg.) a.a.O. 2009, S. 312 ff. Zum Unterschied von diskursivem Recht und den Regelungstechniken der verschiedenen Governance-Ansätze, vor allem mit Blick auf die Unterscheidung Corporate Governance und Contract Governance, s. *Möslein* „Governance bei default“. Innovation und Koordination durch diskursives Recht, FS Hopt, a.a.O. S. 2861 ff. (2864 f); Zur Rollenfunktion dispositiver Regeln „als Auslöser eines Entdeckungsverfahrens“ a.a.O. S. 2869 ff. unter Hinweis darauf, „dass das Spannungsfeld zwischen Heteronomie und Autonomie einer klaren Zuordnung in bestimmte, eigentlich dichotome Kategorien entgegensteht“, S. 2869.

rungskommission für den DCGK wieder deutlich geworden ist. „Zwar wird von Normen mit gesetzlicher Wirkung gesprochen, gleichzeitig aber werden eine Bindungswirkung oder sonstige rechtliche Implikationen abgelehnt".[123]

(1) Neue Wege der Legitimation

Wie sind die neuen Institutionen, wenn sie demokratischen Ansprüchen genügen sollen,[124] mit dem allgemeinen politischen Begriff der Demokratie, der es auch um Machtkontrolle[125] zu tun ist, zu vereinbaren? Die Antwort ist leichter, als man erwarten mag. Denn diese Frage darf nicht verwechselt werden mit der schwierigen Diskussion über – eine weitläufig verstandene – Mitbestimmung.[126] Wenn der „Vertrauensschutz" der Betroffenen ins Spiel gebracht wird[127] liegt das Problem vielmehr woanders: „Rechtsordnungen, die individuelle Freiheit und demokratische Selbstbestimmung gleichberechtigt zur Geltung bringen, bedürfen zur Koordination beider Anforderungen eines übergreifenden Organisationsprinzips dreigegliederter Herrschaft, einer legitimen Gewaltengliederung".[128]

---

123 S. *T. Möllers* Standards als sekundäre Rechtsquellen. Ein Beitrag zur Bindungswirkung von Standards, in: Möllers (Hrsg.), a. a. O. S. 143 ff. (145). Zu weiteren Beispielen vgl. *Windbichler* Bindungswirkung von Standards im Bereich Corporate Governance, in: Möllers (Hrsg.), a. a. O. S. 19 ff.; *Taupitz* Bindungswirkung von Standards im Gesundheitswesen, in: Möllers, a. a. O. S. 63 ff. Zu den länger zurückliegenden Entwicklungen dieser Praxis vgl. *Simma/Heinemann* Codes of Conduct, Handbuch der Wirtschaftsethik, a. a. O. Bd. 2, S. 403 ff., dort v.a. die Abschnitte „Begriff und Geltung von Codes of Conduct" (S. 405 ff.) und „Grundgesetze für multinationale Unternehmen: Die generellen Verhaltenscodices" (S. 413 ff.) und die Bemerkungen zu den „Entwicklungsmöglichkeiten von Codes of Conduct: Freiwillige Verhaltenscodices stellen eine Möglichkeit dar, die ‚rechtsfreien Räume der Weltwirtschaft' (...) zu füllen" (S. 414); sehr avanciert *Teubner* Selbst-Konstitutionalisierung transnationaler Unternehmen? Zur Verknüpfung „privater" und „staatlicher" Corporate Codes of Conduct, FS Hopt, a. a. O. S. 1449 ff., mit zugespitzten politischen Interpretationen, „effektive Regulierungen" durch „internationale Staatenvereinbarungen" seien gescheitert, aber bemerkenswert sei das „Resultat dieses Scheiterns". Statt der angestrebten verbindlichen staatlichen Regulierungen breitet sich geradezu „massenhaft eine andere Spezies von transnationalen Formierungen auf dem Globus aus – Corporate Codes of Conduct, ‚freiwillige' Verhaltenscodices für transnationale Unternehmen" (a. a. O. S. 1449). Das sei eine „‚neo-liberale' Konstitutionalisierungswelle", die durch „die Ausrichtung darauf" ausgezeichnet sei, „transnationalen Unternehmen hohe Autonomie zu verschaffen" (S. 1453 mit vielen Belegen aus der internationalen Literatur).

124 *Spindler/Hupka* a. a. O. S. 125.

125 Zum über die Definition einer Staatsform und -organisation hinausgehenden Verständnis der Demokratie gibt es eine sich immer stärker ausdehnende Diskussion. Darüber orientiert gegenwärtig wohl am besten Bd. 69 der Veröffentlichungen der Vereinigung der deutschen Staatsrechtslehrer „Gemeinwohl durch Wettbewerb"? 2010. Hervorzuheben sind hier die Berichte über „Demokratie als Wettbewerbsordnung" von *Hatje* (a. a. O. S. 135 ff.) und *Kotzur* (a. a. O. S. 172 ff.), jeweils mit umfassenden Literaturnachweisen; auch in speziell verwaltungsrechtlichen Veröffentlichungen gibt es die Diskussion, vgl. etwa *Trute* Die demokratische Legitimation der Verwaltung, in: Hoffmann-Riem/Schmidt-Aßmann/Voßkuhle (Hrsg.), a. a. O. S. 307 ff.

126 Dazu *E. Stein* Demokratisierung der Marktwirtschaft 1995, S. 118 ff.

127 *Möllers* a. a. O. S. 146.

128 *C. Möllers* Gewaltengliederung, Vorwort; s. a. *Möllers* a. a. O. S. 149.

(2) Sekundärnormen

Man prüft, „nach welchen *secondary rules* insbesondere die private Regelproduktion zu akzeptieren ist, und wie private Rechtsregeln und existierende (öffentliche) Regelbestände, etwa die Grundrechte des nationalen Rechts, abgestimmt werden können“. D. h. es stellt sich die Frage nach „konstitutionellen Sekundärnormen“, die „das Geltungsparadox eines selbst gemachten Rechts“ zu überwinden vermögen, „und über die Rechtsnormqualitäten von sozialen Normen selektiv entscheiden“.[129] Vorgeschlagen wird, dass derartige Aktionsprobleme „kollisionstheoretisch zu lösen“ seien. Denn das produktive Potential des kollisionsträchtigen Denkens liegt gerade jenseits der Hierarchie“.[130] Dabei muss unterschieden werden zwischen Rechtsnormen und bloßen Sozialnormen. Diese treten hinter den Rechtsnormen zurück.[131] Für die Unterscheidung zwischen Rechtsnormen und Sozialnormen kommt es aber nicht auf einen „irgendwie gearteten Staatsbezug der Norm“ an.[132] Vielmehr muss man versuchen, den Begriff „eines transnationalen Rechts außerhalb des staatlichen Rechts … zu definieren“.[133]

(a) Natur der Sache und Konvention

Die Not, hier zu einem akzeptablen Demokratieverständnis zu kommen, führt auf eine überraschende Konnotation von Tatsächlichem und Normativem, wie sie sich im Begriff der Natur der Sache niedergeschlagen hat. Wenn die modernen Wendungen jetzt anders lauten, beispielsweise die Rede ist von „normativ aufgeladenen ‚Dogmatiken‘ des sozialen Handelns“,[134] oder davon, dass die Konventionen „wissensabhängig“ seien und dieses Wissen seinerseits nicht wieder aus Normen abgeleitet werden könne, dann stellt sich

---

129 *Teubner* Globale Zivilverfassungen. Alternativen zur staatszentrierten Verfassungstheorie, ZaöRV 2003, S. 1 ff. (21); vgl. auch die einschlägigen Erörterungen im Handbuch der Wirtschaftsethik, a. a. O. Bd. 2 von *Kirchner* unter dem Titel „Allgemeine Formen interstaatlicher Interaktionsregeln“, S. 390 ff., speziell dann zum Problem der privaten Normsetzung S. 398 ff., unter ausdrücklichem Hinweis auf die Tradition der „lex mercatoria“; dazu schon: *U. Stein* Lex Mercatoria, Realität und Theorie 1995.

130 *Vesting* a. a. O. S. 95; *Teubner/Kortes* Zwei Arten des Rechtspluralismus. Normenkollisionen in der doppelten Fragmentierung der Weltgesellschaft, in: Kötte/Folke Schuppert (Hrsg.) Normative Pluralität ordnen 2009, S. 137 ff. 142 ff.).

131 *Teubner/Kortes* a. a. O. S. 146.

132 *Teubner/Kortes* a. a. O. S. 148.

133 *Teubner/Kortes* a. a. O. „Hoffnungen auf eine Rückkehr des nationalen Interventionsstaats im Gefolge der Finanzkrise erscheinen verfrüht“, wird deshalb bemerkt (*Streeck* Noch so ein Sieg und wir sind verloren. Der Nationalstaat nach der Finanzkrise. Leviathan 2010, S. 139 ff. (139). Damit verbindet sich der Hinweis auf den „Verfall der demokratischen Responsibilität staatlicher Politik“ (a. a. O. S. 161). Auf der gleichen Linie liegt die Verwunderung darüber, dass „ein Staat, der Glücksspiele zu seinem Monopol erklärt, um der Spielsucht Einhalt zu gebieten, und der in den §§ 284 und 285 StGB die unerlaubte Veranstaltung und Beteiligung an Glücksspielen sogar mit Strafe bedroht, die strukturell gleichen Finanzwetten als ordentliche Bank- und Börsengeschäfte ohne Beanstandung passieren lässt“ (*P. Kirchhof* a. a. O. S. 420). Freilich ist dieser Argumentation durch die Entscheidung des Europäischen Gerichtshofs gegen die staatlichen Monopole auf dem Gebiet des Glücksspiels jetzt der Boden entzogen.

134 *Teubner* Coincidentia oppositorum. Das Recht der Netzwerke jenseits von Vertrag und Organisation. In: Amstutz (Hrsg.) Die vernetzte Wirtschaft: Netzwerk als Rechtsproblem 2004, S. 11 ff. (18).

der Begriff der Lebenswelt ein,[135] und damit sind wir bei der Definition, die einst Pate gestanden hat für die Etablierung des Begriffs der Natur der Sache. „Darunter verstehen wir“ (das ist die berühmt gewordene Formel), „dass die Lebensverhältnisse (…), wenn auch mehr oder weniger entwickelt, ihr Maß und ihre Ordnung in sich“ tragen; aber, heißt es weiter, „die Natur der Sache ist nicht zu verwechseln mit dem Naturrecht“.[136] Wie man sieht, sind die nach und nach sich verfestigenden Verdikte über die „Natur der Sache“ als ein Ensemble petrefakter ontologischer Orientierungen ganz unberechtigt. Wer sich von diesem Vorurteil frei macht, kann eine epochenüberspannende Kontinuität der Wahrnehmung normativ geprägter Wirklichkeit registrieren[137]; nur die Terminologie wechselt.

Gegenwärtig wird von Festlegungen über die kognitiven Infrastrukturen der Gesellschaft gesprochen. „Ohne Rückgriffe auf derartige Kenntnisse gibt es keine Rechtsgeltung“.[138] Die Schlussfolgerung ist trotz alledem: „Die spezifische Geltung des Rechts kann heute nur noch in Differenz zur sonstigen Gesellschaft in Regelbeständen und praktisch erprobten Konventionen bestimmt werden, was auch heißt, dass die Eigenständigkeit rechtlicher Bindungsfähigkeit von dieser anderen Seite nicht getrennt werden kann“. Und schließlich: „die Frage zu beantworten, ob und wenn ja, auf welche Weise es heute überhaupt noch Sinn macht und gegebenenfalls Sinn machen könnte, von einer spezifischen ‚Geltung‘ oder ‚Normativität‘ des Rechts zu sprechen, ist sicherlich eine der größten Herausforderungen der gegenwärtigen Rechtstheorie“. Dementsprechend nehmen die Versuche einer Konkretisierung mit einer gewissen Vorsicht Paradoxien in Kauf. So heißt es etwa, dass „alle ‚Rechtserkenntnis‘ schon eine ‚rechtliche Selbstdeutung des Materials‘ vorfindet“.[139] Damit ist aber wohl doch nur das gemeint, was Radbruch die „Stoffbestimmtheit der Idee“ genannt und ihn später dazu veranlasst hat, die „Denkform der Natur der Sache“ in ein neues erkenntnistheoretisch geläutertes Klima zu verpflanzen.

Noch näher an die Tradition der Natur der Sache kommt die Mitteilung, dass „Konventionen … stets gesellschaftliche Konventionen“ sind, „Sozialität ist ihnen inhärent“.[140] Die moderne Rechtstheorie knüpft hier durchaus wieder an ältere, auf die gesellschaftliche Rolle der „Institution“ bezogenen rechtsssoziologischen Traditionen an.[141] Hier liegt die Verbindung zur „Theorie der institutionellen Tatsachen“ nahe, „ein Modell, das es erlaubt, das Verhältnis von Faktizität und Normativität ohne erkenntnistheoretisch fragwürdige Annahmen überzeugend zu bestimmen und die Kluft zwischen Sein und Sollen unter Verzicht auf metaphysische Annahmen zu überbrücken“.[142] Wiewohl unsere „Erfahrungen … es niemals direkt mit der ‚Wirklichkeit‘ zu tun haben, sondern …“ „von unseren Begriffen durchdrungen“ … sind, könne man deutlich machen,

---

135 *Waldenfels* In den Netzen der Lebenswelt 1985, S. 85; *Blumenberg* Theorie der Lebenswelt (aus dem Nachlass herausgegeben von Manfred Sommer) 2010.

136 *Dernburg* Pandekten, Bd. 1, 3.Aufl. 1892, S. 87.

137 *McDowell* Wert und Wirklichkeit 2009, S. 27; s. auch: MacCormick/*Weinberger* a.a.O. Jenseits von Positivismus und Naturrecht (S. 140 ff.).

138 *Vesting*, a.a.O. S. 97.

139 *Vesting*, a.a.O. S. 31.

140 *Vesting*, a.a.O. S. 96.

141 *Teubner/Kortes* a.a.O. S. 143, mit Hinweisen auf *Ehrlich*, *Hauriou* und *Gurvitch*; s.a. oben Fn. 33.

142 *Neumann*, Recht als Struktur und Argumentation 2008, S. 224 ff. (233).

dass „aus der Tatsache, dass alle Erkenntnis innerhalb eines kognitiven Systems stattfindet“, einfach nicht folge, „dass keine Erkenntnis jemals direkt Erkenntnis einer Wirklichkeit“ sei, die „unabhängig von aller Erkenntnis“ existiere.[143] Auf dieser Basis kann man den vorsichtigen Versuch machen, Eigenschaften, „die wir als naturimmanent bezeichnen könnten und … Eigenschaften, die relativ auf die Intentionalität von Beobachtern, Benutzern usw. existieren“, zu unterscheiden.[144] Diese rohen Tatsachen machen die Wirklichkeit aus, „die von uns gänzlich unabhängig ist“,[145] und sind abzugrenzen von „institutionellen Tatsachen, die es zwar nicht ohne rohe Tatsachen gibt, die aber geschaffen werden, sei es durch kollektive, sei es durch individuelle Zuweisungen“.[146]

Man kann das bis in die Wortwahl hinein mit der traditionellen Lehre von der „Natur der Sache“ verknüpfen. Sie war eine Parallelentwicklung zur Etablierung der durch die großen Kodifikationen am Ende des 19. Jahrhunderts vor allem favorisierten formalen, staatlich garantierten Rechtsgeltung, also eigentlich ein konkurrierendes oder vielleicht korrigierendes Programm. In ihrer modernen Gestalt allerdings überwindet sie diese Dichotomie und wird zum direkten Faktor der Rechtsgeltung, nicht nur über eine teleologische Auslegung. Hier treten – und zwar mit Bezug auf das Wirtschaftsleben – neue Parameter auf: „Indem Unternehmen ihre Wertketten aufspalten und auf verschiedene Nationalstaaten verteilen, werden sie zunehmend unabhängiger von der politischen Macht und den Gesetzen ihrer Heimatstaaten. Sie sind unter Umständen sogar in der Lage, nationales Recht zu beeinflussen, sowohl das Recht ihres Heimatlandes als auch ihrer Gastländer. Durch die Entwicklung globaler ethischer Regeln für ökonomisches Handeln „können sie die Souveränität von Nationalstaaten gleichzeitig untergraben. (…) die öffentliche Rolle, die private Akteure hier einnehmen“, ist losgelöst von einer formalen Legitimation, setzt sich durch, muss aber mit Blick auf die nie ganz verschwundene Forderung nach mehr direkter Demokratie genauer analysiert werden.

(b) Die normative Wirkung von Anerkennungsverhältnissen in marktwirtschaftlichen Institutionen des offenen Verfassungsstaates

Je stärker Aspektabhängigkeit und Bewertung im Umgang mit der Wirklichkeit in das Bewusstsein treten, umso größer ist das Bedürfnis, für diese Produktion von Erfahrung ein Rezept zu finden. Will man sich dabei weder dem Zufall noch den Eingebungen höherer Vernunft überlassen, so bleibt nur noch der Ausweg in die Kommunikation und deren Qualität. Hierfür kann man auf die Tradition der theoretischen und praktischen Kultivierung von Anerkenntnisverhältnissen zurückgreifen, deren Analyse und Ausgestaltung im Wirtschaftsleben – ist die nötige politische Motivation vorhanden – gleichermaßen ein Betätigungsfeld für *behavioural economics* und *emotion and finance,* aber

143 *Searle* Die Konstruktion der gesellschaftlichen Wirklichkeit. Zur Ontologie sozialer Tatsachen. 1997, S. 184. (Originalausgabe 1995 unter dem Titel: The Construction of Social Reality, New York).

144 *Searle* a. a. O. S. 19.

145 *Searle* a. a. O. S. 12.

146 *Searle* a. a. O. S. 12.

auch *constructibve ambiguity* sein könnte, wenn man diese Konzeptionen und Denkformen nicht zu eng, nur auf irrationale Abweichungen bezogen, definiert.

Substanziell sind die Übergänge von einer Unternehmensethik zu Regeln, die sich schon unter dem Aspekt des Anspruchs auf rechtliche Geltung konstituieren, fließend. Für beide Materien kommt es letztlich darauf an, die auf Normen – nicht direkt auf Personen (das wäre der Hegelsche Begriff der Anerkennung) – bezogenen relevanten Anerkennungsverhältnisse überprüfbar zu machen, wozu in erster Linie gehört, Grade der Anerkennung zu unterscheiden. Man kann sich hier zunächst auf Formulierungen stützen, die schon in ganz frühen Konkretisierungen einer nicht direkt durch den Staat geschaffenen Rechtsgeltung zusammengestellt worden sind. Unter den Begriff der Anerkennung fallen, heißt es, „mannigfaltige Grade und Weisen eines den Gemeinschaftsbedürfnissen entsprechenden inhaltlich gebundenen Verhaltens – von begeisterter Bestätigung der Gemeinschaftsordnung und vollem, klaren Pflichtbewusstsein bis zum unbewussten oder doch nur gefühlsmäßigen Voraussetzen und widerwilligen sich Beugen".[147] Moderner klingt das so: Es gibt verschieden starke Zustimmungen zu Rechtssätzen, „von widerstrebender, vielleicht sogar nicht ohne Druck zustande gekommener Anpassung, über schlicht oberflächlich indolente Akzeptanz, bewusste und kenntnisreiche Anerkennung bis hin zu auch Tiefenstrukturen erfassenden habituellen oder reflektierten Internalisierungen".[148] Für die praktische Handhabung sind ganz sicher auszuscheiden die beiden Extreme: einerseits die „Tiefenstrukturen erfassenden Internalisierungen", andererseits die „unter Druck zustande gekommene Anpassung". Die dazwischen liegenden Formen „oberflächlich-indolenter Akzeptanz" oder „bewusste und kenntnisreiche Anerkennung" scheinen eher geeignet als Basis. Allerdings müsste noch eine Präzisierung erfolgen. Indolent ist zu wenig, kenntnis*reich* ist zu viel.[149] Hier entscheidet der Status der Demokratie, der eine Gesellschaft prägt. Sie ist Ausdruck einer bestimmten politischen Reife, zu der sich die moderne Gesellschaft auf vielfältige Weise bekennt. Das muss natürlich empirisch ermittelt werden.[150]

147 *Bierling* Juristische Prinzipienlehre, Ahlen 1975 (zweiter Neudruck der Ausgabe 1917, Bd. 5, S. 193/194).

148 *Lüderssen* Genesis und Geltung in der Jurisprudenz, a. a. O. S. 216.

149 Zu den Lernprozessen, auf die es hier ankommt *Teubner* FS Hopt, a. a. O. S. 1469. In den „ultrazyklischen ‚Übersetzungsprozessen' werden (…) Systemgrenzen überschritten, entsteht ein Pertubationskreislauf zwischen Rechtsakten, Positionen politischer und gesellschaftlicher Macht, Erkenntnisoperationen von Epistemic Communities und ökonomischen Sanktionen". D. h. „eine Autokonstitutionalisierung der Unternehmen" geschieht „nicht aufgrund intrinsischer Motive der Freiwilligkeit, aber auch nicht über die Sanktionsmechanismen des Rechts, sondern nur aufgrund umweghafter externer Lern-Pressionen" (a. a. O.). Was sich hier zwischen „comply or explain" abspielt, wird für die Berichtspflicht gem. § 161 Abs. 1 AktG von *Werder* Zur Signalstärke der Entsprechenserklärung", FS Hopt, a. a. O. S. 1471 ff. anschaulich beschrieben. Auf „die Empfehlungen, mit einem ‚handele oder rechtfertige'-Mechanismus (‚act or explain') wird auch für die Wirkungen spekuliert, welche „ein europäischer Ausschuss für Systemrisiken (ESRB) entfalten soll" (*Pötzsch* Reform der europäischen Bilanzaufsichtsstrukturen, FS Hopt, a. a. O. S. 2375).

150 Zu den Anknüpfungspunkten Überblick bei *Weck-Hannemann* Bedingungen innerstaatlicher Institutionalisierung von wirtschaftlichen Prozessen, Handbuch der Wirtschaftsethik a. a. O. Bd. 2, S. 105 ff. (111: Politisch-demokratische Entscheidungsverfahren); zu der Aufgabe, „räumliche Dezentralisierung" möglich zu machen, so „dass den Wünschen der Bürger über den Wettbewerbsmechanismus mehr Ausdruck verliehen" werden kann, a. a. O. S. 123 f; s.

Obwohl kooperative Rechtsetzung also durchaus in eine genuine Nähe zu den philosophischen Diskurstheorien gebracht werden kann, möchten sich diese für keine Art von Empirisierung der Verständigungsverhältnisse vereinnahmen lassen. Vielmehr stützen sie sich auf eine „universalpragmatische Kommunikationstheorie“;[151] wer auf die Zustimmung aller in idealen Sprechsituationen hofft, signalisiert im Grunde die Vorstellung, dass unter diesen Voraussetzungen verallgemeinerbar Vernünftiges gefunden werden könne.[152] Dass diese Position einmal aufgegeben wird, ist nicht zu hoffen; vielmehr wird sie mit Blick auf die modernen heterarchischen Rechtsgeltungsmodelle eher noch ausgebaut. Das zeigt etwa die Erwartung, „dass sich in den transnationalen Expertennetzwerken staatlicher und nicht-staatlicher Akteure ein universaler Code der Legalität etabliert, der allerdings der Konkretisierung in legitimen Prozeduren der Rechtsetzung und Rechtsanwendung bedarf“.[153]

Die Probleme sind weit davon entfernt, gelöst zu werden.[154] Die Frage, „wo hört … eine Struktur auf und wo setzt der Wertgesichtspunkt ein“ wird immer wieder für „im Grunde unbeantwortbar“ erklärt, „weil es in der Wirklichkeit keine Grenze zwischen beidem gibt“.[155] Demgemäß wird „die heutige Rechtsdogmatik als ein kaum entwirrbares *Gemenge* von empirischen, begrifflich-analytischen und wertenden Aussagen“ gesehen. „Diese Gemengelage mag wissenschaftstheoretisch betrüblich sein, hat jedoch ihren guten praktischen Sinn“.[156] Eine logisch zwingende Koinzidenz von Wert und Wirklichkeit findet man nur in performatorischen Sprechakten. Zwar kommen sie im Recht oft vor, aber sie sind nicht identisch mit Institutionen.

Die Zukunft der Regulierungsverhältnisse im Wirtschaftsleben, insbesondere des Finanzmarkts, wird einen durchlässigen Begriff von Rechtsgeltung und Unternehmensethik ertragen müssen, und deshalb allmählich die der Einheit von System, Kodifikation und Souveränität folgende einfache Vorstellung einer staatlichen Rechtsgeltung verabschieden.[157] Das Bild der Wirtschaftsgesellschaft, die sich nicht mehr in eindimen-

---

auch *Kirchner* a. a. O. S. 132 ff. Wichtig der Hinweis auf die Unterscheidung zwischen aufsteigender Delegation „und ‚bottom-up‘-Ansatz“ und der „herabsteigenden Delegation“ (‚top-down-Ansatz‘ *Kirchner* a. a. O. S. 137 ff.); zur Unterscheidung dieser Normebenen auch *Teubner* FS Hopt a. a. O. S. 1457.

151 *Vesting* a. a. O. S. 87.

152 *Vesting* a. a. O. S. 87.

153 *Günther* Rechtspluralismus und universale Codes, FS Habermas, S. 539 ff. (542). Eine Relativierung dieser Position findet sich jetzt allerdings in dem Normative Orders Working Paper 01/2010 von *Forst/Günther* Die Herausbildung normativer Ordnungen. Zur Idee eines interdisziplinären Forschungsprogramms, S. 17.

154 Ausbaufähige Ansätze bei *Homann*, Die Legitimation von Institutionen, Handbuch der Wirtschaftsethik a. a. O. S. 58 ff. (Legitimation durch kollektive Selbstbindung: Konsensethik); S. 72 ff. (Konsens aufgrund von Kooperationsgewinnen); ferner bei *Vanberg* Die Akzeptanz von Institutionen, Handbuch der Wirtschaftsethik a. a. O. Bd. 2, S. 38 ff. (46 ff.: Verfahren der Akzeptanzgewinnung).

155 *Kaufmann* Analogie und „Natur der Sache“; zugleich ein Beitrag zur Lehre vom Typus. 1965, 2. im Wesentlichen unveränderte Aufl. 1982, S. 35.

156 *Kuhlen*, Diskussionsbeitrag, *Hilgendorf/Kuhlen* Die Wertfreiheit in der Jurisprudenz 2000, S. 33 ff. (35/36). Ausführlicher *Lüderssen* Der rechtsfreie Raum 2011.

157 Zur allgemeinen in diese Richtung gehenden Entwicklung vgl. *Schwarze* (Hrsg.) Globalisierung und Entstaatlichung des Rechts, Teilbd. I. Beiträge zum öffentlichen Recht, Europarecht,

sionale Perspektiven der Rechtsgeltung wird einfangen lassen, wird sehr überzeugend wie folgt gezeichnet:[158]

„Eine soziologisch geprägte Sichtweise marktwirtschaftlicher Institutionen macht deutlich, dass es nicht nur eine einzige Kombination von gesellschaftlichen und politischen Institutionen gibt, die die effizienteste Allokation der Ressourcen hervorbringt. Das tatsächliche Problem bei der Schaffung von Märkten besteht darin, politische und gesellschaftliche Bedingungen zu kreieren, die hinreichend Stabilität herstellen, um Investitionen zu ermöglichen. Hat man diesen Institutionen erst einmal geschaffen, so gibt es eine Vielzahl von Möglichkeiten, Firmen und Märkte so zu organisieren, dass sie kompatibel sind mit dem Gebot der Gewinnerzielung. Da die ganze Gesellschaft aber letztlich in marktwirtschaftliche Prozesse eingebunden ist, ist es nur logisch zu argumentieren, dass viele mögliche Interventionen zu Schaffung einer gerechten Gesellschaft gleicher Bürger in der Tat kompatibel sind mit der Erzielung von Gewinnen. Tatsächlich ist es ein Ergebnis dieser Interventionen, die Legitimität der marktwirtschaftlichen Institutionen zu stärken".

d) Arbeitstechnische Folgerungen

Es kommt jetzt nicht darauf an, ob man sich für die hier ja nur in paradigmatischer Absicht diskutierten Vorschläge entscheidet oder nicht. Wichtig ist nur, dass klar geworden ist, an welcher Stelle und mit welcher Funktion das Recht sich in das sozialökonomische Schema von Zweck/Mittel-Erwägungen plus Entscheidung von Zielkonflikten einfügt, wie die technischen Operationen gleichsam aussehen, die zu diesem Ergebnis führen, und welchen Stellenwert dabei mehr oder weniger traditionelle Muster des Verhältnisses von Wirtschaft und Recht oder – allgemeiner gesprochen – von „Natur der Sache" und Recht, oder – spezifisch bezogen auf moderne methodologische Entwicklungen – von Institutionenökonomie und Recht einnehmen.[159]

Arbeits- und Sozialrecht und Strafrecht 2008; *Zimmermann* (Hrsg.) Globalisierung und Entstaatlichung des Rechts, Teilbd. II: Nichtstaatliches Privatrecht: Geltung und Genese 2008.

158 *Fligstein* The Architecture of Markets. An Economic Sociology of 21st Century Capitalist Society 2001, S. 23.

159 Andere Fälle, die hier „durchgespielt" werden könnten, obwohl einiges schon in den behandelten Vorschlägen steckt, wären die des Selbstbehaltes bei Verbriefungen (Bedenken wegen der auch hier zu befürchtenden Unterbindung des Risikotransfers bei *Rudolph* a.a.O. S. 43), aber vielleicht auch die Transaktionssteuer, während Vorschläge wie z.B. Abschaffen kurzfristiger Boni wohl schon deshalb unbeachtet bleiben können, weil sie weitgehend durchgesetzt sind (vgl. i.Ü. die Übersicht bei *Lüderssen* Finanzmarktkrise, Risikomanagement und Strafrecht: *Kempf/Lüderssen/Volk* (Hrsg.) 2010, a.a.O. S. 211ff. (226ff.). Zum Selbstbehalt wichtige Details bei *Zimmer* a.a.O. G 23 mit kritischen Bemerkungen über die bisherige Höhe; „für eine nachhaltige Anreizsetzung" seien „höhere Anteile in Betracht zu ziehen". Ein weiteres Problem sind die Rating-Agenturen (Stichworte: Staatliche Rating Agenturen, „Investor-Paid Ratings", „Issue-Paid Ratings", vgl. dazu dessen Favorisierung in den Beschlüssen des 68. Deutschen Juristentages, Nr. 23), dazu auch *Zimmer* G 75ff., s.a. schon G 69ff. Inhaltliche Anregungen bei *Zimmer* a.a.O. S. G 25f; s.a. *Zimmer* Rating-Agenturen: Reformbedarf nach der Reform, FS Hopt, a.a.O. S. 2689ff.; *Kumpan* Regulierung von Rating-Agenturen – Ein anreizorientierter Ansatz, FS Hopt, a.a.O., S. 2157ff. Ferner ist der Vorschlag des Vorsitzendender SPD-Fraktion im Hessischen Landtag *Schäfer-Gümbel* zu erwähnen, die grauen Kapitalmärkte abzuschaffen (dazu Eberhard Kempf/*Lüderssen*/Volk (Hrsg.) Regulierung, Selbstregulierung und Wirtschaftsstrafrecht. Versuch einer interdisziplinären Systematisierung a.a.O. 2009,

2) Strafrechtliche Lösungen

a) Präzisierung des Erkenntnisinteresses

Auf diese Lösungen kann es ankommen, wenn ein besonders hoher Verbindlichkeitsgrad angezeigt scheint. Die generalpräventive Funktion einer *Verhaltensgeltung*, die andere Rechtsgebiete genügen lassen oder die auf Schadensersatz oder Folgenbeseitigung begrenzte *Sanktionsgeltung* reichen nicht aus. Vielmehr soll ein besonders hoher Grad an Verbindlichkeit dadurch erreicht werden, dass die Nichtbeachtung der Regeln zu weitergehenden Sanktionen, nämlich Strafen führt. Dabei muss in die präventive Kalkulation einbezogen werden, was diese Strafen bedeuten. Sie greifen, werden sie vollstreckt, in das persönliche Leben des Betroffenen viel stärker ein als Schadensersatzpflichten oder Folgenbeseitigungspflichten, sie sind stigmatisierend und müssen sich deshalb gegenüber den von ihnen betroffenen besonders legitimieren. Auch wenn man in erster Linie auf die Androhung der Strafe abstellen möchte, bleibt diese Funktion im Kalkül, andernfalls wäre die Androhung ja leer. Die Frage ist also: Welche Verhaltensweisen sind so unerwünscht – speziell bezogen auf den Finanzmarkt ökonomisch so dysfunktional (immer unter Einbeziehung auch der gemeinwohlbetonten Aspekte des Wirtschaftens) –, dass man diejenigen Personen, die sie an den Tag legen, glaubt – um den primären, wichtigsten Strafzweck zu fixieren[160] – (re)sozialisieren zu müssen, im Interesse der langfristigen Abwehr weiterer Gefährdungen durch diese Personen und um ihrer selbst willen.

Von den Strafvorschriften, die gegenwärtig bei Risikogeschäften im Finanzmarkt einschlägig sind, ist immer noch, und in Zukunft vielleicht zunehmend, § 266 StGB von größter Bedeutung. Was zeichnet Unrecht und Schuld der Untreue so aus, dass man, wird dieser Tatbestand realisiert, die spezielle Rechtsfolge der Strafe anstrebt? Vielleicht kann man sich der Antwort auf diese Frage nur nähern, wenn man nicht von der Norm, sondern vom Handeln ausgeht: Welche Risikogeschäfte sind so schädlich (für Einzelne wie für die Gesamtheit), dass man sich gegen sie auch mit der Strafe glaubt zur Wehr setzen zu müssen?

Damit wäre der Weg frei für die Frage, welche speziellen Maßnahmen in das Programm des Strafrechts eingestellt werden sollten. Es ist wie alle anderen rechtlichen Programme aufgeteilt in Ziele, Mittel zur Erreichung der Ziele, und Abwägung von Zielkonflikten. Beim Ziel gibt es – wenn man mit der herrschenden Meinung in Rechtsprechung und Wissenschaft die „Vergeltung“ ausscheidet – kein Problem; die Schwierigkeiten beginnen aber schon bei den Mitteln. Sie müssen geeignet und erforderlich sein zur Erreichung des Ziels.

S. 243 ff. (251). Wahrscheinlich ist das schon deshalb nicht in Betracht zu ziehen, weil der graue Kapitalmarkt schwer zu fixieren ist (vgl. die Definitionsversuche bei *Hagemann* „Grauer Kapitalmarkt“ und Strafrecht, 2005, S. 23,63 ff. und 146). Zu registrieren sind ferner die Bemühungen um die Reform der Struktur und Organisation von Hedge-Fonds (s. den Bericht „Europäische Regulierung von Hedge-Fonds steht“, FAZ v. 20. 10. 2010).

160 Von der Einbeziehung des Strafzwecks der Generalprävention durch Verurteilung und Vollzug der Strafe, wird hier aus verfassungsrechtlichen Bedenken abgesehen.

Kann die Strafe vor dieser Frage überhaupt bestehen? Weder bei generellen Untersuchungen über den Sinn der Strafe, noch in Einzelfällen wird das ernsthaft bezweifelt. Vielmehr folgt man Gewohnheiten.

b) Probleme im Vorfeld

aa) Akzessorietät

Wenn die Subsumtion eines Verhaltens unter den Tatbestand des § 266 StGB ökonomisch indifferent ist, dann fehlt sogar im Zweifel auch eine – mit der Ökonomie potenziell konkurrierende – nicht-strafrechtliche Regel. Das Strafrecht entfällt dann schon unter dem Gesichtspunkt seiner Akzessorietät. Aber das ist nicht so häufig. Wenn etwa Stakeholder-Interessen nicht zum durch § 266 StGB geschützten Vermögen der Aktiengesellschaft gehören;[161] so sind sie doch durch andere Rechtsvorschriften geschützt, so dass die Anwendbarkeit des § 266 StGB extra zu prüfen wäre. Anders liegt es in der Regel bei der Pflichtwidrigkeit. Hier werden viele Vorgänge als Verletzung von Pflichten unter § 266 StGB subsumiert, obwohl die Primärmaterien diese Pflichten gar nicht kennen. Beim Vermögens*nachteil* wiederum herrscht eine ziemliche Konkordanz, selten werden im Strafrecht Vermögensnachteile dort gesehen, wo im Zivilrecht und im Gesellschaftsrecht keine festzustellen sind (das gilt allerdings nicht für die Fälle der Kompensation von Vorteilen und Nachteilen; hier ist das Strafrecht oft enger als das Zivil- und Gesellschaftsrecht und aus diesem Grund angreifbar). Beim Vorsatz schließlich sind die Konstruktionen, die darauf hinaus laufen, ökonomisch sinnvolle Risiko-Prognosen zu subsumieren, das Problem. Hierher gehören die Fälle der Risikokalkulation, in denen nicht ausgeschlossen werden kann, dass jemand damit rechnen muss, das Risiko werde sich realisieren, und trotzdem handelt – weil diese Unsicherheiten[162] zu einem betriebswirtschaftlichen Programm gehören, dessen Funktionstüchtigkeit außer Frage steht.[163] Das Strafrecht käme hier nur ins Spiel, wenn es mit konkurrierenden Erwägungen auftreten könnte, etwa in dem Sinne, dass die unternehmensethischen Motive, die eine große Toleranzbreite der Risikokalkulierung nahe legen, konterkariert würden durch ethische Motive anderer Art. Das wäre allerdings bei § 266 StGB, der

161 Anders *Bernsmann* Alles Untreue? Skizzen zu Problemen der Untreue nach § 266 StGB, in: Goltdammers Archiv 2007, S. 219 ff.

162 Über die Funktion von „Ambiguität" für wirtschaftliche Entscheidungen vgl. *Clemens/Schmidt* a. a. O. S. 247 ff. Ein Anwendungsfall könnte sich ergeben, wenn sich herausstellt, dass Risiken überhaupt nicht messbar sind, wie *Hellwig* meint (Gutachten zum 68. Deutschen Juristentag, E, 35, 45 ff., und Diskussionsbeitrag in Verhandlung des 68. Deutschen Juristentages, im Druck); dazu auch *Lüderssen* Diskussionsbeitrag a. a. O. (s. a. schon oben S. 257); wie sich zu diesen Einsichten Theorie und Praxis der „Aufsichtlichen Risikobegrenzung" verhalten, was insbesondere von den vorgeschlagenen „Verbesserungen der Risikomeßsysteme" zu halten ist, scheint nicht geklärt zu sein (vgl. dazu *Rudolph* Bankregulierung nach der Finanzkrise, FS Hopt, a. a. O. S. 2413 ff.).

163 Hierzu – bezogen auf ein spezifisches Gebiet –*Baums* Risiko und Risikosteuerung im Aktienrecht, Institute for Law and Finance Working Paper Series Nr.118, 06/2010; s. ferner *Lentfer* Die Überwachung des Risikomanagements gemäß § 91 Abs. 2 AktG durch den Aufsichtsrat 2003; *Füser/Weber* Mindestanforderungen an das Risikomanagement (MaRisk), synoptischer Vergleich mit MaKMaH und MaIR, Stuttgart 2005. Weiteres Material bei *Drygala* Die Pflicht des Managements zur Vermeidung existenzgefährdender Risiken, FS Hopt a. a. O. S. 541 ff. (550 ff.).

eindeutig als Vermögensdelikt festgelegt ist, schwierig (in der Parteispenden-Affäre Kohl ist seinerzeit einmal etwas Vergleichbares versucht worden – § 266 als Delikt gegen die politische Loyalität).

bb) Subsidiarität und ultima ratio

Ebenfalls von vornherein auszuklammern sind die Subsumtionen unter § 266 StGB, die zwar an primäre Verbote anknüpfen, aber übersehen, dass das Strafrecht subsidiär oder nur ultima ratio ist, d.h. dann zurücktritt, wenn mildere Mittel für den Schutz des Rechtsgutes genügen. Dort hingegen, wo der strafrechtliche Tatbestand eo ipso eine eindeutige Steigerung des primär schon durch andere Vorschriften erfassten Unrechts formuliert, ist die ultima ratio indiziert, etwa bei Betrug. Weil das bei Untreue nicht so ist, sind nach und nach limitierende Kriterien entwickelt worden, etwa, dass die Pflichtverletzung gravierend sein muss, oder dass besondere Merkmale der Täterschaft – in Gestalt einer die Kausalketten überspannenden Tatherrschaft – vorliegen müssen,[164] oder dass man im Falle einer bloßen Vermögensgefährdung den bedingten Vorsatz nicht genügen lässt, sondern verlangt, dass der Täter die Realisierung der Vermögensverletzung in Kauf genommen hat (freilich ist diese Einschränkung nur von relativer Bedeutung, weil sie auf einer Ausweitung des objektiven Tatbestandes – Einbeziehung der Vermögensgefährdung in den Begriff des Nachteils – beruht, die ihrerseits den Grundsatz der Akzessorietät verletzt, denn diese Vermögensgefährdungen haben im Zivilrecht und im Gesellschaftsrecht keine Folgen). Durch die neueste Entscheidung des Bundesverfassungsgerichts ist insofern allerdings wieder eine Anpassung an die Akzessorietät erfolgt, als eine Vermögensgefährdung nur dann tatbestandsmäßig ist, wenn sie sich nach professionell betriebswirtschaftlicher Betrachtung als Schaden darstellt.[165]

Die Einschätzung, ob eine Maßnahme das mildere Mittel ist, hängt natürlich davon ab, was über das strengere Mittel bekannt ist. Glaubt man etwa, dass eine zweckmäßige Realisierung des strengeren Mittels nicht möglich ist, dann wird das mildere Mittel zur absoluten Größe und man ist nota bene damit zufrieden. Wer sich aber etwas Zusätzliches von der Strafe verspricht, relativiert den Wert der milderen Lösung. Sie wäre zwar gewissermaßen das Mindeste, aber wenn man mehr haben kann – hier durch Strafe –, wird zugegriffen.

c) Die spezielle strafrechtliche Verbindlichkeit

Strafzwecke, die ökonomischer Zweckrationalität widersprechen, sind bei der Würdigung von Aktivitäten im Finanzmarkt nicht in Betracht zu ziehen. Anders könnte es sein, wenn dem Strafrecht die Aufgabe zugewiesen würde, auch im Wirtschaftsleben für das zu sorgen, was man traditionell Gesinnungsethik nennt, also auch folgenlose

---

164 *Lüderssen*, Risikomanagement und „Risikoerhöhungstheorie" – auf der Suche nach Alternativen zu § 266 StGB, FS Volk 2009, S. 345 ff.

165 BVerfG Strafverteidiger 2010, S. 564 ff.; dazu *Becker* Das Bundesverfassungsgericht und die Untreue: Weißer Ritter oder feindliche Übernahme? HRRS (Online-Zeitschrift für höchstrichterliche Rechtsprechung zum Strafrecht) 2010, S. 383 ff.; *Wessing/Krawczyk* Der Untreuetatbestand auf dem verfassungsrechtlichen Prüfstand, Neue Zeitschrift für Gesellschaftsrecht 2010, S. 1121 ff.; *Saliger* Das Untreue-Strafrecht auf dem Prüfstand der Verfassung, Neue Juristische Wochenschrift, 2010, S. 3195 ff.

Unmoral zu ahnden[166] – aber dem stehen nun unstreitige Prinzipien des rechtsstaatlichen Tatstrafrechts entgegen.

aa) Das Gemeinwohl

Das Surplus, das durch den besonderen Verbindlichkeitsgrad des Strafrechts in der Welt der Ökonomie erreicht werden soll, kann nur in einer Orientierung am Gemeinwohl[167] gesehen werden, das sich mit der bloßen Ausgleichsfunktion des Rechts zwischen Schädiger und Geschädigtem nicht zufrieden gibt. Dass das Strafrecht etwa eine besonders intensive und wirksame Behandlung der Ausgleichsprobleme zwischen Schädiger und Geschädigtem zur Aufgabe habe, ist seit der vor Jahrhunderten vollzogenen Etablierung des öffentlichen Strafanspruchs[168] nicht mehr vertretbar. Alle Versuche der letzten Jahrzehnte, das Opfer insoweit in eine Rechtsposition zu bringen, müssen sich darauf beschränken, seine Situation, die im Vergleich mit Opfern etwa schlichter Vertragsverletzungen viel schwieriger ist, zu verbessern. Eine Wiedereinsetzung des Opfers in den Strafanspruch – jetzt mit der Formulierung, dass das Opfer einen Anspruch auf Genugtuung durch Bestrafung des Täters erhalte – ist mit der unstreitigen öffentlichen Funktion des Strafrechts nicht vereinbar. Die einzige Wandlung, die der öffentliche Strafanspruch erfahren hat, besteht darin, dass es jetzt nicht der Staat ist, in dessen Name und Interesse jemand bestraft wird, sondern – wie schwer das auch zu definieren ist – das Gemeinwohl den Ausgangspunkt bildet. Diese Entwicklung ist die Folge der Säkularisierung und Demokratisierung des öffentlichen Lebens.[169] Dass es bei der Untreue, wenn gravierende Pflichtverletzungen und machtvolle Beherrschung der Kausalzusammenhänge sich mit einem qualifizierten Verletzungsvorsatz verbinden, nicht mehr genügen soll, die entstandenen Schäden auszugleichen, sondern von den Gerichten für erforderlich gehalten wird, auf die handelnden Personen im Sinne der etablierten Strafzwecke einzuwirken, muss mit einem Gemeinwohlinteresse begründet werden. An diese inhaltlichen Voraussetzungen knüpft das Attribut der spezifischen Strafrechtsverbindlichkeit an. Was es dabei zu prognostizieren und abzuwägen gilt, ist substanziell nicht genuin rechtlich und daher von Ökonomie und Betriebswirtschaft nicht zu trennen. Vielmehr kommt hier ganz viel zusammen, und wenn es um Wissensgebiete geht, dann ist das nicht nur Betriebswirtschaft, sondern auch Soziologie, Politologie, Psychologie und natürlich die Beschäftigung mit dem Teil des traditionellen Rechtsstoffs, der speziell definierte Rechtsgebiete hervorgebracht hat, hinter denen sich aber Komplexes verbirgt. Das Strafrecht, das der Ökonomie selbständig gegenübertritt, beschränkt sich also auf seine Wirkungen: Strafdrohung, Strafausspruch, Strafvollzug. Daran, was inhaltlich

---

166 Freilich gibt es Grenzfälle, etwa bei der Pönalisierung abstrakter Gefährdung eines Rechtsguts durch einen untauglichen Versuch seiner Verletzung.

167 Die Gemeinwohl-Diskussion im öffentlichen Recht ist hier heranzuziehen; dazu zunächst der schon erwähnte Tagungsband der Vereinigung der deutschen Staatsrechtslehrer (s. o. Fn. 117), und daraus dann speziell *Hatje* a. a. O. S. 141 ff. und *Kotzur* a. a. O. S. 183 ff.

168 Vgl. *Lüderssen* (Hrsg.) Die Durchsetzung des öffentlichen Strafanspruchs 2002.

169 Vgl. *Lüderssen* Der öffentliche Strafanspruch im demokratischen Zeitalter – von der Staatsräson über das Gemeinwohl zum Opfer? In: Prittwitz/Manoledakis (Hrsg.) Strafrechtsprobleme an der Jahrtausendwende 2000, S. 63 ff.; zum gegenwärtigen Stand der Diskussion vgl. im übrigen *Safferling* Die Rolle des Opfers im Strafverfahren – Paradigmenwechsel im nationalen und internationalen Recht? Zeitschrift für die gesamte Strafrechtswissenschaft 2010, S. 87 ff.; *Lüderssen* Der rechtsfreie Raum – eine moderne Versuchung, a. a. O.

geprüft werden muss, damit diese Folgen eintreten können, haben alle Sozialwissenschaften und im Falle der Untreue zusätzlich Theorie und Praxis der Ökonomie ihren Anteil.

bb) Konkretisierung der strafrechtlichen Relevanz des Gemeinwohls

(1) Beschränkung auf Grenzfälle, Einzelfallanalysen und Hypothesen

Strafrechtspraxis und -wissenschaft stellen die hier aufgeworfene Frage nicht ausdrücklich, weil – beim Kernstrafrecht jedenfalls – die Antwort sich von selbst zu verstehen scheint: „Natürlich“ muss *hier* gestraft werden, würde die Antwort lauten, zu diskutieren ist nur die Art der Strafe und ihr Maß. Lediglich in Grenzfällen, wie etwa gerade bei der Frage, welche Risikogeschäfte dem Untreuetatbestand unterfallen, sind die Zweifel daran, ob das Strafrecht angewendet werden soll, so unüberhörbar, dass die bloße Subsumtion nicht befriedigt.

Dann, wenn es darauf ankommt, insoweit zunächst eine weitere Klärung herbeizuführen, geschieht das allerdings immer nur im Einzelfall, nicht generalisierend und abstrakt für einen Tatbestand und seine Auslegung.

Die tatsächlichen Voraussetzungen für die einzelnen Prognosen, die vorzunehmen wären, sind mannigfaltig. Hier kann es nur darum gehen, Hypothesen zu sammeln und ihre Schlüssigkeit zu überprüfen.

(2) Die Kriterien

(a) „Unerträglichkeit“ des Regelverstoßes

Wenig anzufangen ist mit dem verbreiteten dictum, ein Verhalten sei so unerträglich, dass es Strafe verdiene. Der Begriff der Strafwürdigkeit, der in diesem Zusammenhang oft verwendet wird, ist semantisch ganz leer, im Grunde eine irreführende Metapher, und die wissenschaftlichen Bemühungen um seine inhaltliche Ausfüllung halten sich in Grenzen, sind dort, wo sie einigermaßen aussagekräftig sind, leicht zu reduzieren auf die Diskussion der Strafzwecke. Das gleiche gilt für den Begriff des Strafbedürfnisses. Vor allem sind diese Kriterien nicht brauchbar für die hier interessierenden Grenzfälle.

(b) Verallgemeinerbarkeit des Regelverstoßes

Ein weiteres Argument, das oft zu hören ist, besteht in dem Hinweis, dass das Gemeinwohl eine über den Einzelfall hinaus gehende Warnung verlange. Bei Licht besehen ist das aber bereits das Abschreckungsargument, dessen Verfassungskonformität spätestens beim Vollzug der Strafe, im Grunde aber auch schon bei ihrer Verhängung zweifelhaft ist, da die Strafe ja gegenüber dem Täter gerechtfertigt werden muss und nicht nur dazu dienen darf, gesellschaftlich wichtige Ziele zu erreichen.[170]

---

170 Gelegentlich wird in dieser Hinsicht der verwaltungsrechtliche topos des „Sonderopfers“ bemüht; im Strafrecht ist das allerdings eine durchsichtige Euphemisierung.

(c) Besondere Qualität des verletzten Rechtsguts

Man könnte auch daran denken, dass der Gemeinwohlbezug über eine entsprechende Definition des durch die einschlägigen Strafvorschriften geschützten Rechtsgutes hergestellt wird.[171] Bei § 266 StGB könnte man die Wichtigkeit des Vermögens für die Allgemeinheit betonen. Aber das ist nichts genuin Strafrechtliches, denn die gemeinwohlbezogenen Elemente des Vermögens sind auch in anderen Rechtsgebieten virulent;[172] es wäre ja seltsam, wenn diese durch Art. 14 GG zum festen Bestandteil unseres gesellschaftlichen Bewusstseins gewordene Verbindung den ausschließlichen einfachgesetzlichen Anknüpfungspunkt in dem für Extremfälle bereitstehenden Strafrecht fände.

Man könnte sich damit helfen, dass man an ein Rechtsgut denkt, dass nicht nur den Einzelnen, sondern die Gesamtheit schützt, in Gestalt der Aufrechterhaltung einer funktionierenden und fairen Wirtschaft. Die allgemeine Definition des Wirtschaftsstrafrechts enthält ja dieses Element. Aber es verteilt sich nur auf wenige Tatbestände und ist auch dort eigentlich nur ein „Zwischenrechtsgut",[173] auf dem Wege zum Schutz von Gütern einzelner Personen.[174] In den Paragraphen der Untreue kann man es nicht hinein interpretieren. Aber selbst wenn man das täte, ist damit nicht automatisch die Notwendigkeit indiziert, Personen, die dieses Rechtsgut verletzen, in ein Programm der Normeinübung zu bringen. Auch hier ist vielmehr die primäre Erwägung, dass die Wiedergutmachung des Schadens vielleicht genügt; im übrigen gelten die Einwände, die bereits gegen auf Verhängung und Vollzug der Strafe bezogene generalpräventive Überlegungen formuliert worden sind, auch hier.

(d) Gesteigerte Zurechenbarkeit

Man könnte weiterhin die spezifische Anknüpfung in der durch die besondere Tatmacht und den Vorsatz indizierten Intensität der Normverfehlung suchen, bei der es im Interesse des Gemeinwohls liegt, sie über den Ausgleich der Vermögenslage hinaus zu verfolgen. Aber auch hier stößt man entweder auf die selbstverständliche Annahme, dass das so sein müsse – etwa bei ganz eindeutigen Schädigungen, die weit über problematische Risikogeschäfte hinaus gehen – oder man muss wiederum registrieren, dass dort, wo die Selbstverständlichkeit aufhört, die Verlegenheiten beginnen, Begründungen dafür zu finden, dass das Gemeinwohl verlange, auf den Täter, der die Voraussetzungen einer erhöhten Zurechenbarkeit erfüllt, in besonderer Weise einzuwirken.

---

171 Über die Grundlagen des strafrechtlichen Rechtsgüterschutzes vgl. *Lüderssen*, Regulierung, Selbstregulierung und Wirtschaftsstrafrecht: *Kempf/Lüderssen/Volk* (Hrsg.), Die Handlungsfreiheit des Unternehmers – wirtschaftliche Perspektiven, strafrechtliche und ethische Schranken 2009, S. 241 ff. (S. 297 ff.).

172 Für das Aktienrecht beispielsweise ist es immer wieder erörtert worden, vgl. die – weiterführende – Darstellung bei *Mülbert* Grundsatz- und Praxisprobleme der Einwirkungen des Art. 14 GG auf das Aktienrecht, FS Hopt, a. a. O. S. 1040 ff.; s. a. *Semler* Gedanken zur Bedeutung des Unternehmenszwecks, FS Hopt, a. a. O. S. 1391 ff.

173 *Lüderssen* a. a. O. S. 298 ff.

174 Die Frage nach dem Gemeinwohlbezug der Verletzung *dieser* Rechtsgüter wäre also, wie auch bei den anderen zahlreichen Delikten gegen den *Einzelnen*, unabweisbar.

(e) Notwendigkeit der (Re-)Sozialisierung.

Es verbleiben die Spekulationen auf die „Resozialisierung“. Dieser in der Strafzwecktheorie eingebürgerte Begriff ist für offenkundige Fehlsozialisationen geprägt und müsste für die spezifische Art der Einwirkung, die man bei problematischem Verhalten am Finanzmarkt für erforderlich halten könnte, gewissermaßen zugeschnitten werden. Die Struktur und Entwicklung der ihre Macht missbrauchenden, vielleicht sogar eigensüchtigen Persönlichkeiten wäre zu erforschen, sowohl was ihr vergangenes wie ihr zukünftiges Verhalten und seine Beeinflussbarkeit betrifft. Der Vorgang, der durch eine Bestrafung angestoßen werden sollte, müsste auf eine Normeinübung hinauslaufen, gemessen an sehr vielen, nicht leicht überblickbaren Details und ökonomischen Zweckprogrammen, inklusive womöglich der Teile der Unternehmensethik, die von externen Impulsen bestimmt sind.[175]

(3) Konsequenzen für die Regulierung des Finanzmarkts

Untersuchungen, die eine reale, empirisch belegbare Einschätzung der Funktion strafrechtlicher Maßnahmen bieten, fehlen: das gilt sowohl im Allgemeinen wie für das auf den Finanzmarkt bezogene Strafrecht. Der Nachholbedarf, den das Strafrecht in dieser Hinsicht gegenüber dem öffentlichen Recht aufweist, das eine Lehre von der Rechtsfolgeneinschätzung entwickelt hat,[176] ist unübersehbar.

Wie diese Lücke zu füllen ist, muss hier nicht untersucht werden. Vielmehr kommt es nur darauf an zu zeigen, welches Material produziert werden müsste, um die spezifische Geltungsrelevanz des Strafrechts zu bestimmen. Dieses Material ist mit Mitteln der allgemeinen Psychologie, der empirischen Sozialforschung, und der Heranziehung von *behavioural economics* zu erforschen, spezifisch strafrechtlich ist es nicht. Das scheint nur so zu sein, weil es ausschließlich bei der Kalkulation der Wirkungen von Strafrecht und Strafe in den Blick kommt. Auch auf diesem speziellen Gebiet des Rechts ist also das Entscheidende nicht der Jurisprudenz vorbehalten, sondern einem Ensemble sozialwissenschaftlicher Fachleute, Theoretikern wie Praktikern. Das Strafrecht steht am Ende, mit zugespitzten Entscheidungen über eine besonders weit reichende und intensive Verbindlichkeit.

Diese ist aus guten Gründen immer noch besonders eng mit dem Staat verknüpft; institutionelle „Privatisierungen“ sind nicht angezeigt. Anders liegt es in Bezug auf die obrigkeitlichen Strukturen des Verhandlungsstils. Hier führen Gewissheitsverluste zu – noch sehr umstrittenen – Kommunikationen auch im Strafprozess, die – allerdings ziemlich unreflektiert – Kooperationsformen aufnehmen, welche das öffentliche Recht inzwischen schon weitgehend etabliert hat.[177]

---

175 Zum Unterschied zwischen impliziter und externer Unternehmensethik s. *Lüderssen* a.a.O. S. 280ff.

176 *Lüderssen* a.a.O. S. 296, mit weiterer Literatur.

177 Genauer dazu *Lüderssen* Regulierte Selbstregulierung in der Strafjustiz? FS Fezer 2008, S. 531ff.; rudimentäre Lösungen im „Gesetz zur Verständigung im Strafverfahren“, kommentiert von *Niemöller/Schlothauer/Weider* 2010 (dazu *König* Strafverteidiger 2010, 606f.).

C. Schlussfolgerungen

Zwei Einsichten sind es, die den Umgang mit dem modernen Wirtschaftsrecht bestimmen: Die Auslagerung der Substanz – sozial-ökonomische Erfahrungen und Ideenfülle machen den Inhalt des Wirtschaftsrechts aus, und: die Lockerung der Formen – der streckenweise starre und selbstgerechte Etatismus wird abgelöst oder ergänzt durch neue, Vielseitigkeit der Interessenwahrung verbürgende demokratische Entscheidungsprozesse. Daraus folgen – drittens – spezielle an die Adresse der „Theoriebildung" gerichtete Erwartungen.

I. Die externe Orientierung des Rechts

Am Beispiel der Strukturen des Finanzmarkts wird offenbar, dass Ökonomie und Recht nicht gegeneinander stehen. Vielmehr sind alle Erwägungen, die zu dem, was die Ökonomie fordert oder zu fordern scheint, in eine Konkurrenz treten, auf die Bewertung von Interessen gestützt, von der man nicht sagen kann, dass sie genuin rechtlich ist. Deshalb erfolgt die Bewertung dieser Interessen nach einem einheitlichen Schema, das Zielsetzung, Auswahl der für die Erreichung dieses Ziels geeigneten und erforderlichen Mittel und Abwägung von Zielkonflikten unterscheidet. Sollte es sich darum handeln, die zuständigen Fachgebiete zu benennen, müssten die Sozialwissenschaften als Ganzes oder einige Teilgebiete herangezogen werden, je nach dem. Darüber dürfen auch spezielle Lehren, etwa die von der ökonomischen Analyse des Rechts,[178] nicht hinwegtäuschen. Die fachliche Prävalenz der Ökonomen ist im Rahmen dieser Lehre nur scheinbar; die Juristen, die diese Lehre kultivieren, überantworten sich nicht der Ökonomie, sondern steigen in Interessenbewertungsprozesse ein, die sich inhaltlich, aber nicht strukturell von anderen unterscheiden. Wohin diese Prozesse dann jeweils gehören, ist freilich streitig, so z.B. bei den wohlfahrts- oder sozialstaatlichen Konzepten. Sind sie Teil einer – weit gefassten – Unternehmensethik, gehören sie zur Ökonomie; geht man von einem engeren Begriff der Unternehmensethik aus, domizilieren sie zwar im Recht, werden dadurch aber nicht genuin juristisch. Dass faktisch es oft Juristen sind, die bei dem Prozess der Bewertung von Interessen, die den als rein ökonomisch betrachteten expressis verbis gegenübergestellt werden, eine führende Rolle haben, macht die einschlägigen Abwägungen nicht zu etwas rein Rechtlichen, denn dort, wo rechtliche *Regelungen* auftreten, übernehmen diese – mit der spezifischen Verbindlichkeitsforderung und -realisierung – nur eine instrumentelle Funktion im Dienste der auf vielfältigen Wegen zustande gekommenen Bewertungen.

II. Neue demokratische Entscheidungsprozesse als Rechtsquelle?

Ob diese Bewertungen, indem sie auf Verbindlichkeit drängen, die Gestalt von Ordnungen annehmen, die unter Umständen bereits dem Geltungsmaßstab für Recht genügen

178 Vgl. dazu *Lüderssen* Regulierung, Selbstregulierung und Wirtschaftsstrafrecht, a. a. O. S. 304 ff.; neuester Überblick bei *Kübler/Kübler* a. a. O.

und insofern selbst Recht darstellen, oder zusätzliche Akte erforderlich sind, damit sie den Charakter des Rechts erhalten, ist eine Frage des Demokratieverständnisses.[179] Man kann die Frage aber aussetzen, wenn diese Ordnungen schon – ohne die besonderen Bedingungen der Rechtsform zu erfüllen – die gewünschten Wirkungen entfalten. Diese Feststellungen de facto voneinander zu trennen, ist nicht leicht, denn die verschiedenen Stufen der Verbindlichkeit, die von Normen erreicht werden können, legen es gerade nahe, die Anforderungen an demokratische Rechtsgeltung *keinem* einheitlichen Maßstab zu unterwerfen. Wenn *Corporate Governance* – sofern sie sich nicht im Respekt vor den Gesetzen erschöpft – so viel Anerkennung findet, dass eine Umsetzung in parlamentarisch legitimierte Gesetzgebung nicht mehr erforderlich ist, so trifft das mit der Tendenz zusammen, *sekundäre* Rechtsquellen zu akzeptieren. Die internationalen Gewohnheiten, die auf diese Weise entstehen, schaffen insoweit Tatsachen, die unabhängig davon, ob die nationalen Gesetzgebungen und die europäische Gesetzgebung (noch) aktiv werden, ein neues Gewohnheitsrecht produzieren, ähnlich wie man für die Etablierung von Völkerrecht unter bestimmten Voraussetzungen auch die internationale Praxis ausreichen lässt.[180]

Die Praxis, auf die es hier ankäme, könnte einerseits die Tradition autonomer privater Rechtsetzung in Anspruch nehmen, müsste andererseits aber natürlich an der Forderung nach Gleichheit im Wettbewerb orientiert sein und den teils damit schon verbundenen, teils hinzukommenden Gemeinwohlbezügen Rechnung tragen.[181] Die staatliche Erzwingung des erstrebten ökonomischen Verhaltens ist dann also nicht mehr wichtig, gleichviel, ob das Ausdruck eines gewandelten Rechtsverständnisses ist oder einer Praxis entspricht, die aus der Ersetzung des Rechts durch ihm nachgeordnete Regeln hervorgeht. Man kann darin eine Derogation des Rechts sehen – das wäre die pessimistische Perspektive – oder aber einen Fortschritt der sachlichen (hier: ökonomisch-sozialen) Orientierung gegenüber formalistischen oder etatistischen Rechtsansprüchen – das wäre die optimistische Perspektive.

---

179 Die Diskussion im öffentlichen Recht ist inzwischen so weit, im „Demokratieprinzip ein Optimierungsgebot“ zu sehen, „zukunftsoffen und dynamisch“ (*Trute* a.a.O. S. 318 ff. mit umfassenden Nachweisen aus der Literatur [aber auch der Rechtsprechung des Bundesverfassungsgerichts]); s. ferner im gleichen Sinne *Kotzur* a.a.O. S. 196: „Entscheiden für die Demokratie: Von der vordemokratischen Zugehörigengemeinschaft zum demokratischen Demos – ein Wettbewerb um Zugehörigkeit“, noch genauer S. 199: „Akteure, Arenen und Verfahren demokratischen Wettbewerbs (….) Demokratisches Entscheiden aus der Mitte der Zivilgesellschaft (…)“.

180 Grenzen, die vom nationalen Verfassungsrecht gezogen werden können, sind im Urteil des BVerfG zum Lissabon-Vertrag formuliert worden; dazu jetzt *Denninger* Identität versus Interpretation, JZ 2010, S. 569 ff.; für Regelungsprobleme auf dem Gebiet der Ökonomie gelten diese Grenzen aber gerade nicht, wie die permanenten Forderungen lehren, spezielle Regelungen ohne großen völkerrechtlichen oder doch wenigstens europarechtlich-institutionellen Aufwand international verbindlich zu machen, vgl. den Überblick bei Blanke u. a. (Hrsg.) Dimensionen des Wettbewerbs. Europäische Integration und politische Gestaltung 2010. Aber die methodologische Reflektion dieses Problems steckt noch in den Anfängen. Das gilt besonders für die strafrechtlichen Aspekte, s. *Lüderssen* Europäisierung des Strafrechts und gubernative Rechtsetzung, Goltdammer’s Archiv 2003, S. 71 ff.; Schünemann (Hrsg.) Ein Gesamtkonzept für die europäische Strafrechtspflege 2006.

181 Keine „clandestine Privilegierung“ – so die Formulierung von *Höfling* in den Verhandlungen des 68. Deutschen Juristentages a. a. O. (im Erscheinen).

III. Makro- und Mikroebenen

Es wäre interessant zu erfahren, ob dem hier favorisierten Konzept der Rechtsquellen, das Abstufungen der Geltung kennt, ökonomische Theorien korrespondieren, indem sie die materielle Substanz für diese Abstufungen liefern. Es genügt ja nicht, dass zu einzelnen Fragen der Regulierung, Kontrolle und Intervention auf der einen Seite, Selbstregulierung und ordnungspolitischen Optionen auf der anderen Seite Stellung genommen wird. Vielmehr besteht die berechtigte Erwartung, dass nicht nur topisch-fallbezogen, sondern in größeren wirtschaftspolitischen Zusammenhänge gedacht wird. Mehr als diskrete Andeutungen gibt es da aber nicht.[182] Zwar werden die alten „Lager" wieder belebt.[183] Die Äußerungen zur Finanzkrise im 60. Band des Ordo-Jahrbuchs sind im wesentlichen auf den Ton gestimmt, auch jetzt müsse sich der Markt selbst helfen, doch eine direkte Verbindung zwischen der Theorie des Ordoliberalismus und detaillierten Empfehlungen wird nicht hergestellt.[184] Das gleiche muss gesagt werden für den so genannten Neo-Keynesianismus.[185] Selbst der visionäre *Stiglitz*,[186] der theoretisch gewissermaßen zwischen den Fronten steht, enttäuscht insoweit.[187] Bleibt die neue Institutionenökonomik. Aber auch sie fungiert nurmehr als eine Art Werkzeugkasten, dessen man sich selektiv und opportunistisch bedient.

---

182 Bezeichnend die enigmatische – und wohl deshalb einstimmig angenommene – Fassung der ersten Ziffer der Beschlussvorschläge des 68. Deutschen Juristentages, Abteilung Öffentliches und Privates Wirtschaftsrecht, a. a. O.: „Es sollte Leitprinzip von Finanzmarktregulierung und -aufsicht sein, der Entstehung von Situationen vorzubeugen, in denen staatliche Rettungsmaßnahmen zugunsten von Unternehmen der Finanzwirtschaft unausweichlich erscheinen. Diese Vorsorge zu treffen ist eine elementare Staatsaufgabe im Mehrebenensystem".

183 Mit durchaus politisch-temperamentvollen Manifesten (so etwa das Plädoyer für eine richtig verstandene neoliberale Wirtschaftspolitik von *Horn* Die soziale Marktwirtschaft 2010, oder der ridikülisierende Seitenblick auf die „ordnungspolitischen Konzepte ‚guter' Marktwirtschaft" bei *Ulrich* Zivilisierte Marktwirtschaft, Eine wirtschaftsethische Kommentierung, aktualisierte und erweiterte Neuausgabe 2010, S. 153 ff.)

184 Eine Ausnahme bildet die Arbeit von *Mestmäcker* a. a. O. Seine Position freilich, dass die ökonomische Sachkompetenz sich nicht auf die normative Grundlegung der Wettbewerbspolitik erstreckt, ist umstritten. *Hellwig* meint, „dass man auch auf dieser Ebene der Diskussion nicht ohne den Beitrag der Ökonomie auskommt" (vgl. den Bericht über diese Diskussion bei *Vanberg* (Hrsg.) Wettbewerbsfreiheit und ökonomische Effizienz: Die ordnungsökonomische Perspektive, Evolution und freiheitlicher Wettbewerb, Erich Hoppmann und die aktuelle Diskussion 2009, S. 107 ff.).

185 Dazu jetzt *Braunberger* Keynes für jedermann, Die Renaissance des Krisenökonomen 2009; ferner *Skidelsky* a. a. O.; *James* Die Krise der Finanzmärkte und die Rückkehr des Staates, Akademievorlesung 30. 1. 2009, Manuskript S. 35/36; eine hierher gehörige wissenschaftstheoretisch fundierte, im wesentlichen neoinstitutionalistisch inspirierte Untersuchung der „Ökonomie regulatorischer Interventions- und Kontrollmaßnahmen" haben jetzt vorgelegt *Gerke/Merx* Chancen und Nutzen von Finanzmarktregulierung, FS Hopt, a. a. O. S. 1845 ff. (1848 ff.), mit konkreten Hinweisen auf die Möglichkeit einer „Reform der Kontrolle von Finanzdienstleistern" (1855 ff.).

186 Free Fall. Free Markets and the Sinking of the Global Economy 2010 (deutsche Übersetzung: Im freien Fall. Vom Versagen der Märkte zur Neuordnung der Weltwirtschaft 2010).

187 Erst recht gilt das für auf eine generelle Kapitalismus-Kritik hinlaufende Arbeiten, vgl. dazu den von den Blättern für deutsche und internationale Politik herausgegebenen Sammelband (Das Ende des Kasino-Kapitalismus? Globalisierung und Krise 2009).

Die Juristen sollten sich freilich mit Verdikten zurückhalten, denn sie haben schon längst keine einheitliche Theorie mehr. Als sie noch darüber zu verfügen glaubten, stand es freilich nicht zum Besten für die nationalen Rechtskulturen. Sympathisch ist daher der scharfsinnige kasuistische Pragmatismus der Diskussionsbeiträge, die beim 68. Deutschen Juristentag in der mit der Finanzkrise befassten Abteilung „Öffentliches und privates Wirtschaftsrecht" geleistet worden sind. Aber ganz glücklich kann man darüber auch nicht sein. Es fehlt die Verknüpfung von Makro- und Mikroebene.[188]

Deshalb richtet sich der Blick vorläufig auf diejenige Disziplin, die – so lange es sie gibt, also etwa seit *Comte* – zuständig ist für umgreifende Analysen ökonomischer Entwicklungen, also die Soziologie. In einem einschlägigen Sonderheft der Kölner Zeitschrift für Soziologie und Sozialpsychologie wird denn auch von neuen „Herausforderungen der Wirtschaftssoziologie"[189] gesprochen. Aber legt man dieses an Gelehrsamkeit nicht arme Buch neben den ebenso gelehrten Band der drei Gutachten zum Juristentag,[190] so glaubt man in zwei Welten zu sein. Wohl gibt es bei den Soziologen interessante summarische Würdigungen, etwa: „Die *Klassiker der Soziologie* Emile Durkheim und Max Weber haben die Existenz von Institutionen auf Probleme der Individuen im sozialen Zusammenleben bezogen und deren Geltung aus gegebenen kollektiven Moralvorstellungen (*Durkheim* [...]) bzw. Legitimitätsvorstellungen (*Weber* [...]) abgeleitet. Die Soziologie ist diesem Denken lange gefolgt und hat Institutionen als normative Regeln konzipiert, deren Geltungsbegründung und handlungsleitende Wirkung von den konkreten, situationsbezogenen Interessen der Akteure abgekoppelt war. Die Neoklassik wiederum blendet mit dem Wettbewerbsmarktmodell auch den vollständig informierten, nutzenmaximierenden homo oeconomicus völlig aus und meint, wirtschaftliches Handeln und wirtschaftliche Wohlfahrt allein über Marktpreise erklären zu können. Das impliziert, dass Märkte der effiziente Abstimmungsmechanismus per se sind". Und verheißungsvoll sind die weiteren Ankündigungen: „Ich will zeigen, dass eine handlungstheoretische Erklärung verschiedene Regelsysteme mitsamt ihren Folge- und Gestaltungsprogrammen umfasst".[191] Aber was kommt, ist wieder nur bare Theorie.

Die *Zusammenführung* von Theorie und Praxis der Wirtschaftspolitik (speziell mit Blick auf den Finanzmarkt) zu versuchen, *bleibt* also eine große interdisziplinäre Aufgabe. Unser Symposion hat in seinem grundsätzlichen Teil – in der Hoffnung auf weitere zukünftige Anstrengungen – vielleicht einige Schritte in diese Richtung getan.

---

188 Interessante Ansätze jetzt allerdings in: Turner u.a. (Hrsg.) The Future of Finance, The LSE Report, veröffentlicht als Paper der London School of Economics and Political Science, 2010. Bemerkenswert mag sein, dass *Turner* der Vorsitzende der „Working Party of the G 20 Financial Stability Board, which will deliver proposals to the G 20 Summit this November" ist. a.a.O. S. 2.

189 *Beckert/Deutschmann* (Hrsg.) Neue Herausforderungen der Wirtschaftssoziologie, Wirtschaftssoziologien 2009, S. 7ff.

190 S.o. Fn. 1, 31.

191 *Maurer* Die Institutionen der Wirtschaft, Soziologische Erklärungen wirtschaftlicher Sachverhalte, Kölner Zeitschrift a.a.O. S. 208ff. (210).

Literatur

Admati/DeMarzo/Hellwig./Pfleiderer Fallacies, Irrelevant Facts and Myths in the Discussion of Capital Regulation: Why Bank Equity is *Not* expensiv, in: Stanford GSB Research Paper No. 2063, The Rock Center for Corporate Governance at Stanford University Working Papers Series No. 68 (2010).

Akerlof, George A./Shiller, Robert J. Animal Spirits (2009).

Alexy, Robert Begriff und Geltung des Rechts (1992).

Ballweg, Ottmar Zu einer Lehre von der Natur der Sache (1960).

Baums, Theodor Risiko und Risikosteuerung im Aktienrecht, Institute for Law and Finance Working Paper Series Nr. 118, 06/2010

Becker, Christian Das Bundesverfassungsgericht und die Untreue: Weißer Ritter oder feindliche Übernahme? HRRS (Online-Zeitschrift für höchstrichterliche Rechtsprechung zum Strafrecht) 2010, S. 383 ff.

Becker, Florian Staatlich-private Rechtssetzung in globalisierten Finanzmärkten, Zeitschrift für Unternehmens- und Gesellschaftsrecht 2009, S. 123 ff.

Beckert, Jens Die Anspruchsinflation des Wirtschaftssystems. Zur Theorie des Spätkapitalismus im Licht der Finanzmarktkrise, in: Westend. Neue Zeitschrift für Sozialforschung, 2009, S. 135 ff.

Beckert, Jens/Deutschmann, Christoph Neue Herausforderungen der Wirtschaftssoziologie, in: dieselben (Hrsg.) Wirtschaftssoziologie, Kölner Zeitschrift für Soziologie und Sozialpsychologie, Sonderheft 49, 2009, S. 71 ff.

Bernsmann, Klaus Alles Untreue? Skizzen zu Problemen der Untreue nach § 266 StGB, in: Goltdammers Archiv 2007, S. 219 ff.

Bierling, Ernst Rudolf Juristische Prinzipienlehre, zweiter Neudruck der Ausgabe 1917, Bd. 5 (1975).

Blätter für deutsche und internationale Politik (Hrsg.) Das Ende des Kasino-Kapitalismus? Globalisierung und Krise (2009).

Blanke, Hermann Josef u. a. (Hrsg.) Dimensionen des Wettbewerbs. Empirische Interpretation und politische Gestaltung (2010).

Blumenberg, Hans Theorie der Lebenswelt, aus dem Nachlass herausgegeben von Manfred Sommer (2010).

Böckenförde, Ernst-Wolfgang Die historische Rechtsschule und das Problem der Geschichtlichkeit des Rechts, in: ders., Recht, Staat, Freiheit. Studien zur Rechtsphilosophie, Staatstheorie und Verfassungsgeschichte (1991).

Braunberger, Gerald Keynes für jedermann, Die Renaissance des Krisenökonomen (2009).

Budäus, Dietrich/Steenbock, Andreas Erkenntnistheorie und ökonomischer Ansatz, in: Handbuch der Wirtschaftsethik (herausgegeben im Auftrag der Görres-Gesellschaft von Wilhelm Korff u. a. Band 3: Ethik wirtschaftlichen Handelns, Neudruck (2009).

Clemens, Olaf/Schmidt, Reinhard H. Mehrdeutigkeit der Rechnungslegung und Herdenverhalten als Ursache der Finanzkrise, in Eberhard Kempf/Klaus Lüderssen/Klaus Volk (Hrsg.) Die Finanzkrise, das Wirtschaftsstrafrecht und die Moral (2010) S. 239 ff.

Denninger, Erhard Identität versus Interpretation, in Juristen Zeitung 2010, S. 969 ff.

Dernburg, Heinrich Pandekten, Bd. 1, 3. Aufl. (1892).

Dreier, Ralf Die Natur der Sache (1965).

Drygala, Tim Die Pflicht des Managements zur Vermeidung existenzgefährdender Risiken, in: FS Klaus J. Hopt (2010) S. 541 ff.

Eidenmüller, Horst Rekonstrukturierungssysteme relevanter Finanzinstitute, in: FS Klaus J. Hopt (2010) S. 1713 ff.

Engel, Christoph Das schwindende Vertrauen in die Marktwirtschaft und die Folgen für das Recht, FS Klaus J.Hopt (2010) S. 2733 ff.

Fischer-Lescano, Andreas Globalverfassung. Die Geltungsbegründung der Menschenrechte. (2005).

Fligstein, Neil The Architecture of Markets. An Economic Sociology of 21st Century Capitalist Society (2001).

Forst, Rainer/Günther, Klaus Normative Orders Working Paper 01/2010: Die Herausbildung normativer Ordnungen. Zur Idee eines interdisziplinären Forschungsprogramms

Forstmoser, Peter Verallgemeinerbare Modelle für die Gemeinwohlorientierung von Unternehmen, in: Eberhard Kempf/Klaus Lüderssen/Klaus Volk Die Finanzkrise, das Wirtschaftsstrafrecht und die Moral (2010) S. 107 ff.

Füser, Karsten/Weber, Max Mindestanforderungen an das Risikomanagement (MaRisk synoptischer Vergleich mit MaKMaH und MaIR (2005).

Gerke, Wolfgang/Merx, Christian Chancen und Nutzen von Finanzmarktregulierung, FS Klaus J. Hopt (2010) S. 1845 ff.

Günther, Klaus Rechtspluralismus und universale Codes, FS Jürgen Habermas (2000) S. 17 ff.

Haar, Brigitte Anleger in geschlossenen Fonds – Kapitalmarkteffizienz, Behavioural Finance und Anlegerkoordination als Bausteine eines neuen Regulierungsparadigmas, FS Klaus J. Hopt (2010) S. 1865 ff.

Hagemann, Michael „Grauer Kapitalmarkt“ und Strafrecht (2005).

Hassemer, Winfried Das Symbolische am symbolischen Strafrecht, FS Claus Roxin zum 70. Geburtstag (2001) S. 1001 ff.

Hatje, Armin Demokratie als Wettbewerbsordnung. 1.Bericht. In: Veröffentlichungen der Vereinigung der Deutschen Staatsrechtslehrer, Bd. 69 (2010) S. 135 ff.

Hellwig, Martin Finanzmarktregulierung – Welche Regelungen empfehlen sich für den deutschen und europäischen Finanzsektor? Gutachten E zum 68. Deutschen Juristentag (2010).

Heun, Werner Der Staat und die Finanzkrise, JuristenZeitung 2010, S. 53 ff.

Hilgendorf, Eric/Kuhlen, Lothar Die Wertfreiheit in der Jurisprudenz (Schriftenreihe der Juristischen Studiengesellschaft Karlsruhe Heft 242), (2000), S. 33–49.

Höfling, Wolfram Finanzmarktregulierung – Welche Regelungen empfehlen sich für den deutschen und europäischen Finanzsektor? Gutachten F zum 68. Deutschen Juristentag (2010).

Hoffmann-Riem/Schmidt-Aßmann/Voßkuhle (Hrsg.) Grundlagen des Verwaltungsrechts, Bd. I 2006, S. 1085 ff.

Hofmann, Hasso Legitimität und Rechtsgeltung (1971).

Homann, Karl Die Interdependenz von Zielen und Mitteln (1983).

Homann, Karl Rationalität und Demokratie (1988).

Homann, Karl Die Legitimation von Institutionen, in: Handbuch der Wirtschaftsethik (herausgegeben im Auftrag der Görres-Gesellschaft von Wilhelm Korff u.a., Bd. 2: Ethik wirtschaftlicher Ordnungen, Neudruck (2009) S. 72 ff.

Horn, Karen Ilse Die soziale Marktwirtschaft (2010).

Horn, Norbert Einführung in die Rechtswissenschaft und Rechtsphilosophie, 4. Aufl. (2007).

James, Harold Die Krise der Finanzmärkte und die Rückkehr des Staates, Akademievorlesung 30. 1. 2009, Manuskript.

Kaufmann, Arthur Analogie und „Natur der Sache“; zugleich ein Beitrag zur Lehre vom Typus. 1965, 2. im wesentlichen unveränderte Auflage (1982).

Kaufmann/Hassemer/Neumann (Hrsg.) Einführung in die Rechtsphilosophie und Rechtstheorie der Gegenwart, 7. Aufl. (2004).

Kempf/Lüderssen/Volk (Hrsg.) Die Handlungsfreiheit des Unternehmers – wirtschaftliche Perspektiven, strafrechtliche und ethische Schranken (2009).

Kempf/Lüderssen/Volk (Hrsg.) Die Finanzkrise, das Wirtschaftsstrafrecht und die Moral (2010).

Kindler, Peter Finanzkrise und Finanzmarktregulierung – Ein Zwischenruf zum 68. Deutschen Juristentag, Neue Juristische Wochenschrift 2010, S. 2465 ff.

Kirchhof, Ferdinand Die Bankenkrise und die Folgen für das Staatsfundament, FS Udo Steiner zum 70. Geburtstag (2009) S. 7 ff.

Kirchhof, Paul Rückbesinnung auf ein Grundrecht – Eigentum als Schule von Freiheit und Risiko, in: Otto Depenheuer (Hrsg.) Eigentum, Verfassung und Finanzkrise (2009) S. 411 ff.

Kirchner, Christian Formen innerstaatlicher Interaktionsregeln für wirtschaftliche Prozesse, in: Handbuch der Wirtschaftsethik, a. a. O., Bd. 2, S. 127 ff.

Klein, Stefan/Teubner Informationsverhalten und Informationsstrukturen, in: Handbuch der Wirtschaftsethik, Bd. 3 a. a. O. S. 416 ff.

Köhler, Helmut Wettbewerbsverstoß und Vertragsnichtigkeit, JuristenZeitung 2010, S. 767 ff.

Koslowski, Peter Ethik der Banken (2009).

Kotzur, Markus Demokratie als Wettbewerbsordnung. 2.Bericht. In: Veröffentlichungen der Vereinigung der deutschen Staatsrechtslehrer, Bd. 69, (2010) S. 173 ff.

Kübler, Dorothea/Kübler, Friedrich Zur Einführung: Recht und Sozialwissenschaft Herausforderungen und Chancen der Verhaltensökonomie, Kritische Vierteljahresschrift für Gesetzgebung und Rechtswissenschaft 2007, S. 94 ff.

Kuhlen, Lothar Wertfreiheit in der Jurisprudenz? In: Eric Hilgendorf/Lothar Kuhlen, Die Wertfreiheit in der Jurisprudenz (1999) S. 33 ff.

Kumpan, Christoph Regulierung von Rating-Agenturen – Ein anreizorientierter Ansatz, FS Klaus J. Hopt (2010) S. 2157 ff.

Lentfer, Thies Die Überwachung des Risikomanagements gemäss § 91 Abs. 2 AktG durch den Aufsichtsrat (2003).

Lepsius, Oliver Wandlungen in der juristischen Wirklichkeitswahrnehmung 1880 bis 1932, in: Otto Gerhard Oexle (Hrsg. Krise des Historismus – Krise der Wirklichkeit (2007) S. 314 ff.

Lorenz, Manuel Der Regierungsentwurf eines Gesetzes zur Restrukturierung und geordneten Abwicklung von Kreditinstituten – Überblick und erste Einordnung, Neue Zeitschrift für Gesellschaftsrecht (2010) S. 1046 ff.

Lüderssen, Klaus Erfahrung als Rechtsquelle (1972).

Lüderssen, Klaus Genesis und Geltung in der Jurisprudenz (1996).

Lüderssen, Klaus Entkriminalisierung des Wirtschaftsrechts Bd. 1 (1998), Bd. 2 (2007).

Lüderssen, Klaus (Hrsg.) Aufgeklärte Kriminalpolitik oder Kampf gegen das Böse? Bd. I: Legitimationen (1998).

Lüderssen, Klaus Ökonomische Analyse des Strafrechts und Alternativen zum Strafrecht, in: Claus Ott/Hans-Bernd Schäfer (Hrsg. Die Präventivwirkung zivil- und strafrechtlicher Sanktionen (1999) S. 25 ff.

Lüderssen, Klaus Der öffentliche Strafanspruch im demokratischen Zeitalter – von der Staatsräson über das Gemeinwohl zum Opfer? In: Cornelius Prittwitz/Ioannis Manoledakis (Hrsg. Strafrechtsprobleme an der Jahrtausendwende 2000, S. 87 ff.

Lüderssen, Klaus (Hrsg.) Die Durchsetzung des öffentlichen Strafanspruchs (2002).

Lüderssen, Klaus Hans Kelsen und Eugen Ehrlich, in: Stanley L.Paulson/Michael Stolleis (Hrsg.) Hans Kelsen (2005) S. 264 ff.

Lüderssen, Klaus Regulierung, Selbstregulierung und Wirtschaftsstrafrecht. Versuch einer interdisziplinären Systematisierung, in: Kempf/Lüderssen/Volk (Hrsg.). Die Handlungsfreiheit des Unternehmers – wirtschaftliche Perspektiven, strafrechtliche und ethische Schranken (2009) S. 243 ff.

Lüderssen, Klaus Risikomanagement und „Risikoerhöhungstheorie" – auf der Suche nach Alternativen zu § 266 StGB, FS Klaus Volk (2009) S. 345 ff.

Lüderssen, Klaus Finanzmarktkrise, Risikomanagement und Strafrecht, in: Kempf/Lüderssen/Volk (Hrsg.), Die Finanzkrise, das Wirtschaftsstrafrecht und die Moral (2010) S. 71 ff.

Lüderssen, Klaus Komplexität und Ambivalenzen, in: Kempf/Lüderssen/Volk (Hrsg. Die Finanzkrise, das Wirtschaftsstrafrecht und die Moral (2010) S. 15 ff.

Lüderssen, Klaus Der rechtsfreie Raum – eine moderne Versuchung, im Druck (2011).

Luhmann, Niklas Zweckbegriff und Systemrationalität (1968).

Luhmann, Niklas Ausdifferenzierung des Rechts (1981).

Lutter, Marcus Der Codex und das Recht, FS Klaus J. Hopt (2010) S. 1025 ff.

MacCormick, Donald Niel/Weinberger, Ota Grundlagen des institutionalistischen Rechtspositivismus (1985).

Maurer, Andrea Die Institutionen der Wirtschaft, Soziologische Erklärungen wirtschaftlicher Sachverhalte, in: Kölner Zeitschrift für Soziologie und Sozialpsychologie, Sonderheft 49 (2009) S. 208 ff.

McDowell, John Wert und Wirklichkeit (2009).

Meesen, Karl M. Prinzip Wettbewerb, JuristenZeitung 2009, S. 697 ff.

Mestmäcker, Ernst-Joachim Gesellschaft und Recht bei David Hume und Friedrich A. von Hayek – Über die Zivilisierung des Egoismus durch Recht und Wettbewerb, in: Ordo – Jahrbuch für die Ordnung von Wirtschaft und Gesellschaft, Bd. 60 (2009) S. 87 ff.

Möllers, Christoph Gewaltengliederung (2005).

Möllers T./Christ/Harrer Das neue Recht zur Regulierung ungedeckter Kreditderivate. Das Gesetz gegen missbräuchliche Wertpapier- und Derivategeschäfte versus europäische Regulierungsvotrschläge, Neue Zeitschrift für Gesellschaftsrecht (2010) S. 1124 ff.

Möslein, Florian „Governance bei default". Innovation und Koordination durch diskursives Recht, FS Klaus J. Hopt (2010) S. 2861 ff.

Mülbert, Peter O. Grundsatz- und Praxisprobleme der Einwirkungen des Art.14 GG auf das Aktienrecht, FS Klaus J. Hopt(2010) S. 1040 ff.

Neumann, Ulfrid Recht als Struktur und Argumentation (2008) S. 224 ff.

Pfordten, Dietmar von der Zur Differenzierung von Recht, Moral und Ethik, in: Hans-Jörg Sandkühler (Hrsg.), Recht und Moral (2010) S. 33 ff.

Pötzsch, Thorsten Reform der europäischen Bilanzaufsichtsstrukturen, FS Klaus J. Hopt(2010) S. 2375 ff.

Poulantzas, Nicos Nature des Choses et Droit, Paris (1965).

Preuß, Ulrich Gibt es eine völkerrechtliche Demokratietheorie (im Erscheinen).

Radbruch, Gustav Die Natur der Sache als juristische Denkform, in Gesamtausgabe, Band 3, Rechtsphilosophie III (1919) S. 229 ff.

Reifner, Udo Die Geldgesellschaft (2010).

Ripperger, Tanja Handbuch der Wirtschaftsethik (herausgegeben im Auftrag der Görres-Gesellschaft von Wilhelm Korff u. a. Bd. 4: Konkrete wirtschaftsethische Problemfelder (2009) S. 67 ff.

Richter, Rudolf Von der Aktion zur Interaktion: Der Sinn von Institutionen, in: Handbuch der Wirtschaftsethik (herausgegeben im Auftrag der Görres-Gesellschaft von Wilhelm Korff u. a.) Bd. 2 a. a. O. S. 17 ff.

Rückert, Joachim Autonomie des Rechts in rechtshistorischer Perspektive (1988).

Rudolph, Bernd „Die Finanzkrise aus mikroökonomischer Perspektive", in: Bitburger Gespräche, Jahrbuch 2009/I 2010, S. 1 ff.

Rudolph. Bernd Die internationale Finanzkrise: Ursachen, Treiber, Veränderungsbedarf und Reformansätze, in: Zeitschrift für Unternehmens- und Gesellschaftsrecht (2010) S. 1 ff.

Rudolph, Bernd Bankregulierung nach der Finanzkrise, FS Klaus J. Hopt (2010) S. 2407 ff.

Rüthers, Bernd Rechtstheorie, 5. Aufl. 2010.

Ruffert, Matthias Rechtsquellen und Rechtsschichten des Verwaltungsrechts, in: Hoffmann-Riem/Schmidt-Aßmann/Voßkuhle, a. a. O. S. 1085 ff.

Safferling, Christoph Die Rolle des Opfers im Strafverfahren – Paradigmenwechsel im nationalen und internationalen Recht? In: Zeitschrift für die gesamte Strafrechtswissenschaft 2010, S. 87 ff.

Saliger, Frank Das Untreue-Strafrecht auf dem Prüfstand der Verfassung, in: Neue Juristische Wochenschrift 2010, S. 3195 ff.

Schambeck, Georg Die Natur der Sache (1964).

Schmidt, Reinhard H. Microfinance, Kommerzialisierung und Ethik, Sitzungsberichte der Wissenschaftlichen Gesellschaft an der Goethe-Universität Frankfurt am Main (2008).

Schünemann, Bernd (Hrsg.) Ein Gesamtkonzept für die europäische Strafrechtspflege (2006).

Schwarze, Jürgen (Hrsg.) Globalisierung und Entstaatlichung des Rechts, Teilband I. Beiträge zum öffentlichen Recht, Europarecht, Arbeits- und Sozialrecht und Strafrecht (2008).

Searle, John Die Konstruktion der gesellschaftlichen Wirklichkeit. Zur Ontologie sozialer Tatsachen. (1997).

Seelmann, Kurt Rechtsphilosophie, 5. Aufl. (2010).

Seinecke, Ralf Rechtspluralismus – Anmerkungen zum „Recht" des Rechtsdualismus, Arbeitspapier im Rahmen des Exzellenzclusters 243, „Die Herausbildung normativer Ordnungen", Goethe-Universität Frankfurt am Main (2010).

Semler, Johannes Gedanken zur Bedeutung des Unternehmenszwecks, FS Klaus J. Hopt (2010) S. 1391 ff.

Simma, Bruno/Heinemann, Andreas Codes of Conduct, in: Handbuch der Wirtschaftsethik, Bd. 2 a. a. O. S. 403 ff.

Shiller, Robert J. Vortrag „Outlook and Opportunity after the Financial Crisis" beim Deutsche Bank-Symposium 2010, Manuskript.

Skidelsky, Robert Die Rückkehr des Meisters, Keynes für das 21. Jahrundert (2009).
Spindler, Gerald/Hupka, Jan Bindungswirkung von Standards im Kapitalmarktrecht, in: Thomas M.J. Möllers (Hrsg.), Geltung und Faktizität von Standards (2009) S. 120 ff.
Spindler, Gerald Gemeinwohlorientierte Unternehmensinteressen und Kapitalgesellschaften, in: Eberhard Kempf/Klaus Lüderssen/Klaus Volk (Hrsg.) Die Finanzkrise, das Wirtschaftsstrafrecht und die Moral (2010) S. 71 ff.
Stein, Ekkehart Demokratisierung der Marktwirtschaft (1995).
Stein, Ursula lex mercatoria Realität und Theorie (1995)
Steinmann, Horst Unternehmensethik und Globalisierung – Globale Regeln und Private Akteure, in: Heidbrink, Ludger/Hirsch, Alfred (Hrsg.) Verantwortung als marktwirtschaftliches Prinzip. Zum Verhältnis von Moral und Ökonomie (2008) S. 145 ff.
Stiglitz, Joseph Free Fall. Free Market and the Sinking of the Global Economy (2010) (deutsche Übersetzung: Im freien Fall. Vom Versagen der Märkte zur Neuordnung der Weltwirtschaft 2010).
Streeck, Wolfgang Noch so ein Sieg und wir sind verloren. Der Nationalstaat nach der Finanzkrise. In: Leviathan 2010, S. 139 ff.
Taupitz, Jochen Bindungswirkung von Standards im Gesundheitswesen, in: Thomas M.J.Möllers, a. a. O. S. 63 ff.
Teubner, Gunter Globale Zivilverfassungen. Alternativen zur staatszentrierten Verfassungstheorie, Zeitschrift für ausländisches öffentliches Recht (2003) S. 1 ff.
Teubner, Gunter Coincidentia oppositorum. Das Recht der Netzwerke jenseits von Vertrag und Organisation. In: M. Amstutz (Hrsg.) Die vernetzte Wirtschaft: Netzwerk als Rechtsproblem (2004) S. 11 ff.
Teubner, Gunther Selbst-Konstitutionalisierung transnationaler Unternehmen? Zur Verknüpfung „privater" und „staatlicher" Corporate Codes of Conduct, FS Klaus J. Hopt (2010) S. 1449 ff.
Teubner, Gunther/Kortes, Peter Zwei Arten des Rechtspluralismus. Normenkollisionen in der doppelten Fragmentierung der Weltgesellschaft, in: Matthias Kötte/Gunnar Folke Schuppert (Hrsg. Normative Pluralität ordnen (2009) S. 143 ff.
Trüg, Gerson Leerverkäufe, in: Kempf/Lüderssen/Volk (Hrsg.) Die Finanzkrise, das Wirtschaftsstrafrecht und die Moral (2010) S. 290 ff.
Trute, Hans-Heinrich Die demokratische Legitimation der Verwaltung, in: Hoffmann-Riem/Schmidt-Assmann/Voßkuhle (Hrsg. a. a. O. S. 307 ff.
Turner, Adair u. a. The Future of Finance, The LSE Report, veröffentlicht als Paper der London School of Economics and Political Science (2010).
Tyrolt, Jochen/Bingel, Adrian Short Selling – neue Vorschriften zur Regulierung von Leerverkäufen, Betriebsberater 2010, S. 1419 ff.
Ulrich, Peter Zivilisierte Marktwirtschaft, Eine wirtschaftsethische Kommentierung, aktualisierte und erweiterte Neuausgabe (2010).
Vanberg, Viktor J. Wettbewerb und Regelordnung (2008).
Vanberg, Viktor J. Wettbewerbsfreiheit und ökonomische Effizienz: Die ordnungsökonomische Perspektive, in: Viktor J. Vanberg (Hrsg.) Evolution und freiheitlicher Wettbewerb, Erich Hoppmann und die aktuelle Diskussion (2009) S. 107 ff.
Vanberg, Viktor J. Die Akzeptanz von Institutionen, in: Handbuch der Wirtschaftsethik, Band 2 a. a. O. S. 38 ff.
Vesting, Thomas Rechtstheorie (2007).
Wachstum, Bildung, Zusammenhalt Koalitionsvertrag zwischen CDU, CSU und FDP, 17. Legislaturperiode (2009) S. 79.
Waldenfels, Bernhard In den Netzen der Lebenswelt (1985).
Weber, Max Die „Objektivität sozialwissenschaftlicher und sozialpolitischer Erkenntnisse", in: Gesammelte Aufsätze zur Wissenschaftslehre, 2. Aufl. (1951) S. 146 ff.
Weck-Hannemann, Hannelore Bedingungen innerstaatlicher Institutionalisierung von wirtschaftlichen Prozessen, in: Handbuch der Wirtschaftsethik, Bd. 2 a. a. O. S. 105 ff.
Werder, Axel von Zur Signalstärke der „Entsprechenserklärung", FS Klaus J. Hopt (2010) S. 1471 ff.
Wesel, Uwe Geschichte des Rechts in Europa. (2010).

Wessing, Jürgen/Krawczyk, Lucian Der Untreuetatbestand auf dem verfassungsrechtlichen Prüfstand, in: Neue Zeitschrift für Gesellschaftsrecht, 2010, S. 1121 ff.

Wieland, Josef Handlungsbedingungen und Handlungsspielräume im institutionellen Rahmen, in: Handbuch der Wirtschaftsethik, Band 4 a. a. O. S. 27.

Windbichler, Christine Bindungswirkung von Standards im Bereich Corporate Governance, in: Thomas M.J.Möllers (Hrsg.) Geltung und Faktizität von Standards (2009) S. 19 ff.

Wüstemann, Jens Institutionenökonomik und internationale Rechnungslegungsordnungen (2002).

Zimmer, Daniel Finanzmarktregelung – Welche Regelungen empfehlen sich für den deutschen und europäischen Finanzsektor? Gutachten zum 68. Deutschen Juristentag (2010).

Zimmer, Daniel Was das Gesetz zur Rettung der Banken taugt, Frankfurter Allgemeine Zeitung, 10. 9. 2010.

Zimmer, Daniel Rating-Agenturen: Reformbedarf nach der Reform, FS Klaus J. Hopt (2010) S. 2689 ff.

Zimmer, Daniel/Fuchs, Florian Die Bankenkrise und die Insolvenz. Ansätze zur Minderung des systemischen Risikos, in: Zeitschrift für Unternehmens- und Gesellschaftsrecht 2010, S. 597 ff.

Zimmer, Daniel/Rengier, Lukas Entflechtung, Fusionskontrolle oder Sonderregulierung für systemrelevante Banken? Ansätze zur Lösung des „too big to fail“-Problems, in: Zeitschrift für Wettbewerbsrecht 2010, S. 133.

Zimmermann, Reinhard (Hrsg.) Globalisierung und Entstaatlichung des Rechts, Teilband II: Nichtstaatliches Privatrecht: Geltung und Genese (2008).

Regulierung und Kontrolle – Schlüsselfragen der (straf-) juristischen Reaktion auf die Finanzkrise. Nachlese der Diskussion

Lorenz Schulz

Gliederung

Die Initiative „Economics, Criminal Law, and Ethics" (ECLE), aus der noch weitere große Tagungen hervorgehen sollen,[1] nimmt die Begriffe Ökonomie, Strafrecht und Ethik zum Ausgangspunkt und versucht, ihr Verhältnis zu bestimmen. Der im Akronym von ECLE enthaltene Vorrang der Ökonomie ist nicht zufällig, weil die Verhältnisse gewissermaßen nun mal so sind: Gesellschaft und Kultur sind weitgehend ökonomisiert, was nationale, das Recht prägende Besonderheiten zurücktreten lässt. Dass dieser Umstand augenscheinlich die Bedeutung des Ethischen wachsen lässt, wie alleine die seit Jahrzehnten zu beobachtende Hinwendung zur praktischen Philosophie in der Fachdisziplin zeigt, dürfte daran liegen, dass die Ökonomisierung selbst der normativen Maßstäbe entbehrt und der Ethik gleichfalls eine universale, grenzüberschreitende Tendenz eigen ist. Es scheint weiterhin, dass dem weitreichenden, durch die Ökonomisierung hervorgerufenen Wandel die gerade im Wirtschaftsstrafrecht zu beobachtende Expansion des Strafrechts entspricht, doch sind hier kausale Zusammenhänge ungesichert und bieten Stoff für künftige Tagungen. Der Blick auf die Tagungskontinuität von ECLE ist ergiebig, weil er nicht nur den genannten Ausgangspunkt zutage fördert. Es kommt hinzu, dass die Dynamik der Ökonomisierung, namentlich die Finanz- und Wirtschaftskrise der letzten Jahre die Kontextabhängigkeit juristischer Regulierung aufscheinen lässt. Dafür ist festzuhalten, dass das anfänglich übermächtige Krisenbewusstsein inzwischen einer Versachlichung Platz gemacht. Der Zusammenhang zwischen Ökonomie und Recht besteht nicht nur in faktischer Hinsicht, sondern auch in kontrafaktisch-epistemischer. Die Bewertung juristischer Regulierung hängt gewissermaßen am ökonomischen Sachverstand, daran nämlich, wie die Finanzkrise wirtschaftswissenschaftlich zu diagnostizieren ist. Das hatte bereits die Vorgängertagung ECLE II zutage gefördert.[2] Damals hatte

1 ECLE IV findet im November 2011 statt und legt das Augenmerk auf die Frage der Unternehmensstrafbarkeit. Ergänzenden Charakter hat die von *Lüderssen* im *House of Finance* der Goethe Universität veranstaltete Tagung zum Verhältnis von Wirtschaftsethik und Rechtsquellenlehre, die im Rahmen des 25. Weltkongresses der Rechtsphilosophie zum Thema Recht, Wissenschaft und Technik im August 2011 stattfindet.

2 Vgl. *Schulz* Die Finanzkrise und das Strafrecht – Positionen und Perspektiven, in: Kempf/Lüderssen/Volk (Hrsg.) Die Finanzkrise, das Wirtschaftsstrafrecht und die Moral 2010, 372–387.

der Ökonom *Vaubel* vorgetragen,[3] dass die Finanzkrise einer Art unvermeidbarem Naturereignis gleichkommt, was juristisch zu einer Regulierungsskepsis führen muss. *Kübler* nannte dies nun, nachdem *Cahn* für das gastgebende *House of Finance* der Goethe Universität einleitenden Überlegungen zur Tagung skizziert hatte, im Eröffnungsvortrag, der dem Tagungsprogramm mit planerischem Geschick vorangestellt worden war, die „Tsunamitheorie". Ihr stellte er am Beispiel der amerikanischen Finanzmarktreform in Gestalt des kurz „Dodd-Frank-Act (DFA)" genannten umfangreichen Gesetzeswerks die – seiner Ansicht nach vorzugswürdige – „Casinotheorie" gegenüber, nach der die Krise als Ausdruck eines Kasinokapitalismus[4] begriffen werden kann. Diese Sichtweise spiegelt sich juristisch in einer erheblichen Regulierungsbereitschaft, für die eben der DFA steht. Der in dieser diagnostischen Abhängigkeit enthaltene disziplinäre Vorrang der Wirtschafts- vor der Rechtswissenschaften ist allerdings komplex, wenn man der Dialektik von Markt und Recht Rechnung trägt, die bei ECLE II zwar schon angesprochen worden war,[5] nun aber systematisch behandelt wurde. Dies erfolgte sachgerecht im ersten Teil des Tagungsprogramms („Konkurrierende ökonomische Aufgaben"). Dem folgten, wie der vorliegende Band zeigt, drei weitere Abschnitte. Sinnvollerweise wurden nämlich die zahlreichen materiell- und verfahrensrechtlichen Aspekte der strafrechtlichen Reaktion gesondert erörtert (Abschnitt II und III). Fragen einer Reform standen als vierter Abschnitt am Ende. Naturgemäß ließ sich im nachfolgenden Bericht, um die genannten Zusammenhänge im Blick zu behalten, eine gewisse Akzentuierung und Selektivität der Gesichtspunkte nicht vermeiden.

I. Konkurrierende ökonomische Aufgaben

Die Überlegungen von *Mestmäcker* („Soziale Marktwirtschaft" – Eine Theorie für den Finanzmarkt nach der Krise?") galten dem ordnungspolitischen und –theoretischen „Kern" der sozialen Marktwirtschaft. Der Philosoph *Koslowski* („Recht und Ethik im Finanzmarkt") machte ausführliche systematische Ausführungen zur Unternehmensethik und zur kulturspezifischen calvinistisch inspirierten Kreditfreundlich- und -gläubigkeit in den USA (*easy credit*-Haltung). Er wandte sich gegen das verbreitete „Zerrbild" des Managers als gierigen Akteur, hielt es jedoch für problematisch, dass der Manager, wenn er den Shareholder Value maximieren solle, eigentlich spekulieren müsse. *Lüderssen* unterschied einen engen und weiten Unternehmensbegriff, für den der Gemeinwohlbezug (*stakeholder value*) integraler Bestandteil ist. Im Zentrum stand dabei das methodologische Problem der Unterscheidung. Es gehe „pragmatisch-realistisch" um eine sorgfältige Sichtung der *institutional facts*, eine Ausrichtung an der Sachgesetzlichkeit oder „Natur der Sache", expliziert am Beispiel des Begriffs einer „optimalen Wettbewerbsfähigkeit". *Mestmäckers* Ausführungen aufgreifend, hielt es *Lüderssen* für möglich, den Begriff des Wertpapiers mit dem Kriterium eines investiven Gehalts anzureichern. Davon unabhängig, verwies er auf die inzwischen vorrangige Rolle so genannter Sekundärnormen unterhalb der Schwelle parlamentarischer Gesetzlichkeit.

---

3 *Vaubel* Die Finanzkrise aaO (Fn. 2).
4 *Sinn* Kasino-Kapitalismus 2009.
5 Schulz a. a. O. (Fn. 2).

In der Diskussion zu diesen Vorträgen führte *Fischer* am Beispiel des hunderttausendfachen Kaufs und Verkaufs derivativer Wertpapiere aus, dass die strafjuristische Reaktion im Grundsatz durchaus der gleichen Zahl von Akteuren gelten könne. Angesichts der Schadensdimension wäre es skandalös, die Verkäufer der strafrechtlichen Verantwortung zu entziehen. In den zahlreichen Fällen fehlender Liquidität wäre der Hinweis auf die fehlende Kenntnis des Risikos oft genug nicht mehr als eine Schutzbehauptung. *Koppenhöfer* forderte, gleichfalls wie *Fischer*, den Blick weg von einer abstrakten Erörterung der Beziehung von Ethik und Recht und hin auf die intrikaten Probleme der Praxis zu wenden. *Kempf* fragte nach dem normativen Charakter von Treu und Glauben als Tatbestandsmerkmal (und nahm damit in der Sache die Frage von Faktizität und Geltung auf). Eine weitere, während der Tagung auch später aufgegriffene Frage lag in der mit dem Erstarken der Sekundärnormen verbundenen Verschiebung im Gefüge der Gewaltenteilung, auf die zu Beginn *Schulz* hinwies. Mit Blick auf Ethik und Recht sei das weitgehend in den Sekundärnormen zu verortende Regime von Compliance eine Art Ethikersatzprogramm. Dem entsprechend, betonte am Beispiel von Compliance *Salditt* die Frage gewaltenteilender Kompetenzkonflikte. Entscheidend wäre (beispielsweise vor dem Hintergrund der Mitbestimmung), wer Ethikrichtlinien setzen dürfe. Dafür müsse eine Ethik des Konflikts ausgearbeitet werden. Dies ergänzte *Becker-Toussaint* mit dem Hinweis auf die Zunahme diffusiver ethischer Begriffe im Recht. Sie führe zu einem wachsenden medial vermittelten Druck auf die Rechtsprechung. *Heine* rückt in einem späteren Beitrag die von ihm so genannte De-Etatisierung ins Zentrum.[6] Man brauche ein funktionales Äquivalent zu parlamentarischen Entscheidungen, beispielsweise pluralistisch verfasste Expertengremien. *Lüderssen* erinnerte er daran, dass dieser in der früheren Diskussion zum europäischen Strafrecht gegen die gubernative Rechtssetzung votiert hätte. *Böse* hielt fest, dass die Verlagerung der Normsetzung auf die Exekutive weithin Praxis und zudem, am Beispiel des Außenwirtschaftsrechts illustriert, auch gelungene Praxis sei. *Prittwitz* insistierte, gegen *Heine* gewendet, auch auf Kosten professioneller Effektivität auf dem Vorrang der Demokratie. *Koslowski* merkte dazu an, dass die Absage an Autoritäten und vermeintliches Traditionswissen gerade die mit Descartes verbundene Wende zur neuzeitlichen Philosophie markiere.

In seiner Antwort wandte sich *Lüderssen* gegen die alltagstheoretische Perspektive *Fischers*, weil sich ein unternehmerisches Risikomanagement nur bei Kenntnis ökonomischer Theorien erschließen könne. Insgesamt bedürfe es einer Perspektive, in der über ökonomische Belange noch ethische, rechtliche und vermutlich auch psychologische Belange berücksichtigt werden könnten. Gegen die demokratietheoretischen Schwierigkeiten einer Betonung der Sekundärnormen, die in den Beiträgen von *Becker-Toussaint, Heine, Salditt* und *Schulz* angesprochen war, verwies er auf die globalisierungsbedingten Irreversibilität der Bewegung zur dezentralen, gubernativen Normsetzung, behielt sich allerdings für die Maßgaben einer berechenbaren strafrechtlichen Individualzurechnung Abweichungen vor.

Der frei gehaltene Vortrag von *Bänziger*, als Vorstand der Deutschen Bank verantwortlich Risikomanagement und Compliance, zum Thema „Risiko, Rendite, Regulierung als volkswirtschaftliches Optimierungsproblem" wurde gesondert und ausgiebig disku-

6 Vgl. bereits *Heine*, in: Eser/Hassemer/Burkhardt (Hrsg.), Die deutsche Strafrechtswissenschaft vor der Jahrtausendwende, 2000, 397 ff.

tiert, so dass es sich empfiehlt, ihn etwas ausführlicher zu referieren. *Bänziger* behandelte die gesetzgeberisch diskutierten Regulierungsmodelle und analysierte diese in einer Reihe von Punkten auf ihre Vor- und Nachteile hin. Eine höhere Eigenkapitalisierung (Basel III) sei geboten und von der Deutschen Bank immer schon praktiziert worden. Die Regulierung des im Zentrum der Finanzkrise stehenden Verbriefungsmarkts sei differenziert zu handhaben. Die berechtigte Forderung höherer Liquidität sei zweischneidig, sofern sie zu einem Zinsanstieg auf dem Wertpapiermarkt führen werde, der die Macht der großen Institute fördere (und damit, so führte er im Vortrag aus, nachteilig sei für eine Kontrolle von Großinstituten, für die „to big to fail" gelte). Zur Minderung systemischer Risiken sei es sinnvoll, beim Handel mit Derivaten zentrale Clearings zwischenzuschalten, soweit dies standardisierten Produkten und systemrelevanten Marktteilnehmern gelte. Nicht sinnvoll sei dies namentlich bei Wirtschaftsunternehmen in Hinsicht auf die Absicherung von Wechselkurs- und Zinsrisiken. Bei der Insolvenzgesetzgebung sei eine am Prinzip des Level Playing Field ausgerichtete internationale, zumindest EU-weite Harmonisierung der Vorschriften entscheidend, um Doppelbelastungen international agierender Institute und Wettbewerbsverzerrungen zu vermeiden. Ein Verbot des Eigenhandels sei realitätsfremd, sofern alleine schon jeder Broker tagesspezifisch vor Börsenbeginn vorsorglich Kapital bereitstellen müsse. Die gebotene Ausrichtung von Boni an nachhaltigen Unternehmenszielen sei durch die Situation am Arbeitsmarkt zu relativieren. Weil es zu wenige Spitzenkräfte gäbe, seien diese marktgerecht zu entlohnen. Das Dilemma könne nur langfristig durch eine systematisch betriebene Ausbildung behoben werden. Im Vortrag hatte *Bänziger* für die Frage der Haftung präzisiert, dass die *ex ante*-Situation bei Entscheidungen des Vorstands zentral sei. Jede Regulierung beim Aufsichtsrat komme insofern zu spät. Transparenz sei das wichtigste Gebot.

In der Diskussion qualifizierte *Kübler* die nicht-staatliche Konkurskonzeption *Bänzigers* als amerikanisch. Das amerikanische Modell könne aber kein Vorbild liefern. Im Hinblick auf die Boni sei das Problem der UBS gewesen, dass Bankmanager in der *zweiten* Linie boni-orientierte Entscheidungen getroffen hätten. *Bänziger* erwiderte, dass in Fällen großer Dimension (wie bei der Rettung der Hypo Real Estate) alle Beteiligten mitzuwirken hätten. Bei den Boni verfolge sein Haus schon lange eine Linie, die das UBS-Problem ausschließe.

Koslowski stellte ins Zentrum, wer bei Risikoentscheidungen zur Entscheidung befugt sei, mit Hinweis auf die amerikanische Praxis, die eine generell höhere Risikobereitschaft mit dem Export der Risiken in die übrige Welt verknüpfe. Die Regulierung des Straßenverkehrs sei exemplarisch: Die Gesellschaft nehme eine gewisse Quote von Unfällen mit Todes- und Verletzungsopfern in Kauf, um einen schnellen Verkehr zu ermöglichen. *Hamm* legte Wert auf die Feststellung, dass, auch wenn sich die solide Eigenkapitalquote der Deutschen Bank als richtig erwiesen habe, eine nach Basel II zulässige minimale Eigenkapitalisierung jedenfalls einen Ausschluss strafrechtlicher Zurechnung bedeute. Dem schloss sich *Bänziger* mit der Bemerkung an, dass Unfähigkeit keine Sache des Strafrechts sei. Strafrechtlich relevantes Verhalten beginne erst bei Fahrlässigkeit. In Zukunft sollte man es bei den Bankmanagern halten wie im Straßenverkehr, ihnen mithin eine Art Führerscheinprüfung abverlangen.

II. Materiellrechtliche Fragen

Den zweiten, materiellrechtlich ausgerichteten Abschnitt der Tagung leitete *Schröder* mit einem Vortrag zum Thema des erlaubten Risikos im Bankgeschäft am Beispiel der Pflichtwidrigkeit von ABS-Investitionen im Vorfeld der Finanzkrise ein. Er analysierte dafür die Figur des erlaubten Risikos resp. der Pflichtwidrigkeit im Hinblick auf den Untreuetatbestand und die so genannte Zweckgesellschaft (*conduit*) als Einrichtung, mit der eine höhere Eigenkapitalisierung und bilanzielle Ausweisung großer Risiken vermieden werden konnte. Für die strafrechtliche Reaktion auf die Krise wandte er sich gegen eine Exkulpation der Akteure mit dem Hinweis darauf, dass „alles systemisch" verlaufen wäre. Eine Pflichtwidrigkeit sei, wie im Fall der IKB oder der SachsenLB, jedenfalls dann gegeben, wenn eine Entscheidung existenzgefährdend gewesen sei.

Mülbert behandelte, ausgehend von der *business judgment rule* in § 93 Abs. 1 S. 2 AktG, ebenfalls das Thema des erlaubten Risikos. Er mahnte Vorsicht beim Begriff existenzgefährdender Risiken an, sofern bei Beispielen die Grenze zwischen abstrakt- und konkretexistenzgefährdender Risiken schwer zu ziehen sei. Wenn teilweise gefordert würde, dass bei einer Anlageentscheidung „jede Information" berücksichtigt werden müsse, sei dies irreal, weil diese Forderung nie eingelöst werden könne. Selbst die Übernahme konkret existenzgefährdender Risiken sei nicht per se pflichtwidrig, soweit bei einer hinreichenden Informationsgrundlage eine Zustimmung der Gesellschaft vorliegt.

Wittig wiederum griff das Thema anhand der aufsichtsrechtlichen Verbriefungsregelungen auf. Ausgehend von der von ihm skizzierten Entwicklung vom „ordentlichen Kaufmann" zur *business judgment rule*, erörterte er diese für den Fall von Verbriefungen anhand der umfangreich ausdifferenzierten Vorgaben in der Neufassung der §§ 18a, 18b KWG vom 19. 11. 2010, mit der eine europäische Richtlinie zur Begrenzung von Investitionsrisiken bei Verbriefungen umgesetzt wurde. Während mit der auf der Tagung mehrfach angesprochenen Entscheidung des BVerfG zur Untreue vom 23. 6. 2010[7] das Problem der Bestimmtheit bei akzessorisch zu berücksichtigenden außerstrafrechtlichen, auch generalklauselartigen Normen im Mittelpunkt steht,[8] liege bei der genannten Neuregelung das Problem umgekehrt darin, ob nicht der Regulierungsgrad zu detailliert sei und damit eine zu starke Expansion der Untreuestrafbarkeit erreicht werde. Das könne vermieden werden, wenn man das Erfordernis einer *gravierenden* Verletzung aufsichtsrechtlicher Pflichten als Voraussetzung einer strafrechtlichen Pflichtwidrigkeit stark mache. Eine solche sei beispielsweise dann gegeben, wenn ein Kreditinstitut unter Missachtung des Aufsichtsrechts existenzgefährdenden Risiken ausgesetzt worden ist.

In der wiederum lebhaften Diskussion trat *Hart-Hönig* der Auffassung *Schröders* entgegen, dass die Aufnahme von Ermittlungsverfahren das Hauptinstrument der strafjuristischen Aufarbeitung der Finanzkrise sei. Als Reaktion darauf präzisierte *Schröder* seine im Vortrag missverständlich ausgeführte Konzeption des Ermittlungsverfahrens da-

---

7 Neben dem Vortrag von *Wittig* s. insb. *Jahn* im vorliegenden Band.

8 *Schulz* Neues zum Bestimmtheitsgrundsatz, in: Jäger u. a. (Hrsg.), Strafrecht als Scientia Universalis. FS Roxin 2011, 305 ff.

mit, dass nach dem Legalitätsprinzip natürlich nicht nach dem Verdacht gesucht werden dürfe. *Fischer* entgegnete *Mülbert*, dass die Juristen hinreichend gelernt hätten, mit dem Vertrauensgrundsatz angemessen umzugehen. Das zeige das „analogisch-evidenzorientierte Vorgehen" des BGH. Klar sei etwa, dass ein Vermögensverwalter, der sich wie ein Spieler verhalte, pflichtwidrig handle. *Volk* wertete das Votum *Fischers* als Plädoyer für ein *case law*. Die Quintessenz *Mülberts* läge darin, dass eine Entscheidung juristisch vertretbar ist, sobald sie ökonomisch nachvollziehbar sei. *Lüderssen* lehnte ein „experimentelles Strafverfahren" ab und insistierte (gegenüber *Fischer* und *Schröder*) darauf, dass ein Risikomanagement ohne ökonomischen Sachverstand nicht angemessen zu beurteilen sei. Der Stuttgarter Oberstaatsanwalt *Richter* berichtete von dem in seinem Haus geführten Ermittlungsverfahren gegen die Landesbank seines Landes. Es sei nicht nur durch den Umstand eines großen Schadens ausgelöst, sondern durch konkrete Anhaltspunkte für eine Pflichtwidrigkeit. Deshalb sei es auch kein „experimentelles" Verfahren. Schließlich sei der Bevölkerung in Stuttgart, das zeige seine Alltagserfahrung, an einer Nachprüfbarkeit von Verantwortung gelegen. Auch könne bei drei bekannten Verfahren gegen Landesbanken nicht entfernt von massenhaften Verfahren die Rede sein. *Heine* illustrierte am Beispiel der direkten demokratischen Entscheidungen in der Schweiz, dass es, über die schlichte Information hinaus, ein politisch bewusstes Ranking von Risiken gebe. Dem entgegnete *Mülbert*, dass letztlich die Gegenüberstellung von Risiken und Chancen den Ausschlag gebe. *Lutter* wandte sich am Beispiel von Ölbohrungen in Alaska kritisch gegen *Mülberts* Auffassung vom *business judgment* als angemessener Information. *Mülbert* räumte ein, dass eine vollständige Kenntnis nicht erreichbar sei, verwies auf Stimmen in der Literatur, wonach für ein hinreichendes *business judgment* jede verfügbare Information herangezogen werden müsse. Für die Risiken bei Tiefbohrungen in Alaska wäre entscheidend, ob sie sich versicherungstechnisch berechnen lassen. *Volk* erwähnte den Widerspruch zwischen dem Gesetzgeber, der beim „Gesetz zur Unternehmensintegrität und Modernisierung des Anfechtungsrechts (UMAG)" die Intuition als Entscheidungskriterium anerkannt hätte, und Staatsanwaltschaften, für die der Hinweis eines Beschuldigten auf seine Intuition bereits Geständnischarakter hätte. Auch er sprach sich gegen Ermittlungsverfahren aus, die einer flächig verstandenen „Aufklärung" dienten.

Für *Fischer* war die Forderung nach „umfassender Information" beim *business judgement* juristisch handhabbar als Merkmal, das durchaus angemessen feststellbar ist. *Richter* ergänzte, dass beim erwähnten Landesbankverfahren die Alternative von Zivilverfahren wegen der hohen Verfahrenskosten nicht wirklich in Betracht komme und votierte für eine enge Verzahnung des Strafrechts mit dem Gesellschaftsrecht.

Der Komplex der materiellrechtlichen Fragen wurde mit den Vorträgen von *Kempf* und *Rönnau* abgeschlossen. *Kempf* erörterte das Bilanzstrafrecht. Nach einer Skizze der Gesetzgebung der letzten Jahrzehnte stellte er die Frage ins Zentrum, ob die Koppelung der Feststellung einer „unrichtigen Darstellung" (§ 331 HGB) an die Vorschriften der internationalen Rechnungslegung (IAS/IFRS) gegen das Bestimmtheitsgebot verstoße, weil faktisch ein Gremium von fünfzehn nicht demokratisch gewählten Fachleuten, deren Empfehlungen die Europäische Kommission regelmäßig übernehme, über die Strafbarkeit entscheide. Nach seinem Dafürhalten sei die darin enthaltene Verweisungskette unter den Maßgaben von Art. 103 Abs. 2 GG für den Normadressaten unzumutbar lang. Die erwähnte Untreueentscheidung vom Juni 2010 könne hier jedoch nicht herangezogen werden, weil es zu dieser Frage noch keine höchstrichterliche Judikatur gebe. Angesichts der von *Lüderssen* hervorgehobenen Bedeutung von Sekundärnormen bleibe allerdings für die Normierung ein Dilemma bestehen.

Rönnau betonte beim Thema „Rating – Ersatz für unternehmerische Entscheidungen", dass die *ex ante*-Perspektive für die Zurechnung maßgeblich sei. Die *ex post*-Perspektive, von der sich die Rechtsprechung faktisch leiten lasse, verführe systematisch dazu, an die *ex ante*-Situation zu hohe Maßstäbe anzulegen. Wenn das OLG Düsseldorf eine Pflicht zur Information über ein Rating hinaus statuiere, müsse man bedenken, dass der BaFin zur gleichen Zeit (bis 2008) eine durch ein Rating begründete Entscheidung genügt hätte. *Rönnau* folgte der Rechtsprechung allerdings darin, dass eine Unternehmensentscheidung alleine nicht getragen werden dürfe, werde das Rating doch sonst zum Ersatz für unternehmerische Entscheidungen wäre.

In der Diskussion wandte sich *Wüstemann* gegen die Ausführungen von *Kempf*, sofern es dogmatisch nicht um einen „dynamischen" Verweis gehe, was *Kempf* mit dem Hinweis auf die entscheidende faktische Dynamik der Verweisung einräumte. *Salditt* merkte an, dass im Hinblick auf das HGB die vorkonstitutionelle Praxis zu Art. 103 Abs. 2 GG heranzuziehen sei, und ergänzte, dass Accounting Standards politischer Natur seien. Im Zentrum der Diskussion stand *Rönnaus* Schlussthese, die überwiegend kritisch gesehen wurde, während er im Hinblick auf die betonte Gefahr des *benefit of hindsight* allgemeinen Zuspruch erhielt. *Wüstemann* erwähnte eine Studie, wonach die Ratings im Zeitraum zwischen 1970 und 2001 nahezu alle zugetroffen hätten. Das nahm *Kübler* auf und sprach sich vehement gegen eine pauschale Behandlung von Ratings aus. Entscheidend sei die spezifische Qualität der Ratings bei strukturierten Finanzprodukten. *Kempf* ergänzte, dass vor der Krise jedes Handeln an den Ratings ausgerichtet war und deren Desiderat darin gelegen hätte, die Bonität der Darlehensnehmer auszublenden. *Prittwitz* wertete den erstaunlichen, von *Kübler* notierten Umstand, dass der Markt den Ratings inzwischen bereits wieder vertraue, als weiteren Grund dafür, beim Abstellen auf ein Rating die strafrechtliche Zurechnung auszuschließen. Die Konzeption *Rönnaus* sei, so wurde weiterhin von *Wittig* eingewendet, mangels einer Angemessenheitserwägung nicht hinreichend differenziert, weil eine Unterscheidung nach den Volumina einer Investition nicht gefordert werde. In diese Richtung ging auch der Vorschlag, zwischen alltäglichen und besonderen Investitionsentscheidungen zu differenzieren.

Die Probe aufs Exempel versuchte *Volk* mit dem Beispiel des Kaufs türkischer Staatsanleihen aus. Welche anderen Maßgaben neben dem Rating seien hier denkbar und dem Käufer auch zumutbar? Sei etwa an die Einsichtnahme in den Korruptionsindex von *Transparency International* gedacht und was würde aus dieser Information folgen? *Fischer* hielt fest, dass Ratings relativ (auf andere Ratings) konzipiert seien. Wenn auf das Gemeinwohl von Liquiditätsschaffung verwiesen werde, wäre das dann nicht mehr überzeugend, wenn sich diese von der realen Wirtschaft verselbständigt hätte.

III. Strafprozessuale Fragen

Wehnert ging in ihrem Vortrag zum Thema „Interne Ermittlungen und Legalitätsprinzip – Relativierungen des staatlichen Ermittlungsmonopols?" nach einer Skizze der

Problemlage auf den nach ihrem Dafürhalten zu weit gehenden § 28 S. 2 BDSG-E vom August 2010 ein, eine Norm, mit der dem Unternehmen gegen seine Mitarbeiter eine Rasterfahndung mit Blick auf die Tatbestände der Untreue und Korruption gestattet würde. Sie ergänzte dies mit einem Blick auf die Medien, die mit Berichten über Schuld und Verantwortlichkeit das Gewaltmonopol des Staates antasteten. Wie hier mit *Hassemer*[9] von einem *contempt by publication* zu sprechen wäre, so nun bei den internen Ermittlungen von einem *contempt by internal investigations*. Für die Staatsanwaltschaft hielt *Wehnert* fest, dass diese nicht auf Unternehmen einwirken dürfe, um über unternehmensinterne Ermittlungen zu Erkenntnissen zu gelangen. Zugleich wären diese Ermittlungen, sobald eine parallele Ermittlung der Staatsanwaltschaft im Gange sei, an die Kautelen der StPO gebunden.

In dem Vortrag von *Verjans*, der vertretungsweise von *Malaika Nolde* vorgetragen wurde, ging es um „Neue – strafbewehrte – Pflichten zur Verhinderung und Anzeige von Straftaten, am Beispiel von Compliance". Im Mittelpunkt stand das Obiter Dictum zum Compliance Officer in der Entscheidung des 5. Senats des BGH vom 17. 6. 2009 („Berliner Stadtreinigung"). Der Senat hätte sich damit gegen eine Feigenblatt-Compliance gewendet. Festzuhalten sei, dass eine Haftung des Compliance Officer nicht über eine Haftung der Unternehmensleitung hinausgehen könne. Der CO sei auch nicht extern gegenüber der Staatsanwaltschaft, sondern nur intern, regelmäßig gegenüber dem Vorstand, zur Anzeige verpflichtet. Wenn der Senat auch eine Pflicht gegenüber dem Aufsichtsrat für möglich hält, stehe dahinter der Gedanke, dass er der CO im Unternehmen auf gewisse Weise als „magisches Auge" im öffentlichen Interesse dienen und damit eine Flucht in die „organisierte Unverantwortlichkeit" ausgeschlossen werden soll. Im Ergebnis sei die strafrechtliche Haftung des CO ein weiterer Schritt der stetig wachsenden Inpflichtnahme der Privatwirtschaft zur Erfüllung von Staatsaufgaben dar.

Jahn gab in seinem Vortrag zu Absprachen im Finanzmarktstrafrecht nach Bemerkungen zur allgemeinen rechtstatsächlichen Praxis der Absprachen und dem Befund einer „verschwiegenen" Praxis im Finanzstrafrecht eine Übersicht über die laufenden Ermittlungsverfahren, um vor diesem Hintergrund das Verhältnis der Systeme von Wirtschaft und Recht systematisch zu bestimmen. Während der wirtschaftliche Code Gewinn/Verlust heiße, laute der rechtliche Code Recht/Unrecht. *Jahn* kritisierte die häufige Suche nach „Schuldigen" und den Drift in Verschwörungstheorien. Dem folgte eine Analyse der Untreue-Entscheidung des BVerfG vom 23. 6. 2010, das zu vermehrten Sachverständigengutachten und zunehmende Schwierigkeiten in der Feststellung des Vorsatzes führen werde. Letzterer könne i. W. nur noch in den Fällen angenommen werden, in denen eine Anlageentscheidung durch Boni motiviert war. Prozessual werde die Entscheidung in eine nochmals verstärkte Verständigungspraxis führen, sei es sehr früh zum Zeitpunkt des § 160 b oder im Hauptverfahren nach § 257 c Abs. 2 StPO.

In der Diskussion ging *Roxin* auf *Wehnerts* Vortrag ein und bezog sich auf den Fall einer Weitergabe von Ergebnissen einer internen Ermittlung an die Staatsanwaltschaft in Form eines allgemeinen Gutachtens, verknüpft mit einem Organigramm des Unternehmens. *Wehnert* hielt ein Organigramm für unbedenklich. Mit einem in der Sache nicht neutralen, interessensgeprägten Gutachten ergebe sich allerdings eine „Sphären-

9 *Hassemer* NJW 1985, 1921 ff.

überschreitung“. *Taschke* empfahl, dass der Unternehmensanwalt jede Information an die Finanzverwaltung zugleich und unverzüglich an die Staatsanwaltschaft weiterreiche, um dem Informationsaustausch durch die Finanzverwaltung zuvor zu kommen. Er stimmte *Wehnert* darin zu, dass die die Analyse der internen Ermittlungen von der Verantwortung des Vorstands ausgehen müsse. *Rönnau* wies auf die Störung der internen Ermittlung durch die neue Kronzeugenregelung nach § 46 b StGB hin. Das nahm *Wehnert* zustimmend auf und nannte diese Regelung sogar einen „Turbolader“ der Aufklärung, weil das Unternehmen nun gehalten sei, dem Kronzeugen mit seiner internen Aufklärung zuvorzukommen. *Salditt* erwähnte die Situation des Unternehmens im OWi-Verfahren, wo dieses einen Verteidiger bestellt, um eine interne Ermittlungen zugunsten des Unternehmens zu führen. *Jahn* hielt wenig von einem „Reparaturbetrieb“ über die Beweisverwertung oder gar der Dienst- und Fachaufsicht. Möglich sei ein Antrag auf Ablehnung des Staatsanwalts wegen Befangenheit. Er wies auf die von ihm befürwortete Möglichkeit einer Ermittlungsverfahrensanfechtungsklage hin.

Gegenüber dem Vortrag von *Verjans* nannte *Dreher* das genannte BaFin-Rundschreiben eine Usurpation gesetzgeberischer Kompetenz, weil die die BaFin nur die Kompetenz der Selbstbindung habe. Dem entgegnete *Nolde*, dass die BaFin mit diesem Rundschreiben keine neuen strafrechtlichen Pflichten normiert hätte. *Rönnau* hielt eine über die Haftung des Vorstands hinaus Haftung des CO für möglich. Dem widersprach nicht nur *Nolde*, sondern auch *Mommsen*.

In der Diskussion vom Vortrag von *Jahn* fragte *Knierim*, wie der nichtbeteiligte Betroffene an der Verständigung beteiligt werden könne. *Jahn* wies darauf hin, dass der Adhäsionskläger einbezogen werde und der Gesetzgeber auch den Nebenkläger einbezog, ohne ihm allerdings Vetorecht einzuräumen. *Schulz* regte an, die Untreueentscheidung des BVerfG so zu lesen, dass die Berechenbarkeit der Rechtsprechung auch über *obiter dicta* hergestellt werden kann. Dem trat *Jahn* bei mit dem Hinweis auf den Umstand, dass man im 1. Senat mit einer Zunahme von *obiter dicta* rechne. Bemerkenswert sei auch, dass sich in der Entscheidung des BGH zu AUB/Schelsky vom 13. 9. 2010 die Begründung der § 154 StPO-Einstellung über weit mehr als zehn Seiten hinziehe, was unüblich und unökonomisch und nur durch die Untreueentscheidung des BVerfG erklärbar sei. *Hamm* hielt demgegenüber das *obiter dictum* für einen rechtstechnischen Missstand.

IV. Reformprobleme: Regulierung und Kontrolle

Volk stellte in seinem Vortrag über strafrechtliche Kontrolle und Systemrelevanz pointiert fünf Punkte heraus. Am Beispiel der Sponsoringentscheidung „SSV Reutlingen“[10] stellte er eine eminent wachsende Kontrolldichte fest. Je unbestimmter ein Begriff, umso größer die Möglichkeit der Kontrolle durch die Strafverfolgung. Wenn der auf Effektivität sinnende Gesetzgeber ein Gesetz umgekehrt möglichst bestimmt und „für alle Fälle“ formuliere, paralysiere er die angestrebte Effizienz. Weiterhin, so führte *Volk* im dritten Punkt aus, seien funktionalistische Rechtsgüter dysfunktional. Weil Institutionen systemrelevant seien, müsse weiterhin erneut über die Unternehmensstrafe nachge-

10 BGHSt 47, 147.

dacht werden. Wichtig sei, dass die eigentlichen Probleme im Prozessrecht liegen würden. Das Legalitätsprinzip sei schließlich in der Praxis der Opportunität gewichen. Der Begriff des Verdachts sei als rechtsstaatliche Begrenzung der Staatsmacht gedacht, diene eben auch dazu, gegenüber den Betroffenen eine selektive Ermittlung zu begründen, d.h. Untätigkeit zu rechtfertigen.

Schmieszek referierte die komplexe Gesetzgebung zur Finanzmarktkrise, angefangen vom Finanzmarktstabilisierungsgesetz (FMStG) vom 17.10. 2008, das im Anschluss an die Lehman-Insolvenz vom 15.9. 2008 innerhalb kürzester Frist zur Rettung der HRE verfasst werden musste, gefolgt vom Finanzmarktstabilisierungsergänzungsgesetz (FMStErgG) vom 4.7. 2009, das die „Enteignung" der HRE ermöglichte, über das Finanzmarktstabilisierungsfortentwicklungsdgesetz (FMSStFortG) vom 17.7. 2009, mit dem ein dabei möglicher Verstoß gegen das EU-Beihilfeverbot ausgeschlossen werden sollte, bis hin zum Restrukturierungsgesetz vom 9.12. 2010, mit dem die Eingriffsmöglichkeiten auf Dauer gestellt wurden.

Der Darstellung folgte eine Würdigung der dabei bestehenden fachlichen und politischen Probleme. *Schmieszek* schloss mit einer abgewogenen Übersicht über vorbeugende Maßnahmen jenseits des akuten Krisenmanagements, das die erwähnten Gesetze hervorbrachte.

Becker behandelte die Möglichkeiten, das Finanzsystem zu demokratisieren. Seine Analyse ging von einer funktionsorientierten Unterscheidung von Staat und Gesellschaft aus. Ein weiterer Ausgangspunkt war, dass der Staat ist zunehmend „überfordert" sei, weshalb der privaten Tätigkeit ein Vorrang zukomme. Der Staat sei nur zur Gewähr von Frieden und Sicherheit verpflichtet. Es dürfe auch nicht vernachlässigt werden, dass auch die Akteure des Finanzmarkts Grundrechtsinhaber seien, namentlich im Hinblick auf Art. 14. GG. Dem entspreche die Demokratisierung als Bedingung der Funktion des Staates. Der Machtverlust des überforderten Staats könne durch eine höhere Problemlösungskapazität kompensiert werden, die sich aus der Rolle als Verbundproduzent von Recht ergebe. Damit seien Private verstärkt in die Produktion von Recht und Regulierung einzubeziehen.

Ausgangspunkt für den Wirtschaftswissenschaftler *Johanning* in seinem Vortrag über Risiko, Risikomessung und Risikoregulierung aus ökonomischer Sicht war, dass Risiko eine (rein) subjektive, investorenspezifische Größe sei. Für den Vergleich der Risiken verschiedener Anlagen habe die Finanzbranche das Maß eines *Value at Risk* (VaR) akzeptiert. Das quantitative Risikomanagement sei auf dieser Grundlage zwar leistungsfähig, weil es eben diesen Vergleich zulasse, hätte aber auch bei vielen Marktteilnehmern die fatale Suggestion von Sicherheit bewirkt. Der Finanzkrise hätte nicht nur der Umstand zugrunde gelegen, dass *Worst-Case*-Risiken anders als *Going-Concern*-Risiken per se nicht zu prognostizieren seien, sondern auch, dass bei der Risikomessung alleine prozyklische Annahmen vorausgesetzt wurden. Die wesentliche Neuerung von Basel III läge im Einbezug eines antizyklischen Verlustpolsters.

Die Hauptthese von *Drehers* Analyse der Sanktionen im Kartellrecht war, dass Strafrecht jedenfalls in diesem Bereich kontraproduktiv sei. Dafür legte er eine Reihe von Erwägungen vor und berücksichtigte die Erfahrungen in Österreich und den Niederlanden. Entscheidend sei im Strafrecht die Aufdeckungsintensität, nicht die Sanktion. Wegen der unweigerlichen und noch zunehmenden Unbestimmtheit von Tatbestandsmerkmalen unterminiere Strafrecht das Normvertrauen und schaffe sich so letztlich selbst ab. Das spreche für eine Lösung über das Recht der Ordnungswidrigkeiten, die sich EU-weit bewährt habe. Das zeige die britische Kriminalisierung von Kartellrechtsverstößen unter Tony Blair (*Enterprise Act* 2002), die zu einem einzigen, einer atypische Konstellation geltenden Fall der Verurteilung geführt und in einem zweiten angeklagten Fall die ermittelnde Kartellbehörde blamiert hätte.[11] Die US-amerikanische Erfahrung mit der Kriminalstrafe, die möglicherweise für eine effektive Abschreckung durch Strafsanktionen spreche, könne nicht herangezogen werden wegen der erheblichen Unterschiede des Rechtssystems und der praktischen Umsetzung der rechtlichen Vorgaben.

Die Diskussion konzentrierte sich auf die Vorträge von *Becker* und *Dreher*. *Koslowski* wandte gegen *Beckers* These ein, dass eine Bank kein schlichtes Privatunternehmen sei, sondern eine Institution mit öffentlich-rechtlicher Bedeutung, d.h. einem Gemeinwohlbezug durch ihre Beteiligung an der Geldschöpfung. *Becker* hielt dem entgegen, dass Pflichten der Banken nur gesetzlichen Charakter haben könnten. Die These vom schwachen Staat stellte *Schulz*, an *Verjans* Diagnose der zunehmenden Indienstnahme Privater für die staatliche Ermittlung anknüpfend, am Beispiel der Strafrechtsexpansion durch Compliance Regularien in Frage. Läge in den Umstand, dass der Compliance Officer interne Ermittlungen durchführe und sich die Staatsanwaltschaft dann mehr und mehr seiner Ergebnisse bediene, eine Schwächung oder Stärkung der Staatsmacht? *Becker* zufolge könne man diese Frage erst beantworten, wenn die Privaten ihren Beitrag verweigerten und man dann beobachte, wie sich der Staat verhalte. *Becker-Toussaint*, für die Compliance ein „urwüchsiger Prozess" sei, erkannte darin „eher eine Schwächung des Staates". Sie sehe auch nicht, dass das Legalitätsprinzip noch greife. Vielmehr seien, beispielsweise angesichts von 3000 Verfahren im Gesundheitswesen alleine in Frankfurt, Absprachen unverzichtbar.

In der Diskussion zum Vortrag von *Dreher* wandte *Achenbach* gegen *Dreher* ein, dass sich die Verfolgungskompetenz auch nach der Kooperation von Steuerfahndung und Staatsanwaltschaft regeln ließe. Weiterhin gäbe es das Problem der inzwischen horrenden Bußen im EU-Kartellrecht (z.B. über 1 Mrd. gegen Intel), die Strafcharakter hätten und damit verfassungswidrig wären. *Dreher* räumte Letzteres ein, weil eine Geldbuße ab einer bestimmten Höhe in der Tat zur Strafe werde. Eine Verfolgung durch das Bundeskartellamt würde die Probleme nicht lösen. Bei der Aufdeckung von Verstößen hätten sich Bonusprogramme deutlich bewährt (sofern die bonusbezogene Aufdeckung mehr als die Hälfte der Fälle betreffe). *Hart-Hönig* nahm die Kritik *Achenbachs* in prozessrechtlicher Hinsicht auf. Der Schutz der Betroffenen durch den EU-*letter of rights* sei nicht mehr als ein Feigenblatt, wie die Auslieferungspraxis zeige. *Volk* sprach dem von Opportunität gelenkten Verfahren bei Kartellrechtsverstößen eine immerhin hohe Steuerungskraft zu.

Abschließend ging *Lüderssen* für die Frage der Grenzen der Intervention des Rechtssystems im System der Wirtschaft auf methodologische Fragen ein, die sich im Zusammenhang der „Sachlogik" des Finanzmarkts" ergeben. Zunächst sei das Tagungsthema anfechtbar, sofern statt „Ökonomie versus Recht" durch „Ökonomie und Recht" ersetzt werden müsse. Recht sei durch seine Verbindlichkeit zu definieren. Daran knüpfe sich

11 S. in der schriftlichen Fassung (im vorliegenden Band) die Fn. 83.

die weitere Frage, was denn verbindlich sein, was gelten soll. Entweder erfasse Recht sachlich alles, sei es mithin die *essentia omnium rerum*, oder sein Inhalt sei leer. Weiterhin hänge die Verbindlichkeit an der Anerkennung der Rechtsadressaten. Das sei auch bei den Absprachen zu erkennen, die als konsensstiftendes Phänomen zu begrüßen seien. Die Zeit ließ es nicht zu, dass die bereichsspezifischen Ausführungen zu den „Verbindlichkeitsstrukturen" im Finanzmarkt vorgetragen werden konnten, so dass dafür auf den umfangreichen Beitrag im vorliegenden Band verwiesen werden musste.

Im Ergebnis wurden mit der Tagung grundlegende Probleme aufgegriffen, die sich bereits bei den Vorgängertagungen von ECLE I und II stellten, um sie in der Reflexion auf das Verhältnis der Systeme von Wirtschaft und Recht angemessen zu formulieren. Es empfiehlt sich neuerlich, an das am Beginn der Tagungsreihe Bild von *Hassemer* zu erinnern, wonach das Strafrecht nicht Schiedsrichter auf dem Feld der Wirtschaft, sondern nur Linienrichter sei.[12] Das Bild ist suggestiv und einige der vorliegenden Beiträge, namentlich die wirtschaftswissenschaftlichen, haben es bestätigt. Wiederum demonstrierten gerade diese Beiträge, dass es leichtfertig wäre, bei der Analyse ökonomischer Faktizität die kontrafaktisch-inhärente Normativität – sei es die des Rechts oder der Ethik – auszublenden. Wie schon ECLE II gezeigt hat, ist das „erlaubte Risiko" ein solcher Punkt, der bereits in der Formulierung auf den normativen Gehalt verweist. Die Irritation durch die interdisziplinären Bezüge zwischen dem System der Wirtschaft und dem des Rechts, die bereits im Tagungstitel („versus") zum Ausdruck kam, war allerdings nicht stärker als beim vorangegangenen Symposium. Es mag gut sein, was der Journalist *Beise* in seinem Zwischenfazit vermutete, dass die Verständigungsprobleme mehr den Ökonomen als den Juristen anzulasten sind. Wenn dem so ist, dann dürfte im Hintergrund neben dem bei Juristen ausgeprägten Sinn für das Normative eine Denkweise stehen, die bei den Juristen durch den Fallbezug gekennzeichnet ist, während in den Wirtschaftswissenschaften der Regelbezug im Vordergrund steht. Der Vorzug einer Krise ist es immerhin, dass disziplinäre Schotten, die im Normalfall dicht sind, geöffnet werden.

---

12 *Hassemer* Die Basis des Wirtschaftsstrafrechts, in: Kempf/Lüderssen/Volk (Hrsg.) Die Handlungsfreiheit des Unternehmers – wirtschaftliche Perspektiven, strafrechtliche und ethische Schranken 2009, 29 ff., 40.

Teilnehmer des 3. ECLE Symposions 19. & 20. November 2010

Achenbach, Prof. Dr. Hans	Universität Osnabrück
Bänziger, Dr. Hugo	Deutsche Bank AG., Mitglied des Vorstands
Becker, Prof. Dr. Florian	Christian-Albrechts-Universität zu Kiel
Becker-Toussaint, Hildegard	Ltd. Oberstaatsanwältin a. D., Frankfurt a. M.
Beise, Dr. Marc	Süddeutsche Zeitung, München
Blum, Birgit	Staatsanwaltschaft Düsseldorf
Böse, Prof. Dr. Martin	Rheinische Friedrich-Wilhelms-Universität Bonn
Busch-Gerrasoni, Ulrich	Oberstaatsanwalt, Staatsanwaltschaft Frankfurt a. M.
Cahn, Prof. Dr. Andreas	Institute for Law and Finance, Goethe-Universität Frankfurt a. M.
Döllen, Armin von	Rechtsanwälte Hannover & Partner, Bremen
Doll, Peter	RA Nürnberg
Dreher, Prof. Dr. Meinrad	Johannes Gutenberg Universität Mainz
Euler, Hans Wolfgang	RA Frankfurt a. M.
Fischer, Dr. Jürgen	RA Frankfurt a. M.
Fischer, Prof. Dr. Thomas	Richter am Bundesgerichtshof Karlsruhe
Friedewald, Dr. Rolf	Institute for Law and Finance, Goethe-Universität Frankfurt a. M.
Goltschke, Dr. Friederike	RA, Kempf & Dannenfeldt, Frankfurt a. M.
Hamm, Prof. Dr. Rainer	RA, Hamm & Partner, Frankfurt a. M.
Hart-Hönig, Dr. Kai	RA, Frankfurt a. M.
Haucke-D'Aiello, Angelica	RAin, Haucke-D'Aiello & Kollegen, München
Häusler, Christoph	RA, Haucke-D'Aiello & Kollegen (Universität Neapel)
Hefendehl, Prof. Dr. Günter	Universität Freiburg
Heine, Prof. Dr. Günter	Universität Bern
Heinemann, Stefan	RA Heinemann Rechtsanwälte, Dresden
Hugger, Dr. Heiner	RA, Clifford Chance, Frankfurt a. M.
Ignor, Prof. Dr. Alexander	RA, Ignor & Partner, Berlin
Jahn, Prof. Dr. Matthias	Friedrich-Alexander-Universität Erlangen-Nürnberg
Jansen, Gabriele	RAin, Kanzlei Jansen, Köln
Johanning, Prof. Dr. Lutz	WHU Otto Beisheim School of Management, Vallendar
Jurczyga, Silke	Ruhr-Universität Bochum
Keller, Alexander	RA, Keller Rechtsanwälte, Heidelberg
Kelnhofer, Dr. Evelym	RAin, Keller Rechtsanwälte. Heidelberg
Kempf, Eberhard	RA, Kempf & Dannenfeldt, Frankfurt a. M.
Köberer, Dr. Wolfgang	RA, Hamm & Partner, Frankfurt a. M.
König, Dr. Stefan	RA, Eisenberg & König, Berlin
Koslowski, Prof. Dr. Peter	Department of Philosophy, Vrije Universiteit Amsterdam
Koppenhöfer, Brigitte	Vors. Richterin, Landgericht Düsseldorf

Kübler, Prof. Dr. Friedrich	Goethe-Universität Frankfurt a. M.
Kulenkampf, Christoph	JKW Integrity Services, Frankfurt a. M.
Lang, Dr. Wolfgang J.	Verlag Wolters Kluwer, Düsseldorf
Lüderssen, Prof. Dr. Klaus	Goethe-Universität Frankfurt a. M.
Marsch-Barner, Prof. Dr. Reinhard	RA, Linklaters LLP, Frankfurt a. M.
Matussek, Karin	Bloomberg News, Frankfurt a. M.
Mestmäcker, Prof. Dr. Ernst-Joachim	Universität Hamburg
Momsen, Prof. Dr. Carsten	Leibniz Universität Hannover
Mülbert, Prof. Dr. Peter O.	Johannes Gutenberg Universität Mainz
Müssig, Prof. Dr. Bernd	RA, Redeker Sellner Dahs & Widmaier, Karlsruhe
Nagel, Dr. Claudia	Nagel & Company GmbH., Frankfurt a.M.
Norouzi, Dr. Ali B.	RA, Widmaier Norouzi Rechtsanwälte, Karlsruhe
Nolde, Malaika	VBB Rechtsanwälte, Düsseldorf
Nuzinger, Dr. Thomas	RA, Parsch Sauer Nuzinger Rechtsanwälte, Mannheim
Pauly, Jürgen	RA, Hamm & Partner, Frankfurt a. M.
Peltzer, Dr. Martin	RA, Frankfurt a. M.
Prittwitz, Prof. Dr. Cornelius	Goethe-Universität Frankfurt a. M.
Rahmsdorf, Dr. Detlev	Deutsche Bank AG., Frankfurt a. M.
Ransiek, Prof. Dr. Andreas, LL.M.	Universität Bielefeld
Reuling, Hendrik	RA, Mayer Brown LLP, Frankfurt a. M.
Richter, Dr. Hans	Oberstaatsanwalt, Staatsanwaltschaft Stuttgart
Rönnau, Prof. Dr. Thomas	Bucerius Law School, Hamburg
Roth, André-Michael	Commerzbank Frankfurt a. M.
Roxin, Dr. Imme	RAin, Roxin Rechtsanwälte LLP, München
Rumpf, Alexander	RA, Kempf & Dannenfeldt, Frankfurt a. M.
Salditt, Prof. Dr. Franz	RA, Neuwied
Sander, Camill Carl F.	White & Case LLP, Berlin
Sättele, Alexander	RA, Ignor & Partner GbR, Berlin
Schlösser, Dr. Jan	RA, Berlin
Schmieszek, Hans-Peter	Bundesjustizministerium, Berlin
Scholderer, Dr. Frank	RA, Clifford Chance, Frankfurt a. M.
Schröder, Dr. Thomas	RA, Clifford Chance, Frankfurt a. M.
Schulz, Prof. Dr. Lorenz	RA, Roxin Rechtsanwälte LLP, München/Goethe-Universität Frankfurt a. M.
Sorgenfrei, Ulrich	RA, Kanzlei Sorgenfrei, Frankfurt a. M.
Taschke, Prof. Dr. Jürgen	DLA Piper UK LLP, Frankfurt a. M.
Thierfelder, Dr. Jörg	Egon Zehnder International GmbH., Frankfurt a. M.
Trüg, Dr. Gerson	RA, Gillmeister Rode Trüg, Freiburg
Vogel, Dr. Franz J.	RA, Institute for European Certification and Communication IEC, Bernkastel-Kues
Volhard, Dr. Rüdiger	RA, Clifford Chance, Frankfurt a. M.
Volk, Prof. Dr. Klaus	Universität München
Wagenmann, Dr. Christian	RA, Heidelberg
Wattenberg, Andreas	RA, Krause Lammer Wattenberg, Berlin
Wegner, Dr. Carsten	RA, Krause Lammer Wattenberg, Berlin

Wehnert, Dr. Anne	tdwe Rechtsanwälte, Düsseldorf
Wimmer, Renate	Oberstaatsanwältin, Generalstaatsanwaltschaft München
Wittig, Arne	Deutsche Bank AG., Frankfurt a. M.
Wolf, Annika	Commerzbank AG, Frankfurt a. M.
Wüstemann, Prof. Dr. Jens	Universität Mannheim
Zerbes, Prof. Dr. Ingeborg	Universität Wien